"十四五"时期国家重点出版物出版专项规划项目

农业可持续发展战略与高新技术成果丛书

中国绿肥发展策略

Strategy for Green Manure in China

曹卫东　耿明建　高嵩涓　等著

中国农业大学出版社

·北京·

内 容 简 介

本书从全国层面以及以省域为单元分别回顾了绿肥发展历史，分析了绿肥生产现状和发展潜力，提出了省域绿肥发展的技术方案。

全书共分 6 篇。其中，第一篇为我国绿肥历史、现状、潜力及新时期发展策略总论；第二篇至第六篇分别为华北东北篇（包括北京市、天津市、河北省、山西省、内蒙古自治区、黑龙江省）、西北篇（包括陕西省、甘肃省、青海省、新疆维吾尔自治区）、华东篇（包括安徽省、江苏省、江西省、浙江省、福建省）、中南华南篇（包括河南省、湖北省、湖南省、广西壮族自治区、海南省）、西南篇（包括重庆市、四川省、贵州省、云南省），分别介绍五大区域的绿肥发展历史、现状及模式。

本书由当前全国绿肥科研生产一线专家撰写，既有对国家及各地传统绿肥技术精华的传承吸收，又有紧密结合新时代农业生产特点的技术优化和创新总结，并提出了一批创新理念。本书有助于读者了解中国绿肥领域的生产和技术进展，指导农业生产一线的农业技术人员和用户的生产实践，也能为有关部门制定绿肥产业政策提供参考。

图书在版编目（CIP）数据

中国绿肥发展策略/曹卫东，耿明建，高嵩涓等著.--北京：中国农业大学出版社，2024.10.
ISBN 978-7-5655-3319-8

Ⅰ.F426.7

中国国家版本馆 CIP 数据核字第 20248X5S30 号

书　　名　中国绿肥发展策略
Zhongguo Lüfei Fazhan Celüe
作　　者　曹卫东　耿明建　高嵩涓　等著

策划编辑　张秀环　　**责任编辑**　张秀环
封面设计　中通世奥图文设计中心
出版发行　中国农业大学出版社
社　　址　北京市海淀区圆明园西路 2 号　　**邮政编码**　100193
电　　话　发行部 010-62733489，1190　　读者服务部 010-62732336
编辑部 010-62732617，2618　　出　版　部 010-62733440
网　　址　http://www.caupress.cn　　**E-mail** cbsszs@cau.edu.cn
经　　销　新华书店
印　　刷　涿州市星河印刷有限公司
版　　次　2025 年 5 月第 1 版　　2025 年 5 月第 1 次印刷
规　　格　185mm×260mm　　16 开本　　30.25 印张　　747 千字
定　　价　98.00 元

著　者

主要著作者： 曹卫东　耿明建　高嵩涓　周国朋　朱　强　杨　璐　常单娜

著者(按姓氏汉语拼音排序)：

包兴国	卜容燕	曹　凯	曹卫东	曾成城	曾祥忠	常单娜
车宗贤	陈　华	陈　震	陈检锋	陈静蕊	陈晓芬	陈燕丽
陈院华	陈正刚	程文龙	程永钢	迟凤琴	崔　恒	崔宏浩
董文斌	段　玉	房婉萍	冯　伟	冯文强	付利波	高　宇
高宏艳	高嵩涓	高贤彪	高雅洁	高亚军	耿明建	郭熙盛
郭云周	郭再华	韩　梅	韩　上	韩　云	韩文斌	郝保平
何春梅	何华玄	何铁光	胡　锋	郇恒福	黄冬芬	黄高鉴
黄　丽	黄毅斌	贾小红	简大为	姜明波	焦加国	金　慧
景宇鹏	匡恩俊	况胜剑	李　潮	李　杰	李　敏	李　鹏
李本银	李青军	李清华	李文祥	李正鹏	李忠义	梁　琴
梁　智	梁金凤	廖　恒	廖结安	廖育林	林新坚	刘　佳
刘　英	刘彩玲	刘春增	刘建香	刘满强	刘攀道	刘文奇
刘振宇	刘忠宽	卢秉林	鲁剑巍	鲁明星	鲁艳红	吕玉虎
蒙炎成	孟凤轩	莫永诚	聂　军	聂良鹏	宁晓光	牛雅琼
潘多锋	漆　燕	秦　璐	秦　松	秦文婧	全紫曼	任永峰
石孝均	斯林林	宋锡章	苏利荣	苏金平	宿庆瑞	孙崇凤
孙小凤	唐　杉	唐红琴	唐娟娟	唐志坚	万水霞	王　飞
王　慧	王　琳	王　朴	王　伟	王建红	王利民	王守刚
王文华	王西和	王晓军	王应学	王允青	王志远	韦彩会
吴　迪	吴科生	吴一群	武　际	谢　杰	谢　楠	谢　雪
徐　静	徐　莉	徐昌旭	严琳玲	严清彪	杨　璐	杨　涛
杨　学	杨建利	杨蕊菊	杨文兵	杨文玉	杨艳鲜	姚单君
叶　静	尹　梅	于凤芝	翟丙年	张　辉	张　君	张　琳
张　梦	张　鹏	张　强	张　钦	张　睿	张　贤	张爱华
张成兰	张达斌	张江林	张久东	张久明	张举梅	张立锋
张新建	张宇亭	赵　娜	赵　秋	赵海滨	赵护兵	赵建兴
赵劲飞	赵沛义	郑春风	郑普山	智健飞	周国朋	周丽平
周泽弘	朱　强	朱　青	朱启东	邹　平		

前　言

“耕地是粮食生产的命根子”。党的二十大报告指出，要“全方位夯实粮食安全根基，牢牢守住十八亿亩耕地红线”“确保中国人的饭碗牢牢端在自己手中”。然而，我国的耕地资源不仅十分紧缺，而且耕地土壤退化趋势明显，成为未来农业可持续发展的限制性因子、“卡脖子”问题。农田土壤退化导致了农田生态环境恶化、面源污染加重、农作物产量和产品品质堪忧等一系列产业和社会问题。要彻底改变观念，加大耕地用养结合力度。长期的农业实践表明，合理的有机、无机养分配合是保持地力可持续发展的根本措施。但如何增加有机肥源，如何提升耕地质量、改善土壤健康水平，并未找到很好的解决途径。

“一年红花草，三年地脚好”，绿肥具有独特的“藏粮于地”效能。绿肥是我国传统农耕文明的组成部分，是数千年来我国耕地可持续利用的重要技术和物质手段。绿肥来源广、成本低、绿色天然、生物耕作能力强，是养育耕地的最便捷、最高效、最安全、最经济的手段。长期研究表明，绿肥田的土壤退化得到了有效遏制。充分发挥绿肥的养地功能、提升农田土壤的内源驱动能力，是破解农田土壤退化的关键招数。我国耕地资源的稀缺性决定了我国必须走原位、绿色、高效、低成本的农田退化治理路线。种植利用绿肥，就是此路线的最佳技术手段。

近年来，国家加大了农田生态建设力度。绿肥成为一系列国家行动的重要技术支撑，在新时代农业绿色发展中的作用愈发凸显。农业农村部于 2022 年发布了《到 2025 年化肥减量化行动方案》，2023 年又发布了《国家农业绿色发展先行区整建制全要素全链条推进农业面源污染综合防治实施方案》，分别将种植绿肥作为化肥减量增效和推进面源污染减量化的核心措施。

“绿水青山就是金山银山”。在生态文明、绿色和高质量发展的背景下，绿肥具备了打造成具有时代新意的现代产业的基础。“两山”理论为当前及未来的绿肥发展提供了根本遵循。绿肥是农田绿水青山建设的高效手段，可以进一步利用绿肥培育健康土壤、生产优质农产品。在我国南方稻区，我们通过大量的研究数据证实了绿肥不仅节肥培肥，绿肥稻米也具有明显的品质优势。可以说，绿肥是“两山”理论的具体实践。为此，我们提出了“绿肥＋”产业发展新机制。新机制破解了绿肥产业发展的限制性瓶颈，“绿肥＋”清洁、健康、特色农产品技术模式在各地迅速形成，为新时代全面乡村振兴提供了高质量路径。

我国存在大量区域性、结构性、季节性闲置的适合发展绿肥生产的农田及经济林园约 0.42 亿 hm^2，而目前绿肥实际种植面积不足 12％，绿肥对现代农业的贡献远低于新时代的需求，发展绿肥的潜力巨大。为更好地保障农田土壤可持续发展，更好地服务国家生态文明战略，我们特组织撰写《中国绿肥发展策略》一书。

我国生态类型复杂，农区及果茶园等经济林园跨度大、种植模式多样，绿肥在各地的利用也形式多样。为此，本书紧密结合不同生态区种植制度特点，以省域为单元分别回顾了绿肥发展历史，分析了绿肥生产现状和发展潜力，结合区域多年、系统的技术研发和生产示范成果，提出省域绿肥发展的技术方案，推荐适合当前种植制度的绿肥发展模式。

全书共分 6 篇，包括总论篇和 5 个区域篇。根据绿肥发展实际情况，本书在分篇时，将绿肥区域划分中的华北区和东北区的省份合并为华北东北篇，将西北区的山西省、内蒙古自治区归并到华北东北篇，将南方区的省份拆分为华东篇和中南华南篇。据此，5 个区域篇分别为华北东北篇（包括北京市、天津市、河北省、山西省、内蒙古自治区、黑龙江省）、西北篇（包括陕西省、甘肃省、青海省、新疆维吾尔自治区）、华东篇（包括安徽省、江苏省、江西省、浙江省、福建省）、中南华南篇（包括河南省、湖北省、湖南省、广西壮族自治区、海南省）和西南篇（包括重庆市、四川省、贵州省、云南省）。

第一篇为总论篇，由中国农业科学院农业资源与农业区划研究所曹卫东、南京农业大学高嵩涓执笔。

第二篇为华北东北篇。其中，北京市由中国农业科学院农业资源与农业区划研究所常单娜、曹卫东，安徽农业大学资源与环境学院周国朋，北京市耕地建设保护中心贾小红、梁金凤执笔；天津市由天津市农业科学院农业资源与环境研究所赵秋、张新建、宁晓光、周丽平、吴迪、高贤彪执笔；河北省由河北省农林科学院农业资源环境研究所冯伟、刘忠宽、谢楠、刘振宇、智健飞、张立锋执笔；山西省由山西农业大学资源环境学院程永钢、郑普山、孙崇凤、黄高鉴、郝保平，山西农业大学张强执笔；内蒙古自治区由内蒙古自治区农牧业科学院资源环境与可持续发展研究所赵沛义、任永峰、张鹏、景宇鹏、高宇、高宏艳、段玉、张君执笔；黑龙江省由黑龙江省农业科学院草业研究所、对俄农业技术合作中心张举梅、金慧、赵海滨、张睿、杨学、宋锡章、潘多锋，黑龙江省黑土保护利用研究院张久明、宿庆瑞、于凤芝、迟凤琴、王晓军、匡恩俊执笔。

第三篇为西北篇。其中，陕西省由西北农林科技大学资源环境学院高亚军、张达斌、翟丙年、赵娜、赵护兵，陕西省土壤肥料工作站李文祥、赵建兴、李鹏，陕西省杂交油菜研究中心杨建利执笔；甘肃省由甘肃省农业科学院土壤肥料与节水农业研究所包兴国、车宗贤、张久东、杨文玉、卢秉林、崔恒、吴科生、杨蕊菊执笔；青海省由青海大学农林科学院土壤肥料研究所韩梅、李正鹏、孙小凤、严清彪执笔；新疆维吾尔自治区由塔里木大学机械电气化工程学院廖结安、赵劲飞，新疆农业科学院土壤肥料与农业节水研究所孟凤轩、梁智、王西和、李青军，新疆生产建设兵团第四师农业科学研究所王朴、简大为、韩云执笔。

第四篇为华东篇。其中，安徽省由安徽省农业科学院土壤肥料研究所武际、唐杉、韩上、李敏、王慧、卜容燕、程文龙、郭熙盛、王允青、刘英、万水霞执笔；江苏省由南京农业大学胡锋、焦加国、徐莉、房婉萍、刘满强，江苏省农业技术推广中心陈震，江苏开放大学王琳执笔；江西省由江西省农业科学院土壤肥料与资源环境研究所徐昌旭、刘佳、陈静蕊、陈晓芬、秦文婧、谢杰、苏金平、陈院华、杨涛执笔；浙江省由浙江省农业科学院环境资源与土壤肥料研究所王建红、曹凯、张贤、徐静、斯林林、叶静、邹平执笔；福建省由福建省农业科学院土壤肥料研究所黄毅斌、王飞、何春梅、王利民、刘彩玲、李清华、林新坚、张辉、吴一群执笔。

第五篇为中南华南篇。其中，河南省由河南省农业科学院植物营养与资源环境研究所刘春增、郑春风、张梦、张成兰、李本银、王守刚，信阳市农业科学院吕玉虎、聂良鹏、李杰、张琳，罗山县农业科学研究所姜明波、李潮执笔；湖北省由华中农业大学耿明建、鲁剑巍、黄丽、郭再华、朱强，湖北省耕地质量与肥料工作总站鲁明星、杨文兵，中国农业科学院油料作物研究所秦璐、杨璐执笔；湖南省由湖南省土壤肥料研究所聂军、张江林、廖育林、鲁艳红、高雅洁、朱启东、谢雪执笔；广西壮族自治区由广西壮族自治区农业科学院农业资源与环境研究所何铁光、李忠义、韦彩会、唐红琴、董文斌、蒙炎成、苏利荣、莫永诚、曾成城，广西壮族自治区土壤肥料工作站刘文奇、陈燕丽、唐娟娟执笔；海南省由中国热带农业科学院热带作物品种资源研究所郇恒福、何华玄、黄冬芬、刘攀道、严琳玲执笔。

第六篇为西南篇。其中，重庆市由西南大学资源环境学院张宇亭、石孝均执笔；四川省由南充市农业科学院韩文斌、梁琴、周泽弘、漆燕、全紫曼，四川省农业科学院农业资源与环境研究所曾祥忠、冯文强执笔；贵州省由贵州省土壤肥料研究所朱青、王文华、陈正刚、张钦、张爱华、姚单君、崔宏浩、况胜剑、廖恒、秦松，贵州省土壤肥料工作总站唐志坚，贵州大学牛雅琼执笔；云南省由云南省农业科学院农业环境资源研究所刘建香、郭云周、付利波、尹梅、陈华、陈检锋、王志远、王应学、王伟、杨艳鲜执笔。

本书是在公益性行业（农业）科研专项（200803005，201103029）、国家绿肥产业技术体系（CARS-22）、国家重点研发计划（2021YFD1700200）等的支持下，经过长期工作积累提炼形成的，既有对国家及当地传统绿肥技术精华的传承吸收，又有紧密结合新时代农业生产特点的技术优化和创新总结，也提出了一批创新理念。在分析绿肥发展潜力时，本书引入绿肥占比的算法，以便更精准地界定绿肥生产面积的内涵；同时根据各地绿肥实际生长占用的空间、时间有所差异的实际，提出了绿肥有效时空的新概念。在分析绿肥产业发展路径中，创新提出“绿肥＋”机制。总之，本书有助于读者了解中国绿肥领域的生产和技术进展，指导一线农业技术人员和用户的生产实践，也能为有关部门制定绿肥产业政策提供参考。

由于主客观限制，本书未能覆盖全国，尚缺部分省（自治区、直辖市）的研究资料。同时，限于著者水平，书中肯定存在诸多不足甚至谬误，恳请读者提出批评意见和建议。由衷希望通过本书，推进全社会把握新时代发展理念，提高绿肥对农田土壤质量和农田生态健康发展的支撑力度，为合理利用绿肥生产更多的健康优质农产品提供基础性保障。

著者

2023 年 10 月

目录

contents

第一篇　总论篇

第二篇　华北东北篇

第三篇 西北篇

第四篇 华东篇

第五篇 中南华南篇

第六篇 西南篇

附 录

第一篇

总论篇

我国绿肥历史、现状、潜力及新时期发展策略总论

发展绿肥是多、快、好、省地解决养地用地和有机肥源的途径，是实现耕地可持续利用、农业清洁生产的重要技术手段。在生态环境十分良好的20世纪80年代，我国科学家就提出“我国在建设现代化农业的过程中，必须从建立一个良好的农业生态系统作为考虑问题的起点，发展绿肥是建立良好农业生态系统的一项重要环节。”

绿肥与化肥、有机肥并称为我国肥料的“三驾马车”。绿肥有过辉煌的历史，但绿肥生产与科研也经历过较长时间的萧条。2006年以后，国家及部分地区试点绿肥生产补贴，并逐渐在各类化肥减施增效、耕地质量提升、休耕轮作等项目中得到较多应用。几乎与此同时，2008—2015年国家组织实施了两期覆盖全国的公益性行业（农业）科研专项绿肥项目（以下称绿肥专项），2017年开始建设国家绿肥产业技术体系（以下称绿肥体系），2021年立项国家重点研发计划项目“新型绿肥产品创制与产业化”。绿肥在新时代我国农业绿色、高质量发展中的基础性地位和支撑作用明显提升。

1　我国绿肥生产与科研的历史脉络

我国的绿肥科研起步于20世纪50年代中后期。在约70年的历程中，我国绿肥生产和研究经历了繁荣、萧条、恢复3个历史时期。20世纪50～80年代初是绿肥生产面积较大、利用较为普遍的时期；20世纪90年代到21世纪初，化肥成为主导肥源，绿肥应用迅速滑至谷底；2007年以后，绿肥重新进入国家和全社会视野，其生产科研逐渐恢复。

1.1　生产繁荣、科研经验累积时期

此时期大约经历了30年（20世纪50～80年代初），绿肥作为当家肥源，为保障我国粮食安全起到了重要作用。此时期，绿肥科研工作的阶段性特征也十分明显，20世纪50年代是绿肥科研和生产发展的起步阶段，主要是解决绿肥纳入种植制度的问题；60年代是绿肥迅速发展的阶段，主要是突破栽培技术难关；70年代是绿肥发展的高峰阶段，绿肥种植面积发展很快，是我国绿肥种植利用的鼎盛时期。

陈华癸于1955年系统总结了水稻田的绿肥耕作制，并对绿肥科研提出了建设性意见；随后，顾荣申总结了各地较为适宜的绿肥种类。为了应对全国绿肥生产需要，当时的农业部于1963年组建了绿肥网。在绿肥网的组织下，各地加快绿肥模式与经验总结。在当时的全国肥料科学实验工作会议上，绿肥网研讨指出，华东、华北、东北和西北、中南和西南均具备大力发

展绿肥的条件。自此，绿肥在水田、棉田、盐碱地等各类农田中得到广泛应用。特别是在“磷肥治标，绿肥治本”的中低产稻田的改良策略提出后，绿肥的运用迅速扩展，并在 20 世纪 70 年代达到顶峰。在国家粮食安全对肥源需求大、化学肥料工业尚不发达的背景下，全国绿肥生产取得了史上最大的发展，绿肥面积最高达到约 1 400 万 hm^2/年（未按绿肥空间占比折算的面积，下同），全国涌现了一批绿肥面积超 67 万 hm^2/年的省份。

总体来说，早期的绿肥科研工作主要集中在经验和效果总结上，提出了以磷增氮、以田养田、以山养田、以水养田等各类绿肥管理和利用实践。从科研的角度看，20 世纪 60 年代至 70 年代中期，属于科研工作的初始阶段，主要工作是配合农业主管部门总结推广各地发展绿肥的经验，扩大绿肥的生产。这个时期，绿肥压青后土壤中还原性物质的动态变化、绿肥防治水稻坐秋等深入的科学研究相对较少，但朱祖祥总结论述了绿肥的起爆效应机制，对现代绿肥科研工作的进步起到了重要推动作用。

1.2　生产萧条、科研先活跃后停滞时期

20 世纪 80 年代至 21 世纪初的 20 多年里，我国化肥工业迅速崛起，农作物养分供应几乎完全依赖化肥；农业承包责任制全面实施，绿肥生产的空间多被其他粮、棉、油及经济作物取代。加之绿肥没有明显的直接经济效益，导致绿肥生产几乎完全被忽略，全国绿肥面积下降至 133 万 hm^2。

与绿肥生产不同，此时期的绿肥科研则相对系统，并且取得了较好的成效。绿肥网于 1977 年恢复活动，1981 年获得专项经费支持，绿肥科研进入了有组织的阶段，全国绿肥科研队伍和任务设置得到了基本稳定和保障，此时期是绿肥科研的第一个黄金十年。绿肥网分成 6 个协作区开展活动和交流经验，先后组织了中国绿肥区划、中国绿肥品种资源收集整理和编目、不同农区绿肥种植利用方式和效益、经济林园覆盖绿肥种植和利用、绿肥对土壤有机质积累的影响及其有效条件等协作任务，取得了良好的进展，鉴定了我国不同农区绿肥种植利用和效益、果园覆盖绿肥的种植和利用等高水平科技成果。10 年里，绿肥网努力开辟绿肥种植和利用的新途径，对促进绿肥科研和生产起到了积极的推动作用。

进入 20 世纪 90 年代后，全国绿肥形势依然相当严峻，绿肥网积极适应社会经济需求，以提高绿肥综合经济效益为主要目标，开展了绿肥纳入农作制度提高经济效益的研究和技术开发、绿肥在高效施肥体系中的地位及配套技术、农区绿肥饲草种植利用最佳模式及经济效益、多用途经济型绿肥品种资源筛选和开发等协作研究。通过近 10 年的协同工作，进一步明确了各地绿肥的适宜发展方式和效益提升途径，开发了饲用等多种新方向，获得了一大批具有兼用或多用功能的绿肥资源，如富钾绿肥的提出和深化、耐盐性能的挖掘、多用途绿肥葫芦巴、耐阴及饲用药用资源扁茎黄芪的利用，并积极提出发展经济绿肥的对策。这些工作虽然在当时较难得到进一步的深入应用，但为后来的绿肥科研提供了重要借鉴和参考，是全国绿肥科研和生产的重要遗产。

1.3　生产回升、科研快速恢复时期

长期不合理的化学品投入，导致了资源环境压力加大、面源污染严重等问题。杨纪珂于 1996 年指出，“如果不慎，由祖辈劳动人民辛勤保存的土壤质量，很容易在我们这几代人的手里悄悄地丧失掉”，并呼吁“营佳壤务农之本，种绿肥生态之根。岁岁年年存地力，年年岁岁庆丰登。”

进入 21 世纪后，我国农业农村的一些问题更加凸显。生产与生态不协调、经济与环境效

益不统一、经济发展与农产品质量不匹配等矛盾普遍存在，国家以及全社会对环境健康、农产品健康空前关注。2006 年开始，国家启动了土壤有机质提升补贴试点，绿肥是补贴方向之一，同时带动江西、浙江、江苏、福建、湖南、贵州等省出台了绿肥种植补贴政策，全国补贴绿肥种植面积一度超过 67 万 hm^2/年，推动了绿肥利用的迅速回升。

随后，绿肥科研在 2008 年获得重大资助，绿肥专项“绿肥作物生产与利用技术集成研究及示范”开始实施。由于生产科研长期停滞，绿肥行业存在绿肥作物种质资源退化甚至消失、适应现代农业生产的合理利用模式缺乏、生产利用技术集成不够、绿肥作物与主作物间的水肥调控技术不明等一系列问题，绿肥专项重点从种质资源的整理与创新、生产利用技术及方式的创新研究、不同生态区及不同种植制度中的生产利用技术集成等方面开展了全国联合协作研究，同时积极探索绿肥产业化、强化绿肥产、学、研队伍建设。“十二五”期间，该项目继续滚动实施了 5 年。两期绿肥专项的实施，在资源整理、技术进步、机制解析、试验示范、人才培养等方面取得了明显成效，夯实了新世纪绿肥科研基础。

不仅如此，国家也在探索深化科研改革，以农作物为主线的现代农业产业技术体系取得显著成效并得到社会认可。经过 10 年酝酿，绿肥于 2017 年成为现代农业产业技术体系建设内容，组建了“国家绿肥产业技术体系”。绿肥体系涵盖了种质资源、绿肥栽培与土壤及养分管理、病虫草害防控、绿肥机械、综合加工利用和产业经济全链条。绿肥体系的设立为今后的绿肥发展搭建了一个高层次的平台，将稳定支撑一支高水平的绿肥战略科技力量。

2　我国绿肥科研的主要成就

我国绿肥科研的历史，其活跃期主要体现在两个阶段，一个是绿肥网获得经费支持后的前 10 年（20 世纪 80 年代）；另一个是 2008 年绿肥专项实施至今的 15 年。

2.1　绿肥网的主要成就

绿肥网有关科研工作的主要特征是，总结历史经验，摸清绿肥家底，确立区域模式，奠定未来基础。陈礼智等人对此阶段的成果进行了全面梳理总结，主要包括：

2.1.1　研究制定了中国绿肥区划

把我国绿肥种植划分为 9 个区 47 个亚区，提出了绿肥在各区的适宜种植方式和种植制度、发展面积等，为各地调整作物布局，制定绿肥生产计划和绿肥种子生产、调拨等提供了依据。

2.1.2　整理鉴定了一批绿肥资源，选育出一批丰产性能好的绿肥新品种

收集常用绿肥作物 916 份，整理鉴定归并为 4 科 20 属 26 种共 617 份，筛选出 70 多个综合性状好、适宜在不同地区应用的绿肥作物。各地选育了适宜本地生产的绿肥主栽品种，代表性的有紫云英（湘肥 3 号、浙紫 5 号、闽紫 1～6 号），苕子（内蒙毛苕 1 号、云南光叶苕）、箭筈豌豆（66-25、苏箭 3 号、大荚箭筈豌豆和 333A 等）。此外，开展了细绿萍的引进和推广以及红萍有性繁殖技术研发等工作，使得细绿萍成为当时主要生产用绿肥种类，并推广到云南等地；培育出红萍实生苗并在生产上推广应用，标志着我国红萍研究进入世界前列。这些资源和品种，是后来绿肥恢复发展的物质基础。

2.1.3 筛选出一批具有综合效益的绿肥种植利用模式

主要有:复种指数高的集约农区发展经济绿肥,小麦玉米二熟制地区采用行间套种绿肥或豆类,西南冬闲旱地发展节粮型绿肥饲草生产;北方一熟制玉米间套种草木樨、促进粮草双高产和畜牧业发展,北方一熟制麦田复种豆科肥饲绿肥,半干旱瘠薄地实行粮肥(草)短期轮作,以及通过在桑园、橘园、落叶果园等经济林园的协作研究提出的经济林园覆盖绿肥模式。此外,研究了提高绿肥效益的途径和技术,评价了绿肥作饲料、根茬肥田的效果并取得了绿肥饲料喂畜的有效参数,同时还研发了紫云英青贮等绿肥饲草长期利用技术、紫云英一次播种多年繁殖技术,构建了"垄、畦栽稻-萍-鱼"系统。

2.1.4 明确了绿肥提高土壤有机质的效果及其作用条件

在华东、华北、西北、东北等地的17个省(市、自治区)22类土壤上通过定位试验研究,平均每年压入绿肥22.5～30.0 t/hm^2,5年后土壤有机质比不压绿肥提高1～2 g/kg,绿肥有机物积累率为10%～15%,且可改善有机质的品质。混播、适当推迟翻压以提高C/N及鲜草产量、连年增加新鲜有机物等都是强化绿肥积累土壤有机质的有效措施,同时厘清了土类、物料、土壤肥力、水分和温度、翻压量及翻压方式与绿肥有机质累积的关系。

2.1.5 编辑出版了一批具有重要历史意义的绿肥专著

相继出版了《绿肥栽培与利用》《中国绿肥》《中国满江红》《中国紫云英》等著作。其中《中国绿肥》一书,系统总结了中国长期利用绿肥的经验和科学研究成果,既有丰富的实践应用技术知识,又有大量的科学基础知识,是一部在我国土壤肥料发展史上文献价值极高的绿肥著作。

2.2 绿肥专项的主要成就

体现在:继承发扬并举,突破轻简制约,创新方式方法,丰富科学内涵,培养了一批人才队伍,在与新时期相适应的创新研究上取得了重要进展。

2.2.1 进一步丰富了绿肥种质资源

建立了绿肥种质资源描述规范和数据标准,挖掘抢救了一批绿肥品种资源,多渠道搜集、引进国内外资源,在库资源3 000多份。在不同区域开展了主要资源的性状评价工作,初步建立了绿肥作物种质资源性状数据库、主要性状的图像信息数据库。加强新品种培育与应用,认定了25个紫云英、毛叶苕子、山黧豆、肥田萝卜等绿肥新品种。

2.2.2 突破了一批绿肥轻简化生产共性关键技术

着重研发了一批绿肥专用播种、翻压、种子收获、开沟管理等轻简化装置装备以及绿肥专用肥及根瘤菌剂、基于绿肥的主作物配套生产条件等关键技术及产品,在大多数绿肥生产地区可实现绿肥机械化播种及开沟、翻压、收种的绿肥全程机械化生产。在南方稻田,通过水稻机械化收割留高茬大幅延长绿肥播种期、保障绿肥安全越冬,进一步保证了绿肥种植利用的高效、轻简,为以高留茬和绿肥碳氮互济为核心的稻田培肥技术应用、解决南方稻田冬闲田多、秸秆还田问题提供重要支撑。

2.2.3 研发提出了一批绿肥生产新方式、新技术

在南方稻区,晚稻留高茬-紫云英迟播土壤生物碳氮调控技术,解决南方稻区农村劳动力

短缺以及传统紫云英播种劳动强度大、效率低等问题，并能够增加干旱季节的土壤含水量，保证紫云英出苗，有利于培育壮苗，可增加冬季极端低温时的土壤温度，有利于紫云英冬季生长。在京津地区，形成了冬绿肥-玉米/棉花等种植模式，研发了春玉米全程套播二月兰等核心技术，实现了二月兰播种的轻简化和高效率，可以为华北区冬春季节大面积绿色覆盖提供技术途径，填补了压减冬小麦-夏玉米二熟制面积产生的巨大冬春季裸露空间。在西北实施的玉米/油葵前期间作豆科绿肥作物技术，可充分利用玉米或油葵前期的生长特点及栽培要求，在玉米或油葵前期间作豆科绿肥作物，既可保证玉米或油葵产量，又可增收一茬豆类，综合效益十分显著。

2.2.4　组装集成了基于绿肥的节肥高产稳产技术体系

在初步形成各地绿肥生产利用技术规程的基础上，发布了 30 多项绿肥生产利用技术规程，构建了以保障作物高产稳产能力的绿肥生产利用、基于绿肥的主作物清洁生产养分管理等为核心的技术体系，分别在稻区、华北、西北、西南得到持续优化应用并取得重大社会经济效益。通过 5～8 年的定位试验，完善了各地种植利用绿肥后的化肥替代技术，进一步明确了在不同种植制度条件下纳入绿肥作物生产后主栽作物的稳产高产条件。多年多点联合定位监测表明，绿肥配合化肥能取得高产（表 1-1-1）、节肥（表 1-1-2）及稳产等作用。种植绿肥并翻压时，稻区较冬闲田减施化肥 20%～40%，西北、华北较秋闲田或者冬闲田减施化肥 20%～30%，主作物产量不低于当地常规施肥并稳中有升。

表 1-1-1　多年种植利用绿肥配施化肥的产量效果（曹卫东等，2017）

地点	持续年限	绿肥模式	平均产量/(t/hm^2)		增产/%
			绿肥＋100%化肥	休闲＋100%化肥	
湖南	8	双季稻-冬绿肥	6.35	5.34	20.4
江西	8	双季稻-冬绿肥	5.34	5.01	6.5
湖北	3	单季稻-冬绿肥	9.24	8.39	10.2
陕西	5	冬小麦-夏绿肥	4.64	4.05	14.5
甘肃	5	小麦-毛叶苕子/箭筈豌豆	6.68	6.00	11.3
	5	玉米/针叶豌豆	15.60	14.07	10.9
贵州	5	玉米-光叶紫花苕	6.15	5.49	11.8
	5	烟草-光叶紫花苕	2.19	1.76	24.1

注：湖南、江西的产量为早稻平均产量。

表 1-1-2　湖南省和江西省基于绿肥的水稻减施化肥多年产量效应（曹卫东等，2017）

处理	湖南（8 年）		江西（7 年）	
	产量/(t/hm^2)	增产/%	产量/(t/hm^2)	增产/%
100%常规施肥	5.34	—	5.01	—
紫云英＋80%化肥	6.02	12.8	5.49	9.6
紫云英＋60%化肥	5.66	6.1	5.13	2.2
紫云英＋40%化肥	5.30	−0.9	4.67	−6.8

注：产量为早稻平均产量，紫云英翻压量为 22.5 t/hm^2。

2.2.5　深入剖析了绿肥在现代农业生产中的贡献及作用机制

种植利用绿肥与化肥配合能大幅提升作物产量（图 1-1-1），有利于土壤氮库及碳库的培育，能为主作物创造良好的土壤养分、生物、物理环境，是作物高产稳产的重要物质基础和技术保障。明确了绿肥能固碳减排并能降低氨挥发。揭示了绿肥高产高效作用的部分关键机制，其中，验证了绿肥可有效促进作物养分吸收利用，明确了绿肥养分对作物养分的供应能力、黄土高原夏闲绿肥、华北冬绿肥在养分平衡中的贡献，初步阐释了稻田紫云英影响土壤氮素转化、有助于铵供给的分子机制，解析了农田绿肥输入对土壤可溶性有机质含量和结构以及铁还原的影响。

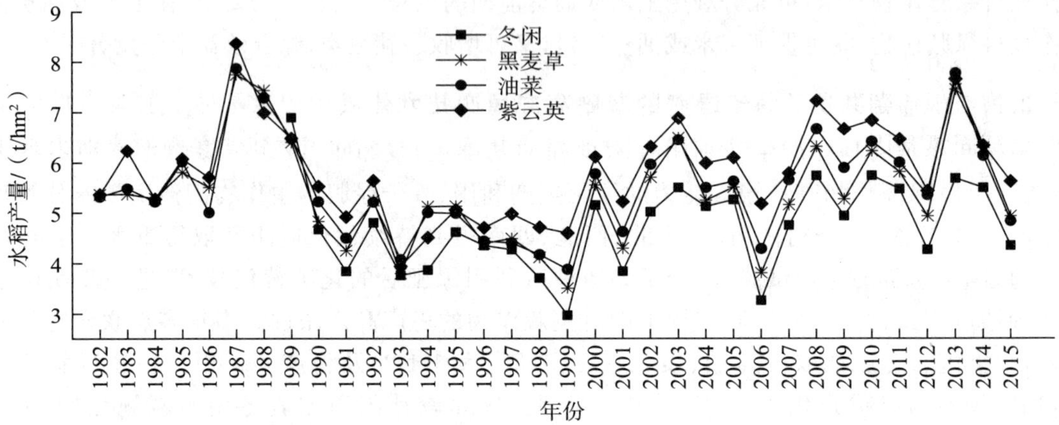

图 1-1-1　湖南祁阳 34 年种植翻压绿肥下的早稻产量(曹卫东等，2017)

2.2.6　初步探索了绿肥产业化路径

促进了绿肥种业发展，推动了紫云英菜用及蜂蜜、二月兰菜薹等综合利用，探索了西北、西南等区域绿肥饲草加工新途径，开展了南方稻区利用绿肥发展绿色有机稻米的技术研发和应用。绿肥是清洁肥料，可作为有机水稻的良好肥源并且可以达到耕地用养结合目的。定位研究表明，在紫云英-单季稻制度下，且不施化肥的条件下翻压紫云英 75 t/hm^2，稻谷产量与单施化肥的产量水平相近或略高；单季有机稻米翻压紫云英的阈值及适宜用量分别为 80 t/hm^2 和 60 t/hm^2，紫云英作唯一肥源的有机稻米生产的适宜年限为 4 年。

2.3　绿肥体系的主要成就

体现在：实现了绿肥生产全程机械化，组装了紫云英全基因组，量化了绿肥高效节肥与“藏粮于地”效应，揭示了绿肥调控农田土壤碳氮转化的作用机制，支撑了国家减肥增效战略。

2.3.1　实现主要农区绿肥生产全程机械化

研发出系列绿肥播种、开沟、翻压、种子收获等关键环节装置装备。研制了绿肥背负式电动撒播、无人机定量撒播和开沟播种复式作业等装置，播种均匀高效；研发了与联合收获机或旋耕机配套的犁式开沟及碎土抛散装置；创制了铧式绿肥翻压犁和绿肥粉碎翻压复式作业机，能够降低翻压作业能耗、提升绿肥埋压效果；研制出全喂入轴流式轻简型紫云英种子联合收获机，发明了防落荚柔性扶禾、纵轴流杆齿滚筒脱粒和分层控杂清选等技术，彻底打破紫云英种子难收、易损的瓶颈。通过一系列技术创新与装备配套，全面升级了绿肥生产的现代化水平，绿肥生产关键环节的作业效率提升 30～120 倍。核心内容入选“2020 中国农业农村十大新技术”，集成的“绿肥生产利用全程轻简化技术”“稻田绿肥全程机械化生产技术”于 2017—2019 年被认定为全国农业主推技术。

2.3.2　推进绿肥资源整理与创新

截至2022年底，保有绿肥资源超20 000份次，审定及认定/登记绿肥新品种40个。在双季稻区，培育出早花、适产、适应早稻直播的湘紫、桂紫系列紫云英新品种；在单季稻区，选育出养分截获能力强的皖紫、弋江籽、闽紫等系列紫云英新品种；培育出高抗逆性的毛叶苕子、肥田萝卜等新品种，不断满足现代农作制度对绿肥品种的新需求。研编了《中国主要绿肥品种资源图集》，系统展示了紫云英等稻田主要绿肥品种资源的特征特性。采用第三代测序技术，经过染色体水平组装与注释，运用比较基因组学，组装了紫云英染色体水平的参考基因组，并提出豆科植物与根瘤菌共生结瘤的遗传学新见解：紫云英进化进程中的全基因组复制事件保留了关键结瘤固氮基因；查耳酮合成酶基因在根部富集表达，在空间上提供了结瘤所需的类黄酮信号；R基因在根系中的表达高于根瘤，是增强根部免疫、弥补共生过程中植物防御能力减弱的可能机制。

2.3.3　量化绿肥的节肥增效作用

通过大规模试验研究，系统、量化回答了绿肥综合效应等科学难题。种植翻压绿肥后，在主作物稳产增产前提下，主要农区化肥用量能减施15%～40%，部分区域可减施60%。运用多年联网试验（福建、安徽、湖北、湖南、江西、河南、广西、浙江8省，14点，12年）和大数据分析，提出了种植翻压绿肥后，早稻/中稻稳产、丰产、高产系列节氮减钾施肥技术，在保障接茬水稻稳产条件下可节氮、减钾各40%（图1-1-2、图1-1-4），氮、钾肥利用率分别提高51.0%、16.5%（图1-1-3、表1-1-3）。利用绿肥适度替代氮钾化肥，相比冬闲-常规施用化肥（常规对照）可显著提高水稻产量，其中，不减氮肥、减施氮肥20%，比常规对照（6.94 t/hm^2）分别增产5.7%、3.8%（12年，n=5 821）（图1-1-2），相应的氮肥利用率分别提高7.8个、12.6个百分点（12年，n=945）（图1-1-3）；水稻不减氮钾、减氮钾20%，比常规对照（7.20 t/hm^2）分别增产7.0%、4.0%（12年，n=1 250）（图1-1-4），相应的钾肥利用率分别提高22.1个、20.5个百分点（8年，n=915）（表1-1-3）。明确了绿肥作为唯一有机养分来源的产量效应，单独种植翻压绿肥不施化肥的水稻相对产量为81.1%（11年，n=599），河南、浙江绿肥用量分别为52.5 t/hm^{2}和60.0 t/hm^{2}时可完全替代化肥，为有机种植业的养分管理提供了重要参考。

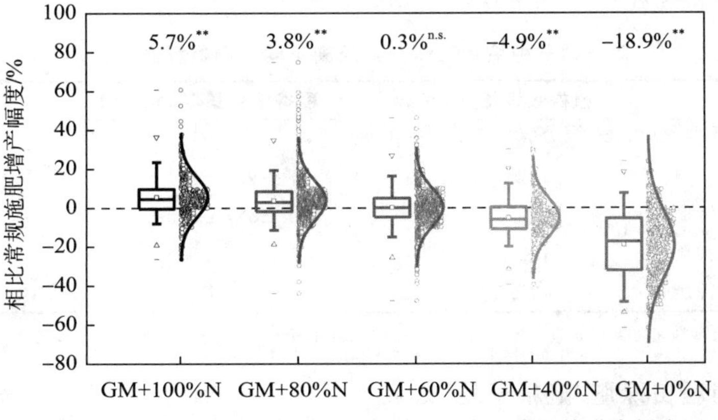

图1-1-2　南方稻田种植翻压紫云英配施不同比例氮肥相比常规施肥的增产幅度（Gao et al.，2023）

注：福建、安徽、湖北、湖南、江西、河南、广西、浙江，14点，12年，n=5821。处理：GM+100%N—绿肥+100%氮肥；GM+80%N—绿肥+80%氮肥；GM+60%N—绿肥+60%氮肥；GM+40%N—绿肥+40%氮肥；GM+0%N—绿肥+不施氮肥；绿肥为种植翻压紫云英；图1-1-3意义相同。

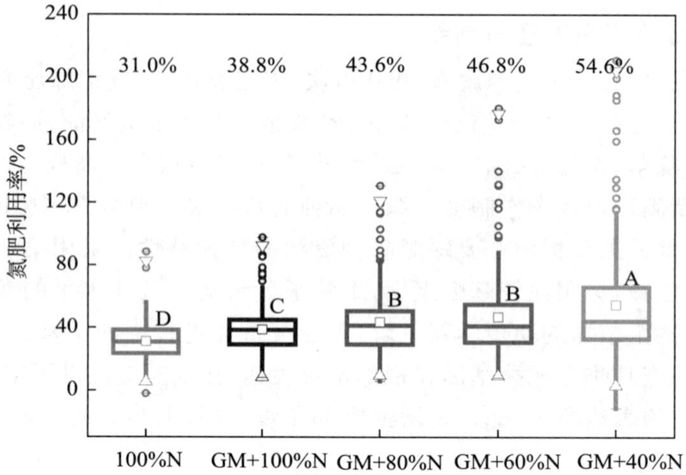

图 1-1-3 南方稻田种植翻压紫云英配施不同比例氮肥下的氮肥利用率(Gao et al., 2023)

注:试验点及年份同图 1-1-2,n=945。100%N—冬闲常规施肥。图中不同大写字母代表处理间差异显著。

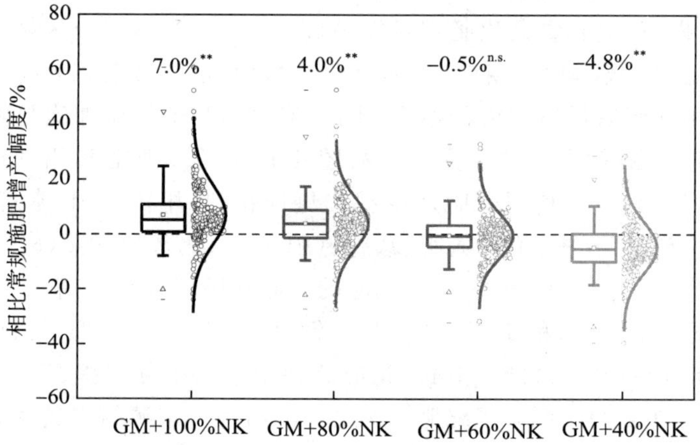

图 1-1-4 南方稻田种植翻压紫云英配施不同比例氮钾肥相比常规施肥下的增产幅度

注:福建、安徽、湖南、江西、河南,6 点,12 年,n=1250。处理:GM+100%NK—绿肥+100%氮钾肥;GM+80%NK—绿肥+80%氮钾肥;GM+60%NK—绿肥+60%氮钾肥;GM+40%NK—绿肥+40%氮钾肥。

表 1-1-3 南方稻田种植翻压紫云英配施不同比例氮钾肥下的钾肥利用率

处理	植株吸钾量/(kg/hm²)	稻谷吸钾量/(kg/hm²)	钾肥利用率/%
100%氮钾肥	150.7±3.9 c	27.1±1.0 b	66.2±2.1 d
紫云英+100%氮钾肥	172.7±4.1 a	29.7±1.1 a	88.3±2.6 b
紫云英+80%氮钾肥	159.9±4.3 b	28.1±1.0 b	86.7±3.3 b
紫云英+60%氮钾肥	132.5±4.4 d	25.2±0.8 c	77.1±3.3 c
紫云英+40%氮钾肥	137.1±3.6 d	23.9±0.8 c	98.6±4.8 a

注:植株吸钾量指稻草和稻谷总吸钾量。试验点及年份同图 1-1-4,n=915。表中不同小写字母代表处理间差异显著。

2.3.4 阐明稻田绿肥"藏粮于地"效应

全面确证了合理利用绿肥,不仅实现水稻丰产提质,同时有效改善稻田土壤化学、物理、生物性状与生态环境。绿肥化肥配合施用下稻田土壤有机碳、全氮的累积速率分别比常规对照提升 0.2(n=618)、0.03 g/(kg·年)(n=486)。利用绿肥后不减、减氮钾 20%,土壤速效钾含量比常规对照分别增加 9.9 mg/kg、7.6 mg/kg，增幅分别为 13.6%、10.4%（n=942）。配施减量 40%化肥的稻田土壤总供氮能力、潜在供氮能力、氮矿化率分别增加 88.5%、71.5%和 50.7%（n=112）。绿肥稻田的土壤碳物理保护力明显提高，安徽连续 12 年后，紫云英配合化肥较单施化肥的>2 mm 粒级土壤团聚体比例提高了 5.9%～9.9%；湖南连续 4 年后，紫云英-稻秸联合利用比单独稻秸还田的土壤小团聚体（0.25～2.00 mm）增加 18.9%、粉粘粒（<0.053 mm）降低 14.4%。绿肥稻田的土壤甲烷氧化菌、硫还原菌丰度以及细菌和真菌的网络复杂度和稳定性提高，土壤微生物群落结构、功能微生物繁殖力、相关酶活性等性状改善。多点定位试验及模型分析，绿肥稻田的土壤表层碳固持速率为 1.62 Mg CO_2-eq/（hm^2·年），碳足迹、活性氮损失量和氮足迹分别降低 30.9%、19.2%和 9.7%。绿肥-稻秸联合利用较稻秸单独还田，三年平均减排甲烷 4.7%、降低净增温潜势 29.6%、削减单位产量温室效应 32.5%，南方稻区运用绿肥技术的节氮潜力为 49.8 万 t/年。

2.3.5　揭示绿肥调控稻田土壤碳氮转化机制

阐释了绿肥与稻秸联合利用的"促腐、减排、固碳"协同机制。联合物料在腐解前期较稻秸单独利用促使肠杆菌科等单糖降解菌参与、在腐解中后期较绿肥单独利用促使氢孢菌属等纤维降解菌主导，且中后期参与腐解的各种糖苷酶以及磷酸酯酶活性较高，共同促进物料降解；降低稻田土壤中产甲烷古菌与甲烷氧化细菌群落丰度比（*mcrA*/*pmoA*）、提高甲烷氧化细菌群落中 Type Ⅰ型细菌占比、增加土壤碳固持，实现稻田甲烷减排；促进有机碳从轻组有机碳转移到颗粒态有机碳内，强化物理保护，增加土壤碳稳定性。解析出绿肥调控稻田硝化过程强化水稻氮营养的主要机制是：降低稻田土壤氨氧化细菌数量，降低氨氧化古菌的 *Nitrososphaera* 丰度、增加 *Nitrosopumilus* 的丰度，减弱土壤硝化作用，增强土壤铵供给。发现绿肥能降低土壤矿物晶格对化肥氮的固定，减少土壤氮消耗、提高化肥氮的利用效率。

2.3.6　探索绿肥内源驱动土壤健康的生物学理论基础

在南方稻区的多点联网研究表明，种植翻压绿肥，提高了功能微生物及其在物质转化中的作用，增强了参与碳、氮循环的葡萄糖苷酶、几丁质酶活性，改善了细菌和真菌的网络复杂度和稳定性。在西南烟区，利用定位试验研究，发现绿肥能够调控烤烟土壤生态，促进细菌群落在烟草土体土、根际土、根表及根系等不同区域间的扩散，增强相邻区域间微生物潜在互作。

在西北，基于始于 1988 年的长期定位试验研究发现，相对于单施化肥处理，种植翻压绿肥的农田土壤保持较强多功能性、较低氧化亚氮排放潜力、高固氮能力。种植翻压绿肥能够促进土壤细菌、真菌在土壤剖面迁移，提高深层土壤微生物共生网络稳定性；提高土壤中参与碳、氮、磷循环的关键微生物生态集群的生物多样性与丰富度，对>40 cm 土层土壤的影响更明显；提高固氮菌-丛枝菌根真菌集群 Module＃0（富营养型菌群主导）丰度，该集群与土壤固氮能力正相关，表明富营养型固氮菌对土壤固氮有重要贡献。此外，种植翻压绿肥能够改善土壤固氮菌与丛枝菌根真菌在关键微生物集群中的协同关系。

2.3.7　全面形成系列新技术，强力支撑农田减肥增效

针对农田秸秆处理难题，研发提出绿肥与稻秸、麦秆等联合利用技术，丰富了相关绿肥-主作物制度的技术内涵，实现了秸秆还田、绿肥生产联动和互济。其中，绿肥-稻秸互促的资源高效利用技术已开始大规模应用，作为核心内容形成的"稻秸-绿肥轻简利用及高效节肥技术"入选 2020 农业农村十大新技术。运用该技术，在绿肥季，稻秸促进紫云英生长、增强紫云英固

氮；在水稻季，绿肥-稻秸联合利用具有“促腐、节肥、丰产、减排”协同增效作用。该技术进一步提升了稻田生产力，水稻产量比单独绿肥提升 21.7%(n=342)。

研制发布了农业行业标准《南方稻田绿肥种植与利用技术规范》《旱地豆科绿肥种子生产技术规程》《南方稻田豆科绿肥与稻秸联合利用养地减肥技术》《南方水稻节肥养地型绿肥种植利用技术》《南方稻田绿肥轻简高效节肥增效技术》分别入选 2021 年、2022 年和 2023 年农业农村主推技术。2017—2023 年，农业农村部及各省、市、区发布绿肥主推技术 49 项。绿肥已经成为我国农田化肥减量增效、农业面源污染防治的关键支撑。

3 绿肥在当代社会和经济建设中的定位与发展策略

2021 年和 2022 年，习近平总书记 3 次走进采用绿肥技术的田间地头。绿色高质量发展是未来我国农业农村发展、乡村振兴的主基调。在生态文明、绿色和高质量发展的背景下，绿肥具备了打造成具有时代新意的现代产业基础。“两山”理论为当前及未来的绿肥发展提供了根本遵循。一方面，要坚持抓好绿肥本色，支撑农业绿色发展，建设好绿水青山；另一方面，要创新产业发展机制，努力探索将绿水青山变成金山银山的绿肥道路。

3.1 以提升绿肥生态表现力为基础，支撑农业绿色高质量发展

3.1.1 绿肥是减肥增效和藏粮于地的首选路径

充分发挥绿肥“供肥养地”的本质特性，完善绿肥-主作物一体化养分管理与调控技术，形成了主要农区基于绿肥的种植业减肥增效技术途径，发布了一大批技术标准和主推技术。在一系列成熟技术的支撑下，在各类农田减肥增效、耕地质量提升、休耕轮作等工作中，绿肥几乎都成为标配措施，成为农业绿色发展的重要保障。2022 年 4 月，农业农村部发布《关于做好 2022 年化肥减量增效工作的通知》，11 月发布《到 2025 年化肥减量化行动方案》，绿肥是其中重要技术内容。2023 年 3 月，农业农村部发布《国家农业绿色发展先行区整建制全要素全链条推进农业面源污染综合防治实施方案》，将种植绿肥作为推进面源污染减量化的核心措施。2023 年 6 月，农业农村部发布《2023 年化肥减量化技术方案》，明确指出“引导农民种植利用绿肥”，并就种植绿肥提出了详细的指导意见。湖南省出台《关于创新体制机制推进农业绿色发展的实施意见》，明确提出每年发展绿肥生产 67 万 hm^2 的任务目标，湖南省绿肥发展迅速升温。其中，湖南省益阳市赫山区连年投入较多资金支持绿肥生产，该区某种粮大户认为，“农民种植绿肥不‘亏本’，可以减少 1/3 化肥、少打 1～2 次农药，省下成本就是纯利润。”

3.1.2 绿肥是建设绿水青山的高效手段

积极在果园开展绿肥覆盖、在西北和西南生态脆弱区实施绿肥轮作休耕、在华北冬麦退出区推行冬季节水型绿肥覆盖等措施，有力推动了绿肥在绿水青山的生态道路中发挥特有作用。重庆市制定了《三峡库区果园绿肥种植技术指导方案》，积极推动绿肥在三峡库区柑橘生产中发挥重要支撑作用。其中，2022 年重庆市忠县绿肥柑橘园 0.8 万 hm^2，较 2017 年增长 10 多倍，有关模式能为构筑长江生态屏障提供重要支撑；在甘肃省脆弱生态区示范推广冬绿肥覆盖防沙生态型模式，绿肥在秋冬季覆盖地面、降低土壤风蚀 75%以上；在云南省抚仙湖流域推动“退菜还绿”，试验示范区化肥用量降低 30%，农业面源污染物降低 20%左右，切实保护了高原明珠。

3.1.3 绿肥是遏制当前农田土壤退化的关键招数

(1)我国农田土壤退化趋势未有效遏制

我国用占不足世界9%的耕地,生产了约占世界23%的粮食。在高产出的驱动下,我国农田长期存在重用地、轻养地现象,其中,肥料投入不尽合理,特别是有机肥源严重不足。我国是全球最大的化肥消费国,2021年化肥消耗量达5 191万t,占世界总化肥消费量的约27%。农田大量及不合理使用化肥,加之缺乏有效的耕地养育手段,导致耕地质量下降、农田生态环境恶化、农业面源污染加剧等一系列的土壤退化问题,近些年更是出现了土壤重金属镉超标、除草剂残留等问题。《土壤整治白皮书 No.2》指出,我国无重金属污染的耕地面积为8 480万 hm^2,换言之,存在重金属污染的耕地有数百万公顷。

国家在治理土壤退化方面,也不断投入巨大的财政资金和科技资源。2020年、2021年,农业农村部连续开展退化耕地治理,主要措施是施用土壤调理剂、绿肥还田、耕作压盐、增施有机肥等。近些年,一大批科技项目已经或者正在开展有关工作。然而农田土壤退化问题依然是全社会关注的顽疾,农田土壤退化趋势并未得到有效扼制,其核心的原因,是没有找到土壤退化的内在原因,多数治理技术是采用外部投入,忽视了农田土壤的内源驱动作用。

(2)绿肥提升土壤内驱力是遏制土壤退化的高效途径

"外因是变化的条件,内因是变化的根据,外因通过内因而起作用。"只有解决好农田土壤自身问题,才能够真正扼制土壤退化的发生和发展。健康的土壤,能够协调农田生产能力与生态健康的平衡发展,即,能在保障农作物相对高产出的同时,实现农田环境的良性发展,这应当是"藏粮于地"的核心要义。长期的农业实践证明,合理的有机、无机养分配合,是保持地力可持续发展的根本措施。但如何增加有机肥源,如何提升耕地质量、改善土壤健康水平,并未找到很好的解决途径。

农谚说,"一年红花草,三年地脚好"。利用绿肥供肥养地、发展种植业,在我国已有3 000多年历史,是我国耕地土壤数千年"常新壮"的有效手段。绿肥来源广、成本低、绿色天然、生物耕作能力强,是养育耕地的最便捷、最高效、最安全、最经济的手段。种植利用绿肥后,土壤肥力、农田生态、农作物品质明显改善,多年种植翻压紫云英的稻田,罕见稻米镉超标。可见,绿肥田的土壤退化得到了有效遏制。因此,充分发挥绿肥的养地功能、提升农田土壤的内源驱动能力,是破解农田土壤退化的关键招数。我国是世界上耕地资源最稀缺的国家之一,这种稀缺性决定了原位、绿色、高效、低成本的农田退化治理路线更加符合我国国情。种植利用绿肥,就是此路线的最佳技术手段。

3.2 以提升绿肥经济贡献力为牵引,推动绿肥助力区域经济发展

3.2.1 提出"绿肥+"产业发展机制

绿肥体系积极探索既要青山也要金山的"两山"路径。2018年年初,提出"绿肥+"产业发展新机制,努力发挥绿肥在产业转型升级中的重要技术平台作用,打造"绿肥+"清洁农产品和"绿肥+"创意农业等产业模式。

绿肥以服务于主作物和生态建设为首要任务,自身产品单元不易体现。但辩证地看,绿肥能够不受产品单元的约束,可以发挥其是最清洁有机肥源、是农田最高效用养结合手段的优势,打造基于绿肥的清洁农业产业。实践中,绿肥在不少地区是有机农业等清洁农业生产的重

要乃至唯一肥源。同时,通过构建合理的绿肥-主作物种植制度,能保障土壤健康、提升土壤肥力,进而有效促进农产品提质增效。为此,绿肥体系积极谋划"绿肥+"清洁农业产业新机制。

"绿肥+"清洁农业产业的核心,是运用"两山"理论,立足绿色发展,着眼于服务国民经济建设,重点围绕绿色兴农、质量兴农等新时代乡村振兴战略任务,挖掘绿肥清洁内涵,创建一批"绿肥+"清洁农业产业模式。支持代表性企业、大户、新型经营主体,联手建设一批"绿肥+"综合示范基地,提升绿肥关联产品的价值,促进绿肥生态价值和经济价值融合发展。

3.2.2 建立"站品融合"特色产业路径

绿肥体系的多数试验站处在生态环境好的"绿水青山"地区。根据"绿肥+"清洁农业产业发展机制,绿肥体系积极探索"站品融合"发展模式,推动区域特色产品发展、服务区域经济建设。各试验站立足区域资源禀赋,努力构建具有区域特色的、完整的绿肥产业链条。强化与当地农业农村部门或龙头企业及新型经营主体的协同,建设适度规模的产业示范与技术研发基地,重点打造市场潜力大、区域特色明显、附加值高的清洁农产品,带动区域绿肥产业发展,推动地方农业产业转型。同时,部分有条件的科学家岗位,也参照"站品融合"模式,促进岗位工作更加贴近产业发展,进一步做实岗位的"产业"抓手。

通过绿肥体系内外联动,协同推动全国"绿肥+"清洁农业产业市场发展。"绿肥+"清洁农业产业的价值已经初步显现,一批"绿肥+"产业新模式逐渐形成,具有绿肥内涵的品牌产品不断出现,同时创新发现了"绿肥+"机制的科学依据。运用新机制,南方稻区多省创立"绿肥+"品牌稻米,其他各地探索的"绿肥+"柑橘、大枣、夏莱、高端烟叶以及面粉、肉羊等模式,也显现出强劲价值潜力。截至2022年底,绿肥体系培育"绿肥+"优质特色农产品生产企业百余家,支持形成的"绿肥+"产品超过100种,"绿肥+"产品的创制已经进入快速成长期。仅2022年,绿肥体系有关试验站及岗位就示范应用"绿肥+"产业模式1.22万 hm^2。打通商业流通节点,建立"绿肥+"产品"线下+电商"同步推广模式。多种绿肥果品首次以绿肥为元素亮相高端商超,上线40家企业的上百款"绿肥+"大米、果品等产品。"绿肥+"产品进入百姓生活,"绿肥+"产业迈出新步伐。

3.2.3 助力区域经济高质量发展

在安徽南陵县,2022年,绿肥体系协同企业自主紫云英留种示范0.40万 hm^2,辐射带动1.00万 hm^2,年产值1.28亿元;建设"紫云英"稻米生产基地400 hm^2,地理标志产品"南陵大米""芜湖大米",绿肥是重要技术支撑,辐射1.33万 hm^2,产值6亿元。"文化引领、科技创新"双轮驱动,发挥传统紫云英种业基地优势,拓展"绿肥+"稻米等产业。与南陵县签署战略合作协议,全面支持建立"长三角紫云英研究院"、紫云英产业园等产业研发、转化平台,协同完善"紫云英人才会客厅""紫云英人才大道"等人文建设内容。推动龙头企业创新能力建设,支持企业在新品种选育、推广体系建设、科技项目申报等多层次全面进步,协助企业建设博士后流动站。

近年来,绿肥体系提出"绿肥果(茶)园"的新理念。2022年,在四川西充县,应用绿肥果园理念,建设"绿肥+"柑橘、香桃生态果园产业示范基地近3 000 hm^2,产值4亿元。对接龙头企业建设绿肥果园,培育优质柑橘品牌,成立科技特派员工作站、联合申报项目。培育"品诚·橘天下"和"烈风绿肥柑橘"品牌,年产值9 000万元,带动关联产业效益1.5亿元。辐射南充市0.67万 hm^2,年产值近10亿元。重庆忠县"忠橙"区域品牌近几年通过推广绿肥技术,最新品牌价值14亿元,2022年绿肥柑橘园0.8万 hm^2、产值13.3亿元,被认定为全国绿色食品原料标准化生产基地。

3.3 我国绿肥发展存在的问题与推动策略

3.3.1 理念不足和种业制约严重阻碍绿肥发展

据绿肥体系的调研，我国 24 个省、市、区 2022 年的绿肥面积为 412 万 hm^2，虽然较 2017 年以前有了较大提升，但也仅约占可发展绿肥潜力面积的 12%，与 20 世纪绿肥鼎盛时期的约 70%差距甚远。绿肥生产严重滞后的主要限制因子是理念不足和种业缺乏保障。

在理念上，对绿肥在绿色、高质量发展中的重要作用和地位认识不足。众多的闲置土地裸露、撂荒、季节性闲置，不仅是资源的浪费，也易导致农田退化。在高标准农田和新增耕地有关工作中，不仅对耕地土壤的质量内涵重视不够，而且相关工作重“商品性”有机肥、轻“天然型”绿肥，是不争的事实。

在种业方面，绿肥种业基地和种业市场缺乏良性发展生态，绿肥种子供应保障机制不健全。据不完全统计，2022 年国内绿肥种子交易量 3.28 万 t。这表明，我国绿肥种业市场仅能保障不到 130 万 hm^2 的绿肥种植面积，其余的种子来自分散性自留种。同其他种业比较，绿肥种子运营网络不完备，绿肥种业市场自我调节能力弱，稳定供给水平较低。一批坚持绿肥种子生产和经营的企业规模小、专业程度低，生产基地缺乏系统规划，基础设施差。同时，绿肥生产的补贴政策应急性特征明显。导致绿肥种子供求关系缺乏稳定预期，绿肥种子生产较为盲目，价格波动过大，对留种和经营的负面影响较大，严重制约了绿肥生产的可持续性。

3.3.2 新时期推动我国绿肥发展的策略

“耕地是粮食生产的命根子”。新形势下，有必要利用绿肥培肥养地的内源效应，扼制我国农田土壤退化。如何真正将绿肥作为落实“绿水青山就是金山银山”的具体实践和切实行动，最重要的是彻底转变观念、破除体制机制限制。

充分认识绿肥在绿色、高质量发展中的重要作用和地位，强化制度供给。应当做好顶层设计，研究制定国家层面的绿肥产业发展规划，提出长期稳定支持绿肥产业发展的措施，增强绿肥产业发展有效制度供给。近期，可将绿肥作为化学肥料减施、高标准农田建设、退化土壤治理、轮作休耕补贴试点的标配技术措施。

充分利用闲置土地养育耕地，强化高标准农田、新整耕地、后备及边际土地中的绿肥应用。我国每年有四千多万公顷的季节性和空间性闲置土地，每年还在推进数百万公顷的高标准农田建设任务。在这些地区，应当推动利用绿肥“健全休耕轮作制度”，把绿肥作为重要的技术内容和验收指标。以生态涵养、地力可持续为基本目标，因地制宜加强盐碱地、黑土地、边际地等方向的绿肥综合利用，打造一批我国粮饲生产的后备土地的战略纵深地带，建设一批环境美好、适度产出的生态服务区。

研发可以强化绿肥效应的绿色投入品及调控技术，提升农田生态系统的环境容量。在充分发挥好绿肥效应的基础上，可以适当结合外源调控手段，构建基于绿肥的土壤退化协同治理技术体系，培育健康农田土壤生态系统，使得农田生态具有较强的自我调节、自我修复功能。有关路径是实现农田养地、节肥、减排多重效应的首选发展方向。

构建国家层面的绿肥种子生产与储运体系，提升绿肥种业保障水平。研究建立绿肥品种评价与品种准入制度。做好绿肥种子繁育规划，建立好北方旱作及冷凉区、黄淮海地区、南方稻区、西南旱地及热区的繁种品类与基地规划，统筹好大宗与小众品类的协调发展。推进国家级的区域性绿肥种子储备体系建设，逐步形成国家主导、社会参与的绿肥种业调节机制。完善生产补贴用种的采购机制，建立省域种子采购品种清单，探索建立合理定价、质量优先的种子采购竞标机制，努力实现可预期的种子生产、销售体系。

创新绿肥种植利用的补贴与生产保障机制。实行政府购买服务，将绿肥播种、管理、翻压、指导绿肥种植后的主作物土壤及水肥管理等服务委托给社会化服务组织或大户，设置阶段目标，实行后补助等方式。加强全过程技术指导和管理评估，探索绿肥种子经营企业以及新型农业经营主体参与、政府和第三方监督的绿肥生产保障机制。

4　我国绿肥发展潜力

4.1　绿肥空间占比与绿肥有效时空概念

绿肥主要是在季节性闲置(如南方的冬闲稻田)和空间性闲置(如果园的空行)土地上种植利用的。绿肥空间占比是指绿肥实际占地的比例。在绿肥-主作物轮作中，在绿肥生长的季节，全部的土地均为绿肥空间，则绿肥空间占比为100%。例如，南方绿肥-水稻轮作制中，冬闲稻田的绿肥空间占比为100%。在绿肥与主作物间作制度中，绿肥空间占比与主作物种类有关。例如，玉米前期间作绿肥，玉米行间约有50%的土地可以供绿肥生长，则绿肥空间占比为玉米种植面积的50%；落叶果园和常绿幼龄果园中，果树行间约有70%的土地可以供绿肥生长，则这两类果园中绿肥空间占比为对应果园面积的70%；以此类推至其他绿肥-主作物制度中。

传统上，多以空间面积来衡量绿肥发展的潜力，但考虑到不同地区适宜绿肥生产的季节长短不一，单纯以空间面积来衡量具有一定局限性，应当结合适宜绿肥生产的时间来综合分析。例如，华北区农田一般从10月到次年4月为冬闲季节，绿肥占地时长为6个月(0.50年)左右；南方稻区从10月到次年3月为冬闲季节，绿肥占地时长为6个月(0.50年)左右；在西北区秋闲季节为8～10月，则绿肥占地时长为3个月(0.25年)左右；在东北等严寒地区，虽然冬春季土地空闲，但不适宜绿色植物体生长，这类地区适宜绿肥发展的空间多为春玉米前期间作绿肥，绿肥占地时长为2个月(0.17年)左右。各地农区及经济林园绿肥生产制度或模式及适宜绿肥的时长和有效空间占比的赋值见表1-1-4。

据此，引出绿肥面积和绿肥有效时空的概念来分析发展绿肥的潜力，即：

绿肥面积(hm^2)＝可发展绿肥的主作物面积×绿肥空间占比

有效时空(hm^2·年)＝绿肥面积×绿肥时长

绿肥面积潜力、绿肥有效时空潜力的算法，充分考虑了不同区域农作制度特点及适宜的绿肥制度、绿肥种类及生长时长等因素，也结合了各区域主要农作物播种情况及气候特点综合分析，能够更准确反映当前不同区域的绿肥发展潜力。

表1-1-4　我国各地农区及经济林园绿肥生产制度/模式及绿肥时长、空间占比

生产制度/模式	绿肥时长/个月	绿肥空间占比/%	省份
绿肥-水稻轮作	6	100	陕西、天津、山东、安徽、江苏、浙江、福建、上海、江西、河南、湖北、湖南、广东、广西、重庆、四川、贵州、云南
	4	100	海南

续表 1-1-4

生产制度/模式	绿肥时长/个月	绿肥空间占比/%	省份
绿肥-玉米轮作	6	100	北京、天津、河北、山东、陕西、山西、安徽、湖北、广西、重庆、四川、贵州、云南、江西、湖南
玉米前期间套作绿肥	2	50	黑龙江、吉林、辽宁、甘肃、陕西、青海、山西、新疆、内蒙古、宁夏
麦后复种绿肥	3	100	甘肃、陕西、青海、新疆、内蒙古、宁夏、西藏
	2.5	100	黑龙江、吉林、辽宁
绿肥-烤烟轮作	6	100	山东、陕西、河南、湖北、四川、贵州、云南
马铃薯(红薯)轮作或间作绿肥	3	100	内蒙古
	2	50	宁夏、甘肃
	6	100	山东、贵州、江西、湖南
	2.5	100	辽宁、黑龙江
向日葵间套作绿肥	3	50	内蒙古
木薯甘蔗间套作绿肥	4	50	广东、广西
油菜前期间套作绿肥	3	50	陕西
绿肥-花生轮作	6	100	山东、江西、湖南
绿肥-杂粮轮作	6	100	山东、山西、河北
绿肥-棉花轮作	6	100	山东、河北
禾本科粮食作物与豆科绿肥混播	5	100	青海、西藏
落叶果园	6	70	内蒙古、吉林、宁夏、新疆、甘肃、西藏、辽宁、青海、黑龙江
	12	70	以上绿肥时间6个月外的其他省份
幼龄常绿果园	12	70	所有常绿果园省份
成龄常绿果园	12	25	所有常绿果园省份
茶园	12	25	所有茶园省份

4.2 我国主要绿肥制度的区域划分

根据我国绿肥插入农作制度的常见方式与常用绿肥作物种类等情况，将绿肥区域划分为华北绿肥区、东北绿肥区、西北绿肥区、南方绿肥区、西南绿肥区。华北绿肥区包括北京市、天津市、河北省、山东省，东北绿肥区包括黑龙江省、吉林省、辽宁省，西北绿肥区包括甘肃省、陕西省、青海省、山西省、新疆维吾尔自治区、内蒙古自治区、宁夏回族自治区、西藏自治区，南方绿肥区包括安徽省、江苏省、浙江省、福建省、上海市、江西省、河南省、湖北省、湖南省、广东省、广西壮族自治区、海南省，西南绿肥区包括重庆市、四川省、贵州省、云南省。各区域典型绿肥制度及常用绿肥种类见表 1-1-5。

表 1-1-5 我国不同绿肥制度区域绿肥利用方式及常用绿肥种类

绿肥制度区域	典型制度	常用绿肥种类
华北绿肥区(北京、天津、河北、山东)	冬绿肥-夏作物	二月兰、绿肥油菜、黑麦草、毛叶苕子
	新整耕地周年绿肥	二月兰、毛叶苕子、田菁、绿肥油菜、肥田萝卜
	经济林园绿肥	毛叶苕子、三叶草、二月兰、绿肥油菜、鼠茅草

续表 1-1-5

绿肥制度区域	典型制度	常用绿肥种类
东北绿肥区(黑龙江、吉林、辽宁)	麦后复种绿肥	毛叶苕子、箭筈豌豆、草木樨、绿肥油菜
	玉米前期间套作绿肥	毛叶苕子、箭筈豌豆、豌豆、绿肥油菜
	新整耕地夏绿肥	毛叶苕子、田菁、沙打旺
	经济林园绿肥	毛叶苕子、箭筈豌豆、三叶草
西北绿肥区(甘肃、陕西、青海、山西、新疆、内蒙古、宁夏、西藏)	麦后复种绿肥	毛叶苕子、箭筈豌豆、草木樨、绿肥油菜、二月兰
	主作物前期间套作绿肥	毛叶苕子、箭筈豌豆、豌豆
	新整耕地夏绿肥	草木樨、毛叶苕子、箭筈豌豆、绿肥油菜、肥田萝卜
	经济林园绿肥	毛叶苕子、箭筈豌豆、三叶草、绿肥油菜、二月兰
南方绿肥区(安徽、江苏、浙江、福建、上海、江西、河南、湖北、湖南、广东、广西、海南)	稻田冬绿肥	紫云英、毛叶苕子、光叶苕子、箭筈豌豆、金花菜、肥田萝卜、绿肥油菜、黑麦草
	旱地冬绿肥	毛叶苕子、光叶苕子、箭筈豌豆、肥田萝卜、绿肥油菜、黑麦草
	新整耕地周年绿肥	紫云英、毛叶苕子、光叶苕子、箭筈豌豆、黑麦草、田菁、印度豇豆、柽麻、猪屎豆
	经济林园绿肥	毛叶苕子、光叶苕子、箭筈豌豆、紫云英、决明、印度豇豆、乌豇豆
西南绿肥区(重庆、四川、贵州、云南)	冬绿肥-夏作物	光叶苕子、紫云英、肥田萝卜
	新整耕地周年绿肥	光叶苕子、毛叶苕子、黑麦草、肥田萝卜、田菁、印度豇豆
	经济林园绿肥	光叶苕子、毛叶苕子、箭筈豌豆、山黧豆、三叶草、印度豇豆

4.3 我国绿肥发展潜力

4.3.1 全国农区及经济林园绿肥潜力总体状况

近年来，我国新整耕地建设力度大，对盐碱地、贫瘠寒旱地、撂荒地等边际土地的合理利用也逐渐展开。这些土地上种植利用绿肥，能够充分发挥绿肥改良土壤、改善生态的作用。据不完全统计，2022 年我国新整耕地 28 万 hm^2，盐碱地、贫瘠寒旱地、撂荒地等边际土地可供发展绿肥的面积 430 万 hm^2。考虑到新整耕地及边际土地经合理培育及利用后，将全部或部分归并到农区及经济林园面积中，这些面积在不同年份具有较大的不确定性，因此本书未将其纳入传统的农区及经济林园面积进行分析，本书涉及的各类潜力分析也不包括有关内容。

全国(有统计数据的 31 个省、市、区，下同)农区和经济林园的绿肥总面积潜力为4 227 万 hm^2(不包括新整耕地、边际土地等可供发展绿肥的面积潜力，下同)，占农田和经济林园总面积的比例为 29.0%(农田面积指第三次全国国土调查公布的耕地面积，下同)。全国绿肥总有效时空潜力为 2 032 万 hm^2 · 年，占农田和经济林园总时空的 17.2%。

全国农区绿肥面积潜力为 3 340 万 hm^2，占农田总面积的 26.1%(表 1-1-6)。其中，水田绿肥面积潜力为 1 148 万 hm^2，占水田面积的 36.5%，旱地绿肥面积潜力为2 192 万hm^2，占旱地(包括水浇地和旱地，下同)面积的 22.7%。全国农区绿肥总有效时空潜力为 1 236 万 hm^2 · 年，占农田总时空的 12.1%。其中，水田绿肥有效时空潜力为 572 万 hm^2 · 年，占水田总时空的 20.3%，旱地绿肥有效时空潜力为664 万 hm^2 · 年，占旱地总时空的 9.0%(表 1-1-6)。绿肥-水稻轮作、绿肥-玉米轮作、玉米前期间套作绿肥是最重要的三种制度，绿肥面积潜力分别为1 148 万 hm^2、616 万 hm^2和1 035 万 hm^2，分别占农区绿肥面积潜力的 34.4%、18.4%和31.0%；三种制度的绿肥有效时空潜力分别为 572 万 hm^2 · 年、287 万 hm^2 · 年和 172 万 hm^2 · 年，占农区绿肥有效时空潜力的 46.3%、23.2%和 14.0%（表 1-1-9）。

全国经济林园绿肥总面积潜力和绿肥总有效时空潜力分别为 887 万 hm^2 和 796 万 hm^2 · 年，分别占经济林园总面积的 49.8%、总时空的 48.3%。其中，果园和茶园的绿肥面积潜力分别为 756 万 hm^2 和 78 万 hm^2，分别占经济林园绿肥面积潜力的 85.2%和 8.8%；绿肥有效时空潜力分别为 680 万 hm^2 · 年和 78 万 hm^2 · 年，分别占经济林园绿肥有效时空潜力的 85.4%和 9.8%。果园中，落叶果园和常绿果园绿肥面积潜力分别为 571 万 hm^2 和 185 万 hm^2，分别占经济林园绿肥面积潜力的 64.4%和20.8%；落叶果园和常绿果园绿肥有效时空潜力分别为 495 万 hm^2 · 年和 185 万 hm^2 · 年，分别占经济林园绿肥有效时空潜力的 62.2%和 23.2%。另有一些坚果、桑园、热带作物等林园，绿肥面积潜力和绿肥有效时空潜力分别为 54 万 hm^2 和 39 万 hm^2 · 年，分别占经济林园绿肥面积潜力和绿肥有效时空潜力的 6.1%和 4.8%（表 1-1-6）。

表 1-1-6　全国绿肥面积潜力及有效时空潜力总体情况

区域	绿肥面积潜力/万 hm^2	占该区农田及经济林园面积/%	绿肥有效时空潜力/（万 hm^2 · 年）	占该区农田及经济林园时空/%
农区	3 340	26.1	1 236	12.1
其中，水田	1 148	36.5	572	20.3
旱地	2 192	22.7	664	9.0
经济林园	887	49.8	796	48.3
其中，落叶果园	571	64.4	495	62.2
常绿果园	185	20.8	185	23.2
茶园	78	8.8	78	9.8
其他经济林	54	6.1	39	4.8
全国总体	4 227	29.0	2 032	17.2

4.3.2　各区域的绿肥潜力

各绿肥区域的绿肥潜力时空分析见表 1-1-7，同时对全国各绿肥区域农区的水田和旱地绿肥时空潜力进行了分析（表 1-1-8）。

（1）华北绿肥区

华北绿肥区 4 省（市）绿肥面积潜力为 386 万 hm^2，绿肥有效时空潜力为 235 万 hm^2 · 年，分别占该区农田及经济林园总面积和总时空的 27.3%和 16.7%（表 1-1-7）。

华北绿肥区农区的绿肥面积潜力和绿肥有效时空潜力分别为 302 万 hm^2 和 151 万 hm^2 · 年，分别占该区农田总面积和总时空的 23.4%和 11.7%。华北绿肥区以绿肥-玉米轮作制度为主，该制度下的绿肥面积潜力和绿肥有效时空潜力分别为 178 万 hm^2 和 89 万 hm^2 · 年，在该区农田绿肥面积潜力和绿肥有效时空潜力中的占比均为 58.9%；其次为绿肥-花生轮作、绿肥-杂粮轮作等其他制度（表 1-1-9）。

华北绿肥区经济林园全部为落叶果园，绿肥面积潜力和绿肥有效时空潜力分别为 84 万 hm^2 和 84 万 hm^2 · 年，占该区经济林园总面积和总时空的比例均为 70.0%（表 1-1-9）。

（2）东北绿肥区

东北绿肥区 3 省的绿肥面积潜力为 730 万 hm^2，绿肥有效时空潜力为 136 万 hm^2 · 年，分别占该区农田及经济林园总面积和总时空的 24.0%和 8.4%（表 1-1-7）。

东北绿肥区农田的绿肥面积潜力和绿肥有效时空潜力分别为689万hm^2和116万hm^2·年，占该区农田总面积和总时空的比例分别为23.1%和7.2%。东北区可以采用玉米前期间套作绿肥制度，该制度下的绿肥面积潜力和绿肥有效时空潜力达668万hm^2和111万hm^2·年，分别占该区农区绿肥面积潜力和绿肥有效时空潜力的97.0%和96.2%；另有少量麦后复种绿肥可供发展（表1-1-9）。

东北绿肥区的经济林园全部为落叶果园，绿肥面积潜力和绿肥有效时空潜力分别为42万hm^2和21万hm^2·年，占该区经济林园总面积和总时空的比例分别为70.0%和60.7%（表1-1-9）。

（3）西北绿肥区

西北绿肥区8省（自治区）的绿肥面积潜力为1 011万hm^2，绿肥有效时空潜力为360万hm^2·年，分别占该区农田及经济林园总面积和总时空的27.6%和15.4%（表1-1-7）。

西北绿肥区农田的绿肥面积潜力和绿肥有效时空潜力分别为774万hm^2和194万hm^2·年，分别占该区农田总面积和总时空的23.6%和9.5%。在各种主要绿肥模式中，玉米前期间套作绿肥制度的绿肥面积潜力和绿肥有效时空潜力分别为367万hm^2和61万hm^2·年，分别占该区农田绿肥面积潜力和绿肥有效时空潜力的47.4%和31.5%；绿肥-玉米轮作制度的绿肥面积潜力和绿肥有效时空潜力分别为181万hm^2和69万hm^2·年，分别占该区农田绿肥面积潜力和绿肥有效时空潜力的23.3%和35.8%；麦后复种绿肥制度的绿肥面积潜力和绿肥有效时空潜力分别为126万hm^2和31万hm^2·年，分别占该区农田绿肥面积潜力和绿肥有效时空潜力的16.3%和16.2%（表1-1-9）。

西北绿肥区经济林园以落叶果园为主，另有新疆的坚果、青海的枸杞等其他林园，绿肥面积潜力和绿肥有效时空潜力分别为237万hm^2和166万hm^2·年，占该区经济林园总面积和总时空的比例分别为60.2%和58.4%。其中，落叶果园绿肥面积潜力和绿肥有效时空潜力分别为206万hm^2和151万hm^2·年，分别占该区经济林园绿肥面积潜力和绿肥有效时空潜力的87.1%和90.8%（表1-1-9）。

（4）南方绿肥区

南方绿肥区12省（市、自治区）的绿肥面积潜力为1 542万hm^2，绿肥有效时空潜力为927万hm^2·年，分别占该区农田及经济林园总面积和总时空的34.8%和21.0%（表1-1-7）。

南方绿肥区农田的绿肥面积潜力和绿肥有效时空潜力分别为1 205万hm^2和591万hm^2·年，分别占该区农田总面积和总时空的33.1%和16.2%。南方绿肥区稻田绿肥面积潜力和绿肥有效时空潜力分别为979万hm^2和488万hm^2·年，分别占该区农区绿肥面积潜力和绿肥有效时空潜力的81.2%和82.6%；南方绿肥区旱地绿肥面积潜力和绿肥有效时空潜力分别为226万hm^2和103万hm^2·年，分别占该区农区绿肥面积潜力和绿肥有效时空潜力的18.8%和17.4%。旱地绿肥中，主要是绿肥-玉米轮作制度，绿肥面积潜力和绿肥有效时空潜力分别为70万hm^2和35万hm^2·年，分别占该区农区绿肥面积潜力和绿肥有效时空潜力的5.8%和5.9%。绿肥在江西、湖南等省红黄壤旱地耕地质量提升中的发展潜力较为突出，以绿肥-花生（甘薯、玉米）轮作制度为主，其中江西和湖南两省旱地绿肥潜力面积分别为40万hm^2和44万hm^2，分别占南方绿肥区旱地绿肥面积潜力的15.4%和17.3%；江西和湖南两省的绿肥有效时空潜力分别为17万hm^2·年和22万hm^2·年，分别占南方绿肥区旱地绿肥有效时空潜力的17.1%和19.6%（表1-1-9）。

南方绿肥区经济林园包括落叶果园、常绿果园、茶园、桑园，以及海南的热带作物等，绿肥面积潜力和绿肥有效时空潜力分别为 337 万 hm^2·年和 337 万 hm^2·年，占该区经济林园总面积和总有效时空的比例均为 42.6%。其中，茶园绿肥面积潜力和绿肥有效时空潜力分别为 41 万 hm^2 和 41 万 hm^2·年，在该区经济林园绿肥面积潜力和绿肥有效时空潜力中的占比均为 12.3%；果园绿肥面积潜力和绿肥有效时空潜力分别为 272 万 hm^2 和 272 万 hm^2·年，在该区经济林园绿肥面积潜力和绿肥有效时空潜力中的占比均为 81%；一些省份的桑园、海南的热带作物等其他林园绿肥面积潜力和绿肥有效时空潜力分别为 23 万 hm^2 和 23 万 hm^2·年，在该区经济林园绿肥面积潜力和绿肥有效时空潜力中的占比均为 6.9%。南方绿肥区果园中，落叶果园和常绿果园绿肥面积潜力分别为 137 万 hm^2 和 135 万 hm^2，分别占该区经济林园绿肥面积潜力的 40.8%和 40.0%；落叶果园和常绿果园绿肥有效时空潜力分别为 137 万 hm^2·年和 135 万 hm^2·年，分别占该区经济林园绿肥有效时空潜力的 40.8%和 40.0%（表 1-1-9）。

表 1-1-7　全国各绿肥区域农区及经济林园绿肥面积潜力及有效时空潜力分析

类型	绿肥区域	绿肥面积潜力/万 hm^2	占该区农田、经济林园面积/%	绿肥有效时空潜力/(万 hm^2·年)	占该区农田、经济林园时空/%
农区	华北绿肥区	302	23.4	151	11.7
	东北绿肥区	689	23.1	116	7.2
	西北绿肥区	774	23.6	194	9.5
	南方绿肥区	1 205	33.1	591	16.2
	西南绿肥区	370	23.1	185	11.6
经济林园	华北绿肥区	84	70.0	84	70.0
	东北绿肥区	42	70.0	21	60.7
	西北绿肥区	237	60.2	166	58.4
	南方绿肥区	337	42.6	337	42.6
	西南绿肥区	188	44.7	188	44.7
农区、经济林园合计	华北绿肥区	386	27.3	235	16.7
	东北绿肥区	730	24.0	137	8.4
	西北绿肥区	1 011	27.6	360	15.4
	南方绿肥区	1 542	34.8	927	21.0
	西南绿肥区	558	27.6	373	18.5

注：华北绿肥区包括北京、天津、河北、山东 4 省（市），东北绿肥区包括黑龙江、吉林、辽宁 3 省，西北绿肥区包括甘肃、陕西、青海、山西、新疆、内蒙古、宁夏、西藏 8 省（自治区），南方绿肥区包括安徽、江苏、浙江、福建、上海、江西、河南、湖北、湖南、广东、广西、海南 12 省（市、自治区），西南绿肥区包括重庆、四川、贵州、云南 4 省（市）。表 1-1-8、表 1-1-9、表 1-1-11 同。

表 1-1-8　全国各绿肥区域农区水田和旱地绿肥面积潜力及有效时空潜力分析

区域	水田绿肥潜力				旱地绿肥潜力			
	绿肥面积潜力/万 hm^2	占该区水田面积/%	绿肥有效时空潜力/(万 hm^2·年)	占该区水田时空/%	绿肥面积潜力/万 hm^2	占该区旱地面积/%	绿肥有效时空潜力/(万 hm^2·年)	占该区旱地时空/%
华北绿肥区	8	31.6	4	15.8	293	23.2	147	11.6
东北绿肥区	0	0.0	0	0.0	689	29.4	116	9.2
西北绿肥区	10	19.1	5	14.4	765	23.7	189	9.4
南方绿肥区	979	50.6	488	25.2	226	13.3	103	6.1
西南绿肥区	151	30.9	76	15.5	219	19.7	110	9.9
全国	1 148	36.5	572	20.3	2 192	22.7	664	9.0

(5)西南绿肥区

西南绿肥区4省(市)的绿肥面积潜力为558万hm^2,绿肥有效时空潜力为373万hm^2·年,分别占该区农田及经济林园总面积和总时空的27.6%和18.5%(表1-1-7)。

西南绿肥区农田的绿肥面积潜力和绿肥有效时空潜力分别为370万hm^2和185万hm^2·年,分别占该地区农田总面积和总时空的23.1%和11.6%。稻田绿肥面积潜力和绿肥有效时空潜力分别为151万hm^2和76万hm^2·年,在该区农区绿肥面积潜力和绿肥有效时空潜力中的占比均为40.8%;旱地绿肥面积潜力和绿肥有效时空潜力分别为219万hm^2和110万hm^2·年,在该区农区绿肥面积潜力和绿肥有效时空潜力中的占比均为59.2%。西南绿肥区旱地绿肥中以绿肥-玉米轮作制度为主,绿肥面积潜力和绿肥有效时空潜力分别为187万hm^2和94万hm^2·年,在该区农区绿肥面积潜力和绿肥有效时空潜力中的占比均为50.6%。西南绿肥区的绿肥-烤烟制度也有较大发展潜力,该制度下的绿肥面积潜力和绿肥有效时空潜力分别为22万hm^2和11万hm^2·年,在该区农区绿肥面积潜力和绿肥有效时空潜力中的占比均为5.9%(表1-1-9)。

西南绿肥区经济林园包括了落叶果园、常绿果园和茶园,绿肥面积潜力和绿肥有效时空潜力分别为188万hm^2和188万hm^2·年,占该区经济林园总面积和总有效时空的比例均为44.7%。其中,茶园绿肥面积潜力和绿肥有效时空潜力分别为36万hm^2和36万hm^2·年,在该区经济林园绿肥面积潜力和绿肥有效时空潜力中的占比均为19.3%;果园绿肥面积潜力和绿肥有效时空潜力分别为152万hm^2和152万hm^2·年,在该区经济林园绿肥面积潜力和绿肥有效时空潜力中的占比均为80.7%。西南绿肥区果园中,落叶果园和常绿果园绿肥面积潜力分别为101万hm^2和50万hm^2,分别占该区经济林园绿肥面积潜力的54.0%和26.7%;落叶果园和常绿果园绿肥有效时空潜力分别为101万hm^2·年和50万hm^2·年,分别占该区经济林园绿肥有效时空潜力的54.0%和26.7%(表1-1-9)。

4.3.3 全国各省、市、自治区的绿肥潜力

华北绿肥区的天津、北京、河北绿肥发展潜力占比相近,绿肥面积潜力分别占对应省、市农田及经济林园面积的44.2%、43.2%和35.1%,绿肥有效时空潜力分别占对应省、市农田及经济林园时空的26.8%、32.0%和20.2%(表1-1-10)。

东北绿肥区的黑龙江、吉林、辽宁的绿肥面积潜力分别占对应省农田及经济林园面积的19.7%、28.1%和31.3%,绿肥有效时空潜力分别占对应省农田及经济林园时空的6.8%、8.3%和12.6%(表1-1-10)。

西北绿肥区的8省(自治区)中,陕西、山西绿肥发展潜力占比较高,绿肥面积潜力分别占对应省农田及经济林园面积的63.5%和36.3%,绿肥有效时空潜力分别占对应省农田及经济林园时空的33.6%和18.5%(表1-1-10)。

南方绿肥区12省(市、自治区)中,江西、湖南、福建的绿肥面积潜力在对应省农田及经济林园面积中的占比均超过50%,分别为70.8%、53.7%和51.3%,绿肥有效时空潜力分别占对应省农田及经济林园时空的38.8%、30.3%和33.3%;其次为广东和广西,绿肥面积潜力分别占对应省、自治区农田及经济林园面积的46.1%和45.8%,绿肥有效时空潜力分别占对应省、自治区农田及经济林园时空的31.0%和28.2%(表1-1-10)。

西南绿肥区4省、市,以重庆的绿肥发展潜力最大,绿肥面积潜力和绿肥有效时空潜力分别占该市农田及经济林园面积和时空的48.4%和28.4%;其次为四川和云南,绿肥面积潜力

分别占对应省农田及经济林园面积的 30.7%和 27.5%，绿肥有效时空潜力分别占对应省农田及经济林园时空的 19.6%和 20.5%(表 1-1-10)。

4.4 我国绿肥潜力效应

全国绿肥潜力效应分省情况见表 1-1-11。全国范围内，绿肥作物的生长可固定二氧化碳共计 2.6 亿 t/年，分别提供氮、磷、钾元素 484 万 t/年、55 万 t/年和 314 万 t/年。这些元素折合成纯养分量，分别相当于氮肥 484 万 t、磷肥 127 万 t、钾肥 378 万 t，总计肥料量 989 万 t。根据 2021 年和 2022 年两年各省、市、自治区肥料平均价格计算，种植绿肥带来的肥料表观价值分别为：氮肥 235.6 亿元/年、磷肥 83.3 亿元/年、钾肥 259.6 亿元/年，总计 578.5 亿元/年(表 1-1-11)。

表 1-1-9 全国不同绿肥种植制度下的绿肥面积潜力和绿肥有效时空潜力分析

绿肥种植制度	绿肥面积潜力/万 hm^2					
	华北绿肥区	东北绿肥区	西北绿肥区	南方绿肥区	西南绿肥区	总面积
绿肥-水稻轮作	8	0	10	979	151	1 148
绿肥-玉米轮作	178	0	181	70	187	616
玉米前期间套作绿肥	0	668	367	0	0	1 035
麦后复种绿肥	0	7	126	0	0	133
其他制度	116	14	91	156	32	409
旱地合计	293	689	765	226	219	2 192
农区合计	302	689	774	1 205	370	3 340
茶园	0	0	0	41	36	78
落叶果园	84	42	206	137	101	571
常绿果园	0	0	0	135	50	185
果园合计	84	42	206	272	152	756
其他林园	0	0	31	23	0	54
经济林园合计	84	42	237	337	188	887
总潜力	386	730	1 011	1 542	558	4 227
绿肥种植制度	绿肥有效时空潜力/(万 hm^2 · 年)					
绿肥-水稻轮作	4	0	5	488	76	572
绿肥-玉米轮作	89	0	69	35	94	287
玉米前期间套作绿肥	0	111	61	0	0	172
麦后复种绿肥	0	1	31	0	0	33
其他制度	58	3	27	68	16	172
旱地合计	147	116	189	103	110	664
农区合计	151	116	194	591	185	1 236
茶园	0	0	0	41	36	78
落叶果园	84	21	151	137	101	495
常绿果园	0	0	0	135	50	185
果园合计	84	21	151	272	152	680
其他林园	0	0	15	23	0	39
经济林园合计	84	21	166	337	188	796
总潜力	235	136	360	927	373	2 032

表 1-1-10 全国农田及经济林园绿肥面积及有效时空潜力分析

省份	农田绿肥潜力				经济林园绿肥潜力				农田及经济林园绿肥潜力合计			
	面积潜力/万 hm^2	占该省（市、自治区）农田/%	有效时空潜力/(万 hm^2·年)	占该省（市、自治区）农田时空/%	面积潜力/万 hm^2	占该省（市、自治区）林园/%	有效时空潜力/(万 hm^2·年)	占该省（市、自治区）林园时空/%	面积潜力/万 hm^2	占该省（市、自治区）农、林/%	有效时空潜力/(万 hm^2·年)	占该省（市、自治区）农、林时空/%
北京	3	31.8	1	15.9	3	70.0	3	70.0	6	43.2	4	32.0
天津	13	40.2	7	20.1	4	70.0	4	70.0	17	44.2	10	26.8
河北	194	32.1	97	16.1	35	70.0	35	70.0	229	35.1	132	20.2
山东	92	14.2	46	7.1	43	70.0	43	70.0	134	19.0	89	12.5
黑龙江	337	19.6	57	6.6	3	70.0	2	70.0	340	19.7	58	6.8
吉林	209	27.9	35	8.0	3	70.0	1	60.0	212	28.1	36	8.3
辽宁	143	27.5	24	8.0	36	70.0	18	60.0	178	31.3	42	12.6
甘肃	93	17.9	17	5.5	23	70.0	11	60.0	116	21.0	28	8.7
陕西	178	60.9	53	19.2	82	70.0	76	70.0	260	63.5	128	33.6
青海	9	16.0	3	9.6	4	65.5	2	56.1	13	21.3	5	14.6
山西	127	32.9	47	13.1	27	70.0	27	70.0	155	36.3	74	18.5
新疆	37	5.3	7	1.7	92	49.4	46	42.4	129	14.5	53	10.2
内蒙古	299	26.0	61	10.6	3	70.0	1	70.0	302	26.2	62	10.8
宁夏	26	21.6	5	6.5	5	70.0	2	60.0	31	24.2	7	9.4
西藏	4	9.5	2	7.7	1	70.0	0.3	70.0	5	10.5	2	8.8
安徽	133	24.0	67	12.0	15	45.0	15	45.0	148	25.2	82	13.9
江苏	104	25.4	52	12.7	16	59.0	16	59.0	119	27.4	68	15.5
浙江	40	31.2	20	15.6	19	36.7	19	36.7	59	32.8	39	21.6
福建	55	59.3	28	29.7	23	38.9	23	38.9	79	51.3	51	33.3
上海	4	25.3	2	12.7	1	44.5	1	44.5	5	26.7	3	15.0
江西	209	76.8	105	38.4	22	40.9	22	40.9	231	70.8	127	38.8
河南	26	3.5	13	1.7	31	59.7	31	59.7	57	7.1	44	5.5
湖北	177	37.0	88	18.5	30	38.9	30	38.9	207	37.3	119	21.4
湖南	204	56.3	102	28.2	30	41.0	30	41.0	235	53.7	133	30.3

续表 1-1-10

省份	农田绿肥潜力				经济林园绿肥潜力				农田及经济林园绿肥潜力合计			
	面积潜力/万 hm²	占该省(市、自治区)农田/%	有效时空潜力/(万 hm²·年)	占该省(市、自治区)农田时空/%	面积潜力/万 hm²	占该省(市、自治区)林园/%	有效时空潜力/(万 hm²·年)	占该省(市、自治区)林园时空/%	面积潜力/万 hm²	占该省(市、自治区)农、林/%	有效时空潜力/(万 hm²·年)	占该省(市、自治区)农、林时空/%
广东	89	46.8	43	22.6	52	44.8	52	44.8	141	46.1	95	31.0
广西	152	45.9	68	20.4	67	45.4	67	45.4	219	45.8	135	28.2
海南	11	23.1	4	7.7	30	31.7	30	31.7	41	28.8	34	23.5
重庆	93	48.6	46	24.3	19	47.6	19	47.6	112	48.4	66	28.4
四川	144	27.5	72	13.8	55	44.1	55	44.1	199	30.7	127	19.6
贵州	67	19.4	34	9.7	64	49.3	64	49.3	131	27.5	98	20.5
云南	66	12.3	33	6.1	50	39.6	50	39.6	116	17.4	83	12.4

注：该省农田、该省林园分别指该省(市、自治区)的全部农田、经济林园；该省农、林，指该省(市、自治区)的全部农田和经济林园。

表 1-1-11　全国农区及经济林园绿肥潜力效应分析

省份	绿肥作物养分/万 t					表观肥料量(折纯)/万 t				肥料价值(折纯)/万元			
	C	CO_2 固定	N	P	K	N	P_2O_5	K_2O	总量	氮肥	磷肥	钾肥	总价值
北京	13	47	1	0.1	1	1	0.4	1	2	3 507	2 398	5 268	11 173
天津	47	173	3	0.5	3	3	1	4	8	17 481	5 629	21 797	44 907
河北	366	1 341	22	4	15	22	9	18	49	106 613	39 435	108 570	254 618
山东	184	673	10	3	9	10	7	11	28	48 291	36 384	66 286	150 961
黑龙江	885	3 244	55	1	4	55	2	5	61	226 267	11 868	28 095	266 230
吉林	551	2 020	34	0.4	3	34	1	3	38	181 111	7 662	19 725	208 499
辽宁	463	1 699	29	0.4	2	29	1	3	32	139 771	5 987	13 253	159 010
甘肃	158	578	10	3	10	10	6	11	28	45 650	35 661	91 497	172 809
陕西	390	1 432	22	4	15	22	8	18	48	101 982	39 395	151 116	292 492
青海	15	55	2	0.2	1	2	0.4	2	4	10 290	2 396	14 261	26 947
山西	405	1 487	34	8	32	34	18	38	90	141 747	111 539	179 167	432 453
新疆	188	688	17	3	12	17	6	14	37	65 790	148 272	288 677	502 739
内蒙古	397	1 455	25	5	30	25	11	36	72	113 209	62 243	241 585	417 037

续表 1-1-11

省份	绿肥作物养分/万 t					表观肥料量(折纯)/万 t				肥料价值(折纯)/万元			
	C	CO_2固定	N	P	K	N	P_2O_5	K_2O	总量	氮肥	磷肥	钾肥	总价值
宁夏	39	144	3	1	2	3	1	3	7	10 620	8 143	35 306	54 069
西藏	5	17	1	0.1	0	1	0.1	1	1	3 230	752	4 477	8 460
安徽	184	675	11	2	8	11	4	10	25	53 486	19 703	52 939	126 128
江苏	160	585	10	2	7	10	4	9	22	47 759	25 002	77 242	150 002
浙江	88	321	8	1	6	8	2	7	17	42 692	12 855	42 598	98 144
福建	138	507	7	1	4	7	2	4	14	41 336	11 927	24 212	77 475
上海	7	25	1	0.1	0.5	1	0.1	1	1	3 169	730	4 485	8 384
江西	297	1 089	21	2	15	21	5	18	44	105 096	32 463	99 938	237 497
河南	68	249	5	0.6	4	5	1	5	12	26 040	5 736	32 429	64 205
湖北	248	910	15	1	14	15	3	17	35	74 384	17 440	106 564	198 388
湖南	267	979	24	2	19	24	5	23	53	121 207	28 098	127 988	277 293
广东	120	441	11	1	9	11	2	11	24	62 901	12 022	67 413	142 336
广西	255	934	21	2	17	21	4	21	46	115 124	31 915	128 455	275 494
海南	85	313	5	1	4	5	2	5	12	29 890	16 215	26 550	72 656
重庆	182	666	16	2	14	16	4	16	36	82 886	24 441	104 648	211 974
四川	313	1 148	28	3	23	28	7	28	62	141 758	34 200	188 198	364 156
贵州	208	761	18	2	15	18	4	19	41	91 573	24 424	108 655	224 652
云南	249	913	18	2	14	18	4	17	39	101 574	17 516	134 447	253 537
东北绿肥区	609	2 234	36	7	28	36	17	34	87	175 891	83 847	201 921	461 658
华北绿肥区	1 899	6 962	117	1	9	117	3	11	131	547 149	25 517	61 073	633 738
西北绿肥区	1 597	5 856	113	23	103	113	52	124	288	492 518	408 402	1 006 087	1 907 007
南方绿肥区	1 917	7 029	138	16	108	138	36	130	304	723 084	214 107	790 813	1 728 003
西南绿肥区	952	3 489	80	8	66	80	18	80	178	417 790	100 581	535 947	1 054 318
全国	6 974	25 570	484	55	314	484	127	378	989	2 356 432	832 452	2 595 840	5 784 724

注：氮、磷、钾肥价格来自 2021 年及 2022 年《全国农产品成本收益资料汇编》，氮(N)、磷(P_2O_5)、钾(K_2O)价格分别为 4.96 元/kg、6.41 元/kg、7.07 元/kg(折纯)。

4.5 我国现有绿肥情况

4.5.1 全国绿肥生产总体现状

据2022年在24个省(市、自治区)的调查,各地绿肥生产面积占绿肥潜力面积的比例均不高(本小节所涉及的面积及时空占比,均指在对应的24个省(市、自治区)中的占比)。24个省(市、自治区)现有绿肥总体情况为:现有绿肥面积371万 hm^2,对应的主作物面积412万 hm^2,现有绿肥面积占绿肥面积潜力的11.9%、农田和经济林园总面积的3.3%(表1-1-12)。24个省(市、自治区)现有绿肥有效时空212万 hm^2·年,占绿肥有效时空潜力的11.3%、农田和经济林园总时空的2.1%(表1-1-12)。

24个省(市、自治区)农区现有绿肥情况为:农区绿肥总面积298万 hm^2,对应的主作物面积299万 hm^2,农区现有绿肥面积占农区绿肥面积潜力的11.4%、农田面积的3.1%;现有农区绿肥的有效时空148万 hm^2·年,占农区绿肥有效时空潜力的13.3%、农田总时空的1.8%(表1-1-12)。现有水田绿肥面积170万 hm^2,对应的水稻面积170万 hm^2,占水田绿肥面积潜力的14.9%、水田面积的6.9%;现有水田绿肥的有效时空85万 hm^2·年,占水田有效时空潜力的14.9%、水田总时空的1.0%;现有旱地绿肥面积128万 hm^2,对应的主作物面积129万 hm^2,占旱地绿肥面积潜力的8.7%、旱地面积的1.8%;现有旱地绿肥的有效时空63万 hm^2·年,占旱地有效时空潜力的11.6%、旱地总时空的1.1%(表1-1-12)。

24个省(市、自治区)经济林园绿肥情况为:经济林园绿肥总面积73万 hm^2(对应的绿肥果园、绿肥茶园总面积为113万 hm^2;绿肥果园、绿肥茶园面积指种植绿肥的果园、茶园面积,下同),占经济林园绿肥面积潜力的8.7%、经济林园总面积的4.3%;现有果茶园绿肥的有效时空64万 hm^2·年,占经济林园绿肥有效时空潜力的8.3%、经济林园总时空的4.0%;现有果园绿肥面积71万 hm^2(对应的绿肥果园面积107万 hm^2),占果园绿肥面积潜力的10.1%;现有果园绿肥的有效时空63万 hm^2·年,占果园绿肥有效时空潜力的9.6%;在果园中,绿肥落叶果园和常绿果园面积分别为91万 hm^2和15万 hm^2,落叶果园和常绿果园中的绿肥面积分别为64万 hm^2和7万 hm^2,分别占对应绿肥面积潜力的12.3%和3.9%;落叶果园和常绿果园的绿肥有效时空分别为55万 hm^2·年和7万 hm^2·年,分别占对应绿肥有效时空潜力的11.8%和3.9%。现有茶园绿肥面积2万 hm^2(对应的绿肥茶园面积为7万 hm^2),茶园绿肥有效时空为2万 hm^2·年,占茶园绿肥面积潜力和茶园绿肥有效时空潜力均为2.1%(表1-1-12)。

4.5.2 各区域绿肥生产现状

表1-1-12是各绿肥区农田和果、茶等经济林园绿肥发展现状分析,分述如下。

(1)华北绿肥区

华北绿肥区的天津、河北、山东3省(市),现有绿肥面积42万 hm^2,对应的主作物面积50万 hm^2,现有绿肥面积占该区3省(市)绿肥面积潜力的13.2%、农田和经济林园面积的3.0%;现有绿肥有效时空31万 hm^2·年,占该区3省(市)绿肥有效时空潜力的13.3%、农田和经济林园时空的2.2%。

华北3省(市)农区现有绿肥面积22万 hm^2,对应的主作物面积22万 hm^2,现有绿肥面积占对应绿肥面积潜力的7.4%、农田面积的1.7%;华北绿肥区农区现有绿肥的有效时空11万 hm^2·年,占该区3省(市)绿肥有效时空潜力的7.4%、农田时空的0.9%。华北绿肥区大部分为旱地绿肥，现有旱地绿肥面积 21 万 hm^2，对应的主作物面积 21 万 hm^2，现有旱地绿肥面积占该区 3 省(市)旱地绿肥面积潜力的 7.3%、旱地面积的 1.7%；现有旱地绿肥的有效时空 11 万 hm^2·年，占该区 3 省(市)旱地绿肥有效时空潜力的 7.3%、旱地时空的 0.9%。

华北 3 省(市)现有经济林园绿肥全部为落叶果园绿肥，绿肥果园面积 28 万 hm^2，果园绿肥面积和果园绿肥有效时空分别为 20 万 hm^2 和 20 万 hm^2·年，在该区 3 省(市)绿肥面积潜力和绿肥有效时空潜力中的占比均为 24.0%。

(2)西北绿肥区

西北绿肥区的甘肃、陕西、青海、山西、新疆、内蒙古 6 省(自治区)，现有绿肥面积 58 万 hm^2，对应的主作物面积 71 万 hm^2，现有绿肥面积占该区 6 省(自治区)绿肥面积潜力的7.3%、农田和经济林园面积的 1.7%；现有绿肥有效时空 34 万 hm^2·年，占该区 6 省(自治区)绿肥有效时空潜力的 9.6%、农田和经济林园时空的 1.5%(表 1-1-12)。

西北 6 省(自治区)农区现有绿肥面积 30 万 hm^2，对应的主作物面积 31 万 hm^2，现有绿肥面积占该区 6 省(自治区)农区绿肥面积潜力的 4.0%、农田面积的 1.0%；西北绿肥区农区现有绿肥的有效时空 14 万 hm^2·年，占该区 6 省(自治区)农区绿肥有效时空潜力的 7.3%、农田时空的 0.7%。西北绿肥区大部分为旱地绿肥，现有旱地绿肥面积 30 万 hm^2，对应的主作物面积 31 万 hm^2，现有旱地绿肥面积占该区 6 省(自治区)旱地绿肥面积潜力的 4.0%、旱地面积的 1.0%；现有旱地绿肥的有效时空 14 万 hm^2·年，占该区 6 省(自治区)旱地绿肥有效时空潜力的 7.5%、旱地时空的 0.7%。

西北 6 省(自治区)现有经济林园绿肥全部为落叶果园，绿肥果园面积 41 万 hm^2，果园绿肥面积 28 万 hm^2，占该区 6 省(自治区)经济林园绿肥面积潜力的 12.3%；果园绿肥有效时空 20 万 hm^2·年，占该区 6 省(自治区)经济林园绿肥有效时空潜力的 7.1%。

(3)南方绿肥区

南方绿肥区的安徽、江苏、浙江、福建、江西、河南、湖北、湖南、广东、广西、海南 11 个省(自治区)，现有绿肥面积 173 万 hm^2，对应的主作物面积 184 万 hm^2，现有绿肥面积占该区 11 省(自治区)绿肥面积潜力的 12.0%、农田和经济林园面积的 3.9%；现有绿肥有效时空 94 万 hm^2·年，占该区 11 省(自治区)绿肥有效时空潜力的 10.2%、农田和经济林园时空的 2.1%(表 1-1-12)。

南方 11 个省(自治区)，农区现有绿肥面积 159 万 hm^2，对应的主作物面积 159 万 hm^2，现有绿肥面积占该区 11 省(自治区)农区绿肥面积潜力的 13.2%、农田面积的 4.4%；南方绿肥区农区现有绿肥的有效时空 79 万 hm^2·年，占该区 11 省(自治区)农区绿肥有效时空潜力的 13.5%、农田时空的 2.2%。南方绿肥区大部分为水田绿肥，现有水田绿肥面积 152 万 hm^2，对应的水稻面积 152 万 hm^2，现有水田绿肥面积占该区 11 省(自治区)水田绿肥面积潜力的 15.6%、水田面积的 7.9%；现有水田绿肥的有效时空 76 万 hm^2·年，占该区 11 省(自治区)水田绿肥有效时空潜力的 15.6%、水田时空的 2.1%。南方绿肥区旱地绿肥尚有较大发展空间，现有旱地绿肥面积 7 万 hm^2，对应的主作物面积 7 万 hm^2，现有旱地绿肥面积占该区 11 省(自治区)旱地绿肥面积潜力的 3.1%、旱地面积的 0.4%；现有旱地绿肥的有效时空 3 万 hm^2·年，占该区 11 省(自治区)旱地绿肥有效时空潜力的 3.4%、旱地时空的 0.2%。

南方 11 个省(自治区)，现有绿肥经济林园面积 25 万 hm^2，经济林园的绿肥面积 15 万 hm^2、绿肥有效时空 15 万 hm^2·年，在该区 11 省(自治区)经济林园绿肥面积潜力和绿肥有效时空潜力中的占比均为 4.4%。南方绿肥区绿肥茶园面积 2 万 hm^2，茶园绿肥面积和绿肥有效时空分别为 1 万 hm^2 和 1 万 hm^2・年，在该区 11 省(自治区)茶园绿肥面积潜力和绿肥有效时空潜力中的占比均为 1.3%。南方绿肥区绿肥果园面积 23 万 hm^2，果园绿肥面积和绿肥有效时空分别为 14 万 hm^2 和 14 万 hm^2・年，在该区 11 省(自治区)果园绿肥面积潜力和绿肥有效时空潜力中的占比均为 5.2%。在南方绿肥区果园中，绿肥落叶果园和常绿果园面积分别为 12 万 hm^2 和 11 万 hm^2，落叶果园和常绿果园的绿肥面积分别为 9 万 hm^2 和 6 万 hm^2，分别占该区 11 省(自治区)落叶果园和常绿果园绿肥面积潜力的 6.3% 和 4.2%；落叶果园和常绿果园的绿肥有效时空分别为 9 万 hm^2・年和 6 万 hm^2・年，分别占该区 11 省(自治区)落叶果园和常绿果园绿肥有效时空潜力的 6.3% 和 4.2%。

(4)西南绿肥区

西南绿肥区的重庆、四川、贵州、云南 4 省(市)，现有绿肥面积 97 万 hm^2，对应的主作物面积 107 万 hm^2，现有绿肥面积占该区绿肥面积潜力的 19.2%、农田和经济林园面积的 4.8%；西南绿肥区的现有绿肥有效时空 54 万 hm^2・年，占该区绿肥有效时空潜力的14.4%、农田和经济林园时空的 2.7%(表 1-1-12)。

西南 4 省(市)，农区现有绿肥面积 87 万 hm^2，对应的主作物面积 87 万 hm^2，现有绿肥面积占该区农区绿肥面积潜力的 23.6%、农田面积的 5.5%；西南绿肥区农区现有绿肥的有效时空 44 万 hm^2・年，占该区农区绿肥有效时空潜力的 23.6%、农田时空的 2.7%。西南绿肥区大部分为旱地绿肥，现有旱地绿肥面积 70 万 hm^2，对应的主作物面积 70 万 hm^2，现有旱地绿肥面积占该区旱地绿肥面积潜力的 32.0%、旱地面积的6.3%；现有旱地绿肥的有效时空 35 万 hm^2・年，占该区旱地绿肥有效时空潜力的 32.0%、旱地时空的 3.2%。西南绿肥区的水田绿肥面积 17 万 hm^2，对应的水稻面积 17 万 hm^2，现有水田绿肥面积占该区水田绿肥面积潜力的 11.4%、水田面积的3.5%；现有水田绿肥的有效时空 9 万 hm^2・年，占该区水田绿肥有效时空潜力的 11.4%、水田时空的 0.5%。

表 1-1-12　各区域现有绿肥面积分析(2022 年)

类型	面积及占比	华北绿肥区	西北绿肥区	南方绿肥区	西南绿肥区	全国
现有农田和经济林园绿肥	对应农、林主作物面积/万 hm^2	50	71	184	107	412
	绿肥面积/万 hm^2	42	58	173	97	371
	绿肥面积占其潜力/%	13.2	7.3	12.0	19.2	11.9
	绿肥面积占该区农、林面积/%	3.0	1.7	3.9	4.8	3.3
	绿肥有效时空/(万 hm^2・年)	31	34	94	54	212
	绿肥有效时空占其潜力/%	13.3	9.6	10.2	14.4	11.3
	绿肥有效时空占该区农、林时空/%	2.2	1.5	2.1	2.7	2.1
现有农区绿肥	对应主作物面积/万 hm^2	22	31	159	87	299
	绿肥面积/万 hm^2	22	30	159	87	298
	绿肥面积占其潜力/%	7.4	4.0	13.2	23.6	11.4
	绿肥面积占该区农田面积/%	1.7	1.0	4.4	5.5	3.1
	绿肥有效时空/(万 hm^2・年)	11	14	79	44	148
	绿肥有效时空占其潜力/%	7.4	7.3	13.5	23.6	13.3
	绿肥有效时空占该区农田时空/%	0.9	0.7	2.2	2.7	1.8

续表 1-1-12

类型	面积及占比	华北绿肥区	西北绿肥区	南方绿肥区	西南绿肥区	全国
现有水田绿肥	对应主作物面积/万 hm^2	1	0	152	17	170
	绿肥面积/万 hm^2	1	0	152	17	170
	绿肥面积占其潜力/%	10.5	2.7	15.6	11.4	14.9
	绿肥面积占该区水田面积/%	3.3	0.8	7.9	3.5	6.9
	绿肥有效时空/(万 hm^2·年)	0.4	0.1	76	9	85
	绿肥有效时空占其潜力/%	10.5	2.7	15.6	11.4	14.9
	绿肥有效时空占该区水田时空/%	0.03	0.01	2.1	0.5	1.0
现有旱地绿肥	对应主作物面积/万 hm^2	21	31	7	70	129
	绿肥面积/万 hm^2	21	30	7	70	128
	绿肥面积占其潜力/%	7.3	4.0	3.1	32.0	8.7
	绿肥面积占该区旱地面积/%	1.7	1.0	0.4	6.3	1.8
	绿肥有效时空/(万 hm^2·年)	11	14	3	35	63
	绿肥有效时空占其潜力/%	7.3	7.5	3.4	32.0	11.6
	绿肥有效时空占该区旱地时空/%	0.9	0.7	0.2	3.2	1.1
现有经济林园绿肥	绿肥经济林园面积/万 hm^2	28	41	25	20	113
	绿肥面积/万 hm^2	20	28	15	10	73
	绿肥面积占其潜力/%	24.0	12.3	4.4	5.3	8.7
	绿肥面积占该区经济林园面积/%	16.8	7.4	1.9	2.4	4.3
	绿肥有效时空/(万 hm^2·年)	20	20	15	10	64
	绿肥有效时空占其潜力/%	24.0	12.2	4.4	5.3	8.3
	绿肥有效时空占该区经济林园时空/%	16.8	7.1	1.9	2.4	4.0
现有茶园绿肥	绿肥茶园面积/万 hm^2	0	0	2	4	7
	绿肥面积/万 hm^2	0	0	1	1	2
	绿肥面积占其潜力/%	0.0	0.0	1.3	3.1	2.1
	绿肥有效时空/(万 hm^2·年)	0	0	1	1	2
	绿肥有效时空占其潜力/%	0.0	0.0	1.3	3.1	2.1
现有果园绿肥	绿肥果园面积/万 hm^2	28	41	23	15	107
	绿肥面积/万 hm^2	20	28	14	9	71
	绿肥面积占其潜力/%	24.0	14.2	5.2	5.8	10.1
	绿肥有效时空/(万 hm^2·年)	20	20	14	9	63
	绿肥有效时空占其潜力/%	24.0	13.5	5.2	5.8	9.6
现有落叶果园绿肥	绿肥落叶果园面积/万 hm^2	28	41	12	10	91
	绿肥面积/万 hm^2	20	28	9	7	64
	绿肥面积占其潜力/%	24.0	14.2	6.3	7.2	12.3
	绿肥有效时空/(万 hm^2·年)	20	20	9	7	55
	绿肥有效时空占其潜力/%	24.0	13.5	6.3	7.2	11.8

续表 1-1-12

类型	面积及占比	华北绿肥区	西北绿肥区	南方绿肥区	西南绿肥区	全国
现有常绿果园绿肥	绿肥常绿果园面积/万 hm^2	0	0	11	5	15
	绿肥面积/万 hm^2	0	0	6	2	7
	绿肥面积占其潜力/%	0.0	0.0	4.2	3.1	3.9
	绿肥有效时空/(万 hm^2·年)	0	0	6	2	7
	绿肥有效时空占其潜力/%	0.0	0.0	4.2	3.1	3.9

注：农、林分别指农田和经济林园。"对应主作物面积"指未按绿肥空间占比折算的面积；"绿肥经济林园面积""绿肥果园面积""绿肥茶园面积"指种植绿肥的经济林园、果园、茶园面积；"绿肥面积占其潜力"指各区域各类制度下的现有绿肥面积占该区该制度下绿肥面积潜力的比例；"绿肥有效时空占其潜力"指各区域各类制度下的现有绿肥有效时空占该区该制度下绿肥有效时空潜力的比例。华北区包括天津、河北、山东3省(市)，西北区包括甘肃、陕西、青海、山西、新疆、内蒙古6省(自治区)，南方区包括安徽、江苏、浙江、福建、江西、河南、湖北、湖南、广东、广西、海南11省(自治区)，西南区包括重庆、四川、贵州、云南4省(市)。

西南4省(市)，现有绿肥林园面积20万 hm^2，林园的绿肥面积和绿肥有效时空分别为10万 hm^2 和10万 hm^2·年，在该区经济林园绿肥面积潜力和绿肥有效时空潜力中的占比均为5.3%。西南绿肥区绿肥茶园面积4万 hm^2，茶园绿肥面积和绿肥有效时空分别为1万 hm^2 和1万 hm^2·年，在该区茶园绿肥面积潜力和绿肥有效时空潜力中的占比均为3.1%。西南绿肥区绿肥果园面积15万 hm^2，果园绿肥面积和绿肥有效时空分别为9万 hm^2 和9万 hm^2·年，在该区果园绿肥面积潜力和绿肥有效时空潜力中的占比均为5.8%。在西南绿肥区果园中，绿肥落叶果园和常绿果园面积分别为10万 hm^2 和5万 hm^2，落叶果园和常绿果园的绿肥面积分别为7万 hm^2 和2万 hm^2，分别占该区绿肥面积潜力的7.2%和3.1%；落叶果园和常绿果园的绿肥有效时空分别为7万 hm^2·年和2万 hm^2·年，分别占该区绿肥有效时空潜力的7.2%和3.1%。

4.5.3 各省、市、自治区绿肥生产现状

华北绿肥区的河北绿肥发展情况较好，现有绿肥面积和绿肥有效时空分别占该省绿肥面积潜力和绿肥有效时空潜力的16.6%和17.1%。西北绿肥区的新疆和山西绿肥发展情况较好，现有绿肥面积分别占该省(自治区)绿肥面积潜力的16.6%和10.4%，现有绿肥有效时空分别占该省(自治区)绿肥有效时空潜力的14.1%和11.1%。南方绿肥区的浙江、河南、湖南、江西绿肥发展情况较好，现有绿肥面积分别占对应各省绿肥面积潜力的21.4%、21.2%、18.4%和17.0%，现有绿肥有效时空分别占对应各省绿肥有效时空潜力的16.5%、14.7%、17.0%和15.6%。西南绿肥区的云南、贵州、四川绿肥发展情况较好，现有绿肥面积分别占对应各省绿肥面积潜力的30.1%、24.6%和16.1%，现有绿肥有效时空分别占对应各省绿肥有效时空潜力的21.6%、17.0%和12.2%(表1-1-13)。

4.5.4 我国绿肥发展动态概况

2008年绿肥专项启动后，特别是2017年绿肥体系成立以来，绿肥面积得到了快速回升，24个省、市、自治区的绿肥面积从约200万 hm^2 发展到目前的约412万 hm^2，并保持相对稳定，但是距离20世纪70年代绿肥面积高峰时期仍有较大差距(图1-1-5)。

表 1-1-13 我国 24 省、市、自治区农田及经济林园现有绿肥合计分析(2022 年)

省份	现有绿肥面积			现有绿肥有效时空		
	绿肥面积/万 hm^2	占该省绿肥面积潜力/%	占该省农田及经济林园面积/%	绿肥有效时空/(万 hm^2·年)	占该省绿肥有效时空潜力/%	占该省农田及经济林园时空/%
天津	1	3.4	1.4	0.3	2.9	0.8
河北	32	16.6	5.0	23	17.1	3.5
山东	9	8.6	1.2	8	8.7	1.1
甘肃	6	6.9	1.1	2	8.0	0.7
陕西	12	6.4	2.9	11	8.9	3.0
青海	1	7.3	1.5	0.3	6.4	0.9
山西	16	10.4	3.7	8	11.1	2.1
新疆	15	16.6	1.7	8	14.1	1.5
内蒙古	8	2.7	0.7	4	6.5	0.7
安徽	14	9.3	2.3	7	8.4	1.2
江苏	7	6.2	1.5	4	6.3	1.0
浙江	11	21.4	6.0	6	16.5	3.6
福建	7	9.2	4.6	4	7.0	2.3
江西	38	17.0	11.8	20	15.6	6.1
河南	12	21.2	1.4	6	14.7	0.8
湖北	16	8.3	3.0	9	7.2	1.5
湖南	41	18.4	9.4	23	17.0	5.2
广东	3	2.4	1.1	2	1.8	0.6
广西	23	11.7	4.8	13	9.6	2.7
海南	1	4.3	1.0	1	3.0	0.7
重庆	7	7.0	3.1	4	5.7	1.6
四川	28	16.1	4.3	15	12.2	2.4
贵州	29	24.6	6.1	17	17.0	3.5
云南	33	30.1	5.0	18	21.6	2.7

从近年的情况看,2022 年 24 个省、市、自治区的绿肥面积比 2021 年增加 29 万 hm^2,比 2017 年的 326 万 hm^2 增加了 86 万 hm^2、增幅 26.3%。其中,果茶园、稻区和农区旱地绿肥面积相比 2017 年分别增加 56 万 hm^2、11 万 hm^2 和 19 万 hm^2(图 1-1-6),增幅分别为 109.5%、7.2%和 16.6%。相对来说,果园绿肥面积增长最为明显。稻区绿肥生产相对稳定,多年来面积变化不大,一直保持在 170 万 hm^2 左右。农区旱地绿肥面积近年稳定在 130 万 hm^2 左右,其中在 2020 年达到 160 多万 hm^2。

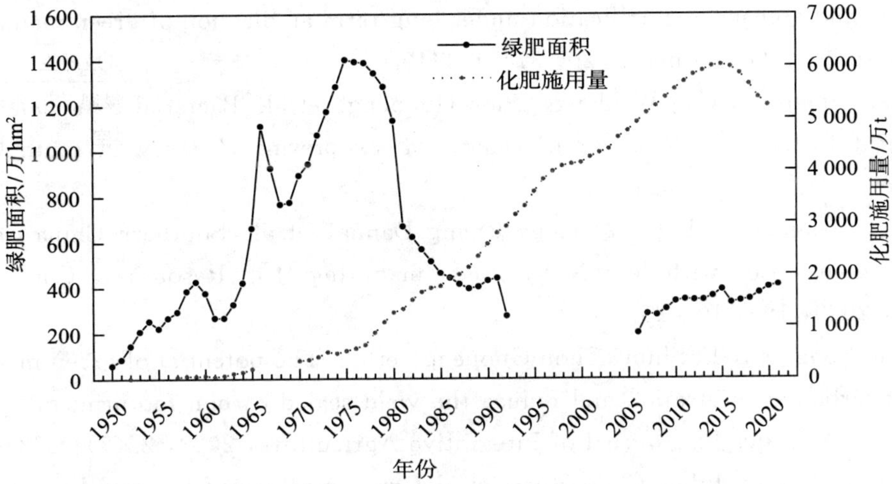

图 1-1-5 我国绿肥面积及化肥总施用量变化趋势(1950—2020 年)

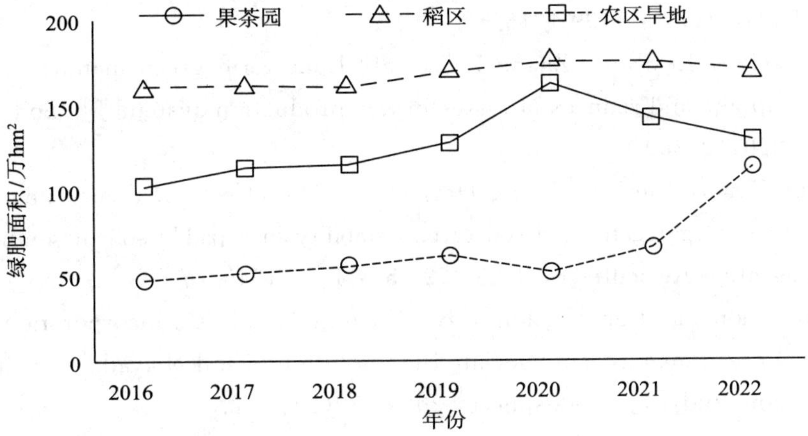

图 1-1-6 我国绿肥面积变化趋势(2016—2022 年)

参考文献

[1]曹卫东，包兴国，徐昌旭，等. 中国绿肥科研 60 年回顾与未来展望[J]. 植物营养与肥料学报，2017，23(6)：1444-1455.

[2]高嵩涓，周国朋，曹卫东. 南方稻田紫云英作冬绿肥的增产节肥效应与机制[J]. 植物营养与肥料学报，2020，26(11)：2115-2126.

[3]Chang Danna，Gao Songjuan，Zhou Guopeng，et al. The chromosome-level genome assembly of *Astragalus Sinicus* and comparative genomic analyses provide new resources and insights for understanding legume-rhizobial interactions[J]. Plant Communications，2022，3:100263.

[4]Gao Songjuan，Zhou Guopeng，Robert M. Rees，et al. Green manuring inhibits nitrification in a typical paddy soil by changing the contributions of ammonia-oxidizing archaea and bacteria[J]. Applied Soil Ecology，2020，156:103698.

[5]Gao Songjuan，Zhou Gpuopeng，Liao Yulin，et al. Contributions of ammonia oxidis-

ing bacteria and archaea to nitrification under long-term application of green manure in alkaline paddy soil[J]. Geoderma, 2020, 374:114419.

[6]Gao Songjuan, Cao Weidong, Zhou Guopeng, et al. Bacterial communities in paddy soils changed by milk vetch as green manure: a six provinces' study in south China [J]. Pedosphere. 2021, 31(4): 521-530.

[7]Gao Songjuan, Zhou Guopeng, Chang Danna, et al. Southern China can produce more high-quality rice with less N by green manuring [J]. Resources, Conservation & Recycling, 2023, 196: 107025.

[8]Gao Songjuan, Li Shun, Zhou Guopeng, et al. The potential of green manure to increase soil carbon sequestration and reduce the yield-scaled carbon footprint of rice production in southern China[J]. Journal of Integrative Agriculture, 2023, 22(7): 2233-2247.

[9]Liang Hai, Fu Libo, Chen Huai, et al. Green manuring facilitates bacterial community dispersal across different compartments of subsequent tobacco[J]. Journal of Integrative Agriculture, 2023, 22(4): 1199-1215.

[10]Liang Hao, Li Shun, Zhang Lei, et al. Long-term green manure substitution enhances crop N uptake and reduces N losses in rice production system[J]. Soil & Tillage Research, 2022, 220:105369.

[11]Zhang Zihan, Nie Jun, Liang Hai, et al. The effects of co-utilizing green manure and rice straw on soil aggregates and soil carbon stability in a paddy soil in southern China[J]. Journal of Integrative Agriculture, 2023, 22 (5): 1529-1545.

[12]Zhou Guopeng, Cao Weidong, Bai Jinshun, et al. Co-incorporation of rice straw and leguminous green manure can alleviate the limitation in soil N availability and C or N losses: an incubation study[J]. Pedosphere, 2020, 30(2): 1-2.

[13]Zhou Guopeng, Gao Songjuan, Xu Changxu, et al. Co-incorporation of Chinese milk vetch (*Astragalus sinicus* L.) and rice (*Oryza sativa* L.) straw minimizes CH_4 emissions by changing the methanogenic and methanotrophic communities in a paddy soil[J]. European Journal of Soil Sciences, 2020, 71(5): 924-939.

[14]Zhou Guopeng, Gao Songjuan, Xu Changxu, et al. Rational utilization of leguminous green manure to mitigate methane emissions by influencing methanogenic and methanotrophic communities[J]. Geoderma, 2020, 361:114071.

[15]Zhou Guopeng, Gao Songjuan, Lu Yanhong, et al. Co-incorporation of green manure and rice straw improves rice production, soil chemical, biochemical and microbiological properties in a typical paddy field in southern China[J]. Soil & Tillage Research, 2020, 197: 104499.

[16]Zhou Guopeng, Gao Songjuan, Chang Danna, et al. Succession of fungal community and enzyme activity during the co-decomposition process of rice (*Oryza sativa* L.) straw and milk vetch (*Astragalus sinicus* L.)[J]. Waste Management, 2021, 134:1-10.

[17]Zhou Guopeng, Chang Danna, Gao Songjuan, et al. Co-incorporating leguminous green manure and rice straw drives the synergistic release of carbon and nitrogen, increases hydrolase ac-

tivities, and changes the composition of main microbial groups[J]. Biology and Fertility of Soils, 2021, 57(4):547-561.

[18]Zhou Guopeng, Chang Danna, Gao Songjuan, et al. Using milk vetch (*Astragalus sinicus* L.) to promote rice straw decomposition by regulating enzyme activity and bacterial community[J]. Bioresource Technology, 2021, 319:124215.

[19]Zhou Guopeng, Fan Kunkun, Li Guilong, et al. Synergistic effects of diazotrophs and arbuscular mycorrhizal fungi on soil biological nitrogen fixation after three decades of fertilization[J]. iMeta, 2023: e81.

第二篇

华北东北篇

I　北京市绿肥发展历史、现状、潜力及模式

1　北京市绿肥生产历史与现状

1.1　不同时期北京市绿肥生产状况

北京绿肥在 20 世纪 70 年代为快速发展时期，1980—1983 年达到发展的鼎盛时期，全市绿肥种植面积超过 3 000 hm^2，之后逐渐下滑（图 2-1-1）。1985 年之后统计年鉴不再有绿肥生产相关数据。

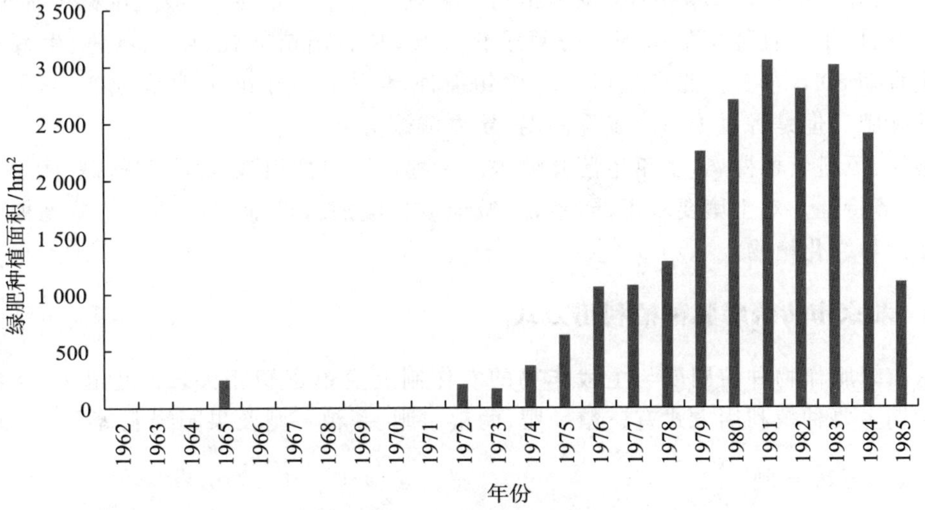

图 2-1-1　北京市绿肥作物种植面积演变（1962—1985 年）

1.2　北京市传统绿肥资源

根据原北京市农业科学院土肥室资料，在绿肥发展较为快速的 20 世纪 70 年代，北京市种植的主要绿肥作物有田菁、毛叶苕子、草木樨、箭筈豌豆、柽麻、香豆子、紫穗槐等（焦彬等，1965；焦彬和黄芳，1964）。

田菁：豆科田菁属，一年生或多年生草本植物。适应性很强，具有耐盐、耐涝、耐瘠薄等特性，适于沙壤及轻黏土的湿润地区种植。田菁在京郊 3 月底到 5 月初播种，品种可选择京选一号，该品种抗虫、抗旱、耐寒性强，8 月初进入盛花期，9 月底至 10 月初成熟，全生育期 170 d 左

右。可作为改良中低产田和盐碱地的先锋作物。

毛叶苕子:豆科野豌豆属,一年生或越年生草本植物。抗寒性强,可在北京秋季及春季种植利用。京郊秋播的毛叶苕子能越冬(9月上、中旬播种),但需浅盖土。北京地区4月底至5月为毛叶苕子生长旺盛期,在小麦田套种毛叶苕子,夏玉米播种前鲜草产量可达9 t/hm^2;也可作为水稻前茬绿肥,产鲜草15～18.75 t/hm^2。在稻田秋播种植毛叶苕子时应注意水层落干和排水工作,但若遇到低温天气,毛叶苕子越冬保苗存在问题。

草木樨:豆科草木樨属,一年生或两年生草本植物,分为白花和黄花2种。北京郊区栽培的主要是两年生白花草木樨。草木樨对环境的适应性较强,具有抗旱、耐寒和耐瘠薄等特性。种子在土壤温度2～3 ℃时就能发芽,零下20 ℃低温可以安全越冬,抗旱能力比谷类作物强。很适合北京郊区丘陵地和半干旱的瘠薄地栽培种植。

箭筈豌豆:豆科野豌豆属,一年生或越年生草本植物。全生育期为100～110 d,3月中旬播种,5月上旬初花,7月初种子成熟。箭筈豌豆喜水肥条件较高、排水性好的土壤。早春生长快,早发性强,具有一定耐阴特点,适宜套种,但耐寒性比毛叶苕子差,在北京地区不能越冬。盐碱地和低洼涝地不宜种植。

柽麻:豆科猪屎豆属,一年生草本植物。柽麻耐寒性差,性喜温暖潮湿,较耐瘠薄,在沙土、黏土和盐分低于0.3%的盐碱地上都能生长,而且生长迅速,再生能力强。但分枝少,茎易木质化。根据北京地区种植情况,柽麻一般在5月初播种,7～8月开花,9月成熟。

香豆子:豆科葫芦巴属,一年生草本植物。香豆子适应性较强,一般土壤都可种植,以沙壤土生长最好,但不适宜种于盐碱地。香豆子喜凉爽,具有出苗势强、生长迅速、生育期短的特点。全生育期80 d左右。北京地区3月中旬播种,4月下旬开花,6月底成熟,是早春一种较好的短期绿肥。但是香豆子不耐夏季高温,夏季植株生长不良。

紫穗槐:豆科紫穗槐属,多年生落叶灌木。紫穗槐适应性很强,具有耐盐碱、耐旱、耐涝、耐瘠薄、抗寒等特性。对土壤要求不严,沙荒、碱地或丘陵瘠薄坡地都可种植。紫穗槐在北京地区主要作园林绿化植物。

1.3 北京市传统绿肥种植利用方式

北京市绿肥作物种植制度与主栽作物的农作制度变革密切相关,20世纪70年代绿肥快速发展时期主要种植利用方式有三粮一肥、两粮一肥、一粮一肥及果园绿肥等。

1.3.1 三粮一肥

北京地区推广的冬小麦-夏玉米-春玉米"三种三收"套作模式中,预留的行间畦埂面积达4万多 hm^2。为了提高空闲畦埂土地利用率,在夏玉米未套种前,畦埂休闲期间种一茬毛叶苕子、草木樨、箭筈豌豆、香豆子等早春绿肥,给后季套种的玉米作基肥。利用畦埂种植的早春绿肥,分为秋播和春播2种。秋播是在小麦播种后,在行间畦埂上间种绿肥,次年5月中旬翻压后套种玉米。春播绿肥时,于3月中旬播种,5月中旬翻压后套种玉米。

1.3.2 两粮一肥

在小麦套种玉米种植制度中,利用麦收后第三茬作物保收困难或者低产地区耕地需要培肥,可以在小麦收获后套种田菁、柽麻等绿肥作物。绿肥播种期一般在7月中旬。

1.3.3　一粮一肥

根据主栽作物不同，该模式主要有3类种植形式。一是水稻前茬绿肥。水稻插秧前，利用早春秧田空闲时间，播种油菜、大麦、香豆子等早春短期绿肥，3月初播种，5月中、下旬耕翻。二是中耕作物的前茬或套种绿肥。利用春播中耕作物（玉米、高粱）前茬口空闲期，种植早春绿肥翻压后作春播中耕作物底肥。或者利用中耕作物苗期行间透光条件，采用绿肥套作中耕作物模式，适期翻压绿肥作中耕作物的追肥。三是一麦一肥。低洼易涝地区小麦收后播种一茬田菁，翻压后作秋播小麦的底肥。

1.3.4　果园绿肥

利用果树行间的空闲地种植绿肥作物，具有抑制杂草、肥田改土、壮树增产等作用。一般有秋播（9月初）和春播（3月底）等方式。适宜果园的绿肥作物有秋播的毛叶苕子、草木樨等，一般在9月初播种，越冬后次年生长迅速，5月下旬或6月初即可翻压。早春播的品种有箭筈豌豆、香豆子等，在3月中旬播种，6月初翻压。

1.4　绿肥对北京市农业生产的历史贡献

中华人民共和国成立后，北京市的种植制度共有5次变革，前4次主要发生在20世纪70年代之前，主要特点是集约化程度不断加强。无论是50年代的一年一熟，还是70年代的三种三收，由于化肥供应不足，种植利用绿肥可有效补充种植业对肥料需求的缺口，保证粮食高产稳产。在一粮一肥模式中，利用早春秧田空闲时间，播种油菜、香豆子、箭筈豌豆等早春短期绿肥，3月初播种，5月下旬耕翻，可产鲜草7.5～11.25 t/hm^2，翻压还田后增产稻谷10%以上。春播箭筈豌豆的肥效较好，在北京永乐店农场水稻前茬翻压6 t/hm^{2}左右鲜草，增产稻谷约0.9 t/hm^2（焦彬等，1966）。在高粱前茬播种绿肥，翻压油菜、苦苕子、箭筈豌豆比对照分别增产36.7%、33.5%和20%（北京市农业科学院土肥室绿肥组，1975）。低洼易涝地区小麦收后播种一茬田菁，翻压做秋播小麦底肥。有的地块连续种植2年，小麦产量由4.5 t/hm^{2}增至6 t/hm^2。绿肥翻压后肥田效果显著。在原昌平县（现昌平区）、原通县（现通州区）永乐店等多个试验田块结果显示，翻压田菁的地块土壤硝态氮含量为16～30 mg/kg，比对照地块硝态氮含量的3～10 mg/kg显著提高。一般当季增产小麦0.6～0.9 t/hm^2，增产10%～25%，后效还可持续2～3茬。

1.5　北京市绿肥生产现状

2008年，在绿肥行业专项“首都经济圈绿肥利用技术集成研究及示范”课题的推动下，针对北京地区农业生产的变革，探索出一系列间套作及冬春季覆盖的生产技术模式，其中以春玉米轮套作二月兰模式的节肥、增产、生态效益最为明显，该技术填补了北京地区冬绿肥历史空白。“十二五”绿肥行业专项执行期间，发展了春玉米-大豆间作技术模式，并进一步优化了北京地区春玉米全程套播二月兰技术，实现了二月兰播种的轻简化；同时针对北京地区果园土壤质量普遍偏低、果品质量不高等问题，建立了适合不同果园的绿肥或自然生草覆盖的清洁生产技术模式。在有关部门及扶持政策支持下，北京绿肥生产得以快速恢复和发展，于2012—2014年达到高峰，其中，2014年种植面积超过7 000 hm^2（图2-1-2）。

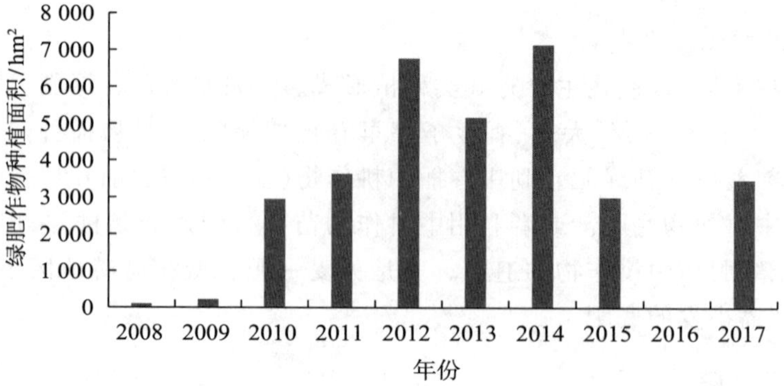

图 2-1-2 北京市绿肥作物种植面积(2008—2017 年)

2 北京市绿肥科研进展

2.1 二月兰作为新型绿肥的科学基础

在北京地区，一方面过去有种植冬小麦的传统，另一方面冬季较为严寒，一般的绿肥作物难以安全越冬，因而较少有种植冬绿肥的习惯。21 世纪初，随着种植业结构的调整，北京地区冬小麦种植面积大幅萎缩，出现了大量的冬季休闲土地。耕地裸露造成了许多负面影响，如耕地土壤易随大风刮起，风沙天气对首都的大气环境造成压力，易导致土壤质量下降、加重土壤水分损失，使耕地土壤生态环境恶化；同时长达 6～7 个月的休闲，也造成了光、热、水、土等自然资源的严重浪费。针对这些问题，利用二月兰冬季耐寒、春季早发的优势，中国农业科学院农业资源与农业区划研究所绿肥团队首次引入了二月兰用作冬季绿肥，并成功实践和示范。

2.1.1 二月兰的生育期划分

在北京的田间观察表明，二月兰出苗后至入冬，一般会有 5～7 片叶长成；入冬后，叶片枯萎，地上部处于完全休眠状态；早春有一个明显的返青阶段；然后开始现蕾和抽薹，再依次进入花期和结角成熟阶段。此外，二月兰的现蕾和抽薹几乎同时进行，同时边现蕾边开花，而且花期与结角期也有一段时间交叉，具有明显的无限花序特征。综合田间观察和取样分析结果，可以将二月兰的生育期划分为 6 个阶段，即苗期、冬季休眠期、返青期、现蕾抽薹期、花期、结角成熟期，花期又可以区分为初花期、盛花期和终花期(表 2-1-1)。

2.1.2 播期对二月兰鲜草产量的影响

选择适宜播期，尽量满足二月兰自身生长需要，使其安全越冬，在春后获得较大鲜草产量，可以最大限度实现其绿肥效益；同时二月兰的播期也要考虑与主作物的生育期尽量吻合。不同播期对二月兰的安全越冬有一定的影响，越冬前营养生长需在 30 d 以上，营养体有 3～4 片真叶以上，才能安全越冬。

在北京的试验表明，随着播期推迟，二月兰的鲜草产量显著下降(表 2-1-2)。9 月 22 日播种的鲜草产量大约为 9 月 14 日播种的鲜草产量的 80%，10 月 1 日以后播种的二月兰产量非常低，主要原因是晚播的二月兰出苗较差，其次是苗弱造成越冬率降低。可见，在 9 月中旬播种，二月兰产草量较高。

表 2-1-1　北京地区二月兰生育期(刘佳,2010)

生育期	时间
苗期	9 月 15 日至 11 月 25 日
冬季休眠期	11 月 26 日至 3 月 14 日
返青期	3 月 15 日至 3 月 26 日
现蕾抽薹期	3 月 27 日至 4 月 14 日
初花期	4 月 8 日至 4 月 17 日
盛花期	4 月 18 日至 4 月 28 日
终花期	4 月 29 日至 5 月 8 日
结角成熟期	4 月 26 日至 6 月初

表 2-1-2　不同播期二月兰鲜草产量(刘佳,2010)

播期	产量/(t/hm^2)	相对值/%
9 月 14 日	20.93±1.42 a	100.0
9 月 22 日	16.74±2.88 b	80.0
10 月 1 日	8.83±3.30 c	42.2
10 月 8 日	3.11±2.13 d	14.9

注:表中同一列不同小写字母表示处理间差异显著($P<0.05$)。以下表格同。相对值指相对 9 月 14 日播期产量的比例。

2.1.3　二月兰的养分累积变化特征

二月兰的氮、钾累积量大,磷较小,随着生育期推进,其氮、钾累积呈明显的三级向上台阶模式(图 2-1-3),与二月兰干物质累积动态相似。4 月 2 日之前为第一阶段,这一阶段是二月兰返青后的现蕾抽薹初期;4 月 2 日至 4 月 23 日为第二阶段,主要包括二月兰蕾薹的中后期、初花期和盛花的中前期;此后为第三阶段,是从盛花的后期直到完全成熟。与干物质累积过程相似的是,养分的累积也出现了两个"加速累积期",并且出现的时间也基本相同。

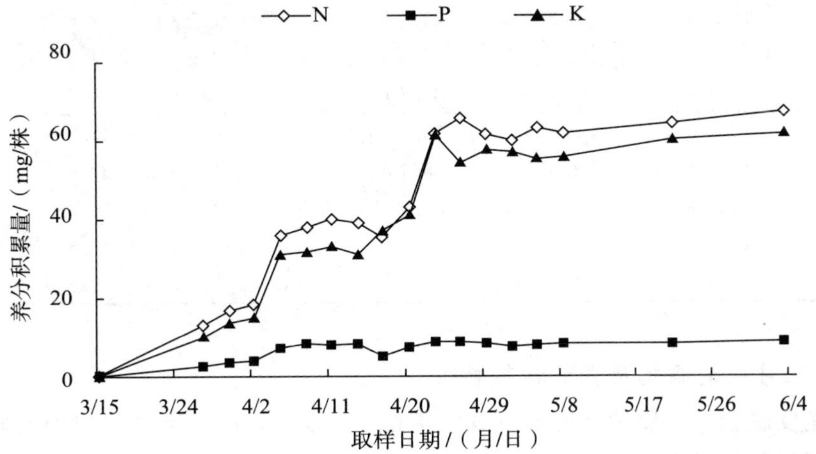

图 2-1-3　二月兰不同生长阶段氮(N)、磷(P)和钾(K)养分累积量变化(刘佳,2010)

由表 2-1-3 可以看出,盛花期时二月兰植株养分已累积完成了总量的 86.3%～94.0%,鲜草产量和干物质量也都处于高峰阶段,植株的含水量大(>80%),植株柔嫩多汁,利于翻压后的腐解和养分释放。所以,二月兰同常见的绿肥作物相同,最适宜的翻压期为盛花期。在此之后，虽然二月兰仍能进行干物质和养分的累积，但是累积速率很慢、累积量很低；同时植物组织逐渐老化，不利于翻压后的腐解。

表 2-1-3　二月兰各生育期氮(N)、磷(P)和钾(K)养分累积量(刘佳,2010)

生育期	氮		磷		钾	
	累积量/(mg/株)	相对值/%	累积量/(mg/株)	相对值/%	累积量/(mg/株)	相对值/%
返青期	13.2	19.6	2.3	26.5	10.3	16.6
蕾薹期	28.7	42.7	5.7	66.3	23.6	38.0
初花期	38.1	56.7	7.2	84.2	33.2	53.3
盛花期	58.0	86.3	8.1	94.0	53.8	86.5
终花期	61.8	91.9	7.8	90.3	56.6	90.9
角果成熟期	67.2	100.0	8.6	100.0	62.2	100.0

注：相对值指相对角果成熟期的比例。

2.1.4　二月兰对难溶性磷钾盐的活化效果

二月兰对钾长石和云母来源钾有一定且同等的利用能力。缺钾降低二月兰叶片生物量(表 2-1-4)，但钾长石和云母处理可显著增加根重、茎叶重。钾长石和云母处理可明显提高二月兰地上部含钾量，但有降低根系养分含量的趋势。二月兰可以利用磷酸三钙[$Ca_3(PO_4)_2$]、磷酸铁($FePO_4$)、磷酸铝($AlPO_4$)，三个处理的生物量明显高于缺磷处理。可见，二月兰具有一定的活化吸收难溶性磷、钾养分能力。

表 2-1-4　不同钾源、磷源对二月兰生物量及氮(N)、磷(P)和钾(K)养分含量的影响

处理		根重 6 株/(g/盆)	茎叶重 6 株/(g/盆)	地上部养分含量/(g/kg)			根系养分含量/(g/kg)		
				N	P	K	N	P	K
钾源	无钾	0.07 b	1.10 c	40.1 a	8.2 a	8.7 c	30.0	4.7	9.8
	KH_2PO_4	0.20 a	2.26 a	35.4 b	6.0 b	91.7 a	27.6	5.1	33.5
	钾长石	0.19 a	1.76 b	34.3 b	8.6 a	9.9 bc	21.7	4.1	7.1
	云母	0.21 a	1.70 b	37.6 ab	7.8 a	11.7 b	24.8	4.3	5.9
磷源	无磷	0.05 c	0.15 c	33.6 ab	1.4 e	56.3 d	15.2	0.9	9.6
	KH_2PO_4	0.20 a	2.26 a	35.4 a	6.0 a	91.7 a	27.6	5.1	33.5
	$Ca_3(PO_4)_2$	0.14 b	1.59 b	34.6 ab	2.9 b	74.3 c	14.3	1.0	13.9
	$FePO_4$	0.16 b	1.43 b	32.2 b	2.5 c	70.0 c	13.8	1.2	12.1
	$AlPO_4$	0.21 a	1.48 b	33.5ab	2.0 d	85.9 b	19.5	1.3	20.6

2.1.5　二月兰的腐解及养分释放特征

腐解率是反映翻压物腐解状况最直观的指标，了解绿肥在一定时间内的腐解率对控制绿肥的翻压时间和翻压量有指导作用，对于合理利用绿肥有重要意义。图 2-1-4 是二月兰翻压后的残余干重和腐解率随时间的变化趋势。可以看出，在 8 月 29 日(春玉米收获前)最后一次取样时，二月兰的腐解率达到了 76.4%。

由图 2-1-5 可知，二月兰翻压还田后，钾的养分释放率最大，至试验结束时植株中 96.8%的钾被释放出来。钾的释放是前期快、后期慢，以第 14 d 为拐点，前 14 d 钾共释放了总量的

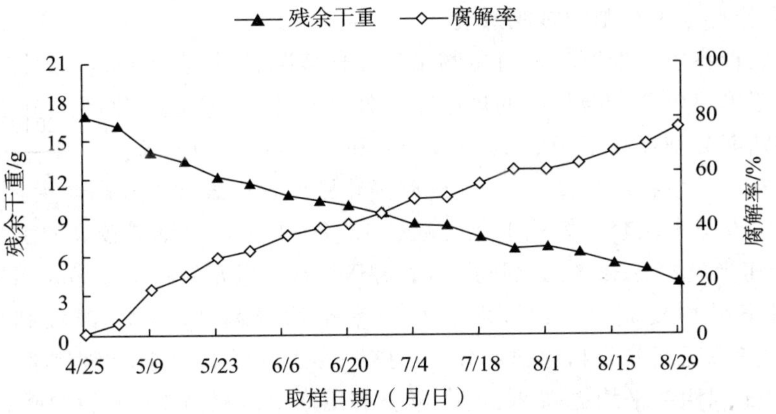

图 2-1-4　二月兰腐解过程中残余干重和腐解率变化情况(刘佳，2010)

74.5%，平均每天释放总量的 5.3%；14 d 以后，钾只释放了总量的 22.3%，平均每天释放总量的 0.2%。氮的释放规律与钾相似，整体表现出前期释放快、后期释放慢的特征。其中，前 14 d 氮释放了总量的 50.0%，平均每天释放总量的 3.6%；此后的 112 d，释放了总量的 38.9%，平均每天释放总量的 0.4%。截至试验结束时(春玉米收获前)，氮的释放率达到了 88.9%。而磷的释放规律与氮、钾不同，在试验的前 14 d，植株残体中磷的总量不但没有释放，反而上升了 14.0%，这可能由于二月兰腐解过程中产生的有机酸使土壤中的难溶性磷活化，并在植株残体表面富集。14 d 后，植株残体逐渐向环境中释放磷，到了翻压后的第 35～42 d，植株残体中的磷才大约恢复到翻压前的水平。试验结束时(春玉米收获前)，磷的释放率达到 84.8%。

总体来看，二月兰腐解过程中，钾的释放率最大，氮次之，磷最小。就释放速率而言，前期是钾最快，氮次之，磷最慢；后期则相反，磷最快，氮次之，钾最慢。腐解前期氮、钾的大量释放，可以为土壤提供大量的速效氮、钾养分，有利于作物苗期的生长；而后期磷的快速释放，可以弥补追施化肥后大量磷肥被土壤缓效化的不足。

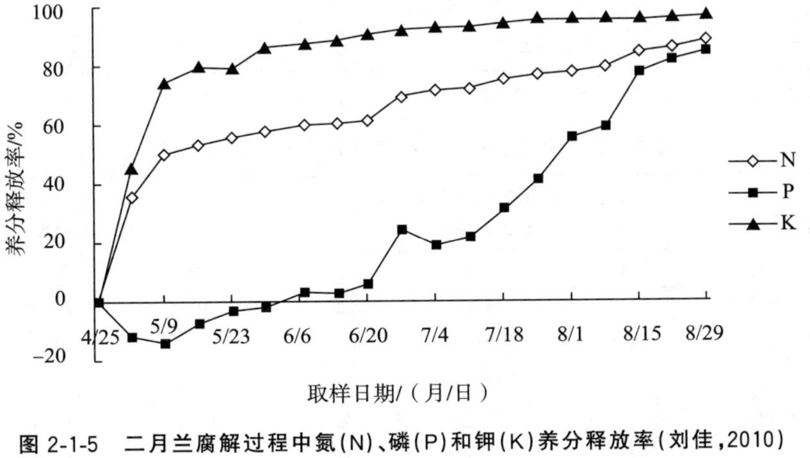

图 2-1-5　二月兰腐解过程中氮(N)、磷(P)和钾(K)养分释放率(刘佳，2010)

2.2　北京地区绿肥效应

2.2.1　二月兰作春玉米绿肥的效应

是指北京地区利用玉米地冬闲季节种植二月兰，二月兰翻压后种植玉米的利用方式。

(1)二月兰作春玉米绿肥的减肥效应

不同施肥处理各生育期春玉米总生物量的变化情况表明(表 2-1-5),二月兰与化肥配合施用的效果要好于单施化肥。与相应的单施化肥处理相比,二月兰与化肥配施的各处理生物量在灌浆期和成熟期分别提高了 10.5%～34.0%和 12.5%～20.2%。二月兰+85%化肥处理在灌浆期和成熟期的生物量最高,二月兰+85%化肥处理也表现出较高产量。可见,与习惯施肥相比,二月兰-春玉米轮套作模式下化肥减量 15%～30%仍可维持较高的玉米产量。

二月兰-春玉米模式中,仅考虑化肥养分时,翻压二月兰后养分利用效率大幅提高(表 2-1-6)。其中氮肥利用率平均提高 27.1%,磷肥利用率平均提高 19.8%,钾肥利用率平均提高 105.0%。同时考虑绿肥养分和化肥养分,二月兰-春玉米模式对于肥料利用率的提高幅度也很明显,其中氮肥利用率平均提高 20.4%;磷肥利用率平均提高 15.9%;钾肥利用率平均提高 49.8%。由此可知,种植翻压二月兰后钾肥利用率提高幅度最大,表明种植并翻压二月兰,对土壤钾库的调动效应十分巨大。肥料利用率的提高问题一直是困扰肥料学界的难题。本试验中,绿肥为就地翻压,并没带入外源养分参与体系内循环,所以可以推论,是二月兰活化或富集了土壤养分,并且其所活化或富集的养分对于后作玉米十分有效。因此,仅从土壤-作物体系内考虑,种植并翻压二月兰作绿肥是提高肥料利用率的便捷、高效措施。

表 2-1-5 不同施肥处理下春玉米总生物量(刘佳,2010)

处理	灌浆期		成熟期	
	生物量/(t/hm²)	与对应施肥处理比较/%	生物量/(t/hm²)	与对应施肥处理比较/%
二月兰+40%化肥	12.46±1.72 bcd	10.5	19.69±0.97 bc	14.4
二月兰+70%化肥	14.54±2.95 ab	14.6	20.94±0.73 ab	12.5
二月兰+85%化肥	15.65±1.77 a	16.1	21.86±1.38 a	20.2
二月兰+100%化肥	13.96±1.16 abc	34.0	20.57±0.87 ab	15.7
40%化肥	11.28±1.38 cd		17.21±0.64 d	
70%化肥	12.69±1.66 bcd		18.62±0.90 cd	
85%化肥	13.48±1.18 abc		18.19±1.21 cd	
100%化肥	10.42±1.72 d		17.78±1.61 d	

注:总生物量为地上部和根的加和。100%化肥用量为 N 225.0 kg/hm²、P_2O_5 112.5 kg/hm²、K_2O 112.5 kg/hm²。

表 2-1-6 二月兰春玉米模式中养分利用提高状况(刘佳,2012)

处理	养分利用率提高值/%(未考虑绿肥养分)			养分利用率提高值/%(考虑绿肥养分)		
	N	P_2O_5	K_2O	N	P_2O_5	K_2O
二月兰+40%化肥	39.1	35.6	174.0	25.9	26.2	64.3
二月兰+70%化肥	16.2	2.0	83.8	12.5	1.6	42.5
二月兰+85%化肥	30.2	29.6	93.0	24.3	25.3	51.6
二月兰+100%化肥	22.8	12.2	69.0	19.0	10.7	41.0
平均	27.1	19.8	105.0	20.4	15.9	49.8

注:养分利用提高状况是指二月兰—春玉米模式相对于冬闲-玉米模式的等化肥用量下养分利用率提高值。二月兰平均养分含量 N 45.8 kg/hm²、P_2O_5 16.2 kg/hm²、K_2O 76.8 kg/hm²。

(2)二月兰作春玉米绿肥的土壤培肥效应

由表 2-1-7 可知,在春玉米拔节期、吐丝期和成熟期,与单独常规化肥处理相比,种植翻压二月兰配施常量化肥显著提高土壤无机氮、有效磷和速效钾含量，为春玉米增产提供了重要保障。

表 2-1-7　不同施肥处理对玉米不同时期土壤无机氮、有效磷和速效钾含量的影响（杨璐，2013）

土壤养分	时期	无肥对照	二月兰	化肥	二月兰＋化肥
无机氮/(mg/kg)	拔节期	2.4±0.1 c	4.0±0.3 c	110.0±6.1 b	142.2±12.5 a
	吐丝期	2.0±0.1 b	2.3±0.2 b	51.4±7.5 a	67.4±8.3 a
	成熟期	2.3±0.1 c	2.7±0.1 c	11.3±2.1 b	24.4±0.5 a
有效磷/(mg/kg)	拔节期	13.4±0.9 c	15.0±1.0 c	36.4±0.4 b	44.2±3.8 a
	吐丝期	11.7±0.9 c	11.3±0.3 c	19.1±0.3 b	24.6±1.8 a
	成熟期	9.3±0.3 c	8.2±0.7 c	12.6±0.8 b	13.8±1.1 a
速效钾/(mg/kg)	拔节期	32.2±0.6 d	42.4±1.3 c	49.9±1.4 b	75.0±1.3 a
	吐丝期	28.0±0.6 c	37.0±1.9 b	36.0±1.0 b	45.0±1.5 a
	成熟期	29.7±0.4 c	31.5±1.5 bc	32.1±1.9 b	39.8±0.7 a

（3）二月兰作春玉米绿肥的氮素平衡效应

二月兰-春玉米模式配施 70%氮肥的玉米吸氮量为 182.9 kg/hm^2，较传统施肥高 29.2 kg/hm^2（表 2-1-8）。氮平衡效应结果表明，二月兰-春玉米模式配施 70%氮肥相比传统施肥表观氮损失降低了 48.9%，主要因为前者较后者能够降低 31.1%的氨挥发损失、且前者几乎不产生氮淋失，前者的氨挥发、氮淋失损失的氮量为 29.3 kg/hm^2，低于后者的 106.7 kg/hm^2。

表 2-1-8　不同施肥条件下春玉米系统氮素平衡效应（Bai et al.，2015）　kg/hm^2

	处理	不施肥对照	二月兰＋70%化肥	传统施肥
氮投入	绿肥氮投入量	0	75.6	0
	化肥氮投入量	0	157.5	225.0
	表观氮矿化量	23.6	23.6	23.6
	玉米播种前 0～100 cm 土层矿质氮含量	33.9	34.2	129.5
氮输出	玉米吸氮量	50.9	182.9	153.7
	玉米收获后 0～100 cm 土层矿质氮含量	6.5	29.0	69.9
	表观氮去向	0	79.5	154.5
	氨挥发	—	33.7	48.9
	氮淋失	—	−4.4	57.8
	其他形式氮损失	—	50.2	47.8

注：计算不同施肥处理氮素平衡时，不考虑不施肥对照处理的表观氮去向。

（4）二月兰作春玉米绿肥的经济社会效应

二月兰-春玉米模式下，示范区玉米平均增产 555 kg/hm^2，平均增产率 8.3%。二月兰抽薹后，其菜薹品质优越、绿色安全、口感极佳，是北京早春难得的露地蔬菜。种植翻压二月兰可培肥土壤、提升耕地质量，减少化肥用量、降低了农业面源污染风险。二月兰能在冬春季节覆盖地表，对于北京地区冬春季节裸露土壤的风蚀效应有明显抑制作用。此外，二月兰花期长、开花早，早春美化田园风光，为市民踏青赏花提供去处。

2.2.2 玉米-大豆超常规宽窄行间作效应

超常规宽窄行是指将玉米采用大宽行、小窄行种植，其中大宽行行距 180～200 cm，窄行行距 30～40 cm。窄行为玉米种植带，种植 2 行玉米，株距 15 cm 左右，玉米密度 5.6 万～6.4 万株/hm^2。宽行为大豆种植带，种植 3～4 行大豆。基肥全田撒施翻耕，苗期、抽雄期在 2 行玉米间追肥。

(1)玉米-大豆超常规宽窄行间作的效益

小区试验结果表明(表 2-1-9)，不同模式的玉米产量没有显著差异，说明玉米-大豆间作中，大豆生长对玉米产量没有明显影响。本模式中，间作大豆具有一定产量。本模式在播种等管理上相对费工，在病虫害防控中对于药剂的施用也有较高的技术要求，但对于劳动力较为充足、适合精耕细作的农区来说，是一种较好的增收方式。

表 2-1-9 玉米大豆不同间作模式下产量和氮(N)、磷(P)、钾(K)养分吸收情况

处理(玉米:大豆)	玉米产量/(t/hm^2)	大豆产量/(kg/hm^2)	体系内作物总养分吸收量/(kg/hm^2)			比平播多吸收养分量/(kg/hm^2)			大豆吸收N量
			N	P	K	N	P	K	/(kg/hm^2)
2行:3行	8.00 a	450 c	289.8	49.5	197.3	79.6	9.3	36.9	59.4
2行:4行	8.00 a	537 b	282.1	48.9	191.4	71.8	8.7	31.0	70.5
2行:2行	8.06 a	720 a	273.6	47.9	190.9	63.4	7.7	30.5	44.6
1行:2行	7.78 a	727 a	265.8	47.1	187.9	55.6	6.9	27.5	37.1
平播玉米	7.93 a	—	210.2	40.1	160.4				

注：施肥量，N 261.0 kg/hm^2、P_2O_5 138.0 kg/hm^2、K_2O 112.5 kg/hm^2。

(2)玉米-大豆超常规宽窄行间作的肥料利用效率

结果表明(表 2-1-9、表 2-1-10)，玉米间作大豆是提高肥料利用效率的有效措施。同平播玉米相比，间作系统的养分吸收量大幅提升，其氮肥、磷肥、钾肥利用率分别平均提高 25.9%、13.6%、33.7%。考虑到大豆吸收的氮素大约 67%来自生物固氮，是粮豆间作系统中的外源氮素，将这些氮素全部作为氮肥投入计算，粮豆间作系统的氮肥利用率也可以平均提高 22.8%。

表 2-1-10 玉米大豆不同间作模式下氮(N)、磷(P)和钾(K)养分利用率提高 %

处理(玉米:大豆)	养分利用率提高(未考虑固氮)			氮肥利用率提高(考虑固氮)
	N	P	K	
2行:3行	30.5	15.5	39.5	26.5
2行:4行	27.5	14.5	33.2	23.3
2行:2行	24.3	12.8	32.7	21.8
1行:2行	21.3	11.5	29.5	19.4
平均	25.9	13.6	33.7	22.8

注：大豆吸收氮素按 67%为固氮计。

2.2.3 果园种植覆盖二月兰的效应

是指在果园行间或全园种植二月兰，自然覆盖或灭茬浅旋翻压作绿肥的利用方式。

(1)果园种植二月兰鲜草产量

对北京的覆盖绿肥二月兰生物量和产籽量的调查表明(表 2-1-11)，土壤肥力较高的房山果园，二月兰春季生物量大，平均 17.27 t/hm^2，平均种子产量 654 kg/hm^2。在土壤肥力较低

的平谷果园，二月兰春季生物量平均 13.61 t/hm²，种子产量平均只有 96 kg/hm²。为此，在绿肥生物量较高果园可以采取隔行翻压与自然落籽相结合，实现果园绿肥一次播种多年利用。

表 2-1-11 北京房山区和平谷区果园二月兰春季生物量及夏季产籽量调查

房山区调查地点	春季生物量/(t/hm²)	种子产量/(kg/hm²)	平谷区调查地点	春季生物量/(t/hm²)	种子产量/(kg/hm²)
焦各庄镇杏园	16.20	732	夏各庄镇魏太务桃园	14.40	85
焦各庄镇杏园	20.00	466	大华山镇小峪子桃园	12.90	97
焦各庄镇葡萄园	18.05	886	夏各庄镇陈太务桃园	13.50	104
焦各庄镇葡萄园	14.79	532			
房山区平均	17.27	654	平谷区平均	13.61	96

(2)果园覆盖绿肥二月兰对果品品质和产量的影响

北京市桃园种植绿肥二月兰改善果品品质，果实维生素 C 含量平均提高 9.0%，固形物提高 6.3%，硝酸盐含量平均降低 3.1%(表 2-1-12)。

表 2-1-12 北京市桃园覆盖二月兰后桃品质指标(2012—2013 年)

项目	维生素 C/(mg/100 g)	固形物/%	总酸/%	硝酸盐/(mg/kg)
生草区	1.65	9.11	0.13	45.70
对照区	1.52	8.60	0.13	47.17
变化值	0.13	0.53	0.00	−1.47
变幅/%	9.0	6.3	0.0	−3.1

北京市 8 个果园绿肥示范点果品产量调查结果表明，果园种植绿肥二月兰有利于果品产量提高，平均增产 489 kg/hm²，平均增产率 2.0%，增收 0.24 万元/hm²(表 2-1-13)。

表 2-1-13 北京市不同果园覆盖二月兰增产增收效果(2012—2013 年)

示范地点	果树	生草区产量/(t/hm²)	对照区产量/(t/hm²)	增产/(kg/hm²)	增产率/%	增收/(万元/hm²)
房山区韩村河	葡萄	25.28	25.13	150	0.6	0.08
房山区焦各庄	杏	18.90	18.45	450	2.4	0.23
房山区良乡镇	苹果	25.05	24.30	750	3.1	0.38
平谷区夏各庄	桃	23.10	22.50	600	2.7	0.30
平谷区夏各庄	桃	24.30	24.00	300	1.3	0.15
平谷区大华山镇	桃	22.95	22.20	750	3.4	0.38
大兴区庞各庄镇	梨	36.75	36.00	750	2.1	0.38
延庆区张山营镇	葡萄	25.29	25.13	165	0.7	0.08
平均		25.20	24.71	489	2.0	0.24

注：果品价格按照平均单价 5 元/kg 计算。

(3)果园覆盖绿肥二月兰对土壤肥力的影响

北京市果园连续种植二月兰 4 年后，土壤有机质、全氮、有效磷和速效钾含量平均分别增加了 1.4 g/kg、0.1 g/kg、11.2 mg/kg 和 37.1 mg/kg(表 2-1-14)。可见，果园覆盖绿肥二月兰有明显培肥土壤的作用。

表 2-1-14　北京市房山区和平谷区果园绿肥土壤培肥效果(2011—2014 年)

监测项目	监测点	初始年份(2011 年)	测定年份(2014 年)	较 2011 年增加量	较 2011 年增加/%
有机质/(g/kg)	房山区焦各庄镇葡萄园	15.4	16.7	1.3	8.4
	房山区焦各庄镇杏园	18.7	21.3	2.6	13.8
	房山区良乡镇曹章苹果园	16.9	18.2	1.3	7.7
	平谷区夏各庄镇魏太务	14.6	16.0	1.4	9.6
	平谷区大华山镇小峪子	13.0	13.4	0.4	3.1
	平均	15.7	17.1	1.4	8.5
全氮/(g/kg)	房山区焦各庄镇葡萄园	1.3	1.0	0.2	13.7
	房山区焦各庄镇杏园	1.0	1.3	0.1	12.5
	房山区良乡镇曹章苹果园	0.8	1.0	0.2	20.0
	平谷区夏各庄镇魏太务	1.2	1.2	0.0	2.5
	平谷区大华山镇小峪子	2.2	2.0	−0.1	−3.4
	平均	1.3	1.3	0.1	9.1
有效磷/(mg/kg)	房山区焦各庄镇葡萄园	36.9	44.3	7.45	20.2
	房山区焦各庄镇杏园	40.0	41.9	1.90	4.8
	房山区良乡镇曹章苹果园	45.0	56.5	11.5	25.6
	平谷区夏各庄镇魏太务	77.1	108.6	31.5	40.9
	平谷区大华山镇小峪子	47.2	51.7	4.5	9.5
	平均	49.2	60.6	11.2	20.2
速效钾/(mg/kg)	房山区焦各庄镇葡萄园	122.7	197.0	74.0	60.6
	房山区焦各庄镇杏园	238.0	268.0	30.0	12.6
	房山区良乡镇曹章苹果园	112.0	141.0	29.0	25.9
	平谷区夏各庄镇魏太务	231.0	276.0	45.0	19.5
	平谷区大华山镇小峪子	215.0	222.0	7.0	3.3
	平均	183.7	220.8	37.1	24.3

3　北京市绿肥发展潜力

北京市 2021 年耕地面积为 9 万 hm^2,农作物播种面积 12 万 hm^2,主要粮食作物和经济作物播种面积分别为 6 万 hm^2 和 5 万 hm^2,播种面积排列前三位的玉米、蔬菜和冬小麦面积分别为 4 万 hm^2、5 万 hm^2 和 1 万 hm^2。此外,北京市拥有果园4 万 hm^2。在以上种植制度或模式中,玉米茬冬春季闲田、果园空间性闲置土地等均有种植绿肥的时空潜力。

3.1　农区绿肥发展潜力

北京地区粮食作物主要种植制度为一年一熟和一年两熟制,其中一年两熟制以冬小麦-夏玉米种植模式为主,除去冬小麦种植面积 1 万 hm^2,理论上约有 3 万 hm^2 玉米茬冬、早春闲田,在这些区域可选择耐寒越冬绿肥二月兰、毛叶苕子进行冬季覆盖,覆盖期约 6 个月,其绿肥面积潜力 3 万 hm^2,绿肥有效时空潜力为 1 万 hm^2 · 年(表 2-1-15)。

3.2　果园绿肥发展潜力

经过长期的发展，北京基本上形成了适应不同区域生态条件和经济发展需求的特色果树产业区域，例如平谷的大桃和红肖梨、怀柔和密云的板栗、门头沟的京白梨等。果园种植绿肥具有促进果树生长发育、改善果实着色和品质、避免果园长期清耕管理带来的生态退化、调节果园温光水热环境、提高土壤肥力等作用。二月兰、多年生黑麦草、白三叶草、毛叶苕子等适合京郊果园首选冬绿肥类型，同时可利用绿豆、豇豆、大豆等夏绿肥与冬绿肥接茬轮作，实现园区周年覆盖。

北京市 2021 年果园面积约 4 万 hm^2。北京地区按照果园周年覆盖、70%的果园空间可种植绿肥计算，北京市果园的绿肥有效时空潜力为 3 万 hm^2 · 年(表 2-1-15)。

表 2-1-15　北京市绿肥种植时空潜力

区域	适宜的绿肥制度	对应的主作物面积/万 hm^2	绿肥空间占比/%	绿肥时长/个月	绿肥面积潜力/万 hm^2	绿肥有效时空潜力/(万 hm^2 · 年)
农区	绿肥-玉米轮作	3	100	6	3	1
	农区合计	3	—	—	3	1
经济林园	落叶果园	4	70	12	3	3
	经济林园合计	4	—	—	3	3
合　计		7	—	—	6	4

注：绿肥有效时空潜力＝对应的主作物面积×绿肥空间占比×绿肥时长。

4　北京市主要绿肥生产利用技术模式

4.1　二月兰-春玉米生产利用技术模式

4.1.1　技术概述

北京地区春玉米种植面积较大，春玉米收获到次年播种前，耕地有 6 个月左右的时间处于空闲裸露状态，可利用这一段时间的降雨和光热资源发展冬绿肥。二月兰在冬前可基本形成绿色覆盖，地上部在冬季干枯，根系能安全越冬，次年 4 月初返青生长，在 4 月底至 5 月初二月兰盛花期翻压作绿肥。套、复种二月兰是较为适宜的冬绿肥生产技术模式，其具有覆盖、养地、观光、节水等多种功能。此外，二月兰菜薹也是优质的春季露地蔬菜。

4.1.2　技术要点

(1)二月兰播种

分为玉米收后播种、玉米生长期全程套播 2 种方式。

①玉米收后播种

播期：二月兰较适宜的播期在 9 月 15 日前，最迟不晚于 10 月 1 日。偏北一些的地区，应适当提前播种。

整地：随整地基施 75～120 kg/hm^2 尿素，肥力较差的地块，可再施 75～120 kg/hm^2 磷酸二铵和 75～120 kg/hm^2 氯化钾。

播种方式及播种量：播种可采用条播或撒播。条播播深1～2 cm，墒情差的地块播深2～3 cm，播后镇压，播种量为18 kg/hm^{2}左右。采用撒播方式播种的，播种量为22.5 kg/hm^{2}左右，播后用小四齿或平耙等工具翻土掩埋，或者撒播后浅旋翻耕。

②玉米生长期全程套播

播期及播种方式：7月（玉米苗期）至9月上旬，在玉米生长期间，将二月兰播进玉米行间即可。此种方式播种可以充分利用北方同期降雨较为集中的优势，利于二月兰出苗和保苗。实践操作中，可选择以下几个合适时机播种。

小喇叭口期撒播：此时玉米株高对于人工操作影响不大，适宜撒播。播种后，玉米一般还有追肥、除草等农事措施，可使种子进一步进入土层，利于出苗。

第二次追肥或除草前撒播：此时玉米较高，对于人工操作影响较大。但播种二月兰的时间较为适宜，并且播种后，也有施肥、除草等农事操作，可以使种子进一步进入土层，利于出苗。

其他时间撒播：如果玉米采用宽窄行种植，可以在8月中、下旬撒播。此时播种，二月兰和玉米共生期较为合适。此外，如果玉米收获期适宜，也可在玉米收获前1～2 d撒播。此种方式，可以利用收获玉米的踩踏力量，使种子与土壤充分接触。但应注意土壤墒情，墒情不好易造成缺苗。

播种量：22.5～30 kg/hm^2。

施肥：一般不需要施肥。但肥力较差的地块，可在玉米收获后补施尿素75～120 kg/hm^2。

（2）二月兰田间管理

追肥：播种时施过基肥的地块，一般不在冬前继续追肥。次年春天，可以在3月中旬追施75～120 kg/hm^{2}的尿素。如果对鲜草产量没有特别要求，可以不追肥。

越冬水：有条件的地区，建议在冬前浇越冬水。但如果冬前苗较壮、降雨较多，可以不浇水。越冬水可以参照冬小麦的冬灌措施进行。一般可以在11月底至12月初进行浇灌。以上午灌水、入夜前渗完为宜。灌水量750～900 m^3/hm^2。

返青水：有条件的地区，建议在返青前浇返青水。但如果冬前苗较壮或灌过越冬水，且对鲜草产量没有特别要求，可以不浇。返青水参照冬小麦的返青水措施进行。可以在3月中、下旬进行，但一般应比冬小麦返青水时间早3～5 d进行浇灌。灌水量300～600 m^3/hm^2。

杂草及病虫害管理：一般不需专门管理。杂草在来年二月兰快速返青后，受二月兰抑制，会大幅度减少。春季可能有潜叶蝇、蚜虫危害，视情况防治。

（3）二月兰利用

翻压作绿肥：在玉米播种前7～15 d翻压较为合适。此时一般在4月20日左右，二月兰正处在盛花期。二月兰翻压时，可以采用秸秆还田机将茎秆打碎后，用旋耕机旋耕。适时翻压二月兰十分重要。二月兰翻压后，其根、茎、叶中的水分及养分会缓慢释放，对于土壤墒情的维持十分有利，同时可以在玉米苗期提供一定的养分，促进玉米壮苗。

采收菜薹：在二月兰现蕾期、开花前进行，此时兰薹产量高、品相好。采收时，从地上部5 cm左右割取。二月兰抽薹时间短，应及时采收。兰薹是北方地区稀有的露地蔬菜，可炒食、做汤，风味独特。收获兰薹后，可以继续在适当时期翻压二月兰作绿肥。

（4）翻压二月兰后的春玉米种植及养分管理

翻压二月兰作绿肥的田块，玉米基肥用量可减少20%～30%。长期种植二月兰作绿肥的田块，土壤能够得到良好培育和休养，此类地块可采用玉米高产或超高产栽培方式。

玉米采用宽窄行种植，推荐宽行 100～120 cm、窄行 50 cm 左右。较大的宽行更有利于通风透光，同时为下茬二月兰播种创造有利条件。施肥应尽量采用平衡施肥、分次施肥。采用宽窄行种植时，追肥可在窄行中进行，以达到集中施肥的目的。

4.2　春玉米-大豆超常规宽窄行间作生产技术

4.2.1　技术概述

春玉米-大豆超常规宽窄行间作，是通过玉米实行大宽行、小窄行方式种植，保持玉米栽培密度基本不变，在宽行间作一定面积大豆，次年实施带状轮换种植的生产方式。该模式群体结构更为合理，既可以发挥玉米边行优势，又可以减少玉米对大豆的遮阴、获得一定的大豆产量。同时，可以发挥大豆兼有的绿肥作用，通过带状轮换种植，有利于耕地养育。

4.2.2　技术要点

(1)深耕整地

4 月下旬至 5 月初及时旋耕整地。对于种植冬绿肥二月兰的田块，于盛花期灭茬、粉碎后机械翻压还田，保证旋耕质量。

(2)品种选择

玉米选用紧凑型或半紧凑型的耐密、抗逆高产良种；大豆选用耐阴、耐密、抗倒伏高产良种。播前精选种子，玉米种子选用经过包衣处理的商品种。大豆精选籽粒饱满、活力高、大小均匀一致的种子，播前拌种大豆根瘤菌，或选用根瘤菌包衣商品种。

(3)种植方式

玉米大豆间作采用超常规宽窄行种植，即宽行 180～200 cm，窄行 30～40 cm。宽行种植 3～4 行大豆，行距 40～50 cm，穴距 10～15 cm，一穴双株。窄行为 2 行玉米，株距 15 cm 左右(总株数 5.6 万～6.4 万株/hm^2)。大豆和玉米间距 40～50 cm。

(4)适期抢墒播种

玉米、大豆可同期播种亦可分期播种，分期播种要先播玉米后播大豆。玉米宜在 5 月上旬播种，大豆播种时间不迟于 5 月底。春玉米条播，播种深度 5 cm 左右；大豆采用穴播，播深 3～4 cm。

(5)田间施肥

基肥在整地前全田施用，追肥在玉米行进行即可。此模式下，地力相对较好，玉米可实施高产或超高产施肥方式。

(6)田间管理

出苗后及时查苗补种：玉米间苗在 3～4 片叶时进行，5～6 片叶时定苗。大豆间苗一般在 2 片对生单叶平展、有复叶出现时进行。

中耕、除草：大豆 2 叶 1 心时，结合间苗中耕头遍，浅中耕、破板结、除杂草。4 叶时结合定苗中耕第二遍，以后视杂草和土壤板结情况进行中耕。

灌水：以玉米为主即可，但最好也能考虑大豆需求。大豆进入花期需水剧增，有条件时在开花前灌水 1 次，结荚期再灌水 1 次。如水源紧张，集中在盛花期灌 1 次。

控杂草、防病虫：采用分带隔离喷施除草剂，避免影响另一作物。玉米、大豆病虫害按常规防治技术进行。施药应在早晚气温低、风速小时进行，大风、雨天不要施药。

4.3 果园覆盖绿肥二月兰技术

4.3.1 技术概述

该模式是指在果树行间及树下空闲地适期播种二月兰，次年春季二月兰盛花期翻压作绿肥；或者不翻压，利用二月兰自播能力强的特点，夏季自然落籽，秋季自然出苗，在春秋及冬前以绿色植物体覆盖地表，夏季以秸秆覆盖地表，达到常年覆盖的效果。自然覆盖的地块，视情况可以收获二月兰种子，增效明显。果园绿肥模式方法简单，投入少、效益高，是未来果园的发展方向。

4.3.2 技术要点

(1)园地整理

播种前全园清除杂草，有条件的可浅旋 5～10 cm，以达到疏松土壤、打细土块、磨平整匀的目的。

(2)适时播种

最佳播种时间为 8 月中旬至 9 月中旬，雨水或灌溉充足条件下可延迟至 10 月初。尽量做到足墒下种，以保障出苗率及越冬成活率。

播种方式可撒播或机械化条播。撒播时，可在全园直接播种，撒播后最好浅旋或耙地 3～5 cm 覆盖种子。机械化条播可在行间播种，行距 20～40 cm。二月兰播种量为 22.5～30 kg/hm^2，条播可适当减少播种量。

(3)田间管理

一般正常播期的二月兰，可以安全越冬；对于播种晚、苗弱的二月兰，可冬前灌防冻水保证安全越冬。冬后，特别干旱的地块，可浇 1 次返青水，促进返青成活。返青后二月兰覆盖量不足的，可随返青水撒施尿素 75～90 kg/hm^2。

(4)二月兰利用

自然覆盖：是绿肥利用的主推方式，秋冬春季二月兰活体覆盖，夏季枯草覆盖保墒、压草。自然覆盖时，可循环利用 3～5 年后翻耕 1 次。

刈割覆盖或者翻压还园：翻压期是 4 月底至 5 月初，二月兰处于盛花期，此时生物量最大，将二月兰刈割后覆盖于果树树盘及行间。也可结合果树春季施肥将绿肥翻压于施肥沟或者行间，让其腐解作为有机肥源。

综合利用：抽薹期可采摘菜薹；花期结合旅游观光，二月兰花和果树花期构成立体花海，景观效果好。

参考文献

[1]北京市农业科学院土肥室绿肥组. 北京地区主要绿肥品种及其栽培利用[J]. 农业新技术，1975(5)：41-46.

[2]北京市统计局. 北京统计年鉴[M]. 北京：中国统计出版社，2022.

[3]焦彬，黄芳，贺微仙. 北京地区几种绿肥作物的冬播试验[J]. 中国农业科学，1965(6)：53-54.

[4]焦彬，黄芳. 北京地区早春及越冬绿肥种类的试验初报[J]. 中国农业科学，1964(9)：48-51.

[5]焦彬，黄芳，贺微仙，等. 春箭筈豌豆是北京地区适宜的早春绿肥作物[J]. 耕作与肥料，1966(01)：23-24.

[6]刘佳. 二月兰的营养特性及其绿肥效应研究[D]. 中国农业科学院，2010.

[7]杨璐. 种植翻压二月兰对春玉米氮素吸收与利用的影响[D]. 中国农业科学院，2013.

[8]王向阳. 春玉米大豆超常规宽窄行间作体系生产力研究[D]. 中国农业科学院，2012.

[9]赵华甫，张凤荣，李佳，等. 北京都市农业种植制度的发展方向——春玉米一熟制[J]. 中国生态农业学报，2008(02)：469-474.

[10]Bai Jinshun, Cao Weidong, Xiong Jing, et al. Integrated application of February Orchid (*Orychophragmus violaceus*) as green manure with chemical fertilizer for improving grain yield and reducing nitrogen losses in spring maize system in northern China[J]. Journal of Integrative Agriculture, 2015, 14(22): 2490-2499.

Ⅱ 天津市绿肥发展历史、现状、潜力及模式

1 天津市绿肥生产历史

1.1 生产利用历史

1949 年,天津市绿肥作物播种面积约为 1.85 万 hm^2,占耕地面积的 16.55%。1957 年,播种面积下降至 0.96 万 hm^2。随后绿肥播种面积逐年扩大,于 1980 年达到历史最大面积 3.05 万 hm^2,占当年耕地面积的 6.64%,之后又逐年降低。到了 20 世纪 90 年代,由于化肥用量逐年增加和复种指数提高,绿肥作物面积在 0.5 万 hm^2 左右徘徊。21 世纪初,随着畜牧业的发展,绿肥作物面积有所增加,2003 年曾达 1.30 万 hm^2,但是占当年耕地的比例仍很低。

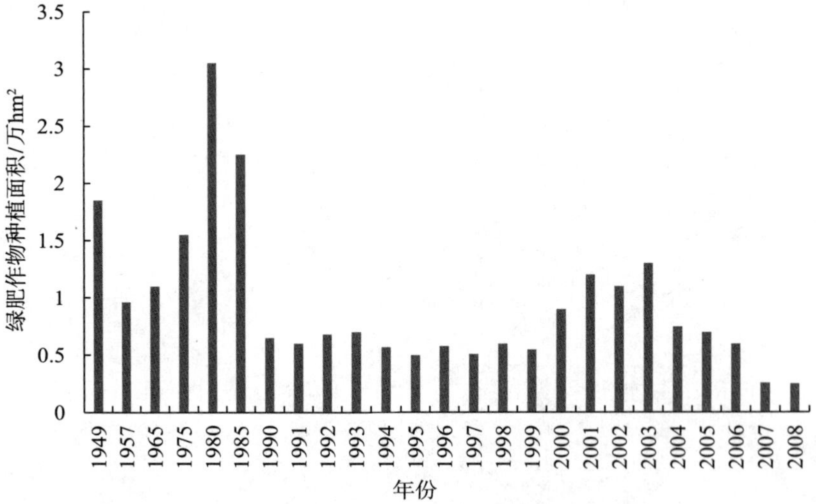

图 2-2-1 天津市绿肥作物种植面积演变(1949—2008 年)

1.2 种质资源

1.2.1 一年生和多年生绿肥作物

天津一年生和多年生绿肥作物种类较多,主要有田菁、紫花苜蓿、箭筈豌豆、黑麦草、紫穗槐等。

田菁:一年生夏季绿肥作物,耐盐、抗涝。20 世纪 60 年代引进,70～80 年代作为主要培肥

作物。宁河、武清、宝坻、大港、静海、蓟州区等地种植面积较广。

紫花苜蓿：20 世纪 80 年代初期开始引种，2000 年后又从美国和日本等地引进新品种，播种面积较大，主要用作绿肥和饲料，分布在静海、北辰等地。

箭筈豌豆：即大巢菜，又叫野豌豆。20 世纪 80 年代引进优良品种，经宁河、大港、宝坻等地试种，生长良好，尤其适合旱地和果园。

黑麦草：在 20 世纪种植较少，21 世纪黑麦草种植增多，主要分布在滨海新区、市内 6 区的园林场地，饲草和作绿化用。

紫穗槐：在 20 世纪 50～70 年代主要用于绿肥、饲料等，大部分耕地周围未利用地均有种植。80 年代末期，紫穗槐种植减少，可零星看到野生品种。21 世纪初，紫穗槐种植逐渐增加，主要分布在大港、塘沽、汉沽等滨海地区，用于盐碱地土壤改良和城市绿化。

1.2.2 稻田利用的春季绿肥作物

天津地区稻田利用的春季绿肥作物主要有香豆子、豌豆、蚕豆等。

香豆子：一年生的豆科草本，原产甘肃一带。在天津作稻田绿肥，产草量大，肥用价值高。20 世纪 60 年代主要在水稻田大量种植，播种面积较大。

豌豆：天津中部种植水稻地区有引种，做稻田春季绿肥，3 月初播种，5 月末翻压。除根茬外，产鲜草 6 t/hm^2 以上。

蚕豆：天津市水稻茬连作绿肥，3 月初播种，5 月末翻压作绿肥，表现适应性广、产草量高、抗逆性强等特点。

燕麦：又名雀麦、野麦。燕麦是长日照作物。喜凉爽湿润，忌高温干燥，生育期间需要积温较低，但不适于寒冷气候。种子在 1～2 ℃开始发芽，幼苗能耐短时间的低温。

马铃薯秧：一般是在春季种植一季马铃薯，6 月份收获后，将马铃薯秧翻压作绿肥。

1.2.3 水生绿肥作物

水生绿肥品种主要有细绿萍、水葫芦等。

细绿萍：满江红科蕨类水生植物。细绿萍生长速度快、产量高、易贮存，且富含各种氨基酸、矿物质和维生素，质地柔软、嫩绿多汁，品质优良，是猪、鸡、鸭、鹅、鱼的好饲料。20 世纪 60 年代先后引进不同的细绿萍品种加以推广作为稻田绿肥，20 世纪 80 年代初开始人工放养用于污水处理利用，而后推广作为青绿饲料。主要分布在滨海新区、宁河区等地。

水葫芦：是一种多年生水生草本植物，最早用于污水处理。80 年代天津市部分浅水域有放养。水葫芦适应性强，繁殖快，产草量高，茎叶柔嫩，适口性好。一般采取生喂，发酵、青饲等多种方法喂养牲畜，部分地区将水葫芦用于堆沤制肥。在滨海新区、宁河区等地区放养面积较大。

1.3 种植模式

1.3.1 绿肥-水稻轮作

天津市主要的绿肥作物种植模式。从 20 世纪 60 年代开始，水稻田春季 2 月末 3 月初播种香豆子等速生绿肥作物，6 月中、上旬翻压，6 月下旬栽种水稻，是天津市主要的稻田培肥模式。

1.3.2 冬小麦-绿肥-水稻轮作

该模式是实行稻-麦-绿肥 2 年 3 茬种植模式。小麦收获后整地，播种豌豆、香豆子、绿豆、泥豆等速生绿肥，生长 50～60 d 后耕沤，次年 5～6 月栽种水稻。

1.3.3 绿肥-春玉米复种

春季一茬春玉米，9 月中旬玉米收获前套播或玉米收获后轮作二月兰、毛叶苕子、冬油菜等冬绿肥的种植模式。

1.3.4 单作或间作绿肥

在盐碱耕地种植田菁、苜蓿等改良盐碱土。也有在果园行间间作绿肥，绿肥种类有毛叶苕子、香豆子、春油菜等。

1.4 绿肥对天津市农业生产的历史贡献

1.4.1 改良利用盐碱土壤

2004 年天津市盐渍耕地面积为 29 万 hm^2，占天津市耕地总面积的 61.4%。其中，轻度盐碱（含盐量 0.1%～0.2%）、中度盐碱（含盐量 0.2%～0.4%）和重度盐碱（含盐量0.4%～0.6%）耕地分别占盐渍耕地的 58.9%、26.2%和 10.6%。盐渍土壤是农业生产的重要后备土地资源，种植耐盐绿肥是改良盐碱土壤重要的技术措施之一。在盐碱地上麦后播种田菁，产鲜草 17 t/hm^2，翻压还田作绿肥相当于施尿素 262～270 kg/hm^2。翻压田菁后土壤有机质显著提高，对改良土壤结构有良好作用。

田菁不仅能在含盐量 0.4%～0.6%的盐碱地上很好地生长，而且能够改土治盐。由于田菁具有抗涝、耐盐特性，在盐碱地上种植田菁，可利用其繁茂植株遮蔽地表，减少水分蒸发，控制盐分向上移动，抑制耕层土壤返盐、增加土壤脱盐效果。试验表明，种植一茬田菁后可降低表层土壤盐分 25%～64%。田菁作绿肥翻压还田，增加了土壤有机质，进一步巩固改土治碱效果。

1.4.2 提高土壤肥力，增加粮食产量

多种绿肥在天津市的示范和应用效果均表明，绿肥对土壤肥力维持和粮食产能增加起着重要的作用。如香豆子适应天津市地势低洼和盐碱较重地区生长，用种量少，生长良好，产干草量 4.5 t/hm^2 以上，用作绿肥，可使稻谷增产 8%～15%；燕麦耐盐耐寒，在天津市含盐量 0.38%的土壤上尚可出苗齐全，生长迅速，2 个月的生长期能产鲜草量 54.9 t/hm^2，翻压作绿肥可使水稻增产 18.7%。在天津市郊区稻田，早春种植马铃薯，6 月中旬左右收获后将马铃薯秧作绿肥，接茬水稻可增产 24.6%。在天津市军粮城，麦收后种植田菁，9 月下旬绿肥鲜重达 37.5 t/hm^2，与麦后种植青饲玉米模式比较，田菁作绿肥可增加水稻产量 17%～24%。

1.5 绿肥作物研究

1.5.1 绿肥作物种质资源引进与创新

20 世纪 50 年代中期，全市各地区普遍开展引种试验，并从中筛选适于不同茬口种植利用的绿肥作物种类。引进的种质资源有：细绿萍、水葫芦、草木樨、香豆子、毛野豌豆、扁豆、箭筈豌豆、猪屎豆、大豆、绿豆、毛叶苕子、黑麦草、高丹草等。在盐碱土改良利用中引进、筛选出适

应天津市种植的耐旱优质肥饲兼用型绿肥作物有田菁、紫穗槐、籽粒苋、黑麦草、沙打旺、紫花苜蓿等。

原天津市农科所(现为天津市农业科学院)从20世纪70年代开始开展田菁新品种选育工作,汪植琼等人选育出的田菁品种宁河一号,平均产鲜草63 t/hm^2,比对照增产22.2%,最高产鲜草达93 t/hm^2。

1.5.2 绿肥作物种植技术改进

(1)早春种植绿肥

北方的早稻一般在5月底至6月上旬、晚稻在6月下旬至7月上中旬结束插秧。由于天津市气候有春旱夏涝的特点,部分晚栽的水稻可在水稻插秧前播种绿肥。1957—1958年,天津市军粮城的试验资料表明,在3月下旬播种香豆子、燕麦、豌豆等绿肥,5月底翻压,种植绿肥的水稻产量比不种绿肥的产量增加11%～19%。如果绿肥到6月中、下旬翻压,赶种晚稻,产量更高。在选择品种方面要考虑到北方早春气候较冷,最好选择生长期短又耐寒的品种。此外,在盐碱地上种植禾本科或豆科绿肥,都能够改良土壤,豆科与禾本科混播的效果更好。在地势高、盐碱重的老稻田,春季种植一茬马铃薯,6月上旬收获,薯块产量7.5 t/hm^{2}以上,薯秧翻压还田作接茬水稻基肥。

(2)与大田作物间、混、套种

在小麦行背套种草木樨或苜蓿,第一年或次年先作饲料,来春或秋季长起后,翻压作绿肥。一般绿肥在6月初可割青草15～45 t/hm^2,可作为1～3 hm^{2}大田作物的肥料。不仅可与小麦间作,还可与糜子、谷子、高粱、大麦等夏播作物混播,绿肥种类主要有芸芥、苦豆子、杂蒿等。有些地区利用小麦与豌豆混播,混播比单播小麦增产28.7%,同时豌豆根茬还可作稻田基肥。1956—1958年,在天津市军粮城进行麦后复种田菁,仅生长83 d,即产鲜草30 t/hm^{2}以上,耕翻次年种植水稻,产量比未种田菁的稻田增产24.9%。不仅当季增产效果明显,后效也很大。

(3)选择耐寒品种

1956—1958年,在军粮城进行的小区试验结果表明,9月中、下旬播种毛叶苕子、苜蓿、草木樨、大麦草等绿肥,均可越冬,次年春天生长良好。毛叶苕子晚秋播种或水稻快成熟稻田落干时提早撒播于田间,早稻插秧前翻压。

(4)利用新垦盐荒地种植耐盐绿肥

在北方大片盐荒地开垦后,种稻生长不良,利用光板盐碱地,雨水冲洗后,连种2年耐盐性较强的黄须(盐蒿),再栽种水稻,收获3.28 t/hm^{2}稻谷,同时也改善了土壤的理化性状,增强土壤渗水能力、提高有机质含量和土壤肥力,为利用重盐碱荒地创造了条件。

2 天津市绿肥作物发展现状

受种植业结构改革、种植制度、土地管理方式、化肥产业发展和经济效益等多种因素的综合影响,从20世纪80年代后期绿肥的生产面积急剧下降,到21世纪初,平均每年播种5 000 hm^{2}左右,主要作为饲草利用。2008年以后,在绿肥行业专项"首都经济圈绿肥利用技术集成研究及示范"课题、国家绿肥产业技术体系支持下,筛选出二月兰、油菜、毛叶苕子、肥田萝卜、黑麦草、黑麦、三叶草等多个绿肥品种,并探索出果园绿肥周年覆盖、玉米复种冬绿肥、稻底套播绿肥,设施茄果类蔬菜绿肥作物替代地膜等技术模式，大幅度增加冬春地表覆盖，且固氮蓄碳、节肥减排效果突出。加之2018年以来天津市政府加强政策扶持，实行绿肥轮作休耕试点，绿肥应用面积又有较大程度增长。

2.1 种质资源创新

2008年以来，天津市农业资源与环境研究所多渠道搜集、引进国内外资源，在库资源100多份。多区域开展了主要绿肥品种筛选与评价工作，筛选出适宜不同种植制度的绿肥资源。其中，水稻-春绿肥轮作模式下绿肥种类主要有箭筈豌豆、毛叶苕子、肥田萝卜、春油菜等，水稻-冬绿肥套作模式绿肥种类主要有二月兰、冬油菜和毛叶苕子等，春玉米-冬绿肥复种模式下冬绿肥种类有二月兰、冬油菜、毛叶苕子、黑麦草、黑麦、绛三叶等，果园绿肥间作模式下绿肥种类主要有草木樨、鼠茅草、黄芪、绛三叶、白三叶、红三叶、羽扇豆等，设施蔬菜可用于间作的绿肥种类主要有燕麦、油菜、小葵子、毛叶苕子和箭筈豌豆等。

2.2 生产利用技术进步

在天津市农区，形成了冬绿肥-玉米/水稻复种等种植模式，研发了春玉米套播冬绿肥、稻底套播绿肥等核心技术，实现了冬绿肥利用的轻简化和高效率，可以为天津地区冬春季节大面积绿色覆盖提供技术途径。在果园间作绿肥方面，实现了果园全年绿肥覆盖，减少田间杂草，改善果园生态环境，同时减少化肥和农药施用。设施蔬菜行间采取间作绿肥替代地膜使用，既可减少微塑料污染，又可调控设施园区微环境，提升蔬菜品质。

2.3 模式创新与应用成效

在旱作区，集成了一年一熟春玉米复种冬绿肥种植模式和一年一熟夏玉米轮作春绿肥种植模式。相关研究表明，春玉米复种冬绿肥种植模式春玉米产量增加1.50 t/hm^2、替代化肥用量75.0 kg/hm^2，养分利用效率提高10.0%～20.2%，土壤理化性状得到明显改善。

在稻作区，集成稻田秋季套作冬绿肥模式和春季轮作春绿肥模式，削减冬、春闲田面积，提高土地利用率，促进稻田土壤高效培肥，增加农户经济效益，增收稻谷450 kg/hm^2以上；示范区应用绿肥后可减少化学肥料20%左右，稻米品质提升。

在果园，形成的果园冬绿肥常年覆盖模式果品产量增加2.60 t/hm^2、替代化肥66.3 kg/hm^2，养分利用效率提高15.0%～22.5%。果树绿肥间作下，绿肥无论翻压还是自然覆盖均降低土壤容重，提高土壤有机碳、氮含量，增加果品的可溶固形物及维生素C含量。

在设施蔬菜区域，发展了蔬菜-绿肥间作替代农膜方式。茄果类蔬菜采用绿肥替代农膜的栽培方法，提高了土壤肥力，杜绝农田白色污染，为设施蔬菜健康种植提供了一种绿色种植方法。

2.4 科研发展、人才队伍与绿肥政策

(1)绿肥科研项目支持力度逐年增加

近几年，绿肥在农业绿色生产中的作用逐渐被重视，在农业中的应用日益增多。天津市科学技术委员会、天津市农业农村委员会以及天津市财政局对绿肥的项目支持力度逐年增加，将绿肥作为一项内容专门写进科技项目。国家绿肥行业专项、绿肥体系天津综合试验站、重点研

发计划子任务、天津市科技支撑重点项目、天津市农业科技成果转化与推广项目、财政局粮经作物支持专项等22个绿肥相关项目，从绿肥作物引进筛选、生产利用技术研发及模式集成、重金属修复等方面开展诸多研究，为绿肥应用打下坚实科研基础。

(2)绿肥科技人才队伍培养稳步推进

目前，从事绿肥研究的人员逐年增加，天津市农业科学院、天津农学院、南开大学、天津市农业发展服务中心以及区级推广部门多家单位均参与到绿肥生产与利用研究、示范与推广中来。通过各级部门举办绿肥方面专题培训，引导农民认识绿肥、应用绿肥、发展绿肥。

(3)加强政策扶持，稳定农民收益

天津市先后制定并实施了《天津市人民政府办公厅关于健全生态保护补偿机制的实施意见》《天津市建立绿色生态为导向的农业补贴制度改革实施方案》《天津市土污染防治工作方案》《天津市耕地草原河湖休养生息实施方案(2016—2030年)》《天津市创新体制机制推进农业绿色发展的实施意见》等一系列政策，持续开展耕地轮作休耕制度试点，在武清、宁河、静海、西青、东丽、北辰、滨海新区等地建立轮作或种植绿肥休耕试点。

3　天津市绿肥研发进展与创新

3.1　绿肥二月兰改良盐碱地技术与效应研究

3.1.1　二月兰在不同盐碱度耕地生长状况

随着土壤含盐量升高，二月兰的成活率、株高、生物量呈现逐渐下降趋势(表2-2-1)。在土壤含盐量<2.41 g/kg时，二月兰可以较好地成活、生长；当土壤含盐量>2.41 g/kg时，二月兰的成活率、株高、生物量随着土壤含盐量增加而降低；当土壤含盐量为4.53 g/kg时，二月兰难以生长。由此可见，二月兰在天津市盐碱地的耐盐极限为4.53 g/kg。

3.1.2　二月兰对土壤盐碱度的影响

不同含盐量耕地翻压二月兰后，土壤含盐量和pH变化不同(表2-2-1)。低含盐量土壤上翻压二月兰有降低盐分的作用，原含盐量为0.96 g/kg、1.35 g/kg的土壤含盐量分别降低了9.4%、10.4%，土壤pH也明显降低。土壤含盐量大于2.41 g/kg时，由于二月兰长势差、还田量少，对土壤盐分无降低效果。

表2-2-1　不同土壤含盐量对二月兰生长及二月兰翻压后土壤盐分、pH的影响(赵秋等，2010)

种植前土壤		二月兰表现			翻压2个月后	
含盐量/(g/kg)	pH	成活率/%	平均株高/cm	鲜重/(t/hm^2)	土壤含盐量/(g/kg)	土壤pH
0.96	8.4	95.3 a	71.3 a	32.22 a	0.87	8.0
1.35	8.5	91.4 a	67.1 a	30.37 a	1.21	8.1
2.41	8.5	79.1 b	62.2 b	24.31 b	2.52	8.2
3.33	8.5	51.2 c	38.2 c	12.06 c	3.15	8.4
4.53	8.7	2.4 d	14.4 d	0.10 d	4.63	8.7
5.47	8.7	0 e	0 e	0.00	5.54	8.7

注：表中同一列不同字母之间表示处理间差异显著($P<0.05$)。以下各表格意义相同。

3.2 长期冬绿肥-玉米轮作模式的培肥效应

3.2.1 冬绿肥轮作对土壤养分的影响

(1)降低冬闲季土壤无机氮含量,减少淋失风险

与冬闲相比,种植二月兰、毛叶苕子、黑麦草、黑麦4种绿肥及2种混播冬绿肥处理土壤硝态氮含量均显著降低,降幅为8.5%~46.9%。其中毛叶苕子降低幅度最小,二月兰、黑麦处理降低幅度最大。种植冬绿肥后土壤铵态氮含量增加,但土壤无机态氮总量呈降低趋势。硝态氮易进入环境,冬闲田种植冬绿肥具有减少土壤氮淋失风险的作用(图2-2-2)。

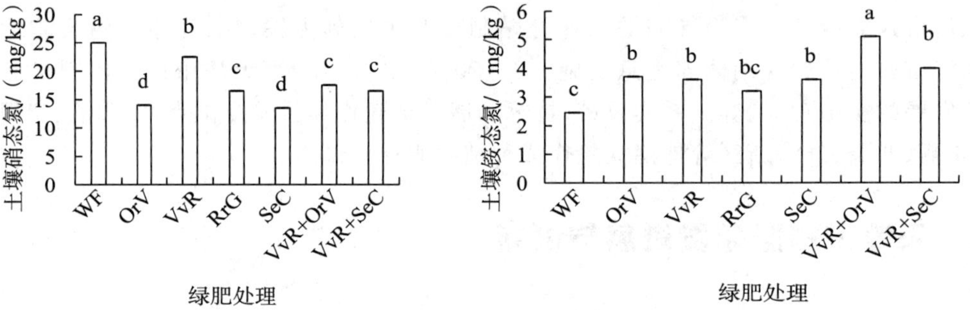

图2-2-2 连续8年冬绿肥-春玉米轮作种植后0~20 cm土壤硝态氮和铵态氮含量(赵秋等,2022)

注:试验时间2012—2019年,取样时间为2019年4月20日。WF、OrV、VvR、RrG、SeC分别表示冬闲、二月兰、毛叶苕子、黑麦草、黑麦,+表示混播;以下各图、表中,处理简写意义相同。图中不同小写字母表示差异显著($P<0.05$),以下各图的显著性表示意义相同。

(2)扩充土壤碳氮库存量

持续8年的定位试验显示,4种不同类型的绿肥及2种绿肥混作处理均可提高土壤有机质含量,随着绿肥种植年限增加基本上均呈逐年上升趋势。种植绿肥初期增加土壤有机质幅度较大,随年限增加增幅变小或者略有回落,冬闲处理土壤有机质也有逐年增加趋势,但增加较为缓慢,轮作绿肥处理土壤有机质8年间增加4.0~5.2 g/kg,冬闲处理仅增加1.6 g/kg(图2-2-3)。不同绿肥种植模式土壤有机质增长量顺序为黑麦>毛叶苕子>毛叶苕子+黑麦>毛叶苕子+二月兰>二月兰>黑麦草>冬闲,年均增长率分别为4.2%、4.0%、3.7%、3.6%、3.5%、3.1%和1.5%。

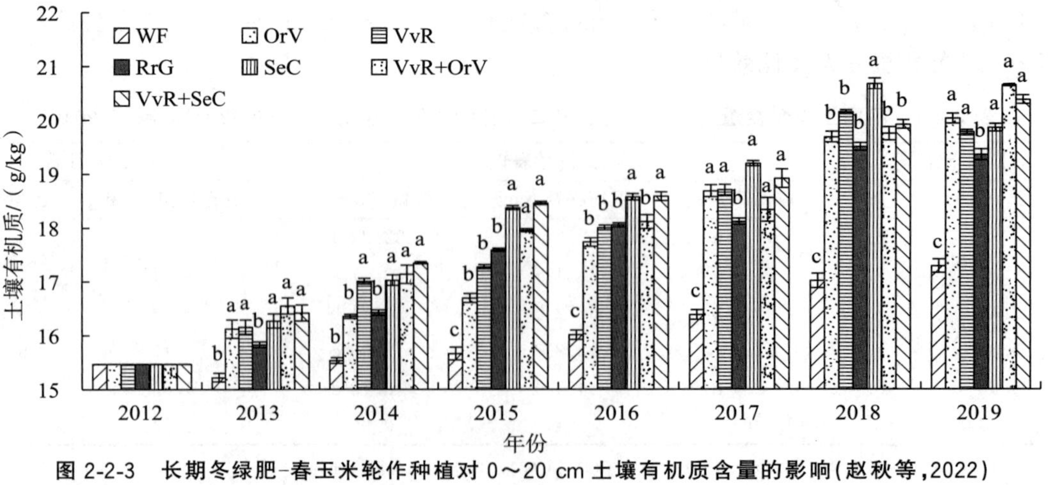

图2-2-3 长期冬绿肥-春玉米轮作种植对0~20 cm土壤有机质含量的影响(赵秋等,2022)

注:试验时间2012—2019年,取样时间为2019年9月20日。图2-2-4、图2-2-5和表2-2-2、表2-2-3试验时间相同。

与土壤有机质类似，冬绿肥与春玉米轮作中除轮作黑麦处理下土壤全氮增幅缓慢外，轮作其他绿肥均显著增加土壤全氮含量，尤以毛叶苕子处理增幅最大，其次是毛叶苕子＋二月兰混播处理。与土壤有机质累积速率类似，冬绿肥与春玉米轮作初期土壤全氮增速较大，后期增速渐缓(图 2-2-4)。

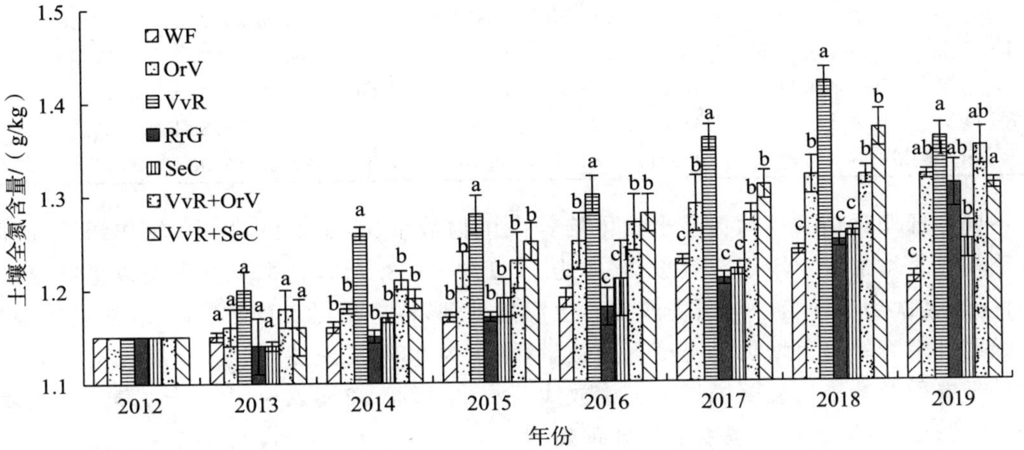

图 2-2-4　长期冬绿肥-春玉米轮作种植对 0～20 cm 土壤全氮的影响(赵秋等，2022)

3.2.2　冬绿肥轮作改善土壤物理性质

冬绿肥-春玉米轮作种植体系有利于改善土壤物理性状(表 2-2-2)。与冬闲相比，轮作 6 种冬绿肥 8 年后，土壤含水量增加 3.2%～6.8%，土壤容重降低 3.1%～5.4%，土壤总孔隙度提高 3.2%～5.8%，土壤饱和持水量提高 7.5%～14.7%，不同绿肥处理改善土壤物理性状程度存在差异，整体以二月兰和黑麦草表现较优。

表 2-2-2　长期冬绿肥-春玉米轮作种植对 0～20 cm 土壤物理性质的影响(赵秋等，2022)

冬绿肥处理	含水量/%	容重/(g/m³)	总孔隙度/%	饱和持水量/%
WF	20.69±0.01 a	1.30±0.05 a	46.94±0.02 b	48.70±0.05 c
OrV	21.36±0.03 a	1.24±0.01 b	49.52±0.05 a	52.33±0.04 b
VvR	21.52±0.02 a	1.26±0.01 ab	48.71±0.02 ab	54.02±0.01 ab
RrG	21.57±0.01 a	1.23±0.04 b	49.66±0.01 a	52.80±0.02 b
SeC	21.99±0.02 a	1.26±0.02 ab	48.44±0.03 ab	53.41±0.04 b
VvR＋OrV	22.10±0.02 a	1.26±0.03 ab	48.71±0.04 ab	55.84±0.02 a
VvR＋SeC	21.64±0.03 a	1.26±0.04 ab	48.44±0.02 ab	53.60±0.03 ab

3.2.3　冬绿肥轮作改善土壤生物性状

在天津市持续 8 年的定位试验显示，玉米冬闲季节轮作不同类型冬绿肥并翻压利用，可以较好地改善玉米根际土壤酶活性(表 2-2-3)。与冬闲相比，轮作绿肥处理土壤碱性磷酸酶活性提高 4.1%～46.9%、蔗糖酶活性提高 0.2%～6.4%、过氧化氢酶活性提高 0.4%～7.4%、多酚氧化酶活性提高 4.2%～8.0%、脲酶活性提高 6.6%～20.5%。

表 2-2-3 长期冬绿肥-春玉米轮作对玉米根际土壤酶活性的影响(赵秋等,2022)

冬绿肥处理	碱性磷酸酶 /[μmol/(d·g)]	蔗糖酶 /[μmol/(d·g)]	过氧化氢酶 /[μmol/(d·g)]	多酚氧化酶 /[μmol/(d·g)]	脲酶 /[μmol/(d·g)]
WF	8.31±0.22 b	43.47±2.28 b	55.81±0.59 b	129.69±9.65 b	726.32±26.05 d
OrV	8.65±0.15 b	44.67±1.57 ab	56.84±1.39 ab	137.68±7.06 a	785.17±33.8 c
VvR	12.21±1.04 a	45.90±0.84 ab	58.77±0.37 a	140.08±10.21 a	776.43±23.79 c
RrG	9.04±0.34 b	46.12±0.84 a	56.33±0.72 ab	139.91±4.27 a	824.50±55.10 ab
SeC	11.75±0.11 a	46.27±0.86 a	57.08±0.30 ab	135.15±6.63 a	774.19±34.83 c
VvR+OrV	8.95±0.23 b	43.57±2.23 b	59.91±1.61 a	127.68±6.88 b	839.22±41.71 ab
VvR+SeC	10.14±0.27 a	45.91±0.64 ab	56.01±0.68 b	128.60±6.06 b	875.05±59.71 a

不同冬绿肥种植利用均提高土壤可培养微生物数量(表 2-2-4),其中,轮作绿肥处理春季及秋季均显著增加了土壤细菌数量,增幅为 11.1%～123.7%,春季及秋季均以毛叶苕子表现最为优异,其次为毛叶苕子与黑麦或二月兰混播处理,再次是黑麦草,二月兰和黑麦增幅最小。轮作绿肥处理春季显著增加了土壤真菌数量,增幅为 95.2%～125.6%,秋季没有差异。轮作绿肥处理春季及秋季均显著增加了土壤放线菌数量,增幅 32.5%～130.5%,春季以黑麦草处理最高,秋季以毛叶苕子与黑麦混播处理最高。

表 2-2-4 长期冬绿肥-春玉米轮作对土壤可培养微生物数量的影响(赵秋等,2022)

冬绿肥处理	细菌 /(×10^7 cfu/g)		真菌 /(×10^4 cfu/g)		放线菌 /(×10^4 cfu/g)	
	春季	秋季	春季	秋季	春季	秋季
WF	2.36±0.08 c	4.69±0.21 c	1.25±0.14 b	1.14±0.18 a	4.26±0.26 c	3.11±0.09 c
OrV	3.96±0.17 b	5.34±0.22 b	2.47±0.12 a	1.52±0.05 a	6.54±0.35 b	4.56±0.27 b
VvR	5.28±0.32 a	7.12±0.51 a	2.79±0.12 a	1.94±0.07 a	7.63±0.48 b	5.69±0.29 a
RrG	4.57±0.28 ab	6.55±0.37 ab	2.82±0.12 a	1.81±0.06 a	9.82±0.74 a	4.12±0.34 b
SeC	3.72±0.21 b	5.21±0.26 b	2.44±0.22 a	1.43±0.11 a	6.77±0.23 b	4.39±0.30 b
VvR+OrV	4.55±0.15 ab	6.78±0.29 ab	2.65±0.08 a	1.87±0.14 a	8.50±0.62 ab	5.66±0.45 a
VvR+SeC	4.76±0.19 ab	6.56±0.32 ab	2.79±0.10 a	1.66±0.06 a	8.3±0.42 ab	5.71±0.33 a

注:试验时间 2012—2019 年,取样时间为 2019 年 4 月 20 日和 9 月 20 日。

不同冬绿肥种植利用显著提高土壤微生物总量(图 2-2-5),与冬闲相比,土壤微生物量碳含

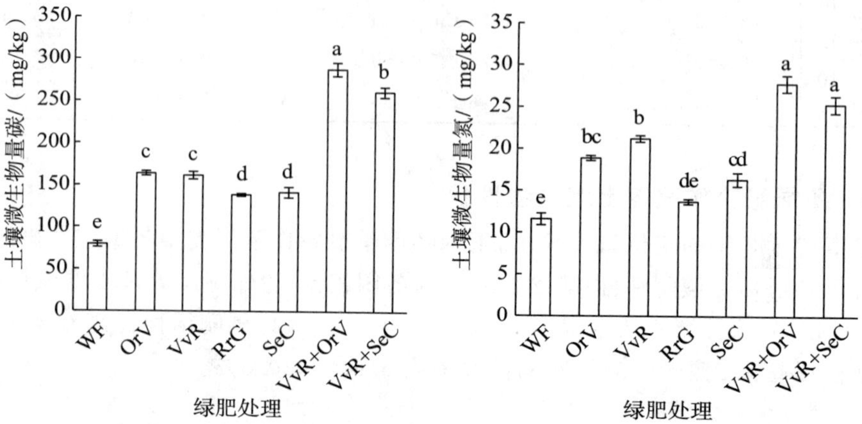

图 2-2-5 长期冬绿肥-春玉米轮作对 0～20 cm 土壤微生物碳氮含量的影响(赵秋等,2022)

量增加 42.5%～72.4%，微生物量氮含量提高 15.5%～58.4%，不同绿肥提高幅度差异显著，以绿肥混播处理增幅最大。

3.3　春绿肥-夏玉米轮作模式的增产培肥效应

3.3.1　春油菜作绿肥增加玉米产量

种植 9 种品系的春油菜作绿肥，后茬玉米产量均增加，增幅为 3.4%～41.3%，中油肥 1901、中油肥 1804、中油肥 1907 3 个处理增幅最大。此外，种植利用绿肥也不同程度地增加玉米穗行数、行粒数、百粒重（表 2-2-5）。

表 2-2-5　不同品系绿肥油菜应用对后茬玉米产量及产量构成的影响（袁苗苗等，2022）

处理	穗行数	行粒数/个	百粒重/g	产量/(t/hm²)
CK（休闲处理）	16.5±0.9 b	33.5±2.2 c	36.91±2.13 g	11.07±2.26 c
中油肥 1	16.7±0.7 b	33.7±2.0 c	42.04±2.06 c	12.05±1.11 bc
中油肥 2	17.2±0.9 ab	34.2±3.1 bc	37.06±1.60 g	12.55±2.18 c
中油肥 1802	17.4±1.3 ab	34.9±2.3 bc	40.36±2.38 d	11.96±1.98 bc
中油肥 1804	17.5±1.2 ab	38.1±2.6 a	44.60±1.89 a	15.32±2.15 a
中油肥 1901	17.9±0.9 a	38.3±0.5 a	44.81±0.68 a	15.64±1.20 a
中油肥 1903	17.7±0.7 ab	36.9±0.9 b	38.72±2.94 e	12.76±1.71 bc
中油肥 1904	17.3±0.9 ab	35.3±2.9 b	37.83±3.16 f	11.74±1.80 bc
中油肥 1906	16.9±0.9 ab	36.9±2.4 b	41.85±1.95 c	11.51±1.27 bc
中油肥 1907	16.7±1.0 ab	37.7±3.7 ab	43.69±1.78 b	12.93±2.79 ab

注：试验时间 2018—2019 年，玉米产量调查时间 9 月 29 日。表 2-2-5、图 2-2-6、图 2-2-7、图 2-2-8 试验时间相同。

3.3.2　春油菜作绿肥改善土壤养分状况

与对照相比，9 个品系春油菜连续翻压还田 2 年后土壤易氧化有机质含量均有所提高（图 2-2-6），以中油肥 1901 增幅最大，显著高于其他处理，其次是中油肥 1907、中油肥 1906，也显著高于其他处理。不同油菜品系做绿肥对土壤难氧化有机质无显著影响。

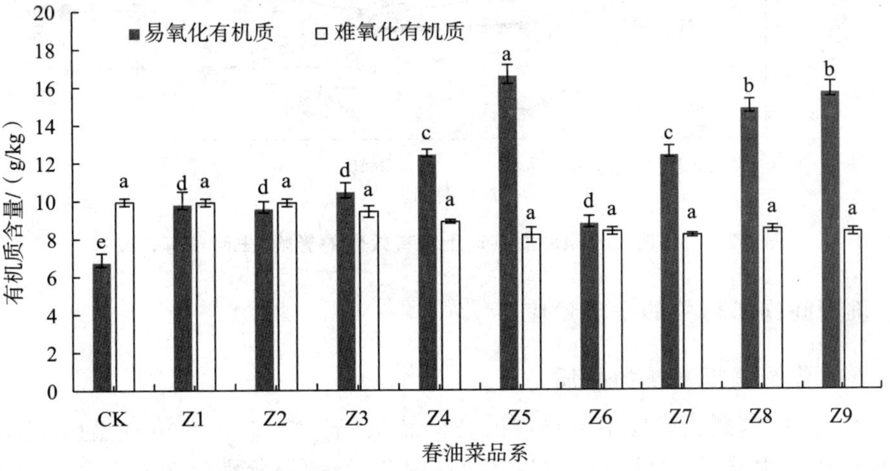

图 2-2-6　不同品系绿肥油菜对土壤易氧化有机质和难氧化有机质的影响（袁苗苗等，2022）

注：Z1～Z9 分别代表中油肥 1、中油肥 2、中油肥 1802、中油肥 1804、中油肥 1901、中油肥 1903、中油肥 1904、中油肥 1906、中油肥 1907。以下各图的处理简写意义相同。

连续 2 年种植 9 个品系春油菜并翻压还田后，玉米田间土壤全氮含量为 1.0～1.3 g/kg。与其对玉米产量影响相似，提高土壤全氮含量幅度最大的 3 个绿肥油菜品系依然为中油肥 1901、中油肥 1804、中油肥 1907，分别比对照高 19.2%、15.9%、13.1%(图 2-2-7)。

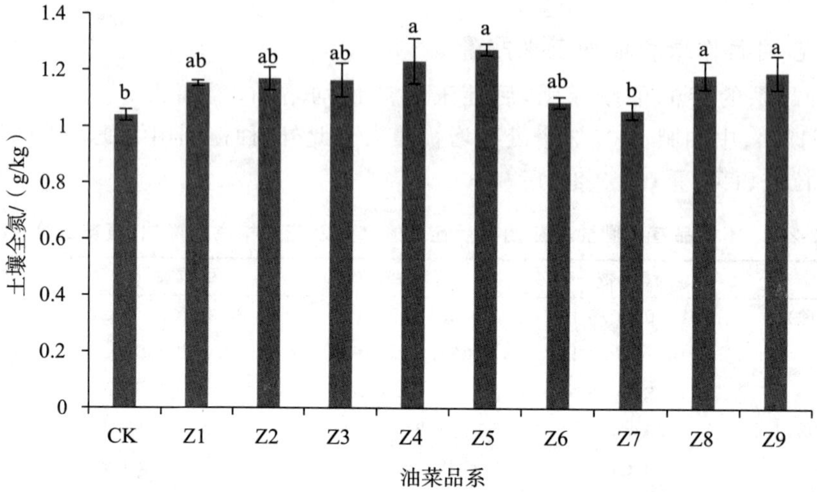

图 2-2-7　不同品系绿肥油菜对土壤全氮含量的影响(袁苗苗等,2022)

绿肥油菜能够活化土壤难溶性磷，连续 2 年翻压还田后提高土壤供磷能力(图 2-2-8)。在武清的试验显示，从绿肥翻压前到玉米成熟期，不同春油菜翻压后均不同程度地提高土壤有效磷含量，其中中油肥 1901、中油肥 1804 和中油肥 1907 表现出的优势更明显。

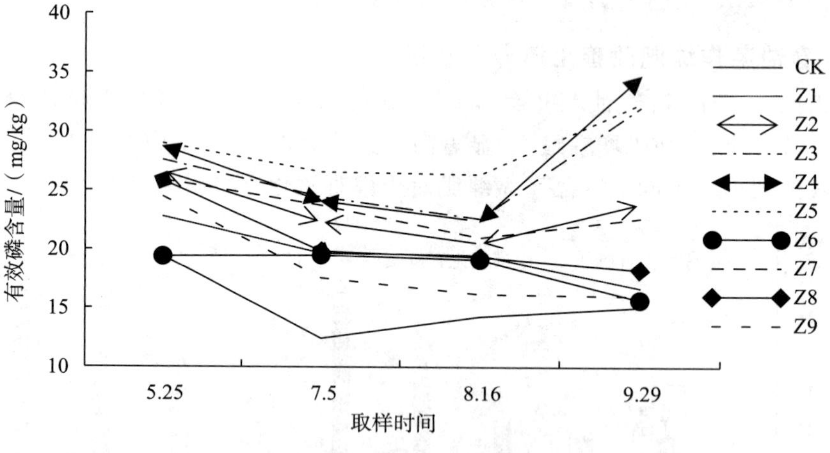

图 2-2-8　不同品系绿肥油菜对土壤有效磷的影响(史昕倩等,2022)

3.4　桃园间作二月兰的生态效应

3.4.1　间作绿肥提高桃的品质

桃园间作二月兰，翻压或周年覆盖均提高桃品质(表 2-2-6)。与清耕相比，二月兰翻压处理能显著提高桃维生素 C、可溶固形物和可溶性糖含量，增幅分别为 7.6%、25.5%和 30.9%；二月兰覆盖处理下桃的可溶性糖含量显著提高了 17.8%。两种绿肥利用方式下桃的可滴定酸含量均有降低趋势，但差异不显著。

表 2-2-6　桃园二月兰不同利用方式对桃品质的影响(赵秋等,2013)

处理	可溶性糖/%	可溶固形物/%	维生素 C/(mg/100 g)	可滴定酸/%
清耕	7.94 c	8.36 b	6.75 b	0.49 a
绿肥翻压	10.39 a	10.49 a	7.26 a	0.38 a
绿肥覆盖	9.66 b	8.74 b	6.91 b	0.43 a

注:二月兰翻压是在每年 4 月末至 5 月初,绿肥翻压和周年覆盖处理在每年 8 月至次年 4 月末,均属于绿肥覆盖期,表 2-2-7 至表 2-2-11 同。

3.4.2　间作绿肥可抑制桃园杂草

与清耕相比,二月兰翻压 2 个月后调查,绿肥翻压和绿肥覆盖处理对艾蒿、卷耳、婆婆纳、马齿苋都有很强的防除作用,防除率分别达 86%、77%、72%和 54%以上(表 2-2-7)。另外,二月兰覆盖对婆婆纳防除率为 81%,显著高于二月兰翻压处理。

表 2-2-7　桃园二月兰不同利用方式对杂草防除率的影响(赵秋等,2013)　%

处理	艾蒿	卷耳	婆婆纳	马齿苋
清耕	—	—	—	—
绿肥翻压	86	77	72	56
绿肥覆盖	87	79	81*	54

注:* 表示处理间差异显著($P<0.05$);绿肥处理区杂草防除率=(种植绿肥前杂草数量-绿肥翻压前杂草数量)÷种植绿肥前杂草数量×100%。

3.4.3　间作绿肥改善桃园土壤性状

(1)降低土壤容重

由表 2-2-8 可以看出,5～7 月,土壤容重表现为翻压区和清耕区相近,显著高于绿肥覆盖区 1.5%左右。从 9 月至次年 1 月,清耕区土壤容重逐渐增加,而绿肥翻压和绿肥覆盖区土壤容重逐渐降低,到 1 月份,后二者容重比前者分别降低 3.6%和 4.3%。这可能因为,绿肥翻压与覆盖处理在该时期二月兰根系逐渐下扎并向周围扩展,致使土壤孔隙增加、容重降低。

表 2-2-8　桃园二月兰不同利用方式对 0～20 cm 土壤容重的影响(赵秋等,2013)　g/cm^3

处理	5 月	7 月	9 月	11 月	次年 1 月
清耕	1.36 a	1.34 a	1.38 a	1.39 a	1.38 a
绿肥翻压	1.36 a	1.33 a	1.34 b	1.34 b	1.33 b
绿肥覆盖	1.34 b	1.32 b	1.33 b	1.34 b	1.32 b

(2)调节土壤含水量

桃树生长期间,在降雨量较多的 7 月,绿肥覆盖区土壤含水量低于清耕区,显著降低了 16.4%;1 月少雨季,绿肥覆盖区和翻压区土壤含水量显著高于清耕区,分别提高了 17.4%和 15.2%(表 2-2-9)。说明果园绿肥覆盖多雨季节可吸收多余水分,少雨季节可减少地面蒸发,涵养土壤水分。

表 2-2-9　桃园二月兰不同利用方式对 0～20 cm 土壤含水量的影响(赵秋等,2013)　%

处理	5 月	7 月	9 月	11 月	次年 1 月
清耕	14.40 b	19.77 a	15.18 b	11.75 b	10.52 b
绿肥翻压	14.86 b	18.39 a	15.37 a	12.14 a	12.12 a
绿肥覆盖	15.07 a	16.53 b	15.66 a	12.43 a	12.35 a

(3)缓解土壤温度波动

与清耕相比,果园绿肥翻压和覆盖区在 7～9 月高温季节降低土壤温度,在 11 月至次年 1 月寒冷季节提升土壤温度(表 2-2-10)。7 月高温季节,果园绿肥翻压和绿肥覆盖区 40 cm 以内土壤温度显著低于果园清耕区,降低 7.6～10.9 ℃;1 月低温季节,果园翻压和覆盖区土壤温度显著高于清耕处理,温度提高了 5.9～10.0 ℃,且绿肥覆盖区优于绿肥翻压区。

表 2-2-10　桃园二月兰不同利用方式对不同土层土壤温度的影响(赵秋等,2013)　℃

土层	处理	5 月	7 月	9 月	11 月	次年 1 月
0～20 cm	清耕	26.7 a	44.3 a	35.7 a	13.9 c	3.6 b
	绿肥翻压	25.4 b	34.5 b	28.4 b	21.3 b	10.1 b
	绿肥覆盖	24.6 b	33.4 b	29.1 b	24.3 a	13.6 a
20～40 cm	清耕	25.8 a	42.5 a	34.4 a	14.1 c	7.6 c
	绿肥翻压	24.4 a	34.9 b	27.9 b	20.4 b	13.5 b
	绿肥覆盖	24.1 a	31.6 c	28.5 b	22.7 a	15.6 a

(4)增加土壤微生物数量

绿肥翻压或覆盖植物根系分泌物及植物残茬较多,为土壤微生物繁殖提供了可利用的碳源。绿肥覆盖和翻压处理,土壤细菌和放线菌总量分别是清耕处理的 2.5～7.9 倍和 2.0～3.8 倍,差异显著;而土壤真菌数量以绿肥翻压区最低、覆盖区最高。绿肥翻压区和覆盖区土壤中细菌与真菌比值较清耕区均有所增加,且以翻压区增幅最大(表 2-2-11)。

表 2-2-11　桃园二月兰不同利用方式对 0～20 cm 土壤微生物数量的影响(赵秋等,2013)

处理	细菌/(cfu/g)	真菌/(cfu/g)	放线菌/(cfu/g)	细菌/真菌
清耕	0.7×10^6 c	1.2×10^4 b	2.0×10^4 c	61
绿肥翻压	1.8×10^6 b	0.8×10^4 b	4.0×10^4 b	226
绿肥覆盖	5.8×10^6 a	7.7×10^4 a	7.5×10^4 a	75

3.5 设施蔬菜间作绿肥的土壤环境效应

3.5.1 间作绿肥降低设施土壤电导率

设施蔬菜间作 6 种绿肥 4 个月后均可显著降低土壤电导率(EC)(图 2-2-9)。对照处理土壤 EC 为 276.7 μS/cm,间作绿肥处理下土壤 EC 介于 224.7～259.3 μS/cm,其中燕麦处理的土壤 EC 降幅最大,比对照处理降低了 52.0 μS/cm,其他绿肥处理的降幅介于 6.3%～18.8%。

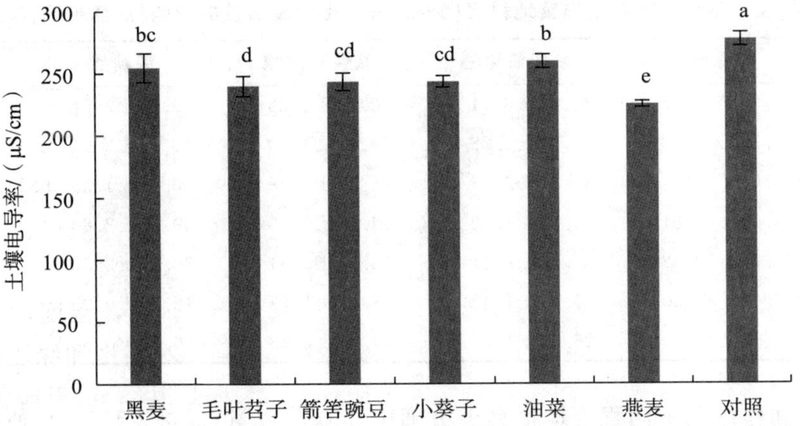

图 2-2-9　不同绿肥对设施菜地耕层(0～20 cm)土壤电导率的影响(周丽平等,2022)

3.5.2　间作绿肥降低设施土壤硝酸盐含量

与对照相比,间作绿肥能够减少 0～100 cm 土层土壤的硝态氮含量(图 2-2-10),降低硝态氮淋失对地下水污染的风险。其中,对照处理 0～20 cm 土层的土壤硝态氮含量为 62.1 mg/kg,绿肥处理与之相比减少了 2.5～11.3 mg/kg,箭筈豌豆处理降低幅度最大,比对照降低了 18.2%。绿肥处理硝态氮含量在 60～80 cm 土层降幅最大,降低了 38.6%～66.3%,以小葵子处理表现最为优异。

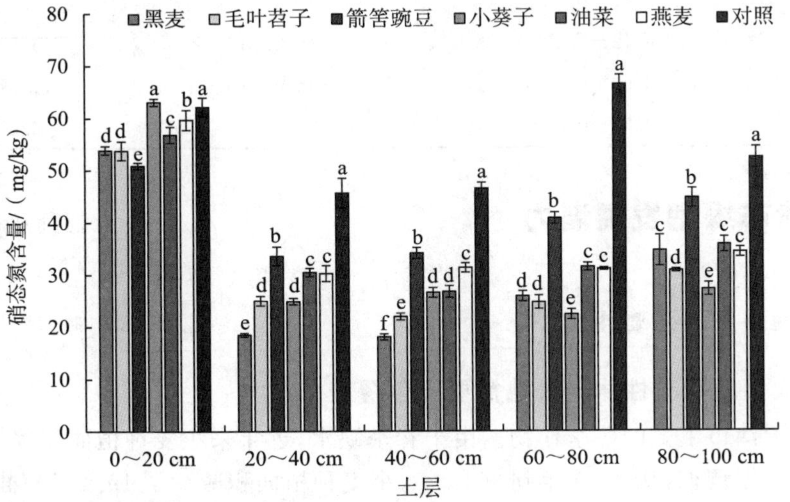

图 2-2-10　不同绿肥对设施菜地 0～100 cm 土层土壤硝态氮含量的影响(周丽平等,2022)

3.5.3　间作绿肥提高设施土壤有机质含量,改善生物性状

设施蔬菜间作不同绿肥均可提高土壤脲酶和多酚氧化酶活性,其中毛叶苕子处理的提高幅度最大,与对照相比分别提高了 18.0%和 39.1%,燕麦、小葵子、箭筈豌豆、黑麦和油菜处理的土壤脲酶和多酚氧化酶活性提高幅度稍低,分别为 4.5%～16.5%、13.6%～32.9%(表 2-2-12)。此外,间作毛叶苕子和油菜处理还可显著提高土壤碱性磷酸酶活性,分别提高了 40.0%和 51.7%。

表 2-2-12 不同绿肥对设施菜地耕层(0～20 cm)土壤酶活性的影响(周丽平等,2022) mg/(g·d)

处理	脲酶	多酚氧化酶	碱性磷酸酶	蔗糖酶	过氧化物酶
黑麦	789.25±76.92 bcd	30.61±6.71 ab	20.83±1.26 b	43.66±2.52 a	45.88±3.89 a
毛叶苕子	880.73±34.83 a	37.47±2.28 a	24.89±1.40 a	42.54±2.01 ab	48.30±1.85 a
箭筈豌豆	846.06±8.12 abc	31.31±2.63 ab	18.31±2.48 b	40.68±1.55 abcd	45.71±0.78 a
小葵子	853.93±50.81 abc	35.81±3.92 a	14.51±0.03 c	39.09±2.83 cd	48.22±0.58 a
油菜	779.35±49.32 cd	35.50±7.21 a	26.97±1.31 a	38.26±2.32 d	47.67±1.08 a
燕麦	869.08±37.50 ab	30.61±4.42 ab	18.42±1.57 b	42.36±0.27 abc	48.24±0.96 a
对照	746.13±43.32 d	26.94±4.00 b	17.78±2.93 b	39.50±0.64 bcd	46.38±1.19 a

设施蔬菜间作绿肥不同程度地提高土壤细菌和真菌数量(表 2-2-13)。6 种绿肥间作处理土壤细菌数量是对照处理的 3.6～12.0 倍,真菌数量是对照处理的 1.5～7.6 倍。此外,燕麦处理还可显著增加土壤放线菌数量,是对照处理的 1.8 倍。

表 2-2-13 不同绿肥对设施菜地耕层(0～20 cm)土壤可培养微生物数量的影响(周丽平等,2022)

处理	细菌数量/($\times 10^6$ cfu/g)	真菌数量/($\times 10^5$ cfu/g)	放线菌数量/($\times 10^5$ cfu/g)
黑麦	2.63±0.21 c	0.50±0.10 cd	4.37±2.75 b
毛叶苕子	3.07±0.45 c	1.53±1.00 b	5.03±3.03 b
箭筈豌豆	3.20±0.42 c	2.50±0.44 a	4.67±0.85 b
小葵子	2.87±0.60 c	1.53±0.7 b	4.03±1.70 b
油菜	6.12±1.49 b	1.57±2.08 b	5.37±2.08 b
燕麦	8.90±0.30 a	1.30±0.20 bc	11.07±1.53 a
对照	0.74±0.05 d	0.33±0.15 d	6.17±2.57 b

4 天津市绿肥发展潜力

4.1 发展绿肥的必要性

4.1.1 大面积季节性休闲耕地需要绿色覆盖

冬小麦是天津市主要的冬季作物。由于春季缺水,近年来小麦种植面积逐年下降,致使冬闲田面积增加。据调查,从 2000 年到 2019 年,小麦种植面积减少了 19.1%。截至 2016 年,天津市郊区耕地裸露面积已达 27 万 hm^2,占耕地面积的 66.5%。天津地区耕地冬闲裸露长达 6 个月,严重制约农村生态环境改善。近几年,天津市区及郊区空气质量有所下降,尤其是粉尘含量增多,影响市区环境及市民健康。据有关部门监测,天津市农田冬季裸露的土地以及市区汽车和建筑行业是沙尘的主要源头,推动绿肥生产对于天津市减少二氧化碳排放、降低扬尘、净化空气具有重大意义。

4.1.2 耕地质量水平较低,盐碱地比例大

种植绿肥是改良盐碱土、提升耕地质量的重要技术措施。2004 年天津市盐渍化土地面积 78 万 hm^2,盐渍化耕地 29 万 hm^2。2006 年天津市 57.4%耕地受不同程度盐渍化影响,耕地中

有 70%属于中低产田。

4.1.3　种植业结构不尽合理

天津市种植业结构虽然不断优化，粮食作物播种面积占农作物总播种面积从 1949 年的 89.6%下降到 2019 年的 82.7%(表 2-2-14)，但“粮-经-饲(肥)”三元结构并没有得到很好的体现，重用地轻养地的基本态势没有改变。发展绿肥可以实现用地养地相结合，合理轮作换茬可以维持和提高耕地质量，进而提高粮食产量，增加经济效益。

表 2-2-14　天津市种植业结构演变

年份	作物播种面积/万 hm^2	占比总作物播种面积/%			年份	作物播种面积/万 hm^2	占比总作物播种面积/%		
		粮食作物	经济作物	其他农作物			粮食作物	经济作物	其他农作物
1949	56	89.6	4.5	2.5	1995	55	79.7	4.9	13.7
1957	61	90.9	4.1	3.4	2000	53	64.9	7.8	24.1
1965	61	91.4	3.0	3.9	2005	50	57.6	13.3	26.0
1975	72	89.6	4.6	3.7	2010	46	67.9	31.6	0.5
1980	67	84.3	5.7	5.5	2015	43	81.3	17.2	1.5
1985	60	74.8	15.0	6.3	2019	41	82.7	16.6	0.7
1990	55	82.3	5.9	9.2					

4.1.4　绿色(有机)食品发展迅速

2007 年底，天津市绿色食品企业达到 300 多家，绿色食品产品总数达 1 203 个，有机食品产品总数达到 142 个，销售收入达 55.60 亿元。绿色、有机食品成为天津市大力支持的优势产业。绿肥是养分全面、安全可靠的有机肥源，种植利用绿肥是维持和提升绿色(有机)食品原料生产基地土壤质量和提高农产品品质的重要途径。

4.2　天津市绿肥发展潜力

4.2.1　农区绿肥发展潜力

天津市拥有耕地 33 万 hm^2，主要农作物为玉米、小麦、稻谷和蔬菜(含菜瓜类)等，2019—2021 年平均播种面积分别为 18 万 hm^2、11 万 hm^2、5 万 hm^2 和 5 万 hm^2(表 2-2-15)。

表 2-2-15　天津市 2019—2021 年主要农作物播种面积及果园面积　　万 hm^2

作物类型	2019 年	2020 年	2021 年	平均
玉米	18	18	19	18
小麦	10	10	12	11
稻谷	5	5	6	5
蔬菜(含菜瓜类)	5	5	5	5
果树	5	5	5	5

天津市常见的绿肥种植模式有：绿肥-玉米轮作、绿肥-水稻复种、果园绿肥周年覆盖、设施蔬菜填闲绿肥等。其中，2019—2021 年绿肥-玉米轮作模式下可供发展绿肥的面积潜力为 7 万 hm^2(玉米种植面积 18 万 hm^2 减去冬小麦和春小麦种植面积 11 万 hm^2)，该模式下绿肥生长时间

约为 6 个月，绿肥有效时空潜力为 4 万 hm^2·年；在绿肥-水稻复种模式下，绿肥生长时间约为 6 个月，可供发展绿肥的面积潜力为 6 万 hm^2，绿肥有效时空潜力为 3 万 hm^2·年(表 2-2-16)。

综上可知，天津市农区绿肥面积潜力为 13 万 hm^2，有效时空潜力为 7 万 hm^2·年。

表 2-2-16 天津市绿肥种植时空潜力

区域	适宜的绿肥制度	对应的主作物面积/万 hm^2	绿肥空间占比/%	绿肥时长/个月	绿肥面积潜力/万 hm^2	绿肥有效时空潜力/(万 hm^2·年)
农区	绿肥-玉米轮作	7	100	6	7	4
	绿肥-水稻轮作	6	100	6	6	3
	农区合计	13	—	—	13	7
经济林园	落叶果园	5	70	12	4	4
	经济林园合计	5	—	—	4	4
合计		18	—	—	17	10

注：绿肥有效时空潜力＝对应的主作物面积×绿肥空间占比×绿肥时长。

4.2.2 果园绿肥发展潜力

天津市传统果树品牌有“天津鸭梨”“金丝小枣”“久保桃”“天津板栗”和“盘山磨盘柿”，近年来“大港冬枣”“静海金丝小枣”“徐堡大枣”“黄花山核桃”“黄崖关板栗”“盘山磨盘柿”“茶淀玫瑰香葡萄”“红花峪桑葚”等一批特色果品被认定为国家地理性标志产品而享誉全国。天津市果树种植面积近 3 年平均约为 5 万 hm^2，这些果树行间乃至全园为绿肥种植提供了广阔空间。研究认为，二月兰、毛叶苕子、冬油菜等可作为天津果园冬季覆盖的首选作物，夏季可选择芸芥、扁豆等绿肥进行覆盖，盐碱度高的果园还可选择田菁，沙质土壤选择多年生沙打旺为宜。按照绿肥周年覆盖模式、绿肥生长时间 12 个月、空间占比 70％计算，天津市果园可种植绿肥的面积潜力为 4 万 hm^2、绿肥有效时空潜力为 4 万 hm^2·年(表 2-2-16)。

4.2.3 耕地质量保护与提升中的绿肥潜力

天津市土壤盐渍化严重，是制约农业发展的重要因素。据统计，2004 年天津盐渍化土地面积 78 万 hm^2，占天津市总土地面积的 65.5％；盐渍化耕地面积 29 万 hm^2，占天津市耕地面积的 70.2％。目前，天津市未进行耕作的盐渍荒地面积为 7 万 hm^2，按照适宜绿肥种植时长约 6 个月计算，盐渍荒地改良中绿肥的发展有效时空潜力为 3 万 hm^2·年。

5 天津市绿肥生产主要技术模式

5.1 二月兰-春玉米复种技术模式

(1)春玉米轮作二月兰播种技术

玉米收获后，抢时整地播种。肥力中等以上的地块，可以不施基肥；肥力较低的地块，建议随整地施尿素 75～120 kg/hm^2，播种量 15～22.5 kg/hm^2，条播，行距 15～20 cm。播后镇压。二月兰以浅播为宜，播深一般为 1.0～1.5 cm。

(2)春玉米套作二月兰播种技术

套作模式下，9 月上旬前将二月兰播进玉米行间即可。此方式可充分利用北方同期降雨较为集中的优势，利于二月兰出苗和保苗。播种量 20～25 kg/hm^2。一般不需要施肥。但肥力较差地块，可在玉米收获后补施 75～120 kg/hm^2 尿素。

(3)二月兰管理及翻压利用

一般无须专门管理。在玉米播种前 7～15 d(一般在 4 月 15～20 日)二月兰盛花期翻压较为合适。

5.2 果园绿肥周年覆盖技术模式

(1)绿肥选择

冬季绿肥选择二月兰、毛叶苕子、三叶草和冬油菜；夏季绿肥选择芸芥、箭筈豌豆等；盐碱度较大的果园选择田菁，沙质土壤选择多年生沙打旺为好。

(2)绿肥播种

二月兰：冬前一次性于果园行株间撒播二月兰，播种量 22.5～30 kg/hm^2。

毛叶苕子：8 月中旬至 10 月初于果树行间条播毛叶苕子或者撒播后覆土，播种量 45～75 kg/hm^2。

三叶草：8 月中旬前一次性撒播三叶草后覆土，播种量 22.5～30 kg/hm^2。

冬油菜：8 月中旬至 9 月末撒播后覆土，播种量 15～22.5 kg/hm^2。

芸芥：3 月初至 4 月中旬条播，播种量 15～30 kg/hm^2。

箭筈豌豆：3 月初至 4 月中旬条播，播种量 60～90 kg/hm^2。

田菁：5 月中旬至 6 月中旬条播，播种量 30～45 kg/hm^2。

沙打旺：8 月初至 9 月初撒播覆土，播种量 15～30 kg/hm^2。

(3)绿肥利用

二月兰：次年 4 月份二月兰盛花期翻压一行，留一行和果树行二月兰实行自然覆盖，下一年翻压行实行自然覆盖，留籽行进行翻压。株行间自然覆盖的二月兰成熟，籽粒脱落入土，部分随风飘落至邻行，秋季自然萌发，这种隔行翻压方式可保证一次播种，多年循环利用，果园土壤达到常年覆盖、抑草保墒效果。

毛叶苕子：次年 5 月初地上部粉碎翻压作肥料；也可 6 月中旬结籽期将地上部秸秆粉碎后旋耕，成熟的籽粒在秋季萌发，也能实现落籽自繁、周年覆盖的效果。

三叶草：次年 5 月份和 8 月份进行 2 次刈割，秸秆可以异地翻压作肥料，也可覆盖地表。

冬油菜：次年 4 月中下旬翻压作肥料。

芸芥：7 月份至 8 月底地上部秸秆粉碎，翻压作肥料。

箭筈豌豆：7 月份至 8 月底地上部秸秆粉碎，翻压作肥料。

田菁：9 月底之前地上部秸秆粉碎，覆盖地表或者翻压作肥料。

沙打旺：次年 8 月中旬地上部留茬 10～15 cm 后粉碎，异地翻压作肥料，也可覆盖地表。

5.3 绿肥-水稻复种技术模式

5.3.1 春绿肥-水稻轮作技术要点

(1)春绿肥播种

每年 3 月初整地，浅旋一次。可选用春油菜、箭筈豌豆、毛叶苕子和肥田萝卜等绿肥以条播方式播种，播种量为：肥田萝卜 22.5～30 kg/hm^2，春油菜 10～15 kg/hm^2，箭筈豌豆 60～

90 kg/hm²，毛叶苕子 45～75 kg/hm²。

（2）绿肥施肥

土壤肥力较低时，绿肥播种前基施磷肥、钾肥各 30～45 kg/hm²，出苗 1 个月后随灌水追施尿素 45～75 kg/hm²。

（3）绿肥翻压利用

在春绿肥盛花期翻压，一般在 5 月中旬至月末，翻压后 15～20 d 插秧。后茬水稻基肥可减少 15%～20%的复合肥用量。

5.3.2 冬绿肥-水稻套作技术要点

（1）冬绿肥播种

每年 9 月末至 10 月初，水稻收获前最后一次上水，将二月兰、冬油菜、毛叶苕子等冬绿肥种子撒入稻田。播种量为：二月兰 22.5～30 kg/hm²，冬油菜 15～22.5 kg/hm²，毛叶苕子 45～75 kg/hm²。

（2）冬绿肥田间管理

10 月末至 11 月初水稻收割时采用稻秸留高茬模式，大约留茬 15 cm，剩余秸秆均匀覆盖地表。

（3）冬绿肥翻压利用

次年春季冬绿肥盛花期将秸秆和绿肥灭茬、粉碎后，旋耕翻压还田，15～20 d 后水稻插秧。接茬水稻基肥可减少 15%～20%的复合肥用量。

5.4 设施蔬菜绿肥间作种植技术模式

（1）绿肥种植

设施茄果类蔬菜（番茄、辣椒、茄子）定植缓苗后 10～15 d 铺设地膜时，于蔬菜宽行间均匀撒播绿肥，播种量为：毛叶苕子 60 kg/hm²，箭筈豌豆 90 kg/hm²，毛叶苕子与黑麦 2∶3比例混播（即，毛叶苕子 30 kg/hm²、黑麦 45 kg/hm²）。绿肥播种后行间浇水促其出苗，保持湿润 3～5 d。绿肥不需另行灌水、覆膜。

（2）绿肥管理

待绿肥长至 5～7 cm 高度时，如果有杂草可中耕除草 1 次，此时可进行茄果类菜的正常管理工作（施肥、灌溉、植株调整，病虫防治、采收等），可踩踏。如有潜叶蝇害，可用 40%绿菜宝乳油 1 000 倍液或者 48%乐斯本乳油 1 000 倍液喷施，药液量 450 kg/hm²。绿肥田常吸引益虫七星瓢虫，能够防护茄果类蔬菜受害虫侵害。

（3）绿肥覆盖

待绿肥播种 2 个月左右，行间绿肥长至 30 cm 或更高时，影响了正常田间管理工作，可将绿肥地上部刈割、留茬 10～15 cm，鲜草平铺于行间覆盖地表，具有抑制杂草、减少水分蒸发、利于昆虫栖息等功效。

（4）绿肥翻压

在茄果类蔬菜结果中期，用粉碎带旋耕小型机械直接将绿肥翻压入土，深度约 20 cm。绿肥腐解后释放出氮、磷、钾等养分，供茄果类蔬菜利用。

参考文献

[1]国家统计局天津调查总队，天津市统计局．天津调查年鉴[M]．北京：中国统计出版社，2017-2020.

[2]陆炳章，许慰睽．耐盐绿肥-田菁栽培研究[J]．中国农业科学，1964，5(9)：51-53.

[3]史昕倩，向春阳，赵秋，等．翻压春油菜对土壤磷素及玉米磷吸收的影响[J]．华北农学报，2021，36(3)：166-173.

[4]天津市统计局，国家统计局天津调查总队．天津市统计年鉴[M]．北京：中国统计出版社，1995-2015.

[5]天津市农业学校．春播绿肥的窄行混播试验[J]．天津农业科学，1979(4)：21-22.

[6]汪植琼．天津地区稻田利用的几种春季绿肥[J]．土壤通报，1960(6)：34-35.

[7]汪植琼．北方稻区发展绿肥的问题[J]．土壤，1962(1)：48.

[8]袁苗苗，向春阳，赵秋，等．翻压 9 种春油菜对潮土有机质及其氧化稳定性的影响[J]．干旱地区农业研究，2022，40(1)：213-220.

[9]赵秋，高贤彪，吴迪，等．越冬绿肥二月兰耐盐能力及在盐碱耕地上的培肥效果[J]．中国土壤与肥料，2010(4)：65-68.

[10]赵秋，张新建，宁晓光．华北冬绿肥作物养分累积特征及对翻压前土壤养分的影响[J]．中国土壤与肥料 2022(5)：61-67.

[11]赵秋，张新建，宁晓光，等．天津地区不同冬绿肥培肥土壤的效果[J]．植物营养与肥料学，2022，28(7)：1-10.

[12]赵秋，高贤彪，宁晓光，等．华北地区几种冬闲覆盖作物碳氮蓄积及其对土壤理化性质的影响[J]．生态环境学报，2011，20(4)：750-753.

[13]赵秋，高贤彪，宁晓光，等．华北地区春玉米-冬绿肥轮作对碳、氮蓄积和土壤养分以及微生物的影响[J]．植物营养与肥料学报，2013，19(4)：1005-1011.

[14]赵秋，张新建，宁晓光，等．三种华北冬绿肥对生菜生长和营养品质的影响[J]．华北农学报，2015，30(6)：1-8.

[15]赵秋，高贤彪，吴迪，等．冬绿肥二月兰间作及翻压对北方桃园生长环境及果实品质的影响[J]．中国土壤与肥料，2013(1)：93-96.

[16]周丽平，赵秋，宁晓光，等．绿肥对设施青椒产量品质及土壤理化性状的影响[J]．中国土壤与肥料，2022(2)：65-71.

[17]果园二月兰周年覆盖种植技术规程[S]．DB 12/T 1140—2022.

Ⅲ　河北省绿肥发展历史、现状、潜力及模式

1　河北省绿肥生产历史

1.1　生产利用历史

河北省绿肥发展主要以低平原区的黑龙港地区和冀东平原为主，包括广大冲积平原和滨海平原。该区为半干旱暖温带，热量较丰富而水分不足，旱季漫长而雨季短暂，有机质易于分解而难于累积，土壤有机质含量普遍偏低。20 世纪 50 年代后期至 70 年代初期，耕地大面积次生盐碱化，盐碱地面积由原来的 187 万多 hm^2 扩大到近 413 万 hm^2。为改良盐碱地和中低产田，扩充高质量耕地面积，河北省自中华人民共和国成立以来就开始探索绿肥种植经验。河北省绿肥的发展与国家对黄淮海平原的治理紧密相连。1964 年，原农业部批准成立了全国绿肥试验网，原河北省农林科学院土壤肥料研究所也成立专门的绿肥研究室进行绿肥科研和推广工作。20 世纪 70 年代的黑龙港科技大会战推动河北省绿肥进入快速发展、繁荣阶段，绿肥种植面积达到历史第一次高峰（图 2-3-1）。其中，1950—1955 年绿肥种植面积增加了 24 万 hm^2，增长了 1.3 倍；1960—1970 年绿肥作物年平均播种面积 108 万 hm^2，占耕地面积 15.6%。1970 年绿肥作物种植面积最高达 127 万 hm^2，占当年耕地面积的 18.5%。1980 年开始下降为 70 万 hm^2，至 1985 年下降到 53 万 hm^2，仅占当年耕地面积 8.0%。20 世纪 80 年代末以后，由于化肥用量逐年增加，复种指数提高，绿肥作物种植面积逐年降低。进入 90 年代，因种植业结构调整和机械化大发展，大面积扩种蔬菜，绿肥作物面积急剧下降，至 1995 年下降为 63 万 hm^2，只占当年耕地面积的 6.6%。

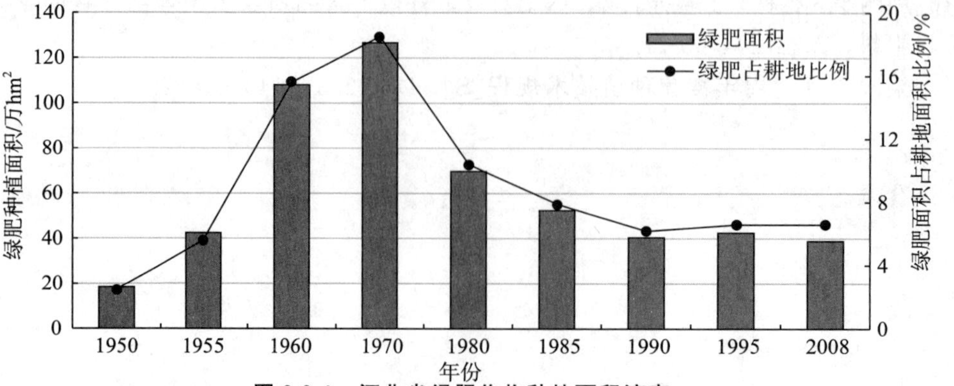

图 2-3-1　河北省绿肥作物种植面积演变

1.2 种质资源

河北省绿肥作物品种资源丰富，种类繁多，以豆科绿肥为主，种植较多的是田菁、柽麻、毛叶苕子、草木樨（孙醒东等，1963）、沙打旺、白三叶、紫花苜蓿、紫穗槐、箭筈豌豆、胡枝子等。绿肥行业专项启动后，油菜、二月兰、黑麦草等绿肥也得到迅速发展。

田菁：一年生豆科夏绿肥，也是禽、畜、鱼的良好饲料。田菁耐盐能力强，含盐量 0.4%～0.5%的沙土区和含盐量 0.6%的黏土区都能生长。在保定地区 4 月 20 日播种，播后 15 d 全苗，前期生长缓慢，后期生长迅速，播种 104 d 后现蕾开花。田菁耐旱、耐涝、耐盐碱、丰产性能高，为良好麦茬绿肥。

毛叶苕子：又名长柔毛野豌豆。一年生或越年生豆科草本植物。根系发达，主根长 1 m 左右，侧根多，着生大量根瘤。其耐寒、耐盐性强，能在含盐 0.2%～0.3%的土壤上生长，是改良土壤的重要作物。一般鲜草产量 15～30 t/hm^2，是优良的肥饲兼用绿肥作物。在冀中南地区 9 月份播种，次年 3 月下旬返青，4 月份灌溉或降雨后生长迅速，茎叶繁茂。春播在保定地区 6 月下旬即开花，丰产性能较高，耐湿性较差，适于大田作物间套栽培。

草木樨：又名香草木樨。一年生或越年生豆科绿肥。质地细嫩，青绿多汁，适于饲喂各种家畜。草木樨的根系发达，生有很多根瘤。草木樨属于盐生植物的一种，可在中等或弱盐渍化土壤中种植。在河北省，春播一般当年不能开花，次年五六月份开花。

沙打旺：豆科黄芪属多年生草本植物。具有耐寒、耐旱、耐盐碱特性，是生态恢复的优良植物。主根粗壮，入土深 1～1.3 m，侧根发达，着生大量根瘤。试验显示，在 0～30 cm 的耕层含盐量 0.5%的次生盐渍化土壤上，沙打旺可以正常生长。一般种植沙打旺可获得鲜草 45 t/hm^2 左右。在河北地区，早春、雨季、初秋、初冬均可播种，早春土壤化冻 5 cm 左右时，可顶凌播种，此时土壤墒情好，出苗较齐全。万全区在 8 月上旬、景县在 8 月下旬播种，幼苗均能安全越冬。当初冬封冻前地温在 3 ℃左右时，寄籽播种比顶凌播种的出苗要早 10 d 左右。景县、枣强县群众经验，播种次年 8～9 月份开花，10 月中旬收获，播种当年产种子 112.5～150 kg/hm^2，次年可收 450～600 kg/hm^2。万全区经验，播种当年不能收籽，次年 8 月份开花，10 月份收籽（赵佩铮，1980）。

白三叶：多年生豆科植物。主根短，侧根发达，有根瘤固氮。白三叶草喜温凉湿润气候，较耐阴、耐湿，耐热和耐寒力较红三叶强。对土壤要求不严，耐酸性强，在 pH 4.5 的土壤上也可生长，不耐盐碱。白三叶鲜草粗蛋白含量丰富，各种畜禽喜食。每年可割鲜草 3～4 次，一般鲜草产量 45～60 t/hm^2，尤其适合果园、桑园间作。在河北衡水，3 月下旬至 9 月上旬均可播种，7 月份以前播种的到 10 月底都能形成致密的草坪，7 月份以后播种植株也可以分生 4～5 个侧茎，9 月份以后播得越晚的，叶柄越短，叶片越少，植株越瘦小。

紫花苜蓿：豆科苜蓿属多年生宿根草本植物。一般 5～7 年内翻耕，2～4 年内生长最为旺盛。根系发达，主根粗长，入土可达 3～6 m，侧根着生大量根瘤。耐盐、耐旱紫花苜蓿品种在含盐量 0.3%～0.5%的土壤中能较好生长。在河北省中南部 3～5 月份春播、8～9 月份秋播，北部在 5 月中旬至 6 月上旬夏播。

红豆草：豆科红豆属多年生草本植物。抗旱能力强。其根系发达，入土可达 12 m，着生较多根瘤，可固定空气中的氮素。红豆草幼苗可以在含有 0.5%氯化钠的培养基上正常生长。其鲜草产量高，达 75～90 t/hm^2，营养丰富，干草粗蛋白含量 13.58%～24.75%。

紫穗槐：又名棉槐。是豆科紫穗槐属多年生丛生落叶灌木。适应性强，耐中、轻度盐碱，可在含盐量0.3%～0.6%土壤上正常生长。在不能种常规作物的重盐碱地上种植紫穗槐，两年可以郁闭成林，减少地面蒸发。根系发达，可以分泌有机酸，中和土壤中的碱。

箭筈豌豆：即大巢菜，又叫野豌豆。喜冷凉，张家口、承德等地常见其野生种。20世纪60年代后逐渐引进优良品种，经张北、康保、沽源、尚义、丰宁、围场等县试种，生长良好，尤其适合旱地和果园。

豆类作物：河北省豆类作物非常丰富，主要有大豆、绿豆、豌豆、黑豆、红小豆、芸豆等，一般为兼用绿肥。这些作物都是最好的茬口作物，一般40%的生物产量可留在田块作为绿肥。根系分泌物可以分解土壤中的磷素，供作物吸收利用。

黑麦草：禾本科黑麦草属。鲜草产量高，一般22.5 t/hm^2左右，是肥、饲兼用的绿肥作物。黑麦草属于抗盐作物，在氯化钠含量低于0.25%以下时，能够良好生长，可用于改造弱盐渍化土壤。

油菜：耐低温、喜湿润、抗盐碱，能够在耕层全盐含量低于0.25%的土壤中种植。春季生长快、50～60 d即可翻压。

1.3 历史上的绿肥种植模式

河北省绿肥种植制度与培肥改土、提高粮食产量等密切相关。20世纪60～70年代，河北省绿肥发展高峰期，绿肥与主作物轮作、间套作，以及在边际土地和盐碱荒地开发利用过程中形成了诸多绿肥种植模式。1949—1980年以绿肥直接翻压、堆沤还田为主，其后肥饲兼用、过腹还田、根茬还田等利用方式并存。

1.3.1 “一粮一肥”轮套作

按照绿肥、主作物生育期特点，分为年内轮套作或年际轮作。

年内轮作：在夏粮作物生产效益低的黑龙港旱、薄、洼、碱等部分地区，前茬冬小麦收获后浅耕灭茬，于6月中下旬或7月初播种田菁、豆类等绿肥作物，在9月上旬翻压作下茬冬小麦底肥。

年内套作：在旱、薄、低产田，早春在麦垄顶凌播种草木樨，冬小麦收获后草木樨继续生长，9月上旬粉碎、翻压作下茬冬小麦底肥；或在春玉米、春高粱8月份最后一次中耕时，行间套种草木樨，粮食作物收获后，草木樨继续生长，次年5月上旬翻压，然后种春玉米或春高粱。

年际轮作：早春顶凌或冬前寄籽播种草木樨、紫花苜蓿等绿肥作物，秋后翻压，次年春季播种春玉米、高粱等作物；或早春播种草木樨、紫花苜蓿等绿肥作物后，秋季刈割，次年5月份再粉碎、翻压，播种夏季粮食作物（如糜子、荞麦等）或油料作物（如大豆）。

1.3.2 “两粮一肥”间套作

该模式主要是冬小麦/夏玉米‖夏绿肥模式。冬小麦种植带宽7.5尺（注：1尺＝33.3 cm，下同），播种10～12行，带间留空行2～2.5尺。5月上、中旬在空行套种2行玉米，6月小麦收获后，小麦带播种田菁、绿豆或黄豆等豆科绿肥，8月份绿肥盛花期粉碎还田，秋季收获玉米后播种小麦。

1.3.3 “三粮两肥”间作轮作

指“冬小麦/绿肥-夏玉米-冬小麦-绿肥”两年三粮两肥间作、轮作种植模式，适合水利条件较好的地区。第一年带状宽窄行间作冬小麦和冬季绿肥作物，5 尺宽行种植冬小麦，2 尺窄行秋播毛叶苕子或春播箭筈豌豆，5 月中旬翻压绿肥，5 月下旬至 6 月上旬种植夏玉米，10 月上旬收获夏玉米后单种播种冬小麦，次年 6 月份冬小麦收割后全田种植田菁、柽麻、绿豆、黄豆等绿肥作物，8 月份绿肥作物盛花后期翻压还田。其后进入下一轮作周期。

1.3.4 边际土地种植绿肥

利用沟边、路边、村边、河边等边际土地或盐碱荒地发展绿肥生产。利用边际土地，9 月份种植紫穗槐，次年春季、秋季刈割后运至农田翻压作绿肥。在重度盐碱地，采用田菁、柽麻等绿肥作物一年一熟单作，或苜蓿、紫穗槐等多年生绿肥作物刈割后异地还田作绿肥。

1.4 绿肥对农业生产的历史贡献

绿肥显著提高作物产量，增产效益因自然环境和生产条件而有所不同。资料显示，平均可增产粮食 813 kg/hm^2、皮棉 150～225 kg/hm^2。1976 年，黄骅县（现黄骅市）对连续种绿肥的若干地块进行实地测产，大部分地块每年递增小麦 600～1 125 kg/hm^2，原来小麦产量 750 kg/hm^2 左右的土壤，实行一麦一肥连种 3 年，小麦产量可达 3 t/hm^2 以上（赵哲权等，1981）。玉米合理间作豆类，一般均可增产；1981 年，衡水地区推广粮豆间作 6.3 万多 hm^2，比单作玉米平均增产 10%～12%（王世魁，1982）。衡水市景县董庄村，1971 年以前盐碱化土壤 80 hm^2，占当地耕地面积 92%。通过种植紫穗槐、紫花苜蓿、沙打旺等绿肥作物，结合其他相关农业和水利措施，粮食产量由 1971 年的 1.0 t/hm^2，增加到 1984 年的 10.5 t/hm^2（王泽文，1989）。

绿肥提升耕地质量。种植 3 年紫穗槐的台田 0～30 cm 土层全盐为 0.39%，较未种紫穗槐的台田降低了 25.5%；全氮为 0.06%，较未种紫穗槐的土壤全氮增加 11.8%；有机质为 1.05%，较未种紫穗槐的土壤有机质增加 9.65%。连续施用田菁沤制的肥料 45～60 m^3/hm^2，土壤盐分含量由原来 0.5%～0.6%下降到 0.1%～0.2%，氯离子由 0.12%～0.20%下降到 0.03%～0.04%，硫酸根离子由 0.13%～0.25%下降到 0.04%～0.08%，脱盐效果明显。5 年的豆科绿肥施用肥田改土效果的研究显示，小麦-玉米轮作中播种小麦前施入 12 t/hm^2 田菁（干物质）较对照有机质含量增加了 12.5%。1972—1973 年海兴县和深县（现深州市）土样测定显示，田菁翻压后，耕层土壤水稳性团粒均成倍增加。连续翻压 3～4 年田菁后，耕层土壤最大持水量增加 8%，翻压田菁比对照地多蓄水 30～45 m^3/hm^2，土壤容重降低 10.2%～13.4%，土壤通气度增加 25.0%～40.5%（赵哲权等，1981）。而种植一茬油菜，土壤速效磷可比对照增加1.7 mg/kg，后茬谷子拔节、开花期土壤速效磷可比对照增加 2.8～4.4 mg/kg。

2 河北省绿肥作物发展现状

2.1 模式创新

2008 年至今，完善及创新研发出相对成熟的技术模式有冬油菜-玉米轮作、玉米/二月兰套作、毛叶苕子-玉米轮作、黑麦（或小黑麦）-玉米轮作、玉米‖大豆（或绿豆）宽窄行间作等；黑麦（或小黑麦）-花生轮作；冬油菜-谷子轮作、二月兰-谷子轮作、毛叶苕子-谷子轮作；冬油菜-高粱轮作等模式。

农田冬绿肥以提升土壤质量、冬春抑尘抑草、美化乡村环境兼顾净化空气、休闲旅游、促进服务业等功能。以玉米-二月兰套作模式为例，该模式能充分利用7、8月份雨季降雨和二月兰高温休眠的特性，在玉米喇叭口期将二月兰种子撒入田间，雨热同季、玉米绿肥共同生长，确保绿肥冬季安全越冬。该模式与河北省地下水超采治理、国家“藏粮于地”战略、绿色发展理念高度一致；在充分利用自然资源的基础上，加速土壤培肥速度、实现冬春农田生态覆盖、抑尘抑草、美化环境，生态功能显著。

果园绿肥以全园、行间的冬绿肥和多年生绿肥为主，主要绿肥品种包括二月兰、冬油菜、黑麦草、草地早熟禾、毛叶苕子、三叶草、菊苣、鼠茅草等。果园绿肥以改土培肥、提升果品、抑制杂草、降低病虫危害兼顾观光旅游、采摘游乐等功能。

2.2 绿肥对农田建设的支撑作用明显增强

筛选、评价出适宜河北省农田绿肥、果园绿肥资源38个，制定了河北省地方标准《春玉米二月兰复种栽培技术规程》《紫花苜蓿、冬小麦-夏玉米轮作技术规程》《花生饲用黑麦轮作技术规程》《夏玉米间作夏大豆与冬小麦复种技术规程》4项。积极与河北省农村农业厅协同应用农田绿肥栽培技术，推动2018年在休耕地上种植绿肥实施额外补助2 250元/hm^2。2020年将“观赏性绿肥作物旱作生产技术”“覆盖型绿肥作物旱作生产技术”两项内容列入《河北省地下水超采综合治理季节性休耕技术方案》；2022年将种植绿肥作为培肥土壤的措施列入《河北省推进高标准农田改造提升实施方案》，促进了河北省绿肥的快速发展。

截至2020年底，河北省绿肥面积约36万hm^2，果园绿肥面积约16万hm^2，其中：梨园绿肥4万hm^2、苹果园绿肥4万hm^2、桃园绿肥2万hm^2，分别占果园绿肥面积的27.6%、24.1%和11.7%；农田绿肥面积约20万hm^2，其中夏绿肥以豆类绿肥为主，面积16万hm^2；冬绿肥以冬油菜、二月兰、毛叶苕子、黑麦为主，面积4万hm^2，分别占农田绿肥面积的78.3%和18.9%。绿肥在功能上均以培肥改土、减施化肥为主，但果园绿肥还侧重提升果品质量的功能。

3 河北省绿肥研发进展与创新

3.1 绿肥资源评价与筛选

筛选出适合河北省农田种植的绿肥油菜、二月兰、肥田萝卜、毛叶苕子、黑麦等绿肥作物。评价了一批绿豆资源，其中绿豆品种西绿1号可作夏绿肥利用，其具有较高的生物量和养分累积量，耐阴性强，可在玉米、棉花播种前或生长前期间套作，于主栽作物封垄前进行翻压。

明确了盐碱地适宜绿肥作物。重度盐碱地以田菁、柽麻为主；中度盐碱地以甜高粱、黑麦、冬油菜、二月兰为主，但十字花科绿肥需雨季降盐后下次降雨前完成播种，时间以8月中旬至9月上旬为好；轻度盐碱地以毛叶苕子、冬油菜、二月兰为主。

在果园绿肥方面，适宜郁闭性果园的绿肥作物有冬油菜、二月兰、鼠茅草和草地早熟禾；适宜密植果园行间绿肥种类有冬油菜、二月兰、肥田萝卜、毛叶苕子、三叶草、百脉根、黑麦草、披碱草、鼠茅草等。

3.2 绿肥新模式的效应研究

3.2.1 二月兰-甘蓝轮作模式的节肥增产效应

张家口市崇礼区错季蔬菜，提出了二月兰与甘蓝轮作模式。对该模式的效应进行分析，结果表明(表 2-3-1),100%化肥条件下,二月兰嵌入纯甘蓝模式后虽然成本(种子、机械)增加了 0.16 万元/hm²,但甘蓝产量收入增加了 0.26 万元/hm²,增收 0.10 万元/hm²;同时,二月兰植株养分、有机质和水分价值合计 0.40 万元/hm²,即二月兰作绿肥纳入甘蓝种植的模式,经济和生态价值达 0.49 万元/hm²。

二月兰翻压后,甘蓝减施 10%、20%的化肥用量时,经济效益比甘蓝模式传统施肥分别增加了 0.13 万元/hm²和 0.06 万元/hm²,但减施化肥 30%时减收 0.42 万元/hm²。总体看,二月兰作绿肥替代化肥,后季甘蓝减施 10%化肥的经济效益最高(比传统模式增效 6.7%),减施 20%化肥的经济效益仍能增长 3.1%,因此,二月兰-甘蓝模式可减施 20%化肥。

表 2-3-1 二月兰-甘蓝模式下不同施肥量的经济效益分析(2018—2019 年)(冯伟等,2021)

处理	化肥费用/(万元/hm²)	种子、机械投入/(万元/hm²)	总投入/(万元/hm²)	甘蓝产量/(t/hm²)	甘蓝收入/(万元/hm²)	总收入/(万元/hm²)	经济效益/(万元/hm²)
100%F	0.29	0.08	2.06	53.21	3.99	3.99	1.93
GM+100%F	0.29	0.24	2.22	56.60	4.25	4.65	2.42
GM+90%F	0.27	0.24	2.19	51.36	3.85	4.25	2.06
GM+80%F	0.24	0.24	2.16	49.98	3.75	4.15	1.99
GM+70%F	0.21	0.24	2.13	43.20	3.24	3.64	1.51
GM	—	0.24	1.93	21.05	1.58	1.98	0.05

注:F—传统施肥;GM—二月兰作绿肥;100%F—N 280.5 kg/hm²、P_2O_5 276 kg/hm²;%—施肥比例。绿肥种子 0.08 万元/hm²、翻压 0.09 万元/hm²,甘蓝售价 0.075 万元/t;绿肥折合养分价值 0.16 万元/hm²、有机质价值 0.24 万元/hm²。

3.2.2 构建了棉花-绿豆间作技术模式

棉花绿豆间作模式中,间作绿豆处理均可显著增加单位棉田的产出总效益,显著高于传统的棉花单作模式。与棉花单作相比,棉花大行距 90 cm 套作绿豆,棉花产量差异不显著,但多收了一茬绿豆,且棉花和绿豆的总产量和总效益最高,总产量较单作棉花提高了 17.7%,总效益较单作棉花增加了 35.6%,差异均显著(表 2-3-2)。该模式在相同施肥量的情况下,棉花大行 90 cm、小行 60 cm 处理的氮、磷、钾的吸收量较传统单作棉花模式分别增加了 37.2%、29.6%和 34.9%,且成熟期土壤有机质和有效磷的含量最高(表 2-3-3)。

表 2-3-2 棉花绿豆不同间作模式下籽棉和绿豆产量及经济效益(智健飞等,2010)

宽窄行/cm		绿豆行数	产量			经济效益/(万元/hm²)		
宽行	窄行		籽棉/(t/hm²)	绿豆/(kg/hm²)	总产量/(t/hm²)	棉花	绿豆	总效益
100	50	1	4.06 b	623 d	4.68 c	24.36 b	0.75 d	31.84 b
110	40	1	3.73 c	650 c	4.38 d	22.40 c	0.78 c	30.20 d
90	60	1	4.79 a	860 b	5.65 a	28.74 a	1.03 b	39.06 a
75	75	1	3.43 d	878 a	4.30 e	20.55 d	1.05 a	31.09 c
90	60	0	4.80 a	—	4.80 b	28.81 a	—	28.81 e

注:籽棉 6 元/kg,绿豆 12 元/kg。同一列不同小写字母表示处理间差异显著($P<0.05$)。表 2-3-3、表 2-3-5 同。

表 2-3-3　棉花绿豆不同间作模式下作物养分吸收量、土壤有机质和有效磷含量(智健飞等,2010)

宽窄行/cm		绿豆行数	棉花和绿豆养分吸收量/(kg/hm^2)			有机质/(g/kg)	速效磷/(mg/kg)
宽行	窄行		氮(N)	磷(P)	钾(K)		
100	50	1	301.8	43.9	246.5	13.5c	26.3b
110	40	1	287.8	41.6	234.7	14.1b	19.7d
90	60	1	331.4	48.6	271.4	16.4a	27. 6a
75	75	1	254.2	38.7	207.6	14.0b	22.2c
90	60	0	241.5	37.5	201.2	—	—

注:施肥量均为 N 205.5 kg/hm^2、P_2O_5 172.5 kg/hm^2、K_2O 114.75 kg/hm^2。

棉田间作适宜的绿豆品种筛选试验表明(表 2-3-4),中绿 9 号和中绿 10 号植株相对较矮,且分枝数较少,对间作棉花生长影响相对较小;但中绿 9 号较中绿 10 号抗病性差,且中绿 10 号产量在供试品种中相对较高。综合看中绿 10 号比较适合冀中南地区棉田间作。

表 2-3-4　棉花绿豆间作模式下不同绿豆品种农艺性状(罗河月等,2012)

品种	株高/cm	分枝数	生育期/d	抗倒性	感病性	单株荚数	单株粒数	单株粒重/g	百粒重/g	产量/(t/hm^2)
中绿 5 号	60	3.4	65	1	无	19	200	13.00	6.5	1.94
中绿 6 号	62	3.1	64	1	轻	18	180	11.34	6.3	1.69
中绿 9 号	39	2.1	59	0	中	17	150	9.60	6.4	1.44
中绿 10 号	40	2.3	59	0	轻	18	170	11.05	6.5	1.65
冀绿 7 号	58	3.5	62	1	轻	17	175	11.37	6.5	1.68
冀绿 8 号	63	3.2	65	3	轻	15	160	10.08	6.3	1.50
冀绿 98-1	70	3.4	68	3	中	14	150	9.30	6.2	1.38
毛绿 45	65	3.1	70	2	轻	17	165	10.72	6.5	1.59
特早 50	60	3.0	70	1	中	15	148	8.88	6.0	1.31
极早绿珍珠	63	3.1	64	2	轻	16	150	8.70	5.8	1.29

注:抗倒性分级:0 级——无倒伏症状,或者稍微倾斜但能很快恢复,对产量无影响;1 级——倾斜角度≤30°,倒伏面积 15%,对产量有轻微影响;2 级——30°≤倾斜角度≤45°,倒伏面积>30%,对产量有影响;3 级——45°≤倾斜角度≤60°,倒伏面积>50%,对产量有较大影响;4 级——倾斜角度>60°,倒伏面积>50%,严重减产。感病性分级:无感病株为无,感病株率<10% 为轻,10%≤感病株率≤30%为中,感病株率> 30%为重。

3.2.3　复种二月兰提升玉米-大豆间作体系生产力

夏玉米单位面积株数保持不变条件下,实行宽窄行种植,在宽行间播种夏大豆,与夏玉米单作模式相比,玉米产量差异不显著,由于增收了大豆,各处理夏玉米夏大豆总产量和经济效益均显著提高,总产量平均增加 8.1%,经济效益平均增加 27.5%。上述结果说明,夏玉米间作夏大豆模式是可行的,以 2 行夏玉米 3 行夏大豆的种植模式为较优选择(表 2-3-5)。

表 2-3-5　夏玉米-夏大豆不同间作模式下作物总产量和经济效益(刘艳昆等,2012)

处理	玉米、大豆总产量/(t/hm²)	总经济效益/(万元/hm²)
1 行夏大豆、2 行夏玉米	8.45 b	16.29 a
2 行夏大豆、2 行夏玉米	8.54 b	16.83 a
3 行夏大豆、2 行夏玉米	8.78 a	18.02 a
4 行夏大豆、2 行夏玉米	8.51 b	17.59 a
平播夏玉米(对照)	7.93 c	13.48 b

注:夏玉米、夏大豆价格分别为 2.4 元/kg 和 4.0 元/kg。

绿肥二月兰还田后,春玉米和大豆的产量进一步提升,大豆尤为明显;同时能明显减施化肥用量(表 2-3-6)。种植翻压二月兰后实施春玉米大豆带状间作,与春玉米单作+100%化肥处理相比,减施 20%、40%化肥用量的春玉米产量较单作春玉米+100%化肥处理间产量差异不大,说明二月兰还田对后茬春玉米间作大豆模式的玉米增产和节肥是可行的。冬闲条件下,减肥 40%明显降低了玉米产量。种植翻压二月兰作绿肥后,0%、60%、80%、100%施肥水平的大豆产量较同样施肥水平下无绿肥处理分别提高 29.7%、35.1%、28.8%、14.3%,说明种植二月兰并还田对后茬间作的大豆具有明显的增产效果。

表 2-3-6　春玉米、大豆间作体系复种二月兰的减肥增产效应(王向阳,2012)

处　理	玉米产量/(t/hm²)	较 CK 增产/%	大豆产量/(t/hm²)	较非绿肥处理增产/%
春玉米单作+100%化肥(CK)	8.31	—	—	—
春玉米间作大豆+不施肥	5.95	−28.4	0.74	—
春玉米间作大豆+60%化肥	7.58	−8.8	0.74	—
春玉米间作大豆+80%化肥	8.20	−1.3	0.80	—
春玉米间作大豆+100%化肥	8.35	0.5	0.91	—
二月兰-春玉米//大豆+不施肥	7.36	−11.4	0.96	29.7
二月兰-春玉米//大豆+60%化肥	8.33	0.2	1.00	35.1
二月兰-春玉米//大豆+80%化肥	8.39	1.0	1.03	28.8
二月兰-春玉米//大豆+100%化肥	8.39	1.0	1.04	14.3

注:玉米 100%化肥用量为:N 300 kg/hm²、P_2O_5 150 kg/hm²、K_2O 150 kg/hm²。

3.2.4　果园绿肥的培肥作用

以常规清耕梨园为对照,种植 4 年和种植 8 年的黑麦草的培肥效应研究表明(表 2-3-7),种植黑麦草后土壤容重显著降低,土壤孔隙度、土壤含水量和排水能力显著增加,尤其对 0～10 cm 土层物理特性的影响最大。与清耕相比,种植 8 年和种植 4 年的处理,土壤容重分别降低 7.2%和 3.2%,土壤总孔隙度分别增加 44.7%和 19.9%,土壤毛管持水量分别增加 60.2%和 26.5%,排水能力分别增加了 56.5%和 31.4%。短期种植黑麦草对土壤容重、土壤孔隙度、保水性和排水能力改善明显,随着生草年限的增加效应更加明显。

与常规梨园相比,种植 4 年黑麦草还田后增加了 0～10 cm 土层碱解氮、有效磷、有效锌含量和 0～20 cm 土层速效钾、有效铁含量；种植 8 年黑麦草还田后显著增加了 0～10 cm 土层有机质和碱解氮含量、0～20 cm 有效铁含量、0～30 cm 有效磷含量、0～40 cm 有效锌含量和 0～50 cm 速效钾含量，明显提高了梨园土壤磷、铁、锌的有效性（图 2-3-2、图 2-3-3）。

表 2-3-7　梨园黑麦草种植年限对不同土层土壤容重、孔隙度、保水能力的影响（孙计平等，2017）

管理模式	土层深度 /cm	土壤容重 /(g/cm³)	总孔隙度 /%	毛管持水量 /mm	田间持水量 /mm	排水能力 /cm
种植 8 年	0～10	1.16 c	61.03 a	46.34 a	3.29 a	27.23 a
种植 4 年		1.21 b	50.60 b	36.57 b	2.43 b	22.87 b
清耕		1.25 a	42.19 c	28.92 c	3.70 a	17.40 c
种植 8 年	10～20	1.22 c	49.24 a	37.20 a	2.77 b	21.85 a
种植 4 年		1.28 b	47.05 a	36.28 a	2.78 b	20.75 a
清耕		1.41 a	38.21 b	28.02 b	3.42 a	15.69 b
种植 8 年	20～30	1.41 b	44.04 a	36.82 a	2.48 b	19.54 a
种植 4 年		1.42 b	44.18 a	36.97 a	2.56 a	19.52 a
清耕		1.52 a	42.36 b	36.74 a	2.43 b	18.74 b

注：同列数据后不同字母表示同一土层不同处理间差异显著（$P<0.05$）。

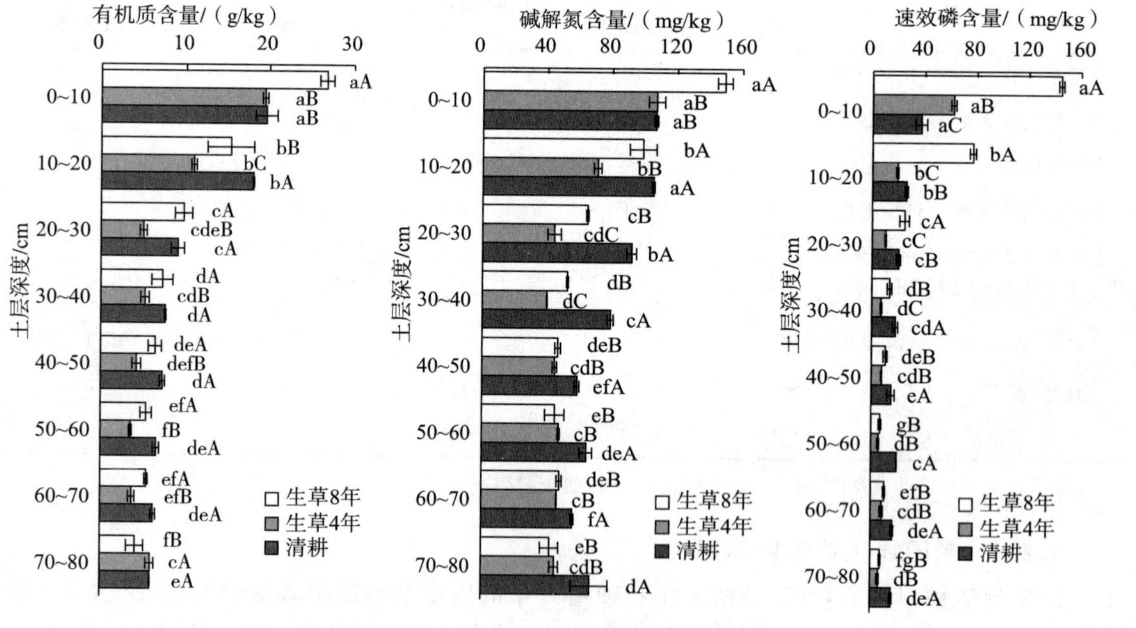

图 2-3-2　梨园黑麦草种植年限对不同土层土壤有机质、碱解氮和有效磷含量的影响（孙计平等，2017）

注：不同小写字母表示同一处理不同土层间差异达 5% 显著水平；不同大写字母表示同一土层不同处理间差异达 1% 显著水平。图 2-3-3 同。

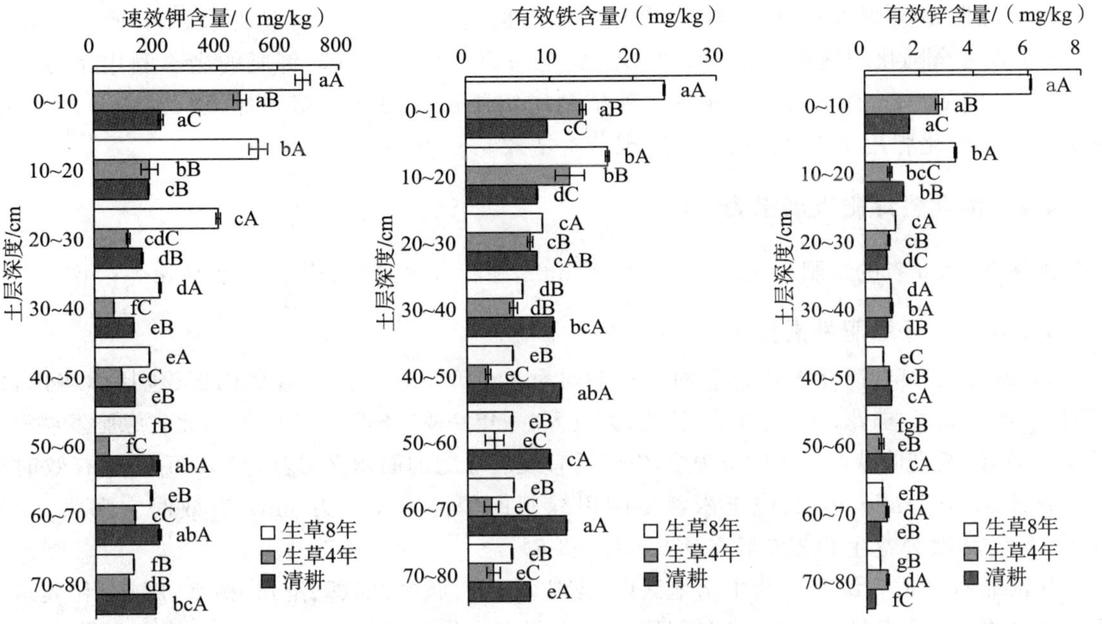

图 2-3-3 梨园黑麦草种植年限对不同土层土壤速效钾、有效铁和有效锌含量的影响(孙计平等,2017)

4 河北省绿肥发展潜力

4.1 河北省发展绿肥的必要性

当前,河北省耕地质量不高,农产品竞争力较弱,严重制约着河北省农业综合生产水平的提高。河北省人均耕地只有 0.084 hm^2,为全国平均水平(0.097 hm^2)的 86.6%,且中低产田占总耕地面积的 57.7%。要保证粮食安全,根本途径是培肥改土、增强农田综合生产力。河北省自然气候适宜绿肥生长,尤其是冬闲田、休耕田的面积逐年增加,为发展冬种绿肥生产提供了广阔的空间和时间。

种植绿肥是农业生态文明建设的重要手段,是改善生态环境、建设美丽乡村的必经之路。河北省休耕区主要是严重干旱缺水的黑龙港地下水漏斗区和冀东平原区。2014 年“一季休耕、一季雨养”的季节性休耕率先在河北省实施。截至 2019 年,河北省累计休耕面积达 64 万 hm^2,大面积休耕田和冬闲田在冬春季土地裸露带来的扬尘扬沙造成河北省雾霾天气加重。在休耕田、冬闲田种植绿肥可以在冬前和春季实现农田绿色覆盖,抑尘抑草、美化环境、净化空气、降低资源消耗,丰富农村文化生活。

绿肥是提升农产品质量、发展生态农业、实现农业可持续发展和提高农民收入的重要途径。河北省作为农业大省,2018 年水果产量位居全国第六位,蔬菜产量位居全国第四位,粮食产量位居全国第五位,但 2018 年全省居民人均可支配收入仅 2.34 万元,比当年全国居民人均可支配收入低 16.9%。果园种植利用绿肥,可以改善园区小气候,减肥减药,提升水果品质,实现果农增收;菜地种植利用绿肥,可以降低次生盐渍化危害,改良土壤,减轻面源污染风险,改善和提高蔬菜品质,实现菜农增收。此外,种植利用绿肥可以改良障碍性农田(滨海盐碱地等中低产田),培肥土壤,提高粮食产量。

种植绿肥是实现农业生产节本增效的重要措施。2016 年，河北省农用化肥使用量为 331.8万 t，占全国化肥使用总量的 5.52%，居全国第三位。氮、磷、钾肥的当季利用率分别为 35%左右、15%～20%和 40%～50%。种植利用绿肥可以提高土壤中氮、磷、钾养分的利用，减少下茬作物化肥用量 10%～30%，实现节本增效。

4.2 河北省绿肥发展潜力

总体看，河北省的绿肥面积潜力为 229 万 hm^2，绿肥有效时空潜力为 132 万 $hm^2 \cdot$ 年。

4.2.1 农区绿肥发展潜力

2019—2021 年，河北省年总播种面积平均为 811 万 hm^2。河北省冬闲田（包括休耕田，以下同）主要是玉米、棉花、花生、谷子、甘薯、大豆等"一年一季"条件下产生的，河北省绿肥发展潜力以玉米、花生、棉花收获后的冬闲季为主，农区适宜发展绿肥的面积潜力合计 194 万 hm^2、有效时空潜力合计 97 万 $hm^2 \cdot$ 年，其中玉米茬冬闲田绿肥面积潜力 150 万 hm^2、有效时空潜力 75 万 $hm^2 \cdot$ 年。其次为花生和棉花茬冬闲田（表 2-3-8）。

从河北省最适宜绿肥区冀中南地区（石家庄、保定、邢台、邯郸、沧州、衡水、廊坊）和冀东平原（唐山）的 8 个主要城市来看，常见绿肥模式中冀中南地区绿肥面积潜力 85 万 hm^2，冀东平原绿肥面积潜力 24 万 hm^2，两者合计 109 万 hm^2。

冀中南地区冬闲或休耕田面积合计 85 万 hm^2，绿肥面积潜力 85 万 hm^2，时空潜力 43 万 $hm^2 \cdot$ 年。其中，玉米茬冬闲区面积为 58 万 hm^2，绿肥面积潜力 58 万 hm^2，绿肥有效时空潜力 29 万 $hm^2 \cdot$ 年，占该地区绿肥面积潜力和绿肥有效时空潜力的 67.5%。棉花冬闲区在该区的绿肥面积潜力共为 19 万 hm^2，绿肥有效时空潜力为 10 万 $hm^2 \cdot$ 年，占该地区绿肥面积潜力的 22.7%。其他作物合计冬闲田 8 万 hm^2，绿肥面积潜力为 8 万 hm^2，绿肥有效时空潜力为 4 万 $hm^2 \cdot$ 年，占该区百分比为 9.8%。

冀东平原属于一熟区，冬闲田面积 24 万 hm^2，绿肥面积潜力为 24 万 hm^2，绿肥有效时空潜力为 12 万 $hm^2 \cdot$ 年。其中，玉米轮作制度下的绿肥潜力最大，绿肥面积潜力为 20 万 hm^2，绿肥有效时空潜力为 10 万 $hm^2 \cdot$ 年，占该区绿肥潜力的 85.0%，是该区发展绿肥的重点。

4.2.2 果园绿肥发展潜力

据河北省统计年鉴，河北省年均果园面积 50 万 hm^2。其中，梨园、桃园、苹果园分别占总面积的 22.4%、10.2%、22.6%，即三种果园合计约 30 万 hm^2，占河北省果园总面积的 55.2%，均适宜种植绿肥。其他适宜栽培绿肥的果园有：杏园、枣园、樱桃园、核桃园等。按照华北地区全年适宜绿肥生长、70%的果园空间可种植绿肥计算，河北省果园绿肥时空种植潜力为 35 万 $hm^2 \cdot$ 年（表 2-3-8）。

表 2-3-8 河北省绿肥种植时空潜力

区域	适宜的绿肥制度	对应的主作物面积 /万 hm^2	绿肥空间占比 /%	绿肥时长 /个月	绿肥面积潜力 /万 hm^2	绿肥有效时空潜力 /(万 $hm^2 \cdot$ 年)
农区	绿肥-玉米	150	100	6	150	75
	绿肥-棉花	20	100	6	20	10
	绿肥-其他夏作物	24	100	6	24	12
	农区合计	194	—	—	194	97

续表 2-3-8

区域	适宜的绿肥制度	对应的主作物面积/万 hm^2	绿肥空间占比/%	绿肥时长/个月	绿肥面积潜力/万 hm^2	绿肥有效时空潜力/(万 hm^2·年)
经济林园	落叶果园	50	70	12	35	35
	经济林园合计	50	—	—	35	35
合 计		244	—	—	229	132

注:绿肥有效时空潜力=对应的主作物面积×绿肥空间占比×绿肥时长。

4.2.3 其他模式绿肥潜力

近年来,在京津市场拉动下,河北农区畜牧业和养殖业发展十分迅速,河北省粮草轮作/肥饲兼用农田达 18 万 hm^2左右。其中,紫花苜蓿面积约 8 万 hm^2,通常紫花苜蓿生长期为 4～5 年,之后翻压进行小麦玉米轮作或种植谷子、高粱等;若按照紫花苜蓿生长4 年,后续主作物生长 2 年计算,河北省紫花苜蓿空间潜力为 8 万 hm^2,紫花苜蓿根茬还田生长时间为 8 个月,紫花苜蓿时空潜力为 5 万 hm^2·年。饲用燕麦、黑麦、小黑麦、饲草高粱等面积约 10 万 hm^2,按照平均生长期 5.5 个月计算,其时空潜力 5 万 hm^2·年。河北省粮草轮作/肥饲兼用绿肥潜力累计为 10 万 hm^2·年。

河北省现有设施蔬菜大棚 25 万 hm^2,均需要进行夏季闷棚减轻下茬蔬菜病虫害的危害,按照种植绿肥来替代闷棚,绿肥面积潜力为 25 万 hm^2,绿肥生长时长 2 个月,时空潜力为 5 万 hm^2·年。

5 河北省绿肥生产主要技术模式

5.1 二月兰-玉米技术模式

该技术适用于地下水超采综合治理的冀中南平原、冀东平原春玉米生产区。

5.1.1 二月兰种植与管理

(1)播种

种子选用当年收获的新种子为好。播前晒种可提高发芽率和杀菌。

播种方式:套作或轮作。套作采用玉米行间撒播,播后不需要镇压、中耕除草等操作;轮作采用玉米收获后的免耕播种或整地播种。冀东平原、冀中南平原宜采用行间套作撒播;冀中南平原也可采用年内轮作条播。

播种期:套作二月兰于玉米大喇叭口期前完成较好。玉米收获后轮作二月兰,冀中南平原雨养农业区不晚于 9 月 15 日,灌溉农业区不晚于 10 月 5 日,二月兰播期宜早不宜晚。若玉米田喷除草剂,二月兰播期与除草剂喷施间隔需 30 d。

播种量及播种深度:人工撒播 30 kg/hm^2;无人机撒播或机械条播 22.5 kg/hm^2。条播行距 15～20 cm;条播播深,墒情好的地块 1～1.5 cm,墒情差的地块 1.5～2 cm。黏土地宜浅,沙土地宜深;播后镇压。

(2)施肥灌溉

种植二月兰通常不施肥、不浇水。但肥力较差地块,可基施 75～120 kg/hm^2尿素、240～270 kg/hm^2过磷酸钙、45～60 kg/hm^2硫酸钾。中低产地块在返青期追施尿素 75～120 kg/hm^2。

有条件地块土壤墒情不足时浇水 450～675 m^3/hm^2。

(3)病虫害防治

春季易发生潜叶蝇，如果危害严重，用 1.8%阿维菌素微乳剂 900～1 200 mL/hm^2，或25%噻虫嗪水分散粒剂 300～450 g/hm^2 防治。

(4)二月兰利用

次年 4 月中下旬至 5 月上旬，二月兰盛花期翻压或春玉米播种前 5～7 d 翻压。

5.1.2 玉米种植与管理

(1)播种

选择国家或河北省审定的高产、抗性好、紧凑耐密型的中早熟玉米品种，如冀中南选用浚单 20、郑单 958，冀东可选用东单 60。

在二月兰翻压 5～7 d 后视土壤墒情适时播种。播种采用 60 cm 等行距或宽窄行方式(宽行 80 cm，窄行 40 cm)。冀中南平原播期不晚于 6 月 15 日，留苗密度 8.0 万～9.0 万株/hm^2。冀东平原播期为 5 月 10 日以前，留苗密度 4.2 万～5.0 万株/hm^2。

(2)施肥

冀中南平原：种肥施用氮、磷、钾肥(折纯)60～75 kg/hm^2、60～75 kg/hm^2、30～45 kg/hm^2，硫酸锌 15～22.5 kg/hm^2，硫酸锰 15～22.5 kg/hm^2，随播种一同施入，种子行与肥料行间隔 5 cm 以上。大喇叭口期、抽雄至吐丝期分别追施氮肥 180～225 kg/hm^2、67.5～105 kg/hm^2，开沟深施，或结合灌溉、有效降雨施用。

冀东平原：施用有机肥 45～75 t/hm^2，氮、磷、钾肥(折纯)210～225 kg/hm^2、60～90 kg/hm^2、60～75 kg/hm^2，硫酸锌 15～30 kg/hm^2。在玉米展开叶 11～12 片时追施尿素 300～375 kg/hm^2，施肥时开沟或刨坑盖严。6 月下旬，玉米抽穗前 10～15 d 追施大喇叭口肥。

冬绿肥二月兰还田后，下茬玉米总施肥量较玉米常规施肥量可减施 15%～20%。

(3)灌溉

玉米生育关键期，有条件的地区视土壤墒情灌溉。

冀中南平原：播后浇蒙头水 600～900 m^3/hm^2；大喇叭口期注意防止出现严重干旱，浇水 600～900 m^3/hm^2；抽雄至吐丝期土壤干旱时应及时补充灌溉，浇水 600 m^3/hm^2。

冀东平原：7 月上中旬遇卡脖旱或 8 月中下旬遇秋吊时，均应及时浇水。

(4)病虫草害防治

冀中南平原苗期注意防治地老虎、蓟马、黏虫、棉铃虫、瑞典蝇等虫害；穗期注意防治褐斑病、叶斑病、茎腐病、玉米螟；花粒期注意防治玉米螟、蚜虫。冀东平原注意防治玉米钻心虫。

(5)玉米收获

机械化收获时，采用带有秸秆粉碎和切抛装置的玉米联合收割机收获。玉米留茬高度不低于 10 cm，减少对二月兰苗的影响。切碎后的玉米秸秆在田间抛撒均匀。

5.2 毛叶苕子-玉米技术模式

5.2.1 毛叶苕子种植与管理

(1)播种

选择耐寒性强的品种，如土库曼毛叶苕子、鲁苕 1 号等。机械条播最佳，行距 30～40 cm，播深 3～4 cm，播量 45～60 kg/hm²。

播期以 9 月中下旬为好，冀南最晚 10 月 10 日，土壤墒情不好时早播，或造墒播种。旱作条件下，玉米收获晚导致毛叶苕子播期晚于 10 月 10 日时，可采用寄籽播种。寄籽播种要求地温低于 3 ℃、土壤上冻前播种，条播后覆土、压实，次年春季自然出苗。

(2)施肥与灌溉

一般不施肥、不灌溉；地力较差的施磷酸二铵 150 kg/hm²。春季毛叶苕子返青期降雨后迅速生长，有浇水条件地区若遇旱情可浇水 1 次。

(3)毛叶苕子利用

5 月份为毛叶苕子盛花期，机械粉碎还田。后茬玉米可按常规施肥量减施 20%左右。亦可将地上部收获作饲料，根茬肥田。

5.2.2　玉米种植与管理

参考 5.1.2。

5.3　黑麦-花生技术模式

该模式适宜在河北省平原春播花生区开展，包括保定、廊坊、石家庄、沧州、衡水、邢台、邯郸等花生生产区及类似生态区。土壤肥力为中等以上时（包括中等肥力农田），黑麦地上部收获作饲草，地下部根茬还田；土壤肥力为中等以下时，黑麦全株粉碎还田作绿肥。

5.3.1　黑麦种植与管理

(1)播种

种子选择。选用适宜河北省平原春播花生区种植的高产、优质、抗逆黑麦品种，如冬牧 70、中饲 507、OKLON 等。

整地及肥水管理。上茬花生收获后，及时整地，基施氮、磷、钾肥（折纯）60～75 kg/hm²、90～150 kg/hm²、60～90 kg/hm²。播前土壤墒情不足时需灌溉造墒。

9 月下旬至 10 月上旬播种。9 月 30 日前播种 135～165 kg/hm²，此后每推迟 1 d 播量增加 3.75 kg/hm²。条播，行距 15～20 cm，播深 3～4 cm，播后及时镇压。

(2)田间管理

返青期，灌溉 1 次，灌水量 450～675 m³/hm²。随灌溉追施氮肥（折纯）120～150 kg/hm²。

(3)黑麦利用

4 月 20～30 日，人工或机械收割饲用黑麦，或 4 月中旬将黑麦全株粉碎还田，间隔 10 d 以上适时接茬种植花生。

5.3.2　花生种植与管理

(1)品种选择

选用适宜在河北省平原春播花生区推广种植的高产、抗逆性强的早熟或中熟花生品种。早熟品种如冀花 4 号、冀花 9 号、冀花 10 号、冀花 11 号等，中熟品种如冀花 5 号、冀花 6 号、冀花 16 号、冀花 18 号等。

(2)种子准备

播种前 10～15 d 带壳晒种 2～3 d 后再剥壳，选择饱满、粒大、无霉变的籽粒作种。

每 100 kg 花生籽粒选用 70%噻虫嗪种子处理可分散粉剂 200～285 g 拌种，或 600 g/L

吡虫啉悬浮种衣剂 200～300 mL 拌种;拌种时先用水适量稀释药剂,再进行拌种,确保花生种皮均匀附着药剂稀释液,切勿破损种皮,晾干后即可播种。

(3)整地、播种

黑麦收获饲用或黑麦粉碎还田一个星期后施基肥、整地。基肥为氮、磷、钾肥(折纯)60～90 kg/hm^2、120～150 kg/hm^2、120～150 kg/hm^2,腐熟有机肥 30～45 m^3/hm^2。机械旋耕 15 cm,墒情不足时灌水 750～900 m^3/hm^2。

4 月 25 日至 5 月 15 日,播种花生籽粒 232.5～300 kg/hm^2。穴播行距 40 cm,穴距 15～16.5 cm,每穴 2 粒种子,播种深度 3～5 cm。

(4)田间管理

按照花生的一般操作做好管理,包括及时查苗、补苗、中耕以及适当的病虫草害防治等工作。

5.4 冬绿肥-谷子技术模式

冬绿肥-谷子种植技术是指前茬种植二月兰或者冬油菜,后茬种植谷子的技术。适用范围为河北省季节性休耕区及有秋闲田利用的谷子种植区域。

5.4.1 二月兰种植与管理

(1)播种

播前准备参照 5.1.1。二月兰的适宜播期 7 月 20 日至 8 月 10 日,播种宜早不宜晚。无人机飞播 22.5 kg/hm^2,人工撒播 30 kg/hm^2。播前实施除草剂封闭的地块,二月兰播期应与除草剂喷洒时间间隔 30 d。

(2)田间管理

二月兰全生育期一般无须施肥和灌溉。中、低产地块,次年 3 月中、下旬视天气状况适时追施尿素 60～90 kg/hm^2,或遇旱且有灌溉条件时可施肥后灌溉。

(3)二月兰利用

4 月中下旬至 5 月上旬二月兰盛花期粉碎、翻压,深度 20～25 cm,接茬种植谷子。

5.4.2 冬油菜种植与管理

(1)播种

选择衡油 8 号、陇油 6 号或当地常用自留种。谷子收获后,及时整地机播冬油菜。适墒条件下,冀南地区不晚于 9 月下旬,冀中地区不晚于 9 月中旬。机械条播,行距 20～25 cm,播深 2～3 cm,播量 22.5 kg/hm^2,播后及时镇压。

(2)田间管理

一般无须施肥和浇水。中、低产地块,在 3 月中下旬结合降雨,追施尿素 60～90 kg/hm^2。病虫害防治按照常规防治即可,河北省的油菜病虫害以菌核病和蚜虫为主。

(3)冬油菜利用

4 月中下旬至 5 月上旬冬油菜盛花期粉碎、翻压,深度 20～25 cm,接茬种植谷子。

5.4.3 谷子种植与管理

(1)播种与施肥

选择适合机械化、轻简化生产的谷子品种。绿肥翻压 1 个星期后等雨播种,播前施用生物有机肥 750～1 200 kg/hm²，旋耕整地。

采用带施肥的谷子精量播种机播种，种子、肥料同播不同行。播种深度 3～5 cm，行距 40～50 cm。谷子一般播量 6.0～7.5 kg/hm²，留苗 60 万～75 万株/hm²。播种时施入氮、磷、钾三元复合肥（氮磷钾总量≥40%，氮≥18%）150～450 kg/hm²，施肥深度 5～8 cm。冬绿肥还田后下茬谷子总施肥量较传统施肥量减少 15%～20%。

（2）谷子管理与收获

除草：除草剂应严格按配套使用说明书执行。

防虫：注意防治玉米螟、蚜虫、黏虫、谷瘟病、谷锈病、红叶病等常见病虫害。

收获：在蜡熟末期或完熟初期收获。

5.5 绿肥果园技术模式

5.5.1 绿肥选择

适宜河北省果园的主要绿肥作物见表 2-3-9。

表 2-3-9 河北省果园适宜的绿肥作物及播种技术

草种名	果园类型	科名	播期	播种方式	条播播量/(kg/hm²)	条播行距/cm	播种深度/cm
白三叶	密植果园	豆科	春播或秋播	条播或撒播	15～22.5	20～25	1～1.5
毛叶苕子	密植果园	豆科	春播或秋播	条播	45～60	30～40	3～4
百脉根	密植果园	豆科	春播或秋播	条播或撒播	15～22.5	20～25	1～2
多变小冠花	密植果园	豆科	春播或秋播	条播或撒播	15～22.5	20～25	1～2
箭筈豌豆	密植果园	豆科	春播	条播	60～75	30	3～4
菊苣	密植果园	菊科	春播或秋播	条播或撒播	7.5～11.25	20～25	3～4
鼠茅草	密植果园/郁闭果园	禾本科	秋播	条播或撒播	18～22.5	30	1～2
鸭茅	密植果园	禾本科	秋播	条播	30～45	20～30	1～2
多年生黑麦草	密植果园/郁闭果园	禾本科	春播或秋播	条播	30～37.5	20～30	1～2
草地早熟禾	郁闭果园	禾本科	春播或秋播	条播或撒播	30～37.5	25～30	1～2
黑麦	密植果园	禾本科	秋播	条播	150～225	15～20	3～4
二月兰	密植果园/郁闭果园	十字花科	秋播	条播或撒播	22.5～30	20～30	1～2
油菜	密植果园/郁闭果园	十字花科	春播或秋播	条播或撒播	9～15	20～30	1～2

注：密植果园指株距 1～2 m，行距 3 m 以上的果园，郁闭果园指郁闭度 0.6 以上的果园。

5.5.2 绿肥种植与管理

（1）播种

播前清除果园土壤表面杂草、杂物，旋耕 10～15 cm。

播种方式、播量、播深、行距及播种时间参照表 2-3-9。其中，冀中南地区绿肥作物春播期为 3 月上旬至 4 月上旬；不同类型绿肥作物适宜秋播期跨度较大，禾本科绿肥 9 月上旬至 10

月上旬，豆科绿肥、菊科绿肥和冬油菜9月上中旬，二月兰7月下旬至9月上旬。

(2)施肥与灌溉

地力较弱的果园，基施复合肥($N:P_2O_5:K_2O=15:15:15$)150～195 kg/hm²；春季返青期结合果树灌溉追施尿素75～105 kg/hm²。

5.5.3 绿肥利用

(1)粉碎还田或刈割利用

在绿肥盛花期粉碎还田、培肥改土。亦可将绿肥刈割后覆盖树盘下，覆盖厚度不超过20 cm，或收集、堆沤成堆肥。

(2)周年覆盖利用

白三叶、百脉根、多变小冠花、鸭茅、多年生黑麦草、草地早熟禾均可通过根系在春季返青生长。

鼠茅草于3月中下旬开始返青，5月下旬至6月上旬匍匐覆盖于地表，6月种子成熟，6月下旬开始腐解，8月中旬至9月下旬籽粒开始萌发，如此形成周年覆盖。循环利用4～5年后，应旋耕、再播种1次，旋耕前撒播种子7.5 kg/hm²，旋耕深度5～8 cm。

毛叶苕子于3月下旬至4月上旬返青，遇雨或灌溉后生长迅速，4月下旬至5月上旬进入盛花期，5月中、下旬进入荚果期，6月中下旬自下而上开始枯萎，7～8月为枯萎期。8月中下旬旋耕，深8～10 cm，旋耕前杂草较多时粉碎杂草，补播种子15 kg/hm²。

二月兰于6月份果荚自然成熟后开裂、落籽；雨季自然出苗、再生。第一年的二月兰种子成熟后，若田间禾本科杂草较多，可于6月中旬喷内吸传导型除草剂1次。循环利用3～4年后，应更换毛叶苕子等其他绿肥。

参考文献

[1]河北省人民政府，河北省统计局. 河北经济统计年鉴[M]. 北京：中国统计出版社，1951-2008.

[2]河北省人民政府办公厅，河北省统计局. 河北农村统计年鉴[M]. 北京：中国统计出版社，2017-2020.

[3]冯伟，胡文娟，刘振宇，等. 甘蓝-二月兰轮作模式下化肥减施对甘蓝产量和经济效益的影响[J]. 河北农业科学，2021，25(2)：61-67.

[4]罗河月，任爱民，郭冬梅. 绿豆品种比较试验[J]. 河北农业科学，2012，16(5)：14-16.

[5]孙计平，张玉星，吴照辉，等. 生草配合施用有机肥对省力高效梨园土壤的培肥效应研究[J]. 草业学报，2017，26(4)：80-88.

[6]孙醒东，缪应庭. 华北地区重要绿肥的研究[J]. 河北农业大学学报，1963(2)：33-50.

[7]王泽文. 河北低平原中低产土壤增产潜力和改良途径[J]. 河北农业科学，1989(3)：10-12.

[8]王世魁. 河北平原农作物种植制度的几个问题[J]. 河北农学报，1982，7(S1)：88-92.

[9]王向阳. 春玉米大豆超常规宽窄行间作体系生产力研究[D]. 北京:中国农业科学院，2012.

[10]赵佩铮. 沙打旺在河北省的栽培与利用[J]. 中国草原，1980(4)：25-29.

[11]赵哲权，王泽文，朱正荣. 运用生物措施促进黑龙港地区农业生产[J]. 河北农学报，1981，6(2):1-5.

[12]智健飞，刘忠宽，曹卫东，等. 棉花-绿豆合理间作模式与效益研究[J]. 河北农业科学，2010，14(9)：12-13，16.

[13]紫花苜蓿、冬小麦-夏玉米轮作技术规程[S]. 河北省地方标准. DB 13/T 2525—2017.

[14]花生-饲用黑麦轮作技术规程[S]. 河北省地方标准. DB 13/T 2617—2017.

[15]春玉米-二月兰栽培技术规程[S]. 河北省地方标准. DB 13/T 5111—2019.

[16]谷子-冬绿肥种植技术规程[S]. 河北省地方标准. DB 13/T 5206—2020.

Ⅳ 山西省绿肥发展历史、现状、潜力及模式

1 山西省绿肥生产历史与现状

1.1 生产利用历史与现状

山西省地处黄河流域中游，是中华文明的发祥地之一。山西省传统农业较发达，广大劳动人民具有丰富的种植经验，很早就懂得利用绿肥提高土壤肥力的道理。战国时期，山西著名思想家荀子的《富国篇》中记载有："掩田表亩，刺草植穀，多粪肥田，农夫众庶之事也"。说明此时农民已把割野草沤粪肥田作为一项重要的农事活动。西晋时郭仪恭所著《广志》一书，记载有农民由利用野生绿肥和养草肥田发展到栽培绿肥作物。山西很早就有种植豆类、芝麻等绿肥压青肥田的传统，北魏贾思勰的《齐民要术》中记载了绿豆-谷、胡麻-谷等适合山西的绿肥轮作方式，具体为"绿豆在五六月漫种，七八月犁掩杀之为春谷田"。

中华人民共和国成立初期，因生产水平有限，国家无力为农作物生长提供充足的化学肥料。20 世纪 50 年代初期，山西省大同盆地引进、推广草木樨，实行粮草轮作，改变了大同盆地传统的弃耕轮荒的耕作制度。1954 年，山西省委将"绿肥压青"这一传统的造肥方法在晋南农业区大范围推广。60 年代初，山西省被划入全国绿肥网。60 年代中期至 70 年代，晋南农区先后引进柽麻、田菁、毛叶苕子，晋北农区引进草木樨、箭筈豌豆等绿肥品种，这些新品种抗旱、耐瘠薄、生长快、产草量高、翻压后肥田效果好，全面推动了绿肥的栽培和利用。70 年代以后，山西省又陆续引进国内外豌豆类、绿豆类、油菜类、苕子类作绿肥，并在省内搜集一批地方绿肥品种；通过区域筛选与评价试验，明确柽麻适合晋中南部麦田、棉田和果园复播或套种，毛叶苕子和山西省当地绿豆品种适合晋中南部水、旱麦田套种或复播，草木樨和箭筈豌豆适于北部冷凉地区粮草轮作及南部旱地麦田套种，箭筈豌豆还宜作太原地区稻田春季绿肥。1983 年 12 月，山西省参加完成了"中国绿肥区划"。

20 世纪 90 年代，随着山西省农业产业结构的调整和我国化肥工业的迅速发展，粮、油、棉等作物产量随耕地化肥投入量的提高而增加，而同期绿肥的科研和生产不再引起重视，山西省的绿肥作物生产与利用基本停滞(图 2-4-1)。20 世纪 90 年代以来，畜牧业发展带动紫花苜蓿的种植，紫花苜蓿通常在种植 4～5 年后进行轮换，其根茬还田可明显提高土壤地力。

山西省绿肥种植面积变化情况与全国类似。1950 年山西省绿肥面积仅 1.59 万 hm^2，1959 年扩大到 15.35 万 hm^2，1961 年曾发展到 26.64 万 hm^2，之后一度下降到 6.40 万 hm^2，70 年代后期，绿肥种植面积又逐渐回升和扩大，1980 年全省绿肥种植面积恢复到 18.43 万 hm^2，占耕地

面积的 2.7%。1989 年全省绿肥面积达到 33.82 万 hm^2,创历史最高纪录。

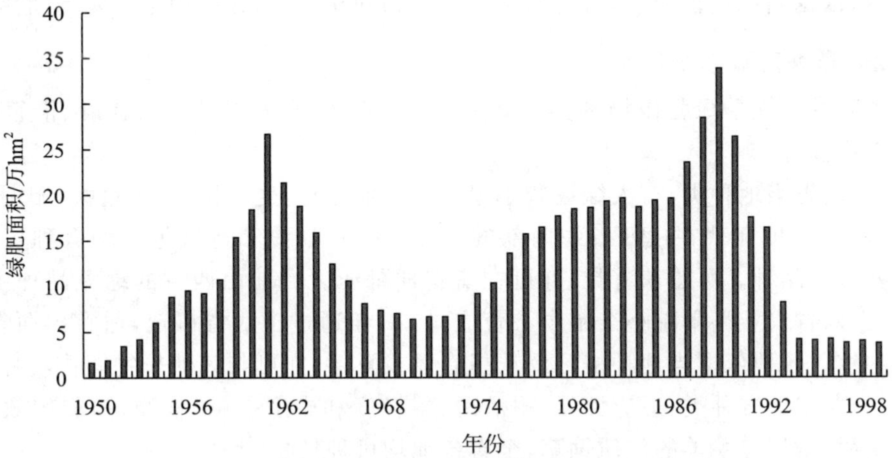

图 2-4-1　山西省绿肥作物种植面积演变(1950—1998 年)

随着农业生产的发展,绿肥在农业生产中改良土壤、提供养殖所需的饲草、增加经济收入和改善生态环境的功效逐步被广大群众重新接受和认识,种植绿肥开始恢复并扩大。2002—2009 年,山西省绿肥种植面积逐年扩大。但由于缺乏明确的政府指导措施,绿肥种植基本为各地群众的自发行为,全省绿肥种植面积徘徊在 7.0 万～13.5 万 hm^2。其中,种植毛叶苕子、箭筈豌豆和山黧豆为山西省右玉县和左云县的传统习惯,利用箭筈豌豆和山黧豆的根茬还田培肥地力,轮作莜麦、胡麻和马铃薯,年播种面积 0.72 万 hm^2 左右。目前,山西省绿肥作物的年种植面积只占全省农作物面积的 1.87%～3.56%,平均为 2.40%。

1.2　种质资源

1.2.1　冬季绿肥

20 世纪 70 年代,山西省引进了国内外豌豆类、绿豆类、油菜类、苕子类等绿肥,经大面积试验示范,冬油菜作为冬绿肥,主要分布在山西省中南部的运城、临汾、晋中及吕梁等 23 县、区的平川区。20 世纪 90 年代至 21 世纪初,随着山西省农作物布局结构调整,冬油菜种植区仅限运城市和临汾市的 11 个县、区的平川区。自 2008 年绿肥行业专项启动以来,经过引种筛选,目前山西省冬季绿肥作物主要种类为冬油菜、二月兰和毛叶苕子等,同样适用于上述市、县区域。

冬油菜:产量高,喜低温、冷凉。冬油菜用于山西省西南部地区作绿肥,有利于缓解生产用水矛盾,用于山西省中北部一年一熟地区充分利用土地资源培肥地力。目前山西省的冬油菜品种主要为晋油 9 号,由山西省农业科学院棉花研究所选育,适宜在山西省中北部寒旱区和西南部果园、麦田、棉田等间作、套种。

二月兰:适应性、耐寒性强,即使在朔州、大同的冷凉地区也可安全越冬,少有病虫害。在早春时节花开成片,是一种观赏性强的绿肥。二月兰主要有紫花和白花 2 个品系,紫花二月兰较为常见,耐阴性较好,大面积种植于果园行间,观赏价值、食用价值较高。

毛叶苕子:20 世纪 60 年代中期在全国绿肥网的协作下被引进山西省,耐寒、耐瘠薄、病虫害少、产量稳定,籽粒人畜皆可食用,产草量高。山西中南部秋季播种,当年萌发生长小苗,根系越冬,春季返青后爬蔓生长,长势很旺,快速覆盖地面。北部冷凉丘陵区春季播种,秋季收获籽粒或鲜草，根茬还田。目前山西省主栽毛叶苕子品种为土库曼毛叶苕子，在全省各地具有极强的适应性，依据当地种植习惯，可与其他粮油作物间作套种，亦可用于果园行间。

1.2.2 春季及夏季绿肥

山西省春季及夏季绿肥作物种类主要有绿豆、黑豆、草木樨、田菁、柽麻、箭筈豌豆、山黧豆、豌豆、小扁豆等。

绿豆：山西省当地种类，有大绿豆和小绿豆 2 个地方种，生长快、产草量大，肥用、饲用效果好。20 世纪 50～90 年代在山西省中南部的太原、晋中、临汾和运城等市均有种植，是麦后夏闲田的主要绿肥品种。可收获籽粒，亦可在盛花期翻压。目前山西省的绿豆品种主要为晋绿豆 1 号，由山西省农业科学院小杂粮中心育成，1998 年通过山西省审定，适宜山西省及全国绿豆主产区种植。各地依据当地种植习惯选择春播或夏播，亦可与其他作物间作套种。

黑豆：山西省地方种类，适应性强，耐瘠薄、耐轻度和中度盐碱，根瘤多，肥田效果好，籽粒人畜均可食用，秸秆是牛羊的优质饲草，全省各地均可种植。

草木樨：有一年生和二年生 2 个品系，都可作为麦后夏闲田的绿肥作物，也可在小麦返青后进行套种，秋季冬小麦播种前 20 d 左右翻压，为小麦生长提供养分。

田菁和柽麻：20 世纪 60 年代引进，由于柽麻生长速度快、产草量高、翻压后肥效好，70～80 年代成为山西省中南部麦田复播和粮肥间作套种的主要绿肥，主要作为运城市和临汾市的麦田绿肥。田菁由于耐盐碱、棉田翻压效果好成为运城盐湖区、永济市盐碱地麦肥轮作和棉肥轮作的主要绿肥，在棉花播种前撒播在棉花种植带侧面，一般在棉花花期翻压，为棉花中后期生长提供养分。

箭筈豌豆：20 世纪 60 年代中期在全国绿肥网的协作下被引进山西，并且在忻州市的五寨、神驰、岢岚、代县、繁峙等部分山区县生长良好。由于箭筈豌豆耐寒、耐瘠薄、病虫害少、产量稳定，籽粒人畜皆可食用，先后被推广至忻定盆地宁武、静乐、偏关、河曲、保德和大同盆地边缘的右玉、左云、平鲁、阳高、天镇等县区。目前箭筈豌豆仍然是山西省左云县、右玉县进行粮草轮作的先锋绿肥作物，收获后的籽粒作为牛羊饲料或外销，秸秆为当地农户冬季养殖牛羊的饲草。

山黧豆：又名香豌豆，是山西省西北丘陵、山区多年种植的绿肥作物之一。主要分布在左云县和右玉县，籽粒人畜均可食用，秸秆为当地农户冬季养殖牛羊的饲草。

豌豆和小扁豆：山西省南北均可种植，但在南部和北部的耕作方式不同。在山西省南部的运城市、临汾市，豌豆和小扁豆通常是 10 月中、下旬播种，次年 5 月上、中旬收获；而在山西省北部，则是春季 4 月底至 5 月初播种，7 月底至 8 月初收获。山西省种植的豌豆品种较多，初步统计有 10 个左右。各个豌豆品种在株高、叶片数、花期早晚、成熟期以及产量、籽粒颜色、百粒重等各不相同。豌豆既可作蔬菜炒食，籽实成熟后又可磨成豌豆面粉食用，秸秆可做牛羊的饲草。

1.2.3 其他绿肥

山西省多年生绿肥以紫穗槐和紫花苜蓿为主。

紫穗槐：20 世纪 50 年代引进，是铁路沿线的护路固坡灌木。作绿肥和饲料栽培，每年可多次刈割，丛生新枝条可作荆编材料。

紫花苜蓿：全省各地均可种植，每年可刈割 2～3 次制备干草，是大牲畜和羊的优质草料，紫花苜蓿一般种植 4～5 年后调换地块，利用紫花苜蓿的根茬进行土壤培肥，不足之处是土地利用效率低。

1.3 历史上的绿肥种植模式

1.3.1 麦后复播绿豆

山西省中南部主要的绿肥作物种植模式。从20世纪60年代开始，麦后夏闲田复播绿豆，在冬小麦播种前20 d左右即绿豆盛花期时进行翻压，是山西省运城市、临汾市和晋中市利用夏闲田种植绿肥的主要方式。

1.3.2 麦田间作或麦后复播草木樨

20世纪50～60年代山西省晋南麦田主要的绿肥作物种植、利用模式。春季小麦返青后在麦田间作草木樨，小麦6月成熟时只收获小麦，留下草木樨继续生长，至小麦播种前20～25 d将草木樨翻压；或者在小麦收获后及时在小麦茬行间开沟撒种草木樨，利用麦后土地夏闲期的雨水与光热生长草木樨，也是在小麦播种前20～25 d将草木樨翻压。

1.3.3 棉田套种柽麻或田菁

20世纪60～70年代，山西省晋南棉田主要的绿肥作物种植、利用模式。采取棉花与柽麻或田菁同期播种，柽麻或田菁开沟撒播在棉花种植带侧面。棉花在苗期、现蕾期按照常规方法进行管理。在棉花进入初花期时，将棉花宽行间的柽麻或田菁割倒后，在棉花宽行间距棉花10～15 cm开沟还田，柽麻或田菁腐烂、分解后，为棉花开花、结桃、吐絮等中后期营养生长和生殖生长提供养分。

1.3.4 紫花苜蓿草田轮作小麦

20世纪50～60年代末期，山西省中部和南部常用的肥饲兼用绿肥与小麦轮作的方式之一。紫花苜蓿连续种植4～5年后，利用紫花苜蓿根茬腐解释放养分的特性，进行紫花苜蓿与小麦轮作。

1.3.5 油-豆-麦两年两熟或三熟轮作

20世纪50～60年代，山西省晋南地区常用的轮作模式。秋末种植油菜，越冬后随春暖花开快速生长，4月中旬抽薹、开花、结实，至5月中、下旬成熟。收获油菜后抢播大豆、黑豆或绿豆，在冬小麦播种前20 d收获豆类或将豆蔓翻压，整地后播种小麦，实现两年两熟或三熟。

1.3.6 豆类-玉米-小麦轮作

20世纪50～60年代，山西省晋南地区常用的轮作模式之一。秋季播种豌豆或小扁豆，次年5月中、下旬收获豆类，整地后及时播种玉米，玉米收获后播种小麦。

1.3.7 豆类-粮油作物轮作

20世纪60年代至今，晋西北冷凉地区普遍采用的种植模式。春季4月底至5月初整地施肥，种植豌豆、山黧豆或箭筈豌豆，加强田间管理，当年秋季收获豌豆、山黧豆或箭筈豌豆，次年在同一地块上播种莜麦、马铃薯或者胡麻，进行豆类与粮油作物的2年制、3年制或者4年制轮作。其中，2年制主要是豆类-莜麦或者马铃薯、胡麻，3年制主要是豆类-莜麦-马铃薯、豆类-胡麻-马铃薯、豆类-莜麦-胡麻、豆类-胡麻-莜麦等，4年制主要是豆类-莜麦-胡麻-马铃薯、豆类-胡麻-莜麦-马铃薯。

1.3.8 果园间作绿肥

主要是在果树行间间作毛叶苕子、箭筈豌豆、百脉根、豌豆、绿豆、二月兰、油菜等绿肥作物。

1.4 绿肥对山西农业生产的历史贡献

1.4.1 改良土壤、培肥地力

山西耕地面积约 400 万 hm^2,80%分布在丘陵和山区。20 世纪 50～70 年代,由于可施用的农家肥数量不多,运输不畅,许多旱垣地和坡地无肥可施,导致旱垣地、坡地只能依靠自然肥力供应作物,农业生产水平较低。提高土壤有机质是培肥土壤的基础,通过在晋南旱垣地、坡地种植绿豆、草木樨、柽麻等绿肥,旱地麦田套种或轮作草木樨等并适时翻压,提高了旱垣地、坡地的有机质含量,改善了土壤养分状况。以草木樨或柽麻压青 15 t/hm^2 为例,0～30 cm 土壤有机质增加 0.1～0.2 g/kg,全氮增加 0.07～0.09 g/kg;耕层土壤≥0.25 mm 团粒含量达到 20.8%,比压青前增加 4.4%;土壤蓄水能力提高 9.8 mm,容重由压青前的 1.44 g/cm^3 降为 1.35 g/cm^3,土壤肥力性状得到显著改善。在晋西北冷凉地区,通过种植草木樨并翻压,0～30 cm 土壤有机质比当地传统种植习惯提高了 0.1～0.2 g/kg、全氮提高 0.04～0.07 g/kg,适合当地种植的燕麦、胡麻、谷子、马铃薯等作物可以正常播种和收获,群众的温饱问题逐步解决,是结束晋西北弃耕轮荒耕作制度的根本手段。

1.4.2 稳定和增加粮食产量

建国初期化肥极少,1950 年山西省化肥施用总量仅 0.05 万 t,平均化肥量仅有 0.12 kg/hm^2,粮食产量提高主要依靠绿肥翻压提供的肥源。党和政府对发展绿肥十分重视,在 1956—1965 年《全国农业发展纲要》中指出"要因地制宜地多种绿肥作物"。至 1955 年,绿肥面积扩大到 8.83 万 hm^2,1960 年发展到 18.35 万 hm^2,促进了全省粮食增产增收。1961 年,绿肥作物种植面积达到 26.64 万 hm^2,全省绿肥鲜草平均产量也提高到 15～22.5 t/hm^2。绿肥种植、绿肥鲜草产量和绿肥翻压面积的提高,为全省粮食总产量的增加做出了重要贡献。从 20 世纪 50 年代到 60 年代中期,山西省粮食总产与绿肥种植面积基本同步(图 2-4-2),绿肥作物种植利用对提高粮食产量起着重要的作用(1960—1963 年严重的自然灾害年份除外)。全省粮食总产由 1950 年的 307.81 万 t、1954 年的 413.97 万 t,逐步提高到 1958 年的 459.25 万 t。20 世纪 70 年代开始,随着绿肥种植、利用面积的增加,粮食总产也在稳定提高。

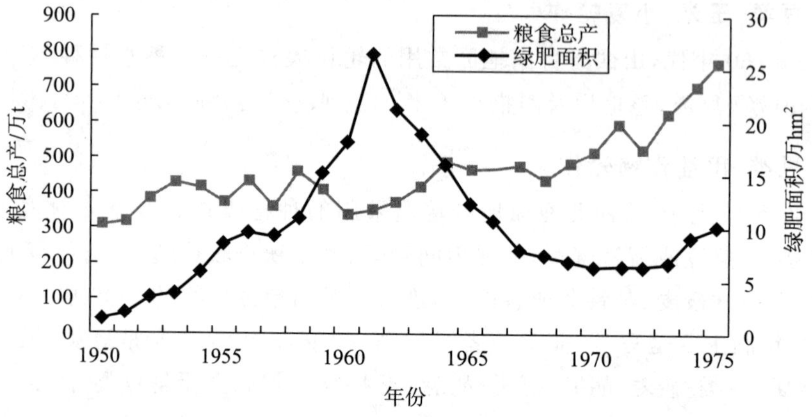

图 2-4-2 山西省绿肥播种面积与粮食总产量(1950—1975 年)

1.5 绿肥作物种植与利用研究

山西省绿肥作物的研究与推广应用始于20世纪60年代初期。50年代初期，山西省大同盆地引进推广了草木樨，实行了粮草轮作，改变了大同盆地传统的弃耕轮荒的耕作制度。1959年原山西省农业科学院土肥系成立时，正是全国粮食产量低、供应最紧缺的时期。在当时化肥施用量极低，因缺粮畜牧业难以发展、土壤有机肥投入很少，丘陵旱垣地几乎无肥可施的情况下，绿肥作物的研究与推广应用成为土壤肥料研究的重点。20世纪60年代初，山西省加入了全国绿肥网，开始引进箭筈豌豆、柽麻、田菁等绿肥，并对引进的种质资源进行了整理与适应性评价。

20世纪60～90年代，围绕绿肥适宜品种的筛选、应用和推广，在晋南地区开展了当地优势绿肥作物柽麻的种子繁育与推广技术攻关，晋南地区旱垣麦田不同品种绿肥套种对小麦产量的影响、不同绿肥品种腐解提高土壤养分的效果、山西省当地绿肥品种调查与驯化应用、晋西北地区种植箭筈豌豆与粮食或油料作物轮作的效益、箭筈豌豆在太原地区稻区秧苗移栽前的肥效以及果园绿肥利用等研究取得了一系列成果。

1.5.1 绿肥种质资源研究

(1)绿肥作物品种引进、适宜品种的筛选

20世纪50～60年代初期，山西省绿肥作物主要通过当地传统大绿豆、小绿豆、豌豆、扁豆等品种进行麦后复播压青或者油菜根茬、紫花苜蓿根茬还田来弥补农家肥数量的不足，但在丘陵区仍然有10%～15%的坡地、垣地无肥可施，严重制约了农业发展。

20世纪60年代中期，山西省南部地区先后引进了柽麻、田菁、毛叶苕子，在北部引进了草木樨、箭筈豌豆等绿肥；70年代初又引进了国内外豌豆类、绿豆类、油菜类、苕子类共45个绿肥品种，搜集了省内23个地方品种。通过种植制度与区域评价试验，明确柽麻适于山西中南部麦田、棉田和果园复播或套种；毛叶苕子和山西省当地的绿豆适于山西省中南部水、旱麦田套种或复播；草木樨和箭筈豌豆适于山西省北部冷凉地区粮草轮作及南部旱地麦田套种，箭筈豌豆还可作太原地区稻田春季绿肥。

(2)野生绿肥作物资源的观察与人工驯化、栽培研究

1979—1981年，由山西省农业科学院土壤肥料研究所王维祯先生主持并参加了山西省野生绿肥资源的考察与人工驯化工作，对山西省大部分地区进行了考察，发现有42种野生豆科植物，其中有20种适应性强、生物量较高，可以引用试种作为绿肥资源，并对这20种豆科植物开展了形态、生长习性观察及经济价值评述、人工驯化栽培试验。此项调查对丰富绿肥种质资源、为绿肥育种提供原始材料有一定意义。

(3)优势绿肥的种子繁育

针对柽麻在生产应用中种子繁殖率低、供应不足，影响到柽麻的推广与种植的问题，在20世纪70年代初期对柽麻种子繁育进行了科研攻关，充分利用河滩地、"四旁十边"闲散地及油菜、豌豆茬口，保证柽麻每年留种田面积达到60～90 hm^2；并采用适时早播、合理的播量和留苗密度、田间水肥管理及病虫害防治综合技术，使柽麻种子产量达到750～1 200 kg/hm^2，基本满足了山西省中南部柽麻种子的自给自足，促进了柽麻绿肥的推广应用。

1978—1981年，山西省又开展了柽麻留种田防止蕾花荚果生理脱落的技术攻关，探明了养分供需失衡是导致柽麻留种田蕾花期至结荚期蕾、花、荚果脱落严重的主要原因，提出了留

种田柽麻不同生长发育阶段的水肥管理技术规程，通过在生产实际中实行水肥调控，提高了柽麻种子产量。这一时期，山西省对适宜本省不同地区、不同气候环境的毛叶苕子、草木樨、田菁和箭筈豌豆等绿肥种子的繁育也制定了相应的操作规程和技术规范。

1.5.2 绿肥技术与效应研究

(1)研究了绿肥翻压对小麦产量及土壤有机质的影响

在20世纪70年代，以柽麻、田菁、草木樨、绿豆、黑豆、芝麻、玉米为供试材料，连续5年开展了小区、微区试验。研究表明各种物料在翻入土壤50 d时，腐解量达到47.8%～66.7%，提出在山西省水浇地套种或复播绿肥应适当推迟翻压期，翻压时间在小麦播种前的20 d左右，以提高绿肥生物量，最大限度地满足后作小麦对养分的需求，提高小麦产量。研究还表明，在豆科与非豆科绿肥连续翻压后，0～30 cm土壤有机质含量平均每年提高0.02～0.76 g/kg，其中豆科绿肥增加有机质的效果高于非豆科绿肥，说明连续翻压绿肥可以逐渐提高耕层土壤有机质含量、培肥地力并大幅提高后茬作物产量。

(2)开展了晋南旱地麦田绿肥种植利用技术研究

晋南地区旱地麦田面积较大，土壤瘠薄，小麦多为一年一作，夏季休闲100～120 d。通过旱地小麦套种绿肥压青，解决了旱垣地小麦运肥不便和无肥可施的生产难题，提高了旱田小麦产量，并形成了旱田套种绿肥、用地养地相结合的技术规程。旱地小麦套种草木樨，充分利用了麦后休闲期光、热、水资源，压青后，后作小麦增产16.2%～37.4%。其中压青11.3 t/hm^2草木樨比施用52.5 t/hm^2土杂肥及追施150 kg/hm^2氨水增产小麦23.6%；压青27.3 t/hm^2草木樨与施用45 t/hm^2厩肥肥效相当，比豌豆茬及追施112.5 kg/hm^2氨水增产5.2%。

(3)煤矸石复垦工程中绿肥对生态环境的影响

1996年科研人员研究发现，豆科绿肥沙打旺、红豆草、小冠花、山野豌豆、扁茎黄芪等，禾本科绿肥沙生冰草、无芒雀麦、苇状羊茅、多狐茅等作为改变矸石山生态环境的先锋植物，有助于提高矸石风化层氮、磷、钾等养分含量，降低表层含盐量，增加微生物类群数量，改善矸石山的水、气、热状况，加速煤矸石的风化，促使矸石山生态环境得到进一步改善，并实现山体绿色覆盖。

1.5.3 集成了绿肥生产利用技术模式

(1)晋南水地粮肥间作套种模式

2年2肥4粮间作套种模式：以1.3 m为一带，前作玉米，宽窄行(0.8 m+0.5 m)播种，8月中旬在玉米宽行套种越冬性绿肥毛叶苕子或油菜，玉米收获后整地，在原玉米的窄行耧播小麦，冬季麦肥共生。次年4月中旬就地翻压绿肥，灌水蓄墒，5月中旬点播玉米2行，麦收后7月中旬在麦行种植柽麻(或田菁、绿豆)，9月中旬收获玉米后将绿肥翻压，晒垡蓄墒，10月上旬播种小麦，次年收麦后再复播玉米，形成2年为1个轮作周期、2肥4粮的粮肥间作套种模式，提高了土地复种指数。该模式下，2年4粮的粮食总产为18.2 t/hm^2，比2年小麦玉米轮作增产粮食2.1 t/hm^2，增产12.8%；另外增收绿肥30t/hm^2。

(2)晋西北地区的粮草轮作制度

晋西北地区海拔高，气候寒冷，农作物只能一年一熟，主要有燕麦、春小麦、马铃薯、胡麻、糜黍、谷子和玉米等。适合晋西北地区的几种轮作模式有：春箭筈豌豆-燕麦-胡麻或马铃薯三年三作模式、草木樨2年-谷子-豌豆-燕麦五年四作模式、草木樨2年-马铃薯-高粱-春小麦复播荞麦五年四作模式。

2　山西省绿肥研发进展与创新

2.1　绿肥作物品种引进、适宜品种的筛选

2008 年以来，山西省依托绿肥行业专项和绿肥体系平台，持续进行绿肥种质资源的收集、评价、繁种等工作。目前收集并繁育绿肥资源 300 余种，筛选出适宜山西省种植利用的绿肥 100 余个，为绿肥作物大面积种植打下坚实基础。

筛选出适合晋南灌溉果园套种的绿肥品种。在晋南果园连续 2 年的试验表明，套种绿肥能增加果园地面覆盖、抑制杂草的生长，提高 0～20 cm 土壤蓄水保墒能力和有机质含量，其中套种二月兰、白三叶、小冠花、百脉根和毛叶苕子后土壤全氮、碱解氮与有效磷含量均有小幅增加，套种油菜后土壤中的全氮、碱解氮和有效磷含量略有降低。综合 2 年试验结果，二月兰和白三叶 2 种绿肥春季返青早、耐阴、生长快，地面覆盖、蓄水保墒和培肥土壤效果好，抑制杂草效果显著，管理简便，适合在晋南灌溉果园推广。

2.2　毛叶苕子生长及籽粒产量调控技术研究

初花期喷施缩节胺可有效抑制毛叶苕子主茎的伸长，降低毛叶苕子的秸秆产量，提高籽粒产量。随着缩节胺喷施量的增大和喷施次数的增加，缩节胺抑制毛叶苕子主茎伸长、降低秸秆产量和提高籽粒产量的效果显著增强。其中，以初花期开始，每隔 10 d 连续 3 次喷施 60 g/hm^2 缩节胺处理对抑制毛叶苕子主茎长度的效果最好，3 次喷施 45 g/hm^2 缩节胺处理的毛叶苕子籽粒产量最高，增产幅度 32.1%（表 2-4-1）。

表 2-4-1　缩节胺喷施剂量及次数对毛叶苕子茎长和产量的影响（张晓明，2017）

处理	茎长/cm	籽粒		秸秆（干）	
		产量/(kg/hm^2)	较 1 次清水增加/%	产量/(kg/hm^2)	较 1 次清水增加/%
清水×1 次	175.6±0.92 a	811±7 d		2 383±7 a	
15 g/hm^2×1 次	173.4±0.75 a	813±4 d	0.31	2 316±8 b	−2.85
30 g/hm^2×1 次	168.5±0.55 ab	811±5 d	0.09	2 314±14 b	−2.98
45 g/hm^2×1 次	166.3±0.45 b	816±7 d	0.70	2 300±10 b	−3.58
60 g/hm^2×1 次	165.7±0.51 b	820±7 d	1.22	2 288±18 b	−4.13
清水×2 次	174.6±0.85 a	807±12 d	−0.42	2 384±14 a	0.06
15 g/hm^2×2 次	172.4±0.72 a	824±8 d	0.78	2 330±8 b	−2.26
30 g/hm^2×2 次	169.5±0.53 b	847±6 d	4.52	2 333±7 b	−2.13
45 g/hm^2×2 次	164.6±0.61 b	873±6 d	7.69	2 302±10 b	−3.51
60 g/hm^2×2 次	156.3±0.32 c	924±7 c	13.98	2 296±14 b	−3.75
清水×3 次	176.2±0.86 a	814±9 d	0.39	2 382±11 a	0.00
15 g/hm^2×3 次	172.3±0.63 a	830±7 d	2.46	2 243±7 bc	−6.22
30 g/hm^2×3 次	166.3±0.45 b	964±8 b	18.09	2 134±10 c	−11.45
45 g/hm^2×3 次	158.4±0.46 c	1 071±6 a	32.08	2 150±12 d	−10.82
60 g/hm^2×3 次	145.2±0.37 d	1 047±6 a	26.74	2 150±10 d	−10.82

注：第一次—7 月 4 日（毛叶苕子初花期）；第二次—7 月 14 日（初花期 10 d 后）；第三次—7 月 25 日（初花期后 21 d）；茎长于 8 月 4 日测量，于 8 月 25 日收获。同列数据后不同小写字母表示处理间差异显著（$P<0.05$），下同。

2.3 绿肥种植利用效应研究

2.3.1 绿肥对盐碱土的改良效应

在大同中度苏打盐碱地开展了毛叶苕子、田菁、草木樨、紫花苜蓿、箭筈豌豆和黑麦草等6种绿肥改土肥田效应研究(表2-4-2)。与对照相比,秋季翻压绿肥,次年春季土壤的pH降低0.1,有机质提高0.4~1.9 g/kg、全氮提高0.1~0.3 g/kg,碱解氮、有效磷和速效钾分别提高0.5~32.3 mg/kg、0.4~4.7 mg/kg和3.8~26.1 mg/kg,其中5个翻压豆科绿肥处理的土壤pH显著降低,土壤有机质、全氮及速效养分含量显著提高,而翻压禾本科绿肥黑麦草处理仅土壤有机质和速效钾含量显著提高。翻压豆科绿肥培肥土壤的效果优于翻压禾本科绿肥,其中翻压毛叶苕子和翻压草木樨2个处理对提高土壤肥力的效果最显著。

表2-4-2 种植翻压不同绿肥作物对0~20 cm土层土壤理化性质的影响(郭耀东,2018)

绿肥处理	pH	有机质/(g/kg)	全氮/(g/kg)	碱解氮/(mg/kg)	有效磷/(mg/kg)	速效钾/(mg/kg)
对照	9.2	3.3 d	0.3 d	3.4 d	3.7 d	102 d
毛叶苕子	9.1	5.2 a	0.6 a	35.7 a	8.3 a	122 a
田菁	9.1	4.1 c	0.4 c	15.3 c	5.4 c	117 b
草木樨	9.1	4.8 a	0.6 a	31.3 a	7.6 a	128 a
紫花苜蓿	9.1	4.4 b	0.5 b	22.8 b	6.1 b	113 b
箭筈豌豆	9.1	4.2 c	0.5 c	16.9 c	7.3 b	109 c
黑麦草	9.1	3.7 c	0.4 c	3.9 d	4.1 d	106 c

注:试验于2015年5月至2016年9月进行,基础土壤样品取样时间为2015年6月12日。

2.3.2 燕麦轮作豆科绿肥根茬还田的节肥增产效应

在晋西北丘陵区连续2年的燕麦轮作山黧豆做绿肥氮肥减量试验研究表明,山黧豆根茬还田可提高后作燕麦籽粒产量(表2-4-3)。尽管同一处理两年间的燕麦籽粒和秸秆产量相差较大,但同一年份山黧豆茬口施用80%氮肥处理的燕麦籽粒和秸秆产量与无根茬施用100%氮肥处理的燕麦籽粒和秸秆产量之间均无显著差异,说明山黧豆根茬还田可替代20%的化学氮肥,即可节氮13.8 kg/hm^2。可见,在外源有机肥供应不足时,旱地种植绿肥、根茬还田是替代化肥的重要措施。

表2-4-3 绿肥根茬还田配施不同用量氮肥对燕麦籽粒和秸秆产量的影响(李屹峰,2016)

年份	处理	籽粒		秸秆	
		产量/(kg/hm^2)	较CK增加/%	产量/(kg/hm^2)	较CK增加/%
2014	无根茬无化肥(CK)	527 d		1 335 e	
	无根茬+100%N	820 a	55.7	2 371 b	78.4
	根茬+100%N	844 a	60.3	2 438 a	83.8
	根茬+90%N	831 a	57.8	2 396 ab	81.1
	根茬+80%N	806 a	53.1	2 332 b	75.7

续表 2-4-3

年份	处理	籽粒		秸秆	
		产量 /(kg/hm²)	较 CK 增加 /%	产量 /(kg/hm²)	较 CK 增加 /%
	根茬+70%N	765 b	45.3	2 216 b	67.6
	根茬+60%N	653 c	24.1	1 849 c	45.9
	根茬	566 d	7.5	1 755 d	35.1
2015	无根茬无化肥(CK)	1 443 e		2 735 d	
	无根茬+100%N	2 241 b	55.3	4 121 b	50.7
	根茬+100%N	2 285 b	58.3	4 206 b	53.8
	根茬+90%N	2 472 a	71.3	4 579 a	67.4
	根茬+80%N	2 215 b	53.5	4 013 b	46.7
	根茬+70%N	1 960 c	35.9	3 776 b	38.1
	根茬+60%N	1 753 d	21.5	3 166 c	15.7
	根茬	1 567 d	8.6	2 935 d	7.3

在右玉县,开展了毛叶苕子繁种-燕麦两年轮作模式的比较试验。毛叶苕子繁种后,0～20 cm 土壤有机质、碱解氮分别比繁种前提高了 0.1 g/kg、3.6 mg/kg(表 2-4-4)。次年,非绿肥繁种田施用 100%氮与毛叶苕子茬口施用 90%氮的坝莜 1 号燕麦的产量无差异,毛叶苕子繁种后茬田块的氮肥偏生产力提高(表 2-4-5)。

表 2-4-4 毛叶苕子繁种前后 0～20 cm 土壤基础理化性质(薛志强,2017)

时期	pH	有机质 /(g/kg)	碱解氮 /(mg/kg)	有效磷 /(mg/kg)	速效钾 /(mg/kg)
春播前	8.4	5.5	41.7	2.7	95.3
繁种后	8.4	5.6	45.3	2.7	89.4

表 2-4-5 毛叶苕子繁种后茬不同施氮量对燕麦产量及氮肥偏生产力的影响(薛志强,2017)

处理	燕麦籽粒产量/(t/hm²)		氮肥偏生产力/(kg/kg)	
	产量	相比 CK	偏生产力	相比 CK
非繁种田+100%N(CK)	1.90 b		27.28	
繁种田+100%N	2.22 a	323	30.67	3.39
繁种田+90%N	1.91 b	12	30.65	3.37
繁种田+80%N	1.62 c	−281	29.23	1.95

注:非繁种田毛叶苕子季为休闲,燕麦季种植燕麦,管理措施与其他处理一致。

3 山西省绿肥发展潜力

总体看,山西省农区和果园等经济林园的绿肥面积潜力为 155 万 hm²,有效时空潜力为 74 万 hm²·年(表 2-4-6)。此外,盐碱地、煤矿塌陷区等区域的绿肥发展面积潜力为 29 万 hm²,绿肥有效时空潜力为 14 万 hm²·年(表 2-4-7)。

3.1 山西省绿肥发展潜力

绿肥作物与玉米复种可采用绿肥-玉米轮作和玉米前期间作绿肥两种模式，其中，绿肥-玉米轮作的面积潜力为 58 万 hm^2，适宜绿肥生长时间为 6 个月，绿肥空间占比为 100%，绿肥有效时空潜力为 29 万 hm^2 · 年；晋中及晋北地区玉米前期间作绿肥的面积潜力为 98 万 hm^2，适宜绿肥生长时间为 2 个月，绿肥空间占比为 50%，绿肥有效时空潜力为 8 万 hm^2 · 年。绿肥-杂粮轮作面积潜力为 20 万 hm^2，适宜绿肥生长时间为 6 个月，绿肥空间占比为 100%，绿肥有效时空潜力为 10 万 hm^2 · 年(表 2-4-6)。综上所述，山西省农区绿肥面积潜力和有效时空潜力分别为 127 万 hm^2和 47 万 hm^2 · 年(表 2-4-6)。

3.2 果园绿肥发展潜力

山西省是水果栽培最适宜区域之一，晋中、临汾、运城三市属于全国苹果优势区黄土高原苹果产业带。从 20 世纪 80 年代末，随着山西省农业产业结构的调整，果树面积迅速扩大，并有逐年增加的趋势。截至 2021 年，山西省落叶果树种植面积 39 万 hm^2，其中苹果14 万 hm^2、梨 5 万 hm^2、桃 5 万 hm^2。运城苹果、吉县苹果等苹果品牌，隰县玉露香梨、运城红香酥梨、祁县酥梨、高平大黄梨等特色品牌已远销海内外。

山西省果园施肥仍以化肥为主，由于缺乏果园绿肥的品种和配套技术，果园绿肥的应用很少。果园长期施用化肥维持了水果产量，但造成果园树盘下土壤板结和果园水土流失，不利于提高水果品质和商品附加值。果园间作绿肥提高土壤养分含量，改良土壤结构，调节土壤温湿度变化，促进土壤微生物活动；抑制杂草生长，减少病虫害的发生和危害；促进果树良好生长，提高果树产量，改善果品品质，提高果品竞争力，从而达到果园提质增效、用养结合、生态可持续发展的目的。

山西省果树均为落叶果树，约 70%的果园空间可种植二月兰、黑麦草、毛叶苕子等耐寒、耐旱、耐阴绿肥类型，山西省中南部雨热条件较好，可采用冬油菜、二月兰等冬绿肥与黄豆、绿豆等夏绿肥轮作，实现园区周年覆盖；北部的大同、忻州、朔州绿肥覆盖时长以 10 个月计。由此可得，山西果园的绿肥面积潜力为 27 万 hm^2，果园的绿肥有效时空潜力为 27 万 hm^2 · 年(表 2-4-6)。

表 2-4-6 山西省绿肥种植时空潜力表

区域	适宜的绿肥制度	对应的主作物面积/万 hm^2	绿肥空间占比/%	绿肥时长/月	绿肥面积潜力/万 hm^2	绿肥有效时空潜力/(万 hm^2 · 年)
农区	绿肥-玉米轮作	58	100	6	58	29
	玉米前期间作绿肥	98	50	2	49	8
	杂粮-绿肥轮作	20	100	6	20	10
	农区合计	176	—	—	127	47
经济林园	落叶果园	39	70	12/10	27	27
	经济林园合计	39	—	—	27	27
	合计	215	—	—	155	74

注：绿肥有效时空潜力=对应的主作物面积×绿肥空间占比×绿肥时长。经济林园的绿肥时长，山西北部的大同、忻州、朔州以 10 个月计，其余市以 12 个月计。

3.3 耕地质量保护与提升中的绿肥潜力

3.3.1 应用绿肥作物进行盐碱地生态修复的潜力

山西省盐碱地总面积为30万hm^2，其中以大同盆地面积最大，达到20万hm^2，占全省盐碱地面积的2/3以上，多数为苏打盐化土，而且集中连片，治理难度大。据有关部门综合评估，大同盆地盐碱地中轻度的占68.7%、中度占17.1%、重度占9.7%、极重度占4.5%，易改良和较易改良的中轻度盐碱地占85.8%。说明大同盆地盐碱地土地资源丰富，可开发面积大，农业应用潜力也大。盐碱地改良须水利工程措施、化学改良措施、农业措施和生物措施相结合。应用水利措施改良中度以上盐化盐碱地，工程量大，效果差；应用配套的化学改良措施、水利措施和农业措施改良中度以上苏打盐碱地，改良速度快、效果好，但成本太高，难以推广。如果在水利工程措施、化学改良措施、农业措施基础上，采用耐盐碱绿肥作为先锋作物，既可以改良盐碱，又可以为当地发展畜牧养殖业提供优质牧草，通过畜粪还田进一步改良盐碱地，形成盐碱地改良—种植绿肥—畜粪还田—改良盐碱地的农业循环，促进盐碱地改良和当地畜牧养殖业的共同发展，走可持续农业发展之路。

在山西省利用耐盐碱绿肥作为改良内陆盐碱地的先锋作物，开展适合山西省地域经济特点的绿肥研究非常必要，同时对山西省盐碱地绿肥研究的时间和空间还有必要进一步延伸、拓展，以形成基于绿肥的用养结合型高产、高效、优质农业生产技术能力，建立低碳种植业技术模式，达到环境友好目的。

理论上，山西省适宜种植柽麻、田菁、草木樨、毛叶苕子等绿肥作为先锋作物的中轻度盐碱地面积为26万hm^2，按山西省北部地区适宜绿肥生长时间约为6个月，绿肥空间占比为100%，山西省发展盐碱地改良绿肥的面积潜力为26万hm^2，有效时空潜力为13万hm^2·年(表2-4-7)。

3.3.2 应用绿肥作物进行煤矿塌陷区生态修复的潜力

山西省是我国的煤炭输出大省，采空塌陷灾害也最为严重。据山西省国土资源厅调查，山西省因采煤造成地表塌陷1842处，地表破坏面积4.7万hm^2，其中耕地破坏面积1.8万hm^2，地表遭严重破坏。运用机械平整后，又造成生土裸露，作物不能正常生长。若以绿肥为先锋作物进行种植，既能培肥地力，又能为牛羊提供优质牧草。20世纪90年代谢英荷等人在重建矿区生态系统的研究中，围绕矿区退化土地的复垦种植问题，从适生物种筛选、种植方式选择以及对退化土地培肥熟化效果等方面进行了试验研究，取得了较好的效果。2007—2010年进行的山西省科技厅攻关项目《山西省煤矿塌陷区生态修复》，尝试了在机械平整土地后种植毛叶苕子、盛花期进行机械翻压，增加了复垦区域耕层土壤的有机质，提高了土壤肥力，初步取得了良好的试验效果。因此，应用绿肥作物进行煤矿塌陷区生态修复具有重大的经济效益和生态环境效益。

按照非耕地破坏面积3万hm^2(地表破坏面积减去耕地破坏面积)计算，适宜绿肥生长时间约为6个月，绿肥空间占比为100%，理论上煤矿塌陷区利用绿肥作为先锋作物改良土壤的面积潜力为3万hm^2，有效时空潜力为1万hm^2·年(表2-4-7)。

表 2-4-7 山西省中轻度盐碱地和煤炭塌陷区绿肥种植潜力

土地类型	面积 /万 hm^2	绿肥空间占比 /%	绿肥时长 /个月	绿肥面积潜力 /万 hm^2	绿肥有效时空潜力 /(万 hm^2·年)
中轻度盐碱地	26	100%	6	26	13
煤矿塌陷区	3	100%	6	3	1
合 计	29	—	—	29	14

4 山西省主要绿肥生产技术模式

4.1 晋西北冷凉地区箭筈豌豆繁种技术模式

4.1.1 整地与基肥

在计划种植箭筈豌豆的地块结合整地，基施 150～225 kg/hm^2过磷酸钙。如果地力较差，基施 75～150 kg/hm^2尿素、300 kg/hm^2过磷酸钙和 75 kg/hm^2氯化钾。

4.1.2 播种

4 月 20～25 日播种，播种量 30～45 kg/hm^2。行距 30 cm，足墒时播深 3～4 cm，土壤墒情差是 4～5 cm，并加大播种量。播后及时镇压。

4.1.3 田间管理

出苗后及时中耕除草。冷凉地区箭筈豌豆病虫害较少发生，偶尔有食花害虫芫菁危害，可通过喷洒聚酯类杀虫剂 1 500 倍液得到快速防治。一般连续喷洒 2 次，每次用药 450 kg/hm^2，间隔 15～20 d。

4.1.4 收获

箭筈豌豆完全成熟后易炸荚，当田间约 70%豆荚变为褐色时应及时收获。一般收获季节在 9 月 5～25 日，其中海拔 1 600～1 900 m 的地区 9 月 5～15 日，海拔 1 300～1 600 m 的地区在 9 月 15～25 日。

收获时用镰刀在近地面 4～5 cm 处将豆蔓割倒，在田间堆成松散的小堆，晾晒 3～5 d，运回场地散开再晾晒后及时碾打。

4.2 晋西北冷凉地区毛叶苕子高产繁种技术模式

4.2.1 整地与基肥

前茬作物收获后及时耕翻，耕翻深度 15～20 cm，耙耱，平整好土地。春播前结合整地，施用 30～45 t/hm^2的腐熟有机肥和氮肥 30～45 kg/hm^2、磷肥 45～90 kg/hm^2。如果地力较差，适量增加肥料用量。

4.2.2 播种

5 月 1～15 日播种，播种量 30～37.5 kg/hm^2，行距 40～50 cm，播种深度 3～4 cm，播后镇压。

4.2.3　田间管理

出苗后至封垄前及时进行中耕除草 2～3 次。冷凉地区种植毛叶苕子偶有黑芫菁危害，可通过喷洒聚酯类杀虫剂 1 500 倍液得到快速防治。一般连续喷洒 2 次，每次用药 450 kg/hm^2，间隔 15～20 d。

4.2.4　收获

毛叶苕子完全成熟后易炸荚，当田间约 70％豆荚变为褐色时应及时收获。一般收获季节约在 8 月下旬至 9 月上旬，收获时间尽量选择上午 9 点前或者下午 4 点后。

收获时用镰刀在近地面 4～5 cm 处将豆蔓割倒，收获后及时运输、晾晒，晾干后及时脱粒。

4.3　果园间作绿肥种植利用技术模式

4.3.1　品种选择

冬绿肥选择二月兰、冬油菜等，夏绿肥选择春油菜、毛叶苕子和箭筈豌豆等。各种绿肥可以单播，也可采用春油菜与毛叶苕子或箭筈豌豆混播。

4.3.2　播种量

绿肥单播的播种量分别为：二月兰、油菜 15～22.5 kg/hm^2；毛叶苕子 30～45 kg/hm^2；箭筈豌豆 45～60 kg/hm^2。混播时两种作物播种量均为单播的一半。

4.3.3　播种方式

二月兰和冬油菜，在 7 月中旬至 9 月上旬采用无人机飞播或背式撒种机人工撒播；春油菜、毛叶苕子和箭筈豌豆在初春机械顶凌播种或清明前后机械播种，播深 3～4 cm，播后镇压。

4.3.4　施肥管理

种时不施肥。可结合果树灌溉时追施尿素 120～150 kg/hm^2。果树的施肥管理技术措施不变。

4.3.5　绿肥利用

油菜、毛叶苕子、箭筈豌豆等盛花期刈割还田，刈割后覆盖地表和树盘；结合秋耕翻压还田或每 2～3 年翻压还田 1 次，果树树盘下浅翻，以免伤到果树根部。

二月兰、毛叶苕子等可不刈割，自然枯萎后覆盖地面；或者将种子成熟后的部分茎枝移至需要种植绿肥的果树行间，裂荚后落籽再生，自繁自育生长，根系及茎秆自然腐解。

参考文献

[1]樊丽生，郑联寿，王俊，等．玉米套种绿肥模式对连作田土壤肥力及产量的影响[J]．山东农业科学，2013，45(10)：89-91＋94.

[2]郭耀东，程曼，赵秀峰，等．轮作绿肥对盐碱地土壤性质、后作青贮玉米产量及品质的影响[J]．中国生态农业学报，2018，26(6)：856-864.

[3]洪坚平，谢英荷，林大仪，等．绿肥牧草对矸石山生态环境的改善[J]．农村生态环境，1996，12(4)：55-57.

[4]李晓瑞，梁建萍，周然，等．山西浑源黄芪绿肥的品质评价[J]．山西农业科学，2014，42(11)：1178-1182.

[5]李屹峰，薛志强，冯悦晨，等．晋西北山黧豆根茬还田提供土壤氮素的研究[J]．山西农业科学，2016，44(8)：1158-1160.

[6]山西省统计局．山西统计年鉴[M]．北京：中国统计出版社，2008.

[7]王晋龙，孙崇凤，程永钢，等．不同绿肥对复垦地土壤化学性状及酶活性的影响[J]．中国土壤与肥料，2022(9)：85-93.

[8]王志亚，林大仪，赵景逵，等．煤矸石复垦工程中绿肥牧草对矸石风化层生态环境影响[J]．土壤学报，1996，33(3)：317-321.

[9]薛志强，郑普山，曹卫东，等．晋南灌溉果园适宜绿肥品种的筛选[J]．山西农业科学，2014，42(8)：854-858.

[10]薛志强，郝保平，曹建琴，等．毛叶苕子繁种田根茬还田供氮能力的研究[J]．山西农业科学，2017，45(1)：75-77，110.

[11]谢英荷，洪坚平，金志南，等．山西矿区退化土地复垦途径的试验研究[J]．自然资源学报，1997，12(3)：288-292.

[12]张成梁，张洪江，刘士余．采煤对山西省的环境影响及其生态修复策略[J]．水土保持学报，2008，15(2)：139-142.

[13]张晓明，郝保平，张鑫，等．缩节胺对毛叶苕子生长及籽粒产量的影响[J]．山西农业科学，2017，45(10)：1627-1630.

[14]张晏梓，梁建萍，孙明婕，等．黄芪绿肥对玉米品质和产量的影响[J]．山西农业科学，2016，44(1)：40-44.

[15]郑普山，张强，刘根科，等．山西省绿肥作物种植历史、现状及对策[J]．山西农业科学，2010，38(12)：3-8.

[16]灌溉果园白三叶种植与利用技术规程[S]．山西省地方标准．DB 14/T 1346—2017.

[17]毛叶苕子种子繁育技术规程[S]．山西省地方标准．DB 14/T 820—2013.

V　内蒙古自治区绿肥发展历史、现状、潜力及模式

1　内蒙古自治区绿肥作物生产历史

1.1　绿肥作物生产利用历史

绿肥在内蒙古地区有着悠久的历史，特别是在农牧交错带从开放蒙荒以来一直采用休闲压青培育地力的技术。绿肥利用方式主要有小麦、荞麦等作物收获后播种野豌豆或收获前套种豆科绿肥牧草，如小麦收获后复种毛叶苕子；其次是与向日葵、玉米、瓜类等稀播作物间作、套作绿肥等，如玉米行间套种大豆或草木樨等；三是粮草轮作，种植1～2年绿肥与粮食作物轮作，如杂豆与燕麦轮作等。内蒙古地区在20世纪70年代以前主要采用休闲压青方式进行绿肥利用，绿肥面积约50万hm^2；20世纪70年代后期到20世纪90年代初期，在休闲压青的基础上增加了复种、套种方式，面积3万～10万hm^2。

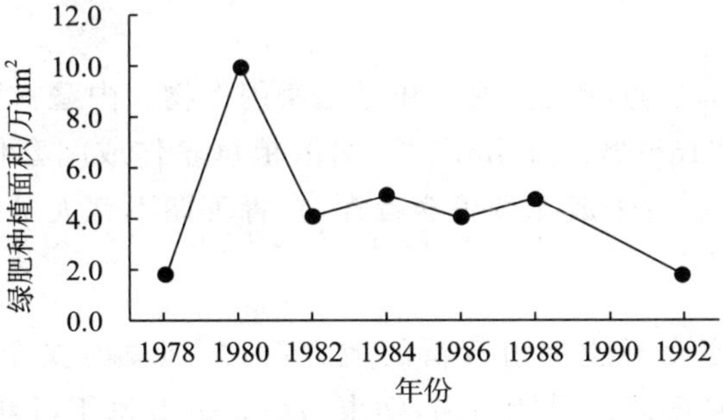

图 2-5-1　内蒙古绿肥种植面积(1978—1992年)

1.2　绿肥作物种质资源

内蒙古自治区最重要的绿肥资源是一年生苕子和箭筈豌豆。苕子包括6个毛叶苕子品种和2个光叶苕子品种，生产上以春播生育期80～90 d的毛叶苕子为主。箭筈豌豆包括直立、半蔓、蔓生3种类型，多以地方品种命名，主要是乌兰察布市、鄂尔多斯市、包头市、呼和浩特市和赤峰市等地方品种，生育期60～105 d，适宜不同地区种植。

其他绿肥种类有苜蓿、草木樨、沙打旺、红豆草、小冠花、山黧豆、山野豌豆等，全区种植面积较大的是苜蓿、沙打旺和草木樨。苜蓿全区都有种植，特别是广大农牧交错区多用来作饲草

和轮作肥田。

1.2.1 毛叶苕子

内蒙古农牧业科学院在 20 世纪 80 年代从土库曼毛叶苕子中选育出了蒙苕 1 号优良品种，具有生长快、产草量高、营养丰富、适口性好、适应性及固氮作用强的特点，可在旱地和水浇地上种植，是优良的绿肥作物和饲草作物。水浇地直播鲜草产量一般可以达到 15 t/hm^2，旱地 4～6 t/hm^2。

1.2.2 箭筈豌豆

一年生草本植物，速生快长，生长繁茂，产量高，是粮食、饲草、绿肥兼用作物。茎叶柔嫩，营养丰富，适口性好，马、牛、羊、猪、兔和家禽都喜食。一般鲜草产量为 15～30 t/hm^2，种子产量 1.5～2.3 t/hm^2，高产可达 3.8 t/hm^2。

1.2.3 苜蓿

多年生草本植物，抗寒、抗旱性强，是内蒙古自治区栽培面积最大的绿肥牧草。内蒙古自治区主要苜蓿品种有草原 2 号、草原 3 号、准格尔苜蓿和敖汉苜蓿等。一般利用方式为地上部刈割，根茬还田，在 2～3 年后与粮食作物轮作。水浇地鲜草产量一般 15～45 t/hm^2，雨养区一般 10～15 t/hm^2。

1.2.4 草木樨

内蒙古自治区种植的以二年生黄花草木樨为主，是优良的绿肥与饲草兼用草种，其培肥效果优于其他绿肥作物。草木樨的根系发达，入土很深，具有抗旱、耐寒、耐瘠薄、耐盐碱的特点。在阴山北麓可以春播，也可以在雨季播种。作为绿肥翻压，可以单种，也可以与其他作物混播或间套作。作为饲草宜在次年盛花期收割，可获得较高产草量。

1.2.5 山黧豆

一年生或多年生草本植物，粮食、饲草和绿肥兼用作物。内蒙古阴山北麓一般 4 月中下旬至 5 月初播种，可收鲜草 15～22.5 t/hm^2。可采取粮草轮作或间套作，在主作物收获后翻压，是优质绿肥。干草可作饲料；未成熟种子含毒素，在青荚期不宜大量单独饲用。

1.2.6 山野豌豆

在内蒙古自治区因寒冷不能种植苜蓿的地方，山野豌豆能安全越冬。冬季气温 －40 ℃ 时，如有厚雪覆盖，仍能越冬。抗旱能力强，病虫害少。一般每年可刈割 2 次，以现蕾花期刈割最好。

1.2.7 沙打旺

多年生草本植物，是优良绿肥牧草，耐旱、耐寒、耐瘠薄。内蒙古地区大面积种植，一年可刈割 1～2 次，利用年限为 5～6 年。营养生长期比紫花苜蓿营养期长 1～1.5 个月，水浇地一般可产鲜草 30～45 t/hm^2，雨养区一般可产鲜草 7.5～12 t/hm^2。沙打旺也是常用的水土保持植物和改良沙荒的先锋草种，是近年来飞播的首选草种。

1.2.8 红豆草

红豆草是豆科多年生草本植物，根系强大，主根入土深达 3～4 m，茎直立，多而细，25～30 个。

生物量大，内蒙古农牧学院选育的蒙农红豆花期产干草 10 t/hm^{2}左右，高者达12 t/hm^2。

1.2.9 小冠花

多年生草本豆科植物，分枝多，匍匐茎长 1 m 以上，根系粗壮，入土深度为 80 cm 以下，主要集中于 10～40 cm 土层。侧根发达，再生性强。鲜草产量 27～39 t/hm^2，营养丰富，适口性好，是优良绿肥牧草，但抗旱力、耐盐碱能力比其他绿肥作物差。

1.2.10 胡枝子

胡枝子为豆科植物，其中的灌木类胡枝子分布较广，在局部多以小片集中分布，根系发达，生物量 12～15 t/hm^2，适应性强，多作为水土保持树种在内蒙古地区种植。

1.3 历史上的绿肥种植利用模式

内蒙古自治区绿肥利用方式多样，主要有粮草轮作、麦后复种、葵前套种等种植模式。

1.3.1 粮肥(草)轮作模式

古代内蒙古就有利用绿肥肥田的案例，主要在瘠薄旱地、新开垦地和盐碱地，1～2 年春季种植绿肥，用于熟化耕层、培肥地力、改良土壤，次年种植玉米、马铃薯、小麦等粮薯作物，避免重茬造成的大量减产。该模式中绿肥有 2 种方式，一是全部或部分植株翻压还田，二是收获种子或优质饲草后根茬还田。内蒙古农牧交错带存在大量的养殖户，饲料缺口较大，刈割绿肥地上部分用作饲草，根茬还田是主要的利用方式。

1.3.2 麦后复种绿肥模式

小麦一直是内蒙古河套灌区和土默川灌区的主栽作物，以成熟期短、品质优闻名全国，小麦收获后进行绿肥复种是该地区惯有的种植模式。20 世纪 70 年代主要利用形式是麦田套种草木樨，但发展不平衡，且年度间种植面积变幅较大，多时超 4 万 hm^2，少时约 1 万 hm^2。

1.3.3 向日葵套种绿肥模式

向日葵作为河套灌区的主要经济作物，在农业生产中地位较高。灌区水资源丰沛，但该地域土壤盐碱化程度高，影响向日葵的生长发育。传统上，河套灌区主要采用大水漫灌进行排盐，造成水资源的浪费，且在向日葵生长后期排盐效果较差。采用向日葵播种前期套作绿肥(田菁、油菜、毛叶苕子)，在向日葵长到 20 cm 以上后将绿肥翻压还田，降低了前期盐分过高对苗期生长的影响，又增加了有机肥的来源，促进向日葵后期生长。目前该模式在杭锦后旗、五原等旗县较为常见。

1.4 绿肥对农业生产的历史贡献

1.4.1 保障了化肥短缺时的粮食产量

20 世纪 70～80 年代，全区农耕地中豆类作物面积很少，土壤氮素来源主要靠牲畜粪便。据西部地区 20 个农业旗县统计，大小牲畜粪尿除去各种损失，能给农耕地施肥提供的氮素仅 15 kg/hm^{2}左右。仅仅靠化肥与农家肥，氮素供应严重不足。据黄泽在研究员 1981 年估算，若全区农耕土地种植 133 万 hm^{2}箭筈豌豆，平均产鲜草 7.5 t/hm^2，可以给土壤提供 5 万 t 氮素，能够增产 75 万 t 粮食。

(1)绿肥翻压对小麦的增产效果

1980年,在阴山沿麓旱坡地雨养条件下开展的试验表明,压入一定数量的绿肥,能够增加小麦的产量,增产幅度与绿肥鲜草产量及绿肥种类相关。翻压生物量3.0～7.5 t/hm^{2}时,小麦增产幅度为23.8%～135.3%。翻压绿肥量相同时,光叶紫花苕较草木樨增产效果更好。在翻压光叶紫花苕生物量达7.5 t/hm^{2}时,小麦增产526 kg/hm^2,增产幅度达135.3%(表2-5-1)。

表2-5-1 绿肥不同种类和翻压量对小麦产量的影响(黄泽在,1993)

绿肥翻压量/(t/hm^2)	种植翻压草木樨			种植翻压光叶紫花苕		
	产量/(kg/hm^2)	比对照增产		产量/(kg/hm^2)	比对照增产	
		kg/hm^2	%		kg/hm^2	%
0	444	—	—	389	—	—
3.0	550	106	23.8	661	272	70.0
4.5	622	178	40.0	724	335	86.3
6.0	686	242	54.4	803	414	106.6
7.5	817	373	84.0	914	526	135.3

(2)绿肥翻压对玉米的增产效果

在2004—2006年,内蒙古莫力达瓦达斡尔族自治旗开展了粮草轮作试验,在连续种植3年的苜蓿地种植玉米,与未种植苜蓿的对照地比较,两地平均每年增产分别为18.3%、14.8%、9.9%,3年平均增产14.3%(表2-5-2)。

表2-5-2 苜蓿种植对后茬玉米产量的影响(刘成龙,2007) t/hm^2

田块	2004年	2005年	2006年	3年平均	3年平均增产率/%
苜蓿田1	6.20	6.04	5.78	6.00	14.6
苜蓿田2	6.23	5.95	5.75	5.98	14.1
对照	5.25	5.22	5.24	5.24	—

1.4.2 耕地土壤质量提升的重要手段

豆科绿肥可以增加土壤有机质,改善土壤结构,提高耕层土壤有效养分的供应能力。据资料显示,种植草木樨一年后大于0.5 mm的水稳性团粒增加2.2%(绝对量),12年以后增加4.6%。原昭乌达盟农业科学研究所在赤峰县研究表明,翻压草木樨作绿肥的0～20 cm土层,土壤容重降低0.14 g/cm^3,孔隙度增加5.05%(绝对量)。在四子王旗的研究证明,翻压草木樨作绿肥、耕层中碱解氮含量比休闲地增加4.9 mg/kg,有效磷含量增加0.8 mg/kg。

在阴山北麓种植一茬绿肥,一年可产干草2.0 t/hm^2,根茬1.0 t/hm^2。与小麦茬相比,不同绿肥还田方式均可增加0～20 cm耕层土壤碱解氮含量,增幅42.3%～98.4%(表2-5-3)。

表2-5-3 不同绿肥利用模式下小麦田耕层土壤碱解氮含量(黄泽在,1993)

处理	不同时期土壤碱解氮含量					
	5月20日		6月20日		7月20日	
	碱解氮/(mg/kg)	较CK增加/%	碱解氮/(mg/kg)	较CK增加/%	碱解氮/(mg/kg)	较CK增加/%
一犁压青	36.7	98.4	37.0	72.1	28.6	42.3
二犁压青	33.8	82.7	27.3	27.0	24.2	20.4

续表 2-5-3

处理	不同时期土壤碱解氮含量					
	5 月 20 日		6 月 20 日		7 月 20 日	
	碱解氮 /(mg/kg)	较 CK 增加 /%	碱解氮 /(mg/kg)	较 CK 增加 /%	碱解氮 /(mg/kg)	较 CK 增加 /%
根茬还田	19.9	7.57	33.2	54.4	19.7	−2.0
麦茬 CK	18.5	—	21.5	—	20.1	—

注：一犁压青指 9 月底至 10 月进行 1 次翻压还田，二犁压青指在 7 月底至 8 月初及 9 月底至 10 月初分别进行 1 次翻压还田。

1.4.3　实现内蒙古自治区北方生态屏障功能的重要举措

农田种植绿肥后，增加了地面覆盖层、提高了农田地面覆盖率，对阻隔降雨、避免暴雨直接打击地面有明显作用。同时绿肥株丛密集，增加了地面粗糙度，阻缓径流，拦截泥土，起到了保持水土的作用。绿肥根系发达，纵横交织，形成紧密的"根网"，可以疏松土壤，增加土壤孔隙度，加大渗透，并固持土壤，提高土壤的抗冲、抗蚀能力。

(1)绿肥保土效果显著

研究证明，在年降水量为 611.75 mm、坡度为 16°15′的情况下，与弃耕地比较，种植草木樨的地表径流减少 61.5%，土壤冲刷减少 90.8%，种植苜蓿分别减少 22.9%和 76.9%。绿肥留茬也可以降低地面风速，起到防风固土作用。黄泽在在乌兰察布盟四子王旗东八号乡调查发现，二年生草木樨越冬返青茬具有防风蚀、截土的作用，从上一年秋耕至次年春季 0～3 cm 土层中小于 1 mm 土粒秋耕地减少 3.2%～5.1%，相同时间内草木樨地仅减少 0.9%(绝对量)，其他绿肥处理甚至增加 1.4%。通过根茬截土，每年增加细土 15～45 m^3/hm^2。

(2)绿肥蓄水效果明显

种植绿肥对提高土壤蓄水保水能力有良好作用(表 2-5-4)。在四子王旗雨养区研究表明，与种植小麦田相比，绿肥田块容纳相同降水量的所需时间短、水分入渗深、蒸发少，有利于涵养水分。

表 2-5-4　绿肥种植对麦田蓄水和保水性的影响(黄泽在，1993)

处理	蓄水性			保水性	
	时间/min	深度/cm	蒸发前水量/g	60 小时失水量/g	蒸发量/%
绿肥地	620	19.5	32.5	20.9	64.3
小麦地	835	18.7	36.8	27.1	73.6

休闲压青地在雨季耕翻，土壤疏松，有利于接纳雨水；加之当年无作物消耗，土壤 0～30 cm 土层含水量高于一般农田。增加前季土壤蓄水、减少作物消耗水分，提高土壤对下茬作物的供水能力，表现了压青地的抗旱作用(表 2-5-5)。压青的抗旱作用主要表现在雨季前，雨季后这种差异就逐渐消失。压青地抗旱作用的大小与年度间的降水量及降水分配有密切关系。降水量大、分配均匀其作用就大，反之就小。

表 2-5-5　压青地与秋翻地不同时期土壤水分相对含量差异(黄泽在，1993)

测定时间	4 月 13 日		5 月 14 日		6 月 23 日		7 月 23 日		8 月 7 日		9 月 2 日	
	压青	秋翻	压青	秋翻	压青	秋翻	压青	秋翻	压青	秋翻	压青	秋翻
土壤水分相对含量/%	121	100	175	100	113	100	124	100	101	100	106	100

2 内蒙古自治区绿肥作物发展现状

2.1 绿肥生产利用现状

进入21世纪，化肥不合理施用带来的负面影响日益显现，土壤肥力下降、化肥肥效降低，制约了农业高质量发展，绿肥获得新的发展机遇。随着内蒙古加强农区畜牧业发展，农田饲草面积逐年扩大，从1999年的9万hm^2扩大到2005年的48万hm^2。2008年绿肥行业专项实施后，进一步稳定和推动了有关工作。2008年的绿肥饲草作物生产面积为39万hm^2，占耕地面积的4.9%；2018年绿肥饲草作物生产面积发展到50万hm^2，占耕地面积的5.2%。

目前，绿肥利用方式较为单一，在阴山北麓及岭东南旱作区主要作为饲草生产。随着近年来的禁牧措施，农区养羊数量锐减，绿肥饲草种植面积大量压缩。在河套、土默川及西辽河灌区，绿肥以肥用为主，食用、饲用、加工利用或其他方面的利用途径不多。如何根据不同生态区的特点将绿肥纳入种植制度、实现绿肥与主作物之间的合理搭配，构建更加轻简、适应现代农业生产的绿肥种植及利用模式，是利用绿肥更好地服务农业、产业绿色发展需要进一步解决的问题。

2.2 种质资源

因20世纪末绿肥科研停滞，生产上可用的优质绿肥资源种类少、品种单一，应用较多的是本地箭豌、蒙苕一号等。但这些品种资源长期缺乏提纯复壮和选育，导致种性混杂退化、产草量下降。2008年以来，内蒙古恢复绿肥种质资源创新研究，2017年完成了绿肥种质资源库和绿肥繁育基地与种子数据库的建设，短期速生绿肥优异种质资源筛选、评价，以及豆科绿肥育种等研究工作陆续展开。

20世纪70年代至80年代中期，内蒙古阴山南北麓建有四子王旗、武川、察右中旗和清水河县等毛叶苕子、箭筈豌豆和香豆子种子生产基地，大量的种子供应全区及山西、河北、东北、京津等地区。随着绿肥生产萧条，种子需求逐年下降，当前内蒙古的绿肥种子生产基地已不复存在。目前，生产用种除清水河和四子王旗有少量的种子供应和部分农民自留种外，大部分需从其他省份调入。

2.3 模式创新与应用成效

近年来，内蒙古绿肥技术模式创新和应用成效取得明显进展。

确定了黄土高原风沙区毛叶苕子繁种模式。播期为4月下旬，播种量为37.5 kg/hm^2，采用大小行为22.5 cm×67.5 cm条播，并在初花期和盛花期连续喷施30 g/hm^2的2-N,N-二乙氨基乙基己酸酯(DTA-6)，可以促进籽粒产量增加6.7%～12.4%。

构建了阴山北麓粮草间作轮作种植模式。明确了在旱作区粮草间作或1年绿肥2～3年薯的轮作模式。其中，“绿肥-马铃薯轮作模式”采用3年马铃薯1年毛叶苕子轮作，产鲜草20～37.5 t/hm^2，收益0.98万～1.88万元/hm^2；马铃薯产量13～23 t/hm^2，收益1.64万～1.94万元/hm^2。

优化完善了河套灌区麦后复种绿肥模式。包括麦收前撒播套种毛叶苕子、麦后复种毛叶苕子、麦后复种饲料油菜和麦后复种蔓菁等方式，4种方式分别可产鲜草35 t/hm^2、32 t/hm^2、

50 t/hm²和 40 t/hm²,收益 1.60 万～1.95 万元/hm²,次年小麦产量一般为 6.5～7.9 t/hm²,收益 1.95 万～2.26 万元/hm²。

3 内蒙古自治区绿肥研发进展与创新

3.1 毛叶苕子播期、密度、播种量和肥料用量研究

2012 年结果表明(表 2-5-6),黄土高原风沙区毛叶苕子最佳播期为 4 月 20 日左右,播期过早或过晚会直接影响毛叶苕子的出苗率、单株结荚数、结实率等农艺性状和水分利用效率。在该时期的最佳播种量为 30 kg/hm²左右,随着播种量增加,籽实产量呈下降趋势。适量追施磷酸二铵能提高产草量和种子产量,但施肥量不宜过高。

表 2-5-6 播期、播量和磷肥施用量对毛叶苕子生物量和种子产量的影响(范霞,2012)

因素	处理	盛花期干草/(t/hm²)	收获期干草/(t/hm²)	种子产量/(kg/hm²)
播种期(月/日)	4/25	2.57	6.86	973
	5/10	3.48	7.88	1 003
	5/25	4.22	6.99	555
	6/10	3.62	6.68	290
播种量/(kg/hm²)	15.0	2.56	5.92	678
	37.5	3.75	7.34	716
	60.0	4.02	7.35	682
	82.5	5.30	7.16	545
磷酸二铵用量/(kg/hm²)	0	3.20	6.33	647
	45	3.98	7.20	677
	90	3.81	7.23	723
	135	4.55	6.72	407

2019 年内蒙古阴山北麓毛叶苕子种子高产栽培技术研究表明,宽窄行种植方式能明显提高毛叶苕子结实率,尤其 22.5 cm+67.5 cm 大小行栽培方式产量较高,达 1 244 kg/hm²(表 2-5-7),该方式也为有补充灌溉条件的地区提供了滴灌条件。

表 2-5-7 不同播种方式对毛叶苕子种子和干草产量的影响

行距/cm	种子产量/(kg/hm²)	干草产量/(t/hm²)
平作 22.5	996	3.06
平作 30	1 069	2.54
平作 45	1 168	3.04
平作 60	967	2.34
宽窄行 22.5+45	860	2.32
宽窄行 22.5+67.5	1 244	3.00
宽窄行 30+60	894	2.32
宽窄行 30+90	1 009	2.50

3.2 绿肥对小麦的增效作用

2010年在阴山北麓雨养区，与休闲压青地作对比，翻压绿肥及绿肥根茬的肥效均优于休闲压青。翻压绿肥比休闲压青，增产下茬小麦173～384 kg/hm^2，平均增产37.3%。根茬还田与休闲后杂草压青比较，增产小麦100～183 kg/hm^2，平均增产34.3%(表2-5-8)。

表2-5-8　不同绿肥作物及还田方式对小麦产量的影响(段玉,2010)

品种	鲜草还田			根茬还田		
	小麦产量/(kg/hm^2)	增产		小麦产量/(kg/hm^2)	增产	
		kg/hm^2	%		kg/hm^2	%
土库曼苕子	1 101	384	53.5	567	183	47.7
光叶苕子	1 028	311	43.4	533	150	38.9
本地箭筈豌豆	954	237	33.1	496	111	28.9
267箭筈豌豆	950	233	32.5	484	100	28.0
135/479箭筈豌豆	889	172	24.1	484	100	28.0
休闲后杂草压青	717	—	—	384	—	—

注:休闲后杂草压青是一种当年农田休闲,在9月底至10月初将所有杂草翻压还田的种植制度。

麦后复种绿肥是河套灌区和土默川平原灌区发展绿肥的主要模式。两年研究结果表明(表2-5-9)，麦后复种毛叶苕子后减施氮肥10%～30%，小麦增产5.2%～13.7%。2019年五原县推广麦后复种毛叶苕子、箭筈豌豆等1 400 hm^2，通过绿肥还田减少化肥用量11 t，土壤有机质含量提高0.6%，小麦平均增产780 kg/hm^2。绿肥小麦的销售价格提高0.4元/kg，面粉销售价格提高1.5元/kg，为进一步构建“绿肥+”优质小麦生产模式奠定了基础。

表2-5-9　麦后复种毛叶苕子配施减量氮肥对后茬小麦产量及其构成因素的影响

年份	处理	千粒重/g	穗粒重/g	结实率/%	产量/(t/hm^2)	增产率/%
2019	减氮10%	45.4	1.9	92.5 a	8.02 a	13.7
	减氮20%	45.0	1.8	91.9 a	7.77 ab	10.1
	减氮30%	44.5	1.8	92.5 a	7.54 b	6.8
	麦后休闲	43.8	1.8	90.5 b	7.06 c	—
2020	减氮10%	49.2 a	2.1 a	89.5	8.68 a	13.0
	减氮20%	50.5 a	2.2 a	88.2	8.34 ab	8.6
	减氮30%	48.4 a	1.8 b	89.0	8.09 b	5.2
	麦后休闲	46.5 b	1.7 b	91.8	7.68 c	—

注:试验始于2017年,本表数据为2019年和2020年结果。

3.3 绿肥对马铃薯的增效作用

连续9年定位试验表明(表2-5-10)，1年草2年薯轮作模式的系统生物产量最高，9年总生物产量达到45.4 t/hm^2，除马铃薯间作毛叶苕子模式外，与其他种植模式差异显著，与马铃薯连作相比总产量提高了10.4%。

表 2-5-10 不同绿肥轮作模式下马铃薯生物产量的年际变化 t/hm²

处理	年份									总产量
	2008	2009	2010	2011	2012	2013	2014	2015	2016	
马铃薯/苕子间作	4.56	4.93	5.67	6.07	6.47	4.78	3.61	2.47	3.52	42.08
1 年草 1 年薯	3.43	3.70	5.28	4.67	5.48	4.14	4.49	3.33	2.73	37.25
2 年草 1 年薯	3.70	3.50	5.82	4.32	5.28	6.15	4.14	2.79	4.83	40.53
3 年草 1 年薯	3.20	3.88	5.39	5.13	3.00	3.78	3.34	3.86	2.68	34.26
苕子连作	4.35	1.86	3.77	3.77	2.77	4.05	2.98	1.69	2.20	27.44
1 年草 2 年薯	4.75	4.50	5.01	6.24	7.74	4.17	4.86	3.81	4.35	45.43
1 年草 3 年薯	4.64	3.98	5.65	6.16	5.83	5.05	3.35	3.90	2.07	40.63
马铃薯连作	3.90	3.90	5.46	4.68	6.98	5.08	3.14	3.93	4.02	41.09

马铃薯/苕子间作模式收益最高，平均每年收入 0.92 万元/hm²。1 年草 2 年薯、2 年草 1 年薯、1 年草 3 年薯和 1 年草 1 年薯模式的收益较高，每年 1 hm² 分别收入 0.87 万元、0.87 万元、0.85 万元和 0.79 万元（表 2-5-11）。说明采用种植 1～2 年草再种植 1～3 年马铃薯的轮作模式可增产增收，适宜阴山北麓风沙干旱区推广应用。

表 2-5-11 不同绿肥轮作模式下经济收益 万元/hm²

处理	年份									总产量
	2008	2009	2010	2011	2012	2013	2014	2015	2016	
马铃薯/苕子间作	0.93	0.97	1.26	0.94	0.90	0.73	1.06	0.71	0.79	0.92
1 年草 1 年薯	0.70	0.91	0.83	1.18	0.50	1.05	0.65	0.88	0.42	0.79
2 年草 1 年薯	0.70	0.73	1.62	0.70	0.50	1.12	0.64	0.40	1.27	0.85
3 年草 1 年薯	0.70	0.73	0.83	1.18	0.50	0.40	0.54	1.04	0.39	0.70
苕子连作	0.70	0.73	0.83	0.68	0.50	0.40	0.44	0.25	0.37	0.54
1 年草 2 年薯	0.70	0.84	1.29	0.67	0.68	0.91	0.76	0.85	1.16	0.87
1 年草 3 年薯	0.70	0.89	1.31	0.70	0.50	0.77	0.90	0.88	0.39	0.78
马铃薯连作	1.16	0.76	1.22	1.18	0.54	0.64	0.70	0.61	1.01	0.87

3.4 绿肥修复盐碱地效应

2017 年在巴彦淖尔市杭锦后旗开展了湖南稷子、田菁、高丹草、草木樨和燕麦等 5 种绿肥耐盐性及其对改良盐碱土效果试验。不同绿肥作物在不同盐渍化程度土壤生长差异明显（表 2-5-12）。轻度盐渍化土壤上，5 种绿肥牧草平均鲜草产量 68.83 t/hm²，其中高丹草鲜草产量最高 122.06 t/hm²，其次为湖南稷子，草木樨最小 26.01 t/hm²。中度盐渍化土壤上，高丹草鲜草产量最大 88.04 t/hm²，其次为田菁，草木樨最小。重度盐渍化土壤，绿肥牧草平均鲜草产量，仅 15.41 t/hm²，其中田菁最大 44.02 t/hm²，其次为湖南稷子，草木樨不能生长。

绿肥作物均降低了不同盐渍化程度的耕层土壤容重（表 2-5-12）。轻度盐渍化土壤上，田菁和草木樨处理降低耕层土壤容重的效果最为明显，燕麦次之，分别较改良前降低了 11.2%、11.2%、10.4%。在中度盐渍化土壤上，高丹草处理降低耕层土壤容重的效果最好，湖南稷子次之，分别较改良前降低了 11.3%、11.2%。在重度盐渍化土壤中，田菁处理耕层土壤容重最低，湖南稷子次之，分别较改良前降低了 13.3%、12.8%。

表 2-5-12 不同程度盐渍化土壤上绿肥产量及其盐碱地改良效果(景宇鹏,2020)

盐渍化程度	全盐量/‰	绿肥	鲜草产量/(t/hm²)	土壤容重/(g/cm³)			pH			全盐/(g/kg)			碱化度/%		
				改良前/(g/cm³)	改良后/(g/cm³)	变化率/%	改良前	改良后	变化率/%	改良前/(g/kg)	改良后/(g/kg)	变化率/%	改良前	改良后	变化率/%
轻度	2.3～2.7	湖南稷子	67.03	1.55	1.41	9.0	8.9	8.5	4.5	2.25	1.68	25.3	18.65	15.84	15.1
		田菁	65.03	1.52	1.35	11.2	8.8	8.6	2.3	2.43	1.87	23.1	17.56	14.94	14.9
		高丹草	122.06	1.57	1.44	8.3	8.9	8.6	3.4	2.43	2.04	16.1	17.68	15.23	13.9
		草木樨	26.01	1.52	1.35	11.2	9.0	8.5	5.6	2.65	2.21	16.6	19.25	16.24	15.6
		燕麦	64.03	1.54	1.38	10.4	9.0	8.7	3.3	2.56	2.11	17.6	20.14	16.89	16.1
		平均	68.83	1.54	1.39	10.0	8.9	8.6	3.8	2.46	1.98	19.7	18.66	15.83	15.1
中度	4.8～6.7	湖南稷子	54.03	1.61	1.43	11.2	9.1	8.8	3.3	6.45	5.22	19.1	31.68	27.65	12.7
		田菁	54.63	1.62	1.49	8.0	9.1	8.8	3.3	4.78	3.88	18.8	28.64	27.12	5.3
		高丹草	88.04	1.59	1.41	11.3	9.1	8.9	2.2	6.54	5.14	21.4	33.24	30.24	9.0
		草木樨	18.01	1.58	1.42	10.1	9.0	8.8	2.2	5.28	4.45	15.7	28.65	26.15	8.7
		燕麦	45.02	1.63	1.45	11.0	8.9	8.7	2.3	6.42	5.21	18.9	28.69	25.12	12.4
		平均	51.95	1.61	1.44	10.3	9.0	8.8	2.7	5.89	4.78	18.8	30.18	27.26	9.7
重度	8.4～10.2	湖南稷子	23.01	1.64	1.43	12.8	9.1	8.9	2.2	8.06	7.54	6.5	28.64	24.32	15.1
		田菁	44.02	1.66	1.44	13.3	9.2	8.8	4.4	10.24	8.94	12.7	40.12	33.56	16.4
		高丹草	6.00	1.66	1.52	8.4	9.1	9.0	1.1	8.69	7.96	8.4	41.52	35.64	14.2
		草木樨	0	1.66	—	—	9.2	—	—	9.98	—	—	38.27	—	—
		燕麦	4.00	1.65	1.53	7.3	9.1	9.0	1.1	9.81	8.92	9.1	39.64	32.48	18.1
		平均	15.41	1.65	1.48	10.4	9.1	7.1	1.8	9.36	8.34	9.2	37.64	31.50	15.9

注:6 月 10 日播种,9 月 20 日收获。

土壤水溶性盐、pH、碱化度是表征盐碱土的重要属性。种植耐盐碱绿肥(田菁、草木樨、湖南稷子、燕麦、高丹草)一年后,土壤盐分离子浓度、pH、碱化度均呈下降趋势(表 2-5-12)。其中,在轻度盐渍化土壤上种植草木樨和燕麦使得耕层土壤 pH、全盐、碱化度变化最大,改良效果较为显著;中度盐渍化土壤上种植湖南稷子和高丹草改良效果较为显著;重度盐渍化土壤可选用田菁作为改良绿肥作物。

4 内蒙古自治区绿肥发展潜力

4.1 内蒙古自治区发展绿肥的必要性

4.1.1 耕地生产力低,急需培肥

内蒙古自治区耕地面积大,全区耕地面积 1 150 万 hm^2。其中一等至二等高产农田面积比例为 71.3%,中低产田占 28.7%。中低产田主要生产障碍是土壤瘠薄和干旱缺水,集中分布在年降水量 250～500 mm 的地区。利用绿肥,不仅能培肥瘠薄性中低产田,而且能提高干旱缺水型中低产田的抗旱能力。

4.1.2 耕地环境质量下降

内蒙古自治区耕地存在耕层变浅、结构不合理、养分循环失衡及土壤性质劣化等问题,出现上述现象的主要原因是土壤扰动频繁、耕地过度利用、肥料大量投入及不合理灌溉。目前不同生态类型区农田的耕层变浅,土壤通透性下降,通透速率下降了 2.2%～30.0%,犁底层上移了 4～6 cm,不同土层的土壤容重由 1.03 g/cm^3 增加到 1.57 g/cm^3,退化农田地表径流明显,自然降水转化为土壤水的比例减少了 10%以上。

4.1.3 实现农业节本增效,增加农民收入的重要措施

近二十多年来,内蒙古化肥用量不断增加,而绿肥生产却一直呈徘徊不前或增减反复的态势。化肥用量则从 2007 年的 140 万 t 增加至 2018 年的 223 万 t,增加了 1.6 倍。种植业中的肥料成本过高,仅小麦化肥投入达近 2 900 元/hm^2,麦后复种绿肥节肥 10%～30%,即可节约化肥成本 290～870 元/hm^2。2022 年河套灌区小麦面积 5 万多 hm^2,绿肥技术可节本 1 500 多万元到 4 600 多万元。

4.1.4 内蒙古自治区旱作农区农牧业可持续发展的需求

内蒙古旱作农牧业区生态脆弱,风蚀沙化严重,每年秋耕后到春播前刮走细土 30～60 t/hm^2,土层下降 0.2～0.4 cm。种植绿肥可以提高土壤覆盖、防治风蚀沙化、提供饲草。绿肥养分全面、安全可靠,是绿色(有机)农业生产中维持地力、提高产品质量的重要途径。

4.2 内蒙古自治区绿肥作物发展潜力

根据 2019～2021 年的不同作物播种面积及可以发展绿肥的种植制度,预计全区绿肥面积潜力(不包括撂荒地、贫瘠寒旱地等边际土地)为 302 万 hm^2,绿肥有效时空潜力为 62 万 hm^2·年(表 2-5-13)。内蒙古自治区具丰富多样的土壤类型和气候区,农作制复杂,分为农区与果园进行绿肥发展潜力估算。

表 2-5-13 内蒙古自治区绿肥种植时空潜力

区域	适宜的绿肥制度	对应的主作物面积/万 hm^2	绿肥空间占比/%	绿肥时长/个月	绿肥面积潜力/万 hm^2	绿肥有效时空潜力/(万 hm^2·年)
农区	麦后复种绿肥	26	100	3	26	7
	马铃薯轮作绿肥	14	100	3	14	4
	玉米前期间作绿肥	335	50	2	167	28
	玉米-绿肥跨年轮作	83	100	3	83	21
	向日葵-绿肥间套作	15	50	3	8	2
	农区合计	473	—	—	298	62
经济林园	落叶果园	4	70	6	3	1
	经济林园合计	4	—	—	3	1
合计		477	—	—	301	63

注：绿肥有效时空潜力＝对应的主作物面积×绿肥空间占比×绿肥时长。

4.2.1 内蒙古自治区耕地和主要粮食作物种植现状

内蒙古自治区耕地资源丰富，全区耕地面积 1 150 万 hm^2，总播种面积为 884 万 hm^2（表 2-5-14）。

表 2-5-14 内蒙古自治区 2019—2021 年耕地及主要粮食作物种植面积　万 hm^2

年份	耕地面积	总播种面积	小麦	玉米	稻谷	大豆	其他豆类	薯类	油料
2019	1 150	889	66	378	16	119	20	30	93
2020	1 150	888	48	382	16	120	18	28	91
2021	1 150	874	44	421	16	89	15	27	82
平均	1 150	884	53	394	16	110	18	28	89

4.2.2 农区绿肥发展潜力

内蒙古自治区全区麦后有 50%的复种潜力，发展麦后复种绿肥面积潜力 26 万 hm^2，有效时空潜力 7 万 hm^2·年。薯类作物为避免重茬一般有 50%采用轮作模式，因此绿肥面积潜力为 14 万 hm^2，绿肥有效时空潜力为 4 万 hm^2·年。玉米与绿肥约 20%采用套作和轮作模式进行种植，发展绿肥的面积潜力为 83 万 hm^2，有效时空潜力为 21 万 hm^2·年（表 2-5-13）。

内蒙古自治区油料作物种类较多，其中向日葵约占 60%，与绿肥套作轮作比例一般为 30%，发展绿肥的面积潜力 15 万 hm^2，绿肥有效时空潜力 2 万 hm^2·年。其他作物以饲草为主，绿肥作为优质饲草来源，可以与其他作物牧草混播，具有巨大的生产潜力，绿肥面积潜力为 62 万 hm^2，有效时空潜力为 31 万 hm^2·年。

4.2.3 经济林园(果园)间作绿肥发展潜力

果园间作绿肥作物是“以园养园、以短养长”的重要措施，不仅能培肥土壤、丰富土壤养分、降低地表径流、减少养分流失、提高产量和品质，而且能调节行间小气候、增加生物多样性、减少病虫草害的发生。内蒙古自治区平均果园面积为 4 万 hm^2，果园间作绿肥基本从 4 月下旬开始至当年 10 月上旬结束，合计为 6 个月，绿肥空间占比 70%，因此预估内蒙古自治区果园间作绿肥的面积潜力为 3 万 hm^2，有效时空潜力为 1 万 hm^2·年（表 2-5-13）。

5 内蒙古自治区绿肥生产主要技术模式

5.1 河套灌区麦后复种绿肥模式

内蒙古自治区河套灌区为“一熟有余、两熟不足”地区，春小麦收获后耕地有2～3个月空闲时间，其雨热资源适合插种一茬绿肥作物。

5.1.1 绿肥品种选择

可选用毛叶苕子、箭筈豌豆。毛叶苕子适宜品种包括蒙苕1号、土库曼、罗马利亚、郑州7406、徐苕1号；箭筈豌豆适宜品种包括陇箭1号、大荚箭豌、春箭豌、草原79-1、西牧33。

5.1.2 播种方式及播种量

小麦收获后，即一般在7月中、下旬，进行绿肥播种。

撒播：采用纵向和横向两次撒播毛叶苕子的方法撒播，播种量75～90 kg/hm^2。

条播：可以采用小麦播种机，调整行距为30 cm，浅种2～3 cm，播种量60～75 kg/hm^2。

混播：毛叶苕子与箭筈豌豆、燕麦等混播，毛叶苕子播量45～60 kg/hm^2，配合箭筈豌豆为15～30 kg/hm^2。燕麦与毛叶苕子混播，燕麦播种量105～120 kg/hm^2，配合毛叶苕子30～45 kg/hm^2。

5.1.3 绿肥作物施肥

麦收前撒播，可在麦收后结合灌水追施尿素75～90 kg/hm^2、氯化钾45～60 kg/hm^2。麦收后耕翻播种，在耕翻时深施氮素30～45 kg/hm^2（尿素75～90 kg/hm^2、或碳酸氢铵150～300 kg/hm^2）和磷酸二铵60～90 kg/hm^2（或重过磷酸钙60～90 kg/hm^2）、氯化钾45～75 kg/hm^2（或硫酸钾60～90 kg/hm^2）。

5.1.4 综合利用

（1）割草养畜、根茬肥田

麦后复种绿肥作物，一般在上冻前进行刈割。麦田套种毛叶苕子或箭筈豌豆可以在9月上、中旬刈割。选晴天用机械或人工收割，就地晾晒，待水分减至50%左右时集成小堆，风干后打捆。注意防雨。

（2）压青肥田

可在绿肥初花期至盛花期进行翻压，一般在9月上、中旬。

（3）收种

在70%的荚果呈黄褐色时收获，在晴天露水未干前抢收。田间堆成小堆晾至半干后运回场院，晾干、脱粒、除杂。

5.1.5 后茬小麦养分管理

绿肥翻压的地块，总施肥量减少20%左右，春小麦施肥量330 kg/hm^2（纯养分），氮∶磷＝13∶9。根茬还田的地块，春小麦施肥量减少10%左右，施肥量360 kg/hm^{2}左右（纯养分），氮∶磷＝14∶10。

5.2 旱作区粮食作物与绿肥轮作技术模式

内蒙古自治区旱作农业区占总耕地面积的70%以上，土壤肥力普遍较低。长期依赖化肥维持生产，导致土壤肥力进一步降低。通过合理规划，1～3年粮食或马铃薯种植后，轮作一季绿肥作物，既解决粮食作物（马铃薯）的连作障碍问题，也可培肥地力、提供饲草料来源。

5.2.1 技术要点

（1）绿肥品种选择

选用毛叶苕子或箭筈豌豆等豆科绿肥作物，或者选用油菜。

（2）播种量

单种：作为饲草或绿肥种植时，毛叶苕子播种量为75～112.5 kg/hm^2，箭筈豌豆播种量为112.5～187.5 kg/hm^2，饲料油菜播种量为3.75～7.5 kg/hm^2。

混播：豆科绿肥与饲料油菜混播，毛叶苕子60～75 kg/hm^2，配合饲料油菜为2.25～3.75 kg/hm^2；箭筈豌豆为75～112.5 kg/hm^2，配合饲料油菜为2.25～3.75 kg/hm^2。

（3）播种期

作为绿肥饲草生产时，毛叶苕子或箭筈豌豆在5月上、中旬播种，饲料油菜适宜在6月上中旬播种。作为种子繁育生产时，毛叶苕子或箭筈豌豆应在4月20日至5月15日播种。

（4）绿肥作物施肥

单种、混播时，结合播种深施氮30～45 kg/hm^2、磷60～75 kg/hm^2、钾22.5～45 kg/hm^2；在毛叶苕子/箭筈豌豆分枝期或油菜抽薹期结合灌水或等雨追肥，追施氮肥（N）45～75 kg/hm^2。

（5）综合利用

割草养畜，根茬肥田：毛叶苕子和箭筈豌豆在初花期收割，贮藏喂畜。饲料油菜在抽薹至初花期收割作为饲草利用。割草后及时耕翻根茬肥田。

压青肥田：在毛叶苕子或箭筈豌豆初花期至盛花期直接进行翻压还田，翻压深度20～30 cm。

（6）粮油作物种植技术

粮油作物以马铃薯、向日葵、莜麦等为主，前茬为豆科绿肥作物时，粮油作物推荐氮肥用量应相应减少30～60 kg/hm^2。

5.2.2 适用区域

该技术模式适用于内蒙古阴山北麓旱作区绿肥饲草作物栽培及粮油作物轮作区域。位于内蒙古自治区中北部，包括固阳县、达茂联合旗、武川县、四子王旗、卓资县、察右中旗、察右后旗、集宁区、商都县、化德县、兴和县、苏尼特右旗、太仆寺旗、正蓝旗、多伦县、克什克腾旗的丘陵山区。

5.3 毛叶苕子种子生产技术模式

内蒙古自治区是毛叶苕子适宜繁种区之一，可因地制宜发展毛叶苕子种业。研发了“毛叶苕子绿肥种植与利用技术规程（DB15/T 491—2022）”。

5.3.1 技术要点

(1)整地

直播毛叶苕子,播前耕翻,深度为 15～20 cm,耕后耙耱整平,以利于播种和出苗。

(2)种子选择

选用蒙苕 1 号等优良品种,种子质量符合国家二级以上良种,纯度不低于 96%,净度不低于 95%,发芽率不低于 85%。

(3)种子处理

播前将毛叶苕子种子在阳光下晾晒 1～3 d。播前用粉碎、灭菌后的草炭稀释豌豆根瘤菌剂进行拌种,根瘤菌剂的用量为 7.5～9 kg/hm^2。

(4)播种量

种子生产田播种量为 22.5～30 kg/hm^2。

(5)播种期

春季直播 4 月中下旬播种。

(6)播种方法

机械化条播,大小行种植,小行 15～20 cm,大行 40～45 cm,播种深度 3～5 cm,墒情差的地可适当探墒播种。

(7)施肥

结合播种深施氮 30～45 kg/hm^2、磷 60～75 kg/hm^2、钾 22.5～45 kg/hm^2。

(8)中耕锄草

苗期要适时松土锄草,破除板结,增温保墒。

(9)灌溉与排涝

有条件的地区,采用滴灌方式在现蕾期、开花期灌水 1～2 次。秋季雨涝时及时排水。

(10)病虫草害防治

以消灭斑蝥成虫为重点,在成虫发生危害期用"敌克杀"或"斑蝥素"喷洒,并对地块周边成虫用人工或药剂及时清除。可选用 1.8%阿维菌素 4 000～6 000 倍液、1.8%虫螨克乳油 4 000～6 000 倍液、2.5%溴氰菊酯 3 000 倍液均匀喷雾防治。

(11)草害防治

单作时,可在播种之前或播后 1 d 用二甲戊灵、异丙甲草胺等药剂 3 000 mL/hm^2,兑水 450～600 kg/hm^2封闭除草。

(12)生长调节

初花期和盛花期各使用 1 次矮壮素控制植株生长,增加种子产量。

(13)种子收获

70%的荚果呈黄褐色时,在晴天露水未干前人工收获,堆成小堆在田间晾晒半干后运回场院。

(14)脱粒

采用脱粒机脱粒或用石磙或机械碾压脱粒。按种子大小、比重等进行清选、分级、贮藏。

5.3.2 适用区域

该种植技术适用于内蒙古自治区范围内毛叶苕子种子生产基地。

5.4 河套灌区田菁改良盐碱地模式

河套地区是内蒙古面积最大的盐碱地。田菁作为改良盐碱地的先锋作物，翻压后可以有效抑制土壤返盐、增加土壤养分和改良土壤板结性。研究提出了内蒙古地区标准“河套灌区田菁改良盐碱地技术规程(DB15/T 1995—2020)”“河套灌区种植田菁改良利用中重度盐碱地技术规程(DB15/T 2897—2023)”。

5.4.1 技术要点

(1)整地、洗盐

播前平整土地。如土壤墒情不能保证种子发芽出苗，则应及时灌水。

耕层土壤含盐量高于 6 g/kg 时，应采取灌水洗盐或开沟躲盐等措施，灌水量 1 350～1 800 m^3/hm^2，开沟深度 5 cm、上口宽度 30 cm。

(2)种子选择与处理

选用适宜当地种植的植株高大、分枝多、茎叶量大的中、晚熟型田菁品种。

播种前，晒种 1 d 后将种子浸入 3 倍于种子体积的 60°C 温水中，搅拌 2～4 min，冷却后捞出阴干待播。

(3)播种

种子生产田播种量为 75～105 kg/hm^2。

中度盐碱地 4 月下旬至 5 月上旬，重度盐碱地 7 月上旬均可播种。在适宜墒情条件下，10 cm 以上地温达到 15 ℃以上；夏播播期 6 月上旬至 7 月中旬。

采用等行距条播或覆膜穴播，行距 40～50 cm；条播播深 2～3 cm，播后应及时镇压；穴播穴距 6～8 cm、播深 1～2 cm，播后及时覆明砂。

(4)管理

播种时，基施过磷酸钙 300～450 kg/hm^2、硫酸钾 150～225 kg/hm^2。

一般不需病虫害防控。

(5)翻压还田

盛花期翻压或秋耕时翻压。采用玉米秸秆粉碎还田机械将植株粉碎，粉碎长度 5～8 cm。采用反转犁深翻，深度 25 cm 以上，翻压后耙耱镇压。

5.4.2 适用区域

该技术适用于内蒙古自治区河套灌区盐碱地改良。

参考文献

[1]曹卫东，徐昌旭. 中国主要农区绿肥在现代农业发展中的探索与实践[M]. 北京：中国农业科学技术出版社，2010.

[2]段玉，曹卫东，妥德宝，等. 内蒙古绿肥综合利用现状及存在问题[J]. 内蒙古农业科技，2008(7)：23-25.

[3]段玉，曹卫东，妥德宝，等. 麦后复种毛叶苕子增产效果研究[J]. 内蒙古农业科技，2010(5)：42-43.

[4]杜刚强，曲志强，刘英杰. 内蒙古阴山北部丘陵区豆科牧草在农田培肥制中的作用[J]. 干旱地区农业研究，1992 (1):54-59.

[5]范霞，段玉，段海燕，等. 播种期、播种量和肥料用量对毛叶苕子产草量及籽实产量的影响[J]. 内蒙古农业科技,2012(6):60-61,69.

[6]黄泽在. 旱作农业研究论文集[C]. 内蒙古农业科学院土肥所、内蒙古土壤学会,1993.

[7]富象乾. 内蒙古地区的绿肥牧草资源[J]. 内蒙古农业科技，1980(1):10-16.

[8]刘忠，张国华，王勇. 内蒙古地区适宜种植的主要绿肥品种及栽培技术[J]. 内蒙古农业科技，2002(2):30-31.

[9]刘成龙，王静，郭亚男. 草田轮作粮食增产效果分析[J]. 内蒙古农业科技，2007, 208(6):58,61.

[10]内蒙古自治区统计局. 内蒙古统计年鉴 [M]. 北京:中国统计出版社,2018.

[11]韩云飞. 内蒙古黄土高原区毛叶苕子生长发育和产量形成特性的研究[D]. 内蒙古农业大学，2021.

[12]景宇鹏，段玉，张君，等. 生长调节剂对毛叶苕子种子产量及产量性状的影响[J]. 中国草地学报,2016,38(3):112-115.

[13]李建忠，周喜平，胡喜云,等. 麦收前复种毛叶苕子技术模式的比较研究[J]. 安徽农业科学,2017,45(7):21, 91.

[14]侯建伟，段玉，张君,等. 内蒙古阴山北麓旱农区马铃薯间作模式的生产力与水分利用[J]. 土壤,2018,50(1):79-85.

[15]景宇鹏，张建中，李秀萍，等. 种植绿肥作物对河套灌区盐碱土改良效果研究[J]. 北方农业学报，2019，47(6)：42-46.

[16]景宇鹏，林春野，赵沛义，等. 5 种植物改良河套灌区盐渍化土壤的效果研究[J]. 土壤与作物，2020，9(2)：114-125.

[17]刘小月. 毛叶苕子混播燕麦对作物生长发育及产量、品质的影响[D]. 内蒙古农业大学，2022.

[18]河套灌区麦后复种饲用(绿肥)油菜技术规程[S]. 内蒙古自治区地方标准. DB 15/T 1910—2020.

[19]河套灌区田菁改良盐碱地技术规程[S]. 内蒙古自治区地方标准. DB 15/T 1995—2020.

[20]毛叶苕子绿肥种植与利用技术规程[S]. 内蒙古自治区地方标准. DB 15/T 491—2022.

[21]麦后复种毛叶苕子技术规程[S]. 内蒙古自治区地方标准. DB 15/T 2607—2022.

[22]旱作区马铃薯间作豆科绿肥翻压培肥地力技术规程[S]. 内蒙古自治区地方标准. DB 15/T 2609—2022.

[23]毛叶苕子田杂草防除技术规程[S]. 内蒙古自治区地方标准. DB 15/T 3106—2023.

[24]河套灌区种植田菁改良利用中重度盐碱地技术规程[S]. 内蒙古自治区地方标准. DB 15/T 2897—2023.

[25]河套灌区轻中度盐碱地向日葵套复种豆科绿肥还田技术规程[S]. 内蒙古自治区地

方标准. DB 15/T 3119—2023.

[26]绿肥饲草作物与粮油作物间作轮作技术规程[S]. 内蒙古自治区地方标准. DB 15/T 949—2016.

VI 黑龙江省绿肥生产历史、现状、潜力及模式

1 黑龙江省绿肥作物生产历史

中国利用绿肥的历史很早,战国时已认识到夏季沤制野生绿肥可以起到"粪田畴、美土疆"的作用。北魏时期,中国北方使用的绿肥主要有绿豆、小豆、胡麻(芝麻)等几种。生产上,既用于大田,如绿肥与谷子轮作;也用于蔬菜栽培,如绿肥与葵、葱、瓜等轮作。贾思勰提到,轮作绿肥能起多方面的作用。一是肥效高。他在《耕田篇》中说,"其美与蚕矢、熟粪同";在《种葵篇》中说,绿豆掩青做肥料,"良美与粪不殊,又省功力"。二是能提高产量。他在《耕田篇》中说,用绿豆、小豆、胡麻等做肥料种谷子,能"亩收十石",比当时谷子的一般产量提高3倍。

1984年黑龙江省绿肥种植面积为733万 hm^2,为有历史记录的最高年份。主要种植方式是粮肥间作、套种、复种、混播。1986—2000年绿肥种植面积萎缩,种植模式以农牧结合为主。

1.1 绿肥作物种质资源

据王鹤桥(1985)主编的《黑龙江绿肥牧草品种志》介绍,20世纪80年代适于黑龙江省栽培和已经取得一定科研成果的绿肥资源分属7个科32个属,共计161份,每年都有计划地分批进行资源复壮,主要种类为紫花苜蓿、草木樨、沙打旺、白羽扇豆、红三叶、羊草、黑麦草、胡茅草;至20世纪90年代,由于绿肥种植面积的相对减少,种类也相应缩减,主要为紫花苜蓿、草木樨、红三叶、羊草;2000年以后种类更加单一,主要为紫花苜蓿、草木樨、羊草。近些年来,黑龙江省从国内外引进了大量禾本科和豆科绿肥资源。经过筛选,在黑龙江省种植的生产性能较好的苜蓿品种包括国外润布勒苜蓿,国内的草原1号、草原2号、公农1号、公农2号、肇东苜蓿;禾本科绿肥为披碱草、老芒麦、无芒雀麦、蒙古冰草等。这些资源对黑龙江省绿肥种植和发展起到推动作用。黑龙江省历史上主栽绿肥种类有以下几种。

草木樨:豆科草木樨属草本植物。有黄花和白花草木樨2个类型,两者均有一年生和二年生2个类型。草木樨为肥饲兼用绿肥,具有枝叶繁茂、根系发达、耐瘠薄、耐盐碱、较耐旱等特性。平均产鲜草20～30 t/hm^2,肉质鲜根约10 t/hm^2。翻压草木樨培肥土壤,在低产田上增产30%～50%,高产田上增产10%～20%,并有3年后效。以鲜草喂畜、禽、鱼,根茬翻压再以畜禽粪还田,发展生态农业可取得明显综合效益。在黑龙江地区,草木樨可与小麦进行间套作,与玉米实行间种轮作。对低产田也可清种,农牧结合粮肥轮作。

秣食豆:为豆科大豆属,一年生草本栽培植物,是一种饲用大豆。花期产鲜草约20 t/hm^2。秣食豆以籽粒作马饲料,干草制成粉喂猪,根茬肥田养地。在黑龙江省的瘠薄低产田可实行粮

肥轮作，也可与玉米等实行间套作，与春小麦、亚麻复种，也可作秋白菜的前茬绿肥。

民豌豆：一年生攀缘草本植物，为一种早发速生适应性强的肥、食兼用绿肥。植株高大，株高可达 2 m。在黑龙江省适宜与小麦、亚麻复种或作为水稻、秋菜前茬绿肥。鲜草产量 20～30 t/hm^2。

紫花苜蓿：为豆科苜蓿属多年生草本植物。具有适应性极强，耐寒、耐瘠特点，是优质高产的肥、饲兼用绿肥，耐刈性强，每年可割草 4 次，产鲜草 30～50 t/hm^2。紫花苜蓿在黑龙江省各地均能种植，多清种或与粮食作物轮作，以鲜草喂畜、根茬肥田为主，是改造中低产田或废弃土地、荒山荒坡的先锋作物。

沙打旺：为豆科黄芪属多年生草本植物。具极强的耐瘠、耐旱、耐风沙、耐盐碱特性，是肥、饲兼用绿肥。3～4 年生，可产鲜草达 30 t/hm^2、鲜根 3 t/hm^2。鲜草收割后再生性强。在黑龙江省宜于清种，或与粮食作物轮作，是改造瘠薄地、风沙土和沙石山地的先锋作物。

油菜：十字花科芸薹属一年或二年生草本植物。油菜作绿肥的主要是芥菜型和甘蓝型。油菜适应性强，早发速生，并有活化难溶性磷酸盐的特点，一年生油菜生育期为 60～92 d。花期油菜鲜草（春小麦后复种）10～20 t/hm^2。在黑龙江省油菜宜与小麦套复种，如小麦后复种油菜，翻压作次年农作物基肥。

艾菊叶法色草：田基麻科法色草属一年生草本植物，起源于南美洲和北美洲。鲜草产量 31.7 t/hm^2，耐寒、耐旱、不耐涝，生长迅速，花色艳丽，花期长（45～60 d），芳香怡人，可作观赏蜜源植物。花蜜产量 150～400 kg/hm^2，艾菊叶法色草与马铃薯轮作，可增加马铃薯的产量（张睿等，2021）。

香青兰：唇形科青兰属一年生草本植物。鲜草产量约 45 t/hm^2，种子产量约750 kg/hm^2，花蜜产量150～300 kg/hm^2，花期长、花色艳丽、气味芬芳，植株富集多种药用成分，是一种可作为绿肥、观赏、蜜源、香料、药材的多功能植物。

1.2 绿肥种植模式

1.2.1 绿肥单种

瘠薄的岗地白浆土和低洼黑黏土等不适合间种或复种绿肥的地方，只能采取清种绿肥。此地区可种植草木樨。种植草木樨有 2 个优势：一是草木樨抗寒性强，适合早播，争取在杂草出土之前出苗生长；二是进入 6 月底 7 月初雨季之后，有个急速生长期，这时生长明显比杂草快。根据这 2 个特点，进行密植不除草栽培，地上部鲜草产量可为 20～50 t/hm^2。

1.2.2 绿肥与果树间作

果树行间种植苜蓿能抑制杂草，提高地力，促进果树良好生长，提供饲料，增加蜜源。这样既可以增加有机肥来源，还可以提高果园的经济效益。在果园中间作豆科绿肥作物具有生物固氮、深根聚肥等特性，与果树争肥争水矛盾小。另外，苜蓿生物产量高，如紫花苜蓿，鲜草产量可为 20～30 t/hm^2，而且投入低，投入 1 年可连续收草 4～5 年。

1.2.3 绿肥与玉米间作

玉米和草木樨或苜蓿 2∶1或 1∶1间种，既改良土壤又有一定收成，同时促进了后茬作物 1～2 年内的持续增产。试验表明，间种玉米产量 4.31 t/hm^2，比对照地 4.59 t/hm^{2}虽然减产了 286 kg/hm^2，但却多收草木樨鲜草 11.67 t/hm^2，经济效益增加。2008—2009 年在原沈阳军区富裕农副业基地进行 4 行玉米 2 行大豆、8 行玉米 4 行豌豆间作试验表明，与清种玉米区相比，土壤容重降低 0.06～0.12 g/cm^3，田间持水量增加 7.0%～10.2%，同时，土壤 pH 降低 0.02～0.14 个单位，有机质提高 0.1～3.5 g/kg。玉米大豆、玉米豌豆间作不但促进了玉米的生长发育，同时还收获大豆和豌豆，其整体经济效益都高于清种玉米。如果采用土壤封闭化学除草，无论是 4∶2还是 8∶4，其经济效益都高于清种玉米，增幅在 18.2%～38.6%。

1.2.4　粮肥轮作

由于清种绿肥影响轮作周期粮食产量，因此在黑龙江省实行小麦混种草木樨以次年翻压作绿肥，此模式下小麦基本不减产，草木樨当年鲜草可喂食牲畜，次年翻压后种植大豆，苗后起垄，第三年种植玉米。1987 年在松嫩平原西部大庆地区进行粮肥轮作试验表明，麦草混种翻压绿肥复种大豆、玉米的轮作中，可增产大豆 273 kg/hm^2、玉米 1 361 kg/hm^2。次年 6 月份翻压绿肥鲜草数量较当年秋季翻压增加 1.3 倍，含氮量高 45.5%，麦草混播的粮肥轮作制实行周期结束时耕层土壤有机质净增 0.2%，腐殖质品质得到更新与改善，土壤酸碱度降低，创造了良好的土壤生态环境。

1.3　绿肥对农业生产的贡献

1.3.1　提高土壤有机质

发展绿肥生产是增加有机氮源、富集土壤中磷、钾及微量元素的有效途径。同时，绿肥又是农牧结合的纽带。绿肥中所含氮素资源是以蛋白质的形态存在的，它能直接作为人、畜必需的蛋白质来源，是优质的畜牧业饲料。绿肥又是优质的有机肥源，豆科绿肥可固氮 90～150 kg/hm^2，绿肥鲜草约含有机质 21%，非豆科绿肥如蓝花子富含纤维素，不仅能为农田提供大量氮素，也有利于土壤有机质的更新和积累。

1.3.2　绿肥改良白浆土

利用绿肥改良白浆土，在黑龙江省已有近 50 年的历史，一些大专院校、科研部门做了大量的工作，其中包括绿肥资源的筛选、利用方式及肥效等试验研究工作。草木樨、民豌豆、油菜、秣食豆和紫花苜蓿是改良白浆土适宜资源，它们生长快，产草量高，根系发达。绿肥翻压后，土壤有机质和土壤养分元素含量增加，土壤物理性质得到改善。利用绿肥改良白浆土，不管采取何种种植方式，其效果都很明显，小区试验和大田调查显示能增产粮豆 15%～40%，1980 年牡丹江农场管理局所属农场在白浆土上种植绿肥面积达 4 万 hm^2，其中麦后复种绿肥面积达 2.1 万 hm^2。

1.3.3　绿肥改良盐碱土

盐碱地改良利用技术的发展，对我国尤其是内陆干旱农业灌区农村经济持续健康发展、国土治理、生态环境保护等具有极其重要的现实意义。种植绿肥是改良盐碱土的生物措施之一。为了加速黑龙江省农田基本建设进程，根据全国盐碱土改良计划要求，1972—1973 年在肇东进行草木樨改良盐碱土试验，试验结果表明，绿肥地上部分鲜草产量 4.8 t/hm^2，翻压后次年 6 月下旬耕层代换性钠降低 40%，有机质增加 0.43%。

1.4 绿肥作物研究

黑龙江省早在20世纪70年代就开始绿肥方面的研究工作，到20世纪80年代王鹤桥等进行了"运粮河沿岸退化草地改良利用的试验研究"，获得了1991年哈尔滨市科技成果奖。同时，还进行了"草木樨及其根茬对土壤养分释放规律的影响试验研究"等。在齐齐哈尔地区进行玉米与草木樨间作探索，每隔2行玉米种1行草木樨或每隔4行种2行草木樨，较玉米清种增加效益1 666元/hm^2（叶莉等，2004）。

在松嫩平原南部种植虎尾草以改良盐碱化草地，封育4年后碱斑已全部被植物覆盖，群落产量达450 g/m^2，其中羊草占总产量的45%以上（郭继勋等，1996）。松嫩平原四方山军马场从1964年开始试种羊草，2006年种草面积已发展到3 000 hm^2，平均产干草1.5 t/hm^2以上。人工种植的羊草从第2年开始，密度逐年增加，第4年到第8年羊草的密度与产量已比较稳定，覆盖度达到80%以上，大大降低了碱斑面积（王萍等，1994）。

2008—2009年共评价了66个绿肥资源，从中筛选出52份适宜黑龙江高寒地区种植的绿肥资源，收集整理了35份绿肥种子，分离了黄花、白花2个草木樨资源，复壮了龙牧沙打旺、龙牧秣食豆等37个本地绿肥资源，引进了国内绿肥资源田菁、中苜一号、保定苜蓿等11个品种，国外资源阿尔冈金、雷达克之星等4个品种。同时，对各个绿肥作物资源按不同科属进行了生态学和形态学特性的比较，分析了紫花苜蓿、高丹草等部分资源的粗蛋白质、粗纤维、灰分及氮、磷、钾等养分，比较了不同绿肥资源的肥料价值和饲用价值。

2 黑龙江省绿肥作物发展现状

2.1 种质资源整理与创新

2017年绿肥体系成立以前，黑龙江省绿肥种质资源种类少、品种短缺、单一且老化严重。1981—1985年主栽种类为紫花苜蓿、草木樨、沙打旺、白羽扇豆等。1986—2016年种植的种类主要以紫花苜蓿、草木樨等为主。2017年以来，在绿肥体系的支持下，黑龙江省绿肥种质资源的研究得到了快速发展，取得了显著成效。

2.1.1 绿肥种质资源数量增加、种类丰富

2017—2020年，绿肥体系旱地绿肥种质资源整理与评价岗位（以下简称旱地资源岗位）从俄罗斯、乌克兰、保加利亚、捷克、白俄罗斯、罗马尼亚等34个国家收集绿肥种质1 564份；同时在内蒙古、甘肃、青海等13个省（自治区）收集国内资源870份。共收集绿肥资源2 434份，其中野生资源1 644份，栽培种790份。2017年以来，新增的绿肥作物种类41个，目前绿肥种类达68种，极大地丰富了黑龙江省绿肥作物种质资源的种类和遗传多样性。

2.1.2 绿肥种质资源整理规范，建立完善的种质数据库

2017—2020年，旱地资源岗位完成了536份绿肥种质资源的规范性描述、提纯与扩繁，系统调查了生物学及形态学特征。建立了相对完善的绿肥种质资源库，包括绿肥种质资源保有数据库和绿肥种质资源性状数据库。保有数据库录入600份资源、5 000多条数据，包括种质名称、种质类型、科名、属名、学名、俗名、拉丁名、保存数量等。绿肥种质资源性状数据库录入

340 份资源、4 000 多条数据,包括种质名称、观测地点、生育期、株高、茎粗、叶长、叶宽、花色、花序类型等性状。

2.1.3 评价出一批优异资源

2017—2020 年,旱地资源岗位对收集的绿肥作物资源开展了性状评价,筛选出优异种质 134 份,包括晚熟或繁殖倍数高的箭筈豌豆,晚熟且生物量大的毛叶苕子,不同株高生物量大的光叶苕子和蓝花苕子,生物量大抗病性突出的亚历山大三叶草、百脉根、山羊豆和观赏红豆草等多年生种质,鸡眼草、斜茎黄芪和天兰苜蓿等优异野生种质。在抗旱评价方面,采用温室反复干旱法,筛选出了 4 份抗旱能力极强的箭筈豌豆资源,同时也筛选出 5 份对干旱极敏感的资源,这些资源不仅可作为抗旱品种选育的亲本材料,同时可作为箭筈豌豆抗旱机理、调控机制的基础材料(潘多锋等,2023)。在耐盐碱评价方面,采用模拟胁迫法对 108 份毛叶苕子和 131 份箭筈豌豆的苗期耐盐碱能力进行了评价,筛选出耐盐性强的箭筈豌豆和毛叶苕子资源各 5 份。在种子产量鉴定方面,通过小区试验,筛选出高产箭筈豌豆资源 5 份。在耐涝评价方面,针对黑龙江省井灌水田休耕制度和降水格局变化的现状,对 27 份资源进行了耐涝评价,筛选出毛叶苕子、田菁、谷稗等耐涝能力较强且适宜黑龙江省水田休耕期种植的资源。在多功能资源评价方面,筛选出一批具有饲用、食用、药用、观赏、绿化、蜜源等功能的资源。例如,筛选的艾菊叶法色草(HZMC1290)、欧亚花葵(HZMYZW 33)、香青兰(HZMYZW26)是优良的蜜源植物,同时还是观赏植物和饲用植物;豌豆(HZMC1446)具有很好的食用和饲用价值;白芸豆(HDK92)是观赏、食用和饲用的优良绿肥;黄羽扇豆(HZMC1534)的观赏、蜜源、食用和饲用性能俱佳。此外,在耐阴资源评价方面,筛选出了 2 种耐阴材料鸡眼草和白三叶,可用于果园种植。

2.2 模式创新与应用成效

2017—2020 年,旱地资源岗位在绿肥技术模式创新方面开展大量的研究工作,结合国家政策、区域种植制度,积极寻求黑龙江省绿肥产业发展的路径。

2.2.1 小麦复种毛叶苕子技术模式

针对黑龙江省小麦收获后土地闲置的现状,研发了麦后复种毛叶苕子的种植模式。该模式下,可降低化肥用量 60 kg/hm^{2}左右,小麦增产近 9%,除草剂用量也显著降低。

2.2.2 绿肥-水稻轮作生态休耕模式

针对黑龙江省水田轮作休耕中出现的问题,积极开展了寒地水田休耕期适宜种植绿肥作物的筛选与评价和水稻-绿肥轮作生态休耕模式的研究与集成。筛选出适宜水田休耕期种植的绿肥作物毛叶苕子、田菁和谷稗等 3 种作物。在种植技术模式上,总结并制定出“毛叶苕子+谷稗”混播休养一体化的水田生态轮作休耕模式。在该种植模式下,休耕土地的植被覆盖度近 100%,杂草种类及比例显著降低。翻压前耕层土壤(0~20 cm)有机质、全氮、速效氮含量较休闲地块(未种绿肥)分别增加 21.7%、16.2%和 9.8%。另外,该模式可减施氮肥 20%,降低成本 165 元/hm^2,同时增加水稻产量 300 kg/hm^2,增收 900 元/hm^2。2018—2019 年在五常市和绥化北林区示范 70 多 hm^2,辐射带动种植绿肥 200 多 hm^2。该模式在休养土地、提升耕地质量的同时,亦可推动特色养殖业、加工业,满足草食畜牧业发展。

3 黑龙江省绿肥清洁生产技术研发进展与创新

3.1 寒地毛叶苕子种子生产技术研究

适时播种和合理的播种量是影响植物种子产量和品质、有效防治杂草及病虫害、降低生产成本的关键因素之一。毛叶苕子是黑龙江地区绿肥产业发展的重要绿肥作物种类之一。2018—2019 年的研究表明，4 月 10 日播种量 30 kg/hm^2 时，毛叶苕子种子产量最高，达到 435 kg/hm^2，其发芽率和百粒重也较高，分别达到 91.1%和 4.08g(图 2-6-1)。可见，在黑龙江地区生产毛叶苕子种子，适宜播种量为 30 kg/hm^2，播期越早越好。

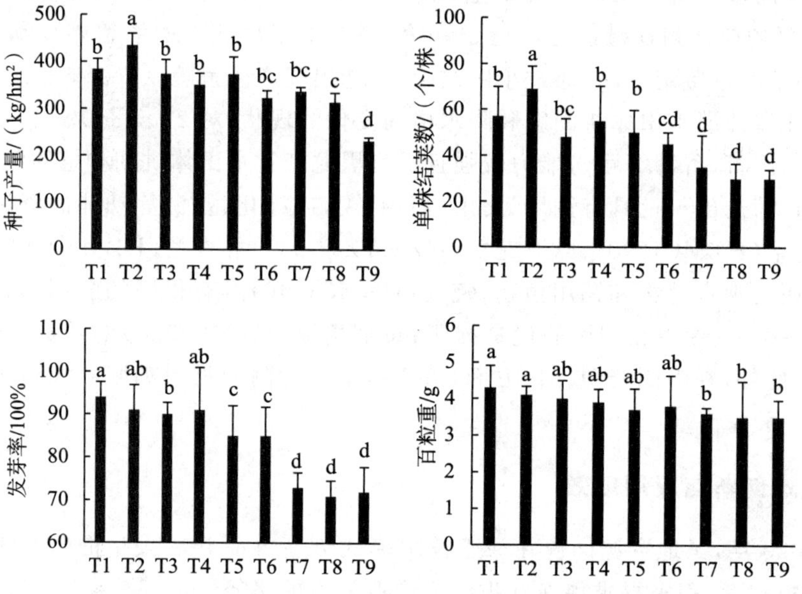

图 2-6-1 不同播期和播种量对毛叶苕子种子产量和质量的影响

注：各处理的播种期(月/日)、播种量(kg/hm^2)分别为：T1,4/10、22.5；T2,4/10、30；T3,4/10、37.5；T4,4/25、22.5；T5,4/25、30；T6,4/25、37.5；T7,5/10、22.5；T8,5/10、30；T9,5/10、37.5。图中柱子上方不同小写字母表示处理间差异显著($P<0.05$)，以下各图差异性表示意义相同。

3.2 小麦复种毛叶苕子技术研究

3.2.1 毛叶苕子适宜播种时期

麦后复种绿肥是黑龙江省绿肥产业发展最具潜力的方向之一。播种期是麦后复种绿肥的关键技术指标，影响到麦后复种毛叶苕子的种、收或翻压等时间的灵活性，是黑龙江省实际生产中迫切需要弄清的问题。

2017—2020 年，开展了小麦收获前 30 d、前 15 d 及收获当天播种处理下毛叶苕子生长及土壤效应研究。结果表明(表 2-6-1)，不同播期下的毛叶苕子生育期存在一定差异，营养生长阶段的差异明显，生殖生长阶段差异不大。3 个播期的毛叶苕子盛花期的株高和地上生物产量差异不大。在次年小麦播种前(4 月 1 日)，种植绿肥的土壤理化性质均得到改善，土壤容重和 pH 下降，土壤养分增加，3 个播种期之间没有明显差异(表 2-6-2)。

综上，黑龙江地区麦后复种毛叶苕子的播期，可以选择在 7 月 1 日（小麦收获前 1 个月）至 8 月 1 日（小麦收获期）。具体的播种时间主要取决于当地的耕作习惯和耕作制度，同时也取决于农业生产成本。在现阶段，建议在麦收当天采用机械播种，尤其是免耕机播会大大降低成本投入。但是，随着无人机在农业生产中的应用，可选择在麦收前 30 d 内播种，也能够达到麦后复种绿肥作物肥田养地、增产增效的目的。

表 2-6-1 播期对毛叶苕子生育期、株高和地上部生物量的影响

播种期/(月/日)	小麦时期	出苗期	分枝期	现蕾期	开花期	盛花期	株高/cm	地上部生物量/(g/m^2)
		月/日						
7/1	收获前 30 d	7/8	7/30	8/26	8/31	9/12	121.6	1240
7/15	收获前 15 d	7/23	8/14	9/2	9/5	9/17	107.8	1170
8/1	收获当天	8/8	8/23	9/4	9/9	9/20	107.8	1190

注：表中数据为 2017 年观测。

表 2-6-2 毛叶苕子不同播期对次年土壤主要理化性状的影响

播种期	容重/(g/m^3)	pH	有机质/(g/kg)	速效氮/(mg/kg)	有效磷/(mg/kg)	速效钾/(mg/kg)
收获前 30 d	1.31	6.9	31.8	171	36.1	179
收获前 15 d	1.32	6.9	32.0	169	35.8	180
收获当天	1.31	6.9	31.7	173	37.7	176
不种绿肥	1.36	7.1	28.4	159	21.1	140

注：毛叶苕子为 2017 年种植，表中数据为 2018 年 4 月 1 日（小麦播种前）取样测定。

3.2.2 小麦复种毛叶苕子的氮肥替代效应

在黑龙江地区麦后种植毛叶苕子能够显著增加土壤中的速效氮含量，对次年小麦产量产生正效应。研究表明，麦后复种毛叶苕子能够减少后茬小麦约 25% 氮肥用量，平均减少尿素 60 kg/hm^2，小麦产量不会下降。另外，麦后复种毛叶苕子能够显著降低次年小麦田间杂草，进而减少除草剂的用量（图 2-6-2）。相比清耕，种植毛叶苕子改善了耕地的物理结构，提升了土壤肥力（表 2-6-3）。

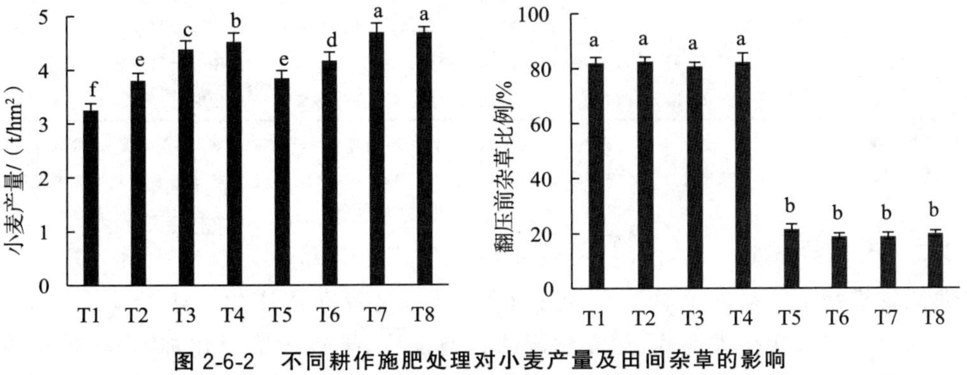

图 2-6-2 不同耕作施肥处理对小麦产量及田间杂草的影响

注：图中数据为 2018 年测定。T_1—清耕不施肥，T_2—清耕施肥 50%，T_3—清耕施肥 75%，T_4—清耕施肥 100%，T_5—复种毛叶苕子不施肥，T_6—复种毛叶苕子施肥 50%，T_7—复种毛叶苕子施肥 75%，T_8—复种毛叶苕子施肥 100%。

表 2-6-3 不同耕作施肥处理下的土壤理化性质

处理	容重 /(g/m³)	pH	有机质 /(g/kg)	速效氮 /(mg/kg)	速效磷 /(mg/kg)	速效钾 /(mg/kg)
T_1	1.38	7.1	28.1	157	20.8	130
T_2	1.36	7.1	28.0	157	20.7	138
T_3	1.37	7.1	27.7	160	21.2	137
T_4	1.35	7.1	28.4	161	21.1	138
T_5	1.30	6.9	32.2	176	36.7	170
T_6	1.31	6.9	31.9	179	36.3	176
T_7	1.31	6.9	32.0	183	37.1	171
T_8	1.31	6.9	32.1	180	36.9	174

注：表中数据为 2018 年测定，各处理同图 2-6-2。

3.3 绿肥的提质改土效应研究

3.3.1 改良烟田土壤，提高烟叶产量和质量

黑龙江省近 3 年烟草平均种植面积为 1.5 万 hm²，随着市场不断调整，对烤烟质量要求逐渐升高。黑龙江省烟田长期处于“重用轻养”状态，造成土壤有效养分释放和迁移受阻，肥料利用率降低，烤烟可烤性和耐烤性降低，品质难以保证。为此，研究人员利用不同种类绿肥开展了与烤烟套种并与化肥配施对植烟土壤质量以及烤烟生长和经济性状影响的研究，结果表明，在土壤有机质含量 2.0%～3.0%、碱解氮含量 90～120 mg/kg 中等肥力的黑龙江植烟区，以绿肥作物紫花苜蓿（Y_3）配施减氮 30%最为适宜，可以提高烟叶产量和质量（表 2-6-4）。

表 2-6-4 不同种类绿肥套种与化肥配施对烤烟质量、产量和产值的影响（贺国强等，2020）

处理	单叶重 /g	上等烟比例 /%	上中等烟比例 /%	均价 /(元/kg)	产量 /(kg/hm²)	产值 /(万元/hm²)
CK	7.2±1.3 b	7.37±1.98 c	53.43±3.51 b	9.40±1.41 b	1 976±212 c	1.88±0.48 c
Y_1	10.0±0.6 a	22.36±4.14 a	64.78±2.55 a	13.71±0.95 a	3 133±95 ab	4.30±0.38 ab
Y_2	10.6±0.4 a	18.91±3.19 ab	65.48±1.53 a	13.29±0.93 a	3 268±109 a	4.34±0.23 ab
Y_3	10.7±0.7 a	20.76±2.53 a	68.50±3.48 a	14.37±0.66 a	3 397±166 a	4.88±0.36 a
Y_4	9.6±0.2 a	15.52±3.30 ab	64.89±1.07 a	13.12±0.81 a	2 868±120 b	3.76±0.31 b
Y_5	10.9±1.4 a	12.50±2.00 bc	60.62±4.21 a	12.47±0.88 a	3 298±177 a	4.12±0.51 ab

注：CK—套种绿肥＋不施肥，Y_1—烤烟与黑麦草套种＋减氮 30%，Y_2—烤烟与草木樨套种＋减氮 30%，Y_3—烤烟与紫花苜蓿套种＋减氮 30%，Y_4—烤烟与小麦套种＋减氮 30%，Y_5—不种绿肥＋常规施肥。表中同一列不同小写字母表示处理间差异显著（$P<0.05$）。

3.3.2 改良盐碱地

黑龙江省松嫩平原盐渍土总面积约 342 万 hm²，是我国盐渍化土壤的集中分布区之一。该地区地表盐碱斑逐年扩大连片、盐渍化侵蚀日益加剧，导致土壤退化、地表植被覆盖降低等一系列生态问题。对于盐渍化土壤治理，工程、化学措施均存在成本高、效果不稳定、安全性存疑等问题。田菁具有较强的耐旱、耐盐、耐涝、耐瘠、降盐和固氮能力，利用其高生物量、高吸盐能力和强固氮能力，改良盐碱化土壤已在实践中得以应用，在减轻土壤盐碱化程度、改善土壤理化性状、提高土壤肥力等方面表现出良好效果。在大庆地区引种田菁研究结果表明，田菁适

应大庆地区气候条件和盐碱化土壤环境，种植田菁能有效促进地表其他植被生长，降低土壤pH、可溶性盐含量和电导率(表 2-6-5)。

表 2-6-5 不同处理 0～20 cm 耕层土壤 pH、可溶性盐含量和电导率的变化(张国发等，2018)

年份	处理	pH	可溶性盐含量/(g/kg)	电导率/(μS/cm)
2014	不种田菁	10.2 a	5.61 a	201.5 a
	种植田菁	9.0 b	4.39 b	178.2 b
2015	不种田菁	10.3 a	5.84 a	206.2 a
	种植田菁	8.6 c	3.62 c	151.6 c
2016	不种田菁	10.3 a	5.93 a	210.3 a
	种植田菁	8.3 c	3.07 d	127.5 d

4 黑龙江省绿肥发展潜力

4.1 黑龙江省发展绿肥的必要性

4.1.1 发展绿肥是实施“藏粮于地、藏粮于技”的迫切需要

黑龙江省是世界三大黑土带之一，典型的黑土区耕地面积为 1 040 万 hm^2，在保障国家粮食安全中具有举足轻重的地位。当前，黑土层变薄、土壤质量下降趋势加重。据监测，近 60 年来，黑土耕作层土壤有机质含量下降了 1/3，部分地区下降了 50%。绿肥翻压还田可提高土壤有机质含量，改善土壤理化性状，增强土壤肥力。此外，绿肥也是改良土壤微生态环境不可缺少的物质，绿肥翻压还田，可明显改善土壤中微生物的生存状态，提高作物根际微生物的数量和活性。因此，在黑龙江省发展绿肥产业有利于提高黑土地耕地质量，提升黑土地综合生产能力，进而促进粮食增产。

4.1.2 发展绿肥是实现盐碱地成为后备耕地资源目标的迫切需要

黑龙江省盐碱地主要分布在松嫩平原，面积 342 万 hm^2，具备巨大的农业生产潜力，亟需整治并加以利用。目前改良盐碱地的主要方法有物理、化学和生物治理的方法。生物治理盐碱地的主要方法之一就是种植耐盐植物。绿肥作物田菁具有较强耐旱、耐盐、耐涝、耐瘠、降盐和固氮能力，可有效改良盐碱地，是治理盐碱化土壤的先锋物种，种植田菁后盐碱地 0～80 cm 土层的脱盐率可达 52.16%(王立艳等，2012)。我国田菁资源丰富，利用田菁治理与改良盐碱化土壤，前景广阔，可实现盐碱地成为后备耕地的目标。

4.1.3 发展绿肥是促进农业绿色发展的迫切需要

黑龙江省是全国最早发展绿色食品的省份之一，目前绿色食品生产基地面积、产品产量均位居全国第一。截至 2019 年 4 月，绿色有机食品认证面积达到 536 万 hm^2，产量达到 1 610 万 t，产值达到 680 亿元。有效使用绿色食品标志产品 2 700 个，农产品地理标志产品 127 个。然而，黑龙江省农业发展过程中也同样存在着一些不容忽视的环境问题，需采取有力措施，切实推进农业绿色发展。在黑龙江省发展绿肥可将资源环境优势转化为经济优势和发

展优势，打好寒地黑土、绿色有机、非转基因优势牌，实现黑龙江省由农业大省向农业强省的转变。

4.2 黑龙江省绿肥发展潜力

4.2.1 农区绿肥发展潜力

黑龙江省是中国耕地面积最大的省份，耕地面积 1 720 万 hm^2，主要粮食作物播种面积 1 444万 hm^2，其中谷类作物播种面积 991 万 hm^2，豆类播种面积 445 万 hm^2，薯类播种面积 8 万hm^2（黑龙江统计年鉴，2022）。主要种植的粮食作物有水稻、小麦、玉米、谷子、高粱等。黑龙江地区为北方一年一熟区，根据当前的种植制度，适合推广的绿肥种植模式有麦后复种绿肥、玉米高粱油葵等作物前期间作绿肥、薯类麻类复种绿肥。

总体上，黑龙江省农区可发展绿肥的面积潜力为 337 万 hm^2，绿肥有效时空潜力为 57 万 hm^2·年，具体各种植模式对应的绿肥发展潜力及计算参数详见表 2-6-6。

4.2.2 果园绿肥发展潜力

2019—2021 年，黑龙江省果园种植面积 5 万 hm^2，主要有苹果园、梨园和葡萄园，种植面积分别是 0.9 万 hm^2、0.2 万 hm^2和 0.3 万 hm^2（黑龙江统计年鉴，2022）。通过计算黑龙江省落叶果园发展绿肥面积潜力是 3 万 hm^2，有效时空潜力是 2 万 hm^2·年（表 2-6-6）。

表 2-6-6 黑龙江省绿肥种植时空潜力

区域	适宜的绿肥制度	对应的主作物面积/万 hm^2	绿肥空间占比/%	绿肥时长/个月	绿肥面积潜力/万 hm^2	绿肥有效时空潜力/(万 hm^2·年)
农区	一熟区麦后复种绿肥	6	100	2.5	6	1
	薯类麻类复种绿肥	8	100	2.5	8	1
	玉米前期间作绿肥	646	50	2	323	54
	农区合计	660	—	—	337	57
经济林园	落叶果园	5	70	6	3	2
	经济林园合计	5	—	—	3	2
合　计		665	—	—	340	58

注：绿肥有效时空潜力=对应的主作物面积×绿肥空间占比×绿肥时长。

4.2.3 其他绿肥潜力

紫花苜蓿、草木樨、箭筈豌豆、毛叶苕子等都是肥、饲兼用的绿肥作物。2019—2021 年黑龙江省饲料作物播种面积 3 万 hm^2，按照当前肥、饲兼用绿肥面积计算，绿肥面积潜力是 3 万 hm^2，绿肥有效时空潜力是 2 万 hm^2·年。此外，据统计，黑龙江省盐碱地面积 121 万 hm^2，其中盐碱耕地 13 万 hm^2，盐碱化草原面积为 108 万 hm^2，这些盐碱地种植绿肥后可成为后备耕地资源。

5 黑龙江省绿肥生产主要技术模式

5.1 小麦复种毛叶苕子技术模式

近 5 年来，黑龙江省的小麦面积略有恢复，每年的种植面积均维持在 10 万 hm^2左右。小麦田在收获后还有约2个月的空闲期，光、热和水资源充足，可供植物生长。在此时期内种植绿肥可覆盖地表，起到防风蚀、水蚀、沙蚀的作用，增强农田生态系统的自我保护能力。同时，能向土壤输送养分、培肥土壤，可有效减少次年农作物的化肥用量。

5.1.1 生产方式

在麦收前后播种绿肥作物毛叶苕子，利用麦收后的秋闲季节生产一季绿肥鲜草，然后刈割作饲草或者直接翻压作绿肥的生产利用方式。

5.1.2 种植技术

(1)品种选择

选择适宜当地的生长快、生物量高、培肥地力好的品种，如土库曼毛叶苕子、蒙苕1号、郑州7406等。在毛叶苕子播种前一个星期内，选择阳光充足天气，晒种1～3 d，种皮出现裂缝，可以加速种子的萌发。

(2)毛叶苕子种植方式

小麦收获后播种。当年小麦收获时，留茬高度为20～25 cm。小麦收获后立即播种毛叶苕子，在原茬小麦行间采用错茬播种的方式。即在原小麦茬，每隔2行或3行，利用免耕播种机播种毛叶苕子。播种深度3～4 cm，播种量为45～60 kg/hm^2。温度低、前茬小麦收获较晚的地区(大兴安岭地区)可视情况适当加大播种量。有灌溉条件的地区播后应立即浇水。

小麦收获前播种。在小麦乳熟期至蜡熟期，采用人工撒播或无人机飞播的种植方式，播种量为60 kg/hm^2。

(3)毛叶苕子利用

麦后复种毛叶苕子的利用方式可分为2种：打草养畜根茬还田(饲用)和翻压肥田。

打草养畜根茬还田：在畜牧发达的地区，种植的毛叶苕子可作为优良饲草利用，饲喂家畜。毛叶苕子用作饲料时，其最佳的收获期因饲喂的家畜及利用方式不同而异。用于猪的青饲时，在分枝期到现蕾期刈割；用于牛、马、羊的青饲时，在开花期到结荚期刈割。用于调制青贮或干草时，在盛花期刈割。收获后的草尽早运走，之后田块立即耕翻，根茬肥田。

翻压肥田：以培肥土壤为主要目的的地区，翻压肥田是一良好的方式。可在初花期至盛花期进行翻压，一般在9月中上旬，最晚不超过9月20日。一般以15 t/hm^{2}鲜草翻压为宜，可根据土壤肥沃程度、气候特点、作物需肥量和其他肥料配合等实际情况进行增减。可采用大型拖拉机深翻，如果生长茂盛(鲜草15 t/hm^{2}以上)可用联合收割机切碎后再翻压。翻压深度25 cm左右，绿肥体不外漏于地表。

(4)小麦栽培注意事项

对前茬小麦的要求：一般的小麦田均可复(套)种毛叶苕子，但以高产、优质、抗倒伏及早熟的小麦品种较为适宜。此外，就套种而言，还应注意小麦的合理密度，不可过密，也不宜过疏。

后茬小麦减施化肥：由于毛叶苕子根茬肥地以及过腹还田后土壤肥力提升，一般后茬小麦减少尿素用量43～60 kg/hm^2，减少过磷酸钙用量75～120 kg/hm^2，能保证小麦不减产。

5.2 水田休耕期毛叶苕子种植技术模式

近年来，黑龙江省水田休耕面积增加，2017—2019年，休耕面积从6.7万hm^{2}增加到14.3万hm^2。在休耕期种植绿肥是积极养地手段，绿肥-水稻轮作种植也是绿色稻米生产的重点发展模式之一。

5.2.1 生产方式

在稻田休耕期间种植绿肥作物毛叶苕子，于秋季翻压绿肥作物或者刈割绿肥鲜草后进行根茬翻压肥田，休耕结束后再种植水稻。

5.2.2 种植技术

(1)品种选择

选择适宜当地的生长快、生物量高、培肥地力好的品种，如土库曼毛叶苕子、蒙苕 1 号、郑州 7406 等。毛叶苕子的种子在播种前一个星期内，选择阳光充足天气，晒种 1～3 d，种皮出现裂缝，加速种子的萌发。

(2)毛叶苕子种植方式

上年秋季水稻收获后进行浅翻深松，浅翻 15～20 cm，深松 30～35 cm。次年播种毛叶苕子前一个星期进行耙耱，做到地块平整、细碎、上虚下实。5～6 月份，当表层土壤(0～10 cm)温度稳定在 10 ℃播种，最晚不超过 6 月下旬。采用机械条播。行距 30～45 cm，播种深度 3～4 cm。播后应立即镇压。也可撒播，播后立即进行耙耱。条播时毛叶苕子播种量 45～52.5 kg/hm^2，撒播时播种量为 52.5～60 kg/hm^2。

(3)田间管理

毛叶苕子生长期内，根据天气情况做好灌水及排水工作。

(4)毛叶苕子的利用

毛叶苕子可作为饲草，地上鲜草部分可加工饲草饲养家畜，地下根茬部分可翻压还田。此外，毛叶苕子可全株翻压还田，用于肥田养地。利用休耕水田繁殖毛叶苕子种子也是提质增效利用方式。

打草养畜根茬还田：同 5.1.2(3)。

翻压肥田：同 5.1.2(3)。

收种：种子应在 70%的荚果呈现黄褐色时收获，一般在 9 月 20 日左右。在种子收获前喷洒催熟剂，促进毛叶苕子绿叶枯黄脱落，种子达到相对一致的成熟，然后用联合收割机收获。

(5)水稻的栽培注意事项

由于毛叶苕子根茬肥地以及过腹还田后土壤肥力提升，一般后茬水稻减少尿素用量约 75 kg/hm^2，能保证后茬水稻不减产。

参考文献

[1]郭继勋，马文明，张贵福. 东北盐碱化羊草草地生物治理研究[J]. 植物生态学报，1996，20(5)：478-484.

[2]贺国强，王盼盼，高远，等. 寒地绿肥与烤烟套种对烤烟生长及经济性状的影响[J]. 中国农学通报，2020，36(7)：37-43.

[3]黑龙江统计局. 黑龙江统计年鉴[M]. 北京：中国统计出版社，2022.

[4]潘多锋，张瑞博，李道明，等. 箭筈豌豆种质资源苗期抗旱性综合评价[J]. 草业科学，2023，40(1)：188-199.

[5]王鹤桥．黑龙江绿肥牧草品种志[M]．哈尔滨：黑龙江出版总社，1985.

[6]王立艳，潘洁，肖辉，等.不同耐盐植物对滨海盐土可溶性盐分运移的影响[J]．中国农学通报，2012，28(20)：250-254.

[7]王萍，殷立娟，李建东．松嫩平原盐碱化草地羊草的生长适应性及耐盐生理特性的研究[J]．生态学报，1994，14(3)：306-311.

[8]叶莉，裘立斌，刘春静，等．玉米与草木樨间作的推广试验研究[J]．草原与草坪，2004(3)：60-62.

[9]张国发，吴园园，徐太海，等．田菁秸秆还田对松嫩平原盐碱土改良效果的研究[J]．大庆师范学院学报，2018，38(3)：48-50.

[10]张睿，张举梅，金慧，等.艾菊叶法色草的用途及栽培技术[J].黑龙江农业科学，2021(1)：175-176.

[11]水田休耕期种植毛叶苕子及还田技术规程[S]．黑龙江省地方标准．DB 23/T 2579—2020.

[12]小麦田复种毛叶苕子及还田技术规程[S]．黑龙江省地方标准．DB 23/T 2580—2020.

第三篇

西北篇

I　陕西省绿肥生产历史、现状、潜力及模式

1　陕西省绿肥生产历史

1.1　绿肥作物生产历史

绿肥在陕西省农业生产中起到了重要作用，种植面积曾经达到 31 万 hm^2（陕西省土壤普查办公室，1992）。2002 年调查数据显示，陕西省全省绿肥种植面积为 73.4 万 hm^2。利用方式主要有直接还田、饲料、其他用途等，分别占总产量的 5.5%、62.2%和 32.3%。绿肥种植面积较大的是苜蓿、柠条、沙蒿、紫穗槐、草木樨等种类（冯琛，2005）。其中，渭北旱塬果园绿肥种植面积较大，以三叶草、黑麦草、箭筈豌豆和毛叶苕子为主。

2007 年调查结果表明，全省绿肥种植面积为 64 万 hm^2。其中，压青还田占总产量的 26.1%，饲料过腹还田占 67.7%，经济绿肥占 1.4%，其他占 4%。春夏绿肥主要是各种豆类，播种面积为 4.8 万 hm^2，主要还田方式是压青还田，其次是用作饲料过腹还田。冬绿肥主要包括油菜、毛叶苕子等，年种植面积 2.5 万 hm^2，主要还田方式为压青还田。多年生绿肥包括苜蓿、三叶草、沙打旺等，年种植面积 47.1 万 hm^2，其中苜蓿 24.6 万 hm^2、沙打旺 20.1 万 hm^2、三叶草 2.4 万 hm^2，主要用于饲料过腹还田。另外，其他类绿肥种植面积为 10 万 hm^2，也主要用于过腹还田（麻进仓，2008）。

1.2　绿肥作物种质资源

中华人民共和国成立前，陕西省绿肥只有毛叶苕子、紫花苜蓿、绿豆、紫云英等几个类别，中华人民共和国成立以来引进并在生产上推广应用的重要绿肥种类包括草木樨、沙打旺、山黧豆、紫穗槐、绿豆、柽麻、小冠花等（全国农业技术推广服务中心，1999）。

白三叶草：一年生或多年生草本豆科植物。生长周期一般为 2～6 年，在温暖条件下，常缩短为二年生或一年生。高 0.1～0.3 m，主根短，侧根和须根发达。茎匍匐蔓生，上部稍上升，节上生根，全株无毛。喜湿润温暖气候，生长势强，产草量大，较耐旱、耐寒。适宜生长于排水良好、富含钙质的黏性土壤。三叶草能为瓢虫、大眼蝽象、软体花甲虫和其他捕食动物等有益昆虫提供栖息地。

百脉根：多年生草本豆科百脉根属植物。株高 0.2～0.5 m，茎实心近四棱形，丛生、平卧或上升。根系发达，入土深。喜温暖湿润气候，不宜在寒冷干旱地区种植。有较强的耐旱性，其耐旱性强于红三叶而弱于紫花苜蓿，不耐渍。对土壤要求不严，在弱酸性和弱碱性、湿润或

干燥、沙性或黏性、肥沃或瘠薄地均能生长。常生于海拔 2 500 m 以下的山谷、山坡和田间。

扁茎黄芪:多年生草本豆科植物。主根粗而长,全株生有单毛。茎有棱,稍扁压,通常平卧,长可达 1 m 以上,不分枝或稍分枝,下部通常无毛,上部常有小刚毛。一般多生于向阳草地、山坡、路边及轻碱性草甸。耐寒、耐旱、耐阴、耐践踏、耐瘠薄。

蚕豆:一年生或越年生豆科草本植物。株高 0.3~1.8 m,主根系发达,根系为圆锥形,茎为草质茎,四棱形,直立生长,花色绿色或紫色。又名胡豆、罗汉豆,是一种优良的粮、菜、肥兼用作物。主要于秋季或早春播种,多与其他作物间作,摘青荚作蔬菜或收籽食用,茎秆和残体还田作肥料。蚕豆耐寒但不耐热,喜湿润环境,对水肥要求较高,不耐渍,不耐旱。

草木樨:二年生草本豆科植物,又名野苜蓿。茎直立、中空,株高 1~2 m 或更高。在平肥地果园种植,每公顷根系鲜重可达 15.75 t,茎叶鲜重约为 75 t。在干旱地区种植,根冠比为 1∶2。种类较多,在陕西省常见的有二年生白花草木樨、二年生黄花草木樨、一年生草木樨等。多与玉米、小麦倒换茬口,也可在经济林木行间或山坡丘陵地种植。草木樨耐旱、耐寒、耐瘠性强。养分含量高,既是优良的绿肥,也是重要的饲草。用作饲草要经过加工调制成干草,或青贮后适宜家畜食用。其中,白花草木樨根系发达,主根可深入土壤 2~3 m,但根群主要集中在 0~30 cm 土层内,水平根幅 30~80 cm。

柽麻(菽麻):豆科猪屎豆属直立草本。株高 0.5~1 m,茎枝圆柱形,具浅小沟纹,密被丝光质短柔毛,又叫太阳麻。多用作间套或填闲,是一种重要的夏季绿肥。原产南方,性喜温湿气候,耐旱性较强,但不耐渍,耐盐碱和瘠薄。

黑麦草:多年生禾本科植物。株高 0.3~0.9 m,基部节上生根质软。叶舌长约 2 mm,叶片柔软,具微毛,有时具叶耳。喜温凉湿润气候,宜于夏季凉爽、冬季不太寒冷地区生长。较能耐湿,耐旱、寒、热性均差,不耐阴。夏季高热、干旱不利于其生长。10 ℃左右能较好生长,27 ℃以下为生长适宜温度,35 ℃生长不良。对土壤要求比较严格,喜肥不耐瘠。略能耐酸,适宜土壤 pH 为 6~7,不宜在旱薄沙地和易涝地生长,鲜草产量 4~5 t/hm^2。一般生长 3~4 年,次年生长旺盛。

箭筈豌豆:一年生或二年生草本豆科植物,又叫磊巢菜、野豌豆。茎细软,斜升或攀缘,有条棱,多分枝,长 0.6~2 m。多在麦、棉田复种或间套种,也可在果、桑园中种植。适应性广,耐旱性强(吕福海等,1994)。产量高,是一种优良的草、种兼用的饲料和绿肥作物。

绿豆:一年生直立豆科草本植物。高 0.2~0.6 m,茎被褐色长硬毛。是一种优良的粮、肥兼用作物,也是重要的豆类经济作物。多在春夏种植,间作或麦田复种。耐湿性较强,在瘠薄地上可生长良好。

毛叶苕子:一年生或多年生豆科草本植物。根系较发达,主根可深达 1 m 以上,侧、支根多分布在 0~50 cm 的土层中。具有较强的抗旱和抗寒能力。对土壤要求不严格,耐涝性差,在排水良好的壤质土生长最好。常种于农作物行间和林果园中。20 世纪 50~70 年代种植面积较大。

柠条:多年生豆科灌木矮小灌。高 0.3~1 m,多分枝,树皮灰黄色,幼枝被丝质柔毛。抗旱、耐寒,耐沙埋、耐瘠薄,防风固沙,喜光,但不耐涝。喜生于 pH 7.5~8.0 的灰栗钙土,土石山区可成片分布,在贫瘠干旱沙地、黄土丘陵区、荒漠和半荒漠地区均能生长。年均生长量高达 67 cm,多用于畜牧业。

沙打旺:豆科,黄芪属多年生草本植物。高 0.2~1 m,根较粗壮,暗褐色,羽状复叶,叶柄较叶轴短。是一种饲草和水土保持兼用型绿肥。多生于海拔600～3 200 m的山坡、山沟、沙地、川地、路旁及河滩地。适应性强，抗寒、抗旱、耐风沙，耐盐碱，耐瘠薄，但不耐涝。可与粮食作物轮作或在林果行间、坡地和沙地种植。是半干旱地区优良肥、饲兼用绿肥，鲜草产量22.5～40 t/hm^2(陈静等，2002)。

山黧豆：多年生草本豆科植物。茎通常直立，高0.2～0.5 m，具棱及翅，有毛，后渐脱落。山黧豆喜湿润，常生于海拔1 800 m以下的山坡、林缘、路旁、草甸等地，多丛生。

山野豌豆：豆科野豌豆属，多年生草本豆科植物。株高0.3～1 m，植株被疏柔毛，细紧无毛。主根粗壮，须根发达。茎具棱，多分枝，细软，斜升或攀缘。抗寒性极强，幼苗和成株均能忍受－6～－5 ℃的霜寒。山野豌豆对土壤有良好的适应性，酸性土壤和碱性土壤都能生长，但以多有机碳的微酸性至中性土壤更为适宜。多生于海拔600～1 650 m的丘陵、田埂及灌丛等向阳处。

田菁：豆科田菁属，一年生亚灌木状草本植物。株高2～3.5 m，茎绿色或褐红色，微被白粉。喜温暖、湿润的环境，耐盐、耐涝、耐瘠、耐旱、抵抗病虫能力强，在土壤含盐量0.3%的盐土或pH 9.5的碱地上都能生长。多生长在水田、水沟等潮湿低地。

豌豆：一年生攀缘豆科草本植物。株高0.5～2 m，叶状心形，小叶卵圆形。重要的粮、菜、肥兼用作物。主要用作棉花前茬绿肥种植翻压。喜冷凉温气候、喜光、耐寒、耐旱、不耐热。宜在微酸性或中性土壤种植，需要进行轮作倒茬，对水肥要求较高，不耐涝。多与麦类混播。在关中和陕北地区广泛种植。20世纪50～70年代种植面积较大。

香豆子：一年生或二年生草本豆科植物，又叫胡卢巴、香草。高0.3～0.8 m。根系发达，主根根长可达80 cm，茎直立，圆柱形，多分枝，微被柔毛。植株和种子均可食用，是很好的调味品。多于夏秋麦田复种，也可与其他作物间作。性喜冷凉气候，忌高温，抗霜冻能力强，适应性广。对土壤、气候条件要求不太严格。在水肥条件和排水良好的土壤上生长旺盛，不耐渍水和盐碱(洪汝兴等，1996)。

小冠花：豆科小冠花属多年生草本植物。茎直立，粗壮，多分枝，疏展，高0.5～1 m。抗逆性强，最适生长温度20～25 ℃，超过25 ℃和低于19 ℃时生长缓慢。抗旱性强，在年降雨量400 mm左右的半干旱地区生长良好。对土壤要求不高，在贫瘠土壤上也能生长，适宜中性或弱碱性、排水良好的土壤，不耐强酸。根系发达，一旦扎根，干旱丘陵、土石山坡、沙滩都能生长，不耐湿，在排水不良的水渍地，根系容易腐烂死亡。

羊柴：多年生豆科，羊柴属半灌木或小半灌木。高可达0.8 m，根系发达，主根深长。茎直立，多分枝。抗寒、耐旱、能忍耐短期高温，水分过多时生长不良。为优良的饲料植物，是天然放牧场重要豆科植物。也可引种为固沙植物，固定沿河、湖的移动沙丘。耐沙埋，抗风蚀力强，对土壤要求不严(陈静等，2002)。

野豌豆：豆科野豌豆属，多年生草本植物。高0.3～1 m。根茎匍匐，茎柔细斜升或攀缘，具棱，疏被柔毛。喜温暖湿润的气候，适宜生长在质地疏松、有机质较丰富的山地黑钙土和暗栗钙土。生长海拔1 000～2 200 m。

紫花苜蓿：多年生草本豆科植物。主根长，深达5 m。株高1 m左右，茎中空光滑，分枝15～25个或更多。抗寒力强，幼苗可忍耐5～6 ℃的低温，健壮植株的根系在有积雪覆盖下能耐－44 ℃低温。由于根系强大，入土深，抗旱能力强，但较草木樨略差。一般可连续生长5～7年，在半干旱区、高山区更长。水分需求高，适宜年降雨量600～900 mm，但不耐渍，淹水3～

5 d会导致烂根死亡。

紫穗槐:多年生豆科落叶灌木,又名油条、槐条。主根肥大,侧根多,2~3 年后根系扩展宽度达 1.3~1.7 m,株高 2~3 m。紫穗槐幼苗抗盐力较差,要求土壤含盐量在 0.2%以下,生长 1 年后耐盐力增强,0~30 cm 土层含氯盐 0.4%仍能正常生长。紫穗槐能耐长期干旱,也能耐一定时间的深水浸渍,并能耐低温,较耐阴。可在山地果园梯田壁或沙滩地果园沟渠两侧种植,不宜在果树行间种植。常生于海拔 1 000 m 左右的路旁、河岸、灌丛树下(陈静等,2002)。

1.3 历史上的绿肥种植模式

绿肥与主作物套种:麦田可选择早春套种草木樨;玉米、棉田及晚秋作物可套种毛叶苕子等。20 世纪 50~60 年代,陕西省关中各地和陕北地区均有推广或示范。

绿肥与麦、稻或晚秋作物轮作:主要包括"冬小麦+草木樨(或绿豆、黑豆压青)轮作-冬小麦+豌豆轮作""冬小麦+水稻轮作-苕子+水稻轮作""冬小麦-夏休闲-冬小麦+毛叶苕子(留种)或豌豆轮作"等。20 世纪 50~60 年代,上述模式在关中地区试验并推广,例如秦岭北麓渭河以南地区和陕西中部、东部旱塬地区的轮作模式。

"两粮两肥"间套模式:小麦-玉米轮作体系两茬粮食作物均间套种绿肥:第 1 年秋播时,小麦与毛叶苕子间作(1.5 m 条带种小麦,1 m 条带种毛叶苕子);次年夏播时,早玉米与短期绿肥柽麻套种。

"两粮一肥"间套模式:小麦-玉米轮作体系玉米季间套作绿肥:冬小麦收获后,夏玉米采用宽窄行种植,宽行 2 m、窄行 0.67 m,宽行套种柽麻或绿豆,压青作下茬小麦底肥。20 世纪 70 年代,该绿肥种植模式在关中灌区有试验推广。

1.4 绿肥对农业生产的贡献

20 世纪,绿肥生产的快速发展对陕西省农业产生了重要作用。大面积绿肥生产的增产效果较好。在 20 世纪 50~60 年代,草木樨和毛叶苕子表现比较突出。在关中,草木樨作为麦田绿肥,可使小麦增产 30%~40%,平均增产 750 kg/hm^2 以上;在陕北延安南部各示范县,小麦增产常在 50%以上。根据洛川县下黑木大队的典型调查,该队 1958 年试种,至 1965 年绿肥已占到麦田面积的 20%左右,种植绿肥的小麦每公顷产量平均比夏休闲高 68.6%。陕南黄泥丘陵地区绿肥增产效应尤为显著。中国农业科学院原陕西分院安康工作组调查数据显示,1963 年绿肥示范区小麦增产 150.0%;1964 年小麦产量比对照一年两熟的总产还高出 63.3%;1965 年在 7 个队、场,五种等级土壤上示范,最低增产 156.3%,最高增产 677.8%,平均增产 291.8%,净增产小麦 750 kg/hm^2。1953~1960 年,关中棉区多年示范结果表明,毛叶苕子压青平均增产籽棉 2.79 t/hm^2,比每公顷施用 30 t 圈肥增产 21.4%(陕西省土壤肥料研究所,1965)。

种植翻压绿肥具有明显的培肥土壤效果。在陕西省宜川县秋林乡十里坪村进行的试验表明,种植白三叶草、小冠花、箭筈豌豆、黑麦草、早熟禾等不同绿肥可使土壤有机质含量提高 10.8%~37.8%,土壤全氮、矿质氮、有效磷和速效钾含量分别提高 1.2%~10.7%、2.6%~31.9%、8.5%~24.7%和 2.1%~10.5%,其中,豆科绿肥的效果优于禾本科绿肥。种植利用绿肥可以增加土壤腐殖质的含量,提高土壤对重金属的吸附能力,从而减少作物对重金属的吸收,降低土壤中重金属的活性和毒性。绿肥翻压还可将土壤 pH 降低 0.1~0.6 个单位。通过种植十字花科、燕麦等绿肥,可有效抑制土传病菌,且绿肥种植时间越长,效果越显著(文朝慧,1998)。

利用绿肥改良盐碱地也曾取得显著效果。陕西省周至县群众在盐碱地种小麦时，普遍使用草木樨压青，结合过磷酸钙施用，连续十年夺得小麦高产。过去盐碱地小麦产量只有0.75 t/hm^2，后普遍提高至3 t/hm^2（李学曾，1981）。

2 陕西省绿肥技术模式创新

2.1 冬小麦-夏季豆科绿肥轮作

与夏季休闲相比，夏闲期连续多年种植并翻压豆科绿肥可显著提高旱地麦田表层土壤有机碳和活性有机碳含量以及相应的库容储量，显著降低表层土壤容重，其中种植长武怀豆效果最好（表3-1-1）；长期豆科绿肥还田相较于休闲能够显著提高0～20 cm不同团聚体全氮和有机碳含量（图3-1-1）。

表3-1-1 旱地豆科绿肥体系下麦田0～20 cm土壤碳库、易氧化有机碳库、氮库和容重（Zhang et al.，2019b）

处理	有机碳库 /(t/hm^2)	易氧化有机碳库 /(t/hm^2)	氮库 /(t/hm^2)	容重 /(g/cm^3)
休闲	19.1	10.5	2.28	1.27*
豆科绿肥	20.1*	10.8*	2.31	1.19

注："*"表示种植翻压豆科绿肥与夏季休闲处理差异显著（$P<0.05$）。

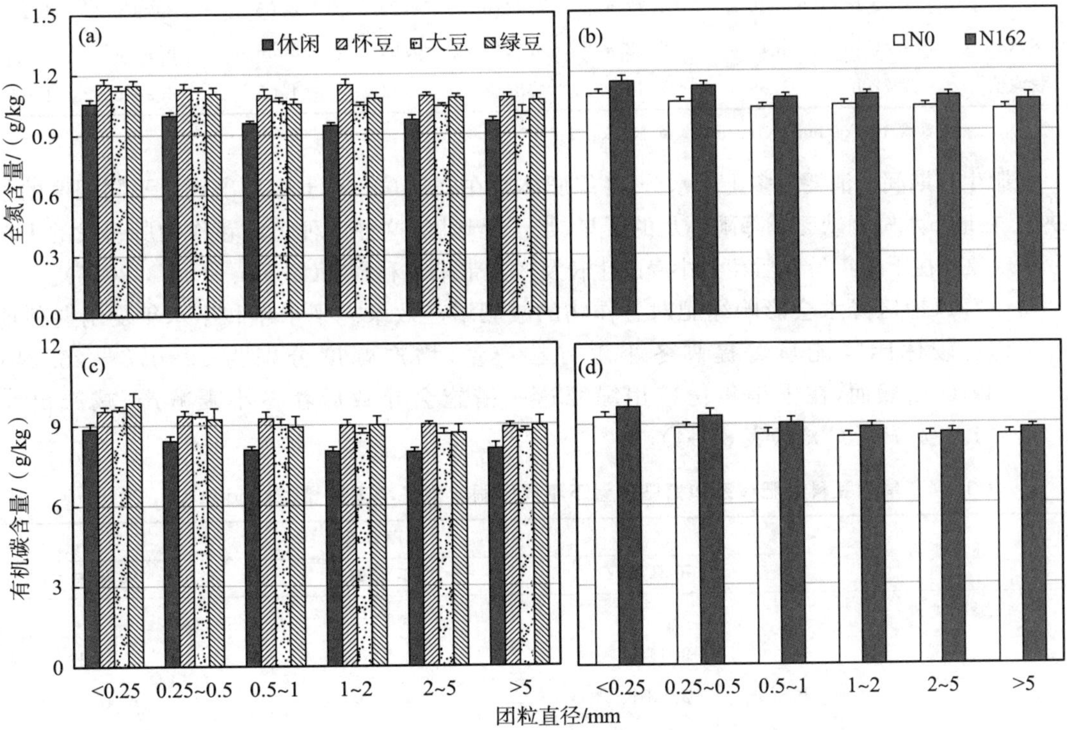

图3-1-1 旱地不同豆科绿肥体系（a和c）和氮肥用量（b和d）下0～20 cm土壤各粒径团聚体中全氮（a和b）和有机碳（c和d）含量（Zhang et al.，2019b）

注：N0—不施氮，N162—施氮量162 kg/hm^2。

豆科绿肥的种植翻压显著增加粒径>0.25 mm 团聚体的分布比例和平均重量直径，同时可有效提高土壤蔗糖酶、脲酶、脱氢酶和芳基硫酸酯酶活性（表 3-1-2）。

表 3-1-2　旱地不同豆科绿肥体系下土壤酶相对活性（Zhang et al.，2019b）

处理	蔗糖酶	脲酶	碱性磷酸酶	芳基硫酸酯酶	脱氢酶
休闲	1.00 b	1.00 b	1.00 b	1.00 b	1.00 b
怀豆	1.29 a	1.19 a	1.12 a	1.19 a	1.66 a
大豆	1.15 ab	1.21 a	1.18 a	1.06 ab	1.51 a
绿豆	1.14 ab	1.06 ab	0.97 b	1.26 a	1.12 ab

注：相对酶活性：各绿肥处理的酶活÷休闲对照酶活。同一列不同小写字母代表处理间差异显著（$P<0.05$），表 3-1-3 和表 3-1-4 同。

冬小麦施氮量由 162 kg/hm^{2}降至 108 kg/hm^2，绿肥处理冬小麦籽粒产量仍呈现出增加的趋势（1.6%～7.9%）（表 3-1-3），说明旱地夏闲期种植翻压豆科绿肥能够在稳定小麦产量基础上实现冬小麦氮肥减施约 54 kg/hm^2，为当地常规施氮量的 33%。

表 3-1-3　旱地不同豆科绿肥体系下低氮和高氮处理的冬小麦籽粒产量（Zhang et al.，2015）　t/hm^2

年份	休闲		怀豆		大豆		绿豆	
	N108	N162	N108	N162	N108	N162	N108	N162
2009	3.68 a	3.75 a	3.32 a	3.39 a	3.03 a	3.02 a	2.80 a	2.88 a
2010	3.18 a	3.05 b	3.31 a	3.33 a	3.17 b	3.28 a	3.34 b	3.53 a
2011	3.15 b	3.66 a	4.77 a	4.41 b	4.24 a	4.05 a	3.99 b	4.17 a
2012	4.88 b	5.11 a	6.32 a	6.22 a	6.01 a	5.86 b	5.63 a	5.54 a
平均值	3.72 b	3.89 a	4.43 a	4.34 b	4.11 a	4.05 b	3.94 b	4.03 a

注：N108—施氮量 108 kg/hm^2，N162—施氮量 162 kg/hm^2。

绿肥生长期间会消耗较多土壤水分，各绿肥体系在 0～100 cm 土层均出现了不同程度的水分亏缺层，在地下水资源缺乏及降雨不足的干旱、半干旱地区，这种由种植前茬作物所引发的土壤水分亏缺现象会在干旱年份对后茬冬小麦的生长及产量带来不利影响（Zhang et al.，2016）。

黄土高原地区降水会影响绿肥对主作物的减肥增产效果。平水年和丰水年夏闲期种植翻压豆科绿肥较休闲均能显著提高冬小麦籽粒产量，增产幅度分别为 19.0%～26.0% 和 4.2%～39.0%；然而，在干旱年份应用绿肥这一措施会导致后茬冬小麦减产，减产幅度为 6.3%～14.0%（$P<0.05$）（表 3-1-4）。

表 3-1-4　旱地豆科绿肥体系和氮肥用量下不同降雨年型冬小麦产量（Zhang et al.，2016）　t/hm^2

处理类型	降雨年型		
	干旱年	平水年	丰水年
绿肥处理			
休闲	3.11 a	3.19 c	5.15 b
怀豆	2.83 b	4.43 a	6.48 a
大豆	2.91 ab	3.80 b	6.58 a
绿豆	2.68 b	3.83 b	5.37 b

续表 3-1-4

处理类型	降雨年型		
	干旱年	平水年	丰水年
氮肥处理			
N0	2.51 c	3.10 b	5.20 b
N108	3.01 ab	4.04 a	5.97 a
N135	2.95 b	4.03 a	6.20 a
N162	3.06 a	4.07 a	6.21 a

注：N0、N108、N135、N162—施氮量分别为 0 kg/hm²、108 kg/hm²、135 kg/hm²、162 kg/hm²。

2.2 冬小麦-豆科绿肥-春玉米跨年轮作模式

与不种绿肥的夏休闲-冬小麦相比，豆科绿肥-冬小麦轮作各处理小麦播前 0～200 cm 土壤储水量均较低(表 3-1-5)，即夏季种植绿肥消耗了较多的土壤水分，减少了小麦播前土壤剖面的储水量。小麦播前夏休闲-冬小麦轮作与另外两种轮作方式土壤储水量之差与夏闲期降水量有明显的负相关关系；豆科绿肥-春玉米-冬小麦轮作条件下，小麦播前土壤储水量显著高于豆类绿肥-冬小麦(表 3-1-5)。

表 3-1-5　不同绿肥利用方式下小麦播前和收获后 0～200 cm 土壤储水量(姚致远等，2015)　mm

轮作方式	绿肥处理	2009—2010 年		2010—2011 年		2011—2012 年		2012—2013 年	
		小麦播前	麦收后	小麦播前	麦收后	小麦播前	麦收后	小麦播前	麦收后
绿肥-冬小麦	播前翻压	345 b	260 a	466 bC	300 aAB	605 ab	313 a	327 bC	298 aA
	提前覆盖	353 b	251 a	459 bC	270 aCD	577 c	317 a	361 bC	260 bE
	提前翻压	364 b	243 a	496 abBC	264 aD	592 bc	315 a	367 bBC	262 bDE
	无绿肥	425 a	268 a	518 aB	272 aBCD	615 a	302 a	437 aA	293 aAB
绿肥-春玉米-冬小麦跨年轮作	茎秆覆盖			568 aA	312 aA			466 aA	277 aCD
	茎秆翻压			568 aA	304 aAB			420 aAB	273 aCDE
	茎秆移出			564 aA	297 aABC			416 aAB	279 aBC

注：同一列不同小写字母表示豆科绿肥-冬小麦和夏休闲-冬小麦轮作下 4 个处理两两比较或豆科绿肥-春玉米-冬小麦轮作下 3 个处理两两比较差异达到显著水平($P<0.05$)，不同大写字母表示同一列所有处理之间的差异达到显著水平($P<0.05$)。表 3-1-6、表 3-1-7、表 3-1-8 和表 3-1-9 同。

豆科绿肥-冬小麦轮作小麦播前、收获后 0～200 cm 土壤硝态氮储量均高于不种绿肥的夏休闲-冬小麦轮作模式。豆科绿肥-春玉米-冬小麦轮作条件下，小麦播前、收获后 0～200 cm 土壤硝态氮储量均有低于豆科绿肥-冬小麦轮作的趋势(表 3-1-6)。

与 4 年不种绿肥的夏休闲-冬小麦轮作相比，豆科绿肥-冬小麦轮作并没有显著提高 0～20 cm 土壤全氮含量，且豆科绿肥-春玉米-冬小麦轮作时，土壤全氮含量有降低趋势(表 3-1-7)。与 4 年不种绿肥的夏休闲-冬小麦轮作相比，豆科绿肥-冬小麦轮作和豆科绿肥-春玉米-冬小麦轮作均有提高 0～20 cm 有机碳含量的趋势，其中覆盖处理(豆科绿肥-冬小麦轮作中的提前覆盖和豆科绿肥-春玉米-冬小麦轮作中的茎秆覆盖)有机碳含量显著高于夏休闲-冬小麦轮作。豆科绿肥-冬小麦轮作体系，提前覆盖处理的有机碳含量高于另外 2 个处理；豆科绿肥-春玉米-冬小麦轮作体系，茎秆覆盖处理的有机碳含量略高于茎秆翻压、显著高于茎秆移出处理(表3-1-7)。

表 3-1-6 不同绿肥利用方式下小麦播前和收获后 0～200 cm 土壤硝态氮储量(姚致远等,2015)

kg/hm²

轮作方式	绿肥处理	2010 年	2010—2011 年		2011—2012 年		2012—2013 年	
		麦收后	小麦播前	麦收后	小麦播前	麦收后	小麦播前	麦收后
绿肥-冬小麦	播前翻压	181 ab	308 abAB	250 aA	233 b	249 a	71 bD	334 aA
	提前覆盖	162 ab	277 bBC	252 aA	310 a	231 a	183 aAB	281 aA
	提前翻压	211 a	349 aA	258 aA	300 a	288 a	206 aA	272 aA
	无绿肥	79 b	279 bBC	146 aB	120 c	307 a	80 bCD	144 bB
绿肥-春玉米-冬小麦跨年轮作	茎秆覆盖		331 aA	179 aAB			131 aBCD	160 aB
	茎秆翻压		243 bC	190 aAB			150 aABC	157 aB
	茎秆移出		294 abAB	171 aAB			113 aBCD	194 aB

注:不同大写字母表示 7 种轮作模式下差异显著($P<0.05$),不同小写字母表示同一个种植系统中(绿肥 - 冬小麦或者绿肥 - 冬小麦 - 春玉米系统)差异显著($P<0.05$)。

试验开始前 0～20 cm 土层有机碳储量为 20.05 t/hm²,4 年后除了豆科绿肥-冬小麦轮作体系下的提前覆盖处理和豆科绿肥-春玉米-冬小麦轮作体系下的茎秆覆盖处理,其余处理有机碳储量都有一定程度降低(表 3-1-7)。

表 3-1-7 不同绿肥利用方式下 2013 年小麦收获后土壤全氮含量和有机碳变化(姚致远等,2015)

轮作方式	绿肥处理	全氮 /(g/kg)	有机碳 /(g/kg)	有机碳储量 /(t/hm²)	4 年后有机碳储量变化 /(t/hm²)	年度有机碳输入量 /[t/(hm²·年)]
绿肥-冬小麦 夏休闲-冬小麦	播前翻压	1.0 a	8.1 ab	19.96	−0.09	−0.02
	提前覆盖	0.9 ab	8.4 a	20.75	0.70	0.17
	提前翻压	1.0 ab	8.0 ab	19.76	−0.28	−0.07
	无绿肥	1.0 ab	7.8 b	19.25	−0.80	−0.20
绿肥-春玉米-冬小麦跨年轮作	茎秆覆盖	0.9 b	8.4 a	20.58	0.53	0.13
	茎秆翻压	0.9 b	8.0 ab	19.72	−0.33	−0.08
	茎秆移出	0.9 b	7.8 b	19.13	−0.91	−0.23

注:不同小写字母表示同一个种植系统中(绿肥 - 冬小麦或者绿肥 - 冬小麦 - 春玉米系统)差异显著($P<0.05$)。

与夏休闲-冬小麦相比,夏季种植豆科绿肥后,冬小麦产量在 2009—2010 年增加,增产率最高达到 42.8%;但在 2010—2011 年小麦产量出现显著降低;其他年份小麦产量无显著差异(表 3-1-8)。

2010—2011 年和 2012—2013 年,豆科绿肥-春玉米-冬小麦与豆科绿肥-冬小麦轮作体系,小麦为同期收获。豆科绿肥-春玉米-冬小麦轮作小麦产量高于豆科绿肥-冬小麦轮作小麦产量,且 2012—2013 年差异达到显著水平。豆科绿肥-春玉米-冬小麦轮作时,小麦产量没有因为较大的降水量变化而发生大幅波动,无论是在 2010—2011 年,还是 2012—2013 年,均能收获3.20～4.30 t/hm²的小麦籽粒(表 3-1-8)。

无论是 2009—2011 年,还是 2011—2013 年,豆科绿肥-春玉米-冬小麦轮作的产值、纯收入和产投比均显著高于豆科绿肥-冬小麦和夏休闲-冬小麦;夏休闲-冬小麦的纯收入和产投比在 2009—2011 年显著高于豆科绿肥-冬小麦,在 2011—2013 年则只有产投比显著增加(表 3-1-9)。

表 3-1-8　不同绿肥利用方式下各作物产量(姚致远等,2015)　t/hm²

轮作方式	绿肥处理	2009—2010 年	2010—2011 年		2011—2012 年		2012—2013 年
		小麦					
绿肥-冬小麦	播前翻压	1.80 c		2.74 bD	5.78 a		2.09 aB
	提前覆盖	2.19 b		3.09 bCD	5.21 a		1.95 aB
	提前翻压	2.56 a		3.19 bBC	5.05 a		1.95 aB
夏休闲-冬小麦	无绿肥	1.79 c		4.30 aA	6.04 a		2.09 aB
		怀豆	玉米	小麦	怀豆	玉米	小麦
绿肥-春玉米-冬小麦跨年轮作	茎秆覆盖	0.64 a	11.64 a	3.24 bBC	1.50 a	9.44 a	3.93 bA
	茎秆翻压	0.69 a	11.49 a	3.55 aB	1.55 a	9.55 a	4.26 aA
	茎秆移出	0.65 a	10.50 a	3.30 abBC	1.53 a	8.89 b	3.64 cA

注:不同大写字母表示 7 种轮作模式下差异显著($P<0.05$),不同小写字母表示同一个种植系统中(绿肥 - 冬小麦或者绿肥 - 冬小麦 - 春玉米系统)差异显著($P<0.05$)。

表 3-1-9　不同绿肥利用方式的经济效益指标(姚致远等,2016)　元/hm²

轮作方式	绿肥处理	2009—2011 年			2011—2013 年		
		产值	纯收入	产投比	产值	纯收入	产投比
绿肥-冬小麦	播前翻压	9 265 cC	1 669 cD	1.22 cD	17 932 aB	9 128 aBC	2.04 bC
	提前覆盖	10 774 bC	3 179 bD	1.42 bcD	16 340 aB	7 536 aC	1.86 bC
	提前翻压	11 747 abC	4 151 bCD	1.55 bcD	15 982 aB	7 178 aC	1.82 bC
	无绿肥	12 361 aC	6 531 aC	2.12 aC	18 501 aB	11 795 aB	2.76 aB
绿肥-春玉米-冬小麦跨年轮作	绿肥覆盖	31 048 aA	23 819 aA	4.29 aA	34 101 aA	26 096 aA	4.26 aA
	绿肥翻压	30 872 aAB	23 643 aAB	4.27 aAB	35 346 aA	27 340 aA	4.42 aA
	绿肥移除	28 362 aB	21 133 aB	3.92 aB	32 401 bA	24 396 bA	4.05 bA

注:2009—2013 年,氮肥和磷肥平均价格分别为 2.03 元/kg 和 0.98 元/kg;冬小麦、怀豆绿肥和玉米种子价格分别为 1.99 元/kg、4.20 元/kg 和 4.80 元/kg;人工费用包括播种、除草、收获、田间管理等支出,计 525 元/hm²;器械费用包括播种、收获、翻压绿肥、旋地等支出,计 735 元/hm²;其他费用包括除草剂、工具等支出,计 161 元/hm²。不同大写字母表示 7 种轮作模式下差异显著($P<0.05$),不同小写字母表示同一个种植系统中(绿肥 - 冬小麦或者绿肥 - 冬小麦 - 春玉米系统)差异显著($P<0.05$)。

在 4 年时间里,豆科绿肥-春玉米-冬小麦各处理的纯收入 2.11 万～2.73 万元/hm²,变异系数为 15.4%;夏休闲-冬小麦纯收入 0.65 万～1.18 万元/hm²,变异系数为 49.5%;豆科绿肥-冬小麦各处理的纯收入 0.17 万～0.91 万元/hm²,变异系数达到了 67.7%。可见,豆科绿肥-春玉米-冬小麦种植模式的经济收益相较于其他两种模式更为稳定,受环境及其他外在因素影响较小,经济风险较低。

与传统的夏休闲-冬小麦相比,豆科绿肥-冬小麦轮作由于还田的有机物最多,土壤的培肥效果较好,实现了充分利用夏休闲期水热资源的目标,其中提前覆盖处理有机碳含量显著提高,并能提升耕层土壤有机碳储量。但通常也会造成较多的土壤水消耗,使后茬小麦产量更容易受到降水的影响。该轮作方式绿肥还田能提供较多的氮素,但由于小麦生长季没有相应降低肥料氮用量,因而土壤残留的硝态氮较多。

豆科绿肥-春玉米-冬小麦轮作虽然 4 年中只有 2 次收获豆类籽粒后进行了茎秆还田,但有机碳含量相对豆科绿肥-冬小麦轮作并没有降低。当茎秆采用覆盖方式时,相对于无绿肥还田处理,土壤有机碳显著提高,同时耕层土壤有机碳储量有所提升。该模式小麦播前土壤储水量高于豆科绿肥-冬小麦轮作,为小麦稳产提供了保证,且在一个轮作周期结束后土壤硝态氮残留量较低，淋失风险较小(Yao et al.，2018)。

综上，豆科绿肥-冬小麦轮作方式与夏休闲-冬小麦相比，土壤培肥效果较好，但经济效益较低；而豆科绿肥-春玉米-冬小麦模式不仅有一定土壤培肥效果，且经济效益高而稳定，发展潜力较大。

3 陕西省绿肥作物潜力分析

3.1 陕西省绿肥发展的必要性

陕西省大部分地区气候干旱、土壤瘠薄，两个限制性因素对陕西农业发展的制约几乎同等重要。陕西省黄土高原地区褐土、黄绵土、黄墡土农田有2/3表层(0～10 cm)有机质含量低于10 g/kg，另外1/3土壤有机质也只有10～15 g/kg。比如，陕北黄土沟壑区耕地和非耕地土壤有机质含量一般均小于6 g/kg；长城沿线耕地土壤有机质含量一般只有6～8 g/kg；黄土高原丘陵沟壑区以南的渭北旱塬有机质含量为8～12 g/kg；关中地区虽然是陕西农业最发达的地区，但耕地土壤有机质含量也只有10 g/kg左右(陕西省统计局，2019)。目前，通过畜牧业的发展迅速提高有机肥施用量，一时难以实现。因此，大力发展绿肥生产是西北地区土壤培肥的必然选择。

陕西省黄土高原地区水土流失、沙化和荒漠化趋势严重，生态环境恶化，是国家退耕还林、还草和防风固沙的重点生态环境建设地区。陕西省广泛分布着抗蚀能力极弱的黄土和沙土，由于气候干燥、植被稀少、暴雨集中，极易形成大面积水土流失。据统计，黄土丘陵区坡耕地土壤侵蚀程度相当于每年从耕地中剥蚀1～1.5 cm厚的肥沃表土，带走大量的有机质、氮、磷等土壤养分。按一般农田耕层厚25 cm计，16～20年耕层沃土就会消失(程积民等，2002)。利用一些耐寒、耐旱、耐沙埋、耐瘠薄的绿肥作物(如沙打旺等)进行土壤改良、植被恢复和防护体系建设是一条有效的途径。其中，麦后复种绿肥作物可使耕地在夏季仍处于绿色覆盖状态，地表植被覆盖时间增加2个多月，可减少风蚀和水土流失，同时还可避免由于水分直接蒸发而引起的土壤盐碱化。大面积种植绿肥作物不仅显著减少水土流失发生频率，而且能有效提高土壤肥力，解决土壤贫瘠问题。

陕西省是我国苹果生产面积最大的省份。关中及陕北南部地区土地辽阔，气候四季分明，降雨、光照、平均气温等自然条件均适宜苹果生产，是全国最大优质苹果产区。2020年，陕西省苹果种植面积930万亩，总产量1 185万t，位居全国第一(马学海，2022)。然而，随着种植规模扩大和种植年限增加，大多数苹果园管理模式粗放，施肥结构与比例不合理(如化肥施用过量，有机肥施用不足等)，导致苹果产量低、果实品质差等问题日益突出。同时，大部分果园采用传统清耕制，导致土壤蓄水保墒、抗蚀效果差，土壤有机质含量低、水分供求矛盾突出，严重威胁陕西省苹果产业的绿色可持续发展。因此，构建适水、减施、增效、持续安全的果园绿肥种植利用模式是实现经济与生态协同发展的有效途径。

3.2 陕西省绿肥发展潜力

总体看，陕西省的绿肥面积潜力为260万 hm^2，有效时空潜力为128万 hm^2·年。其中，陕西省农区的绿肥面积潜力为178万 hm^2，有效时空潜力为53万 hm^2·年；陕西省果区的绿肥面积潜力为 82 万 hm^2，有效时空潜力为 76 万 hm^2 · 年(表 3-1-10)。

3.2.1 陕西农区绿肥发展潜力

2021 年陕西省小麦和玉米平均播种面积分别为 933 万 hm^2 和 119 万 hm^2。估算全省一熟区麦后复种和玉米前期间套作绿肥作物的空间潜力分别为 70 万 hm^2 和 54 万 hm^2，绿肥有效时空潜力分别为 18 万 hm^2 · 年和 9 万 hm^2 · 年。

2021 年陕西省油菜平均面积为 178 万 hm^2，近三年播种面积变幅不大，稳定在 180 万 hm^2 左右。估算全省油菜前期间套作绿肥作物的面积为 9 万 hm^2，绿肥面积潜力及有效时空潜力分别为 4 万 hm^2 和 1 万 hm^2 · 年。

3.2.2 陕西省果区及茶园绿肥发展潜力

陕西省是我国重要的果品基地之一。除苹果外，梨、柑橘、葡萄等水果面积和产量也在稳步增长，目前已是中国水果第二生产大省，2021 年全省果园面积达到 117 万 hm^2。陕西省中南部雨热条件较好，可实现园区周年覆盖；北部的延安、榆林绿肥覆盖时长以 10 个月计。估算全省果园绿肥面积潜力为 82 万 hm^2，有效时空潜力为 76 万 hm^2 · 年，在陕西省推广果园绿肥具有很大的空间和潜力。

表 3-1-10 陕西省绿肥种植时空潜力

区域	适宜的绿肥制度	对应的主作物面积 /万 hm^2	绿肥空间占比/%	绿肥时长 /个月	绿肥面积潜力 /万 hm^2	绿肥有效时空潜力 /(万 hm^2 · 年)
农区	麦后复种绿肥	70	100	3	70	18
	一季玉米前期间套作绿肥	108	50	2	54	9
	绿肥-玉米轮作	39	100	6	39	19
	绿肥-烤烟轮作	1	100	6	1	1
	绿肥-水稻轮作	10	100	6	10	5
	油菜间作绿肥	9	50	3	4	1
	农区合计	237	—	—	178	53
经济林园	落叶果园	117	70	12/10	82	76
	合 计	354	—	—	260	128

注：绿肥有效时空潜力＝对应的主作物面积×绿肥空间占比×绿肥时长。经济林园的绿肥时长，陕西北部的延安、榆林以 10 个月计，其余市以 12 个月计。

4 陕西省适宜的绿肥种植技术模式

4.1 冬小麦-夏季豆科绿肥轮作模式

该模式针对渭北旱塬土壤全氮和有机质缺乏的特点，以长武怀豆等豆科作物为主要绿肥品种，采取以磷为主、辅以专用肥的高产施肥措施，实行绿肥硬茬播种，并根据降水状况翻压绿肥。其主要优点是，减少夏季土地表面裸露，提高当地水、光、热资源利用效率，快速提高土壤有机质含量，显著降低冬小麦生长季化肥氮的投入。

技术要点

绿肥作物采用长武怀豆，于冬小麦收获后抢墒播种。可撒播、条播、免耕硬茬播种。条播及免耕硬茬播种时，一般播深 3～5 cm 即可。播种量 90～120 kg/hm²。

绿肥作物的利用方式主要有 2 种：①直接翻压作小麦绿肥。②收割地上部覆盖地表，播前翻压作小麦绿肥。翻压豆科绿肥地块，后茬冬小麦可以减施氮肥 20%～30%。

该模式下的小麦施肥，偏旱地区，氮肥作基肥在小麦播前与磷、钾肥同时一次施用；春季降雨概率较大的地区氮肥可分两次施用，基肥占 80%，另外 20%在小麦返青-拔节期随雨追施。

该模式适宜在陕西省渭北旱塬的渭南、咸阳、宝鸡、铜川、延安 5 个年降雨量＞550 mm 的地区推广应用。

4.2 冬小麦-豆科绿肥-春玉米轮作模式

该模式为二年三熟的高产高效种植模式：冬小麦收获后，种植夏季豆类作物，豆类作物收获籽粒，茎叶及根茬还田或者直接翻压还田，次年春天种植春玉米，玉米收获后种植小麦，如此循环。豆类绿肥能够正常成熟，收获豆荚；同时茎叶及根茬还田培肥土壤，并充分利用夏季水、热、光资源。该模式可以实现豆科绿肥经济效益和生态效益双丰收，符合渭北旱塬地区利用豆类作物倒茬的种植习惯。

技术要点

绿肥作物采用长武怀豆或黑豆，于小麦收获后抢墒播种。可撒播、条播、免耕硬茬播种。条播及免耕硬茬播种时，一般播深 3～5 cm 即可。播种量 75～105 kg/hm²。

豆类作物的利用方式主要有 3 种。①摘豆荚，茎叶翻压：豆类成熟时收获豆荚，然后将其余部分翻压还田。②摘豆荚，茎叶覆盖地表，玉米播前翻压：在收获豆子后，将地上部分覆盖在地表，次年玉米播前再行翻压。有利于冬季休闲期间土壤保蓄水分，促进春玉米顺利出苗。③直接翻压：不收获豆子，于盛花期（一般在 8 月下旬）直接翻压作绿肥。

次年 4 月 5～20 日种植地膜玉米，采用宽窄行垄沟种植。垄宽 70 cm，沟宽 50 cm。垄上覆膜种植玉米，1 垄 2 行，行距 50 cm，株距 26～29 cm。选择当地耐旱、中高产品种，每穴 2～3 粒，播深3～4 cm，玉米留苗密度 5.7 万～6.3 万株/hm²。翻压豆科绿肥地块，春玉米播种可减施氮肥 15%～20%。氮肥可分 2 次施用，基肥占 70%，与磷、钾肥同时施用；余下 30%在玉米小喇叭口期追施于垄侧，距植株 10 cm 穴施，深度 4～5 cm。

该技术适宜在陕西省渭北旱塬的渭南、咸阳、宝鸡、铜川、延安 5 个年降雨量＞550 mm 地区推广应用。

4.3 果园绿肥种植利用模式

该模式针对黄土高原沟壑区苹果园有机肥施用不足、土壤质量退化等生产实际问题，以菜、肥两用型油菜作为绿肥，于夏末秋初在山地苹果园行间套种油菜绿肥，入冬前翻压还田或采摘菜薹。该模式可以实现油菜绿肥经济效益和生态效益双丰收，不仅有效解决黄土沟壑区果园土壤瘠薄、有机肥投入不足等现实问题，同时有助于进一步提升苹果产量和果实品质。

技术要点

绿肥作物采用油菜，品种主要是适宜本地区果园生长的甘蓝型春性菜肥两用型油菜（如青杂 4 号、青杂 7 号、狮山 2017 等）、强冬性油菜（延油二号、陇油 6 号等）。油菜于 8 月上旬至 9 月下旬，在果园两行果树树冠外缘空间位置播种。

播种前，需对间作带行间土壤进行浅旋耕 15 cm，疏松土壤，清除杂草。绿肥油菜可机播或人工撒播、顺行溜播，播量 3.0～4.5 kg/hm^2，深度 1～2 cm，行距 25～30 cm。播种时如果表墒较差，应及时镇压保墒。

绿肥油菜生长至 6～8 叶期时遇雨追施尿素 75～150 kg/hm^2。根据生长情况，在 11 月中上旬用割草机或秸秆还田机将油菜留茬 10 cm 刈割成 15～20 cm 的营养体，将刈割后的油菜均匀覆盖在间作带，再用少量土覆盖。

本技术适宜在陕西省渭北旱塬的南部、北部和陕北山地果园推广应用。

参考文献

[1]程积民，万惠娥. 中国黄土高原植被建设与水土保持[M]. 北京：中国林业出版社，2002.

[2]陈静，刘茂，郑士顺，等. 内蒙古地区适宜种植的主要绿肥品种及栽培技术[J]. 内蒙古农业科技，2002(1)：40-41.

[3]冯琛. 陕西省有机肥料资源及利用现状研究[D]. 西北农林科技大学，2005.

[4]洪汝兴，郭晚霞，朱学谦，等. 香豆子——有应用前景的绿肥饲草资源[J]. 土壤肥料，1996(6)：46-47.

[5]吕福海，包兴国，刘生战，等. 箭筈豌豆[J]. 甘肃农业科技，1994(3)：24-26.

[6]李学曾. 陕西盐碱地改良[M]. 西安：陕西科技出版社，1981.

[7]马学海. 陕西省苹果花期霜冻和病害区划及榆林山地苹果产业发展关键问题研究[D]. 西北农林科技大学，2022.

[8]麻进仓. 陕西肥料产业[M]. 西安：陕西人民出版社，2008.

[9]全国农业技术推广服务中心. 中国有机肥料资源[M]. 北京：中国农业出版社，1999.

[10]陕西省土壤肥料研究所. 陕西绿肥发展中的一些问题及其研究的初步情况[J]. 中国农业科学杂志，1965，6(11)：17-20.

[11]陕西省土壤普查办公室. 陕西土壤[M]. 北京：科学出版社，1992.

[12]陕西省统计局. 陕西省统计年鉴[M]. 北京：中国统计出版社，2019.

[13]文朝慧. 绿肥在防治土传病害中的应用效果[J]. 甘肃农业科技，1998(9)：43-44.

[14]姚致远，王峥，李婧，等. 轮作及绿肥不同利用方式对作物产量和土壤肥力的影响[J]. 应用生态学报，2015，26(8)：2329-2336.

[15]姚致远，王峥，李婧，等. 旱地基于豆类绿肥不同轮作方式的经济效益分析[J]. 植物营养与肥料学报，2016，22(1)：76-84.

[16]Yao Zhiyuan，Zheng Wang，Jing Li，et al. Screen for sustainable cropping systems in the rain-fed area on the Loess Plateau of China[J]. Soil & Tillage Research，2018，176：26-35.

[17]Zhang Dabin，Yao Pengwei，Zhao Na，et al. Responses of winter wheat production to green manure and N fertilizer on the Loess Plateau[J]. Agronomy Journal，2015，107(1)：361-374.

[18]Zhang Dabin，Pengwei Yao，Zhao Na，et al. Soil water balance and water use efficiency of dryland wheat in different precipitation years in response to green manure approach[J].

Scientific Reports，2016(6)：26856.

[19]Zhang Dabin，Yao Pengwei，Zhao Na，et al. Building up the soil carbon pool via the cultivation of green manure crops in the Loess Plateau of China[J]. Geoderma，2019a，337：425-433.

[20]Zhang Dabin，Yao Zhiyuan，Chen Jiao，et al. Improving soil aggregation，aggregate-associated C and N，and enzyme activities by green manure crops in the Loess Plateau of China[J]. European Journal of Soil Science，2019b，70(6)：1267-1279.

Ⅱ　甘肃省绿肥生产历史、现状、潜力及模式

1　甘肃省绿肥生产历史与现状

1.1　生产利用历史

甘肃省种植绿肥历史悠久，是北方种植绿肥较早的省份之一。公元前 129 年，张骞从西域引进的紫花苜蓿，以其特异的改良土壤能力和饲料价值逐渐地介入农业生产领域，形成与粮油轮作的肥田轮作制度；到了唐代，种植苜蓿已蔚然成风；明清以来，陇东、陇南、天水、定西等地苜蓿已成为粮食丰产区栽培的重要绿肥作物，陇东塬区采用麦后复种芸芥翻压作绿肥，泾河川亦用黑豆翻压作绿肥。20 世纪 40 年代初，由天水水土保持试验站从美国引进白花草木樨试种，因其优良的肥地和水保特性，迅速在渭河上游形成“草田轮作”区，并在甘肃河西地区黄羊河等国有农场用于麦田混播、套种翻压作绿肥。同期，前甘肃省农业试验总场试验示范推广了短期绿肥作物香豆子，1949 年在泾川县示范 7.4 hm^2，以缓解地广农肥之不足，使粮食增产 432 kg/hm^2，深受广大农户的欢迎。

1952—1957 年，前甘肃省农业试验总场、平凉农业试验站先后开展了绿肥引种观察、肥效试验研究，分别选出春麦区麦后复种的香豆子和冬麦区麦后复种的黑豆，同时提出麦田套种草木樨栽培技术规范，为甘肃省发展绿肥生产打下了基础。1959—1961 年，原甘肃省农业科学院土壤肥料研究所在全省进行了白花草木樨、箭筈豌豆、山黧豆、香豆子引种观察及栽培技术试验研究，筛选出了适应性强、耐阴性好、再生力强、抗寒、丰产性好，宜于间、套、复种的箭筈豌豆优良品种西牧 880、西牧 881、西牧 324 及澳大利亚箭豌、新疆箭豌等，并提出了主要生态农区种植利用绿肥的建议。1964—1968 年，在甘肃省武威县黄羊镇试验场和新店大队建立绿肥翻压和根茬肥地 66.67 hm^2 试验示范样板田，并认定箭筈豌豆、栽培山黧豆为优良绿肥和饲草，建议在西北扩大推广。绿肥作物品种的引育成功和栽培技术的研究示范推广，促进了甘肃省绿肥作物生产的发展。据统计，甘肃省绿肥作物种植面积 1949 年为 8.7 万 hm^2，1955 年扩大为 12.9 万 hm^2，1970 年全省绿肥面积达 29.0 万 hm^2。

从 20 世纪 70 年代开始，甘肃省绿肥作物生产进入快速发展时期。1975—1985 年，吕福海等在甘肃省武威地区开展了绿肥插入轮作方式及其肥效的试验研究，提出了麦田和小麦/玉米带田套种、复种箭筈豌豆、毛叶苕子、草木樨的栽培技术，建立了“因地制宜、不占正茬、不与粮争地”和“刈青喂畜、根茬肥田、农牧结合、综合利用”的绿肥种植和利用技术模式，极大地推动了甘肃省特别是河西地区绿肥生产的发展，引起各级领导以及社会重视。1978—1984 年，

省内外数以千计的农牧科技人员及农民群众在武威、永昌等县观摩评比。绿肥在甘肃省中部的黄河、洮河、大夏河两岸川水地也大面积推广，并逐渐向甘肃省外推广。1984—1985 年，由原甘肃省农业科学院土壤肥料研究所牵头，甘肃省人民政府组织实施，武威、张掖、酒泉、嘉峪关、金昌等地县农牧系统参与的“河西地区百万亩种草技术”(15 亩=1 hm^2)示范推广，使河西地区绿肥面积达到 9.5 万 hm^2，占耕地面积的 20%以上，有些乡、村绿肥(饲草)面积占其耕地面积的 55%以上。绿肥面积的扩大使河西平川灌区秋季呈现出“花繁殷盛”“铺绿叠翠”的田园风光，一改往日“伏耕暴晒，赤日千里，一遇狂风作尘”的景象。1984 年，甘肃省的绿肥作物种植面积达到 58.93 万 hm^2，创甘肃省绿肥生产历史之最。

1985 年之后，由于小麦/玉米间作等耕作制度的改变，甘肃省绿肥生产面积开始下降，1991 年下降为 12.4 万 hm^2，2005 年下降至 4.8 万 hm^2(图 3-2-1)。针对此阶段绿肥插入难的问题，甘肃省从事绿肥研究的科技工作者开展了大量的试验研究。

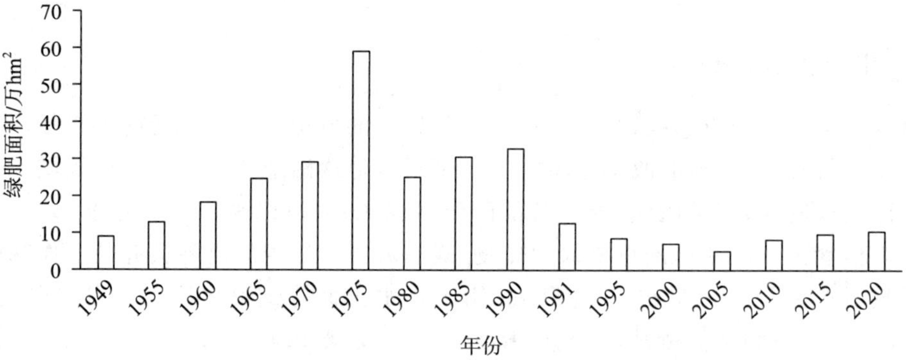

图 3-2-1　甘肃省绿肥作物种植面积演变(1949—2020 年)

1983—1986 年，吴学栋等提出了在定西半干旱地区不同土地类型条件下，适宜种植的绿肥品种及栽培技术，形成粮食增产、植被增加、保持水土、畜牧发展的格局。1988—1992 年，吕福海、包兴国等进行了河西内陆灌区粮草畜综合效益优化模式研究与示范，提出了河西地区不同生态类型区的粮经草优化模式的合理比例，明确了粮食作物、经济作物、豆科绿肥饲草合理轮作，有机肥料和无机肥料相结合的改土培肥和高产低耗的效果，提出了以绿肥饲草为纽带，在农区发展畜牧业，实现农牧结合，大力发展绿肥，促进农业持续稳定发展，并制定出粮食作物、豆科绿肥饲草高产栽培和畜牧业生产的技术规范等。

1990—1995 年，郭天文、包兴国等对河西高产地区农、绿、化三肥施肥结构进行了研究，在查清河西高产地区施肥结构的基础上，开展了以种植绿肥、规模养殖为中心的有机肥料建设，把有机肥作为作物营养的重要供给源，研究提出了不同轮作制度下的农、绿、化三肥施肥比例、平衡施肥及不同茬口(绿肥茬、麦茬及其他茬)高、中、低肥力土壤的有、无机肥优化施用技术，建立了绿肥茬和麦茬单种小麦在不同肥力水平下施肥的计算机咨询系统，使有机肥养分增加了 11.7%，提高了养分资源的循环再利用率，降低了施肥成本。1997—2002 年，郭天文、包兴国等开展了河西一熟制灌区粮、经、饲三元优化结构的研究与示范，研究了一熟制灌区建立粮、经、饲三元优化结构的战略及相关的技术问题，指出当地今后一个时期应推行粮、经、饲三元优化结构预测方案，为政府决策和规划提供了科学依据。2000—2005 年，包兴国等开展了短期兼用绿肥作物优良品种的引进，初步筛选出了一批豌豆、鹰嘴豆、山黧豆等兼用绿肥品种(系)。

1.2　种质资源

箭筈豌豆:20 世纪 50 年代末至 60 年代中期,通过多点引种筛选和试验示范,在百余个不同草种的品类中,选出箭筈豌豆良种西牧 880、西牧 324 及西牧 333/A 箭豌、新疆箭豌等,其适应性强、耐阴性好、再生力强、耐霜冻、丰产性好,宜于间、套、复种,一般鲜草产量 22.5～30 t/hm^2,种子产量 1.8～3 t/hm^2。从 1966 年开始向西北各省(区)提供箭筈豌豆种子,随后每年向其他省(区)调出箭筈豌豆种子达百万公斤。直到现在,箭筈豌豆依然是我国农区绿肥饲草的主栽品种之一。1976—1980 年,筛选出氰氢酸含量低的箭筈豌豆品种 333A、澳大利亚箭豌、791、阿尔巴尼亚箭豌等 7 个品种(系);从新疆箭筈豌豆变异株系中,系统选育出适应性广、丰产性优的株系"7504",1983 年经甘肃省农作物品种审定委员会审定,命名为"陇箭 1 号"。1983 年从江苏引进了 85 份箭筈豌豆,经试验筛选出了苏箭 3 号、苏箭 5 号 2 个表现早熟、丰产性好,宜于推广的品种。

毛叶苕子:抗旱、抗寒性强,能忍受 20～30 d 的伏秋干旱,并能在 −15 ℃生存。20 世纪 40 年代从美国引进 12 个品种,60 年代又引种苏联毛叶苕子、罗马尼亚苕子、土库曼毛叶苕子。1958—1966 年,征集引进川苕、南京早熟苕、匈牙利苕子、荆川、嘉鱼苕等苕子品种,在河西东部山水灌区的武威市黄羊试验场进行品种观察试验。引进土库曼苕子、苏联苕、罗马尼亚苕、徐苕 1 号、徐苕 2 号、郑州 7402、郑州 7406、郑州 7407 苕等品种,并经在武威、张掖、临泽、西峰、成县等不同地区品种观察和栽培试验证实,适应性好,且高产,宜于发展种植。1985—1990 年,从 41 份资源中选出土库曼、罗马尼亚、郑州 7406、徐苕 1 号 4 个毛叶苕子品种。

草木樨:因其根系发达,吸收营养面宽,且固氮性能较强,耐瘠性好,系生物性能强的自养绿肥作物。对地理条件要求不严。草木樨作为一种水土保持植物,20 世纪 40 年代零星试种。1949 年后甘肃天水地区介入农田推广种植。1958—1965 年,甘肃河西内陆灌区的国有农场推行麦田混、套,草木樨成为有机投入,解决肥、饲源农牧结合,改良盐碱、风沙瘠薄土壤的有效措施。1977 年以来,甘肃省境川水地区麦田套种草木樨发展较快。现已成为甘肃省一种重要的绿肥牧草作物。通过多年试验示范推广认为,选出的二年生白花草木樨、二年生黄花草木樨表现最优。

香豆子:生长迅速,茎叶茂密而柔嫩,速生短期绿肥,肥效甚佳。据 1955 年夏播绿肥实测,从播种至开花仅 48 d,鲜草产量 12 t/hm^2;又生长半月后测定,鲜草产量 25.5 t/hm^2。香豆子作为短期绿肥经在武威、张掖、银川等地区试验测定肥效良好,后作小麦一般可增产 15%～20%。20 世纪 60 年代初,在玉门、武威、榆中等地进行春播示范结果,种子产量 1.5～2 t/hm^2,施磷 1 kg 增产鲜草 20～40 kg;复播仅两月左右鲜草产量 21.5～30 t/hm^2。此间为探求香豆子作绿肥的适应范围和栽培性状,在陇东西峰旱塬区麦收后,夏用期较长,又值雨集,充分利用时空夏播绿肥,生长 80～85 d,鲜草产量 15～22.5 t/hm^2。香豆子是优良的夏绿肥,宜于旱塬区发展种植。2000—2013 年选出玉门香豆子表现优良,由于常年生长于戈壁、荒漠、干旱多风沙的生境条件下,经过长期的驯化,具有较强的适应性、抗逆性特点,其植株形态特征为株型丛族,茎色浅红,叶形宽大,分枝性强,呈半匍匐状,结荚率高,丰产性好,是河西及其同类型地区的优良品种,宜于推广。

山黧豆:1962 年开始示范推广栽培山黧豆,1972 年省内种植面积达 1.8 万 hm^2,后因籽实内含有 β-N-草酰二氨基丙酸(ODAP),亦名 β-草酰氨基丙氨酸 (BOAA) 毒素而被限制发展。

1983—1985 年进行山黧豆低毒品种筛选研究，对从国内外引进的 65 份山黧豆资源，经 3 年观察和农艺性状的测定以及 β-草酰氨基丙氨酸（BOAA）、营养成分的分析及毒理学饲喂试验，筛选出产量、蛋白质含量高，毒素含量低，毒理学试验安全饲用的黑龙江山黧豆-1、黑龙江山黧豆-2 和西德山黧豆 3 个品种在生产中应用；并针对山黧豆作为绿肥推广应用中的播量、播期、磷肥施用量、压青及根茬肥效等栽培利用技术进行了研究。

进入 20 世纪 90 年代后，对紫花苜蓿、多变小冠花、沙打旺、红豆草、菊苣、扁穗牛鞭草等多年生草种进行了试验观测，选出美国 Commandor、猎人和河、阿根廷 3 个苜蓿品种；证实辽宁早熟沙打旺、北高加索红豆草、无毛红豆草、885 红豆草适宜在甘肃省干旱、高寒地区种植。1995—1998 年对短期兼用绿肥品种进行筛选，从鲜荚产量、产值、鲜草量、根量及对土壤肥力影响等指标，选出"美国供给者豇豆"是一种优良的短期肥菜、肥饲兼用的绿肥品种。

1.3 甘肃省传统的绿肥种植模式

1.3.1 麦田套复种模式

20 世纪 70 年代中期，在河西平川灌区、祁连山北麓冷凉灌区，依据该区热量资源的分配属"一季有余，两季不足"。作物配置以麦为主，占各类作物总播面积的 70%以上，而且麦后 8～10 月>10 ℃的有效积温尚有 1 500 ℃的气候特点，充分利用秋季 3 个月的土、水、热资源，实施麦田套、复一茬秋绿肥，采用"适时套种、收割留高茬、及时灌水、加强护青" 等栽培技术。秋绿肥可以用箭筈豌豆、毛叶苕子、香豆子、草木樨、苜蓿、芸芥、黑豆等，鲜草产量 22.5～23 t/hm^2，高者达 52.5 t/hm^2。在利用方式上，采用刈青喂畜、过腹和根茬肥田、用养互济、农牧结合的技术模式。

1.3.2 玉米间作模式

1978 年以来，甘肃省为更进一步解决肥料不足问题，将绿肥插入主作物玉米行间。在玉米生长早期间作喜凉、速生的毛叶苕子、箭筈豌豆等短期绿肥。玉米采用宽窄行种植法，宽行 80 cm、窄行 40 cm，宽行内种植 2～3 行豆科绿肥作物，于 3 月下旬至 4 月初种植，6 月下旬收获。

作为用地养地相结合措施来抓，临泽县平川公社黄二大队在小麦、玉米带田中麦带套种草木樨 33.2 hm^2，秋后产鲜草和根量 9.0～12.75 t/hm^2；宁县农科所在玉米行间套种毛叶苕子，可多收绿肥鲜草 15～22.5 t/hm^2。

1.4 绿肥对农业生产的历史贡献

1.4.1 对土壤肥力的影响

根据甘肃省农业科学院 1979—1981 年对 9 大类 300 余样次绿肥品种测定，新鲜绿肥通常含有 35%的有机质，豆科绿肥作物一般可以固定空气中的游离氮素 97.5～120 kg/hm^2。自 1978 年以来，甘肃省农业科学院土壤肥料研究所武威白云基点，凉州区白云村每年有 1/3 的麦田套复种箭筈豌豆、毛叶苕子、草木樨等绿肥，耕地每三年轮种一茬绿肥饲草，提高了土壤肥力。据多年定点结果，耕层土壤有机质含量由 1975 年的 10.0～14.0 g/kg 增加到 1986 的 15.0～20.0 g/kg。

1.4.2　对作物产量的影响

据1979年对河西平川灌区11个示范点的测定结果，绿肥压青22.5～30 t/hm²，可使后茬小麦、玉米平均增产13.8%；绿肥根茬种麦平均增产8.3%。1976—1978年，甘肃省原武威地区武威县永昌公社白云九队3.0 hm²绿肥茬3年连续测定，后作小麦增产0.35～1.31 t/hm²，增产率15.0%～25.0%。甘肃省原武威地区永昌县水源公社北地二队2.67 hm²麦田套种草木樨秋翻压青，次年种谷子平均产量2.89 t/hm²，增产0.54 t/hm²。定西市临挑县牙下公社张家寺五队种植草木樨翻压，后作小麦产量5.23 t/hm²，而伏翻晒地施农家肥60 t/hm²的田块小麦产量仅4.22 t/hm²，利用绿肥增产1.01 t/hm²，增产率24.0%。天水地区天水市秦岭、牡丹、杨家寺等公社，从1968年以来，推行草田轮作，每年约十分之一的耕地种植草木樨，1974年粮食产量1.69 t/hm²，较1968年翻了一番。

1.4.3　肥饲兼用，促进畜牧业发展

1975—1980年，前甘肃民勤县国营勤丰农场在小麦、谷子地套种草木樨、毛叶苕子3.75万hm²以上，约占该农场耕地面积的20.0%，通过刈青打浆喂猪，使全场猪存栏达1 700余头，粪肥还田，使全场粮食总产量达1 050 t，6年间增长了2倍。

自1980年以来，甘肃省农田种植绿肥从单一用作绿肥发展为“刈青喂畜，根茬肥田，农牧结合，综合利用”，对发展农区牧业成效显著。1981—1990年，甘肃省在全省开展的“草田轮作种草养畜试验示范研究”，在不同农区设立184个试验示范点，1987年共种草0.41万hm²，结果证明，有着良好的社会与经济效益。示范户平均生产水平较全省农户平均生产水平，粮食单产高1.7倍，人均产量高1.4倍；户均存栏生猪高32.7%，大牲畜高52.6%，羊只高3.1倍；户均总产值高3.4倍，人均收入高1.2倍。

1.5　绿肥作物研究

1.5.1　适宜的绿肥种类选择

针对甘肃省作物配置以单种小麦为主，其热能资源属“一季不足、二季有余”的地区，绿肥在主作物栽培中的安插就要在季节上“钻空子”、在空间上“见缝插针”、在种植方式上进行“套、复、间、混”种。品种选择上选择耐阴、再生力强及丰产性好的品种。为此，1974—1980年，吕福海、桑同山等通过对绿肥与粮油作物间、套、混种共生习性及再生机制的研究，明确了草木樨、箭筈豌豆、毛叶苕子具有耐阴、再生性强的特性，宜同麦类、油菜等密生作物混播、套种。毛叶苕子、箭筈豌豆宜在小麦、油菜6月下旬灌麦黄水时套种；草木樨应在小麦灌头水时套种。7月下旬收割小麦，留茬25～30 cm，刈割后及时灌水以利再生。

箭筈豌豆、毛叶苕子、草木樨性喜冷凉、秋性强。麦收后草木樨的再生期始于8月中旬，毛叶苕子、箭筈豌豆再生旺盛期为9月中、下旬，10月间花繁叶茂。10月中、下旬收割草木樨、箭筈豌豆产草量达22.5～37.5 t/hm²；毛叶苕子因分枝力强，生长快，茎长可达2.0～4.0 m，日生长量1.5～2.0 cm，单株鲜重400～500 g，鲜草产量达45 t/hm²，高者达60 t/hm²及以上。二年生草木樨的盛发高产及固氮高峰期在次年，在甘肃河西灌区宜与麦田、玉米行间套、复、间作，是短期轮作的优良绿肥饲草。

1.5.2　绿肥高产栽培技术研究

通过对农区绿肥种植的播期、播量、播种方式、施肥量、灌水等栽培措施的试验，总结出适

时套种、收割留高茬、及时灌水、不同草种混播、适量追肥、搞好护青等栽培措施。

(1)麦田套种绿肥高产栽培技术

1992—1994年应用4因素2次通用旋转组合设计，研究麦田套种绿肥合理的小麦密度、绿肥密度、追施氮肥、喷施磷酸二氢钾等主要农艺措施与绿肥鲜草产量之间的函数关系，通过对产量函数模型的解析与优化发现，各因素对绿肥鲜草产量的作用顺序依次是绿肥密度＞氮肥＞喷施磷酸二氢钾＞小麦密度，提出了预测绿肥鲜草产量42 t/hm^{2}以上的农艺措施。

(2)豆科与禾本科绿肥混播效应

豆科与禾本科绿肥混播可充分发挥品种间的优势，是增加绿肥鲜草、根系生物量、活化和聚积土壤养分、积累土壤有机质、改善土壤物理性状的有效措施。1990—1992年研究明确了混播技术及其效应。豆科与禾本科绿肥混播可较单播鲜草产量增加30%～43%，根量增加20%～40%，土壤有机质增加0.1～0.4 g/kg，碱解氮增加2.1 mg/kg，速效磷增加1.0 mg/kg。以箭筈豌豆、毛叶苕子、谷子混播最佳，其用种量分别为75 kg/hm^2、30 kg/hm^2、20 kg/hm^2，在小麦扬花期撒播，鲜草产量可达36.1 t/hm^2；或采用毛叶苕子、谷子混播，用种量分别为45 kg/hm^{2}和30 kg/hm^2，产鲜草亦可达35.4 t/hm^2。采用草木樨22.5 kg/hm^2、谷子30 kg/hm^{2}进行混播，鲜根量达9.9 t/hm^2，可为土壤增加大量有机物质，培肥土壤效果相当明显。

1.5.3 绿肥培肥效果研究

通过5年定位试验观测得知，河西地区冬春寒冷时日较长，冻土层深达1.0 m左右，绿肥秋翻压青，腐解缓慢，利于有机质积累。毛叶苕子压青比伏翻夏闲地0～30 cm土层中土壤有机质平均增加约1.4 g/kg，增幅8.67%，小麦年均增产25.9%；草木樨压青使土壤有机质比对照平均增加1.5 g/kg。

1979—1981年，对春播草木樨、箭筈豌豆、毛叶苕子主要生育阶段的土样与茎叶进行氮素含量消长变化分析，通过差数法得出草木樨固氮为97.5 kg/hm^2、箭筈豌豆为45.0 kg/hm^2、毛叶苕子为67.5 kg/hm^2。

1983—1986年的研究结果表明，不同豆科绿肥作物的根茬均可不同程度增加土壤有机质含量，改善土壤理化性状，增强土壤蓄水保水性能，促进后作物增产。豆科绿肥对第一茬后作物增产效果以二年生草木樨和豌豆茬最好，其次为扁豆和毛叶苕子根茬，箭筈豌豆和一年生草木樨茬较差。对第二茬后作物增产效果以一年生草木樨茬为最好，毛叶苕子茬次之，扁豆和豌豆茬降为第四、第五位，箭筈豌豆茬最差。

1.6 甘肃省绿肥作物发展现状

1.6.1 种质资源整理与评价

2008年以来，甘肃省农业科学院土壤肥料与节水农业研究所建立绿肥种质资源库，搜集、引进、整理、提纯复壮了一批绿肥作物品种资源。搜集整理324份，从国家资源库引进212份，从全国各地引进18份，共9科554份，建立了适宜西北地区种植的绿肥作物种质资源库，提出了绿肥种质资源评价体系。其中箭筈豌豆148份、毛叶苕子55份、香豆子7份、山黧豆70份、鹰嘴豆48份、豌豆40份、红豆草12份、草木樨14份、紫花苜蓿22份、沙打旺3份、禾本科及其他绿肥8份。

通过观察与生产实践证明，33 个品种(品系)综合性状表现优良，包括陇箭 1 号等 6 个箭筈豌豆、土库曼毛叶苕子等 4 个毛叶苕子以及草木樨、山黧豆、豌豆、苜蓿、沙打旺等。选育出适宜灌区间套复种的土库曼毛叶苕子、陇箭 1 号、陇箭 2 号箭筈豌豆和适宜旱地绿肥轮作的陇鹰 1 号、2 号鹰嘴豆新品种，各品种鲜草产量可提高 8.8%～25.8%，种子增产 21.6%～62.1%，粗蛋白高达 17.9%～24.1%，全氮 33.0～36.0 g/kg；认定陇鹰 1 号、鹰嘴豆 2 号、陇箭 2 号新品种 3 个，并建立了 6 500 hm^2 繁种基地，每年可向国内外提供箭筈豌豆、毛叶苕子、豌豆、鹰嘴豆种子 1.0 万 t 以上。

1.6.2 绿肥新品种选育

经筛选鉴定取得甘肃省认定的绿肥品种 6 个：土库曼毛叶苕子，陇箭 2 号箭筈豌豆，陇豌 2 号(美国针叶豌豆 MZ-1)、陇鹰 1 号、陇鹰 2 号鹰嘴豆，陇油 6 号冬油菜。

土库曼毛叶苕子：该品种适应性广，抗旱，耐寒，少病虫害，较耐盐碱，耐阴性好，再生力强。春播全生育期 120～125 d，系中晚熟。据盛花期测定，鲜草产量 37.5～60 t/hm^2，高者达 75 t/hm^2。在河西走廊平川灌区春播籽粒产量 1.2～1.8 t/hm^2，高者可达 2.25 t/hm^2，是国内毛叶苕繁种的高产品种。土库曼毛叶苕子在河西沿祁连山北麓旱地种子产量较高。

陇箭 2 号箭筈豌豆(甘认豆 2015002)：系江苏省从澳大利亚引入的 Languedoc 品种中选育，1985 年甘肃省引进。该品种速生早发、叶长而宽、分枝性强、抗旱、耐寒性好，适应性广。丰产性好，麦田套种鲜草产量 40 t/hm^2，高者鲜草产量可达 60 t/hm^2 以上；春播留种产量可达 3～4 t/hm^2。千粒重 60～65 g，全生育期 95～105 d，系中、早熟品种。其种植范围可延伸至祁连山北麓海拔 2 600 m 的“歇煞地”，在晚春播种，秋末尚可结实青荚，适合用作冬、春青饲草。在甘肃河西灌区、沿黄灌区及干旱地区推广面积超过 1.5 万 hm^2。

陇豌 2 号针叶豌豆(甘认豆 2010001)：属于豆科一年生双子叶草本植物，生长势强，耐旱，尤其在干热年份表现突出。植株粗壮，蔓高 60 cm，茎粗 0.5 cm。节间短，蔓不分枝。每节着生 1 枚托叶，无复叶，分生出的针叶成二歧多次分枝，针叶相互缠绕，高抗倒伏，这是比普通豌豆高产的主要原因。针叶豌豆在甘肃河西地区生育期 70 d 左右，一般在 5 月 20 日进入初花期，5 月 30 日进入盛花期，6 月 15 日成熟，先期荚与后期荚成熟基本一致，具有较大的增产潜力。针叶豌豆产量高，与玉米间作平均籽粒产量在 2.25 t/hm^2 以上，鲜草产量在 15 t/hm^2 以上，效益可达 7 500 元/hm^2 以上，是当前进行间作的理想优良兼用绿肥品种之一。

陇鹰 2 号鹰嘴豆(甘认豆 2010004)：该品种在凉州区、古浪、民乐、金昌、定西的干旱地区和在岷县、张家川高寒冷凉地区进行的多点区域试验和生产示范结果表明，籽粒产量平均达 2.39 t/hm^2，较古浪地方鹰嘴豆品种增产 4.5%；平均鲜草产量达 40 t/hm^2，较当地豌豆平均增产 30.8%。该品种极适合在甘肃河西灌区、定西、天水的干旱、半干旱地区和高寒阴湿地区种植。在年雨量 300 mm 左右的地区，可作为收获高蛋白籽粒进行推广种植；在年雨量大于 500 mm 的地区，因雨水充足，营养生长比较旺盛，可作为绿肥饲草进行推广种植。

1.6.3 技术、模式创新与应用成效

(1)麦田套复种绿肥农牧结合型种植模式

利用麦类收获后 3 个月左右空闲期，通过套复种绿肥，筛选适宜品种、播期、播量及水肥管理技术的研究，集成完善了麦田套复种绿肥农作模式。该模式充分利用夏秋休闲期的降水和光热资源，麦收后套复种箭筈豌豆、毛叶苕子、草木樨等生产一茬优质绿肥饲草。通过调整播

期、播量，鲜草产量可达 39.0 t/hm²。通过压青和根茬肥田，后茬作物小麦产量达到 6.5～8.1 t/hm²，较未种绿肥增产 11.8%～13.4%；并减少化肥施用量 20%～30%，可提高土壤有机质 21.4%、全氮 10.7%、速效氮 36.9%、有效磷 2.6 倍、速效钾 31.3%，土壤容重下降 4.8%。

(2)玉米前期间作绿肥高效节水型农作模式

巧妙利用玉米前期生长较慢、行间空间较大的特点，选择适宜绿肥品种，合理调整玉米株行距，综合运用地膜覆盖技术，在玉米生长早期间作喜凉、速生的针叶豌豆、毛叶苕子等短期绿肥，成功实现绿肥作物前移，既保证玉米产量，又提高水、肥、光、热利用效率，增收豆类或鲜草。

玉米间作绿肥以收获籽粒为主的针叶豌豆和以收获豆科饲草为主的毛叶苕子时，当季根茬还田均能使玉米减少 10%的化学氮肥用量。玉米间作针叶豌豆时，在化学氮肥减少 5%的情况下，玉米产量和经济效益均最高，玉米产量达 15.23 t/hm²，较全量化肥处理持平略有增产，增加效益 24.0%。玉米间作毛叶苕子时，在化学氮肥减少 10%的情况下，玉米产量和经济效益最高，玉米产量为 14.70 t/hm²，增收 9.4%。

(3)马铃薯间作绿肥抗连作障碍保育型农作模式

针对马铃薯的连作障碍等问题以及马铃薯前期生长特点和栽培技术要求，改单一马铃薯为绿肥与马铃薯间作的保育土壤生产模式。马铃薯种植采用垄幅 0.9 m、垄宽 0.6 m、垄沟 0.3 m，在马铃薯行间(沟内)种植 2 行绿肥。薯、肥均于 4 月上旬播种。绿肥作物在 6 月上旬现蕾期收获或翻压。可收获绿肥鲜草 9.30～12.75 t/hm²；绿肥在 7 月中下旬收获种子，可收绿肥籽粒 1.31～1.91 t/hm²，马铃薯增产 0.56～2.93 t/hm²。以马铃薯间作针叶豌豆压青处理产量最高，为 36.45 t/hm²，较单作马铃薯增产 15.9%。马铃薯间作绿肥经济效益以马铃薯间作针叶豌豆根茬肥田最高，为 4.82 万元/hm²，增值 30.2%。

马铃薯间作箭筈豌豆＋毛叶苕子压青土壤有机质含量达 21.2 g/kg，速效氮、有效磷和速效钾含量分别为 110 mg/kg、35.1 mg/kg 和 204 mg/kg，明显优于不种绿肥的地块。

(4)冬季覆盖绿肥草田轮作防沙生态型农作模式

通过引入冬绿肥种质资源，从播期、播种方式、翻压效果等开创性地进行绿肥作物冬季覆盖与肥田轮作研究，并进行玉米、马铃薯、向日葵与冬绿肥作物(草木樨、冬油菜)轮作，变一年一收为二年三收，实现冬季生物休眠覆盖、春季生长、夏季肥田。

该技术模式既增加了经济效益，又突破了冬绿肥的传统禁区，提高绿洲荒漠交错区耕地的生产能力。冬油菜产草量可达 22.5 t/hm²以上。冬油菜留茬 15～20 cm 根茬还田时，种植玉米可减少化肥氮 10%；全部翻压作绿肥时，可以减施氮 20%～30%。冬绿肥-油菜/向日葵轮作，可生产油菜籽 3.0 t/hm²或向日葵 3.75 t/hm²，增产 15%以上，并显著提高土壤肥力。

(5)小麦/玉米带田套种绿肥培肥地力轻简作业型农作技术

针对小麦玉米带状种植小麦带秋闲问题，着眼机械化，构建了可机械化收获的玉米/小麦-绿肥超常规宽幅种植体系。改小麦/玉米带田 1.6 m(小麦、玉米各 0.8 m)带幅为宽带幅，其中小麦 2.6 m(20 行)，玉米 1.6 m(4 行)。宽带区的小麦套种绿肥，形成“二粮一肥”的种植方式。此模式下，小麦、玉米产量与窄带田基本持平，但增加绿肥鲜草。

2　甘肃省绿肥研发进展与创新

2.1　小麦间作套种绿肥种植利用模式研究

2.1.1　间作套种绿肥对小麦产量及收益的影响

连续6年定位试验显示，套种绿肥毛叶苕子根茬肥地，小麦增产1.0%，压青肥地小麦增产7.4%，间作绿肥大豆，小麦产量会有所降低。无论间作大豆还是套种毛叶苕子还田，均可提高总体经济效益，以小麦间作大豆产值最高，其中，2014年达1.01万～1.13万元/hm^2（表3-2-1）。

表3-2-1　甘肃武威间作不同绿肥及利用方式对小麦产量及效益的影响（张久东等，2015）

处理	产量/(t/hm^2)							较单作小麦平均		2014年效益/(万元/hm^2)			
	2009年	2010年	2011年	2012年	2013年	2014年	平均	增产量/(t/hm^2)	增产率/%	大豆	干草	合计	较对照
单种小麦(CK)	6.05	7.29	6.02	7.13	4.36	4.99	5.97	—	—			1.50	—
小麦/大豆(根茬)	5.57	5.93	4.92	6.56	4.29	4.74	5.33	−0.64	−10.72	2.36		2.51	1.01
小麦/大豆(压青)	5.38	5.52	4.78	6.66	4.20	4.62	5.19	−0.78	−13.07	2.70		2.63	1.13
小麦-苕子(根茬)	6.33	7.44	6.45	6.92	4.25	4.80	6.03	0.06	1.01		3.29	1.84	0.34
小麦-苕子(压青)	6.75	8.02	6.71	7.23	4.22	5.56	6.41	0.44	7.37		3.49	1.67	0.17

注：小麦单价为3.0元/kg，绿肥干草为1.2元/kg，大豆为4.6元/kg。复种绿肥成本为1 500元/hm^2。

2.1.2　麦后复种绿肥适宜翻压时间的研究

推迟翻压时间可延长绿肥生长期，增加绿肥产草量。综合来看，绿肥的最佳翻压时间是9月25日，此时绿肥生物量接近高位，而且气温和土壤水分较高，绿肥翻压后腐解较快，为次年小麦生长提供优质有机肥源，次年小麦增产明显；10月15日翻压鲜草产量最高，达21.35 t/hm^2，但此时一般已进入霜冻期，绿肥不易腐解，影响次年小麦播种（表3-2-2）。

表3-2-2　甘肃武威绿肥翻压时间对绿肥鲜草及次年小麦产量的影响

翻压日期	绿肥鲜草/(t/hm^2)				小麦产量/(t/hm^2)				与无绿肥比较	
	2011年	2012年	2013年	平均	2012年	2013年	2014年	平均	增产量/(t/hm^2)	增产率/%
CK	—	—	—	—	3.69	3.36	3.52	3.52	−2.09	−37.2
无绿肥	—	—	—	—	5.95	5.81	5.08	5.61	—	—
9月5日	8.40	11.20	9.60	9.75	6.60	5.83	5.91	6.11	0.50	8.9
9月25日	15.25	25.10	16.85	19.05	6.38	6.83	6.18	6.46	0.85	15.1
10月15日	18.35	23.70	22.00	21.35	6.02	6.60	5.83	6.15	0.54	9.6

注：CK—无绿肥且不施化肥。

2.1.3　翻压绿肥后替代化肥40%可保持小麦增产

在甘肃河西灌区，连续6年的定位试验表明翻压毛叶苕子后减施化肥0～40%，小麦均比单施化肥处理增产。产量最高的处理为“绿肥＋70%化肥”，达7.25 t/hm^2，处理“绿肥＋60%

化肥”次之，为 7.15 t/hm²，而单施化肥的小麦产量较低，为 6.40 t/hm²，说明在翻压绿肥 30 t/hm²下，可减少化肥施用量 30%～40%，且小麦增产 11.77%～13.40%（表 3-2-3）。

表 3-2-3 甘肃武威种植翻压毛叶苕子配施减量化肥对小麦产量的影响（张久东等，2015）

处理	产量/（t/hm²）							较 100% 化肥增产	
	2009 年	2010 年	2011 年	2012 年	2013 年	2014 年	平均	增产量/（kg/hm²）	增产率/%
CK	4.70	2.93	2.44	3.98	3.51	2.79	3.39	−3.01	−47.01
化肥 100%	6.66	7.74	7.11	6.52	4.46	5.89	6.40	—	—
毛叶苕子+100%化肥	7.30	7.91	7.32	7.32	5.04	6.54	6.90	0.51	7.94
毛叶苕子+90%化肥	7.29	8.35	7.19	7.27	5.55	6.58	7.04	0.64	10.04
毛叶苕子+80%化肥	7.85	8.41	7.47	7.15	5.16	6.75	7.13	0.74	11.51
毛叶苕子+70%化肥	8.18	8.57	7.39	7.06	5.42	6.90	7.25	0.86	13.40
毛叶苕子+60%化肥	7.99	8.25	7.41	7.12	5.70	6.42	7.15	0.75	11.77
毛叶苕子+0%化肥	6.90	6.09	6.22	5.01	5.18	3.98	5.56	−0.83	−13.01

2.1.4 麦田套复种绿肥的栽培技术研究

（1）绿肥最佳播种时期

麦后复种箭筈豌豆的保苗密度和鲜草产量均为最高，分别达 273 万株/hm²和38.87 t/hm²，较灌麦黄水套种箭筈豌豆分别增加 125.6%、31.31%（表 3-2-4）。

（2）适宜追肥量与灌水次数

适量追施化学氮肥可增加绿肥鲜草产量，但差异不显著，因此推荐绿肥作物栽培中不使用任何化肥。灌水 1 次与灌水 2～3 次对绿肥鲜草产量影响差异显著，但灌水 2 次与 3 次对绿肥鲜草产量的影响不显著，由此，麦田套复种绿肥推荐灌水 2 次（表 3-2-5）。

表 3-2-4 甘肃武威不同套播时期对箭筈豌豆保苗密度及鲜草产量的影响（2011—2013 年）

处理	保苗密度/（万株/hm²）	较对照增加密度		绿肥鲜草/（t/hm²）	较对照增加鲜草	
		增产量/（万株/hm²）	增产率/%		增产量/（t/hm²）	增产率/%
2 水套种箭筈豌豆	20	−101	−83.5	2.20	−27.40	−92.56
3 水套种箭筈豌豆	115	−6	−5	13.40	−16.20	−54.73
4 水套种箭筈豌豆（对照）	121	—	—	29.60	—	—
麦收后复种箭筈豌豆	273	152	125.6	38.87	9.27	31.31

表 3-2-5 甘肃武威不同灌水次数和追氮量对绿肥鲜草产量的影响（2011—2013 年）

处理	绿肥鲜草产量/（t/hm²）				较对照增加鲜草	
	2011 年	2012 年	2013 年	平均	增产量/（t/hm²）	增产率/%
尿素 0 kg/hm²、灌水 1 次（CK）	19.00	18.25	26.75	21.33 ab	—	—
尿素 0 kg/hm²、灌水 2 次	12.00	15.75	25.00	17.58 bc	−3.75	−17.58
尿素 0 kg/hm²、灌水 3 次	22.25	21.50	28.50	24.08 a	2.75	12.89
尿素 37.5 kg/hm²、灌水 1 次	20.00	21.00	28.75	23.25 ab	1.92	8.99
尿素 37.5 kg/hm²、灌水 2 次	11.50	12.50	23.25	15.75 c	−5.58	−26.17

续表 3-2-5

处理	绿肥鲜草产量/(t/hm²)				较对照增加鲜草	
	2011 年	2012 年	2013 年	平均	增产量/(t/hm²)	增产率/%
尿素 37.5 kg/hm²、灌水 3 次	15.50	23.75	29.50	22.92 ab	1.58	7.42
尿素 75 kg/hm²、灌水 1 次	21.75	20.50	24.25	22.17 ab	0.84	3.91
尿素 75 kg/hm²、灌水 2 次	26.00	19.75	31.50	25.75 a	4.42	20.71
尿素 75 kg/hm²、灌水 3 次	25.50	21.00	33.75	26.75 a	5.42	25.39

注：表中同一列不同小写字母表示处理间差异达 5%显著水平，下表均同。

2.2 马铃薯间作绿肥种植利用模式研究

马铃薯间作不同绿肥的模式 6 年定位试验结果表明，3 种类型绿肥均表现为根茬还田处理马铃薯产量高于压青处理，以马铃薯/针叶豌豆（根茬）处理产量最高，为 18.85 t/hm²，较单作马铃薯增产 14.38%（表 3-2-6）。马铃薯/甜豌豆（根茬）处理次之，马铃薯产量为 18.04 t/hm²，较单作马铃薯增产 9.47%。马铃薯/甜豌豆模式绿肥鲜草产量最高，为 9.35～9.37 t/hm²，马铃薯/箭筈豌豆、毛叶苕子鲜草产量最低，为 6.72 t/hm²。马铃薯间作针叶豌豆根茬处理，可多产豆类籽粒 1.86 t/hm²，经济效益显著高于马铃薯间作甜豌豆。

表 3-2-6 甘肃武威间作不同绿肥及利用方式对马铃薯产量的影响

处理	马铃薯产量/(t/hm²)							较对照增产	
	2009 年	2010 年	2011 年	2012 年	2013 年	2014 年	平均	增产量/(t/hm²)	增产率/%
对照	23.75	23.22	16.23	10.85	14.09	10.74	16.48	—	—
箭苕-根茬	24.71	24.21	17.01	14.23	15.25	10.76	17.69	1.21	7.34
箭苕-压青	19.54	24.51	17.96	16.32	14.89	11.55	17.46	0.98	5.95
针豌-根茬	27.24	26.39	16.71	15.52	15.72	11.53	18.85	2.37	14.38
针豌-压青	19.89	27.46	17.04	15.43	14.90	12.87	17.93	1.45	8.80
甜豌-根茬	23.82	22.48	15.94	17.37	16.05	12.56	18.04	1.56	9.47
甜豌-压青	21.85	22.8	16.52	13.3	15.00	13.4	17.14	0.66	4.00

注：箭苕为箭筈豌豆、毛叶苕子混播，针豌为针叶豌豆，甜豌为甜豌豆；表 3-2-7、表 3-2-8、表 3-2-9 同。

2.3 玉米间作绿肥种植利用模式研究

2.3.1 明确了玉米间作绿肥显著提高综合收益

2009—2014 年在武威连续 6 年的定位试验观测表明（表 3-2-7），玉米/草木樨、玉米/豌豆、玉米/毛叶苕子间作，绿肥压青处理的玉米略有增产，但差异不显著，压青处理产量均高于相同绿肥作物的根茬处理。间作绿肥在保持玉米产量的同时，可以兼收绿肥作饲草，兼收豆类作粮食或饲料，显著提高总体收益。不同绿肥品种鲜草产量不同，以玉米/麻豌豆压青处理产草量最高，达 16.37 t/hm²，其次为玉米/箭筈豌豆＋毛叶苕子-压青处理，产草量为 14.52 t/hm²，针叶豌豆与玉米间作产草量最低（6.99 t/hm²），绿肥压青处理产草量高于根茬处理。另外，玉米间作针叶豌豆、甜豌豆、麻豌豆可收获豆类籽粒 0.82～2.84 t/hm²，针叶豌豆籽粒产量最高。玉米间作不同类型绿肥作物根茬还田或压青处理，均可显著提高总体经济效益，较玉米单作增加 559～19 158 元/hm^2。可见，玉米间作绿肥作物种植模式具有较高的推广价值。

表 3-2-7 甘肃武威 2009—2014 年玉米/绿肥种植模式的平均产量和效益分析（张久东等，2017）

处理	玉米产量/(t/hm^2)	饲草产量/(t/hm^2)	豆类产量/(t/hm^2)	经济效益/(元/hm^2)	较对照增收	
					增收量/(元/hm^2)	增收率/%
单作玉米(CK)	13.90	—	—	30 580	—	—
玉米/针豌(根茬)	13.76	6.99	2.84	48 916	18 336	59.96
玉米/针豌(压青)	13.92	—	—	30 626	559	1.14
玉米/甜豌(根茬)	13.65	14.40	0.87	45 559	18 751	61.23
玉米/甜豌(压青)	14.04	—	—	30 884	799	1.75
玉米/麻豌豆(根茬)	13.19	16.37	0.82	45 864	19 158	62.03
玉米/麻豌豆(压青)	14.10	—	—	31 020	1 076	2.35
玉米/箭豌、苕子(根茬)	13.57	14.52	—	41 460	14 034	45.24
玉米/箭豌、苕子(压青)	14.30	—	—	31 464	1 157	2.79
玉米/草木樨(根茬)	13.80	11.02	—	39 201	11 289	35.88
玉米/草木樨(压青)	14.47	—	—	31 841	1 908	4.87

注：玉米价格 2.2 元/kg；针叶豌豆秸秆价格 1.2 元/kg、籽粒价格 3.0 元/kg；毛叶苕子秸秆价格 1.2 元/kg；针叶豌豆种子价格 4 元/kg；毛叶苕子种子价格 10 元/kg；绿肥种收人工费用 1 500 元/hm^2。

2.3.2 优化了玉米间作绿肥种植利用技术

(1)确定了间作种植适宜带幅

在武威 4 年观测确定了玉米间作针叶豌豆的玉米产量高于间作箭碗＋毛叶苕子，其增产量为 0.18～0.98 t/hm^2，增幅 1.3%～8.4%；间作 2 行绿肥的玉米产量高于间作 3 行绿肥，增产量 0.31～1.06 t/hm^2，增幅 0.6%～9.1%；其中 3 行玉米间作 2 行针叶豌豆的玉米产量最高，为 13.98 t/hm^2(表 3-2-8)。

两行玉米间作的绿肥产量均高于三行玉米，4 年平均增幅为 0.12～1.03 t/hm^2，间作毛叶苕子的鲜草产量高于针叶豌豆，其中两行玉米间作 3 行毛叶苕子后的绿肥鲜草产量最高，平均产量为 16.84 t/hm^2。两行玉米间作的绿肥籽粒产量均高于三行玉米，平均增幅 0.47～0.78 t/hm^2，其中两行玉米间作 3 行针叶豌豆的最高，4 年平均豆类产量为 2.23 t/hm^2，增效明显(表 3-2-8)。

表 3-2-8 甘肃武威玉米/绿肥间作种植带幅对玉米和绿肥产量的影响(2011—2014 年)

处理	玉米平均产量/(t/hm^2)			绿肥平均产量/(t/hm^2)	
	籽粒产量	增产量	增产率/%	鲜草产量	籽粒产量
2 行玉米＋无绿肥	12.95		—	—	—
2 行玉米＋2 行针豌	13.07	0.12	0.93	8.77	1.52
2 行玉米＋2 行箭豌、苕子	12.73	－0.22	－1.71	14.65	—
2 行玉米＋3 行针豌	12.65	－0.30	－2.33	11.83	2.23
2 行玉米＋3 行箭豌、苕子	11.67	－1.28	－9.89	16.84	—
3 行玉米＋无绿肥	13.89	0.94	7.29		—

续表 3-2-8

处理	玉米平均产量/(t/hm²)			绿肥平均产量/(t/hm²)	
	籽粒产量	增产量	增产率/%	鲜草产量	籽粒产量
3行玉米+2行针豌	13.98	1.03	7.97	7.51	1.05
3行玉米+2行箭豌、苕子	13.80	0.85	6.57	12.64	—
3行玉米+3行针豌	13.89	0.94	7.29	10.87	1.45
3行玉米+3行箭豌、苕子	13.49	0.54	4.18	15.35	—

(2)明确了间作绿肥替代化肥量

从武威2011—2014年定位试验玉米产量看，施95%化学氮肥间作针叶豌豆的玉米籽粒产量最高(15.22 t/hm²)，相比单施化肥处理增产0.86%，虽然间作针叶豌豆或者毛叶苕子其他减施化肥处理玉米籽粒产量均出现不同程度的减产，但是，化学氮肥减少5%～10%的情况下间作2种绿肥的玉米产量降低不显著(表3-2-9)。可见，玉米间作收获籽粒为主的针叶豌豆和间作以收获豆科饲草为主的毛叶苕子，根茬还田均能减少10%的化肥氮肥用量。此外，2011—2014年监测表明，可兼收针叶豌豆干草3.41～3.65 t/hm²或籽粒2.04～2.41 t/hm²、毛叶苕子干草3.38～3.59 t/hm²。

表3-2-9 甘肃武威不同氮肥减量条件下间作绿肥对玉米产量和经济效益的影响(卢秉林等,2021;2022)

处理	产量/(t/hm²)		较100%化肥增产		经济效益/(万元/hm²)	较100%化肥增收	
	2013年	2014年	增产量/(t/hm²)	增产率/%		增收量/(万元/hm²)	增收率/%
CK	10.34	11.61	−4.12	−27.30	2.31	−0.86	−27.26
100%N	13.28	16.90	—		3.17	—	
95%N+针豌	13.44	17.00	0.13	0.86	3.93	0.76	24.02
90%N+针豌	13.25	16.67	−0.13	−0.86	3.89	0.72	22.60
85%N+针豌	13.20	15.65	−0.67	−4.44	3.78	0.61	19.18
80%N+针豌	12.83	15.27	−1.05	−6.96	3.72	0.55	17.44
0%N+针豌	10.99	12.07	−3.56	−23.59	3.03	−0.14	−4.37
90%N+毛叶苕子	13.47	15.94	−0.39	−2.58	3.47	0.30	9.43
80%N+毛叶苕子	12.96	14.73	−1.25	−8.28	3.29	0.12	3.93
70%N+毛叶苕子	12.20	14.50	−1.75	−11.60	3.22	0.05	1.48
60%N+毛叶苕子	11.71	13.62	−2.43	−16.10	3.04	−0.13	−3.96
0%N+毛叶苕子	10.44	11.60	−4.07	−26.97	2.66	−0.51	−16.01

注：玉米2.1元/kg；绿肥种收人工1 500元/hm²。

2.4 小麦/玉米复种绿肥效应长期定位研究

自1988年开始，在武威设立了小麦/玉米复种绿肥定位试验，取得了一批产量、土壤性状研究结果，为河西绿肥的合理利用提供了技术支撑。

2.4.1 氮肥替代的产量效应

绿肥连续施用9年后可替代50%的氮肥，保持小麦/玉米带田产量不减，平均产量以绿肥替代50%化学氮肥时最高，为11.73 t/hm²(1996年)。还田20年后，绿肥替代50%化学氮肥的产量高于全施氮肥处理(表3-2-10)。

表3-2-10　长期施用绿肥对作物(小麦+玉米)产量的影响　t/hm²

年份	不施肥	单施氮肥	单施绿肥	绿肥、氮肥各50%
1988	6.15	14.79	10.17	13.37
1992	3.87	10.82	9.35	9.98
1996	3.77	10.91	7.82	11.73
1999	4.92	12.51	10.19	12.89
2000	2.91	6.63	5.97	6.65
2001	3.44	12.30	10.50	12.47
2002	2.34	5.06	5.28	5.78
2003	5.96	15.50	11.31	15.74
2004	4.73	12.93	9.47	12.75
2006	3.71	13.91	8.15	12.90
2007	4.37	13.73	11.39	15.14
2009	8.90	24.23	21.78	24.27
2011	8.49	13.59	13.46	14.02
2012	5.90	14.78	13.25	14.85

注：不施肥—氮、磷、钾肥均不施；单施氮肥—N 375 kg/hm²、P_2O_5 150 kg/hm²；单施绿肥—翻压绿肥4.5 t/hm²、P_2O_5 150 kg/hm²；绿肥氮肥各50%—翻压绿肥2.25 t/hm²、N 187.5 kg/hm²、P_2O_5 150 kg/hm²，试验开始于1988年，土样于2019年7月采集。表3-2-11、表3-2-12、表3-2-13、表3-2-14、表3-2-15处理意义相同。

2.4.2　长期施用绿肥显著提高土壤有机质含量

1988—2012年，连续种植利用绿肥25年后，土壤有机质显著提高，各处理方式对其影响高低依次为：单施绿肥(26.2 g/kg)＞绿肥、氮肥各50%(24.3 g/kg)＞单施化肥(20.7 g/kg)＞CK(18.2 g/kg)，单施绿肥、绿肥与化肥配施较单施化肥土壤有机质含量分别提高26.6%、17.4%(表3-2-11)。

表3-2-11　长期施用绿肥对土壤有机质含量的影响　g/kg

处理	1988年	1992年	1997年	2004年	2007年	2011年	2012年
不施肥(CK)	16.4	16.4	17.5	17.5	16.2	17.2	18.2
单施氮肥	16.4	16.6	19.0	16.8	16.1	18.4	20.7
单施绿肥	16.4	19.5	21.2	20.8	18.1	25.2	26.2
绿肥、氮肥各50%	16.4	18.3	19.6	20.4	17.5	23.6	24.3

2.4.3　长期施用绿肥能明显改善土壤化学、物理、生物性状

改善土壤物理性状：较单施化肥处理，长期翻压绿肥后土壤容重降低2.3%～4.0%，总孔隙度增加1.2%～1.9%、田间持水量增加13.2%～20.3%、土壤大团粒结构(＞5 mm)增加20.2%～22.3%、水稳性团聚体(＜0.25 mm)增加17.0%～18.9%(表3-2-12)。

提高土壤养分水平：长期翻压绿肥后，土壤养分含量明显提高，较单施化肥处理提高全氮20.2%～31.6%、有效氮15.4%～28.5%、全磷0.5%～6.8%、有效磷100.2%～324.8%、全

钾－1.0％～0.5％、有效钾 1.1％～53.3％。

提高土壤酶活性：较单施化肥处理，土壤蔗糖酶活性提高 39.2％～42.1％，土壤过氧化氢酶活性提高 3.4％～3.9％（表 3-2-13）。

表 3-2-12 长期施用绿肥对土壤物理性状的影响（贾宇等，2020）

处理	容重 /(g/cm^3)	总孔隙度 /%	田间持水量 /%	>5 mm 大团粒 /%	<0.25 mm 水稳性团聚体 /%
不施肥	1.29	51.4	26.8	18.6	32.2
单施氮肥	1.29	51.4	26.6	23.8	38.2
单施绿肥	1.26	52.4	32.0	29.1	44.7
绿肥氮肥各 50％	1.24	52.0	30.1	28.6	45.4

注：试验始于 1988 年，土壤样品于 2019 年采集。

表 3-2-13 长期施用绿肥对土壤酶活性的影响（马忠明等，2011） mg/(g · d)

处理	蔗糖酶	碱性磷酸酶	脲酶	过氧化氢酶
不施肥	28.30	1.38	0.46	5.19
单施氮肥	33.63	1.23	0.53	5.07
单施绿肥	47.80	1.27	0.35	5.24
绿肥、氮肥各 50％	46.80	1.18	0.44	5.27

注：试验始于 1988 年，土壤样品于 2008 年采集。

增加有机碳和微生物量碳：长期绿肥还田能提高 0～30 cm 土壤的有机碳和微生物碳含量，增加了土壤的碳储量。较单施化肥处理，0～7.5 cm、7.5～15 cm、15～30 cm 和 30～50 cm 的土壤有机碳含量分别增加 3.9％～17.1％、8.4％～14.2％、12.7％～24.1％ 和1.2％～2.3％，土壤微生物碳分别增加－8.0％～0.0％、36.7％～66.7％、24.0％～84.0％和－16.7％～12.5％（表 3-2-14）。

表 3-2-14 长期施用绿肥对土壤有机碳和微生物生物量碳含量的影响（董博等，2012）

处理	有机碳/(g/kg)				微生物碳/(mg/kg)			
	0～7.5	7.5～15	15～30	30～50	0～7.5	7.5～15	15～30	30～50
不施肥	12.4	11.6	11.1	8.9	237.60	227.04	195.36	110.88
单施氮肥	12.9	12.0	10.6	8.7	264.00	158.40	132.00	126.72
单施绿肥	15.1	13.7	13.1	8.9	264.00	264.00	242.88	142.56
绿肥、氮肥各 50％	13.4	13.0	11.9	8.8	242.88	216.48	163.68	105.60

注：试验始于 1988 年，土壤样品于 2006 年采集。

2.4.4 长期施用绿肥及绿肥与化肥配施可降低土壤 NO_3^--N 含量

通过对 26 年定位试验的不同处理土壤剖面 NO_3^--N 积累量的测定（表 3-2-15），小麦收获后，单施绿肥及绿肥氮肥各 50％处理小麦带 0～180 cm 土层 NO_3^--N 积累量明显低于单施氮肥处理，分别为 72.0 kg/hm^2、81.0 kg/hm^2，较单施氮肥的 154.5 kg/hm^2 分别降低 53.4％和 47.6％；0～60 cm 土层 NO_3^--N 积累量分别为 36.0 kg/hm^2、45.0 kg/hm^2，较单施氮肥的 51.0 kg/hm^2 分别降低 41.7％、13.3％。同时，玉米收获后，间作小麦带和间作玉米带

土壤剖面 NO_3^--N 积累量单施绿肥及绿肥氮肥各 50％处理也明显低于单施氮肥处理。

表 3-2-15 长期施用绿肥及绿肥与化肥配施对不同土层土壤 NO_3^--N 积累量的影响 kg/hm²

项目	处理	小麦收获时		玉米收获时	
		小麦带	玉米带	小麦带	玉米带
0～60 cm	单施绿肥	36.0 b	30.0 b	16.5 b	9.0 c
	绿肥、氮肥各 50％	45.0 ab	42.0 b	21.0 ab	21.0 a
	单施氮肥	51.0 ab	96.0 a	42.0 a	25.5 a
	不施肥	34.5 b	45.0 b	10.5 b	9.0 c
0～180 cm	单施绿肥	72.0 c	79.5 b	64.5 ab	24.0 b
	绿肥、氮肥各 50％	81.0 bc	100.5 b	51.0 ab	49.5 b
	单施氮肥	154.5 a	186.0 a	78.0 a	123 a
	不施肥	60.0 c	88.5 b	25.5 b	16.5 b

注：试验始于 1988 年，土壤样品于 2010 年采集。

3 甘肃省绿肥发展潜力

据甘肃省年鉴统计，甘肃省 2022 年总耕地面积为 521 万 hm²，其中年种植小麦 71 万 hm²，玉米 104 万 hm²，薯类 58 万 hm²，油菜 26 万 hm²，各类蔬菜 43 万 hm²，落叶果园 33 万 hm²。

3.1 农区绿肥作物发展潜力

表 3-2-16 为甘肃省绿肥种植时空潜力分析结果。总体看，甘肃省的绿肥面积潜力为 116 万 hm²，绿肥有效时空潜力为 28 万 hm²·年。其中，农区绿肥空间潜力为 93 万 hm²、有效时空潜力为17 万 hm²·年，果园绿肥面积潜力为 23 万 hm²、有效时空潜力为11 万 hm²·年。

3.1.1 玉米前期间作绿肥

甘肃省玉米播种面积达 104 万 hm²及以上。利用玉米前期生长较慢、行间空间较大的特点，合理调整玉米株行距，综合运用地膜覆盖技术，在玉米生长早期 4 月上旬至 5 月下旬的 45～60 d 时间，间作喜凉、速生的针叶豌豆、毛叶苕子等短期绿肥。适宜绿肥生长时间为 2 个月，绿肥空间占比约 50％，绿肥面积潜力为 52 万 hm²，绿肥有效时空潜力为 9 万 hm²·年。

3.1.2 马铃薯间作绿肥

利用马铃薯前期生长特点和栽培技术要求，在马铃薯垄沟内间作毛叶苕子、针叶豌豆绿肥，绿肥鲜草产量可达到 15 t/hm²。目前，甘肃省马铃薯种植面积每年 58 万 hm²，适宜绿肥生长时间为 2 个月，绿肥空间占比约 50％，绿肥面积潜力为 29 万 hm²，绿肥有效时空潜力为 5 万 hm²·年。

3.1.3 麦田套复种绿肥

利用麦类在 7 月中下旬基本收割完毕，至强霜冻来临，还有 70～80 d 充足的绿肥生长时期，可进行套、复种绿肥，鲜草产量为 30～45 t/hm²。甘肃省约有 12 万 hm²的麦类种植面积，适宜绿肥生长时间为 3 个月，绿肥面积潜力为 12 万 hm²，绿肥有效时空潜力为 3 万 hm²·年。

3.2 经济林园绿肥空间潜力

在果园行间间作毛叶苕子和箭筈豌豆、油菜绿肥，是增加果园覆盖、减少水土流失重要措施。甘肃省现有果园绿肥面积 33 万 hm^2，适宜绿肥生长时间为 6 个月，绿肥空间占比按 70% 计算，绿肥面积潜力为 23 万 hm^2，绿肥有效时空潜力为 11 万 hm^2 · 年（表 3-2-16）。

表 3-2-16　甘肃省绿肥种植时空潜力分析

区域	适宜的绿肥制度	对应的主作物面积/万 hm^2	绿肥空间占比/%	绿肥时长/个月	绿肥面积潜力/万 hm^2	绿肥有效时空潜力/(万 hm^2 · 年)
农区	麦后复种绿肥	12	100	3	12	3
	玉米前期间作绿肥	104	50	2	52	9
	马铃薯前期间套作绿肥	58	50	2	29	5
	农区合计	174	—	—	93	17
经济林园	落叶果园	33	70	6	23	11
	经济林园合计	33	—	—	23	11
	合计	207	—	—	116	28

注：绿肥有效时空潜力=对应的主作物面积×绿肥空间占比×绿肥时长。

3.3　绿肥作物其他空间潜力

3.3.1　高寒、干旱山地绿肥制种轮作

近 10 多年来，甘肃陇中、渭北高原以及祁连山北麓高寒、干旱山地，每年可种植箭筈豌豆、鹰嘴豆、山黧豆 4.5 万～6.8 万 hm^2，种植比例可达 80%以上，时长 90～100 d。因抗旱耐瘠、产量稳定、混入轮作、收籽、根茬肥地，是提高土壤肥力、增加农业经济收入的好途径。

3.3.2　轮歇地绿肥种植

甘肃省有 15 万～20 万 hm^2 的旱滩地具有隔年轮歇的传统习惯，在轮歇地单种绿肥，种植比例可达 50%以上，时长可达 100 d 以上。对于提高土地利用率、提高土壤质量、增加农民收入具有较好的效果。

3.3.3　退耕还林间作绿肥

甘肃省还具有较大的退耕还林面积，有 20 多万 hm^2，绿肥生长时长可达 100 d。利用林间套种绿肥潜力较大。

3.3.4　占补平衡耕地种植绿肥

甘肃省约有 33.5 万 hm^2 的占补平衡耕地，大多耕地质量差、有机质含量低、土壤瘠薄，急需进行培肥地力，提高耕地质量。种植绿肥是最有效的措施。适宜绿肥生长时间为 3 个月，绿肥面积潜力为 33.5 万 hm^2，绿肥有效时空潜力为 8 万 hm^2 · 年。

3.3.5　黄土高原粮肥轮作绿肥

在甘肃省陇中、陇东南的黄土高原地带的 22.6 万～33.8 万 hm^2 干旱山地，种植比例可达 30%以上，时长可为 90～100 d。由于山高、地远，境内沟壑纵横，水土流失严重，肥缺地瘦，三料不足。而发展夏季填闲绿肥，因绿肥作物耗水量大，对后作不利，且易出现伏旱，对作物、绿肥正常生育影响较大，应以抗旱性强的草木樨、苜蓿、红豆草为主，建立"粮肥轮作"种植方式。

3.3.6　野生及四旁绿肥

甘肃省土地资源丰富，拟发展四旁绿肥 1.8 万～2.0 万 hm^2，野生绿肥 0.8 万～1.2 万 hm^2，

时长可达 90～120 d。长期以来,在陇南山区、中部与河西走廊地区,采集苦豆子、骆驼蓬沤制作绿肥,用于瓜类、蔬菜、马铃薯追肥。

4 甘肃省绿肥生产主要技术模式

4.1 麦田套复种绿肥农牧结合型种植模式

4.1.1 技术要点

(1)绿肥复种方式及时期

在小麦收获前后绿肥套种、复种均可。套种时,在麦类作物成熟前 10 d 左右(6 月 25 日)结合灌麦黄水,在麦田撒播绿肥,麦类收割后及时灌水和锄草,10 月中旬收割,形成麦肥轮茬制。复种时,小麦收割前灌麦黄水或小麦收获后立即灌水,在麦类作物收获后,适墒期浅耕灭茬,8 月 1 日前抢时复种一茬箭筈豌豆、毛叶苕子或香豆子等绿肥作物,以混播箭筈豌豆、毛叶苕子较好,全苗后灌第一苗水,整个生长季节灌水 2 次。

(2)绿肥品种选择及播量

毛叶苕子宜选用速生早发的“土库曼”等品种;箭筈豌豆选用速生早发的“苏箭 3 号”“陇箭 1 号”等品种;草木樨选用二年生“黄花草木樨”“白花草木樨”等品种。单播时,毛叶苕子播种量为 60 kg/hm^2、箭筈豌豆 150～195 kg/hm^2、草木樨 22.5～30 kg/hm^2。混播时,毛叶苕子为 22.5 kg/hm^2、箭筈豌豆为 120 kg/hm^2。

(3)播种方法及时间

毛叶苕子播期为麦类作物扬花至灌浆阶段(即 6 月 20 日至 7 月 5 日);套播草木樨在麦类作物灌第一、第二次水时套播;复种箭筈豌豆在麦收后至 8 月 1 日前抢种。播种方式以撒播为主,种子纵、横、斜撒 3 遍或手摇撒播器撒播,做到均匀播种,催芽后的种子播后必须立即灌水。

(4)田间管理

麦类作物收割时应高茬收割,留茬高度 20 cm 以上。麦收后及时灌水。绿肥生长期灌水 2～3 次。肥力低的地块在灌第二水时追施尿素 37.5～75 kg/hm^2,以促进绿肥生长,达到以小肥换大肥的目的。

(5)利用方式

麦田套种和麦后复种绿肥,其利用方式基本上为割青养畜根茬还田和翻压还田 2 种形式。

刈青喂畜、根茬肥田:毛叶苕子和箭筈豌豆在 10 月中旬为适宜收割期,刈割后作饲草。草木樨用作饲草,9 月下旬将地上部分割青利用,收割 5 d 后喷 2,4-丁酯除草剂,杀死根颈芽,以防次年再生,造成草害。收割时留茬 15～20 cm,有利于防止土壤风蚀、保护耕地。

翻压还田:翻压还田时,草木樨、毛叶苕子和箭筈豌豆在 9 月中、下旬,先用机引圆盘耙纵横切割 1 次,然后翻压,平整田面,灌好冬水,促进腐解。草木樨翻压时,尽量做到草木樨根系全部倒栽于土中,次年春季,残留少量草木樨,可用人工拔除。

4.1.2 适用范围

该技术在甘肃省生长期 150～180 d 的平川灌溉农业区可推广种植。也可以作为其他相似区域参考。

4.2 玉米前期间作绿肥高效节水型农作模式

4.2.1 技术要点

利用玉米前期生长较慢、行间空间较大的特点，选择适宜绿肥品种，合理调整玉米株行距，综合运用地膜覆盖技术，在玉米生长早期间作喜凉、速生的针叶豌豆、毛叶苕子等短期绿肥，成功实现绿肥作物前移，既可保证玉米产量，又可提高水、肥、光、热利用效率，培肥土壤，增收豆类产品或鲜草。

玉米采用宽窄行种植法，宽行 80 cm、窄行 40 cm，宽行内种植 2～3 行豆科绿肥作物，于 3 月下旬至 4 月初种植，6 月下旬收获。

以肥地或刈青为主要目的时，选用土库曼毛叶苕子，播种量 30 kg/hm^2，宽行种 2 行。以收豆为目的时，选择陇豌 2 号针叶豌豆（甜豌豆、麻豌豆），豌豆播量为 150 kg/hm^2，玉米宽行种 3 行豌豆（制种玉米种 2 行豌豆）。玉米种植密度 8 万株/hm^2。

玉米间作绿肥体系不再另行施肥灌水。针叶豌豆在 6 月中、下旬收获，留茬 15～20 cm，根茬翻压；毛叶苕子在 6 月上旬刈割，留茬 15～20 cm，根茬翻压，或直接将毛叶苕子翻压肥田。

4.2.2 适用范围

该技术可在甘肃省海拔 1 100～1 700 m 的河西走廊、沿黄自流和井泉灌溉区以及引黄高、低扬程灌区的玉米种植区推广，也可以作为其他类似气候区域的玉米种植地区发展间作豆科绿肥作物参考。

4.3 马铃薯间作（轮）作绿肥抗连作障碍保育型农作模式

4.3.1 技术要点

针对马铃薯的连作障碍等问题以及马铃薯前期生长特点和栽培技术要求，改单一马铃薯为绿肥与马铃薯间作的保育土壤生产模式。马铃薯种植采用垄幅 0.9 m、垄宽 0.6 m、垄沟 0.3 m，在马铃薯行间（沟内）种植 2 行绿肥。薯、肥均于 4 月上旬播种。绿肥作物在 6 月上旬现蕾期收获或翻压。

4.3.2 模式成效

马铃薯间作绿肥可较大幅提高产量和效益。马铃薯间作绿肥可收获绿肥鲜草 9.30～12.75 t/hm^2、绿肥籽粒 1.31～1.86 t/hm^2，马铃薯增产 0.56～2.93 t/hm^2，并能提高土壤养分含量。

4.3.3 适用范围

该技术可在甘肃省海拔 1 600～2 000 m 的河西走廊、沿黄自流和井泉灌溉区以及引黄高、低扬程灌区的玉米种植区推广，也可以作为其他类似气候区域的马铃薯种植地区发展间作豆科绿肥作物参考。

4.4 冬季覆盖绿肥草田轮作防沙生态型农作模式

4.4.1 技术要点

（1）麦田套种草木樨

在小麦灌头水时撒播草木樨 22.5～30 kg/hm^2。麦收时留茬高度 20 cm 以上，麦后立即灌水，整个生长季节灌水 2～3 次。为提高越冬保苗率，收割时期可推迟到 10 月中旬，11 月下旬冬灌，地表发白时耙耱，以防地面板结，并严禁牲畜啃食，次年 4 月上旬灌返青水。4 月下旬至 5 月上旬刈青或翻压后，种秋作物玉米、马铃薯或向日葵。

(2)麦田复播冬油菜

8 月下旬灌水后种冬油菜，播量 7.5～15 kg/hm^2，9 月中旬灌水，12 月上旬灌冬水，次年 3 月下旬灌返青水，4 月下旬翻压后，种玉米、马铃薯或向日葵。

(3)利用方法

该技术模式既增加经济效益，又突破了冬绿肥的传统禁区，并明显增产和培肥土壤，提高绿洲荒漠交错区耕地的生产能力。冬油菜产草量可达 22.5 t/hm^2 以上，收割时最好留茬 15～20 cm，有利于培肥土壤、提高耕地质量。冬油菜根茬还田种植玉米时，可减少化肥氮 10%；全部翻压作绿肥时，玉米播种可以减施氮肥 20%～30%。冬绿肥-油菜/向日葵轮作，可生产油菜籽 3 t/hm^2 或向日葵 3.75 t/hm^2，增产 15%以上，并显著提高土壤肥力。

4.4.2 适用范围

该技术可在甘肃省海拔 1 100～1 700 m 的河西走廊、沿黄自流和井泉灌溉区以及引黄高、低扬程灌区春玉米生产区推广。

参考文献

[1]包兴国，曹卫东，杨文玉，等. 甘肃省绿肥生产历史回顾及发展对策[J]. 甘肃农业科技，2011(12)：41-44.

[2]包兴国，吕福海，刘生战，等. 山黧豆低毒品种的筛选及栽培利用技术研究[J]. 草业科学，1995，12(5)：48-54.

[3]包兴国，吕福海，桑同山，等. 绿肥与粮、油作物间套混种的共生习性及再生机制的研究[J]. 生态学杂志，1994，13(5)：26-30，79.

[4]包兴国，舒秋萍，刘生战，等. 河西走廊农区优质绿肥饲草引种栽培试验[J]. 中国草食动物，2003(1)：30-31.

[5]包兴国，舒秋萍，刘生战，等. 红豆草引种筛选试验研究[J]. 草与畜杂志，1996(1)：10-11.

[6]包兴国. 河西走廊粮经饲合理轮作模式的研究[J]. 草业科学，2003，20(11)：42-45.

[7]董博，张东伟，郭天文，等. 长期定位施肥对土壤有机碳和微生物量碳的影响[J]. 土壤通报，2012，43(6)：1467-1472.

[8]甘肃省统计局. 甘肃省统计年鉴[M]. 北京：中国统计出版社，2023.

[9]贾宇，车宗贤，包兴国，等. 长期施用绿肥对灌漠土水稳性团聚体及其有机碳的影响[J]. 国土与自然资源研究，2020(5)：49-54.

[10]焦彬. 中国绿肥[M]. 北京：农业出版社，1986.

[11]刘生战，包兴国. 几个引进的菜肥兼用豆科绿肥品种麦后复种试验结果[J]. 甘肃农业科技，2003(5)：42-43.

[12]卢秉林，车宗贤，包兴国，等. 不同氮肥减施量下玉米针叶豌豆间作体系的产量及效益[J]. 植物营养与肥料学报，2021，27(9)：1560-1570.

[13]卢秉林，车宗贤，张久东，等. 氮肥减量下长期间作毛叶苕子根茬还田对玉米产量及

氮肥利用率的影响[J]. 中国农业科学，2022，55(12):2384-2397.

[14]吕福海. 试论甘肃省河西地区农田种草的生态因素与综合效益[J]. 草业科学，1989a，6(4)：15-19.

[15]吕福海. 我省绿肥研究与生产前景[J]. 甘肃农业科技，1989b(6)：5-8.

[16]马忠明，杜少平，王平，等. 长期定位施肥对小麦玉米间作土壤酶活性的影响[J]. 核农学报，2011，25(4)：796-801.

[17]邱进怀. 甘肃河西高产地区土壤培肥及调控措施研究[J]. 土壤通报，1998，29(1)：1-3.

[18]舒秋萍. 毛叶苕子优异种质资源筛选及评价[J]. 中国种业，2004(12)：40-41.

[19]王婷，包兴国，胡志桥. 河西绿洲灌区玉米间作绿肥高效种植模式研究[J]. 甘肃农业科技，2010(8)：3-6.

[20]吴学栋. 短期豆科绿肥插入旱地轮作效果研究[J]. 甘肃农业科技，1993(2)：23-25.

[21]吴学栋，裴思恩. 7504箭筈豌豆新品种[J]. 甘肃农业科技，1983(11)：39-40.

[22]吴学栋，裴思恩. 箭筈豌豆的利用与氢氰酸含量关系的初步探讨[J]. 甘肃农业科技，1982(12)：10-14.

[23]张久东，包兴国，曹卫东，等. 长期施用绿肥减施化肥对毛叶苕子产草量和土壤肥力的影响[J]. 中国土壤与肥料，2017(6):66-70.

[24]张久东，包兴国，曹卫东，等. 河西灌区小麦与豆科作物间作和复种模式研究[J]. 核农学报,2015，29(4)：786-791.

[25]绿肥作物毛叶苕子和箭筈豌豆种子生产技术规程[S]. 甘肃省地方标准. DB 62/T 2266—2012.

[26]冬油菜(绿肥)与玉米轮作生产技术规程[S]. 甘肃省地方标准. DB 62/T 2267—2012.

[27]麦田套复种绿肥作物生产技术规程[S]. 甘肃省地方标准. DB 62/T 2268—2012.

[28]玉米间作绿肥作物生产技术规程[S]. 甘肃省地方标准. DB 62/T 2269—2012.

Ⅲ　青海省绿肥发展历史、现状、潜力及模式

1　青海省绿肥生产历史

1.1　生产利用历史

绿肥作为重要的有机肥源，在青海省有着悠久的种植历史。青海省位于青藏高原东北部，气候冷凉。东部 14 个主要农业县市中，有 6 个县年平均气温在 5 ℃以下，无霜期不足 120 d。青海省农作物生产主要为一年一熟，绿肥主要以复种形式分布在热量充足的河湟灌区。主要有箭筈豌豆、毛叶苕子、尕大豆、豌豆等绿肥作物，这些作物大多肥、饲兼用，在青海省乐都、大通、循化、化隆等地均有种植。1983—1999 年，青海省绿肥作物年播种面积平均为 3.73 万 hm^2。其中，1983 年种植面积最高达 5.67 万 hm^2，占当年耕地面积的 1.13%（图 3-3-1）。自 2000 年以来，随着化肥工业的快速发展，化肥用量不断增长，有机肥料逐渐被忽视，绿肥相关研究大大萎缩，合理利用模式和生产利用技术集成滞后，绿肥作物生产迅速滑坡。

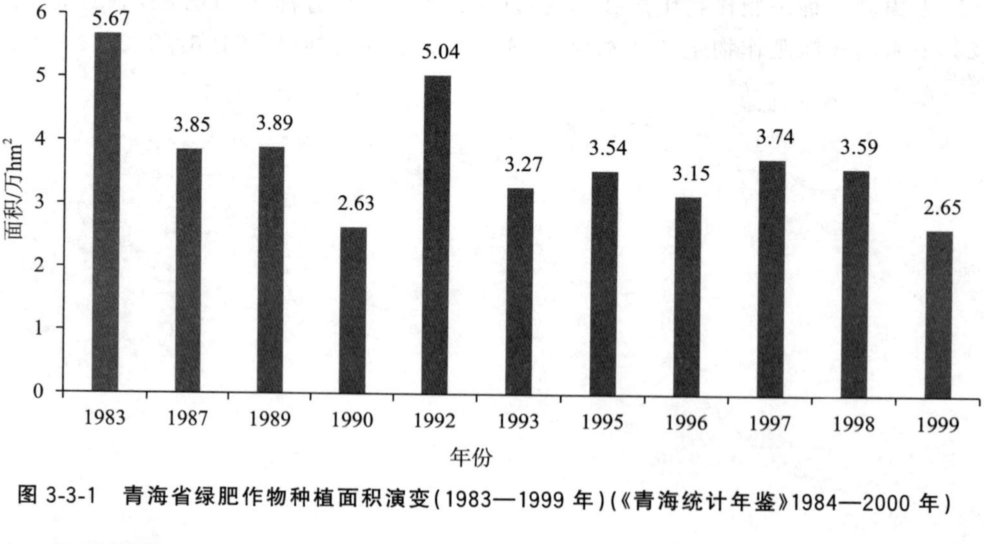

图 3-3-1　青海省绿肥作物种植面积演变（1983—1999 年）（《青海统计年鉴》1984—2000 年）

1.2　种质资源

青海省绿肥种质资源丰富，据《青海绿肥作物品种目录》记载，涉及 11 属 13 种 83 个品种，主要包括箭筈豌豆 26 份、苕子 13 份、豌豆 18 份、蚕豆 8 份、香豆子 3 份、苜蓿 2 份、油菜 3 份、

燕麦 4 份、其他种类 6 份。

箭筈豌豆：1960 年代引进，有早、中、晚熟 3 个类型，为山旱地及水地主要绿肥作物。早熟型（适宜复种）种子产量 2～3.1 t/hm^2，鲜草产量 16.7～25 t/hm^2；中熟型（适宜复种和单种）种子产量 1.7～3.1 t/hm^2，鲜草产量 25～33.3 t/hm^2；晚熟型（其中阿尔巴尼亚适宜青海各地区种植）种子产量 0.8～1.6 t/hm^2，鲜草产量 31.7～40 t/hm^2。7 月 20 日至 8 月上旬成熟。

毛叶苕子：具有柔软、适口性好等优点。在青海省尖扎、贵德、化隆等县有 1 333 hm^{2}的种植面积，湟水下游的乐都、民和等县也有种植。早熟型品种有徐苕 2 号、徐苕 3 号、特早熟毛苕 2a4 等，生育期 106～109 d，鲜草产量 26.7～31.7 t/hm^2，种子产量 0.5～1.1 t/hm^2；中熟品种有徐苕 1 号、1399 毛苕、土库曼苕子等，生育期 114～118 d，鲜草产量 30～43.3 t/hm^2，种子产量 417～666 kg/hm^2；晚熟品种有罗马尼亚、15-105 苕，生育期 120 d 以上，鲜草产量 36.7～40 t/hm^2，种子产量 166～466 kg/hm^2。

豌豆：青海省传统的粮、饲、肥兼用作物。早熟型品种有 1 360、891（高株型）、绿色草原豌豆（高株型）等，生育期 84～89 d（7 月 15 日前成熟），鲜草产量 13.3～27 t/hm^2，种子产量 1.7～2.7 t/hm^2，高株型者产量高，适合填闲；中熟品种有草原 7 号、草原 9 号、草原 12 号、Ag744 等，生育期 111～120 d（7 月 16～25 日成熟），鲜草产量 21.7～40 t/hm^2，种子产量 1.8～3.3 t/hm^2，抗旱性强。

蚕豆：适于麦后复种。青海贵德面积较大。除尕大豆为中粒型（千粒重 1 050 g）外，余者均为小粒型（千粒重 447～670 g）品种。早熟品种有青海 13 号、尕大豆、马牙，生育期 91～93 d，7 月 16～25 日成熟，鲜草产量 21.7～40 t/hm^2，种子产量 2.6～3 t/hm^2；中熟品种有青蚕 12 号、青蚕 14 号、青蚕 15 号，生育期 111～114 d，8 月 12 日前后成熟，鲜草产量 36.7～45.3 t/hm^2，种子产量 2.7～3.3 t/hm^2；晚熟品种有饲用蚕豆，8 月 12 日左右成熟，生育期 116 d 以上。

香豆子：茎叶可作香料调味品，种子可作药用和工业原料。有西宁香豆子、乐都香豆子、大通香豆子，生育期 91～93 d，7 月 15 日前后成熟，中熟型种类，鲜草产量 20～23.3 t/hm^2，种子产量 2.3～3 t/hm^2，其中大通香豆子在青海种植表现最好。

苜蓿：青海苜蓿种植主要为和田苜蓿和公主岭苜蓿，第一年鲜草产量一般仅 18～19.5 t/hm^2，次年至第五年鲜草产量 75～97.5 t/hm^2，每年可收割 3 茬。

燕麦：青海燕麦品种有巴燕 4 号、乐都燕麦、甜燕麦、丹麦 444。其中，甜燕麦鲜草产量 60 t/hm^{2}以上，适于单种或混播。

另外，青海的绿肥作物还有小油菜、扁豆、苦苕子、红三叶、沙打旺、红豆草等。

1.3　种植模式

1.3.1　麦后套/复种绿肥

青海省绿肥的种植模式主要为麦后复种豆科绿肥。在小麦灌麦黄水时套种绿肥作物毛叶苕子或箭筈豌豆。毛叶苕子、箭筈豌豆入冬前刈割作饲草，饲草过腹还田或翻压还田。地上部作青饲料，地下根茬翻压还田作有机肥。

1.3.2　新开垦区种植绿肥

新开垦区一般土质差，养分含量低，绿肥作为一种养地作物，可有效地提高土壤有机质含量，改善土壤结构。如青海省平安区大红岭综合开发区，1993 年播种绿肥 220 hm^2，连续种植绿肥，土壤有机质从 1.07%增加到 1.74%，提高 0.67 个百分点，全氮从 0.04%增加到 0.05%，提高 19.8%，土壤速效氮、有效磷从 3.2 mg/kg 和 1.4 mg/kg 分别增加到 26.4 mg/kg 和 14.4 mg/kg。

1.3.3 粮肥轮作，肥饲兼用

试验资料表明，在中高位山旱地将休闲轮作改为粮肥轮作，翻压箭筈豌豆 18.75 t/hm^2，土壤中有机质含量可增加 32.6%，地表径流减少 25%～30%，根层持水量增加 17.3%～21.6%。如果不翻压，箭筈豌豆每年可育活羊 30～45 只/hm^2，根茬肥田，茎叶过腹还田。

1.4 绿肥对农业生产的贡献

1.4.1 提高作物产量和品质

绿肥是一种养分完全的优质有机肥源，分解快，施入土壤后供肥能力强，增产效果明显。研究表明，压入绿肥鲜草 15 t/hm^2，连续 5 年，可使小麦平均增产 0.95 t/hm^2、玉米平均增产 2.46 t/hm^2。且绿肥翻压可明显改善作物蛋白质含量，增加果蔬的糖分及风味、降低化学污染程度等。长期种植翻压绿肥，在保证旱地小麦高产的同时，有效提高小麦部分矿质营养元素含量，改善小麦籽粒的营养品质。

1.4.2 培肥土壤

在地势高寒、有机质贫乏、氮素匮缺的栗钙土上，实行粮肥轮作，具有明显的培肥改土作用。连续三年秋翻绿肥箭筈豌豆，每年翻压量为 1.5～2 t/hm^2（以干草重计算），可使耕地土壤有机质含量提高 0.05%～0.12%、全氮量增加 0.01%～0.015%，并增进土壤有机无机复合胶体形成。绿肥对土壤有机质的提升效果与绿肥的 C/N、化学组成、翻压期、翻压量和水热条件等因素有关，实行粮肥轮作连续翻压，豆科绿肥与禾本科绿肥混播或掺和部分 C/N 高的作物秸秆翻压，均有利于土壤有机质积累。

1.4.3 减少水土流失、改善生态环境

绿肥作物具有耐贫瘠、耐寒、耐旱、适应性强、生长快、生物量大、固土力强等特点。茂盛的枝叶能很好地覆盖地面，提高植被覆盖率，减少裸露土地面积；其发达的根系亦能很好固定土壤，提高土壤涵养水分的能力，从而减少水土流失、改善生态环境。撂荒地种植草木樨可减少地面径流 14.0%～80.7%，减少泥沙冲刷量 63.7%～90.7%。

1.4.4 肥、饲兼用

绿肥作物也具有重要的饲用价值，尤其在夏季饲料不足、冬季饲料缺乏的青藏高原地区。多种绿肥植株体富含蛋白质、脂肪、灰分、维生素等营养成分，肥、饲兼用。适时收割的绿肥作物柔嫩多汁、适口性强、易消化，可青贮，也可制成草粉、草颗粒、草块、草饼、草捆、叶块、叶粒、浓缩叶蛋白等，还可用种子代替粮食做畜禽的精料，绿肥作物的生产还能提高养殖效益，为畜牧业的发展提供高效、可持续的发展道路，提升畜牧业发展的竞争力。

1.5 绿肥作物研究

1980 年，青海省参加全国绿肥网组织的“绿肥对土壤有机质影响的研究”协作课题，利用青海省一年一熟、旱地轮歇、休闲面积大等耕作条件开展了系列定位试验，绿肥翻压对栗钙土

的培肥改土作用相关研究成果为促进青海省绿肥的生产及经济合理利用提供了依据。1992 年开始从外省引进、征集绿肥种质资源，系统鉴定了 14 个品种 83 份绿肥种质的植物学特征、生物学特性等，筛选出一批优良绿肥作物品种资源，并在各县进行相关试验、示范，编写了《青海绿肥作物品种资源目录》。

2 青海省绿肥作物发展现状

2.1 种质资源创新

2.1.1 开展了绿肥作物种质资源整理、评价与创新

针对青海高原冷凉、干旱等自然条件，青海省农林科学院从国家种质库收集高原冷凉型绿肥作物种质资源 163 份，包括 36 份毛叶苕子、127 份箭筈豌豆，开展了生物学及植物学特性观察和评价工作，收集了各品种主要生育期的图像资料。2015 年审定 1 个新品种“青苕 1 号”。该品种是在系统扩繁的基础上，以种子产量和鲜草产量等因素综合评判后选出，其植株高大、生长旺盛、分枝数多，在不同区域均表现出高产、稳产等优良性状，品质特征明显。“青苕 1 号”干草产量 7.5 t/hm^2，最高可以达到 12.2 t/hm^2，较对照“青海毛苕”增产 10.2%～25.8%。田间赤斑病等发病率与对照相似或更低。

2.1.2 绿肥作物种子扩繁技术研究

从播量、株行距、密度、施肥量、生长调节剂等方面开展研究，优化了绿肥种子扩繁技术，使种子增产 10%以上。制定相关绿肥地方标准 3 项，分别为《毛苕子种子生产技术规范》《箭筈豌豆品种观察记载要求》《毛苕子品种观察记载要求》。

2.1.3 绿肥种子生产区域研究

2014—2017 年，分别在西宁（东部农业区水地，海拔 2 300 m）、平安区三合镇（东部农业区低位山旱地，海拔 2 600 m）、平安区洪水泉乡（东部农业区中位农业区，海拔 2 850 m）、平安巴藏沟乡（东部农业区高位山旱地，海拔 2 700 m）、民和县总堡乡（东部农业区低位山旱地，海拔2 100 m）6 个点 5 个生态区开展了绿肥适应性鉴定试验，确定了箭筈豌豆、毛叶苕子在青海省的种植区划与布局。箭筈豌豆、毛叶苕子在东部水肥条件好的农业区，生长旺盛，结种量小，产量低，适宜饲草料种植，不宜制种。如需制种则需稀植，毛叶苕子还需搭架。东部农业区高位山旱地不能正常生长成熟，适宜饲草料种植。东部农业区中位山旱地箭筈豌豆、毛叶苕子能成熟，但成熟期较晚。箭筈豌豆种子产量为 2.7～3.8 t/hm^2，毛叶苕子种子产量为 1～1.4 t/hm^2。东部农业区低位山旱地箭筈豌豆、毛叶苕子能正常生长成熟，箭筈豌豆种子产量一般 3～4.5 t/hm^2，高产达 5.4 t/hm^2，毛叶苕子种子产量一般 1～1.5 t/hm^2，高产达 1.7 t/hm^2。

2.2 绿肥生产利用技术进步

2.2.1 绿肥作物栽培技术研究

针对青海省主要绿肥作物毛叶苕子、箭筈豌豆的麦（油菜）后复种、套作模式，从播量、播种方式、肥料、灌水次数、时期、绿肥翻压时间等方面进行技术优化。明确了灌水次数对

鲜草产量的影响最大，施氮肥对鲜草产量的影响次之，施磷肥对鲜草产量的影响最小。灌水1次、施氮肥(N)30 kg/hm^2、磷肥(P_2O_5)30 kg/hm^{2}和钾肥(K_2O)30 kg/hm^2，鲜草产量最高，为45.5 t/hm^2。播期对产量的影响大于播量。在小麦浇麦黄水时播种，毛叶苕子播量75 kg/hm^{2}时，鲜草产量最高，达40.0 t/hm^2。箭筈豌豆播量105 kg/hm^{2}时，鲜草产量最高，为41.6 t/hm^2。

2.2.2 绿肥作物根瘤菌分离鉴定、筛选

在青海省内不同生态区采集豆科绿肥(以箭筈豌豆、毛叶苕子为主)作物根瘤菌样品55份，分离、纯化得到120份菌样、16个菌株。在此基础上，又经多重比对、聚类分析、分离鉴定和室内、田间试验，筛选出适宜毛叶苕子和箭筈豌豆的优良菌株3个。

2.2.3 绿肥利用技术研究

(1)确定了青海省翻压绿肥后小麦化肥减施量

研究明确在翻压绿肥30 t/hm^{2}时，后茬小麦可减少化肥施用量20%～30%，同时小麦增产9.0%～9.4%。从时间(不同生育期)、空间(土壤剖面0～100 cm)上深入研究长期种植翻压绿肥后麦(油菜)田土壤氮库构成及变化规律，探讨绿肥种植翻压与土壤微生物群落结构、氨氧化功能基因丰度的内在联系，阐明了青海省高原冷凉地区土壤氮转化功能基因对长期种植翻压不同绿肥(豆科)以及不同调控措施的响应，初步揭示绿肥-小麦系统中的氨氧化作用特征和机制。在明确小麦后茬复种绿肥毛叶苕子或箭筈豌豆种植技术及减施化肥技术基础上，经过试验示范和优化，2019年制定了青海省地方标准《绿肥复种套作减施化肥技术规范》。

(2)绿肥作物留茬还田节肥效应研究

多年试验监测表明，绿肥作物毛叶苕子留茬还田具有明显的节肥增产效应。绿肥根茬+80%化肥(化肥减量20%)与单施100%化肥小麦产量相当，而且实现了轮作倒茬，减轻了土壤负担，带动促进农区畜牧业发展，以“留茬肥地、过腹还田”的高效循环利用方式，做到了耕地的用养结合及农业生产的可持续发展，形成了“以农带牧、以牧促农、农牧互补、良性循环”的产业发展格局。

2.3 绿肥种植模式创新与应用成效

过去，青海省绿肥种植模式单一，主要是麦后复种，限制了绿肥在青海省农业生产中的利用。在青海省科技工作者努力下，新集成的绿肥与燕麦混播技术将青海省绿肥种植海拔由原来的2 000 m左右提高到2 800 m，拓展了绿肥发展空间。随着农业农村部、青海省农业农村厅《果菜茶有机肥替代化肥行动方案》实施，本地化的果园绿肥种植模式应用面积逐年增加，枸杞、核桃、樱桃间作绿肥毛叶苕子、箭筈豌豆模式逐渐推广。各种模式每年种植面积超8 000 hm^2，其中麦后复种绿肥3 800 hm^2，禾本科作物与绿肥混播5 100 hm^2，果园间作及其他绿肥900 hm^2。因地制宜，根据不同的农业生态区，合理布局绿肥作物种植模式，形成了基于绿肥的小麦(青稞)、牛羊肉、枸杞等“绿肥+”产业链条，发挥产业示范带动效果。

3 青海省绿肥研发进展与创新

3.1 绿肥作物种质资源评价及丰产栽培技术进展

3.1.1 绿肥种质资源评价

(1)箭筈豌豆性状评价

产量性状:对引进和本地收集的127份箭筈豌豆种质材料进行观测,发现其各种性状变异系数从大到小依次为,种子产量>每株荚数>成熟期单株干草产量>单株分枝数>株高>全生育期>每荚荚粒数>收获指数>百粒重,其中种子产量变异系数(133.2%)最大,百粒重(16.7%)变异系数较小(表3-3-1)。进一步对全部箭筈豌豆种质材料9个产量性状进行聚类分析,以遗传距离5.0为分界线将其划分为5类,不同类群种子产量差异显著,第一类48份材料,产量低于1 t/hm²;第二类42份材料,产量2 t/hm²左右;第三类22份材料,产量3 t/hm²左右;第四类14份材料,产量4 t/hm²左右;第五类1份材料,产量高于5.4 t/hm²。观测结果为进一步开展优质绿肥种质培育和生产应用奠定了基础。

表3-3-1 127份箭筈豌豆种质材料产量性状(韩梅等,2013)

指标	最小值	最大值	平均值	CV/%
株高/cm	59.3	200.0	129.0	25.6
单株分枝数/个	3.0	16.0	8.0	37.5
每株荚数/个	20.0	165.7	64.0	45.3
每荚荚粒数/粒	3.8	7.3	5.8	20.0
成熟期单株干草产量/g	25.0	190.0	83.5	44.6
百粒重/g	1.4	8.0	5.9	16.7
成熟期种子产量/(kg/hm²)	620	5 429	3 024.5	133.2
全生育期/d	86	173	118	21.2
收获指数	0.01	0.57	0.21	17.2

抗旱性能:采用PEG-6000溶液模拟干旱胁迫,研究了10份箭筈豌豆萌发期抗旱特性,以相对发芽率、胚根胚芽比值、抗旱指数、活力指数为观测指标,采用隶属函数法研究表明,中箭018和中箭028抗旱性最强,总平均值为0.81和0.73;其次是中箭022,总平均值为0.63;再次是中箭002,总平均值为0.55;中箭036在所有材料中抗旱性最低,总平均值仅为0.41(表3-3-2)。

表3-3-2 10份箭筈豌豆种质抗旱指标隶属值及抗旱性综合评价(韩梅等,2014)

编号	相对发芽率	胚根胚芽比值	抗旱指数	活力指数	平均值	抗旱排名
中箭002	0.48 b	0.52 bc	0.74 ab	0.70 ab	0.55	4
中箭005	0.43 b	0.47 c	0.56 b	0.73 a	0.53	6
中箭010	0.32 bc	0.34 d	0.84 a	0.54 b	0.54	5
中箭018	0.48 b	0.50 bc	0.46 c	0.44 c	0.81	1
中箭022	0.75 a	0.81 a	0.76 ab	0.67 ab	0.63	3
中箭028	0.82 a	0.80 a	0.75 ab	0.58 b	0.73	2

续表 3-3-2

编号	相对发芽率	胚根胚芽比值	抗旱指数	活力指数	平均值	抗旱排名
中箭 029	0.38 bc	0.40 cd	0.65 b	0.46 c	0.44	8
中箭 031	0.25 c	0.25 d	0.71 ab	0.49 c	0.42	9
中箭 036	0.25 c	0.68 b	0.39 c	0.33 d	0.41	10
中箭 041	0.44 b	0.42 c	0.48 c	0.59 b	0.48	7

注：表中同一列不同小写字母表示品种或处理间差异显著（$P<0.05$）。下同。

（2）毛叶苕子资源引进与评价

对从国家种子库引进的 7 个毛叶苕子品种开展了评价。明确了毛苕早 2a4 在青海省为早花型特早熟品种，营养生长期 93 d，适合短期填闲；其余大多为中晚熟品种，生育期为 130～136 d，制种时应早播（3 月中旬）。从株高、茎粗、单株分枝分蘖数、主要根群分布深度、每株荚数、单荚粒数等 10 项指标进行调查表明，苏联毛苕表现最优良，单株分枝分蘖数 5.4 个、每株荚数 457.7 个、单荚粒数 3.8 个、千粒重 37.95 g、单株种子产量 114.7 g、单株干重为62.4 g，适合高寒地区繁种或麦后复种。其次是土库曼毛苕、1399 毛苕（表 3-3-3、表 3-3-4）。

表 3-3-3　不同毛苕子品种生育期（韩梅等，2012a）

品种	播种期/（月/日）	出苗期/（月/日）	花荚期/（月/日）	花期类型	成熟期/（月/日）	全生育期/d	熟型
徐苕 3 号	4/8	4/28	7/14	中	8/29	130	中晚
毛苕早 2a4	4/8	4/25	7/05	早	8/23	124	早
土库曼毛苕	4/8	4/28	7/16	中	9/01	135	晚
新疆毛苕	4/8	4/28	7/19	晚	9/03	136	晚
苏联毛苕	4/8	4/29	7/18	晚	8/29	132	中晚
1399 毛苕	4/8	4/29	7/15	中	8/31	134	中晚
内毛叶苕	4/8	4/27	7/16	中	9/05	135	晚

表 3-3-4　不同毛叶苕子品种农艺性状（韩梅等，2012b）

品种	株高/cm	分枝数/（个/株）	主要根层深度/cm	荚数/（个/株）	单荚粒数/个	千粒重/g	种子产量/（g/株）	成熟期干草重/（g/株）
徐苕 3 号	141.4	5.2	24.7	346.3	3.8	37.78	86.8	60.3
毛苕早 2a4	153.6	5.3	25.2	301.7	3.6	30.99	67.3	57.4
土库曼毛苕	161.0	4.2	29.3	444.0	3.6	36.32	105.3	54.2
新疆毛苕	121.6	3.6	25.9	376.7	3.4	36.67	64.3	50.3
苏联毛苕	156.0	5.4	27.3	457.7	3.8	37.95	114.7	62.4
1399 毛苕	142.6	6.1	25.1	387.0	2.8	31.60	104.3	62.5
内毛叶苕	147.6	4.6	22.9	367.7	3.4	37.80	82.7	46.1

（3）毛叶苕子、箭筈豌豆生产用种品比试验

2015—2018 年在青海两地布置品比试验，确定了目前生产上常用的毛叶苕子、箭筈豌豆品种种子生产潜力。毛叶苕子中土库曼毛苕种子产量最高，其次是青苕 1 号、1399 毛苕；箭筈豌豆中大荚豌豆种子产量最高，其次是 333/A、西牧 333（表 3-3-5）。

表 3-3-5 不同品种(品系)毛叶苕子、箭筈豌豆种子产量

毛叶苕子(2015—2016 年)		箭筈豌豆(2017—2018 年)		
品种(品系)	产量/(kg/hm²)	品种(品系)	西宁点产量/(kg/hm²)	平安点产量/(kg/hm²)
土库曼毛苕	1 147 a	333/A	2 780 ab	3 430 ab
3911 毛苕	1 013 a	大荚豌豆	2 928 a	3 876 a
1399 毛苕	1 043 a	6 625	1 535 d	1 921 cd
内毛叶苕	827 b	兰箭 1 号	2 344 b	2 642 b
青苕 1 号	1 053 a	兰箭 2 号	1 880 c	2 040 c
青海毛苕	839 b	兰箭 3 号	1 785 c	1 597 d
		麻色豌豆	1 579 d	1 729 d
		西牧 333	2 935 a	3 325 ab
		青海箭豆	1 520 d	1 669 d

3.1.2 绿肥种子丰产栽培技术构建

(1)适宜的株行距与追肥量研究

采用 $L_9(3^4)$正交试验确定了青海省毛叶苕子最佳株距为 10 cm、行距为 40 cm,盛花期根外追施 6 kg/hm² 磷酸二氢钾(喷施),产量最高(表 3-3-6)。

表 3-3-6 株距、行距、根外追肥对毛叶苕子种子产量的影响(青海西宁)

处理号	A 株距/cm	B 行距/cm	C 追肥期	产量/(kg/hm²)
1	1(10)	1(30)	1(现蕾期)	691
2	1(10)	2(40)	2(盛花期)	685
3	1(10)	3(50)	3(结荚期)	630
4	2(20)	1(30)	2(盛花期)	605
5	2(20)	2(40)	3(结荚期)	653
6	2(20)	3(50)	1(现蕾期)	589
7	3(30)	1(30)	3(结荚期)	614
8	3(30)	2(40)	1(现蕾期)	598
9	3(30)	3(50)	2(盛花期)	642
理论号	正交试验结果理论产量(kg/hm²)			理论最优组合
K1	669	637	626	
K2	616	645	644	A1B2C2
K3	618	620	632	

注:K*i*—任意列上水平号为 *i* 时所对应的试验结果之和的均值。

(2)适宜播种密度与施肥量研究

采用 $L_9(3^4)$正交试验明确青海省毛叶苕子种子生产最佳施肥量为 N 45 kg/hm²、P_2O_5 75 kg/hm²、K_2O 60 kg/hm²,最适宜密度为 300 株/m²(表 3-3-7)。

(3)最佳播种量研究

目前,青海全省种用毛叶苕子播种量差异很大,大量的生产实践证明,播种量过大不但会造成浪费,更重要的是会造成严重减产,而播量过小又可能难以保苗,同样影响产量。针对青海苕子最佳播种量研究结果表明,青海苕子播种量 37.5 kg/hm^{2}时,种子产量最高,播量达到 45 kg/hm^{2}时,产量开始出现递减趋势。种子产量与播种量关系成二次函数,回归方程为 $y=-9.579x^2+73.64x+496.5(r=0.97)$。

(4)化控增产技术研究

毛叶苕子属无限花序类植物,水肥条件较好时,营养生长旺盛,导致生殖生长减弱、落花落果加重,严重影响种子产量形成。采用 $L_9(3^4)$正交试验,确定了生长调节剂矮壮素喷施浓度对青海苕子产量影响效应最强,其次为喷药时间,喷液量影响最小,最优组合为喷施浓度 200 mg/kg、喷液量 225 kg/hm^2、结荚期喷施(表 3-3-8)。

表 3-3-7 施肥量和播种密度对毛叶苕子种子产量的影响(青海东都)

处理	A	B	C	D	产量
	N/(kg/hm^2)	P_2O_5/(kg/hm^2)	K_2O/(kg/hm^2)	密度/(株/m^2)	/(kg/hm^2)
1	1(30)	1(45)	1(30)	1(300)	905
2	1(30)	2(60)	2(45)	2(350)	829
3	1(30)	3(75)	3(60)	3(400)	1 008
4	2(45)	1(45)	2(45)	3(400)	1 248
5	2(45)	2(60)	3(60)	1(300)	1 412
6	2(45)	3(75)	1(30)	2(350)	1 348
7	3(60)	1(45)	3(60)	2(350)	1 020
8	3(60)	2(60)	1(30)	3(400)	1 050
9	3(60)	3(75)	2(45)	1(300)	1 180
理论号	正交试验结果理论产量/(kg/hm^2)				理论最优组合
K1	914	1 058	1 101	1 166	$A_2B_3C_3D_1$
K2	1 336	1 097	1 086	1 066	
K3	1 083	1 179	1 147	1 102	

表 3-3-8 矮壮素喷施浓度、喷施时间及喷施量对毛叶苕子种子产量的影响(青海西宁)

处理	A 浓度/(mg/kg)	B 时间/(月/日)	C 喷液量/(kg/hm^2)	产量/(kg/hm^2)
1	1(200)	1(7/7)	1(225.0)	674
2	1(200)	2(7/22)	2(337.5)	581
3	1(200)	3(8/6)	3(450.0)	680
4	2(300)	1(7/7)	2(337.5)	584
5	2(300)	2(7/22)	3(450.0)	556
6	2(300)	3(8/6)	1(225.0)	595
7	3(400)	1(7/7)	3(450.0)	633
8	3(400)	2(7/22)	1(225.0)	621
9	3(400)	3(8/6)	2(337.5)	624

续表 3-3-8

处理	A 浓度/(mg/kg)	B 时间/(月/日)	C 喷液量/(kg/hm²)	产量/(kg/hm²)
理论号	正交试验结果理论产量(kg/hm²)			理论最优组合
K1	645	630	630	
K2	578	586	596	$A_1B_3C_1$
K3	626	633	623	

3.2　绿肥效应研究与技术模式优化

3.2.1　复种绿肥的节肥增产效应

麦后复种毛叶苕子减施化肥定位试验(2012—2018 年)表明,毛叶苕子地上部做饲料-留根茬还田有增产效应,可替代 20%氮肥,毛叶苕子全部翻压还田可替代 30%氮肥。全量施肥条件下,绿肥留根茬还田比不种绿肥处理主作物增产 10.0%;不施肥情况下,绿肥留根茬主作物产量比不种绿肥处理提高 12.6%,表明绿肥留根茬比不种绿肥增产效果好。在施用 70%化肥条件下,绿肥翻压比绿肥留根茬处理主作物产量提高 16.0%,说明翻压绿肥处理比绿肥留茬处理效果好。所有处理中,主作物产量最高的处理为 F70+GT(翻压),处理 F100+GR(留根茬)次之,高于单施化肥处理 5.1%~13.5%。处理 F80+GR(留根茬)与单施化肥产量相当。以上结果说明,翻压绿肥减施化肥 30%、绿肥留根茬减施化肥 20%仍可保持小麦、油菜增产,增幅 11.3%~21.1%(图 3-3-2)。

3.2.2　复种绿肥作物毛叶苕子的土壤改良效应

在 2012—2019 年进行了青海地区麦田绿肥培肥改土效应的系列研究。

(1)土壤有机碳

复种绿肥作物毛叶苕子根茬还田,可以增加土壤有机碳含量。小麦播种前期,各处理间 0~20 cm 土层有机碳含量无显著差异,F0 处理最低(7.1 g/kg),F0+GR 处理最高(8.2 g/kg),F80+GR 处理次之(8.0 g/kg)。在翻压期,各处理土壤有机碳含量明显增高,其中 F90+GR 处理最高,达 9.0 g/kg,且增大趋势较为明显(图 3-3-3)。

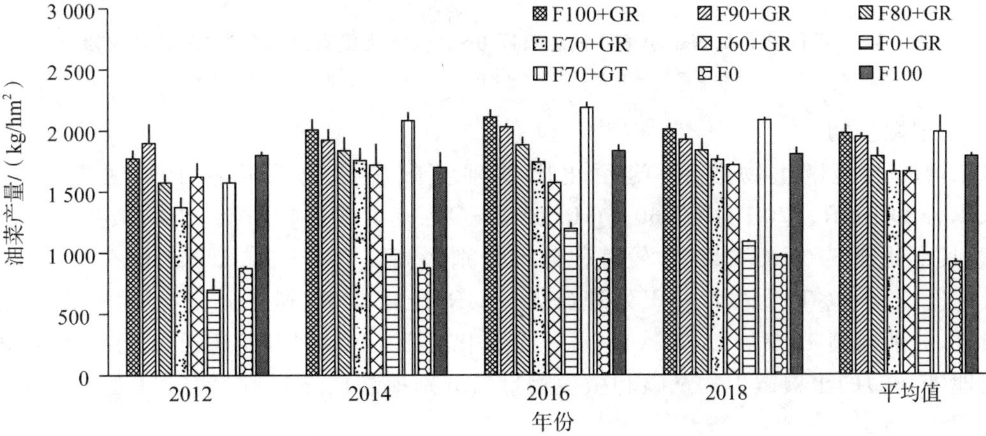

图 3-3-2　2012—2018 年不同施肥处理下小麦和油菜产量(韩梅等,2021a)

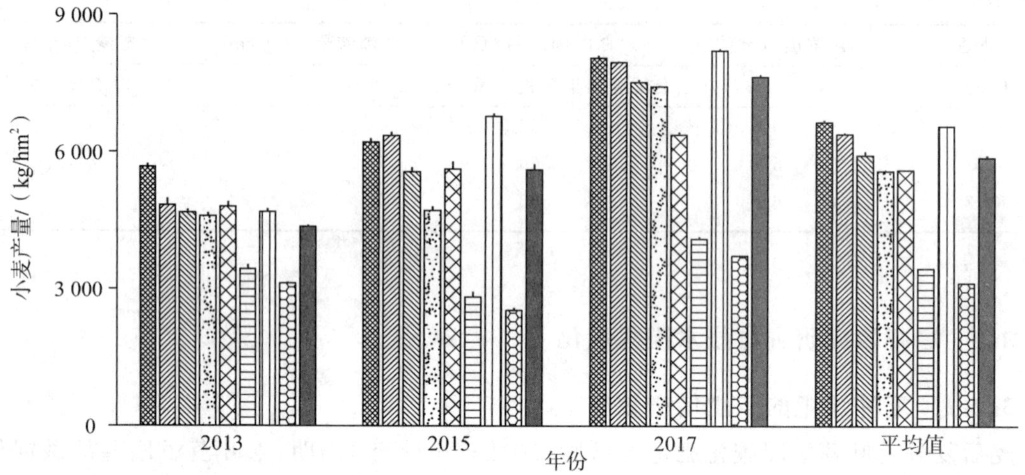

续图 3-3-2

注：F0＋GR—不施肥留根茬、F100＋GR—施 100％化肥留根茬、F90＋GR—施 90％化肥留根茬、F80＋GR—施 80％化肥留根茬、F70＋GR—施 70％化肥留根茬、F60＋GR—施 60％化肥留根茬、F70＋GT—施 70％化肥全量翻压，F0—不施肥无绿肥、F100—单施 100％化肥。毛叶苕子鲜草翻压量为 30 t/hm²；100％化肥施肥量：N225 kg/hm²，P_2O_5 150 kg/hm²；N 按 70％基肥、30％追肥施用，P 肥全部作基肥施用。图 3-3-4、图 3-3-5 和表 3-3-9 相同。油菜、小麦轮作，2012 年、2014 年、2016 年和 2018 年主作物为油菜，2013 年、2015 年和 2017 年主作物为小麦。

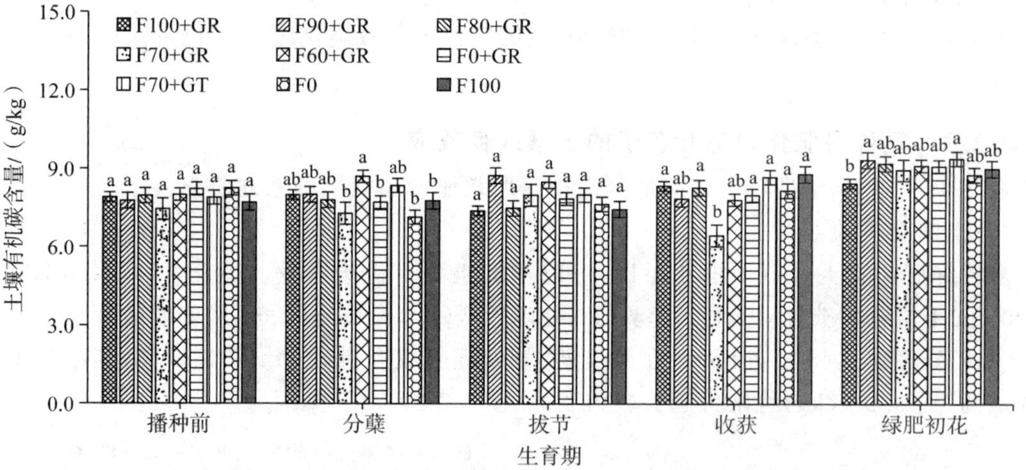

图 3-3-3　不同施肥处理下小麦不同生育期 0～20 cm 土壤有机碳含量（白璐等，2021）

注：图中不同小写字母表示同一时期不同处理间差异显著（$P<0.05$）。图 3-3-4、图 3-3-5 意义相同。

（2）土壤微生物

绿肥增加土壤微生物数量：施用化肥基础上配施绿肥毛叶苕子处理 F100＋GR、F90＋GR、F80＋GR、F70＋GR、F60＋GR、F70＋GT 土壤微生物量碳、土壤微生物量氮均显著提高，其中处理 F70＋GT 最高，较其他处理分别提高 9.5％～35.8％、1.3％～26.3％。绿肥全量翻压（F70＋GT）比根茬还田处理（F70＋GR）土壤全氮、微生物量碳、微生物量氮含量增加明显，分别提高 11.3％、9.6％、1.3％。全量化肥 F100 绿肥根茬还田（F100＋GR）较单施化肥处理（F100）的土壤微生物量碳和微生物量氮分别提高12.5％和 13.8％（表 3-3-9）。

表 3-3-9　不同施肥处理对土壤全氮和微生物生物量碳氮的影响(韩梅等,2019)

处理	全氮/(g/kg)	微生物生物量碳/(mg/kg)	微生物生物量氮/(mg/kg)
F100＋GR	1.3±0.01 c	255.52±10.24 c	62.54±3.55 b
F90＋GR	1.4±0.02 b	255.08±8.65 c	52.80±4.52 c
F80＋GR	1.3±0.04 c	238.67±11.45 c	62.76±3.65 b
F70＋GR	1.3±0.05 c	310.87±7.89 b	70.72±2.58 a
F60＋GR	1.5±0.04 a	255.77±9.85 c	52.76±4.45 c
F0＋GR	1.5±0.02 b	263.01±6.58 c	56.35±3.56 c
F0	1.3±0.01 c	220.73±7.54 c	54.16±4.12 c
F100	1.4±0.02 c	227.07±10.05 c	54.96±3.24 c
F70＋GT	1.5±0.05 a	343.65±10.87 a	71.62±4.65 a

化肥配施毛叶苕子土壤氨氧化古菌(AOA)、氨氧化细菌(AOB)数量明显提高。绿肥全量翻压或根茬还田配施化肥,土壤氨氧化古菌(AOA)、氨氧化细菌(AOB)数量均有增加,尤其是AOA数量增加明显。绿肥全量翻压配合化肥减量30%(F70＋GT)处理土壤微生物数量在播种期、抽穗期显著高于相同化肥投入下绿肥仅根茬还田处理(F70＋GR);绿肥根茬还田配施全量化肥处理(F100＋GR)比单施化肥处理(F100)AOB数量明显增加(图3-3-4、图3-3-5)。

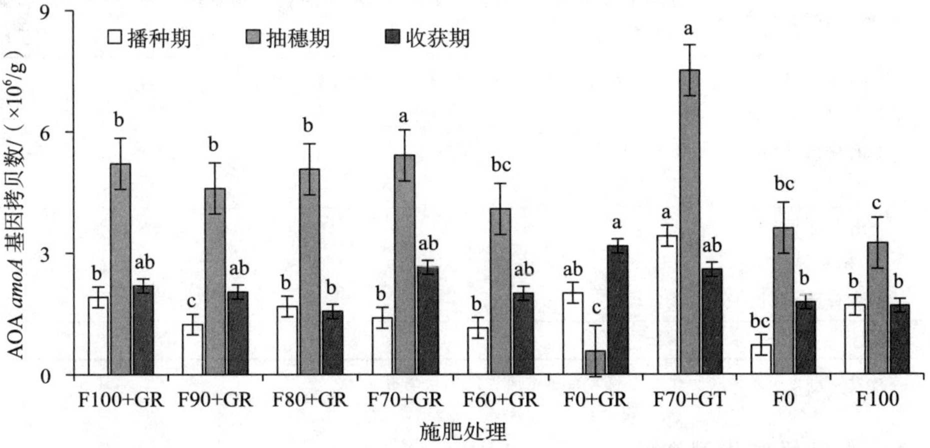

图 3-3-4　不同施肥处理下不同时期土壤氨氧化古菌 *amoA* 基因拷贝数(韩梅等,2021b)

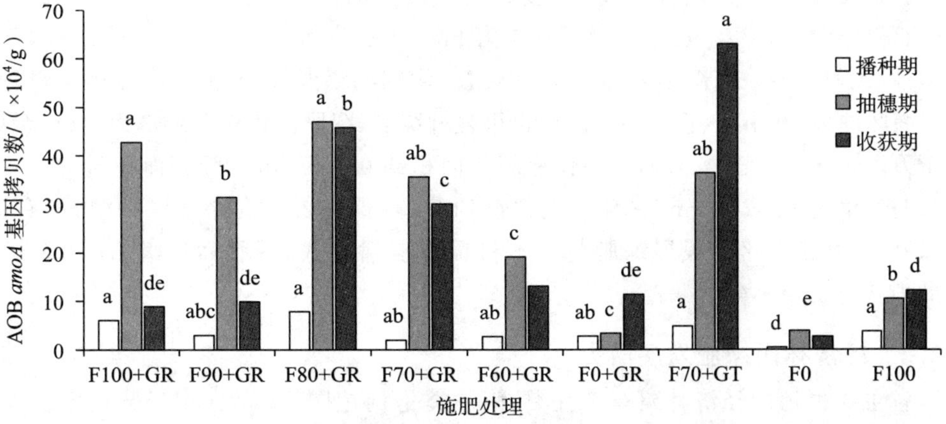

图 3-3-5　不同施肥处理下不同时期土壤氨氧化细菌 *amoA* 基因拷贝数(韩梅等,2021b)

4 青海省绿肥发展潜力

4.1 发展绿肥的必要性

新时代背景下，国家大力推进生态文明建设，全面实施乡村振兴战略，全社会对农田生态环境改善和农产品质量安全的需求不断提升。青海省位于青藏高原，又是三江之源，生态环境保护工作非常重要。运用绿肥技术，促进青海省农田用养结合，减少化肥使用量，减轻农业面源污染，保护农田生态环境，促进可持续发展，对青海省农业领域贯彻落实“一优两高”战略和推进“绿色有机农畜产品示范省建设”具有重要意义。

4.2 绿肥发展潜力

总体看，青海省的绿肥面积潜力为 13 万 hm^2，有效时空潜力为 5 万 hm^2·年。其中，农区绿肥面积潜力合计 9 万 hm^2，有效时空潜力 3 万 hm^2·年；经济林园绿肥面积潜力和有效时空潜力分别为 4 万 hm^2 和 2 万 hm^2·年(表 3-3-10)。

表 3-3-10 青海省绿肥种植时空潜力

区域	适宜的绿肥制度	对应的主作物面积/万 hm^2	绿肥空间占比/%	绿肥时长/个月	绿肥面积潜力/万 hm^2	绿肥有效时空潜力/(万 hm^2·年)
农区	麦后复种绿肥	3	100	3	3	1
	与禾本科作物混播	6	100	5	6	2
	玉米前期间作绿肥	0.2	50	2	0.1	0.02
	农区合计	9	—	—	9	3
经济林园	落叶果园	4	70	6	2	1
	枸杞园	3	60	6	2	1
	经济林园合计	7	—	—	4	2
	合计	16	—	—	13	5

注：绿肥有效时空潜力=对应的主作物面积×绿肥空间占比×绿肥时长。

4.2.1 农区绿肥发展潜力

青海省主要种植的农作物有油菜、小麦、马铃薯、青稞、玉米、蚕豆、蔬菜等。2021 年，6 种主作物种植面积分别为 14 万 hm^2、10 万 hm^2、7 万 hm^2、9 万 hm^2、2 万 hm^2、2 万 hm^2 和 4 万 hm^2，其中甘蓝型油菜、马铃薯、玉米、春小麦生育期较长，休闲期积温较低，复种绿肥生物量较小。

河湟灌区油菜、春小麦、青稞种植区域也可复种绿肥，绿肥面积潜力约 3 万 hm^2，绿肥有效时空潜力 1 万 hm^2·年。玉米前期可间作绿肥的面积约 0.2 万 hm^2，绿肥面积潜力 0.1 万 hm^2，绿肥有效时空潜力 0.02 万 hm^2·年。白菜型油菜、青稞主要在高寒地区种植，没有富余的积温复种绿肥，可在部分区域发展绿肥与禾本科饲草混播模式，绿肥面积潜力6 万 hm^2，绿肥有效时空潜力 2 万 hm^2·年。

4.2.2 经济林园绿肥发展潜力

青海省主要种植的经济林园有 2 大类，第一类是枸杞园，主要分布于柴达木盆地，第二类是苹果、梨、樱桃、杏等水果园，主要分布于东部农业区。2021 年枸杞园和果园的面积分别为

3 万 hm^2 和 4 万 hm^2。两类果园均有足够大的行间距间作绿肥，在果园内可种植翻压 1～2 季绿肥，也可种植绿肥后自然落籽再发，以全部果园种 1 季绿肥，每年绿肥适宜生长时间 6 个月、落叶果园空间占比 70%、枸杞园空间占比 60%计算，青海经济林园绿肥面积潜力和有效时空潜力分别为 4.44 万 hm^2 和 2.22 万 hm^2 · 年。

5　青海省主要绿肥生产技术模式

5.1　"小麦（青稞）-绿肥-牛羊"种养循环模式

5.1.1　技术要点

(1)品种选择

绿肥选用生产上推广的箭筈豌豆品种，单播或与青稞、燕麦等禾本科作物混播。

(2)播种时间

7 月中旬至 8 月上旬播种，小麦收获后即可播种。

(3)播种量

箭筈豌豆单播时，播种量为 150～225 kg/hm^2；箭筈豌豆可与禾本科作物混播时，箭筈豌豆播种量为 113～150 kg/hm^2，禾本科作物（青稞、燕麦）播种量为 75～150 kg/hm^2。

(4)播种方式

箭筈豌豆与青稞或燕麦混播：小麦收获后，将箭筈豌豆与青稞或燕麦种子撒播于田中，耙耱、灌水。

(5)追肥

绿肥作物箭筈豌豆分枝期追施纯氮 34～52 kg/hm^2。

(6)灌水

整个生长季节根据墒情灌水 2～3 次。播种后和苗期各 1 次，分枝期遇干旱可结合追肥灌水。

(7)采食时间

11 月上旬，箭筈豌豆自然杀青后，地上部分可作为饲料，牛羊在田间自由采食。

(8)育肥羊控制数量

育肥羊数量控制在 30～45 只/hm^2。

(9)绿肥根茬翻压

次年 3 月中上旬进行翻压。

5.1.2　适用范围

青海省河湟温暖灌区。

5.2　果园间作绿肥周年生产模式

5.2.1　技术要点

(1)品种选择

适宜青海果园的绿肥作物主要有毛叶苕子、二月兰等。

(2)播种时间

春播:4月中旬至5月中旬;秋播:7月下旬至8月上旬。

(3)播种量

毛叶苕子播种量为30～45 kg/hm^2,二月兰播种量为20～30 kg/hm^2。

(4)播种方法

绿肥播种时,两边距果树50 cm,行距为20～30 cm,在果园空行及株间(树冠外)撒播后浅旋耕、灌水。

(5)播种深度

毛叶苕子播种深度为3～5 cm,二月兰播种深度为2～3 cm。

(6)追肥

绿肥分枝期追施氮肥10～30 kg/hm^2。

(7)灌水

整个生长季节灌水2～3次。播种后和苗期各1次,分枝期遇干旱可结合追肥灌水。

(8)绿肥周年生产方式

春播:5～6月全园覆盖,8～9月成熟落籽,次年春季返青,种一年多年利用。

秋播:9～10月覆盖,次年春季返青,种一年多年利用。

5.2.2 适用范围

青海省河湟温暖灌区果园、海西州枸杞园。

5.3 豆科绿肥与禾本科饲草混播模式

5.3.1 技术要点

(1)绿肥播种量

该模式中,豆科绿肥选用箭筈豌豆或毛叶苕子,禾本科饲草选用燕麦。播种量为燕麦150 kg/hm^2,箭筈豌豆75 kg/hm^2或毛叶苕子60 kg/hm^2。

(2)播种

4月下旬至6月上旬播种。采用分层施肥条播机进行条播。条播时将燕麦和箭筈豌豆(毛叶苕子)种子分开,燕麦种子放入前箱,箭筈豌豆(毛叶苕子)放入肥料箱,行距15～30 cm,播后要镇压、耱地,播种深度3～4 cm。

(3)追肥

降雨前或结合灌溉追施氮肥,尿素用量为75～150 kg/hm^2。

(4)灌水

有灌溉条件的地区,在青稞拔节及孕穗期进行灌溉1～2次。

(5)收获

燕麦和箭筈豌豆(毛叶苕子)盛花时可刈割。

(6)青贮技术

刈割后的青草就地铺摊晾晒,每隔3～4 h翻动1次,等枝叶含水量达到65%～75%时收集青草待用。采用青贮袋、青贮或者捆裹青贮等方式。

5.3.2 适用范围

牧区、农牧交错区、农区。

5.4 休闲地豆科绿肥繁种高效利用模式

5.4.1 技术要点

该模式为毛叶苕子、箭筈豌豆的高产繁种模式。

(1)整地

前茬作收获后及时秋翻,深翻 25 cm,耙耱保墒,春播前耙地平整。

(2)施肥

施基肥纯 N 30～45 kg/hm^2,P_2O_5 45～75 kg/hm^2。

(3)播种时间

3 月下旬至 4 月上旬播种。

(4)播种量

毛叶苕子播种量为 23～30 kg/hm^2,箭筈豌豆播种量为 38～60 kg/hm^2。

(5)播种方法

条播为宜。毛叶苕子行距 40～60 cm,箭筈豌豆行距 30～40 cm,播深 3～4 cm。播后耙耱镇压。

(6)种植支架作物

毛叶苕子繁种,可采用混播支架作物方式。支架作物选用秸秆粗壮、籽粒大小差异悬殊,成熟期相近的作物(如油菜、小麦、燕麦等)在毛叶苕子播种时,间作或混播。油菜播种量为 12 kg/hm^2,小麦或燕麦播种量为 75～105 kg/hm^2。

(7)中耕定苗及除草

苗高 10 cm 左右时结合第一次中耕,按 20 cm 株距定苗;分枝期进行第二次除草。

(8)生长调节剂

结荚初期喷施浓度 0.02%的乙烯利溶液、喷液量为 450 L/hm^2。

(9)种子去杂去劣

苗期、花期,拔除弱苗、病苗、杂苗。

(10)收获

毛叶苕子 80%的荚果变黄白色、箭筈豌豆 90%的荚果变黄褐色时机械收获。

(11)种子分选

用重力法机械分选,将毛苕子种子和其他支架作物分开。

5.4.2 适用范围

海拔 2 400 m 以下的山旱地、撂荒地等。

参考文献

[1]白璐，蒋福祯，曹卫东，等. 麦后复种绿肥对土壤有机碳及其固持特征的影响[J]. 干旱地区农业研究，2021，39 (4)：148-154.

[2]陈子英，常单娜，韩梅，等. 47 份箭筈豌豆品种(系)在青海作秋绿肥的能力评价[J]. 草业学报，2022，31(2)：39-51.

[3]陈子英，常单娜，韩梅，等. 50份毛叶苕子品种(系)在青海作秋绿肥的能力评价[J]. 植物营养与肥料学报，2022，28(4)：701-714.

[4]韩梅，胥婷婷，曹卫东. 青海高原长期复种绿肥毛叶苕子对土壤供氮能力的影响[J]. 干旱地区农业研究，2018，36(6)：104-109.

[5]韩梅，高嵩涓，李正鹏，等. 青海高原长期复种绿肥毛叶苕子对土壤氨氧化细菌和氨氧化古菌的影响[J]. 干旱地区农业研究，2021b，39(4)：102-108.

[6]韩梅，刘蕊，李正鹏，等. 种植绿肥对作物产量和细菌群落稳定性的影响[J]. 中国环境科学，2021a，41(11)：5382-5390.

[7]韩梅，张宏亮，曹卫东. 绿肥作物箭筈豌豆萌发期抗旱性研究[J]. 青海农林科技，2014(2)：1-4.

[8]韩梅，张宏亮，郭石生，等. 不同绿肥毛苕子品种农艺性状评价[J]. 广东农业科学，2012a(16)：21-23.

[9]韩梅，张宏亮，郭石生，等. 绿肥作物箭筈豌豆种质产量性状综合评价[J]. 作物杂志，2013(4)：67-69.

[10]韩梅，张宏亮，郭石生，等. 青藏高原干旱地区毛苕子最佳播量研究[J]. 现代农业科技，2012b(14)：208-210.

[11]韩梅. 青海高原复种绿肥毛叶苕子对土壤微生物生物量碳、氮的影响[J]. 微生物杂志，2019，39(4)：34-39.

[12]毛苕子种子生产技术规范[S]. 青海省地方标准. DB 63/T 1499—2016.

[13]毛苕子品种观察记载要求[S]. 青海省地方标准. DB 63/T 1498—2016.

[14]箭筈豌豆品种观察记载要求[S]. 青海省地方标准. DB 63/T 1497—2016.

[15]绿肥复种套作减施化肥技术规范[S]. 青海省地方标准. DB 63/T 1742—2019.

[16]果园果树间作绿肥技术规范[S]. 青海省地方标准. DB 63/T 1813—2020.

[17]麦后复种绿肥种养结合技术规范[S]. 青海省地方标准. DB 63/T 2012—2023.

[18]绿肥秸秆协同还田节肥减排技术规范[S]. 青海省地方标准. DB 63/T 2011—2023.

Ⅳ 新疆维吾尔自治区绿肥发展历史、现状、潜力及模式

1 新疆维吾尔自治区绿肥生产历史与现状

1.1 绿肥作物生产利用历史与现状

新疆农业生产使用绿肥历史久远，中国苜蓿即源于西域。《史记・大宛列传》载“马嗜苜蓿，汉使取其实来，于是天子始种，种草养畜由其始。”秦汉时期已经形成规模。此外，维吾尔族农民很早就开始利用野生苦豆子茎叶作甜瓜、西瓜的追肥，瓜味甘甜且产量高（阿曼古丽・艾孜子等，2013）。

20 世纪 60 年代是绿肥迅速发展的阶段，绿肥作物作为改良盐碱、瘠薄地的先锋作物大面积种植。新疆伊犁州、阿勒泰地区非常适于推广绿肥种植技术，南疆果园宜于套种绿肥。随着各地绿肥生产应用技术不断优化、集成，新疆绿肥应用面积最高年份超过 40 万 hm^2。20 世纪 80 年代后期，由于科技进步和育种技术的发展，小麦套种、复播玉米和小麦复播油葵两熟栽培迅速替代绿肥成为南疆大部分地区和北疆一些无霜期较长地区的主要种植模式。此时期，化肥的生产和使用迅速增加，种植绿肥当季无明显效益等，根据 1986 年《全国绿肥发展纲要》统计，当年新疆绿肥种植面积迅速缩减至 2.3 万 hm^2。

“十一五”和“十二五”国家绿肥行业专项连续实施期间，2012 年新疆绿肥种植面积 9.0 万 hm^2，绿肥产量约 158 万 t。绿肥压青还田 20.9 万 t，占总量的 13.2%；饲料绿肥 131.2 万 t，占总量的 83.1%；经济绿肥 5.9 万 t，占总量的 3.7%。2020 年，新疆绿肥种植面积恢复至 30 余万 hm^2（新疆维吾尔自治区统计局，2018—2020 年）。

1.2 种质资源

新疆绿肥作物主要为豆科作物，此外还有少量菊科、禾本科、十字花科等。豆科主要为苜蓿、草木樨、三叶草、山黧豆、野生绿肥苦豆子、骆驼刺、黄芪、草原锦鸡儿、驴食豆（红豆草）、紫穗槐等。

紫花苜蓿是主要绿肥饲料作物，广泛野生，种植历史悠久，遍布全疆各地。20 世纪 80 年代，全疆有 33 余万 hm^2，用途广泛，主要作为饲草基地、农区草田轮作、果园覆盖、土壤改良培肥等。草木樨主要是二年生白花草木樨和黄花草木樨，也有野生草木樨，主要用作小麦套种或复播、果园覆盖、土壤改良培肥等，是生产上利用的主要绿肥作物。红三叶、白三叶，生物量较低，土地利用效率低，主要用作园林景观、绿化、果园覆盖。

1.3 绿肥对新疆农业生产的贡献

中华人民共和国成立后，为解决有机肥的不足，拓展长远的肥料来源，彻底解决远距离运输机械短缺和人工施肥劳动力大等困难，新疆先后引种紫穗槐、绿豆、三叶草、山黧豆等 10 多种绿肥作物。并且种植绿肥的成本比使用化肥的成本低很多，能节省部分农家肥施用于其他田块，保证其他田块产量提高。种植绿肥能够增加土壤有机质含量，增加养分，改善土壤物理结构，促进团粒结构形成，调节水肥气热，提高地力，减少水肥渗漏和养分水分挥发，加速土壤脱盐和破除土壤板结等。

新疆绿肥种植模式主要为与主栽作物混作、间作、套作、轮作等。不同绿肥作物与主栽作物选择多样化的种植方式，可以达到不同的增肥效果，从而提高主栽作物的产量和品质。绿肥是全天然有机肥源，且种类多、来源广、肥效好、易栽培，具有良好的经济效益，对于新疆绿色农业的产业化建设及可持续发展具有重要意义。

绿肥对现代绿色发展也起到了重要支撑作用。2020 年新疆维吾尔自治区（兵团除外）开展果菜茶有机肥替代化肥项目 2 个，在莎车县和库车市开展种植绿肥，绿肥种植面积 22.16 万 hm^2。

1.4 绿肥作物研究

20 世纪 50 年代至 80 年代，新疆农业科研院校分别开展了绿肥作物种质新资源引进、整理与适应性评价，绿肥作物间混套播技术、鲜草高产技术、绿肥作物生长发育规律、腐解规律、固氮效能、改土培肥机制、农牧结合利用技术、果园绿肥利用等研究工作（侯宗贤等，1992），取得了一系列研究成果，如“绿肥对土壤有机质影响的研究”“草木樨绿肥的栽培”“草木樨绿肥综合利用的研究”“油菜绿肥对新疆香梨生长及果实品质的影响研究”“多种绿肥种植对新疆红枣产量及品质的影响研究”“多种绿肥种植对新疆苹果产量及品质的影响研究”等。此外，配套研制出果园间作绿肥通用播种机、绿肥免耕条播播种机、绿肥旋耕播种一体机和绿肥撒播无人机及气吸式精量播种机等。

2 新疆维吾尔自治区绿肥作物发展现状

2.1 种植模式创新与应用成效

2.1.1 常见的种植模式

新疆农牧区绿肥饲料作物生产利用的主要方式有以下 3 种模式。

（1）“一粮一肥”模式

一年种一季粮食，套种或复播一季绿肥，主要包括小麦套种或复播草木樨、毛叶苕子、箭筈豌豆，小麦复播油葵、油菜，玉米间套作草木樨等。

（2）“两粮一肥”模式

一年种两季粮食，用间、混、套种方式播一茬绿肥，适用于无霜期 200 d 以上的和田、喀什等地区。

（3）林果间作绿肥

在幼龄果园间套苜蓿、三叶草、草木樨、大豆、黑麦草等；成龄果园间套苜蓿、三叶草、油菜、草木樨等。

2.1.2　新时期绿肥模式与技术创新

2017年以后，绿肥体系有关岗站以及当地相关研究机构和高校，根据新疆绿洲灌溉农业特点和限制因素，开展了系列绿肥试验研究和示范样板建立等工作。通过优化绿肥作物种类、品种选择，配套播种、收获、水肥调控等栽培利用技术，研究提出了适合现代农业种植制度的绿肥生产模式，并取得一定成效。其中，"绿肥＋"新疆特色林果产业模式，在阿克苏地区红旗坡和新疆生产建设兵团第一师，示范应用面积300 hm^2，引领带动2万 hm^2；盐碱地绿肥改良技术模式，应用面积333.3 hm^2；林下绿肥肥饲两用模式，推广面积约22.1万 hm^2。

在伊犁地区，研发了戈壁葡萄园间作毛叶苕子轻简化栽培技术，该技术实现了毛叶苕子在葡萄园一年播种多年循环利用，在保土增肥、调节葡萄园温湿度、提高葡萄品质等方面效果显著。在南疆实施了"绿肥＋"有机红枣生产关键技术模式构建与产业化工作。

2.2　绿肥科技发展

2022年，阿克苏地区沤制绿肥助力林果业提质增效，先后立项兵团科技攻关项目"南疆现代苹果园绿肥种植模式的研究应用"，兵团财政科技计划资助项目"南疆果园绿肥种植提质增效新模式及核心装备研发"，塔里木大学校长基金创新研究团队项目"南疆果园绿色种植模式创新研究团队"，第一师市阿拉尔财政科技计划项目"香梨园种植绿肥提质增肥模式及配套装备的示范与推广"等。

相关项目研究筛选出适合南疆果园种植的绿肥种类，包括绿肥油菜、肥田萝卜、草木樨、二月兰和紫花苜蓿等；明确了苹果园间作苜蓿、草木樨、燕麦、油菜、自然生草或者油菜燕麦混播等一定程度上均可调节苹果园气温、湿度等微域小区气候，改善土壤理化性质，进而促进苹果树体生长和果实品质提升；查清了间作绿肥作物苹果园病虫害种类，探究了主要病虫害的危害特点及发生规律和天敌昆虫对主要害虫的控制效能等；研制出了果园间作绿肥通用播种机、绿肥免耕条播播种机、绿肥旋耕播种一体机、绿肥撒播无人机和气吸式精量播种机等。

3　新疆维吾尔自治区绿肥研发进展与创新

3.1　优化了绿肥改良盐碱地技术

石河子大学刘慧等（2020）针对新疆生产建设兵团第八师128团中度盐碱土壤，系统研究了绿肥油菜还田对盐碱土壤理化性状、有机碳组分、酶活性的影响，明确了油菜绿肥还田显著降低盐碱地0～60 cm土层中可溶性Na^+、Ca^{2+}、Mg^{2+}、K^+以及$CO_3{}^{2-}$、$HCO_3{}^-$、Cl^-、$SO_4{}^{2-}$等离子的含量，且随着绿肥还田年限的增加，效果更加明显；盐碱土壤中蔗糖酶、脲酶、碱性磷酸酶、过氧化氢酶活性在绿肥油菜还田后明显增加，且以两年绿肥油菜还田的提升效果最优。分析了不同绿肥还田对盐碱土壤有机氮组分、氮转化酶活性及细菌群落结构的影响，发现绿肥油菜还田增加了中度盐碱土无机氮的含量，提升了有机氮中的氨氮和土壤碱解氮的比例，降低了速效氮和其他氮组分的比例。绿肥油菜还田通过提高土壤氮转化酶活性、土壤细菌丰富度及多样性等，促进氮素在土壤中的转化，改善土壤的供氮能力（李春红，2021）。

3.2 完善了果园绿肥技术，明确了其应用效果

干旱荒漠地区果园间作绿肥苜蓿，可达到改良土壤结构和培肥地力的目的（李杨辉等，2020）。塔里木大学以阿拉尔市连续种植了5年苜蓿的苹果园土壤为研究对象，分层测定0～60 cm土壤的颗粒组成、含水量、pH与土壤养分。与清耕果园比较，翻压苜蓿绿肥后，20～40 cm土层砂粒百分比从57.9%降低到56.0%，粉砂的百分比从27.6%增加到30.4%；苹果园间作苜蓿能够降低0～60 cm土层pH，降低表层土壤盐分含量，提高土壤有机质（3.4%～8.5%）、全氮（4.6%～19.0%）、Ca含量及（Ca+Mg）/K比例等，降低NH_4^+-N含量。苜蓿绿肥应用后，土壤Cu、Zn、Fe、Mn等有效含量5月份高于清耕，7月份和9月份低于清耕。

新疆农业大学在伊犁苹果园开展果园间作红豆草、紫花苜蓿、黄豆和小麦综合效应研究，发现不同绿肥作物间作显著改变0～100 cm不同土层矿质元素含量。效应大小依次为紫花苜蓿、红豆草和小麦。同清耕对比，间作紫花苜蓿后20～60 cm土层有机质含量为15.8 g/kg、矿质氮含量为58.5 mg/kg，分别比清耕高出了1.74倍和1.40倍。间作苜蓿可改善树体长势，平均单株产量是清耕园的2.14倍，经济效益是清耕园的2.46倍；间作黄豆能明显提高果实的综合品质，尤其是单果重和果实着色度（秦景逸等，2016）。

塔里木大学研究了梨园行间种植翻压豆科绿肥苜蓿、禾本科绿肥燕麦、十字花科绿肥油菜、果园自然生草四种模式下香梨品质差异（Han et al.，2022）。与果园自然生草相比，连续3年种植翻压苜蓿，香梨可溶性固形物、蛋白质、维生素C和果实硬度分别提高9.6%、13.6%、44.0%和31.0%；种植翻压燕麦，香梨单果重量增加7.5%；种植翻压油菜，香梨糖酸比提高22.1%。不同科属绿肥对香梨果品品质改善综合得分由高到低依次为：豆科绿肥苜蓿＞禾本科绿肥燕麦＞十字花科绿肥油菜。

3.3 绿肥装备研发与创新

绿肥播种环节，针对大田作业，塔里木大学以无人机为载体，研发了毛叶苕子专用播种装备（张厚东，2019）。该设计将无人机技术与撒播流量控制技术结合，可实现无人机均匀撒播毛叶苕子。针对果园行间作业，研发出一款小型自走式播种机，可自主导航，实现全园种植、人机分离和精准作业（冶瑞等，2023）。基于轻简化作业需求，研制出一种适用于主干型果园行间应用的绿肥旋耕播种一体机，能够一次性完成播前碎草、旋耕整地、混合播种、镇压覆土等多项作业功能（王晓妍，2021）。基于绿肥混合播种需要，研发了一种专用于新疆果园行间的绿肥混合播种机，采用机械式排种器与气力式排种器混合作业方式，实现了不同类型绿肥种子混合播种，提高排种均匀性，减少了小颗粒种子的资源浪费（陈云生，2022）。

绿肥翻压环节，针对果园行间距3～5 m，研发了果园行间绿肥粉碎旋耕一体机，该机在降低绿肥还田翻压深度的同时，能够完成绿肥的粉碎、旋耕混合及掩埋工作，可实现“茎秆先落，土壤后落，茎秆在下，土壤在上”的目的，能够有效提高绿肥还田作业质量，加快绿肥腐解速率，提高绿肥利用率（杨旺，2022）。此外，针对行间距较小的果园，还设计出一种绿肥果园遥控碎草机（赵劲飞等，2021）。

绿肥收获环节，研制出集粉碎与打捆功能于一体的果园绿肥粉碎打捆一体机，实现了果园绿肥收获打捆一体化作业。果园绿肥成捆后方便运输、便于储存、可作为畜牧草料、可裹包青贮、可异地施用等（谭洪岩等，2022；徐朋飞，2020）。

4　新疆维吾尔自治区绿肥发展潜力

总体看，新疆维吾尔自治区的绿肥面积潜力为134.10万 hm^2，有效时空潜力为55.62万 hm^2·年。其中，农区绿肥面积潜力为36.97万 hm^2，有效时空潜力为7.05万 hm^2·年；经济林园绿肥面积潜力为97.13万 hm^2，有效时空潜力为48.57万 hm^2·年。

4.1　农区绿肥发展潜力

新疆属干旱荒漠化地区，典型的灌溉农业，农田土壤在一年内干湿交替明显，土壤有机质矿化旺盛而积累较弱，同时耕地利用强度大，农田土壤有机质含量普遍不高，存在着较大面积的中低产田，农业生态系统较脆弱（表3-4-1）。增施有机肥、种植绿肥是提高土壤有机质和培肥地力行之有效的方法。在当前有机肥源缺乏、运输成本较高的情况下，发展绿肥作物将是提高农田土壤肥力、促进农业可持续发展的重要途径（王贞元等，2023）。

20世纪80年代，绿肥种植遍布新疆各地，但随着集约化种植的普遍和绿肥经济效益低等，小麦套种、复播玉米和小麦复播油葵等两熟栽培逐渐取代绿肥作物，成为南疆大部分地区和北疆一些无霜期较长地区的主要种植模式。然而，在准噶尔盆地周围、伊犁河谷西部、焉耆盆地、拜城盆地温和区，阿尔泰山山前平原、塔城盆地、伊犁河谷东部温凉区等农区，无霜期仅140～175 d，多为不宜棉区或次宜棉区，主要种植小麦、玉米、油葵、油菜等，一年两熟不足或风险较大，适宜发展小麦套种和复播草木樨、豆类绿肥作物。

新疆小麦约有1/10可在收获后复种绿肥，麦后复种绿肥制度下的绿肥面积潜力约11万 hm^2，以适宜绿肥生长时间3个月、空间占比100%计，绿肥有效时空潜力为3万 hm^2·年。玉米前期间作绿肥可发展面积约52万 hm^2，以适宜绿肥生长时间2个月、空间占比50%计，绿肥面积潜力为26万 hm^2，有效时空潜力为4万 hm^2·年。

4.2　经济林园（果茶园）绿肥发展潜力

目前，新疆林果种植面积已经占到全国的13%，特色林果业主要分布在“一区三带”，即：以环塔里木盆地红枣、核桃、杏、香梨、苹果、巴旦木为主的南疆林果主产区，吐哈盆地葡萄、红枣主产区，伊犁河谷及天山北坡鲜食和酿酒葡萄、枸杞、小浆果、时令水果、设施林果主产区的三个林果产业带。长期清耕和矮化密植，导致果园土壤生态退化，发展绿肥是促进林果业持续提质增效的简易措施，有广阔的发展前景。

据统计，2020年全疆各种林果种植总面积为139万 hm^2，其中核桃41万 hm^2、红枣41万 hm^2、杏11万 hm^2、巴旦木6万 hm^2、葡萄12万 hm^2、苹果7万 hm^2、梨7万 hm^2（表3-4-2）。落叶果园以70%的空间占比、坚果园以60%的空间占比、6个月的绿肥生长时间计，新疆经济林园绿肥作物发展面积潜力为92万 hm^2，绿肥有效时空潜力为46万 hm^2·年（表3-4-3）。

表3-4-1　2018—2020年新疆维吾尔自治区农作物种植面积　　万 hm^2

年份	农作物总面积	粮食面积	水稻	小麦	玉米	大麦	豆类	薯类	棉花
2018	625	222	8	103	103	0.6	4.4	1.7	249
2019	617	220	6	106	100	0.7	5	2	254
2020	628	223	5	107	105	0.3	0.3	2	250

表 3-4-2　2018—2020 年新疆维吾尔自治区林果种植面积　　万 hm^2

年份	总面积	水果总面积	苹果	梨	葡萄	桃	杏	红枣	坚果	核桃
2018	146	95	8	7	14	2	11	48	50	40
2019	209	158	8	7	14	2	11	44	51	40
2020	139	91	7	7	12	2	11	41	48	41

表 3-4-3　新疆维吾尔自治区绿肥种植时空潜力

区域	适宜的绿肥制度	对应的主作物面积/万 hm^2	绿肥空间占比/%	绿肥时长/个月	绿肥面积潜力/万 hm^2	绿肥有效时空潜力/(万 hm^2·年)
农区	麦后复种绿肥	11	100	3	11	3
	玉米前期间作绿肥	52	50	2	26	4
	农区合计	63	—	—	37	7
经济林园	落叶果园	91	70	6	63	32
	坚果	48	60	6	29	14
	经济林园合计	139	—	—	92	46
	合　计	202	—	—	129	53

注：绿肥有效时空潜力＝对应的主作物面积×绿肥空间占比×绿肥时长。

5　新疆绿肥生产技术模式

新疆适宜的绿肥生产利用模式主要为冬小麦套种草木樨或复播大豆、林果园间作绿肥技术模式以及果园机械化轻简化模式等。

5.1　冬小麦套种草木樨模式

5.1.1　技术要点

(1)草木樨播种与管理

小麦选用矮秆、中早熟、抗倒伏和丰产性好的品种，可实行宽窄行(20 cm、10 cm)条播。草木樨播种量 22.5～30 kg/ hm^2。小麦返青至拔节期灌头水前，结合春季耙耱时撒播草木樨，立即灌水。预留宽窄行的麦田可在春季耙耱地时机械条播草木樨于预留宽行内。小麦与草木樨共生期间，田间管理以小麦为主。小麦高茬收割，留茬高度 20 cm 左右，小麦随收随运，立即灌水，后期依草木樨长势和土壤墒情适时灌水，生育期内一般灌水 2～3 次。

(2)草木樨翻压

早秋翻压：适宜连茬种植冬麦地块，为防止草木樨再生，一般在当年的 8 月下旬刈割，根茬翻压并晾晒 10～15 d 后浇水整地播种冬麦，越冬时草木樨休眠芽可被冻死，次年不会出现草木樨再生。

晚秋翻压：适宜次年种植中耕作物如玉米、油葵等体系，一般可延长到 9 月底至 10 月初刈割后翻压。如果出现草木樨再生，可结合中耕除草控制。

春季翻压或药剂处理：适宜春播作物如玉米、胡麻、油葵、棉花等体系。次年春季越冬芽萌发时翻压，翻耕 20 cm 以上。可喷洒二甲四氯 0.9～1.1 kg/hm^2，防止草木樨再生效果好。

(3)后茬作物养分管理

翻压草木樨的田块应适当减少后茬作物化肥用量。草木樨全部翻压作绿肥的地块，氮肥用量常规施肥量一般减少 30%；仅根茬翻压作绿肥的地块，氮肥一般减量 10%。

5.1.2 适宜范围

适宜范围包括伊犁州、阿克苏地区、和田地区、喀什地区。

5.2 冬小麦复播大豆模式

5.2.1 技术要点

(1)大豆播种

以小麦麦黄水作大豆播前水，小麦收获后及时翻耕灭茬，犁地前撒施磷酸二铵 180～225 kg/hm^2，翻入土中作基肥；或播种时施入种肥。一般应在麦收后及时抢播，播前须晾晒种子1～3 d，筛选除杂。因品种和播期而异，播种量 90～120 kg/hm^2，保证 23 万～30 万株/hm^2。播种方式为条播，行距 40～45 cm，播种深度 3～5 cm。

(2)田间管理

大豆出苗后，第一片复叶展开前进行间苗。拔除弱苗、病苗和杂草，按规定株距留苗，一般 10～15 cm。全生育期至少中耕 3 次。苗高 5～6 cm 时进行第一次中耕，深度 7～8 cm；大豆分枝前进行第二次中耕，深度 10～12 cm；大豆封垄前进行第三次中耕，深度 5～6 cm，同时结合中耕进行培土。根据土壤墒情和作物长势适时灌溉，一般灌水 3～4 次。苗期若有地老虎危害，每亩可用敌百虫 30 g 加油渣 15 kg 以适量的水拌湿，傍晚撒于株间药杀。

5.2.2 适宜范围

适宜范围包括伊犁州、阿克苏地区、和田地区、喀什地区。

5.3 葡萄园间作毛叶苕子模式

5.3.1 技术要点

开春融雪后尽早整地播种。播种时，播种机距离葡萄根部 1 m 进行条播，播种深度 1～2 cm。铺设滴灌的果园，视土壤墒情及时滴水，实现毛叶苕子快速覆盖葡萄行间。在夏季高温适时滴水，避免毛叶苕子早衰，延长毛叶苕子生长期。8 月下旬，用碎草机将毛叶苕子粉碎，粉碎后的茎秆和成熟种子自然平铺于果园行间。10 月下旬，滴水促毛叶苕子萌发出苗，并安全越冬。次年春天利用融雪后的雪墒，毛叶苕子早发快长，迅速覆盖葡萄行间。该技术实现毛叶苕子一次播种，多年循环利用。

5.3.2 适宜范围

适宜范围包括伊犁州、哈密市、阿克苏地区、和田地区、喀什地区。

5.4 南疆梨园套种绿肥油菜模式

5.4.1 技术要点

(1)绿肥油菜播种

选择甘蓝型春性油菜，南疆果园具备 1 年 2 茬绿肥油菜种植条件，第一茬春播可选择 2 月底顶凌播种，最迟必须在 3 月底至 4 月初、墒情较好的情况下完成播种。若大田杂草多，可将土地旋耕后播种，或者播种前一天用草甘膦灭绿处理，使用除草剂后 6～8 h 再播种，油菜种子对除草剂敏感，切忌使其接触到除草剂。为提高绿肥还园量，高效利用果园闲置空间，第二茬应在前茬油菜翻压后，抢墒播种。机械条播（小麦播种机）量为 22.5 kg/hm^2左右。根据树龄大小均匀播于距树干 0.5～1.0 m 的园地内，播种深度 2～3 cm；选择撒播方式，因油菜种子颗粒较小，旋耕机旋地后，撒播时将种子与土混匀，均匀撒种后应立即耙地，避免种子悬空，影响出苗。

(2)田间管理与翻压利用

田间管理同梨园同步供水，必要时进行病虫害防治即可。油菜生育期一般为 3 个月，花期即可翻压。第一茬春播在 7 月上旬开始翻压，之后再进行 1 次复播。翻压时用旋耕机将油菜翻入土中，深度为 15～20 cm，翻压务必要严实，必要时进行 2 次翻压。

5.4.2 适宜范围

适宜范围包括阿克苏地区、和田地区、喀什地区。

5.5 南疆主干型果园间作苜蓿模式

5.5.1 技术要点

(1)苜蓿播种

品种应选择紫花苜蓿，秋眠级选择在 6～8 级。苜蓿种子播种前需清选，使净度 90%以上、发芽率 85%以上、纯度 98%以上。播前种子最好进行丸衣化处理，按种子 500 kg＋包衣材料 150 kg＋黏合剂 1.5 kg＋水 75 kg＋钼酸铵 1.5 kg 配方进行。

苜蓿播种量应在 7.5～10.5 kg/hm^2，应在 3 月底至 4 月初早春时播种，采用条播，行距 25 cm，果树行间播种 6～8 行。

(2)田间管理与利用

苜蓿出苗之后与果树同步供水即可，粉碎与翻压前无须进行其他田间管理作业。始花期（开花达到 1/10）进行碎草作业，最晚不能超过盛花期，第 1 次进行地上部粉碎铺盖地表，灌水，进行第 2 茬生长。苜蓿为多年生植物，再生性强，每年可碎草 4～7 次，最后一次收割不要太晚，否则影响养分积累，不利于安全越冬，一般最后一次碎草要留出 40 d 左右的生长时间。留茬高度以 5 cm 为宜。

碎草还田。根据种植实际需求，可以进行 4～7 次碎草，留茬高度 5 cm 左右，碎草长度小于 5 cm 为宜，粉碎后均匀分布于树盘下为宜。

翻压还田。一般在苜蓿种植第三年冬灌水之前进行根系整体粉碎或翻压。

5.5.2 适宜范围

适宜范围包括阿克苏地区、和田地区、喀什地区。

5.6 南疆主干型果园间作毛叶苕子模式

5.6.1 技术要点

(1)毛叶苕子播种

南疆适宜的毛叶苕子品种为青苕、蒙苕、鲁苕、土库曼苕等，种子应符合质量要求。毛叶苕子播种量应在 75～120 kg/hm²，在 3 月底至 4 月初早春时播种，条播，行距 20～30 cm，果树行间播种 6～10 行。

(2)田间管理与利用

毛叶苕子出苗后与果树同步供水，粉碎与翻压前无须进行其他田间管理作业。生长到 60 cm 以上且处于初花期时进行碎草作业，第一次进行地上部分粉碎铺盖地表，灌水，进行第二茬生长，最后进行粉碎翻压还田。

碎草还田。根据种植实际需求，可以进行 1～2 次碎草，留茬高度 3～10 cm，碎草长度 3～5 cm，粉碎后均匀分布于地表即可。

翻压还田。一般在毛叶苕子种植当年冬灌水之前进行根系整体粉碎或翻压。

5.6.2　适宜范围

适宜范围包括阿克苏地区、和田地区、喀什地区。

5.7　南疆枣园间作绿肥油菜模式

5.7.1　技术要点

(1)绿肥油菜播种

选择甘蓝型春性油菜，播种应在 3 月底至 4 月初早春时播种，有利油菜花期和枣树花期重合，利于枣树坐果。条播和撒播均可，条播时，行距 10～20 cm，果树行间播种 8～15 行；撒播时，旋耕机旋地后，将种子与土混匀，均匀撒种后应立即耙地，避免种子悬空，影响出苗。根据枣园树龄大小均匀播于距树干 0.5～1 m 的园地内。

(2)田间管理与翻压利用

油菜出苗后与枣园同步供水，必要时可进行病虫害防治。第 1 茬春播在 7 月上旬开始翻压，之后再进行 1 次复播。翻压时用旋耕机将油菜翻入土中，深度为 15～20 cm，翻压务必要严实，必要时进行 2 次翻压，而后进行果园最后一次灌水，保证红枣收获前的果园土地平整紧实。

5.7.2　适宜范围

适宜范围包括阿克苏地区、和田地区、喀什地区。

参考文献

[1]阿曼古丽·艾孜子，王飞，毛兰，等. 新疆种植绿肥现状及发展策略[J]. 新疆农业科技，2013(5)：38-40.

[2]陈云生. 新疆果园绿肥混合播种机设计与试验[D]. 塔里木大学，2022.

[3]侯宗贤. 新疆耕地土壤肥力及有效培肥措施[J]. 新疆农业科技，1992(1)：17-18.

[4]李春红. 油菜绿肥还田对盐碱土壤氮素及微生物特征的影响[D]. 石河子大学，2021.

[5]李杨辉，张朝阳，席琳乔，等. 苹果园间作苜蓿绿肥对土壤理化性质的影响[J]. 塔里木大学学报，2020，32(3)：72-79.

[6]刘慧，李子玉，白志贵，等. 油菜绿肥翻压还田对新疆盐碱土壤的改良效果研究[J]. 农业资源与环境学报，2020，37(6)：914-923.

[7]刘慧. 油菜绿肥还田对盐碱土壤有机碳及酶活性的影响[D]. 石河子大学，2020.

[8]秦景逸，张云，王秀梅，等. 绿肥间作模式对苹果园土壤养分含量的影响[J]. 北方园艺，2016(11)：169-172.

[9]谭洪岩，冶瑞，韩苏健，等. 果园绿肥粉碎打捆装备研究现状分析[J]. 新疆农机化，2022(6)：25-28.

[10]王晓妍. 主干型果园行间绿肥旋耕播种一体机设计与试验[D]. 塔里木大学，2021.

[11]王贞元，冶瑞，赵劲飞，等. 种植绿肥对土壤性状改良的研究进展[J]. 北方果树，2023(1)：1-5.

[12]新疆维吾尔自治区统计局，新疆统计年鉴[M]. 北京：中国统计出版社，2018-2020.

[13]徐朋飞. 毛苕子联合收获机的设计与试制[D]. 塔里木大学，2020.

[14]杨旺. 果园行间绿肥粉碎旋耕一体机的设计与试验[D]. 塔里木大学，2022.

[15]冶瑞，王贞元，李永浩，等. 果园行间旱地绿肥播种机械的研究现状及展望[J]. 南方农机，2023，54(2)：43-45.

[16]张厚东. 基于无人机载体的毛叶苕子撒播装置研究[D]. 塔里木大学，2019.

[17]赵劲飞，席琳乔，廖结安，等. 果园行间绿肥碎草机设计与试验[J]. 中国农机化学报，2021，42(7)：42-49.

[18]Han Shujian，Zhao Jinfei，Liu Yang，et al. Effects of green manure planting mode on the quality of Korla fragrant pears (*Pyrus sinkiangensis* Yu)[J]. Frontiers in Plant Science，2022，13：1027595.

第四篇

华东篇

I 安徽省绿肥生产历史、现状、潜力及模式

1 安徽省绿肥生产历史

1.1 生产利用历史

中华人民共和国成立后，安徽省绿肥生产发展经历了 4 个时期。一是稳步增长期。中华人民共和国成立初期全省绿肥种植面积仅有 6.7 万 hm^2 左右，1952—1959 年绿肥作物纳入种植计划，经过试验、示范和推广，全省绿肥种植面积由 9 万 hm^2 扩大到 24 万 hm^2，之后受三年自然灾害的影响，绿肥生产出现了低潮，面积下降到 7.3 万 hm^2 左右。二是快速增长期。三年自然灾害后，绿肥进入快速发展阶段，到 1966 年种植面积达到 63 万 hm^2，占全省耕地面积的 13.2%。三是发展鼎盛期。1970—1976 年绿肥面积由 49 万 hm^2 发展到 94 万 hm^2，占耕地面积的20.8%，达到历史最高峰，绿肥产量随着种植技术的进步而逐步提高，利用方式也从单一还田发展为农牧结合综合利用。四是低谷调整期。20 世纪 80 年代开始，由于化肥工业的发展、农业结构调整以及种植效益等原因，安徽省绿肥面积逐年下降，1990 年全省绿肥种植面积为40 万 hm^2，占耕地面积的 8.8%，到 1994 年为 23.3 万 hm^2，2000 年以后，常年仅维持在 8 万 hm^2 左右。

安徽省各地绿肥生产历史与全省类似。根据《安徽省绿肥区划》，宣城市解放时每年种植紫云英仅 2 万 hm^2，1965 年增加 6 倍，至 20 世纪 70 年代中后期每年保持在 13.3 万 hm^2 左右。江淮之间的定远县，从 1964 年开始引种绿肥 930 hm^2，1974 年发展至 1.3 万 hm^2，1976 年达到历史最高 1.7 万 hm^2。巢湖地区 1949 年绿肥面积不到 0.53 万 hm^2，1959 年扩种紫云英 4.5 万 hm^2，1976 年超过 19 万 hm^2，比 1965 年以前增长了 3 倍。阜阳地区 20 世纪 60 年代引种绿肥，70 年代有了较大的发展，栽培面积最多的 1976 年达到 2.3 万 hm^2，并普及了水田、旱地的绿肥掩青利用。同期，淮北地区群众自发在四旁地扩种柽麻，秸秆用于烧柴，种子出售，每年支援 10 多个省（市、自治区）种子，成为闻名一时的柽麻种子供应基地。

1.2 种质资源

作为传统绿肥大省，安徽省各地区历史上均有较丰富的绿肥种质资源基础。据 20 世纪 80 年代初统计，淮北平原主要有苕子、箭筈豌豆、柽麻、田菁、绿豆、紫穗槐等；沿淮地区主要有苕子、紫云英、紫穗槐；江淮丘陵主要有紫云英、苕子、柽麻、泥豆、绿豆和蚕豆、三叶草、箭筈豌豆、草木樨、紫穗槐、乌豇豆、水生绿肥；沿江地区有紫云英、紫花豌豆、泥豆、蚕豆、宿松苕子、黄

花苜蓿、田菁、箭筈豌豆、柽麻、紫穗槐、葛藤、猪屎豆、“三水一萍”、赤杨；皖西大别山区主要有紫云英、苕子；皖南山区有紫云英、箭筈豌豆、红萍、柽麻、泥豆、田菁、苜蓿、紫穗槐等。

1.3 种植模式

受气候条件、种植制度等影响，安徽省各地传统的绿肥种植及利用模式有所不同。历史上安徽省绿肥种植利用模式以稻田冬绿肥为主，冬绿肥70%以上为紫云英，用作蔬菜的蚕豆、豌豆等经济绿肥面积较小，其他绿肥多为零星种植。绿肥利用方式主要为翻压还田，其潜在的经济和生态价值没有得到应有的发挥。淮北平原区多为粮、棉、果园间套种冬绿肥或夏绿肥，适期耕翻压青，紫穗槐是肥、饲兼用。在江淮丘陵区，主要种植模式为冬种夏套，冬绿肥紫云英为主，夏绿肥以柽麻、绿豆、乌豇豆为主，荒坡、隙地种植草木樨、紫穗槐等多年生绿肥。沿江平原区为冬、夏绿肥间作套种，油菜间作箭筈豌豆，早稻放养红萍，油菜、小麦地间、套种蚕豆、箭筈豌豆、黄花苜蓿等。皖南山区以冬绿肥和红萍等水生绿肥为主，缓坡隙地种植苜蓿、紫穗槐等多年生绿肥。

1.4 绿肥对农业生产的历史贡献

安徽省有着悠久的传统绿肥种植历史，有农俗“一年红花草，三年好田脚”。在传统农业中，作物需要的养分主要来源于土壤和有机肥的使用，中华人民共和国成立后，随着安徽省绿肥作物的发展，为水稻、小麦等主要粮食作物产量水平的提高提供了坚实的养分基础。

20世纪50年代初，安徽省农田肥料投入量33.14万t，化肥用量仅0.02万t，农田养分投入基本依靠绿肥农家肥，到70年代中期，全省农田肥料投入量121.06万t，化肥用量仅22.86万t，农田氮、磷、钾养分投入总量中62.96%、71.13%、98.58%来自以绿肥及农家肥的有机肥，同时安徽水稻、小麦的单产水平分别从中华人民共和国成立初期的2.39 t/hm^2、0.56 t/hm^2增加到3.81 t/hm^2、1.61 t/hm^2。在20世纪80年代化肥大量投入以前，以绿肥为代表的有机养分占全省养分投入总量的80%以上，成为粮食增产的主要驱动力。

1.5 绿肥作物研究

以许厥明为首的安徽绿肥研发团队，长期从事绿肥种质资源、种植利用技术相关的研发、示范工作。随着绿肥在安徽的逐步发展，根据不同时代特点创造性地提出了紫云英大面积种植技术和应用技术三字经，从20世纪50年代的“早、密、磷”、60年代的“早、磷、水”、80年代的“磷、钾、水”到90年代的全素平衡施肥技术；同时在国内最早提出以“小肥换大肥”“以磷增氮”“以钾促氮”和“全素平衡施肥”理论，有力推动了安徽省绿肥的推广应用。

在本地资源整理创新方面，安徽绿肥研发团队对安徽省其他绿肥如苕子、苜蓿、水生绿肥、夏季绿肥柽麻等开展了研究，20世纪80年代先后主持了“淮北绿肥综合利用研究”“细绿萍的有性繁殖及其综合利用”等项目，完成了“安徽省绿肥区划”；主持柽麻枯萎病攻关项目时，创造性开展了柽麻新品种抗病选育工作，解决了当时全国柽麻枯萎病的问题，也为绿肥育种开辟了新的方向。

20世纪90年代至21世纪初，在绿肥尤其是紫云英综合利用方面，安徽绿肥研发团队利用紫云英的富硒生物学特性，以紫云英为载体，富硒技术为手段，根据土壤含硒状况、紫云英吸收硒的差异和不同生育期吸收硒的强度，研究提出了通过调控外源硒补给量进而生产紫云英富硒米、紫云英富硒猪肉，采用膜分离法提取的紫云英富硒蛋白和紫云英富硒花茶、茎叶茶、干菜等紫云英富硒产品，在当时国内外尚属首创。同时利用石台县高山富硒的自然资源，分别在稻田和茶园种植紫云英，生产富硒干菜、富硒大米和富硒有机茶，促进了山区旅游业的发展，增加了农民收入，并辐射桐城、舒城、庐江、南陵、宿松、枞阳等地。

2 安徽省绿肥作物发展现状

2005 年以后，农村环境压力日益增大，社会对生态农业的重视逐渐增加，随着农业绿色清洁生产、化肥农药减量等概念的提出，恢复绿肥发展的重要性与必要性被重新提上议事日程，并得到国家、安徽省领导以及有关专家的关注和重视，逐步形成了以安徽省农业科学院土壤肥料研究所为核心的绿肥研究团队，在绿肥行业专项等项目支持下，在省有关部门共同推动下，安徽省绿肥种植面积得到初步恢复。2010 年，安徽省绿肥种植面积由最低谷的 6 万～7 万 hm^2 恢复至 8 万～9 万 hm^2，紫云英种子年产量达到 900 t；2016—2017 年，随着国家绿肥产业技术体系的成立与支持，安徽绿肥种植面积发展至 11.47 万 hm^2，紫云英种子年产量增至2 000 t；至 2022 年，安徽绿肥种植面积达到 13.57 万 hm^2，紫云英种子年产量 3 500 t，分别比最低谷时期增加 108%、289%。安徽绿肥研发团队针对安徽省冬闲田面积不断扩大、绿肥品种资源退化混杂严重、稻田土壤肥力水平不高等制约农业生产的关键问题，开展了绿肥新品种选育及配套种植、稻田生态功能提升及培肥机制、水稻留高茬绿肥栽培及豆科/非豆科绿肥混播等碳氮协同关键技术研究及示范应用，取得了一系列创新性成果。

2.1 种质资源创新

根据安徽省江淮流域稻区不同稻作模式与茬口需求，对传统紫云英品种开展了提纯复壮，采用杂交、系统选育等方法，选育并鉴定了适用于翻压还田、菜用、蜜源、留种等利用模式的紫云英新品种 9 个、箭筈豌豆及苕子新品种 6 个，筛选了一系列适合安徽种植利用的夏季绿肥品种。

2.2 生产利用技术进步

基于绿肥作物新品种特性，创新了紫云英-晚稻秸秆协同还田、豆科/非豆科绿肥混播等碳氮共济关键技术，研发了紫云英从播种到种子收获、筛选及加工的一系列机械装置，显著提升了安徽省绿肥作物生产和利用效率。

2.3 模式创新与应用成效

创新集成了双季稻区紫云英-晚稻秸秆协同还田和单季稻区苕子-水稻秸秆协同还田技术模式，实现了水稻生长的绿色养分供应。集成了紫云英-水稻秸秆协同还田模式下的水稻节本增效养分管理模式，优化了新品种紫云英花前菜用、盛花期蜜源用和花后翻压还田、留种等多用途利用方式，构建了“菜用＋翻压”和“蜂蜜＋留种”两条紫云英高效利用产业链条，实现了紫云英种植利用直接经济效益的显著提高。

3　安徽省绿肥研发进展与创新

3.1　绿肥新品种选育与鉴定

3.1.1　冬季绿肥品种筛选与鉴定

根据当前不同生产茬口及利用方式对冬季绿肥作物的需求，采用系统选育和杂交选育方法，选育并鉴定了9个紫云英新品种（表4-1-1）。其中，皖紫1号表现为显著早熟特性，适用于早稻栽插前翻压还田；皖紫3号表现为迟熟特性，适用于单季稻栽插前翻压还田；皖紫5号表现为生长旺盛、抗逆性强，适用于江淮中北部地区；皖紫早花表现为早熟、种子产量高，适用于紫云英种子规模化生产；弋江大叶表现为中熟、嫩梢产量高、维生素含量丰富，适用于现蕾前采摘嫩梢菜用；弋江籽三号花期较长，适宜作蜜源。

表4-1-1　安徽省选育紫云英新品种主要特性及适宜利用模式

品种名称	来源	选育方法	主要特性（与对照品种对比）	利用模式
皖紫1号	粤肥二号变异单株	系统选育	早熟，盛花期4月上旬	茬口紧张的双季稻-紫云英翻压
皖紫2号	弋江籽×宁波大桥	杂交选育	中迟熟，盛花期4月中旬至中、下旬	单季稻-紫云英翻压/蜜源
皖紫3号	宁波大桥×浙紫5号	杂交选育	迟熟，盛花期4月中、下旬，种子高产	单季稻-紫云英翻压/紫云英留种
皖紫4号	宁波大桥×平湖大叶	杂交选育	中迟熟，盛花期4月中旬至中、下旬，富硒富钾	单季稻-紫云英翻压/紫云英菜用
皖紫5号	合肥长丰野生紫云英变异单株	系统选育	迟熟，盛花期4月下旬，长势旺，抗逆性强	单季稻-紫云英种植利用，尤其是江淮中北部
皖紫早花	地方品种“弋江籽”变异单株	系统选育	早熟，盛花期4月上旬，种子产量高	紫云英留种，江淮南部及沿江地区
弋江大叶	弋江籽×宁波大桥	杂交选育	中熟，盛花期4月中旬，嫩梢产量、维生素含量高	单季稻-紫云英翻压/紫云英菜用
弋江籽二号	弋江籽×闽紫二号	杂交选育	中迟熟，盛花期4月中旬至中、下旬，鲜草高产	单季稻-紫云英翻压
弋江籽三号	弋江籽×平湖大叶	杂交选育	中熟，盛花期4月中旬，花期长	单季稻-紫云英翻压/蜜源/观光

针对安徽省部分单季稻区冬季温度相对较低，水分条件相对不稳定的特征，通过野外资源收集与系统选育，选育鉴定了具有耐寒、耐旱、耐渍、耐瘠薄等不同特性的苕子及箭筈豌豆新品种6个（表4-1-2），为安徽及周边单季稻区，尤其是江淮到沿淮稻区提供了更加适宜的冬季绿肥品种。同时选育了适宜江淮北部到沿淮地区冬季种植，以及果茶园、坡地观光用的“皖兰”系列二月兰品种6个。

表 4-1-2 安徽省选育苕子和箭筈豌豆新品种主要特性及适宜利用模式

品种名称	主要特性（与对照品种对比）	利用模式
皖苕 1 号	生育期长，盛花期 4 月底至 5 月初	单季稻-绿肥模式，广泛适用于安徽江淮单季稻区
皖苕 2 号	生育期长，盛花期 4 月底至 5 月初	单季稻-绿肥模式，广泛适用于安徽江淮单季稻区
皖苕 3 号	中熟型，种子产量高	适用于江淮地区苕子留种
皖箭 1 号	播期适应性强，安徽及周边稻区整个 10 月均可播种，极端条件下可春播	单季稻-绿肥模式，广泛适用于安徽单季稻区，及部分极端条件下绿肥生产
皖箭 2 号	早熟型，富集铁元素能力	适用于茬口较为紧张的单季稻-绿肥模式
皖箭 3 号	鲜草产量高，耐渍性强	适用于安徽江淮南部到沿江地区单季稻-绿肥模式

3.1.2 夏季绿肥种质资源筛选及鉴定

针对当前夏季绿肥作物种质资源混杂及不同利用模式的需求，建立绿肥作物种质资源圃 5 个，累计从国家作物种质资源库引进种质资源 130 余份，搜集野生种质资源 20 余份，从中筛选出耐阴性强、养分富集效率高、适口性好、具有降低土壤含盐量及电导率等特性，适用于林下套种、肥粮/肥饲兼用、可用于设施土壤改良的 7 种夏季绿肥作物品种（表 4-1-3）。

表 4-1-3 安徽省筛选的夏季绿肥作物品种、主要特性及利用模式

品种名称	主要特性	利用模式
阜南绿小豆	耐阴，弱光胁迫下可提前开花、结籽，正常完成生活史	林下套种
乌豇豆	遮阴状态下鲜草产量、干物质产量、干物质积累效率高	林下套种
小槐花花叶绿豆	鲜草及干草产量大，蛋白质含量高，富集铁、锌养分能力强	肥、粮兼用
大花叶子绿豆	鲜草水分含量高，粗纤维含量低，饲用适口性好	肥、饲兼用
兴安红豆	叶片光合效率和地上部干物质积累效率高	地上部翻压培肥
晚熟黑小豆	地下部根瘤量高、固氮能力强，蛋白质含量高	地上部收获根茬培肥
决明	有一定耐盐性，可显著降低土壤电导率、盐分	温室大棚夏季休闲期改良土壤

3.2 绿肥高产配套栽培技术研发

3.2.1 安徽双季稻区紫云英高产配套施肥技术

优化了紫云英高产栽培的肥料用量及比例。采用大量元素肥料与微量元素配合施用技术，将紫云英基施的氮、磷、钾配比优化为 10∶19∶16，减施氮肥增施磷、钾肥，可促进紫云英生长发育，改善其抗旱、抗冻能力。同时基施硼砂 6.75 kg/hm^2、钼酸铵 0.23 kg/hm^2，可提高紫云英结瘤和固氮能力，节约后期叶面喷施的劳动力成本。相对常规施肥，该技术可使紫云英生长旺盛、健壮，根瘤数增多，鲜草产量增加 13.7%～31.7%，种子产量增加 22.2%～44.7%（表 4-1-4）。

表 4-1-4 不同肥料产品对紫云英根瘤数、鲜草产量和种子产量的影响

肥料类型	氮、磷、钾配比	肥料用量/(kg/hm^2)	紫云英根瘤数/(个/株)	鲜草产量/(t/hm^2)	种子产量/(kg/hm^2)
普通复合肥Ⅰ	15-15-15	20	11	21.75	570
普通复合肥Ⅱ	10-19-16	15	15	25.20	675
紫云英专用配方肥	10-19-16	15	19	28.65	825

3.2.2 安徽单季稻区毛叶苕子高产配套栽培技术

构建了安徽单季稻区水稻留高茬-毛叶苕子种植翻压的技术。水稻留高茬大幅提升了毛叶苕子的生物量，进一步提升接茬水稻的产量。水稻留高茬种植苕子与普通种植方法相比，可减少用种量 15 kg/hm²，苕子茎蔓长度增加 1.2 m，茎秆粗增加 0.1 cm，自然高度增加 20 cm，鲜草产量增加 18 t/hm² 以上，苕子翻压后下茬水稻增产 8.0%～13.0%（表 4-1-5）。

表 4-1-5 安徽稻区毛叶苕子高产栽培技术效果对比

种植方法	稻茬高度/cm	苕子用种量/(kg/hm²)	苕子鲜草产量/(t/hm²)	下茬水稻增产率/%	肥料利用率增加/%	土壤有机质增加/(g/kg)
普通种植	5～10	60	30.00	—	—	—
水稻留高茬种植	40～60	45	48.00	8.0～13.0	3.2	0.1

3.2.3 基于长期气候趋势的紫云英安全生产技术

创新性提出了基于长期气候趋势的紫云英生产风险降低技术。根据对紫云英生长主要气候障碍因素（萌发、营养生长高低温，寡照，降雨等）气候风险因子系数与紫云英历史产量的关系，得到各年份紫云英生长综合风险指数，更好地表征了生育期气候风险与紫云英生物量的关系（图 4-1-1）。以安徽江淮地区为例，参考该方法合理规划紫云英播种时期，紫云英播种萌发期、成苗期气候风险系数分别降低 70%、80%，可更好的规避气候风险；2013—2017 年紫云英鲜草平均产量可提高 8.0%，产量变异系数（*CV*）减少 36.6%，产量可持续指数（*SYI*）提高 26.5%，紫云英平均产量提高的同时，年度间的稳定性也大幅度提高。

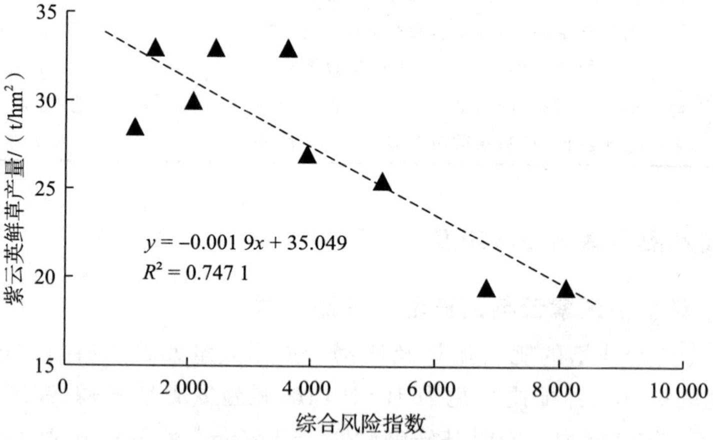

图 4-1-1 紫云英鲜草产量与综合风险强度系数的相关性

3.3 绿肥的生态环境效应及经济效益研究

3.3.1 长期绿肥种植翻压利于水稻高产稳产

连续秸秆单独还田和秸秆-紫云英协同还田，双季稻产量分别增加 1.9%～9.2%和1.3%～12.5%，增产效果随着技术实施年份增加而增加（表 4-1-6）。不同年份间水稻产量变异系数和可持续性指数表明，连续秸秆单独还田和秸秆-紫云英协同还田均有利于双季稻持续高产稳产，其中秸秆-紫云英协同还田效果优于秸秆单独还田。连续 4 年还田后，秸秆单独还田和秸秆-紫云英协同还田对水稻产量的贡献率分别为 6.92%和 11.10%,其中秸秆-紫云英协同还田处理比秸秆单独还田处理高 76.5%。

表 4-1-6 稻草秸秆-紫云英协同还田对双季稻产量的影响(王慧等,2019)

水稻类型	处理	2015 年	2016 年	2017 年	2018 年	变异系数 CV	可持续性指数 SYI
	产量/(t/hm²)						
早稻	不还田对照		8.66 a	7.99 b	7.70 b	0.06	0.880
	秸秆		8.83 a	8.92 a	8.33 a	0.04	0.939
	秸秆-紫云英		8.84 a	8.79 a	8.66 a	0.01	0.981
	增产率/%						
	秸秆		2.0	11.7	8.2		
	秸秆-紫云英		2.1	10.0	12.5		
	产量/(t/hm²)						
晚稻	不还田对照	8.07 a	7.80 a	6.43 c	7.30 c	0.10	0.856
	秸秆	8.35 a	7.94 a	6.82 b	7.78 b	0.08	0.890
	秸秆-紫云英	8.35 a	7.84 a	7.26 a	8.21 a	0.06	0.905
	增产率/%						
	秸秆	3.4	1.9	6.1	6.7		
	秸秆-紫云英	3.4	0.5	13.0	12.5		
	产量/(t/hm²)						
周年	不还田对照		16.46 a	14.41 b	15.00 c	0.07	0.865
	秸秆		16.78 a	15.73 a	16.11 b	0.03	0.935
	秸秆-紫云英		16.68 a	16.05 a	16.87 a	0.02	0.954
	增产率/%						
	秸秆		1.9	9.2	7.4		
	秸秆-紫云英		1.3	11.3	12.5		

注:表中同一列不同字母之间表示处理间差异显著($P<0.05$)。以下各表中差异性表示意义相同。

长期紫云英翻压显著提高早稻、晚稻的产量,分别比单施化肥提高 13.6%~26.0%和 13.7%~25.3%,其中早稻的增产幅度更高;随着紫云英翻压年限的增加,达到水稻产量理论最大值所需的紫云英量逐渐降低(图 4-1-2),间接证明了长期紫云英翻压对水稻产量的增产效应和土壤培肥效应。

3.3.2 功能性夏季绿挖掘及相关机理研究

通过模拟干旱胁迫(表 4-1-7),筛选出 4 个耐旱力强的夏季绿肥品种,包括田菁 2 份(田选 10 号、盐菁胶 1 号),豆类 2 份(羊角豆、决明)。相同干旱胁迫下,抗旱力强的品种相对同类型品种具有较高的根冠比,体内脯氨酸含量和过氧化氢酶活性较高,丙二醛含量较低,这些夏季绿肥品种更适宜安徽北部缺水地区或容易发生季节性干旱的地区种植利用。

研究了不同夏季绿肥种植利用对长期设施种植大棚盐渍化土壤的改良作用(表 4-1-8)。与对照处理相比,羊角豆和决明处理分别降低了土壤电导率 25.0%和 33.3%,对设施土壤次生盐渍化具有显著的改良效果;决明、柽麻处理分别降低了$(K^+ + Na^+)/(Ca^{2+} + Mg^{2+})$ 16.9%和 35.6%,有助于土壤胶体的凝聚和土壤团粒结构的形成。利用设施大棚夏季休闲期种植夏季绿肥，可以有效改良土壤盐渍化现象，其中以决明效果最佳。

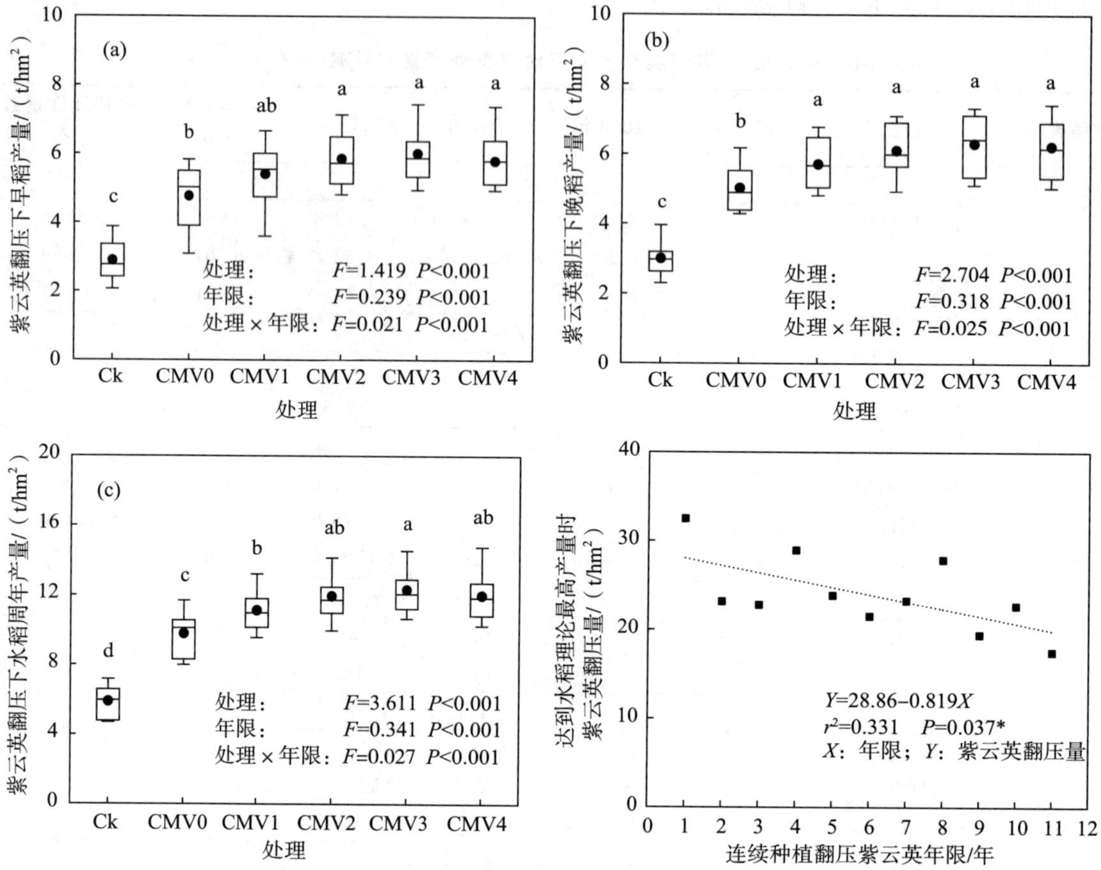

图 4-1-2　紫云英翻压量及年限对双季稻产量的影响(Wang et al.，2021)

注：CK—不施肥，CMV0—早稻不翻压紫云英，CMV1—早稻翻压紫云英 7.5 t/hm²，CMV2—早稻翻压紫云英 15 t/hm²；CMV3—早稻翻压紫云英 22.5 t/hm²；CMV4—早稻翻压紫云英 30 t/hm²。图中不同小写字母表示处理之间差异显著($P<0.05$)。

表 4-1-7　部分夏季绿肥作物抗旱能力及相关生理指标

作物类型	品种	根冠比	脯氨酸含量/(μg/g)	丙二醛含量/(μmol/g)	过氧化物酶活性/[μmol /(g · min)]	抗旱能力
田菁	盐菁胶 1 号	0.95 a	43.75 a	0.70 b	1 254 b	强
	田选 10 号	0.93 a	44.58 a	0.56 c	1 824 a	强
	盐菁胶 3 号	0.86 b	34.29 b	0.83 a	576 c	中
	田菁 3 号	0.88 b	33.33 b	0.88 a	336 d	中
豆类	羊角豆	0.29	66.0 a	0.21 c	1 208 a	强
	决明	0.27	60.0 b	0.21 c	1 134 b	强
	大叶猪屎豆	0.25	57.8 b	0.22 b	1 132 b	中
	早熟黑小豆	0.25	50.5 c	0.31 a	757 d	中
	绿小豆	0.22	16.4 d	0.31 a	768 d	弱
	红小豆	0.24	1.3 e	0.31 a	854 c	弱

注：表中同一列不同字母之间表示处理间差异显著($P<0.05$)。以下各表中差异性表示意义相同。

表 4-1-8　不同夏季绿肥翻压 113 d 后土壤电导率及盐基离子含量(程文龙等,2021)

处理	电导率 /(d/m)	盐基离子/(mg/kg)							$(K^+ + Na^+)/(Ca^{2+} + Mg^{2+})$
		K^+	Na^+	Ca^{2+}	Mg^{2+}	HCO_3^-	Cl^-	SO_4^{2-}	
休闲	0.12a	19.26a	59.83b	111.2b	23.78a	10.05a	15.35a	7.93c	0.59a
羊角豆	0.09b	8.08b	65.95a	111.3b	23.00a	8.86b	15.25a	14.87b	0.55a
决明	0.08b	3.10c	61.63ab	108.8b	22.75a	7.84c	15.22a	24.28a	0.49b
柽麻	0.10ab	2.49c	59.17b	135.1a	25.63a	10.38a	15.29a	25.42a	0.38c

3.3.3　连续紫云英种植翻压降低稻田杂草种子库

多年紫云英种植翻压显著降低了 0～20 cm 土层稻田杂草种子总密度(平均降幅 43.0%)及主要杂草种类种子密度(平均降幅 31.5%);其中以水莎草为代表的夏季恶性杂草、看麦娘为代表的冬季恶性杂草和以稻槎菜为代表的多年生杂草种子密度均有显著降低,平均降幅分别为 16.7%、53.1%、68.3%(表 4-1-9)。

表 4-1-9　连续 7 年紫云英种植翻压条件下稻田杂草种子库的物种组成(唐杉等,2016)

处理	总密度 /(万粒/m^2)	密度/(万粒/m^2)				占比/%			
		看麦娘	稻槎菜	稗	水莎草	看麦娘	稻槎菜	稗	水莎草
CK	41.88 a	0.68 c	35.82 a	4.52 a	0.64 ab	1.62	85.99	10.84	1.55
F	30.46 b	1.56 ab	24.65 b	3.63 a	0.77 a	4.02	81.44	11.98	2.55
FLG	15.03 c	1.22 b	9.36 c	4.19 a	0.30 bc	7.20	62.70	28.08	2.02
FMG	17.85 c	1.08 b	12.05 c	3.91 a	0.31 bc	8.29	67.92	22.03	1.76
FHG	19.23 c	1.62 a	13.29 c	4.08 a	0.12 c	8.49	69.54	21.35	0.62

注:试验开始于 2008 年,2016 年水稻栽插前(4 月)调查。CK—不施肥,F—化肥,FLG—化肥+低量紫云英翻压(7.5 t/hm^2),FMG—化肥+中量紫云英翻压(15 t/hm^2),FHG—化肥+高量紫云英翻压(30 t/hm^2)。表 4-1-10 意义相同。

相比冬闲单施化肥,多年种植翻压紫云英 7.5～30 t/hm^2,0～20 cm 土层稻田杂草种子库物种 Shannon-Wiener 多样性提高 16.9%～35.4%,Simpson 多样性提高 43.8%～62.5%,Pielou 均匀度提高 36.2%～44.7%,其中翻压中等数量的紫云英(处理 FMG,15 t/hm^2)提高幅度最大(表 4-1-10)。多年连续种植紫云英还田,不仅显著降低了稻田看麦娘、水莎草等主要恶性杂草种子密度,同时也提高了稻田杂草种子库物种多样性。

表 4-1-10　多年紫云英种植翻压条件下不同处理稻田杂草种子库物种多样性(唐杉等,2016)

处理	Shannon-Wiener 多样性指数	Simpson 多样性指数	Pielou 均匀度指数
CK	0.52 c	0.25 a	0.36 b
F	0.65 bc	0.32 a	0.47 b
FLG	0.88 a	0.52 b	0.66 a
FMG	0.87 a	0.48 b	0.68 a
FHG	0.76 ab	0.46 b	0.64 a

多年种植紫云英并还田对土壤主要肥力因素的改变是稻田杂草种子库变化的主要驱动因子,其中稻田杂草种子库多样性系数与土壤 pH 呈显著负相关,与土壤全氮呈极显著正相关(表 4-1-11)。冬种紫云英通过影响土壤肥力,对稻田杂草潜在群落和杂草种子库的优化与稳定起到了积极作用。

表 4-1-11　土壤肥力因素与杂草种子库种群多样性的相关性分析(唐杉等,2016)

相关系数	pH	全氮	有机质	碱解氮	速效磷	速效钾
Shannon-Wiener 多样性指数	−0.91*	0.92**	0.56	0.67	0.28	0.25
Simpson 多样性指数	−0.91*	0.98**	0.71	0.78	0.32	0.40
Pielou 均匀度指数	−0.92*	0.94**	0.61	0.79	0.32	0.36

注:表中数据为相关性系数;* —$P<0.05$;** —$P<0.01$。

3.3.4　紫云英蜂蜜及蔬菜开发利用,提高绿肥经济效益

相比较常规蜂蜜,紫云英蜜含水量为 21.8%,达到国家对二级以上蜂蜜含水量的要求(GH/T 18796—2012)。紫云英蜜未检测出蔗糖,还原糖含量较低,其中果糖和葡萄糖含量较高,比油菜蜜高 4.3%,但是比洋槐蜜低 6.4%;紫云英蜜淀粉酶含量最高,分别比油菜蜜和洋槐蜜高 86.9%和 17.6%;紫云英蜜中羟甲基糠醛含量最低,分别比油菜蜜和洋槐蜜低 54.2%和 48.8%。综合蜂蜜各项品质指标可知,相比常规蜂蜜,紫云英蜂蜜蔗糖含量低,果糖和葡萄糖含量高,具有较高的品质(表 4-1-12)。

紫云英现蕾前嫩梢可作蔬菜,其嫩梢水分含量低于白菜,但蛋白质和维生素 C 含量分别是同时期白菜含量的 1.4 倍和 13.2 倍,具有较高的营养价值(表 4-1-13),稻田绿肥翻压前通过采蜜、采摘嫩梢蔬菜等途径,拓展绿肥产业链,可显著提高经济收入(表 4-1-14),是绿色高效的农业生产模式。生产出的紫云英嫩梢产量 4.5 t/hm^2左右,按 8 元/kg 计算,增加产值超过 3.60 万元/hm^2,扣除成本 1.20 万元/hm^2,累计净效益高达 2.40 万元/hm^2。

表 4-1-12　不同蜜源蜂蜜的主要品质指标(卜容燕等,2020)

品种	含水量/%	果糖和葡萄糖/%	蔗糖/%	淀粉酶/[mg/(g·h)]	羟甲基糠醛/(mg/kg)
紫云英	21.8	70.4	未检出	20.0	2.2
油菜	22.4	67.5	3.5	10.7	4.8
洋槐	21.5	75.2	1.8	17.0	4.3

表 4-1-13　紫云英嫩梢和白菜的营养成分比较(卜容燕等,2020)

品种	含水量/%	蛋白质/%	维生素 C/(mg/100 g)	硒/(mg/100 g)
紫云英	90.1	4.1	65.8	< 0.01
白菜	92.8	3.0	5.0	< 0.01

表 4-1-14　“蜂蜜+留种”和“菜用+翻压”技术模式经济效益分析(卜容燕等,2020)

蜂蜜+留种							菜用+翻压		
蜂蜜			种子			累计收入/(万元/hm^2)	鲜菜		
产量/(kg/hm^2)	单价/(元/kg)	收入/(万元/hm^2)	产量/(kg/hm^2)	单价/(元/kg)	收入/(万元/hm^2)		产量/(t/hm^2)	单价/(元/kg)	收入/(万元/hm^2)
450	20	0.90	750	10	0.75	1.65	4.50	8	3.60

注:相关计算依据为 2020 年蜂蜜、种子和蔬菜价格。

4 安徽省绿肥发展潜力

4.1 安徽省发展绿肥的必要性

4.1.1 绿肥有利于耕地质量提高

根据《2021 年安徽省耕地质量监测报告》，全省耕地质量总体处于中等水平。其中土壤有机质含量整体中等偏低，超过 30.0 g/kg 较丰等级以上面积占 12.85%，含量低于 20.0 g/kg 的缺、极缺面积占 42.86%；土壤全氮、有效磷含量多属中等水平，耕地土壤全氮中等含量等级面积占耕地面积 62.44%，有效磷中等含量等级面积占耕地面积 62.56%；土壤中微量元素，如有效硫、有效锌、有效硼等含量不足，耕地土壤缺乏面积比例分别为 38.79%、65.38%、70.19%。绿肥可以有效提高土壤肥力、改良土壤结构、抑制土壤酸化，以决明为代表的夏季绿肥，可有效缓解设施土壤盐渍化。绿肥已成为推进农业绿色发展、培育健康耕地的重要抓手。

4.1.2 绿肥有助于缓解生态环境压力

安徽皖江生态功能区水网水系发达，生物多样性高，是构建国家和区域生态安全格局的基础。近年来，皖江地区农业生产中，农业面源污染问题突出，生态环境保护的压力较大。目前不合理种植制度下，季节性（冬闲田、夏闲田）及地形原因造成的裸露地面也增加了水土流失的风险。通过绿肥种植翻压，可替代双季稻、单季稻、旱地作物化肥用量分别为 15%～20%、20%～30%、30%，双季稻平均增产 8.0%以上，单季稻及旱地作物产量无显著降低，有效减少化肥用量，提高肥料利用率，减少氮和磷流失并通过地表覆盖和化肥减量增效，有效减少面源污染风险，优化农田生态。

4.1.3 绿肥可助力农业农村经济发展

相对周边发达省份，安徽省农田效益偏低。以稻区为例，冬季种植油菜、小麦直接经济效益分别为 5 250 元/hm^2 和 4 500 元/hm^2。安徽南陵周边是我国重要紫云英种子供应基地，每年紫云英种子产销量占全国 1/4 以上，通过规模化、订单生产，可以在保障一季优质水稻生产的基础上，带动当地及周边绿肥种子产业发展。目前，全县紫云英种植利用面积达到 1 万 hm^2，留种面积一半以上，根据当地规划，南陵“十四五”末期紫云英种植利用面积将达 2.5 万 hm^2，辐射带动周边 6.5 万 hm^2 以上，可为超过 50 万 hm^2 绿肥生产提供优质种子。同时绿肥种植利用可以提高主作物品质，还可以通过绿肥多功能利用，开发诸如菜用、蜜源用、保健、观光等功能性产品，实现绿肥产业多元化发展，增加农民综合收益。安徽省农业农村厅的指导意见提出，到 2025 年全省拟建设全国有机农业示范（农产品）基地 40 个，面积 12 万 hm^2，其中绿肥发展潜力约 10 万 hm^2。

4.2 安徽省绿肥发展潜力

4.2.1 农区总体发展潜力

（1）主要农作物类型与面积

安徽省现有耕地 555 万 hm^2，主要农作物（不含果茶园）播种面积 881 万 hm^2（表 4-1-15），复种指数 1.59。最主要种植制度有旱地的小麦-玉米，水田的小麦-水稻、油菜-水稻等。

表 4-1-15　安徽省主要耕地及农作物类型及面积

主要作物/制度类型	面积/万 hm^2			
	2019 年	2020 年	2021 年	3 年平均
总播种面积	878	879	885	881
小麦	284	283	285	284
稻谷	251	251	251	251
玉米	120	123	125	123
豆类	67	64	63	65
油菜	36	35	37	36
薯类	6	6	6	6
总耕地	589	589	555	577
稻田	233	233	233	233
其中:双季稻	16	17	17	17
小麦-单季稻	121	121	122	121
油菜-单季稻	36	35	37	36
旱作区	355	321	321	333
其中:小麦-玉米	109	108	112	110
玉米-冬闲	21	22	22	22
其他夏作	64	61	59	61

数据来源:2020 年、2021 年、2022 年出版的《安徽统计年鉴》。

(2)农区时空潜力

根据主要作物类型的实际情况,对绿肥的潜力空间比例和适宜时间进行了赋值。分析得出,通过稻田冬季空闲发展冬季绿肥的面积潜力约 111 万 hm^2,绿肥时长为 6 个月,稻田绿肥有效时空潜力共约 56 万 hm^2 · 年。安徽省有少量的旱地玉米冬闲田,预估旱地玉米冬闲田面积为 22 万 hm^2,绿肥时长为 6 个月,时空潜力共约 11 万 hm^2 · 年。因此,安徽省农区发展绿肥面积潜力约 133 万 hm^2,有效时空潜力共约 67 万 hm^2 · 年(表 4-1-16)。

表 4-1-16　安徽省绿肥种植时空潜力

区域	适宜的绿肥制度	对应的主作物面积/万 hm^2	绿肥空间占比/%	绿肥时长/个月	绿肥面积潜力/万 hm^2	绿肥有效时空潜力/(万 hm^2 · 年)
农区	绿肥-水稻轮作	111	100	6	111	56
	绿肥-玉米轮作	22	100	6	22	11
	农区合计	133	—	—	133	67
经济林园	落叶果园	15	70	12	10	10
	常绿果园成龄	0.7	25	12	0.2	0.2
	常绿果园幼龄	0.3	70	12	0.2	0.2
	茶园	19	25	12	5	5
	经济林园合计	35	—	—	15	15
合　计		168	—	—	148	82

注:绿肥有效时空潜力=对应的主作物面积×绿肥空间占比×绿肥时长。

农区绿肥潜力实现可行性方面,旱地冬季绿肥存在劳动力缺乏、直接经济效益不高等问题,但仍然有种子繁育、观赏、菜用等功能潜力,短期内潜力实现度(指目前品种技术水平下,通过努力技术推广、政策鼓励可能达到的面积,下同)约 30%;稻田冬季绿肥时间潜力在政策、资金、技术支持充分的情况下,总体发展潜力相对较大,短期内潜力实现度约 40%。

4.2.2 经济林园(果茶园)绿肥发展潜力

(1)果茶园面积现状

安徽省果茶园面积共约35万hm^2,其中果园16万hm^2,包括落叶果园15万hm^2、常绿成龄果园0.7万hm^2、常绿幼龄果园0.3万hm^2,茶园19万hm^2。

(2)时空潜力

安徽省茶园、果园发展绿肥的面积潜力合计约15万hm^2,绿肥有效时空潜力为15万hm^2·年(表4-1-16)。其中,茶园面积约19万hm^2,绿肥时长为12个月,空间占比为25%,茶园绿肥有效时空潜力为5万hm^2·年,通过茶园行间空地绿肥周年覆盖实现。果园绿肥有效时空潜力为10万hm^2·年,主要通过果园行间绿肥周年生草覆盖实现。落叶果园面积15万hm^2,绿肥时长为12个月,空间占比为70%,绿肥面积潜力10万hm^2,有效时空潜力10万hm^2·年;幼龄常绿果园面积0.3万hm^2,绿肥时长为12个月,空间占比为70%,绿肥面积潜力0.2万hm^2,有效时空潜力0.2万hm^2·年;成龄常绿果园面积0.7万hm^2,绿肥时长为12个月,空间占比为25%,绿肥面积潜力0.2万hm^2,有效时空潜力0.2万hm^2·年。

果茶园绿肥潜力实现可行性方面,存在着具体地形气候条件多变复杂、轻简化自动化技术机械有待配套等问题,但有覆盖控草、饲用等较为迫切的需求,短期内潜力实现度约50%。

4.2.3 耕地质量保护与提升中的绿肥潜力

(1)中低产田改良

安徽省中等及以下质量耕地面积仍占总耕地面积的40%以上,按中低产田面积220万hm^2、可发展绿肥的面积按30%估算,绿肥面积潜力约66万hm^2。

(2)高标准农田建设

截至2020年,安徽省已累计建成高标准农田330万hm^2,根据农业农村部及安徽省农田建设相关规划,"十四五"期间每年将建设30万hm^2以上。目前尚有约200万hm^2农田未完成建设,可发展绿肥的面积按50%估算,绿肥面积潜力约100万hm^2。

(3)新垦耕地

"十三五"期间,安徽省每年新增耕地约1万hm^2,新增耕地可发展绿肥的面积按50%估算,绿肥面积潜力约0.5万hm^2。

(4)轮作休耕

"十三五"期间,安徽省已经在20多个县(市、区)开展了耕地轮作休耕试点,面积从2018年的3万hm^2,增长到目前的5万hm^2,安徽轮作休耕土地中,可发展绿肥的面积按50%估算,绿肥潜力空间约3万hm^2。

5 安徽省绿肥生产主要技术模式

5.1 绿肥-稻秸协同还田及综合利用模式

5.1.1 技术要点

(1)绿肥品种选择

安徽省单季稻区主要选择中迟熟紫云英品种,如弋江籽、皖紫2号、皖紫3号、弋江大叶等；双季稻区注意选择早熟紫云英品种，如皖紫 1 号、皖紫早花、闽紫 1 号等。

(2)水稻收割与紫云英播种

单季稻收获时留茬约 40 cm，矮秆单季稻、双季稻留茬 30～35 cm。其余稻草尽可能切碎抛撒还田，有条件的应当选择带有秸秆粉碎抛撒装置的联合收割机收割水稻。

水稻收割后播种紫云英的，播种量 22.5～30 kg/hm^2。稻底套播的，紫云英播种量 30～37.5 kg/hm^2。新种植紫云英田块，建议接种根瘤菌。

(3)紫云英田间管理

连续种植紫云英地区可不施肥。第一次种植紫云英或追求紫云英产量时，可以施用磷肥(P_2O_5) 22.5 kg/hm^2、钾肥(K_2O)30～37.5 kg/hm^2，适量施用硼、钼肥。

注意播种前或水稻收获后开沟，保证连续积水不超过 24 h，适当保持土壤湿度，以田面不晒白为宜。防治病虫害以蓟马、蚜虫、白粉病、菌核病为主；防治杂草以看麦娘为主。

(4)紫云英-稻秸协同还田

栽插双季早稻前 7～10 d 翻压绿肥还田，紫云英与稻草联合翻压深度 10～15 cm；栽插单季稻提前 10～15 d 还田，紫云英与稻草联合翻压深度 15～18 cm。

(5)还田后水稻管理

绿肥-稻草协同还田后，水稻宜浅水灌溉。相对常规化肥施用量，双季稻全生育期可减施氮、钾化肥 15%～20%，单季稻全生育期可减施氮、钾化肥 20%～30%。推荐水稻磷、钾肥基施，氮肥的基∶蘖∶穗比例调整为6∶2∶2或 7∶0∶3。

(6)“菜用-翻压”及“蜂蜜-留种”综合利用

“菜用-翻压”方式选用嫩梢产量高、维生素含量丰富的中熟紫云英品种(如皖紫 4 号、弋江籽二号等)，在现蕾前摘取 10～15 cm 嫩梢菜用。剩余的紫云英待盛花期翻压还田。

“蜂蜜-留种”方式选用花期较长的中迟熟紫云英品种(如皖紫 2 号、弋江籽 3 号等)作蜜源用，一般在紫云英花期开始前 10～15 d 让蜂群进场，花期开始后 3～5 d 即可规模收蜜，花期结束后紫云英还可以正常结荚留种。此方式，可有效增加紫云英结荚率，提高紫云英种子产量。

5.1.2 适用范围

该技术模式适合安徽江淮及以南冬闲稻田。具体包括沿淮平原少量单季稻区(蚌埠、阜阳等)，江淮中南部丘岗单双季稻过渡区(淮南、合肥、六安等)，沿江圩丘双季稻区(滁州、马鞍山、芜湖、铜陵、池州等)，皖西及皖南单双季稻混栽区(安庆、宣城、黄山等)。

5.2 茶园绿肥-家禽循环种养技术模式

5.2.1 技术要点

(1)绿肥品种选择

一年幼龄茶园，可选择匍匐型或矮生的豆科多年生绿肥(白三叶、圆叶决明等)；一二年生茶园，可选择毛叶苕子、箭筈豌豆、白菜型油菜等冬季绿肥；夏季绿肥可选择绿豆。

(2)绿肥播种时间及播种量

冬绿肥一般在 9 月中下旬到 10 月中上旬秋播，江淮北部或海拔较高地区适当提前，一般不迟于 9 月下旬。夏绿肥一般在 3～4 月份春播，江淮北部或海拔较高地区适当提前，一般不早于 4 月中下旬。多年生绿肥可根据需要选择秋播或春播。

绿肥播种量根据茶树龄大小决定，播种量按照茶树行间占地参考大田全田播种的播量比例调整进行。大田全田播种情况下绿肥播量：白三叶、圆叶决明 15～22.5 kg/hm²，毛叶苕子、箭筈豌豆、白菜型油菜 45～60 kg/hm²、75～105 kg/hm²、6～7.5 kg/hm²，绿豆 22.5～30 kg/hm²。

(3)绿肥种植方式

除大片空地外，茶园行间播种绿肥一般采用条播或点播方式，点播穴距 10～12 cm，条播行距 10～15 cm。绿肥和茶树之间适当保持较宽距离。

(4)绿肥田间管理

一般不需施肥，利用茶园养分即可。

(5)家禽放养

绿肥苗期及开春时期，避免大规模放养。至绿肥生长旺盛期，可放开家禽活动。绿肥枯萎后，可刈割收集干草，作为饲料补充。

鸡、鸭、鹅等家禽在白天放养，傍晚入舍时应补喂玉米、荞、麦等饲料。严格控制放养规模，根据家禽大小种类，一般幼龄家禽不超过 1000～1500 只/hm²，成年家禽不超过 300～450 只/hm²。

5.2.2　适用范围

安徽省主要丘陵及低山茶园。

5.3　果园绿肥种植利用技术模式

5.3.1　技术要点

(1)绿肥品种选择

根据树龄、树势等合理选择绿肥种类。攀缘型果树、幼龄或较矮小果树，选择匍匐型的或者矮生的绿肥，如紫云英、箭筈豌豆、鼠茅草、黑麦草、二月兰等；成龄或高大果树，可选择苕子等。高海拔及干旱区域，选择耐寒耐旱性较好的苕子、二月兰等。

(2)绿肥种植

一般在 9 月中旬到 10 月中旬播种，江淮北部或海拔较高地区适当提前，一般不迟于 9 月下旬。播种量推荐，一般紫云英 22.5～30 kg/hm²，箭筈豌豆 75～105 kg/hm²，苕子 45～60 kg/hm²，二月兰、黑麦茶、鼠茅草均为 15～22.5 kg/hm²。

根据行间实际，撒播、条播均可。有条件的，撒播后可浅旋 5 cm。条播时，苕子、二月兰行距 30 cm 左右，其余绿肥行距 10～15 cm。

(3)绿肥田间管理

一般不需施肥，利用果园养分即可。但地力差的果园，应适当补充基肥，以减少养分竞争、增加有机物来源。

豆科绿肥如果菌核病、炭疽病、蚜虫等危害严重，应注意防治。

(4)绿肥利用方式

可让绿肥自然生长、干枯，残体覆盖地面。有条件的，在绿肥高度 30～40cm 时刈割覆盖地表，或堆于树盘；亦可采用碎草机刈割还田。

部分绿肥(紫云英等)开花前可作为鲜菜或干菜食用，或利用绿肥花期增加果园观光用途。

5.3.2　适用范围

适用于安徽省桃、梨、枇杷、青梅、樱桃、猕猴桃、葡萄等果园，亦可用于周边其他相同类型果园。

参考文献

[1]安徽省统计局，国家统计局安徽调查总队. 安徽统计年鉴. 北京：中国统计出版社，2020-2022.

[2]卜容燕，韩上，唐杉，等. 稻田种植利用紫云英的经济和生态效益分析[J]. 安徽农业大学学报，2020，47(6)：1007-1011.

[3]卜容燕，韩上，李敏，等. 安徽单季稻区紫云英翻压的氮肥替代效应[J]. 植物营养与肥料学报，2022，28(8)：184-190.

[4]卜容燕，韩上，程文龙，等. 皖南单季稻区种植利用紫云英对水稻产量、氮肥利用率及稻米品质的影响[J]. 中国土壤与肥料，2022，28(7)：1219-1227.

[5]曹卫东，黄鸿翔. 关于我国恢复和发展绿肥若干问题的思考[J]. 中国土壤与肥料，2009(4)：1-3.

[6]曹卫东，包兴国，徐昌旭，等. 中国绿肥科研 60 年回顾与未来展望[J]. 植物营养与肥料学报，2017，23(6)：1450-1461.

[7]程文龙，李敏，韩上，等. 不同种类夏绿肥对设施土壤的改良效应[J]. 中国土壤与肥料，2021(4)：83-87.

[8]刘颖颖. 秸秆与紫云英协同还田的土壤培肥效应及其对水稻产量的影响[D]. 安徽农业大学，2021.

[9]刘颖颖，卜容燕，唐杉，等. 连续秸秆-紫云英协同还田对双季稻产量、养分积累及土壤肥力的影响[J]. 植物营养与肥料学报，2020，26(6)：1008-1016.

[10]李晓韦. 紫云英翻压及其与稻草协同还田的氮肥减施效应[D]. 安徽农业大学，2020.

[11]麦逸辰. 绿肥与秸秆协同还田模式下的土壤碳氮动态变化研究[D]. 安徽农业大学，2022.

[12]唐杉，王允青，张智，等. 多年紫云英还田对稻田杂草种子库密度及多样性的影响[J]. 生态学杂志，2016，35(7)：1730-1736.

[13]万水霞，朱宏斌，唐杉，等. 紫云英与化肥配施对安徽沿江双季稻区土壤生物学特性的影响[J]. 植物营养与肥料学报，2015，21(2)：389-397.

[14]万水霞，唐杉，蒋光月，等. 紫云英与化肥配施对土壤微生物特征和作物产量的影响[J]. 草业学报，2016，25(6)：109-117.

[15]王慧，程文龙，卜容燕，等. 添加紫云英和水稻秸秆对土壤养分含量和铜形态的影响[J]. 土壤通报，2022，53(3)：682-689.

[16]王慧，韩上，唐杉，等. 紫云英翻压还田对稻田土壤团聚体组成及其碳氮的影响[J]. 土壤学报，2023，60(3)：1-12.

[17]王慧，唐杉，王允青，等. 紫云英翻压对稻田土壤肥力和双季稻产量的影响[J]. 土壤通报，2019，50(6)：1384-1390.

[18]王慧，唐杉，武际，等. 紫云英翻压条件下氮肥运筹对双季稻产量和肥料利用率的影响[J]. 农业资源与环境学报，2018，35(4)：327-333.

[19]章文，王慧，李敏，等. 添加紫云英对稻田土壤颗粒吸附磷酸盐的影响[J]. 中国植物营养与肥料学报，2022，28(8)：1388-1397.

[20]章文. 添加紫云英对土壤养分含量及土壤颗粒吸附磷酸盐的影响[D]. 安徽农业大学，2022.

[21]Xu Peidong, Wu Ji, Wang Hui, et al. Combined application of green manure with chemical fertilizer increased the stabilization of organic carbon in the organo-mineral complexes of paddy soil[J]. Environmental Science and Pollution Research, 2023,30: 2676-2684.

[22]Wang Hui, Tang Shan, Han Shang, et al. Rational utilization of Chinese milk vetch improves soil fertility, rice production, and fertilizer use efficiency in double-rice cropping system in East China[J]. Soil Science and Plant Nutrition, 2021, 67(1):1-9.

[23]中籼再生稻套种紫云英技术规程[S]. 安徽省地方标准. DB 34/T 4411—2023.

[24]果园绿肥种植利用技术规程[S]. 安徽省地方标准. DB 34/T 3983—2021.

[25]紫云英-水稻秸秆协同还田技术规程[S]. 安徽省地方标准. DB 34/T 3640—2020.

[26]单季稻区苕子种植与还田技术规程[S]. 安徽省地方标准. DB 34/T 2339—2015.

[27]紫云英、苕子与油菜混播绿肥高产栽培技术规程[S]. 安徽省地方标准. DB 34/T 1785—2012.

[28]紫云英高产栽培技术规程[S]. 安徽省地方标准. DB 34/T 1513—2011.

[29]紫云英种子生产技术规程[S]. 安徽省地方标准. DB 34/T 1514—2011.

Ⅱ 江苏省绿肥生产历史、现状、潜力及模式

1 江苏省绿肥生产历史与现状

1.1 绿肥生产利用

江苏省绿肥的种植利用历史较久，并以江南稻区为盛。清光绪九年(1883)《松江府续志》中记载："于稻将成熟之时，寒露前后田水未放，将草子(红花草)撒于稻肋之内，到斫稻时草子已青，冬生春长，三月而花，蔓衍满田，垦田时翻压于土下，不日即烂，肥不可言。"

1949 年以来，江苏省将绿肥作为一项改土增产的战略措施。1949 年全省农区绿肥面积为 12.53 万 hm^2(图 4-2-1)，随后逐渐增加，20 世纪 60 年代末达到 91.84 万 hm^2，1976 年达到顶峰 135.63 万 hm^2。随着栽培技术的不断改进，全省绿肥鲜草的平均产量也相应提高。20 世纪 50 年代中期，绿肥平均鲜草产量不足 15 t/hm^2，20 世纪 60～70 年代上升到 30 t/hm^2，80 年代鲜草产量达到 37.5～45 t/hm^2。盐城市选取豆科、禾本科、十字花科绿肥按不同比例混播，实行深根与浅根相结合、直立型和匍匐型相结合的多层次立体绿肥结构栽培，实现混播绿肥比单播绿肥增产 70%，平均鲜草产量达到 52.5 t/hm^2。吴江市盛泽镇采取种植早熟蚕豆经济绿肥的做法，一般年景青蚕豆产量达 6.75 t/hm^2，鲜蚕豆秆 52.5 t/hm^2。

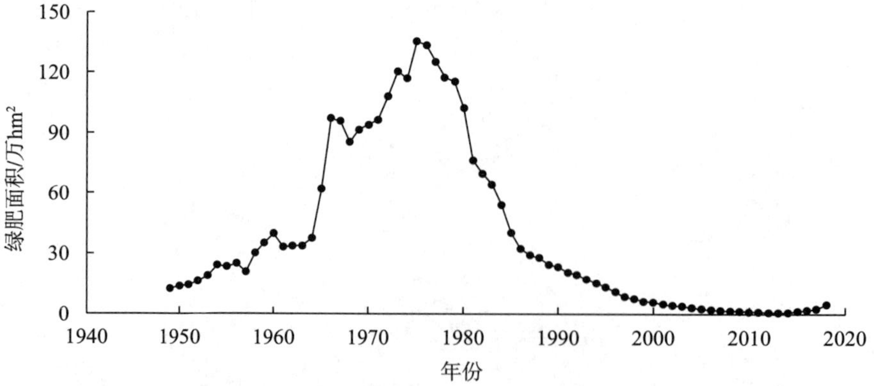

图 4-2-1 江苏省历年绿肥种植面积(江苏省农业技术推广总站提供数据)

20 世纪 80 年代后，随着粮、棉、油作物复种面积不断提高，绿肥种植面积逐年缩小，至 1988 年全省绿肥面积降为 27.94 万 hm^2，占耕地面积的比重仅为 6%，接近 50 年代末的水平；2012—2014 年，面积甚至不到 1 万 hm^2，达到历史最低。

近10年来，随着国家对生态文明建设的重视，绿肥获得新的发展机遇。2016年农业农村部耕地轮作休耕制度试点启动后，江苏省率先开展了省级耕地轮作休耕试点，探索符合江苏省情的轮作休耕技术模式和补贴机制。经过近5年的实施推进，成效初步显现，社会认可度逐步提高，绿肥种植面积已由2015年的1.6万 hm^2 增加至2019年的近4.7万 hm^2。江苏省各级政府已将以绿肥种植为主的耕地轮作休耕纳入生态文明建设考核范围，建立了耕地轮作休耕常态化目标考核制度，形成了各级政府重视耕地轮作休耕、保护生态环境的良好氛围。

1.2 绿肥种质资源及应用

在中华人民共和国成立初期，江苏省主要冬绿肥有紫云英、蚕豌豆和黄花苜蓿等，主要夏绿肥有绿豆、多年生紫花苜蓿以及小面积种植的沙打旺等(顾荣申等，1982)。

20世纪50年代初期，主要进行绿肥品种区域适应性研究，评价了一批引进绿肥、牧草的耐寒、耐旱、耐盐碱和耐湿等特性，及其在华东地区不同气候和土壤条件下的适应性和产量水平。在淮南、淮北及滨海盐土地区，推广了光叶苕子、毛叶苕子、田菁、柽麻等绿肥及黑麦草、法斯克草等牧草的种植，并推荐到华北地区。此后，鉴定整理了一批农家品种，明确了紫云英早、中、晚熟品种的地理分布与适产条件，其中茜墩、斜塘和平湖3种紫云英是较好的品种；顾山种是较好的黄花苜蓿品种；紫花苜蓿以早熟且产量稳定的涟水种为佳。50年代后期，“三水”即水浮莲、水花生和水葫芦被引入苏南，60年代在沿江和里下河地区广泛推广，其中水浮莲适于水质肥沃的静水池塘和稻田间作放养；水花生适于水质浑无青苔杂藻的流水湖、河养殖；水葫芦耐瘠、耐阴性较好，也适于流动的水面生长。

20世纪60年代，江苏省开展了绿肥引种和新品种选育工作。1965年江苏省农业科学院自光叶苕子中选育的早熟苕子具有早发、早熟、产种量高等优点，适于沿江地区种植，其在中南和西南地区表现出比当地蓝花苕子更强的抗逆性。在豌豆品种的筛选中，明确秋播以官镇豌豆早发而产草量最高，春播以霞浦和阿拉斯加2种最好，后者更适于肥、菜兼用。夏绿肥中乌豇豆生长期短(80 d左右)，比灰豇豆、白豇豆及浅红色面豆更适于短期插种及果园应用。1964年开始，自浙江省引进萍种与技术，发现本地野萍抗逆性较好，经过扩大种源，至1969年，全省养萍面积达23.3万 hm^2，并在越冬、越夏和利用技术方面均有所提高。在苕子的引种中，苏联苕子和罗马尼亚苕子在淮北地区得到推广。苏联苕子具有早发、现蕾期早(比光叶苕子早14 d)、含氮量高和茎叶粗大等特点，自1967年开始，徐州地区农业科学院以其为原始材料，通过系统选种育成徐苕1号和徐苕2号。

20世纪70年代，引种与选种进一步发展，到20世纪70年代中期，绿肥面积发展到133多万 hm^2，应用的品种(植物种)达27个。开展早熟毛叶苕子新品种选育工作，选出徐系76-38和徐系76-10等早熟种和盐系75-127、盐系75-157等中熟种。除盐系75-157的原始材料为罗马尼亚苕子外，其余均为苏联苕子。光叶苕子中选出75-112；早熟苕子中选出77-3，产草和产种量均有所提高。从澳大利亚箭筈豌豆中选出的66-25箭筈豌豆，经鉴定具有成熟早、产量高和一定抗寒能力的特点，在淮南及沿江地区得到推广。1976年引进的大荚箭筈豌豆，具有较强的抗寒和抗病虫特性，产草量也较高，在苏北及滨海棉区推广，并在外省试种。一年生黄花草木樨在太仓、如东等地作为套种的春绿肥利用。1973年后，泗阳县引种北方的二年生草木樨套种于麦田，作为棉花、玉米、水稻的肥料取得成功。此后，经扬州地区农业科学研究所等单位研究，明确早春播种的绿肥以草木樨产量最高，在产量2.25 t/hm^2 以下的小麦田、

1.5 t/hm² 以下的油菜田，在棉花、玉米预留的大行中，以及在河边、路边原地均可种植。从浙江引进的紫云英品种浙紫 5 号在苏南地区表现较好，昆山县(现昆山市)在茜墩种中系统选育出 78-8-3 品系。1973 年，从中国科学院植物研究所引进深红三叶，在淮阴(现淮安市)、泰县(现姜堰市)、六合、溧阳及苏州和浙、赣、皖、粤等省一些地方初步获得成功。红、白、地 3 种三叶草在江苏生长良好，产量高，病虫害少，养分丰富，主要品种有札幌红三叶、胡依阿白三叶、巴克山地三叶。自原来晚熟的南京柽麻中系统选育的早熟柽麻，具有成熟早(比晚熟种早 20～30 d)、产种量较高而稳等特点，包括有江苏省农业科学院早熟 1 号、早熟 2 号及扬州 771 3 种。黑麦草由盐城地区农业科学研究所、新洋农业试验站在滨海盐土地区作为一种混播绿肥推广应用，不少地方还用作养鱼的饲料。生长良好的禾本科牧草还有藕草和黑麦 2 种，前者适于江南土质较好的地方，后者适于土质较瘠薄的淮北及丘陵地区。

20 世纪 80 年代以后，由于化肥工业的发展，绿肥作物研究和利用衰退，种植面积大幅度萎缩，严重阻碍了绿肥良种繁育和生产利用技术的发展。自 2010 年，江苏省逐步实行绿肥轮作生态补偿，绿肥产业得到了恢复发展，种植模式以稻田紫云英轮作为主，包括零星分布的果园和茶园绿肥间套作。江苏省目前紫云英种植品种较多的是信阳籽、弋江籽，也有江苏省本地自繁的品种。

1.3 绿肥种植模式

1.3.1 历史种植利用模式

江苏省在 20 世纪 50～60 年代，形成了多种绿肥种植与利用模式，各模式具有相应的适宜绿肥种类可以利用(表 4-2-1)。

(1)冬季绿肥种植利用模式

冬季绿肥是江苏省的主要绿肥种植模式，20 世纪 50～60 年代均以轮作为主。苏南太湖地区稻田，冬作多以麦类、油菜和绿肥轮种，这 3 类冬作物的面积比例约 5:2:3。沿江沿海两熟棉区，冬季多以麦类和绿肥轮种。夏季为稻、棉轮种的地区，冬季也以麦类和绿肥轮种，形成麦类-棉花→绿肥-水稻的轮作制度(江苏省农业科学院土肥研究室，1977)。20 世纪 80 年代，江苏省冬绿肥的种植面积约占 80%，多为秋播而春、夏利用。

紫云英：多是秋季套播稻田中，次年春夏再行掩青利用。20 世纪 50 年代初，紫云英主要分布于苏南太湖地区。著名的晚熟种是昆山县(现昆山市)的茜墩籽，其特点是开花较迟，茎高 70～100 cm，茎叶较粗嫩。

金花菜：又叫"草头""秧草"或"黄花草"，是江苏省棉区和部分稻区的重要冬季绿肥作物，鲜草量可达 37.5 t/hm²。金花菜能耐轻度的土壤盐分(含氯化钠 0.2%以下)，在沿海轻盐地于 8 月中旬至 9 月上旬，趁雨及时套种于棉田。稻区金花菜于 10 月上旬免耕条播，并间套种青菜、菠菜，个别农户套种早熟莴苣，次年 4 月上旬上市，腾茬施肥，整地育秧。

光叶紫花苕子：20 世纪 50 年代中后期，经上海农场盐土改良研究室和盐城专区棉场引种试验成功，鲜草产量高、质量好、茬口肥。1959 年的丰产试验，鲜草产量高达 90 t/hm²。由于其耐寒、耐旱、耐瘠，特别适于土壤比较瘠薄的丘陵山区或气候比较冷的淮北地区。

蚕豆、豌豆：江苏省棉区和部分稻区均有应用蚕豆作绿肥的习惯，一般采青蚕豆后再用茎秆作绿肥。应用豌豆作绿肥，以扬州和盐城较多，另在南通和镇江丘陵地水田也有部分栽种。20 世纪 80 年代后，全省绿肥面积下降，为开辟新的绿肥发展途径，吴江县和如皋县摸索提出"四旱一水"的间作蚕豆绿肥的两年五熟制，具体为：蚕豆绿肥压青、玉米秆还田，第一年为蚕豆/

麦类-玉米-晚稻，蚕豆绿肥压青；次年为蚕豆/麦类-棉花。在这种轮作制中，蚕豆绿肥面积占55%，两年平均压青 44.25 t/hm²，其中蚕豆绿肥 10.5 t，玉米秆还田 33.75 t。年平均粮食产量 9.81 t/hm²，比不压青增产 9.9%；平均皮棉产量 926 kg/hm²，比不压青增产 17.6%。

表 4-2-1 不同用途绿肥利用模式及适用和可试用的绿肥作物(20 世纪 80 年代初)

绿肥类型	利用模式	适用的绿肥	可试用的绿肥
冬绿肥	灌水条件好的稻田	紫云英(全省)，黄花苜蓿(里下河、沿江)、苕子(瘠薄土壤)	
	易受旱的稻田	毛叶苕子(全省)、光叶苕子(淮南)、早苕(沿江、苏南)	大荚箭豌、深红三叶草，黄花苜蓿
	耕翻晚播的稻田	箭筈豌豆(淮南)、深红三叶草	二年生草木樨、早熟毛叶苕子(苏南丘陵)
	沿江及苏南旱地	黄花苜蓿、箭豌、蚕豆、深红三叶草	豌豆、紫云英
	淮南及滨海旱地	蚕豆、大荚箭豌、苕子	
	淮北旱地	毛苕、深红三叶草	豌豆
	混播用的非豆科绿肥	黑麦草、黑芥菜	黑麦、果园草、燕麦、菵草(沿江及苏南)
春绿肥	纯种或在麦田、油菜田套种	草木樨	黄花苜蓿、箭豌
夏绿肥	旱地	田菁、柽麻、绿豆、乌豇豆	
	水田	田菁	合萌
秋绿肥	旱地、水田	柽麻、绿豆、乌豇豆	
水面放养	肥沃的池塘、稻田	水浮莲	
	流动的大水、深水河湖	水花生	
	苏北水质较瘦的河港	水葫芦	
	早稻田用、秋季放养利用	细绿萍	美国细绿萍
	晚稻田放养利用	本地萍	卡洲萍
改良低产土	重盐土	细绿萍、田菁	
	轻盐土	紫花苜蓿、苕子、黄花苜蓿、黑麦草、法斯克草、草木樨	黑芥草、苏丹草
	花碱土	紫花苜蓿、毛叶苕子、田菁、黑麦草、黑麦	沙打旺
	低洼黑土(砂姜)	苕子、田菁	
	飞沙土	苕子、草木樨、沙打旺、柽麻	小冠花
	板浆白土、黄土	苕子、柽麻、饭豆、印度豇豆	胡枝子
粮、饲等兼用	兼作饲料	上述各种冬绿肥、春绿肥、夏绿肥(田菁除外)	
	主要作饲料	红三叶、白三叶、地三叶、紫花苜蓿、黑麦草、黑麦、果园草、苏丹草	茵草、象草
	兼作蔬菜	豌豆、蚕豆、紫花苜蓿	
	兼作粮食	豌豆、蚕豆、绿豆、乌豇豆、箭筈豌豆	
	茶、果园等覆盖	上述各种三叶草、乌豇豆、饭豆、黑麦草、果园草	圆苜蓿、印度豇豆小冠花(砂土)、知风草
	兼作草坪绿化	白三叶	狐茅草、早熟禾、水牛草
	兼作隙地绿化	紫穗槐、草木樨	

(2)夏季绿肥种植利用模式

江苏省徐淮地区,一向有利用麦茬田种绿豆或芝麻作夏季绿肥的习惯。20 世纪 50 年代,在淮北地区利用夏季休闲地栽种绿豆、柽麻等夏季绿肥,或在甘薯田间种夏绿肥,对于下季小麦或当季甘薯的增产效果都显著,一般增产达 50%左右。在江南丘陵地区,广泛利用边隙地种夏绿肥,用作晚稻的追肥,也有作成沤肥供冬季作物利用(江苏省农业科学院土肥研究室,1977)。

田菁:20 世纪 40 年代末,由南方引入江苏省,由于耐盐、耐涝、耐瘠,生长迅速,逐步在江苏徐淮盐碱土地区推广,成为培肥、改良土壤的优良绿肥。1975—1980 年,当全省绿肥面积逐年减少时,田菁面积也逐年减少,但减少的幅度较平缓,1975 年田菁的种植面积为 39.53 万 hm^2,1980 年为 20.74 万 hm^2。1980 年以后,在苏北滨海盐土区始终有一定的种植面积。

柽麻:20 世纪 50 年代中后期至 60 年代,在江苏省各地陆续引种,均生长良好,既耐酸,耐瘠、耐旱、又耐盐碱(含盐量<0.3%的盐碱土上生长良好)。柽麻种子产量不稳,高的 750 kg/hm^2以上,低的只有 225~300 kg/hm^2,成为柽麻难以大面积推广的重要原因。

绿豆:20 世纪 50~60 年代,徐淮地区普遍有在旱秋茬套种和利用夏闲田单种绿豆的习惯。在绿豆开花期间耕翻作麦田基肥,增产效果显著。绿豆鲜草产量 15~22.5 t/hm^2。由于绿豆的种子和鲜草产量难以提高,淮南和江南一带很少种植,淮北地区也只有零星种植。

(3)水生绿肥种植利用模式

20 世纪 60 年代期间,全省每年 6 700 hm^2稻田放养绿萍用作水稻追肥,另外在大小沟塘,大放"三水"(水浮莲、水花生、水葫芦),增辟有机肥源(江苏省农业科学院土肥研究室,1977)。20 世纪 70 年代中期,从浙江温州引进了细绿萍,其具有抗寒性强、起繁温度低、繁殖力高、固氮力强、产量高、营养价值高等特性。用细绿萍 22.5~30 t/hm^2,一般可增产稻谷 600~900 kg/hm^2,使细绿萍很快代替了本地绿萍。20 世纪 80 年代初,全省突破"三水一萍"的越冬、越夏关,掌握了"三水一萍"的病虫发展规律和防治方法,并开展了"三水一萍"的综合利用,1982 年放养面积达到 66.7 万 hm^2,占全省可利用面积的 40%,细绿萍的示范推广面积达 22 万 hm^2。

1.3.2 当前种植利用模式

2016 年以来,江苏省率先开展省级耕地轮作休耕试点,2018 年列入农业农村部耕地轮作休耕制度试点区域。2016—2019 年,江苏省绿肥种植面积持续增长,2019 年达 4.7 万 hm^2,其中以绿肥-水稻轮作为主,此外,果园和茶园绿肥间套作模式也有零星分布。

根据江苏省轮作休耕的规划布局,基于江苏省生产实际,重点在沿江、苏南等小麦赤霉病易发重发、低产低效地区,淮北旱作区玉米种植区,丘陵岗坡地等地力贫瘠化地区,沿海滩涂等土壤盐渍化严重地区,以及土壤酸化、养分非均衡化等生态退化明显地区开展绿肥种植利用。自 2016 年以来,江苏省在淮南冬小麦低质低效区实施了粮绿轮作、粮豆轮作、粮油轮作、粮饲轮作,其中绿肥品种包括以培肥地力为主的紫云英、苕子等传统绿肥,以及肥饲兼用、肥菜结合的蚕豆、豌豆、苜蓿等经济绿肥。此外,2018 年 11 月,江苏省颁发了《关于在苏南地区整体推进耕地轮作休耕促进农业绿色发展的实施方案》,明确指出太湖一级保护区、苏南运河沿线以及优质品种种植受限等资源约束紧、生态保护压力大的地区可采取常年轮作休耕,苏南其他地区原则上 3 年轮作休耕一遍。在休耕区域倡导稻肥、稻油、稻豆等轮作,实行用地与养地相结合。

1.4 绿肥对农业生产的历史贡献

绿肥在江苏省农业生产中有着独特的作用，具有培肥、改土、增产增收的良好效果。从绿肥面积上看，1975 年江苏省各种类型的绿肥面积曾达到 135.63 万 hm^2，大部分绿肥鲜草产量稳定在 15～22.5 t/hm^2。作为一种有机肥料，绿肥具有生物固氮、生物富集、生物覆盖以及特定的生物适应性，其生物作用是其他有机肥所不能完全取代的，其改土培肥效果，也是其他作物都不能比拟的。试验证明，江苏省滨海重盐土在春、秋养二季细绿萍，中间种一季田菁，当年秋季即可种麦子。从江苏省多年的试验分析结果来看，绿肥能缓慢地增加土壤有机质，其腐殖化系数达 0.2～0.4，后效可长达 2～3 季。

江苏省充分利用不同绿肥的特点，发挥其在大农业中的作用。首先，改良各种低产土壤，在轮作中增肥改土，同时充分利用绿肥作饲料，积极发展畜牧业和养鱼业。其次，绿肥与蔬菜、粮食兼用结合，如市郊、工矿区多种黄花苜蓿与蚕豌豆，大田实行粮肥间作和油肥间作等。此外，充分利用水面和各种作物生长的间隙发展绿肥。江苏省发展了“三水一萍”和在荒地、隙地、果茶园种绿肥，可以覆盖护坡、保土防冲、收集流失养分、围垦海涂、绿化环境。基于江苏省耕作制度的改革和粮棉复种指数提高的要求，积累了绿肥的间、套、混、插，常年种、茬茬套、四季绿、亩亩用，发掘四季绿肥等经验。

1.5 绿肥科研队伍

1980 年以前，江苏省各涉农科研、教学等部门均有绿肥作物研究课题组或研究人员，但随后由于绿肥产业的萎缩，江苏省专门从事绿肥科研和推广工作的团队和个人逐渐减少至几乎没有。近 10 年来，随着国家生态文明建设和绿色发展需求的日益增强，绿肥产业迎来新的机遇。2017 年，新增了绿肥体系，江苏省有 4 名岗位科学家。同年，江苏省实施了江苏省现代农业产业技术体系，在水稻、小麦、特粮特经、葡萄、桃、梨、茶叶等体系中设置土壤改良和轮作栽培等创新岗位，内容均涉及绿肥相关的研发工作。此外，江苏省重点研发计划和江苏省农业自主创新项目指南中，在农业绿色和可持续发展领域也涵盖了绿肥工作。目前，南京农业大学、中国科学院南京土壤研究所、农业农村部南京农业机械化研究所、江苏省农业科学院等科研院所均有相关的绿肥研发团队。

2 江苏省绿肥研发进展与创新

2.1 绿肥-水稻轮作

2.1.1 紫云英-水稻轮作技术创新

(1)适宜的紫云英播种量能促进鲜草高产和种子节约

江苏句容，稻田晚播紫云英播量适当增加到 45.0 kg/hm^2，可获得较高的产草量。随着播种量的增加，单位面积紫云英株数显著增加，鲜草和干草产量均呈先增加后减少的趋势，其中播种量 45.0 kg/hm^2时，产草量最高，鲜草和干草产量分别为 48.34 t/hm^2和 5.70 t/hm^2，播种量大于 45.0 kg/hm^2后，产草量不再显著增加。播种量为 45.0 kg/hm^2时，紫云英养分积累量最高(表 4-2-2)。

表 4-2-2 播种量对紫云英生物量、碳(C)、氮(N)和磷(P)养分累积量的影响

播种量/(kg/hm²)	鲜草产量/(t/hm²)	干草产量/(t/hm²)	养分累积量/(kg/hm²)		
			碳	氮	磷
22.5	22.33±2.31 d	3.39±0.38 d	1 664±32 d	73.40±5.38 d	10.78±0.70 b
30.0	33.02±1.37 c	4.17±0.18 cd	2 183±79 c	85.66±3.15 cd	12.69±1.08 ab
37.5	41.26±1.28 b	4.51±0.15 bc	2 368±42 b	96.88±4.32 bc	13.04±0.67 ab
45.0	48.34±2.30 a	5.70±0.04 a	2 826±43 a	127.80±6.14 a	16.07±1.92 a
52.5	43.86±1.93 ab	5.32±0.23 abc	2 668±75 a	111.30±6.08 ab	11.79±1.10 b
60.0	45.24±1.49 ab	5.35±0.33 ab	2 692±60 a	111.80±3.42 ab	12.96±1.06 ab
75.0	47.92±3.64 a	5.54±0.83 ab	2 768±73 a	117.00±9.48 a	15.65±0.91 a

注:表中数据为平均值±标准误差,同一列数据后不同小写字母表示处理间差异显著($P<0.05$)。以下各表中差异性表示意义相同。

(2)适宜的紫云英晚播播期能保证较高的产草量和养分积累

江苏句容,晚稻或迟熟水稻田在 11 月之前播种紫云英,可获得较高的产草量和养分积累,之后再播种的紫云英生长不良(表 4-2-3)。10 月 30 日播种的鲜草产量为 19.01 t/hm²,分别高于 11 月 10 日和 20 日播种的 115%和 279%,当日播种的紫云英养分累积量也最高,不同播期氮、磷积累量分别为 27.30~102.08 kg/hm²、2.63~10.07 kg/hm²,均随播期推迟而显著降低(表 4-2-3)。

表 4-2-3 播期对紫云英鲜草产量和地上部氮(N)和磷(P)养分吸收的影响(周影等,2019a)

播期/(年-月-日)	鲜草产量/(t/hm²)	养分含量/(g/kg)		养分积累量/(kg/hm²)	
		氮(N)	磷(P)	氮(N)	磷(P)
2017-10-30	19.01 a	25.81±1.59 a	2.55±0.16 a	102.08±6.31 a	10.07±0.62 a
2017-11-10	8.84 b	25.82±3.39 a	2.45±0.04 a	59.09±5.97 b	4.98±0.09 b
2017-11-20	5.00 c	25.97±2.57 a	2.50±0.22 a	27.30±2.71 c	2.63±0.23 c

2.1.2 稻田适宜绿肥品种研究

在江苏丘陵地区绿肥与晚稻套播轮作,光叶紫花苕和黑麦草较箭筈豌豆、油菜更为适宜,利于下茬水稻产量的提高。

(1)不同绿肥品种的生物量及养分含量

对比 4 种不同稻田绿肥作物,黑麦草生物量最高,光叶紫花苕其次,油菜和箭筈豌豆生物量最低;豆科植物光叶紫花苕和箭筈豌豆氮含量显著高于十字花科的油菜和禾本科作物黑麦草;光叶紫花苕与黑麦草之间的全磷含量无差异,都显著大于油菜;光叶紫花苕和黑麦草的钾含量显著高于箭筈豌豆和油菜(表 4-2-4)。

(2)不同绿肥品种对水稻产量的影响

水稻季施肥量一致的条件下,相较冬季休耕,冬种绿肥有助于提高后茬水稻产量,其中种植黑麦草和光叶紫花苕的水稻产量分别较冬季休耕显著增加 37.9%和 33.4%,增产效果明显高于箭筈豌豆和油菜(图 4-2-2)。

表 4-2-4　水稻套播模式下不同种类绿肥生物量及养分含量(王琳等,2020)

绿肥种类	鲜草/(t/hm²)	干草/(t/hm²)	碳/(g/kg)	氮/(g/kg)	磷/(g/kg)	钾/(g/kg)
箭筈豌豆	23.88±2.27 c	4.00±0.22 c	482.8±24.9 a	29.18±1.61 a	3.82±0.28 a	15.68±0.80 b
光叶紫花苕	61.77±6.16 b	8.93±0.75 b	498.0±25.7 a	30.39±0.28 a	4.70±0.25 a	23.08±0.79 a
油菜	33.27±2.97 c	5.71±0.52 c	509.9±21.6 a	21.51±0.71 b	2.69±0.41 b	10.76±0.59 c
黑麦草	88.45±1.62 a	11.54±0.52 a	526.0±10.5 a	12.64±0.63 c	3.86±0.40 a	23.27±0.79 a

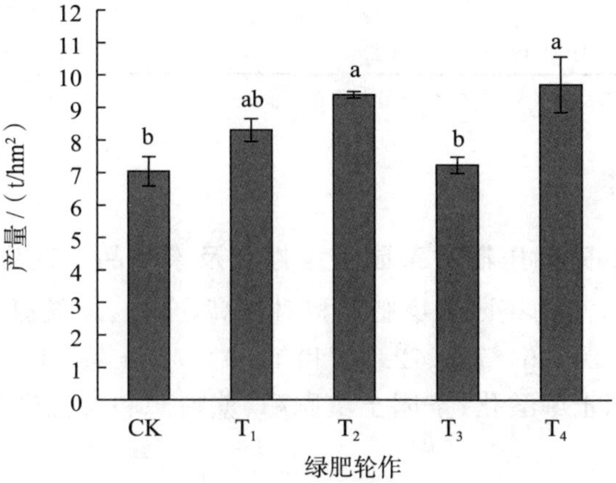

图 4-2-2　与不同绿肥轮作后水稻产量(王琳等,2020)

注:CK—冬季休耕;T_1—箭筈豌豆-水稻轮作;T_2—光叶紫花苕-水稻轮作;T_3—油菜-水稻轮作;T_4—黑麦草-水稻轮作。图柱上方不同小写字母表示处理间差异显著($P<0.05$),以下各图相同。

2.1.3　绿肥种植配套高效菌剂效果

接种慢生根瘤菌 *Bradyrhizobium* 2-8 显著促进蚕豆株高和有效分枝数的增加,单株地上部氮积累量为 0.22 g/株,根部氮积累量为 0.051 g/株,分别较对照高 57.1%和 45.7%(表 4-2-5)。

表 4-2-5　不同接种处理对绿肥蚕豆植株氮(N)含量及积累量的影响(周影等,2019b)

处理	地上部		根系	
	氮含量/(g/kg)	氮积累量/(g/株)	氮含量/(g/kg)	氮积累量/(g/株)
1	23.80±0.81 a	0.19±0.01 b	19.60±0.81 b	0.039±0.002bc
2	19.60±0.81 bc	0.13±0.01 d	17.67±0.81 b	0.032±0.001 d
3	22.40±1.40 ab	0.22±0.01 a	23.33±0.93 a	0.051±0.002 a
4	21.93±0.47 ab	0.16±0.00 c	18.20±0.80 b	0.040±0.002 b
CK	18.20±0.81 c	0.14±0.01 cd	17.73±0.93 b	0.035±0.002 cd

注:处理 1—复合菌株,包括 *Rhizobium multihospitium* NS-28、*Pseudomonas fluorescens* NS-38、*Bacillus subtilis* NS-40、*Bradyrhizobium* CCBAU21353、*Bradyrhizobium* 2-9 等 5 种;处理 2—复合菌株,包括 *Bradyrhizobium* 2-8、*Phomopsis liquidambari* B3 等 2 种;处理 3—单一菌株 *Bradyrhizobium* sp. 2-8;处理 4—单一菌株 *Phomopsis liquidambari* B3;CK—不加菌。

2.1.4　绿肥-有机水稻轮作

江苏省有机水稻面积达 6 700 hm²,受土壤肥力等因素的影响,有机水稻产量较低,在 3.00～4.13 t/hm²。绿肥轮作是提高有机水稻生产的重要手段,冬季种植紫云英是改善土壤、提高有机稻产量、增加收益的技术措施。紫云英-有机水稻轮作模式能促进有机水稻形成有效穗，增加结实率和稻谷饱满率(表 4-2-6)。紫云英-有机水稻轮作模式下，有效穗比小麦-有机水稻轮作处理增加 83 万穗/hm^2，千粒重增加 0.32 g，稻谷产量增加 3.21 t/hm^2，经济效益远高于小麦-有机水稻轮作模式(表 4-2-6)。

表 4-2-6　不同轮作模式下有机水稻产量及经济效益分析(刘亚柏等，2014)

方式	稻谷千粒重/g	水稻有效穗/(万穗/hm^2)	稻谷产量/(t/hm^2)	效益分析/(万元/hm^2)			
				稻谷	小麦	成本	纯收入
有机水稻-小麦轮作	23.77±0.15 a	272±30 a	3.04±1.20 b	5.94	1.50	2.18	5.26
有机水稻-紫云英轮作	24.09±0.06 a	355±60 a	6.25±0.81 a	12.19	—	1.56	10.63

注：数据为 2013 年测算。有机稻出米率 65%，有机稻米销售价格 30 元/kg。

2.2　茶园绿肥间作

2.2.1　绿肥大豆不同翻压期对茶园土壤性状及茶叶品质的影响

在开花结荚期翻压大豆的茶园土壤肥力相对较高，全氮、速效氮、速效钾和有机质含量比清耕茶园分别提高了 74.2%、54.7%、72.7%和 41.9%，且土壤 pH 达到 5.13，比清耕茶园提高了 0.17，能够缓解茶园土壤酸化；茶园土壤脲酶、蔗糖酶和酸性磷酸酶活性显著增强(邢弘擎，2020)。

间作大豆在开花结荚期翻压，茶树鲜叶可溶性糖、氨基酸、咖啡因的含量高于在成熟期翻压的茶园，而且开花结荚期翻压 1 个月后，可溶性糖含量高达 4.8%；在成熟期翻压大豆的茶叶中，茶多酚含量显著高于清耕及在开花结荚期翻压大豆的茶园，且次年春茶时期也呈现出相同规律；间作大豆开花结荚期翻压的茶叶中酚氨比值比成熟期翻压显著降低 27%～52%(邢弘擎，2020)。

2.2.2　茶树与不同豆科绿肥间作对土壤性状及茶叶品质的影响

在不同时期，茶园间作绿豆的土壤中有机质、全氮、速效氮、速效钾含量分别比间作大豆处理显著提高 23.5%、17.8%、16.4%和 58.2%。茶园土壤脲酶活性在间作接种根瘤菌大豆的处理中最高，其次是间作接种根瘤菌绿豆，均显著高于间作未接种根瘤菌豆科作物的处理和清耕茶园；土壤酸性磷酸酶活性在间作未接种根瘤菌豆科作物的茶园土壤中较高；在开花结荚期翻压 1 个月后，间作接种根瘤菌绿豆的处理中土壤蔗糖酶活性显著高于其他处理(表 4-2-7)。

茶园间作接种根瘤菌绿豆更有利于改善茶叶品质。该处理下，茶树鲜叶中可溶性糖、氨基酸含量最高，比单作茶园分别提高 84.6%和 84.4%，咖啡因含量更趋于茶叶品质范围。茶树鲜叶氨基酸和可溶性糖的含量也以间作接种根瘤菌绿豆最高，显著高于其他处理；茶多酚含量及酚氨比则显著低于同期其他处理(邢弘擎，2020)。

表 4-2-7　茶园间作不同豆科绿肥对土壤酶活性的影响(邢弘擎，2020)　mg/(g·d)

时期(月/日)	土壤酶	单作茶树	间作绿豆	间作绿豆接种根瘤菌	间作大豆	间作大豆接种根瘤菌
开花结荚期(7/25)	脲酶	1.86±0.11 c	2.13±0.04 b	2.56±0.12 a	2.18±0.06 b	2.69±0.15 a
	蔗糖酶	8.58±0.92 e	13.01±0.09 c	15.08±0.37 b	19.25±0.13 a	9.47±0.28 e
	酸性磷酸酶	0.58±0.01 c	0.82±0.02 a	0.69±0.02 b	0.79±0.06 a	0.50±0.01 d

续表 4-2-7

时期（月/日）	土壤酶	单作茶树	间作绿豆	间作绿豆接种根瘤菌	间作大豆	间作大豆接种根瘤菌
翻压 1 个月（8/25）	脲酶	1.84±0.09 b	1.97±0.19 b	2.08±0.10 ab	2.00±0.19 b	2.29±0.10 a
	蔗糖酶	5.17±0.70 c	8.47±0.14 b	9.87±0.22 a	8.55±0.22 a	7.88±0.44 b
	酸性磷酸酶	0.72±0.05 ab	0.75±0.01 a	0.66±0.08 bc	0.78±0.03 a	0.62±0.02 c

注：茶园绿肥覆盖于 2018 年开始，土壤酶活性为 2019 年取样测定。

2.3 果园绿肥间作

2.3.1 苹果园绿肥栽培覆盖技术

江苏丰县富士苹果园试验结果表明（表 4-2-8），果园连续种植 2 年白三叶后，土壤有机质含量较绿肥种植前提高了 1.1 g/kg，较对照提高了 1.2 g/kg；土壤 pH 较覆盖前降低了0.3，较对照降低了 0.4。用植物秸秆（如麦秸、稻草、玉米秸等）轧碎后平铺在树盘上面，2 年后土壤有机质含量较覆盖前提高了 1.8 g/kg，较对照提高了 2.0 g/kg；土壤 pH 较覆草前降低了 0.2，较对照降低了 0.3（陈卫平等，2006）。

表 4-2-8 绿肥和秸秆覆盖对苹果园土壤有机质及 pH 的影响（陈卫平等，2006）

处理	土壤有机质/(g/kg)		pH	
	试验前	两年后	试验前	两年后
对照	8.6	8.5	8.5	8.6
三叶草	8.6	9.7	8.5	8.2
对照	8.4	8.2	8.5	8.6
秸秆覆盖	8.4	10.2	8.5	8.3

2.3.2 桃园绿肥栽培覆盖技术

在江苏省南京市溧水区南京农业大学白马教学园的油桃（树龄 4 年）行间种植黑麦草、紫花苜蓿等绿肥，结果表明，绿肥可以改善土壤性状和果实品质（胡枫等，2020）。

（1）绿肥间作对土壤酶活性的影响

种植紫花苜蓿和黑麦草处理，0～20 cm 土层土壤过氧化氢酶、蔗糖酶、脲酶、酸性磷酸酶活性较清耕处理分别提高了 1.20 倍和 1.96 倍、2.89 倍和 3.94 倍、1.55 倍和 1.95 倍、3.26 倍和 3.61 倍，不同处理间 20～40 cm 土层土壤酶活性变化与 0～20 cm 土层基本一致（表4-2-9）。

表 4-2-9 桃园间作不同绿肥对土壤酶活性的影响（胡枫等，2020） mg/(g·d)

土层深度/cm	处理	过氧化氢酶	蔗糖酶	脲酶	酸性磷酸酶
0～20	清耕	0.75±0.02 c	4.52±0.65 c	0.76±0.03 c	0.65±0.02 c
	紫花苜蓿	1.65±0.03 b	17.60±0.10 b	1.94±0.02 b	2.12±0.01 b
	黑麦草	2.22±0.10 a	22.33±0.55 a	2.24±0.05 a	2.35±0.02 a
20～40	清耕	1.35±0.02 c	17.5±0.61 c	0.63±0.06 a	0.37±0.01 c
	紫花苜蓿	1.45±0.02 b	18.5±0.30 b	0.47±0.02 b	0.49±0.02 b
	黑麦草	1.56±0.04 a	19.5±1.5 a	0.41±0.02 b	0.60±0.02 a

(2)绿肥间作对果实品质的影响

不同绿肥间作模式下,桃单果质量从大到小分别为紫花苜蓿>黑麦草>清耕。紫花苜蓿和黑麦草处理的单果质量显著高于清耕处理,增幅为8%。与清耕处理相比,种植紫花苜蓿和黑麦草处理的可溶性糖、可滴定酸含量、可溶性固形物、维生素C分别提高了18.5%和11.2%、29.2%和37.5%、31.6%和16.2%、45.8%和51.0%(表4-2-10)。

表4-2-10 桃园间作不同绿肥对果实品质的影响(胡枫等,2020)

处理	单果质量/g	果形指数	可溶性糖/%	可滴定酸/%	可溶性固形物/%	维生素C/(mg/100g)
清耕	186±12 b	0.52±0.01 a	7.62±0.35 b	0.24±0.03 b	15.2±1.95 b	4.02±0.22 b
紫花苜蓿	203±8 a	0.54±0.01 a	9.03±0.06 a	0.31±0.02 a	20.0±1.86 a	5.86±0.63 a
黑麦草	202±8 a	0.54±0.02 a	8.47±0.32 a	0.33±0.03 a	17.66±0.75 ab	6.07±0.16 a

3 江苏省绿肥发展潜力

3.1 江苏省发展绿肥的必要性

3.1.1 绿肥助力农田减肥增效与耕地质量提升

江苏省耕地复种指数高,环境容量紧张,单位面积承载负荷大,耕地长期得不到休养生息,对持续生产能力有较大影响。特别是太湖流域,工业化、城镇化水平高,耕地和水资源保护压力大,生态环境脆弱,社会影响面广。开展包括绿肥在内的耕地轮作休耕是主动应对生态资源压力、转变农业发展方式、稳定粮食产能、促进可持续发展的重要举措,有助于减少化肥农药投入、降低耕地利用强度、改变过度依赖资源消耗的发展方式,让土地得到休养生息。

江苏省委省政府《关于深入推进农业供给侧结构性改革促进农民持续增收的意见》(苏发〔2017〕1号)中提出要"开展耕地轮作休耕制度试点,鼓励开展生态休耕,合理确定补助标准,保障农户收益"。2019年,江苏省开展轮作休耕试点面积合计7.4万hm^2以上。除部、省级试点任务外,江苏省拟在苏南地区整体推进耕地轮作休耕,提出3年轮休一遍,2019年在苏南5市落实面积5.6万hm^2,其中太湖流域为4.3万hm^2。据绿肥体系联合江苏省农业技术推广总站于2019年4月在江苏省苏南地区20个轮作点(总面积超1 400 hm^2)调查表明,紫云英-水稻轮作土壤有机质提高3.3 g/kg,>2 mm的团聚体占比明显增加,土壤总孔隙度提高,部分调查样点土壤的蚯蚓和蚯蚓粪明显增多。土壤质量提升在稳定和提高粮食产量的同时,可减少面源污染,改善生态环境。

3.1.2 绿肥助力绿色/有机农产品生产

江苏省致力于打造基于绿肥的有机/清洁稻米产业,绿肥种植在江苏省优质稻米产业发展、绿色生产、打造新时代鱼米之乡中起着重要的支撑作用。江苏省以绿肥种植为主要模式的轮作休耕品牌稻米种植面积在1.33万hm^2以上,仍有巨大的发展潜力。绿肥不仅为水稻种植提供丰富的养分,促进绿色/有机稻增产,而且茬口较小麦提早10~20 d,有利于生育期较长的高产优质水稻品种的推广种植。2018年9月23日,在首个"中国农民丰收节"江苏省级主场的优质稻米评选中,获奖的优质稻米品牌均得益于轮作休耕实施区域中的稻田综合种养和绿肥种植模式。通过绿肥轮作生产出来的高品质大米越来越受到广大消费者的青睐。例如，南京浦口区、镇江市、常州市等地多家有机稻米种植专业合作社很早就自发应用“稻鸭(蟹)共作-紫云英”轮作模式，开发绿色稻米品牌，稻米价格达到15～40元/kg。

绿肥还具有很强的观赏性。常州市专业合作社在发展优质稻米产业的同时，将油菜、紫云英与观光旅游有机串联，进一步拓展农业多功能性，推动农村一二三产业融合发展，将“绿肥+”稻米产业与旅游、教育、文化等产业深度结合，积极发展休闲观光农业，全力打造既保有传统农耕文化特色、又展现生产美、生活美、生态美的“醉美东南”。

3.2 江苏省绿肥发展潜力

总体看，江苏省农区和果茶桑园的绿肥面积潜力为119万 hm^2，有效时空潜力为68万 hm^2・年(表4-2-11)。其中，农区发展绿肥的面积潜力为104万 hm^2，有效时空潜力为52万 hm^2・年；果园、茶园、桑园的绿肥面积潜力为16万 hm^2，有效时空潜力为16万 hm^2・年。

3.2.1 江苏省农区绿肥发展潜力

2019—2021年，江苏省作物播种面积平均为748万 hm^2，平均复种指数166%，绿肥种植利用空间较大。江苏省水稻种植面积222万 hm^2，主要绿肥制度为绿肥-水稻轮作。冬季作物主要包括小麦、大麦、油菜、蚕豌豆等。江苏省冬闲田面积约为104万 hm^2，可利用“富余”季节通过轮作方式发展绿肥，即，江苏农区发展绿肥的面积潜力为104万 hm^2。按适宜绿肥的时间6个月计，江苏省农区绿肥发展的有效时空潜力为52万 hm^2・年(表4-2-11)。

3.2.2 江苏省经济林园(果茶园)绿肥发展潜力

江苏省果园、茶园、桑园面积分别约为20万 hm^2、3万 hm^2和3万 hm^2，可通过间套作方式发展绿肥。落叶果园绿肥空间占比按70%计算、茶园和桑园绿肥空间占比按25%计算，果园、茶园、桑园的绿肥面积潜力分别为14万 hm^2、1万 hm^2和1万 hm^2，合计16万 hm^2。上述空间全年可利用绿肥，果园、茶园、桑园的绿肥有效时空潜力分别为14万 hm^2・年、1万 hm^2・年和1万 hm^2・年，合计16万 hm^2・年(表4-2-11)。

表4-2-11 江苏省绿肥种植时空潜力

区域	绿肥制度	对应的主作物面积/万 hm^2	绿肥空间占比/%	绿肥时长/个月	绿肥面积潜力/万 hm^2	绿肥有效时空潜力/(万 hm^2・年)
农区	绿肥-水稻轮作	104	100	6	104	52
	农区合计	104	—	—	104	52
经济林园	落叶果园	20	70	12	14	14
	茶园	3	25	12	1	1
	桑园	3	25	12	1	1
	经济林园合计	26	—	—	16	16
合计		130	—	—	119	68

注：绿肥有效时空潜力=对应的主作物面积×绿肥空间占比×绿肥时长。

4 江苏省绿肥生产主要技术模式

4.1 江苏省绿肥-水稻生产模式

4.1.1 绿肥播前准备

(1)品种选择与处理

各地根据播期、气候条件、翻压要求及后作水稻栽插(播种)时间,科学选择品种(表 4-2-12)。苏南地区主要选择早发性与耐渍性较强、生育期相对较短的早熟品种,推荐豆科类绿肥;苏北、苏中地区要选择抗寒性较强的中熟或中、晚熟品种,推荐禾本科类绿肥,茬口较早的也可选用豆科类绿肥。绿肥油菜一般可选用早熟、多抗、高硫苷的白菜型、芥菜型品种。

播种前,选择晴好天气连续晒种 2～3 d,晒种时要摊匀、晒透。对于硬实、硬粒种子,播种前可按照种子和细砂 2:1的比例拌匀后装在编织袋中揉搓 5～10 min。建议在新种豆科绿肥的田块或有条件的情况下,接种豆科绿肥专属根瘤菌。地力较差的田块,建议采用磷肥拌种,地力较好可以不用拌种。

(2)开沟和晒田

绿肥播种前要开沟,以便控制田间土壤湿度,防止田间渍水。面积较小的田块,可以开一条深度与宽度适宜的直沟;土质黏重或面积较大的田块,需要开好横、竖沟及主、次沟等配套沟系。

土质黏重且有渍水的稻田,结合开沟排水进行适当晒田,再覆浅水播种。播种绿肥时保持土壤湿润或有 1～2 cm 浅水层。大部分种子萌发时,保持田间湿润,切忌积水超过 24 h 以上。水稻收获前 10 d 左右开始,保持田面干燥,防止烂泥收割,机械踏坏绿肥幼苗。

(3)施基肥

基施过磷酸钙或钙镁磷肥 300 kg/hm^2,特别缺磷的土壤可以适当增施。酸性土壤地区磷肥宜选用钙镁磷肥。肥力较好的田块,可以不施肥。

4.1.2 绿肥播种

(1)播种量与播种期

播种方式和绿肥品种不同,推荐播种量不同(表 4-2-12)。撒播时播种量适当增加,条播时播种量减少,随播期推迟,播种量适当增加。

播种期一般在 9 月中下旬至 10 月下旬,霜降后不做重点推荐。

表 4-2-12 江苏省稻茬绿肥适宜种类及播种量、播种期

种名	播量 /(kg/hm^2)	播期 /(m/d)	种名	播量 /(kg/hm^2)	播期 /(m/d)
紫云英	30～37.5	9/20～10/30	肥田萝卜	15～22.5	9/20～10/20
箭筈豌豆	75～105	9/20～10/30	红三叶	18～26	9/20～10/20
毛叶苕子	45～60	9/20～11/10	绛三叶	22.5～30	9/20～10/30
光叶苕子	45～60	9/20～10/30	白三叶	15～18	9/20～10/20
金花菜	15～22.5	9/20～10/30	黑麦草	22.5～30	9/20～11/20
绿肥油菜	15～22.5	9/20～10/20	二月兰	22.5～30.0	9/20～10/20

(2)播种方式

稻底套播:在水稻生育后期(收获前 20 d 内)将绿肥种子播进稻田。播种后最好用竹竿或绳子轻轻拨动稻株,促进种子落入稻田。

混播:主要是紫云英和苕子、油菜、多花黑麦草等绿肥混播。绿肥混播能提高冬前覆盖度,增加绿肥产量,改善绿肥养分组成,提高土壤改良效果。

免耕直播:水稻收获后,稻田不经任何翻耕,先使用除草剂灭除杂草,接着灌水沤田,然后根据土壤肥力情况酌施基肥,待水层自然落干后,将绿肥种子直接播种到田里。

浅旋直播:水稻收获后,用旋耕机或微耕机将 10~15 cm 的土层切碎、混合,做到松土、碎土、平土的有机结合,然后将绿肥种子播种到田里。

(3)播种方法

播种可采用撒播、条播等方法。人工撒播要均匀,有条件的地方可采用机械喷粉器喷播或机械点播,采用免耕直播方式的可选择免耕直播机,集开沟、播种、覆盖一体化,以提高播种效率。

4.1.3 绿肥田间管理

(1)肥水管理

追肥:稻田肥力较低时,建议适量追肥。如果稻田肥力较高或进行绿色稻米生产,在绿肥生长过程中可以少施肥或不追肥。开春后,根据田间苗情,追施 45%三元复合肥 150~300 kg/hm^2。

水分管理:冬季少雨易干旱,需灌 1~2 次"跑马水";春季雨水较多,需要在开春后清沟理墒,以便田块内的积水能够迅速排出。

(2)病虫害防治

病害主要有菌核病和白粉病等,虫害主要有蚜虫、蓟马和潜叶蝇等。危害较重时,注意防治。

4.1.4 绿肥作物翻压

(1)适期翻压

一般在绿肥作物盛花至终花期前后翻压还田,也可结合后茬移栽水稻的栽插或直播水稻的播种时间,提前 2~3 个星期翻压。

(2)适量翻压

绿肥的适宜翻压量根据水稻品种和土壤肥力水平确定,以紫云英为例,土壤肥力较高的稻田,紫云英鲜草翻压量以 22.5~37.5 t/hm^2 为宜,肥力较低田块的翻压量可略有提高。鲜草产量过高(一般高于 45 t/hm^2)的田块应适当提前翻压,或者将部分鲜草移到其他田块。

(3)水分管理

干田耕翻,耕翻深度以 15~20 cm 为宜,尽量让土壤覆盖绿肥。绿肥耕翻 2~3 d 后浅水沤田,保持 1~2 cm 浅水层。水量过多,易造成养分损失。水量过少,不利于绿肥腐烂分解,还容易引起杂草滋生。绿肥翻压后至水稻播种(或移栽)前不主动排水,防止养分流失。

(4)土壤管理

土壤偏酸的田块,有条件的地区可于翻压前施用石灰 750 kg/hm^2。

4.1.5 绿肥翻压后的水稻管理

(1)适期接茬播栽

移栽水稻田，应在绿肥沤制 5 d 以上进行移栽。抛秧水稻田，应在绿肥沤制 7～8 d 以后抛秧。直播水稻田，稻种应在绿肥沤制 10 d 以后下田。

(2)肥料使用

翻压绿肥的田块，后茬水稻氮肥用量一般可以减少 20%左右，或者按照 1 t 绿肥鲜草翻压量减少 1～2 kg 纯氮折算施肥量。

绿肥田块的地力较强，可以按照高产、超高产目标实施水稻生产。

(3)水分管理

绿肥作物翻压还田后的 1 个月内尽量不排水，合理灌水。水稻移栽后 2～3 d 后及时露地通气增氧，做到干湿交替，够苗期及时搁田。拔节长穗期保持田间湿润，灌浆结实期湿干交替，养根保叶，活熟到老。

4.2 江苏省果园绿肥种植利用模式

4.2.1 绿肥品种选择及播种量

适宜绿肥品种主要包括白三叶草、毛叶苕子、鼠茅草、黑麦草、紫花苜蓿。播种量通常为：白三叶草 15～18 kg/hm^2(撒播)，10 kg/hm^2(条播)；鼠茅草 22.5 kg/hm^2(撒播)，15 kg/hm^2(条播)；毛叶苕子，一般土壤条件 30～45 kg/hm^2，较贫瘠的土壤条件 45～60 kg/hm^2；黑麦草 15～22.5 kg/hm^2；紫花苜蓿 19.5～22.5 kg/hm^2。

4.2.2 播种时间

9 月下旬至 10 月上旬。

4.2.3 土壤准备

深翻后，施磷酸二铵 150～180 kg/hm^2，尿素 75～105 kg/hm^2，并平整土地。

4.2.4 播种方式

行间或树盘下留出 1 m 营养带不种绿肥。草种撒播、条播均可，以条播为好。条播行距 30～40 cm，播前按 1 kg 种子搅拌 20 kg 细沙，撒匀，轻耧，扫平，播种深度不超过 1 cm。

4.2.5 播后管理

出苗后及时拔除杂草，苗高 10 cm 左右撒施尿素 37.5～60 kg/hm^2。草高 30 cm 左右时及时刈割，刈割时留 5～10 cm 的茬，将割下来的草覆盖于树盘。

4.2.6 制度轮换

绿肥种植 4～6 年后，可与免耕制度轮换，也可耕翻 1～2 年后再种植绿肥。

参考文献

[1]陈卫平，陆爱华，陈宗元，等. 江苏黄河故道地区苹果园生草及覆盖试验[J]. 中国南方果树，2006，35(6)：76.

[2]顾荣申，洪汝兴. 江苏省绿肥品种利用和发展途径[J]. 江苏农业科学，1982(5)：39-42.

[3]胡枫，杨熠路，倪照君，等. 生草对桃园土壤及桃果实品质的影响[J]. 江苏林业科技，2020，47(3)：31-37.

[4]江苏省农业科学院土肥研究室. 江苏省绿肥生产发展的特点和问题[J]. 江苏农业科学，1977(6)：25-28.

[5]刘亚柏. 有机水稻-红花草轮作对有机稻产量及土壤肥力的影响[J]. 江苏农业科学，2014，42(12)：72-74.

[6]王琳，管永祥，陈震，等. 不同种类绿肥养分积累比较及对水稻产量的影响[J]. 江苏农业学报，2020，36(5)：1139-1143.

[7]邢弘擎. 间作豆科绿肥对茶园土壤性状与茶叶品质的影响研究[D]. 南京：南京农业大学，2020.

[8]薛文风. 不同绿肥植物功能性状差异及其对土壤生态功能的影响[D]. 南京：南京农业大学，2019.

[9]周影，王琳，魏启舜，等. 晚播对紫云英生长、养分积累和根际微生物的影响[J]. 土壤，2019a，51(1)：46-50.

[10]周影，魏启舜，赵荷娟，等. 不同促生菌剂在绿肥蚕豆的应用效果研究[J]. 江西农业学报，2019b，31(2)：46-50.

[11]朱小梅，温祝桂，赵宝泉，等. 种植绿肥对滨海盐渍土养分及盐分动态变化的影响[J]. 西南农业学报，2017，30(3)：1894-1898.

Ⅲ　江西省绿肥生产历史、现状、潜力及模式

1　江西省绿肥生产历史

1.1　绿肥生产利用历史

1.1.1　中华人民共和国成立前绿肥生产利用

江西省生产绿肥历史悠久。明代徐光启的《农政全书》、宋应星的《天工开物》等古代农书中，对绿肥种植利用均有记述。《农政全书》载："苗粪如蚕豆，大麦皆是，草粪如翘尧，陵茹，江南皆特种以壅田，非野草也"。翘尧即为紫云英，陵茹为肥田萝卜。

清光绪二十九年(1903)，曾任江西抚州知府何德刚撰《抚郡农产考略》，不仅对当地主要绿肥栽培技术做了较为翔实的介绍，且首次提出用于肥田的萝卜特征。"萝卜叶青、花白、秆直，上长二尺三、四寸，较大者稍高。有大小两种，大者为蔬菜，小者专为肥田之用。""萝卜子种时用猪骨灰拌种下之，亩田需用猪骨一斤。红花草宜乌灰(草木灰)一、二石，大肥(水粪)十余石。""糯米未获时，其田可先播种红花草种。临、崇多种于豆田或早稻、荞麦田内，其田有豆或麦，用长锄拖沟，溜撒草籽于沟内。""红花草比萝卜籽尤肥田，为早稻所必需，可以固本助苗，其力量可以敌粪一、二十石，无草者以重本肥料壅之，其苗终不茂，故以种红花草极多，不敢以种子贵而稍吝也。"

民国年间，利用肥田萝卜、红花草(紫云英)作绿肥，各县志多有记载。如《乐平县志》《宜丰县志》"还有种萝卜、油菜做绿肥的"。根据民国《经济旬刊》，1934 年全省有南昌、信丰、上高、宜丰、清江、宜春、萍乡、赣州、东乡、南城、崇仁、余江、余干、上饶、永修、靖安、奉新、武宁、修水、铜鼓、星子、乐平、吉安、安福、泰和等 28 个县种植红花草，播种面积 11.65 万 hm^2，除靖安、奉新两县不收籽外，其余县亩收种 0.98 石(15 亩＝1 hm^2，1 石＝60 kg)，种萝卜肥田的仅新建、清江、新余、余干、永修数县，统计共 1 742.6 hm^2，收种 14 859 石，以后面积逐渐扩大。据 1940 年《经济月报》资料，1936—1939 年，每年种植绿肥作物面积均在 23.3 万 hm^2 左右。

1.1.2　中华人民共和国成立后绿肥生产与利用

1949 年，全省绿肥作物播种面积仅 28 万 hm^2，占耕地面积的 11.3%，平均鲜草 4.5 t/hm^2。1953 年播种面积上升到 57.7 万 hm^2，以后逐年扩大。

1966—1975 年连续 10 年，绿肥作物年播种面积平均为 145.1 万 hm^2，占耕地面积 53.1%。其中 1969 年种植面积最大达 157.2 万 hm^2，占当年耕地面积的 64.7%。1976 年开

始下降为 139.5 万 hm^2，至 1980 年下降到 120.8 万 hm^2，仅占当年耕地面积 46.6%。以后由于化肥用量逐年增加，复种指数提高，绿肥作物面积又有所降低。20 世纪 90 年代，因种植业结构调整，大面积扩种油菜，绿肥作物面积继续下降，至 1992 年下降为 73.8 万 hm^2，只占当年耕地面积的 31.2%。进入 21 世纪，随着城市化发展，农村劳力大量向城市转移，绿肥播种面积进一步下滑，至 2007 年更是下降至 29.8 万 hm^2，仅占当年耕地面积的 13.9%(图 4-3-1)。

在绿肥播种面积下降的同时，绿肥鲜草产量也不断降低。20 世纪 60 年代前期、中期，全省绿肥鲜草产量多在 22.5～30 t/hm^2，部分县、乡曾达到 45 t/hm^2 以上，并出现 75 t/hm^2 以上的高产典型；80 年代以后，由于生产管理粗放等原因，鲜草产量也逐渐降低，为 15～18 t/hm^2；90 年代绿肥鲜草产量更是下降至 13.5 t/hm^2 左右。21 世纪初，受生产管理、气候异常及土壤条件变化等多重因素影响，绿肥有种无收的现象不在少数，严重影响了绿肥生产发展和耕地质量提升。

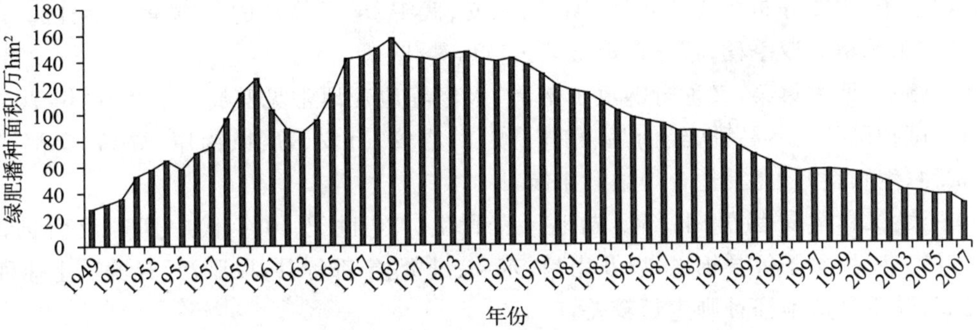

图 4-3-1 江西省绿肥播种面积的演变(1949—2007 年)

1.1.3 促进绿肥产业发展的政策

在肥料不足的年代，各级政府高度重视绿肥工作。1955—1975 年，当时的江西省人民委员会、省革委会、省农业厅和省供销合作社发布了一系列的指示、计划、通知，出台相关政策。如，1955 年江西省人民委员会发布《关于加强绿肥留种工作，保证完成今秋扩种绿肥任务的指示》，1956 年江西省供销合作社、江西农业厅和江西省粮食厅联合发布《关于解决今年冬播绿肥种子的措施及布置明年留种任务的联合通知》，1957 年江西人民委员会发布《关于加强绿肥种子收购、调剂、供应工作，争取完成今冬播种绿肥计划的通知》，1958 年江西省人民委员会发布《关于扩大绿肥种子预收购的通知》，1964 江西省人民委员会紧急通知要求各地建立红花草种子留种基地和种子田，1968 年江西省革命委员会指示开展夏季积肥造肥运动，1975 年江西省革命委员会在省农业局《关于认真抓好冬季农业生产的报告》中指示各地必须抓好绿肥生产。一系列政策，推进了江西省绿肥生产发展。

1980 年后，由于化肥用量增加，全省绿肥种植面积逐年缩减，耕地土壤酸化、结构板结和地力衰退问题逐渐显现。江西省农牧渔业厅于 1988 年利用现代农业发展资金和耕地保护与质量提升项目资金，实施绿肥"丰收计划"，在粮食主产县等示范效果明显的地区开展绿肥种植补贴，作为早稻增产的综合技术措施之一予以推广，效果良好，引起了原农业部的重视，并在次年被列入农业部"丰收计划"，每年以项目形式下达。1990 年 3 月，农业部在江西鹰潭召开南方各省冬绿肥生产汇报会，并进一步落实绿肥丰收计划。

1.2 种质资源收集整理

1.2.1 冬季绿肥资源

江西省冬季绿肥作物种类较多，主要有紫云英、肥田萝卜、苕子、箭筈豌豆、金花菜、黑麦草、三叶草等。

紫云英：种植历史悠久。传统种植区的永修、新建、南昌、丰城、清江（现樟树）、宜春、萍乡、临川、南城、贵溪、弋阳、铅山、余江、乐平等县、市、区大部分有地方良种。中华人民共和国成立后，紫云英播种面积逐年扩大，至20世纪60年代末，已遍布全省。

肥田萝卜：又称满园花，中华人民共和国成立前是江西省主要绿肥作物之一，遍及全省各地，以南部和中部各县种植面积较大。20世纪50年代后期开始，随着紫云英的扩种，播种面积逐年缩小，80年代随着紫云英面积下降又有所扩大。

蓝花苕子：主要分布在北部九江、瑞昌、德安、武宁、星子等县的一季早、中稻区。1956年以后，随着单季稻改双季稻，苕子逐渐被紫云英所替代。

箭筈豌豆：即大巢菜，又称野豌豆。南昌、永修等地麦地常见其野生。20世纪70年代后逐渐引进试种国外优良品种，经南昌、信丰、峡江、吉安、万安、赣县、南康、寻乌、宁都、贵溪等县、市试种，生长良好，尤其适合旱地和果园。

金花菜：又称黄花苜蓿，北部滨湖地区有野生。20世纪60年代中期广泛引进试种于九江、彭泽、瑞昌、星子等县棉区，以及南昌、东乡、进贤、宁都等县，以肥沃、轻壤质土播种，草种产量最高，黏重贫瘠地播种则生长较差。

黑麦草：1952年由原江西省农业科学研究所（现为江西省农业科学院）首次引进，种植于莲塘，鲜草产量高。嗣后引种到新建、高安、安义、吉安、泰和、修水、贵溪、石城等县、市，生长普遍良好。对改良土壤结构或用作于家畜优质草料，具有良好效果。可单播，更适合与紫云英、苕子、三叶草、肥田萝卜等混播。泰和等县在20世纪80年代在耕作制种插入一茬黑麦草，作为奶牛的大宗优质饲草来源。

绛三叶草：亦称地中海三叶草。20世纪50～80年代多次分批引进，试种表现良好。播种期及播种量与金花菜相近，耐旱不耐湿，最适合于果、茶、桑园和旱地冬季种植，最高鲜草产量可达60 t/hm^{2}以上。

1.2.2 夏季绿肥资源

江西省夏季绿肥作物种类主要有印度豇豆、饭豆、竹豆、田菁、柽麻、木豆等。

印度豇豆：50年代由原江西省农业科学研究所引进，产草量大，肥用及饲用价值高。20世纪80年代主要在柑橘园大量种植，播种面积逐年扩大。

饭豆、乌豇豆：遍布江西各地，地方品种较多。每年自春季至秋季可3次播种，3次刈割利用。

竹豆：在新余、宜春、分宜等县坡地有野生。江西省红壤研究所在20世纪80年代培育出竹豆新品种，表现出适应性广、产草量高、抗逆性强等特点。

大叶猪屎豆：20世纪50年代引进，60年代扩散到红壤丘陵地区。适应性强，抗旱、抗病能力强，可作为红壤改造的先锋作物，对熟化红壤发挥过促进作用。因其茎叶含氢氰酸，牲畜误食易中毒，逐渐被淘汰。

田菁:20 世纪 50 年代引进,70 年代曾广泛被栽培利用。滨湖堤坝滩头种植作饲草和绿肥利用,发展前途大。

柽麻:又名太阳麻。20 世纪 50 年代初引进,河滩、草洲等壤质肥沃土地种植,植株高大,果园曾利用作间作绿肥栽培。

木豆:20 世纪 60 年代引种南昌,茎枝欠繁茂,花期迟,难以收种。1984 年引种赣县、南康,则表现为枝叶丰茂产量高,且能收获籽实食用。

1.2.3 多年生绿肥资源

主要有胡枝子、葛藤、紫穗槐、紫花苜蓿、红三叶、白三叶等。

胡枝子和葛藤:广泛野生于低山、丘陵及平原的河坝高地。中华人民共和国成立后驯化栽培的有大叶胡枝子、二色胡枝子。葛藤主要是普通葛藤,成长后茎叶繁茂庇荫地面,根系发达,能防止水土流失。

紫穗槐:20 世纪 50 年代引进,主要用作铁路护路固坡灌木。作绿肥和饲料栽培,每年可多次刈割,丛生新枝条可作荆编材料。

紫花苜蓿、红三叶草、白三叶草:自 20 世纪 50 年代开始陆续从外省引进试种,第一年普遍表现生长较差,每年可刈割 2～3 次。

1.2.4 水生绿肥资源

水生绿肥主要有满江红、水葫芦、水浮萍、水花生和固氮蓝藻等。

满江红:又称红萍。20 世纪 60 年代初开始采集全省各地野生萍种,提纯去劣,加以人工养殖,并推广作为稻田绿肥。70 年代先后引进不同的细绿萍品种加以推广,80 年代初取代地方品种。以瑞金、宁都、大余、龙南、修水、铜鼓、奉新各县养殖面积较大。1976 年,赣州地区养萍 0.53 万 hm^2,1979 年达到 0.95 万 hm^2。除用作绿肥外,还可作为饲料。在池塘及受污染的稻田放养红萍具有净水、防蚊、除毒的效果。

水葫芦:野生于省内部分浅水域。适应性强,耐高温,夏季繁殖快,产草量高,但根系庞大,难以沤腐,不适宜稻田养殖或直接压青。由于茎叶柔嫩,适口性好,农村主要用作饲料。一般采取生喂、青贮发酵等方式喂养牲畜。

水浮莲:20 世纪 60 年代由广州引进,很快遍布全省各县农村。水浮莲不适宜稻田放养,尤以越冬难以保种,故养猪农户多在水面放养,夏、秋季陆续捞取作为饲料和肥料。

水花生:又称革命草。野生于沼泽及潮湿地带空闲水面。人工培育繁殖很快,产草量高,植株具有富集土壤和水体中的钾素能力,含钾量高,被视为生物钾肥肥源之一。直接压青难以腐沤,且容易萌发滋生难以根除。

固氮蓝藻:20 世纪 70 年代末引进瑞昌、南昌等地。水池培养母藻,管理周到,繁殖速度快。若将母藻放养大田,则经受不住暴风骤雨,温度变化及田间杂藻、油污、农药等影响,短时间内可造成藻体全部死亡,无力固氮和对水稻供肥,推广应用面积不大。

1.3 绿肥种植模式

1.3.1 绿肥种植制度

绿肥-早稻-晚稻是江西稻田主要种植制度。在单季稻田,绿肥种植制度包括:绿肥-早(中)稻轮作,或在一季早、中稻及稻麦、稻油两熟中的早、中稻收获后,填闲种植田菁、柽麻、绿豆、泥豆等短期绿肥，生长 50～60 d 后耕沤种麦或油菜。也有冬季种植紫云英、苕子、油菜等绿肥作物，早春种瓜或蔬菜，收获后接茬晚稻，实现水旱轮作。在间作套种绿肥方面，主要是在幼龄果树、茶园行间间作蚕豆、豌豆、肥田萝卜、印度豇豆、绿豆等绿肥作物，在盛花期就地翻压或刈割后覆盖树盘。

20 世纪 50 年代初期，中央农业部提出"单季改双季、间作改连作"，江西省开始进行水稻"单季变双季、中稻变早稻、旱地变水田"的种植制度改革，复种指数由 1949 年的 135%增加到 50 年代末的 210%。为解决双季稻肥源需求，绿肥播种面积由 1949 年的 28.0 万 hm^2 发展至 1959 年的 116.1 万 hm^2。60 年代中期，水稻"高秆变矮秆"，全省大面积推广应用矮秆水稻品种的同时，绿肥-早稻-晚稻种植制度大量增加，耕地复种指数由 1960 年的 220.3%提高至 1969 年的 244.7%(含绿肥)，绿肥播种面积由 1960 年的 127.4 万 hm^2 发展至 1969 年的 157.2 万 hm^2，达到江西省绿肥生产面积的最高峰，冬闲田面积仅占当年耕地的 17.1%。20 世纪 80 年代后期开始，双季稻面积增加，但绿肥面积下降，1990 年，绿肥占农作物总播种面积的比例下降至 14.8%，不含绿肥复种指数增加至 208.9%(表 4-3-1)。

表 4-3-1 江西省 1949—1991 年耕地复种指数变化(黄国勤，1994)

年份	绿肥占农作物总播种面积比例/%	复种指数/%	
		含绿肥	不含绿肥
1949	8.76	135.0	123.2
1950—1959	13.40±3.14	174.6±27.1	150.5±18.8
1960—1969	21.31±4.13	213.5±15.7	167.5±5.6
1970—1979	24.37±0.72	239.1±2.2	180.9±2.1
1980—1989	18.47±2.23	231.2±2.3	187.3±4.2
1990	14.76	245.1	208.9
1991	14.16	248.7	213.5

1.3.2 绿肥种植方式

绿肥种植方式包括套种、间作、翻耕播种和混播等。

(1)套种绿肥

主要是在晚(中)稻、秋玉米或棉花等晚秋作物的生育后期将冬季绿肥套种在其行间，以克服绿肥适期播种与前茬作物未能收获的矛盾，延长绿肥生长期，提高绿肥鲜草和种子产量。江西省农业科学院于 1982 年在晚稻收获前(10 月 4 日)套种紫云英，紫云英鲜草产量 42.9 t/hm^2，而在晚稻收获后(11 月 2 日)翻耕播种紫云英，其鲜草产量为26.97 t/hm^2，套种比翻耕播种的紫云英鲜草产量高 59.1%。

(2)间作绿肥

主要是在冬季作物油菜、大麦和蚕豆等行间间作紫云英等，以及在果、茶、桑园行间间作紫云英、肥田萝卜等绿肥。

(3)绿肥混播

在 20 世纪 60 年代以前，江西就有紫云英与肥田萝卜、油菜及大麦等混播作绿肥的传统。江西省农业科学院连续 2 年进行紫云英与油菜混播试验结果表明，混播油菜籽产量平均 370.5～772.5 kg/hm^2，为单作油菜籽产量的 40.1%～83.5%；混播紫云英鲜草产量 13.4～19.5 t/hm^2，为单作的 48.5%～70.7%；按照单位面积总产出进行比较，混播较单作产量提高 10.8%～32.0%。中国科学院南京土壤研究所在江西鹰潭红壤旱地开展的紫云英与黑麦草混播试验结果表明，在紫云英常规播种量(37.5 kg/hm^2)减少 20%基础上混播7.5 kg/hm^{2}的黑麦草种子，绿肥鲜草产量 21.59 t/hm^2，比紫云英单作产量提高 55.2%，地上部产出氮、磷、钾积累量比单作紫云英分别增加 23.2%、59.4%和 56.2%。

1.3.3　绿肥作物利用方式

绿肥作物利用方式主要是就地翻压用作下茬作物的基肥，也有将部分刈割后用于牲畜饲草。

(1)绿肥利用

适宜的绿肥翻压时期，主要取决于后茬水稻的种植时期。一般 3～4 月份翻压绿肥，10～15 d 后即有大量的养分被释放。绿肥翻压量，以紫云英为例，一般中等肥力的水稻土，栽培不耐肥的水稻品种，翻压量以 22.5 t/hm^2 为宜；对于肥力较高的土壤，翻压量以15 t/hm^2 为宜。栽培耐肥较强的水稻品种，紫云英用量可以适当提高。20 世纪 60 年代，江西省农业科学院通过试验，在紫云英盛花期翻压鲜草 15～22.5 t/hm^2 的增产效果最好，在等量施肥条件下，绿肥干耕湿沤的方法比深水耕沤一般可使水稻增产 10%左右。

(2)饲草利用

将部分高产田块的绿肥刈割，饲养猪牛，以粪肥田，能达到既养猪牛又积肥的双重功效。江西省农业科学院试验，用紫云英喂猪，可以从猪粪中回收紫云英中 76.5%的氮、96.2%的磷和 77.8%的钾，利用猪粪肥料与绿肥直接翻压比较，稻谷虽然少收 12.2 kg，但可使猪体重增加 26 kg，经济价值更高。20 世纪 90 年代，江西农业大学研究的“紫云英-水稻-猪-沼气”复合生态模式比传统的肥-稻-稻和冬闲-双季稻收益分别增加 1 944 元/hm^2 和 2557.5 元/hm^2，分别增长 31.2%和 45.6%。

1.4　绿肥对农业生产的历史贡献

1.4.1　改良利用红壤及中低产田

江西省红壤面积约 1 053 万 hm^2，占全省土地面积的 63.2%。“酸、瘦、板、蚀”是红壤主要障碍因子，障碍存在的根本原因是有机质缺乏。土壤有机质的稳定和提高，主要依靠有机物料的投入，利用绿肥是改良利用红壤的主要技术措施之一。江西省红壤研究所在红壤低产田种植冬季绿肥，与冬闲比较，5 年后土壤有机质含量增加 3.0～5.8 g/kg，土壤胡敏酸和富啡酸也得到增加，土壤结构改善。同等施肥条件下，红壤旱地改水田，采用绿肥-早稻-晚稻种植制度，10 年水稻年平均产量 10.4 t/hm^2，较之旱地麦豆薯种植制度产量(折算稻谷)增加32.4%。冬季绿肥对新垦红壤稻田有明显的培肥效果，1978 年以前，江西省改造红壤低产田 13.8 万 hm^2，开垦荒地 20 多万 hm^2，一般增产 30%～50%；1965 年和 1974 年分别创造8 万 hm^2 红壤改良大样板，粮食总产增长 10%～83%。

1.4.2　稳定和增加粮食产量

中华人民共和国成立初期，化肥很少。1950 年全省耕地平均仅有化肥 3 kg/hm^2。为适应江西水田改制和双季稻扩种，解决粮食生产肥源成为当时各级政府的重要工作。农村俗语“种下红花草，等于早稻收到一半。”又据老农经验，“每亩播种一升半红花草籽可以肥上二亩田，抵得上二十担大粪，每亩可以增加稻谷五斗至一石”。为此，1950 年 9 月，江西省人民政府指示“发动群众，普遍进行播种红花草籽，奠定明年春肥基础。”1954 年，绿肥播种面积达到 64.9 万 hm^2，占当年耕地面积的 23.5%，全省粮食总产 575 万 t。至 1960 年，绿肥面积扩大到 127.44 万 hm^2，占耕地面积的 47.2%，全省粮食总产 628.5 万 t。绿肥生产的发展，促进了全省粮食增产增收。1969 年，绿肥作物种植面积达到历史最高峰，为 235.8 万 hm^2，占耕地面积的63.9%，全省绿肥鲜草平均产量也提高到 30 t/hm^2 以上。绿肥产量的提高，保证单改双和耐肥高产的矮秆良种的推广以及增加其产量的肥源需求。20 世纪 50 年代至 70 年代中期，全省稻谷总产由 1950 年的 419.3 万 t、1960 年的 551.49 万 t，提高到 1970 年的 929.86 万 t，稻谷总产提高与绿肥种植面积基本同步(图 4-3-2)，绿肥对水稻生产和发展起着重要的作用。

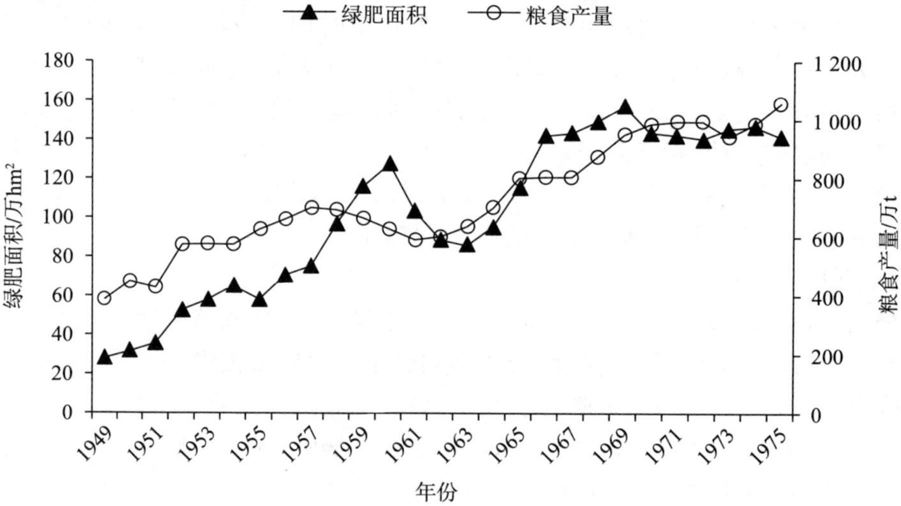

图 4-3-2 江西省绿肥播种面积与稻谷产量(1949—1975 年)

1.5 绿肥作物研究

江西绿肥作物研究与推广应用最早应追溯到 1934 年成立的江西农业院(江西省农业科学院的前身)。1937 年，江西农业院开始引进试种南洋猪屎豆、苦劳豆、柽麻、胡枝子、锦江兰、山木豆、甜玉叶等夏季绿肥和苕子、马豆等冬季绿肥作物。20 世纪 50 年代至 80 年代，在赣南紫云英扩种、绿肥作物种质新资源引进、整理与适应性评价，紫云英、苕子留种技术研究，红壤性低产田绿肥间混套种技术，绿肥作物鲜草高产技术，紫云英地方品种的提纯复壮和新品种的选育，紫云英有效利用，果园绿肥利用等方面取得了一系列的研究成果。原江西省农业科学院作物研究所肖道庸、钱建奇等，在系统总结绿肥作物研究成果的基础上，编著出版了《绿肥栽培与利用》，这是我国较早的系统性绿肥著作。

1.5.1 全省各地扩种紫云英

中华人民共和国成立初期，为适应江西水田改制和双季稻扩种广开肥源的需要，促进农业生产迅速恢复与发展，1950 年，原江西省农业科学研究所派驻蹲点工作组赴从未有种植红花草习惯的赣南地区进行技术辅导试种，1954 年在南康(包括龙南、大余)成功建立示范样板，并在 17 个县重点推广 73.3 hm^2。1955 年又建立瑞昌样板，1958 年建立东乡样板，其他县、乡也相应建立样板点，至 1959 年原中部、北部历来种植肥田萝卜的地区，几乎为紫云英所取代。进入1963年，为改造大片低产田，江西省农业厅从宜春、上饶、吉安地区聘请了一批紫云英种植能手去赣南协助进行技术辅导，并继续在各地开展绿肥高产示范，使全省紫云英种植面积不断扩大。如赣州地区1965年播种面积为2.95万 hm^2，占当年耕地面积的52%，到1974年达到15.8万 hm^2；吉安地区虽经几次回落，1980年全区仍有18.7万 hm^2，占全区耕地面积的50.9%；九江地区在中华人民共和国成立前后只有永修、修水、武宁、星子等县有紫云英种植，到1960年几乎普遍种植紫云英，1980年达到9.2万 hm^2，占耕地面积的38.1%，原有的苕子全部被紫云英所替代。江西历年大面积种植紫云英的高产事迹，曾多次受到中央和南方各省的重视。1960年4月，南方13个省、市组织人员到江西萍乡、东乡、乐平等地进行现场观摩学习。

1.5.2　绿肥种质资源收集整理

20世纪50年代中期，全省各地区普遍开展绿肥引种试验，从中筛选适宜于不同茬口种植利用的绿肥作物种类。引进的种质资源有：金花菜、草木樨、箭筈豌豆、田菁、竹豆、豇豆、三叶草、满江红、猪屎豆、柽麻、紫穗槐、大绿豆、黑麦草、苏丹草等。在红壤改良利用中引进筛选出适应江西红壤种植的耐旱优质肥饲兼用型绿肥作物有：象草、牛尾草、苇状羊茅、草芦、非洲狗尾草、坚尼草、宽叶雀稗、小冠花、紫花苜蓿、秸草、苏丹草、黍草、印尼绿豆、马唐、鸡眼草、胡枝子、野兰草、竹豆、鹅观草等。

20世纪50～60年代，江西农业科研机构对绿肥作物地方品种和野生品种进行了长期调查整理与开发利用。经过整理，筛选出以下优良地方品种。

紫云英：南昌种、丰城种、萍乡种、南城株良种、崇仁种、临川种、余江种、贵溪种、弋阳种、铅山种、乐平种、永修种等。其中，南昌种、萍乡种属于晚熟品种，余江种、崇仁种属于中熟品种，乐平种、永修种属于早熟品种。

肥田萝卜：信丰白萝卜、江口萝卜、吉安水东萝卜、永丰铁园萝卜、丰城淘沙萝卜、南昌扬子洲萝卜、安义万埠萝卜。其中信丰白萝卜和永丰铁园萝卜产草量高，成熟早，有利于茬口安排。

蓝花苕子：以瑞昌苕子、九江苕子表现较好，武宁苕子产草量低，但成熟早。

豌豆、乌豇豆、绿豆：豌豆以赣州麻豆、新建豌豆较好；赣州麻豆属紫花豌豆，耐旱、耐瘠。进贤乌豇豆、肾状乌豇豆、莲塘红豇豆等品种适应性强，产草量高、品质好。绿豆以高安绿豆生产性能较好。

1.5.3　绿肥新品种培育

江西省农业科学院从20世纪70年代开始紫云英新品种选育，钱建奇、肖道庸等于1975年以"湘肥1号"紫云英为材料选育出紫云英新品种"75-3-51"，平均产鲜草36 t/hm^2，比对照增产18.2%，最高产鲜草65.4 t/hm^2，1990年经江西省农作物审定委员会审定，定名为"赣紫2号"；1975年从永修紫云英中通过单株系选出新品系"75-3-03"；以无锡紫云英为父本、乐平紫云英为母本有性杂交选育出新品系"75-2-06"等。原余江县种子站与上饶农业学校协作，于1975年从地方种余江青秆种中系统选育出紫云英余江大叶种，平均产鲜草37.5 t/hm^2，最高达60 t/hm^2，1983年获得省科技推广二等奖，1990年经江西省农作物审定委员会审定，定名为"赣紫1号"，成为江西紫云英主要种植品种。

1.5.4　绿肥作物生产技术改进

在中华人民共和国成立初期，江西省绿肥平均鲜草产量仅有4.5 t/hm^2左右，至20世纪60年代后期，达到22.5 t/hm^2，并在不少地区出现过75 t/hm^2的高产田块。在绿肥高产种植技术方面，主要采取接种根瘤菌、以磷增氮、以小肥养大肥、增施微量元素肥料、合理灌排、合理轮作及间作套种以及高产应有的群体结构等。针对不同的土壤条件，提出了紫云英“肥田撒播、瘦田点播、旱地条播”播种方法。

（1）接种根瘤菌

20 世纪 60 年代初期，江西省在紫云英向赣南扩种及由平原向山区扩种的过程中，接种有效根瘤菌是扩种成功的关键。在没有种植过紫云英的土壤中，若不接种根瘤菌，扩种当年很难获得成功。在江西最南端的全南县扩种紫云英，接种根瘤菌的紫云英鲜草产量35.5 t/hm^2，不接种的鲜草产量为 15.5 t/hm^2。在未种植过紫云英的红壤旱地，接种紫云英根瘤菌是显著增加其鲜草产量的重要措施之一。

（2）绿肥养分管理

20 世纪 50 年代，进行了绿肥施用磷、钾肥试验，提出了“以磷钾增氮，以无机换有机”的增加绿肥产量新途径。60 年代开始推行紫云英硼、钼等微量元素浸种和叶面喷施技术，起到了较好的增产效果。在红壤旱地种植紫云英，施用磷肥有利于根系生长和干物质积累，能显著增加紫云英养分含量、鲜草和种子产量。300 kg/hm^{2}用量的钙、镁、磷肥拌种，紫云英盛花期植株干物质含氮量增加 3.45 g/kg，鲜草产量增加 20％以上。在紫云英-早稻-晚稻种植制度中，过磷酸钙施用于紫云英季对水稻的肥效，1 kg 磷肥能增产稻谷 14.8 kg，直接施用于水稻，1 kg 磷肥平均增产稻谷仅为 8.4kg。以 0.1％浓度的硼酸、钼酸铵处理紫云英种子 8 h 后再播种，较之清水浸种对照，鲜草产量分别增加 26.5％、21.5％，种子产量分别增加 26.9％和 13.1％。

（3）稻田绿肥干耕

绿肥采取干耕后晒垡 2～3 d 再灌水沤田，比泡水耕沤绿肥，改善了土壤通气状况，减少了有机酸和还原性物质的累积，水稻根系氧化能力增强，有利于水稻早生快发。

（4）旱地紫云英留种

1965 年，肖道庸、钱建奇等从总结群众经验入手，摸索出红壤丘陵旱地“下坡种植、抢雨深沟条播、接种根瘤菌、抗旱保苗、合理施肥、中耕补苗”紫云英留种栽培技术，既解决水稻茬口矛盾，又提高土壤肥力，产种量也高于水田留种。进贤县温圳乡沥背村旱地紫云英留种，产种子637.5 kg/hm^2，而水田紫云英种子产量仅为 292.5 kg/hm^2。

（5）水生绿肥安全越冬与越夏

水生绿肥着重研究满江红有性繁殖和解决安全越冬、越夏等问题。1978 年，江西大学程景福等，首先提出了满江红孢子和孢子果育苗技术，为满江红良种选育、培育萍果寄养小苗到大田放养奠定了基础。20 世纪 70 年代，江西省农业科学院先后引进细绿萍、卡洲萍等，并建立越夏样板，有力促进了稻田水生绿肥的发展。

2 江西绿肥作物发展现状

2008 年，绿肥生产止跌复苏。尔后，随着农作物化肥减施增效、果、菜、茶有机肥替代化肥等试点项目，以及绿肥行业专项的实施和绿肥体系的建设，全省绿肥生产面积基本稳定在 40 万 hm^{2}左右（图 4-3-3）。2008—2015 年，全省化肥用量由 133.0 万 t 上升至 143.6 万 t，绿肥面积由 29.8 万 hm^{2}发展至 52 万 hm^2，粮食总产由 1 958.1 万 t 增加至 2 148.7 万 t，粮食总产量与绿肥面积、化肥用量基本同步。

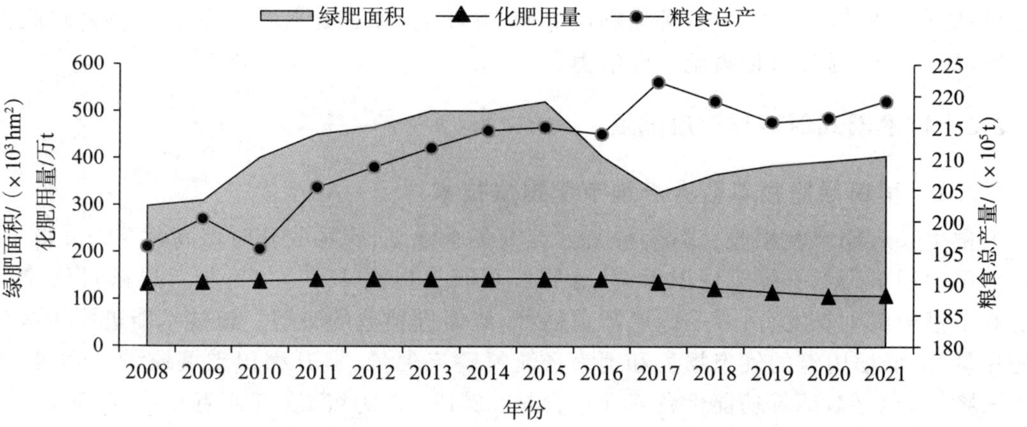

图 4-3-3　江西省绿肥种植面积与化肥投入及粮食产量变化(2008—2021 年)

2.1　种质资源引进与创新

引进紫云英种质 94 份、蚕豆种质 29 份、肥田萝卜种质 10 份、金花菜种质 11 份，建立绿肥作物种质资源圃 2 个；掌握了紫云英各生育阶段所需天数，为调控紫云英生育期提供支撑；选育出性状优良稳定、丰产稳产性好、抗逆性较强、早熟优势明显的肥田萝卜新品种“赣肥萝 1 号”；建立了“赣紫 1 号”原种繁殖基地。

2.2　生产利用技术进步

2.2.1　多科属绿肥混合种植

传统绿肥种植以豆科绿肥为主，也有采取豆科紫云英与十字花科的油菜或肥田萝卜的“三花”混播，鲜草产量提高 15%～20%。改两科属绿肥混播为豆科紫云英、十字花科肥田萝卜及禾本科黑麦草的“三科”混播，绿肥鲜草产量能提高 20%～40%，就地翻压后的水稻产量提高 10%以上。

2.2.2　水稻高留茬套种紫云英

与传统的水稻不留茬套种紫云英比较，高留茬套种紫云英，其平均鲜草产量提高 32.2%，植株含氮(N)量增加 5.2%。同时，水稻高留茬套种紫云英，协调了紫云英绿肥与稻草碳氮关系，有利于水稻当季养分供应与土壤培肥。

2.2.3　紫云英高效截获环境养分

通过水稻留高茬、磷肥拌种、接种根瘤菌、春季施氮、增施钾肥等技术的组装集成，紫云英鲜草产量增加，共生固氮及截获环境养分能力提高，减施化肥的潜力提升，实现了化肥减施下的水稻稳产增产。

2.2.4　绿肥-水稻一体化养分管理

在早稻移栽前 5～15 d 均可翻压绿肥。等氮条件下，绿肥氮占早稻总氮投入量的 20%，早稻、晚稻和双季稻产量分别增产 6.8%、2.9%和 4.8%，同时增加水稻产量的稳定性；绿肥氮占早稻总氮投入量的 40%，能保证早稻、晚稻产量。当季早稻化肥减施 20%条件下，随着绿肥用量的增加，水稻增产效果逐步显著。绿肥减施化肥后，在 5 年时间内，化肥氮的运筹以基肥：分蘖肥∶穗肥＝5∶3∶2的方式最佳，种植利用绿肥10年后，氮肥运筹可以简化。早稻磷肥前移至绿肥季，能进一步提升水稻磷肥减施潜力。

2.3 技术模式创新与应用成效

2.3.1 稻田绿肥稻草联合养地节肥提质技术

晚稻生长后期或晚稻收获后套种紫云英等冬季绿肥，晚稻收获时留高茬30 cm以上，稻草全量还田。稻草为冬季绿肥保温保墒，绿肥鲜草产量提高15%左右；稻草腐解过程中释放的碳有利于根瘤菌生长发育；春季绿肥覆盖秸秆，能促进稻草的腐解。该技术能进一步减少水稻氮肥用量、降低稻田氮的气态损失和地表径流氮磷流失量、提升稻田土壤质量，同时提升稻米必需氨基酸及铁、锌、硒等功能性营养元素含量。2012—2020年，在江西省累计推广43.9万 hm^2，增产稻谷33.8万t，新增销售额8.72亿元，化肥节本增效10.41亿元，扣除绿肥种子及种植成本，新增利润5.82亿元。

2.3.2 果园绿肥覆盖减肥减药截流技术

通过品种筛选、定位观测、播种技术和利用方式改进，提出了果园绿肥覆盖减肥减药截流技术。果园适宜的冬季绿肥为毛叶苕子、紫云英、鼠茅草，夏季绿肥为印度豇豆、乌豇豆和竹豆，多年生绿肥为白三叶和圆叶决明。冬、春季果园覆盖绿肥，行间杂草生物量大幅减少，地表径流量降低70%，抗旱天数能延长7 d左右。覆盖绿肥4年后，土壤酸化状况得到有效抑制，土壤有机质增加1.6～2.9 g/kg，有效磷增加2.3%～31.8%，速效钾增加6.7%～35.3%，柑橘产量提高2.6%～14.9%，柑橘维生素C含量增加，糖酸比更为合理。2012—2020年，累计推广应用5.17万 hm^2，增产柑橘果品11.8万t，节本增效2.38亿元，节省氮肥(N)1 960 t、磷肥(P_2O_5)720 t、钾肥(K_2O)1 360 t。

2.4 绿肥科研及产业政策

2.4.1 绿肥人才队伍

20世纪80年代以前，江西省农业科学院、江西农业大学、江西省红壤研究所和地市农科所均有专门从事绿肥作物研究的队伍。2008年，绿肥行业专项启动，江西省农业科学院、江西省红壤研究所等单位的绿肥专业队伍开始恢复。“十三五”期间，绿肥行业专项继续实施，绿肥体系开始建设，江西省农业科学院成立了绿肥研究室，江西农业大学也相继组建了绿肥研究团队。“十四五”开始后，江西绿肥团队牵头国家重点研发计划绿肥项目的课题实施，绿肥人才队伍进一步完善。

2.4.2 绿肥科学研究

绿肥行业专项启动后，相继开展了绿肥种质资源引进、收集、整理与评价，稻田及果园绿肥适宜品种筛选，绿肥养分管理及抗逆高产技术，绿肥减施化肥及绿肥稻草联合还田效益等方面的试验研究。绿肥体系南昌综合试验站建立后，分别在余江、万年、丰城、袁州及瑞昌建立试验示范基地，并与企业或种植专业户合作，围绕主栽绿肥作物高产高效技术、“绿肥＋”关键技术集成与示范开展相关试验，以解决绿肥产业发展中存在的关键问题。

2.4.3 绿肥产业发展政策

2013年，江西省财政厅、江西省农业厅和江西省农业农村信用社联合印发《江西省2013年种粮大户补贴工作实施办法》，调整种粮大户补贴政策，其中对种粮大户种植紫云英、肥田萝卜等绿肥作物进行补贴，补贴标准为 750 元/hm^2，并要求配施适量的根瘤菌和钙镁磷肥。2016 年，江西省财政厅、省农业厅印发《江西省 2016 年耕地保护补贴方案》，补贴标准为 1 680 元/hm^2，补贴对象为所有拥有耕地承包权的农民，积极推动绿肥种植和秸秆还田。

3 江西绿肥研发进展与创新

3.1 绿肥种质资源整理与创新

2008 年，从国家农作物种质资源库中引进紫云英种质 94 份、蚕豆种质 29 份、肥田萝卜种质 10 份、金花菜种质 11 份，并于 2008—2012 年在江西建立了绿肥作物种质资源圃。2013 年开始，在高安试验基地建立了固定的绿肥作物种质资源圃。

3.1.1 种质资源整理评价

2009—2013 年，对 94 份紫云英种质资源的观测表明，全生育期在 212～218 d 的有 6 份种质，占总数的 6.4%；在 224～230 d 的种质占总数的 42.6%，在 230～236 d 的种质占总数的 23.4%；236～242 d 的种质有 8 份，占总数的 8.5%。说明全国紫云英种质资源主要集中在中熟偏早，中熟偏晚及晚熟种质多于早熟种质。以不同渗透势的 PEG-6000 溶液模拟干旱胁迫条件，对 15 份不同来源的紫云英种质材料的萌发特性和抗旱能力进行了研究。结果表明，萍宁 3 号、湘肥 2 号、南京芦庄 3 份紫云英种质的抗旱性较强，抗旱隶属函数值分别为 0.723、0.686 和 0.668；78-1-1、78-18 品系则较为敏感，抗旱隶属函数值分别为 0.174 和 0.176（表 4-3-2）。

表 4-3-2 紫云英种质萌发期抗旱性综合评价(刘佳等，2012)

品种/品系	相对发芽率	胚根/胚芽	抗旱指数	活力指数	平均值	抗旱排名
南京芦庄紫云英	0.793	0.508	0.512	0.859	0.668	3
萍宁 3 号紫云英	0.825	0.672	0.821	0.573	0.723	1
湘肥 2 号	0.767	0.507	0.69	0.78	0.686	2
浙紫 62-18	0.717	0.27	0.718	0.591	0.574	4
金沙紫云英	0.359	0.668	0.294	0.548	0.467	7
常山紫云英	0.588	0.292	0.456	0.597	0.483	5
兵库紫云英	0.267	0.713	0.28	0.631	0.473	6
78-7	0.241	0.669	0.113	0.398	0.355	9
南充紫云英	0.584	0.205	0.331	0.651	0.443	8
73-129	0.289	0.523	0.198	0.155	0.291	11
72-24	0.246	0.216	0.171	0.437	0.268	12
青浦紫云英	0.296	0.38	0.212	0.319	0.302	10
清江紫云英	0.206	0.486	0.219	0.12	0.258	13
78-1-1	0.069	0.3	0.036	0.291	0.174	15
78-18	0.123	0.458	0.091	0.032	0.176	14

3.1.2 绿肥新品种选育

肥田萝卜兼有作绿肥、蔬菜和饲料等多种用途，是适合红壤稻田、旱地及果园种植的冬季绿肥品种。2009 年春发现“信丰白萝卜”品种中有自然变异的早花优良单株，经单株选育、群体筛选、再单株选育，获得优良株系 LX1。2011—2013 年对其进行了 2 年比较试验和生产示范，均比对照信丰白萝卜花期提早 15 d 左右。2013—2014 年组织开展大田生产示范。2014 年 3 月 22 日通过江西省农作物品种审定委员会组织的专家现场鉴定，定名为“赣肥萝 1 号”。该新品种花期比对照信丰白萝卜早 15 d 左右；鲜草产量 74.18 t/hm^2，比对照信丰白萝卜增产 12.62 t/hm^2。

3.2 稻田绿肥生产模式构建及关键技术创新

3.2.1 明确了除草剂残留对紫云英的影响

研究了水稻生产中的除草剂残留对紫云英生长发育的影响。结果表明，与不施用除草剂相比，水稻施用乙草胺后降低紫云英含磷量，施用吡嘧磺隆后降低紫云英氮、钾含量并降低紫云英干物质累积量。进一步研究发现，除草剂残留对紫云英生长发育的影响，主要是通过影响土壤微生物区系组成及养分转化酶活性，进而改变土壤养分的转化，最终影响紫云英对养分的吸收积累。低剂量苄・丁和二氯喹啉酸使用，其残留导致紫云英干物质累积量分别降低 13.1%和 23.7%；高剂量使用后，其残留导致紫云英干物质累积量分别降低 44.0%和52.8%。与不施除草剂相比，施用低剂量和高剂量二氯喹啉酸，土壤细菌数量分别减少16.0%和 30.6%，放线菌数量分别减少 49.6%和 51.7%，降低土壤过氧化氢酶活性；而低剂量和高剂量的苄・丁则增加土壤细菌数量，但减少放线菌数量，低剂量的苄・丁还降低土壤过氧化氢酶及脲酶的活性。

3.2.2 提出了水稻高留茬套种绿肥技术

水稻高留茬套种绿肥技术，既为冬季绿肥苗期生长提供了有利的小环境，也实现了稻草全量高效还田。通过 2012—2016 年的定位试验，与传统的水稻不留茬套种紫云英比较，高留茬套种紫云英，其平均鲜草产量提高 32.2%，植株含氮量增加 5.2%。与不留茬套种紫云英及单独的稻草还田比较，4 年后土壤有机质和总氮分别增加 9.8%和 10.7%，土壤有效磷和速效钾含量较对照增加 18.0%和 22.8%(表 4-3-3)，表明高留茬套种绿肥能充分发挥稻草和绿肥各自的优势，协同提升土壤养分和培肥地力。

表 4-3-3 水稻高留茬套种紫云英对稻田耕层土壤养分含量的影响(周国朋等，2017)

处理	有机质/(g/kg)	全氮/(g/kg)	无机氮/(mg/kg)	有效磷/(mg/kg)	有效钾/(mg/kg)
CK	32.8 c	2.01 b	31.2 b	17.7 b	53.8 c
稻草还田	35.0 b	2.06 b	29.0 c	15.0 c	58.8 b
紫云英	35.4 b	2.02 b	28.2 c	20.6 a	52.7 c
稻草低留茬紫云英	38.4 a	2.22 a	40.2 a	18.7 ab	58.1 b
稻草高留茬紫云英	38.7 a	2.26 a	36.1 ab	20.9 a	66.1 a

注：同一列中，不同小写字母表示差异显著($P<0.05$)。以下各表意义相同。

3.2.3 量化了稻田绿肥减施化肥效应

通过 2008—2013 年在江西丰城定位试验研究，水稻在等氮施肥水平下，与 100%化肥氮(F_{100})比较，早稻 80%化肥氮配施 20%绿肥氮($F_{80}M_{20}$)，早稻、晚稻和双季稻产量分别增产 6.8%、2.9%和 4.8%；60%化肥氮配施 40%绿肥氮($F_{60}M_{40}$)能保证早稻和晚稻产量，但配施绿肥氮超过 60%则表现减产(表 4-3-4)。同时，绿肥与化肥氮合理配施能提升水稻产量的可持续性，与 100%化肥氮比较，80%化肥氮与 20%绿肥氮配施，早稻产量可持续性指数提高 6.1%、双季稻产量可持续性指数提高 11.3%；60%化肥氮与 40%绿肥氮配施双季稻产量可持续性指数提升 10.1%。

表 4-3-4 绿肥等氮量替代化肥对水稻产量及其可持续性的影响(Xie et al., 2016)

处理	稻谷产量/(t/hm²)			产量可持续性指数		
	早稻	晚稻	双季稻	早稻	晚稻	双季稻
CK	2.78 d	2.86 c	5.63 d	0.392 d	0.356 c	0.380 d
F_{100}	4.99 a	5.53 ab	10.5 ab	0.640 bc	0.586 b	0.622 c
$F_{80}G_{20}$	5.33 a	5.69 a	11.0 a	0.679 a	0.604 ab	0.692 a
$F_{60}G_{40}$	4.96 ab	5.43 b	10.4 b	0.658 ab	0.593 ab	0.685 a
$F_{40}G_{60}$	4.69 c	5.39 b	10.1 bc	0.622 c	0.622 a	0.676 ab
$F_{20}G_{80}$	4.42 c	5.44 b	9.86 c	0.623 c	0.599 ab	0.651 bc

注：CK—冬闲，不施肥；F—化肥氮；G—紫云英氮。各处理等氮，早稻 N 150 kg/hm²，晚稻 N 180 kg/hm²。处理中的下标数字为氮比例。同一列中，不同小写字母表示差异显著($P<0.05$)。

在当季水稻化肥减施 20%条件下，绿肥用量增加，水稻进一步增产。2009—2020 年在江西余江的定位试验结果表明(表 4-3-5)，相比 100%化肥(F_{100})处理，G_1F_{80}和 $G_{1.5}F_{80}$处理水稻产量无显著差异；增加翻压量后，产量显著提高，G_2F_{80}和 $G_{2.5}F_{80}$处理分别增产 6.3%和8.0%，其中 $G_{2.5}F_{80}$处理的产量最高，达 7.17 t/hm²。与 F_{100}处理相比，不同翻压量紫云英配施 80%化肥可提高水稻有效穗数，其中 $G_{2.5}F_{80}$处理有效穗数最高。

表 4-3-5 化肥减施 20%条件下紫云英用量对水稻产量及产量构成的影响(王赟等，2021)

处理	稻谷产量/(t/hm²)	有效穗数/(×10⁴/hm²)	每穗粒数	千粒重/g
CK	3.42±0.35 d	128.80±6.38 e	80.81±1.94 d	26.76±0.12 a
G	3.81±0.02 c	144.72±7.85 d	90.50±2.16 c	26.78±0.12 a
F_{100}	6.64±0.01 b	208.21±10.97 c	109.93±2.62 ab	26.68±0.14 a
G_1F_{80}	6.75±0.03 ab	212.10±10.57 bc	107.58±2.38 b	26.69±0.14 a
$G_{1.5}F_{80}$	6.90±0.03 ab	214.66±10.53 abc	109.83±2.49 ab	26.74±0.16 a
G_2F_{80}	7.06±0.02 a	218.43±10.77 ab	110.97±1.91 ab	26.61±0.18 b
$G_{2.5}F_{80}$	7.17±0.04 a	223.63±11.65 a	112.45±1.77 a	26.89±0.15 a

注：CK—冬闲不施肥对照；G—不施化肥，冬种紫云英并全部翻压，紫云英还田量为 22.5 t/hm²；F_{100}—冬闲，水稻季施 100%化肥；G_1F_{80}—冬种紫云英，翻压 15 t/hm² 紫云英+80%化肥；$G_{1.5}F_{80}$—冬种紫云英，翻压 22.5 t/hm² 紫云英+80%化肥；G_2F_{80}—冬种紫云英，翻压 30 t/hm² 紫云英+80%化肥；$G_{2.5}F_{80}$—冬种紫云英，翻压 37.5 t/hm² 紫云英+80%化肥。F_{100}的施肥量，早稻—N 150 kg/hm²、P_2O_5 75 kg/hm²、K_2O 120 kg/hm²；晚稻—N 180 kg/hm²、P_2O_5 75 kg/hm²、K_2O 150 kg/hm²。表 4-3-6 和图 4-3-3 意义相同。同一列中，不同小写字母表示差异显著($P<0.05$)。

3.2.4 初步揭示绿肥对土壤氮的影响

(1)绿肥促进水稻吸收氮素养分

通过^{15}N示踪，与单施尿素相比，尿素配施紫云英的水稻植株中尿素氮吸收累积量在分蘖期、孕穗期和成熟期分别增加15.2%、44.3%和41.8%，尿素氮占植株总氮的比例分别增加15.4%、4.73%和28.2%。

在江西余江2011—2015年的定位研究结果表明(表4-3-6)，与100%化肥(F_{100})比较，早稻减施20%化肥(F_{80})配施不同量的绿肥，早稻化肥氮的农学效率提高8.4～12.6 kg/kg、偏生产力提高12.7～16.9 kg/kg、回收率增加22.4～26.1个百分点；当早稻绿肥用量在22.5 t/hm^2($G_{1.5}$)以上时，晚稻化肥氮回收率增加5.9～7.8个百分点。

表4-3-6 化肥减施20%条件下紫云英用量对早稻和晚稻当季化肥氮利用率的影响(陈静蕊等，2019)

种植季	处理	农学利用率/(kg/kg)	偏生产力/(kg/kg)	回收率/%	生理利用率/(kg/kg)
早稻	CK	—	—	—	—
	F_{100}	23.8 e	40.5 d	42.6 e	55.8 ab
	G_1F_{80}	32.2 d	53.2 c	65.0 d	49.6 b
	$G_{1.5}F_{80}$	33.4 cd	54.3 c	66.7 cd	50.1 b
	G_2F_{80}	35.1 cd	56.0 c	68.7 c	51.1 b
	$G_{2.5}F_{80}$	36.4 c	57.4 c	67.5 c	54.0 ab
晚稻	CK	—	—	—	—
	F_{100}	18.0 a	34.5 a	14.3 b	52.4 a
	G_1F_{80}	18.3 a	34.8 a	17.1 b	48.4 ab
	$G_{1.5}F_{80}$	18.7 a	35.2 a	21.6 a	43.1 b
	G_2F_{80}	19.0 a	35.5 a	22.1 a	43.4 b
	$G_{2.5}F_{80}$	19.2 a	35.7 a	20.2 a	45.0 b

注：同一列中，不同小写字母表示差异显著($P<0.05$)。

(2)减少土壤氮的损失

应用^{15}N示踪法发现，在单季稻种植制度下，与单施尿素相比，尿素与紫云英配施后，土壤氮素NH_3挥发损失累积量和外源氮素NH_3挥发系数分别平均降低14.6%和14.8%；土壤N_2O累积排放量降低45.2%，N_2O排放系数降低55.8%(表4-3-7)。

表4-3-7 绿肥化肥配施对稻田土壤氨挥发和氧化亚氮排放的影响(谢志坚等，2016)

处理	NH_3挥发		N_2O排放	
	NH_3挥发累积量/(kg NH_3-N/hm^2)	NH_3挥发系数/%	N_2O排放总量/(kg N_2O-N/hm^2)	N_2O排放系数/%
不施肥对照	1.64±0.06 c	—	0.62±0.04 c	—
尿素	93.4±0.75 a	25.7±0.21 a	3.23±0.21 a	0.73±0.15 a
尿素+紫云英	79.8±1.19 b	21.9±0.33 b	1.77±0.11 b	0.32±0.03 b

注：供试^{15}N标记尿素和紫云英丰度分别为10.17 atom%和42.27 atom%。尿素施用量为N 357 kg/hm^2，紫云英翻压量为22.5 t/hm^2。表4-3-8、表4-3-9相同。同一列中，不同小写字母表示差异显著($P<0.05$)。

与单施尿素相比，尿素与紫云英配施水稻分蘖期、孕穗期和成熟期土壤中硝态氮分别降低20.9%、39.2%和30.7%，孕穗期和成熟期土壤中铵态氮含量分别增加27.1%和14.9%

(表 4-3-8),降低了氮流失风险。

表 4-3-8 绿肥化肥配施对稻田土壤无机氮含量的影响(谢志坚等,2016)

生育时期	硝态氮/(mg/kg)			铵态氮/(mg/kg)		
	不施肥对照	尿素	尿素+紫云英	不施肥对照	尿素	尿素+紫云英
分蘖期	0.26±0.01 c	0.38±0.04 a	0.30±0.03 b	14.23±0.85 b	18.71±1.60 a	19.68±0.49 a
孕穗期	0.19±0.04 c	0.44±0.04 a	0.27±0.02 b	10.31±0.76 c	12.28±0.88 b	15.61±1.18 a
成熟期	0.21±0.02 c	0.53±0.01 a	0.37±0.0 b	6.08±0.60 c	10.51±0.34 b	12.08±0.77 a

注:同一列中,不同小写字母表示差异显著($P<0.05$)。

(3)影响土壤有机氮的组成

与单施尿素相比,尿素与紫云英配施水稻分蘖期、孕穗期和成熟期土壤中酸解性全氮含量分别增加 3.4%、8.2%和 8.4%,非酸解性全氮含量分别平均增加 21.6%、13.9%和 10.3%;土壤中氨基酸氮、氨基糖氮和酸解氨态氮含量分别增加 6.4%~15.0%、15.4%~28.0%和 3.9%~6.0%,而酸解未知态氮含量则平均降低 8.7%~11.3%(表 4-3-9)。

表 4-3-9 绿肥化肥配施对水稻各生育期土壤有机氮组分的影响(谢志坚等,2016) mg/kg

处理	酸解有机氮					非酸解有机氮
	氨基酸氮	氨基糖氮	酸解氨态氮	酸解未知态氮	总计	
分蘖期						
不施肥对照	363.8±12.0 b	27.7±3.31 c	228.9±6.97 b	154.8±10.2 b	775.3±34.5 b	460.6±10.4 c
尿素	412.5±13.7 a	37.0±2.02 b	263.3±11.5 a	185.7±11.2 a	898.5±26.7 a	505.1±7.65 b
尿素+紫云英	438.8±15.8 a	46.8±3.91 a	279.1±6.52 a	164.7±9.45 b	929.4±30.9 a	614.2±11.6 a
孕穗期						
不施肥对照	213.4±12.4 c	13.7±1.56 c	182.8±4.56 b	86.4±4.90 b	516.2±20.1 c	564.6±14.4 b
尿素	322.5±12.0 b	22.7±2.51 b	203.7±7.30 a	97.8±7.81 a	646.8±26.7 b	576.1±10.5 b
尿素+紫云英	370.2±27.6 a	29.1±3.15 a	211.7±6.04 a	89.3±6.05 b	699.6±30.9 a	656.3±8.35 a
成熟期						
不施肥对照	305.9±8.89 c	22.6±3.43 c	221.6±8.68 b	64.7±5.66 c	614.8±41.4 c	369.8±28.1 c
尿素	345.9±15.9 b	29.4±4.70 b	247.6±8.89 a	83.7±11.5 a	706.6±28.6 b	504.8±16.9 b
尿素+紫云英	397.8±18.6 a	34.0±4.26 a	259.2±8.34 a	74.8±13.1 b	765.7±22.7 a	556.8±10.7 a

注:同一列中,不同小写字母表示差异显著($P<0.05$)。

3.2.5 初步探明绿肥对稻米品质的影响

(1)增加稻米直链淀粉含量

与 100%化肥(F_{100})比较,不同紫云英翻压量均能提高稻米直链淀粉含量,降低支链淀粉含量(图 4-3-4)。翻压紫云英 15 t/hm^2 配施 80%化肥(G_1F_{80})处理,直链淀粉含量最高和支链淀粉含量最低,直链淀粉含量为 13.9%,比 F_{100} 处理提高了 10.1%,支链淀粉含量为44.2%,较 F_{100} 处理降低了 10.7%。在一定的范围内,稻米直链淀粉含量随紫云英翻压量增大而降低,支链淀粉含量随紫云英翻压量增大而升高。

(2)增加稻米蛋白质含量

与 100%化肥(F_{100})比较,紫云英配施减量化肥处理,随着紫云英翻压量的增大,稻米蛋白质含量呈现逐渐增加的趋势(图 4-3-4),翻压紫云英 37.5 t/hm^2 配施 80%化肥($G_{2.5}F_{80}$)

处理稻米蛋白质含量最高，达 8.59%。紫云英及其与化肥配施对稻米脂肪含量无显著影响。

3.2.6 评价了稻田绿肥生态功能价值

以连续 8 年的大田定位试验数据为基础，选取农产品生产、轻工业原料供给、大气调节与净化、土壤养分累积和水分涵养等功能服务价值，评价了紫云英-早稻-晚稻系统的生态功能服务价值。结果表明，冬闲-早稻-晚稻和紫云英-早稻-晚稻系统生态功能服务总价值分别为 6.42 万元/(hm^2 · 年)和 8.74 万元/(hm^2 · 年)，绿肥系统增加 2.32 万元/(hm^2 · 年)，增幅达 36.1%(表 4-3-10)。

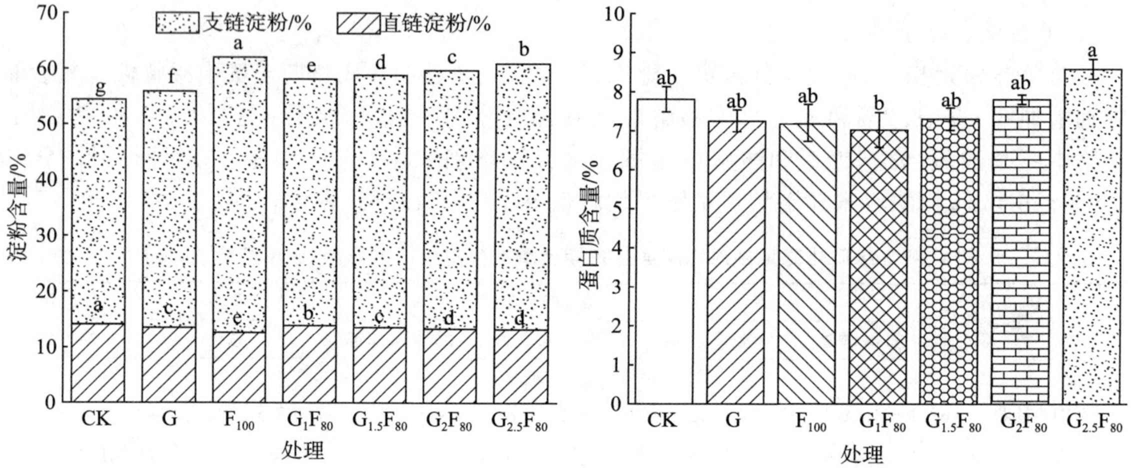

图 4-3-4 化肥减施 20% 条件下紫云英翻压量对稻米淀粉和蛋白质含量的影响(王赟等，2021)

注：图中不同小写字母表示处理间差异显著($P<0.05$)，以下各图意义相同。

表 4-3-10 稻田绿肥的生态服务功能价值(谢志坚等，2018) 万元/(hm^2 · 年)

功能服务	冬闲-早稻-晚稻的生态价值	紫云英-早稻-晚稻的生态价值
稻谷	3.77	4.07
蜂蜜	—	1.48
秸秆原料	0.10	0.11
大气调节与净化	1.37	1.61
土壤养分累积	−0.04	0.10
水分涵养	1.22	1.37
总和	6.42	8.74

3.3 红壤旱地绿肥生产模式构建及关键技术创新

3.3.1 筛选出适宜的夏季绿肥种类

在红壤荒地上开展了豆科夏绿肥的适应性和绿肥价值研究，结果表明，印度豇豆、柽麻和乌豇豆的地上部鲜重和干重最高，分别是自然生草对照的 2.13～4.37 倍和 1.65～2.32 倍。印度豇豆各种养分元素含量均处于较高水平，其中量和微量元素(铁、锰、铜、锌)的积累量最高，表明印度豇豆是江西红壤荒地上的优选夏绿肥，其次是柽麻和乌豇豆。

3.3.2 明确了复种冬季绿肥对花生产量的影响

在江西东乡红壤旱地，2014—2017 年的研究结果表明，与冬闲-花生（NPK）处理比较，花生秸秆就地还田（NPKS）增产不显著，但毛叶苕子-花生种植制度（NPKG）增加接茬花生的荚果产量（图 4-3-5）。毛叶苕子-花生与冬闲-花生比较，4 年花生荚果产量逐年增产 0.3%、6.5%、10.1%、11.1%，说明随着毛叶苕子种植利用年限的增加，其对花生的增产效果逐渐增强。

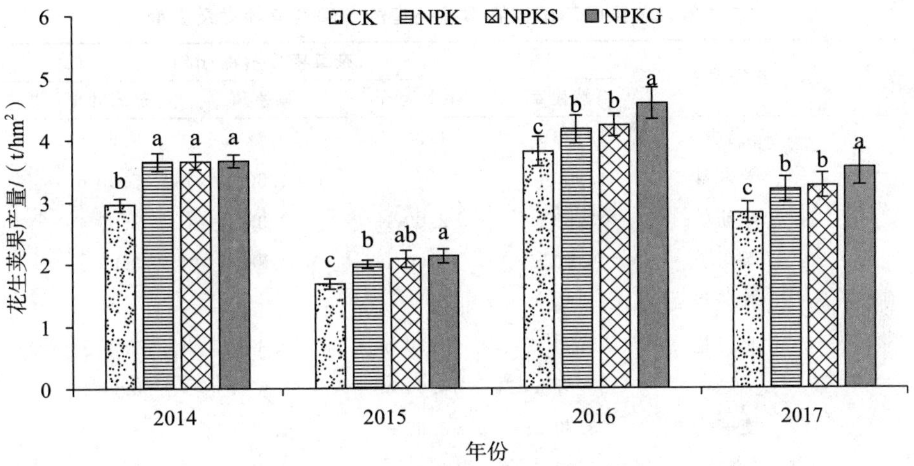

图 4-3-5 复种冬季绿肥对红壤旱地花生产量的影响（Xiang et al.，2021）

注：CK—冬闲-花生，花生不施肥；NPK—冬闲-花生，花生施用 N 135 kg/hm²、P_2O_5 81 kg/hm²、K_2O135 kg/hm²；NPKS—冬闲-花生，花生施肥同 NPK 处理，花生秸秆还田；NPKG—毛叶苕子-花生，花生施肥量同 NPK 处理。

3.4 果园绿肥生产模式构建与关键技术创新

3.4.1 筛选出果园适宜的绿肥种类

通过 2011—2012 年在江西进贤红壤果园绿肥适应性试验，冬绿肥以毛叶苕子表现最好，鲜草产量达到 31.99 t/hm²，其次是鼠茅草；夏绿肥以印度豇豆的鲜草产量最高，达到 32.62 t/hm²，其次是乌豇豆（表 4-3-11）。夏绿肥以竹豆养分含量最高，尤其是钾含量高达 31.71 g/kg，为解决红壤果园有效钾低提供了参考；冬绿肥中的毛叶苕子磷含量高于其他绿肥种类，鼠茅草钾含量高于其他绿肥。

表 4-3-11 不同绿肥作物盛花期地上部鲜草产量及养分含量

绿肥类型	绿肥种类	鲜草产量/（t/hm²）	碳/（g/kg）	氮/（g/kg）	磷/（g/kg）	钾/（g/kg）
夏绿肥	绿豆	17.21	371.06	21.91	6.31	18.11
	乌豇豆	27.15	387.32	23.15	6.47	19.74
	竹豆	25.11	412.38	24.16	7.33	31.71
	印度豇豆	32.62	378.87	23.98	6.32	20.03
冬绿肥	毛叶苕子	31.99	552.06	33.21	6.67	23.80
	紫云英	18.21	532.72	34.22	4.28	26.90
	鼠茅草	28.14	554.86	28.55	5.41	28.13

3.4.2 探明了果园覆盖绿肥的生态效应

(1)显著抑制杂草滋生

通过定点观测,果园覆盖绿肥能抑制行间杂草滋生,但不同种类绿肥对杂草抑制存在显著差异(表 4-3-12)。自然生草处理,春季杂草密度达到 222.33 株/m^2,秋季杂草密度也有 200.17 株/m^2,覆盖绿肥后,春季杂草密度仅为自然生草的 10.9%~24.3%,秋季杂草为 8.0%~24.2%,其中以覆盖毛叶苕子抑制杂草效果最佳。

表 4-3-12 果园不同绿肥覆盖处理的春季杂草种类及密度

季节	杂草种类	杂草密度/(株/m^2)				
		自然生草	毛叶苕子	鼠茅草	白三叶草	紫云英
春季	马唐	19.33 a	1.00 c	10.67 b	9.67 b	11.00 b
	粟米草	15.00 a	—	1.50 b	5.00 b	1.00 b
	牛筋草	3.50 a	2.00 a	2.33 a	2.00 a	2.67 a
	香附子	6.00 a	1.00 a	3.33 a	3.00 a	1.00 a
	狗牙草	1.50	—	—	—	—
	小飞蓬	15.33 a	1.50 b	3.33 b	1.33 b	5.33 b
	辣蓼	135.67 a	14.00 b	9.67 b	5.00 b	15.00 b
	麦家公	23.33 a	3.67 c	5.33 c	3.00 c	12.67 b
	青葙	2.67 a	1.00 a	3.33 a	2.67 a	5.33 a
	总密度	222.33 a	24.17 c	39.50 bc	31.67 c	54.00 b
秋季	马唐	31.00 a	—	9.33 b	9.67 b	9.67 b
	马松子	169.67 a	15.00 bc	19.67 bc	5.33 c	27.33 b
	爵床	11.00 a	—	5.00 b	1.50 c	3.00 bc
	粟米草	11.50 a	—	1.00 c	5.00 b	1.00 c
	牛筋草	3.50 ab	1.00 b	2.00 b	4.00 ab	6.50 a
	香附子	2.50 a	—	1.50 a	3.00 a	1.00 a
	狗牙草	2.00	—	—	—	—
	总密度	200.17 a	16.00 c	38.50 bc	28.50 c	48.50 b

(2)显著减少地表径流氮磷流失

2011—2013 年,通过径流小区监测,果园绿肥覆盖降低地表径流、泥沙流失量及养分径流损失。橘园清耕处理地表径流氮、磷及钾流失量,分别达到 1.80 kg/hm^2、0.28 kg/hm^2 及 5.75 kg/hm^2,橘园覆盖绿肥百喜草后,地表径流氮、磷及钾流失量分别降低 79.4%、95.2%和 55.0%。

(3)显著改善土壤化学性状

通过在江西进贤 2012—2015 年的定位研究,果园覆盖绿肥 4 年后,土壤的 pH 提高 0.2~0.3 个单位,有机质增加 10.0%~18.8%,速效氮增加 10.5%~19.3%,有效磷增加 2.6%~32.3%,速效钾增加 6.9%~35.1%,表明果园覆盖绿肥能缓解土壤酸化,显著改善土壤肥力状况(表 4-3-13)。

表 4-3-13 果园覆盖不同绿肥对土壤 pH 及养分含量的影响

处理	pH	有机质 /(g/kg)	全氮 /(g/kg)	有效磷 /(mg/kg)	速效钾 /(mg/kg)	速效氮 /(mg/kg)
清耕	4.6	16.0	0.83	15.5	99.2	78.9
毛叶苕子	4.9	18.6	0.85	20.5	125	94.1
圆叶决明	4.8	17.6	0.86	15.9	106	87.2
白三叶草	4.8	19.0	0.86	16.4	134	90.9

3.4.3 明确了果园覆盖绿肥对果品产量及品质的影响

在江西进贤通过2012—2015年的定位研究，柑橘园覆盖绿肥显著增加果品产量、改善果品质量。与柑橘园清耕比较，绿肥园的柑橘果品产量增加2.6%～14.9%，以覆盖毛叶苕子、白三叶草增产效果显著。覆盖毛叶苕子降低柑橘的可滴定酸15.4%；绿肥均能增加柑橘的维生素C含量，增幅15.7%～25.7%(表4-3-14)。

表 4-3-14 覆盖不同绿肥作物对柑橘果品产量及品质的影响

处理	柑橘产量 /(t/hm²)	柑橘增产 /%	可溶性固形物 /%	总糖 /(g/100 mL)	可滴定酸 /%	维生素 C /(mg/kg)
清耕	16.06 c	—	11.0 b	9.4 a	1.69 a	0.389 b
毛叶苕子	18.45 a	14.9	12.2 a	10.2 a	1.43 b	0.489 a
圆叶决明	16.47 bc	2.6	11.9 a	9.7 a	1.57 ab	0.450 a
白三叶草	17.68 ab	10.1	12.2 a	9.6 a	1.60 a	0.475 a

4 江西绿肥发展潜力

通过对稻田、旱地、果园及茶园分析，江西省发展绿肥潜力空间为231万 hm²，绿肥有效时空潜力为127万 hm²·年(表4-3-15)。其中，农区绿肥潜力为209万 hm²，有效时空潜力为105万 hm²·年；果园等经济林园绿肥潜力为22万 hm²，有效时空潜力为22万 hm²·年。

表 4-3-15 江西省农田及经济林园发展绿肥的时空潜力

区域	适宜的绿肥制度	对应的主作物面积 /万 hm²	绿肥空间占比 /%	绿肥时长 /个月	绿肥面积潜力 /万 hm²	绿肥有效时空潜力 /(万 hm²·年)
农区	绿肥-水稻轮作	170	100	6	170	85
	绿肥-花生(红薯、玉米)	39	100	6	39	20
	农区合计	209	—	—	209	105
经济林园	落叶果园	9	70	12	6	6
	成龄常绿果园	24	25	12	6	6
	幼龄常绿果园	10	70	12	7	7
	茶园	12	25	12	3	3
	经济林园合计	54	—	—	22	22
合　计		263	—	—	231	127

注：绿肥有效时空潜力=对应的主作物面积×绿肥空间占比×绿肥时长。

4.1 农田绿肥发展潜力

江西省绿肥主要种植在冬闲稻田，也可利用旱地冬闲季节发展绿肥生产。将水田面积减去油菜、小麦面积及山区少部分不适宜种植的冬水田，即为水田适宜发展绿肥生产的面积空间。将旱地面积减去油菜及小麦面积，即为旱地适宜发展绿肥生产的面积空间。水田和旱地的冬闲季节至少有 6 个月的时间可复种绿肥。据此，江西省水稻-绿肥轮作制度下可发展绿肥的面积潜力为 170 万 hm^2，绿肥有效时空潜力为 85 万 hm^2 · 年；旱地绿肥与花生、红薯、玉米等主作物轮作的面积潜力为 39 万 hm^2，绿肥有效时空潜力为 20 万 hm^2 · 年，因此，江西省农田发展绿肥的潜力空间有 209 万 hm^2，绿肥有效时空潜力为 105 万 hm^2 · 年(表 4-3-15)。

4.2 果园及茶园绿肥发展潜力

江西省果树种类主要是柑橘(橙、橘、柚)、早熟梨、桃、葡萄和猕猴桃。江西省茶叶种植历史久远，建有赣东北、赣西北和赣中南三大优势茶区，拥有遂川狗牯脑、庐山云雾、婺源绿茶、宁红、浮红等优势茶叶品牌。近三年，果园面积稳定在 42 万 hm^2左右，其中柑橘占比 79%左右，每年新增果园面积 1 万 hm^2上下；茶叶逐年有所发展，2021 年茶园面积 12 万 hm^2，2019—2021 年新增茶园 2 万 hm^2。

江西省果树分为常绿果树和落叶果树，常绿果树在幼龄期和挂果前期的行间空间大，具有发展绿肥的时空条件；落叶果树，无论是幼龄期还是成龄期均可利用其行间进行绿肥生产；茶园主要是在幼龄期利用。幼龄常绿果树和落叶果树以绿肥空间占比 70%计算，成龄常绿果树和茶园以 25%空间占比计算，绿肥可实现周年覆盖。以 2021 年为基准年，江西省果园及茶园发展绿肥的面积潜力为 22 万 hm^2，发展绿肥的有效时空潜力为 22 万 hm^2 · 年(表 4-3-15)。

5 江西绿肥生产主要技术模式

5.1 冬绿肥-水稻复种模式

包括冬绿肥-双季稻复种、冬绿肥-中稻复种。

5.1.1 品种选择

选择适应性强的绿肥品种。紫云英品种可选择赣紫 1 号、赣紫 2 号、南城株良种、南昌种、丰城青秆种、萍乡种、弋江籽、闽紫 5 号至 7 号等。对于排水条件较好的稻田，也可以选择箭筈豌豆、毛叶苕子、光叶苕子、蚕豆、肥田萝卜、绿肥油菜及多花黑麦草。

5.1.2 绿肥播种

(1)种子处理

播种前选择晴天连续晒种 2～3 d。首次种植或多年未种紫云英的田块，应接种紫云英根瘤菌。

(2)播种量

绿肥单播时，每公顷播种量为：紫云英 22.5～45 kg，毛叶苕子 45～60 kg，光叶苕子 37.5～45 kg，箭筈豌豆 90～120 kg，蚕豆 112.5～150 kg，肥田萝卜 7.5～15 kg，绿肥油菜 4.5～7.5 kg，多花黑

麦草 22.5～30 kg。多种绿肥混播时，宜采用紫云英、肥田萝卜(或绿肥油菜)、多花黑麦草混合形式，每公顷播种量为：紫云英 22.5～30 kg，肥田萝卜 1.5～2 kg 或绿肥油菜 1～1.5 kg，多花黑麦草 7.5～12 kg。

(3)播种时间

9 月下旬至 10 月下旬，由北向南逐渐延迟。

(4)播种方式

采用稻底套播或水稻收获后播种。稻底套播时，紫云英在水稻收割前 10～15 d 播种，毛叶苕子、光叶苕子、箭筈豌豆等在水稻收割前 7 d 左右播种，蚕豆、多花黑麦草在水稻收割前 3～4 d 播种，肥田萝卜、绿肥油菜在水稻收割前 2～3 d 播种。水稻收获后播种绿肥的，应尽早进行。

5.1.3 绿肥田间管理

重点是水分管理。水稻收割后尽早开沟，雨水多时及时清沟排渍，保持田面润而不淹。

肥力较好的稻田，可不施基肥。基肥宜用磷肥为 30～45 kg/hm^2，拌种或在播种前后施用。非豆科绿肥可增施氮肥 45～60 kg/hm^2。在 2 月中旬至 3 月上旬，如果长势弱，可追施氮肥 30～45 kg/hm^2、钾肥 30～45 kg/hm^2。

如发现菌核病、白粉病、蚜虫、蓟马、潜叶蝇等危害较重，应注意防治。

5.1.4 绿肥翻压

双季稻田，豆科绿肥应在早稻直播或插秧前 7～15 d、于盛花期翻压；非豆科绿肥的翻压时间应适当提早。单季稻田种植紫云英的，也可在 30%～50%黑荚时翻压还田。一般可全量还田。干耕浅沤，机械翻压、晾晒 2～3 d 后灌浅水沤田。有条件的，翻压前施石灰 750 kg/hm^2。

5.1.5 水稻水肥管理

直播水稻田，绿肥沤制应不少于 10 d。抛秧水稻田，绿肥沤制应不少于 7 d。插秧水稻田，绿肥沤制应不少于 5 d。紫云英带荚还田时，绿肥沤制应不少于 20 d。绿肥翻压至水稻施用分蘖肥后的 10 d 内，应保持稻田的田面水。

豆科绿肥田，接茬水稻应减少 20%～30%的氮肥用量，或按 1 t 绿肥鲜草减少纯氮 1～2 kg 计算水稻总施肥量。非豆科绿肥田，接茬水稻不减化肥用量。

5.2 果园覆盖绿肥模式

5.2.1 果园绿肥种植方式

(1)新植果园绿肥种植方式

第一年在果树行间种植一季绿肥作物，在绿肥翻压前，从果树行间种植穴边缘开挖深 0.6 m、宽 1 m 的壕沟，将绿肥分 2～3 层就地翻压，尔后在已经填埋绿肥的壕沟内及行间种植绿肥作物。下一季绿肥重复操作。2 季绿肥后，继续种植绿肥作物，开挖新的壕沟，新、旧两壕沟间不留间墙。如此经过 3～5 年，达到全园土壤深翻熟化。

新植果园宜 1 年 2 季绿肥，以豆科绿肥为主，适当搭配十字花科、禾本科绿肥；兼顾“以短养长”，适当种植经济绿肥。夏季绿肥以印度豇豆、绿豆、竹豆、乌豇豆为主，冬季绿肥选择紫云英、箭筈豌豆、苕子、多花黑麦草、鼠茅草、肥田萝卜、绿肥油菜等，可以单播，也可混播。

(2)幼龄挂果果园绿肥种植方式

有微灌、滴灌等灌溉条件的果园，采用多年生绿肥覆盖，可选择白三叶、圆叶决明、平托花生等绿肥，一年种植，多年利用。

依靠人工灌溉的雨养果园，宜采用冬季绿肥自传种方式，即在秋、冬季种植绿肥，待来年春季绿肥种子成熟时自行落籽，绿肥枯萎在夏季形成覆盖。绿肥自传种种植，最好采用混播的方式，混播以豆科绿肥为主。绿肥作物可选择紫云英、苕子、箭筈豌豆、黑麦草、鼠茅草等。自行落籽出苗不足的，应进行补种。

(3)果园埂壁绿肥作物种植方式

新垦丘陵坡地或山地梯田果园，可在梯壁、坝埂等种植紫穗槐等作防风护坡林，或种植百喜草、狗牙根、圆叶决明、三叶草等绿肥作物。

5.2.2 果园绿肥播种

(1)播种期和播种量

夏季绿肥。印度豇豆、乌豇豆播种期 4 月上旬至 5 月上旬，绿豆播种期 4 月上中旬，竹豆在 4 月中旬至 5 月下旬播种。夏季绿肥播种量 37.5～60 kg/hm^2。

冬季绿肥。播种期在 9 月下旬至 10 月中旬。单播时播种量：紫云英 22.5～30 kg/hm^2，苕子 30～45 kg/hm^2，肥田萝卜 7.5～15 kg/hm^2，多花黑麦草 15～22.5 kg/hm^2，鼠茅草 22.5～30 kg/hm^2。

多年生绿肥。白三叶播种期为 9 月中下旬，播种量 4.5～7.5 kg/hm^2；园叶决明在 4～6 月份播种，播种量 7.5～12 kg/hm^2。

(2)播种方式

以行间撒播为主，也可以开沟条播、点播。播种前施用钙镁磷肥 300～450 kg/hm^2，播种后浅覆土。在绿肥旺盛生长期，施用尿素 45～75 kg/hm^2。

5.2.3 果园绿肥利用

(1)就地翻压

在绿肥盛花期就地翻压。冬季绿肥在 4 月下旬翻压，夏季绿肥在 9 月下旬至 10 月上旬翻压。

(2)刈割集中埋压

在绿肥盛花期刈割集中埋压在树下的施肥沟(穴)中。一般埋压绿肥 2～3 层，每层 10 cm 左右，一层绿肥上压一层土，不要堆压过厚。

(3)树盘覆盖

择机将绿肥刈割 1～2 次，所割鲜草集中于树盘周围或放置原地覆盖地表。

参考文献

[1]曹景勤，陈碧云. 低丘红壤豆科绿肥与非豆科黑麦草混播效果的研究[J]. 土壤通报，1993，24(6)：278-279.

[2]陈静蕊，秦文婧，王少先，等. 化肥减量配合紫云英还田对双季稻产量及氮肥利用率的影响[J]. 水土保持学报. 2019，33(6)：1-8.

[3]陈晓芬,陈静蕊,秦文婧，等. 红壤荒地上 7 种豆科绿肥养分富集能力综合评价[J]. 中国草地学报,2020，42(4):153-160.

[4]陈晓芬,张路平,秦文婧,等. 红壤旱地上 4 种冬绿肥适宜播种量研究[J]. 草业学报，2021,30(10):137-146.

[5]黄国勤. 建国以来江西省耕作制度的改革与发展[J]. 中国农史，1994，13(2)：94-106.

[6]江西省农业志办公室. 江西农业志[M]. 南昌：江西人民出版社,1993.

[7]江西省农业科学院作物研究所. 绿肥栽培与利用[M]. 上海：上海科学技术出版社,1982.

[8]江西省红壤试验站，江西省农牧渔业厅土地利用管理局. 江西红壤研究(第二集)[M]. 南昌:江西省科学技术出版社，1987.

[9]刘佳,徐昌旭,曹卫东,等. PEG 胁迫下 15 份紫云英种质材料萌发期的抗旱性鉴定[J]. 中国草地学报,2012，34(6):18-25.

[10]刘佳,张杰,秦文婧,等. 红壤旱地毛叶苕子不同翻压量下腐解及养分释放特征[J]. 草业学报,2016，25(10):66-76.

[11]刘经荣，张德远，吴建富，等. 稻田养分循环利用模式的研究[J]. 江西农业大学学报，1995，17(2):105-115.

[12]王赟，徐昌旭，周国朋，等. 连续种植翻压紫云英减施化肥对江西早稻产量、品质及土壤肥力的影响[J]. 植物营养与肥料学报，2021，27(10)：1735-1745.

[13]谢志坚,张嵚,徐昌旭,等. 除草剂对稻田土壤微生态环境及紫云英养分吸收的影响[J]. 南京农业大学学报，2013，36(3):129-132.

[14]谢志坚，李海蓝，徐昌旭，等. 两种除草剂的土壤生态效应及其对后茬作物生长的影响[J]. 土壤学报，2014，51(4):880-887.

[15]谢志坚. 填闲作物紫云英对稻田氮素形态变化及其生产力的影响机理[D]. 华中农业大学,2016.

[16]谢志坚,贺亚琴,徐昌旭. 紫云英-早稻-晚稻农田系统的生态功能服务价值评价[J]. 自然资源学报，2018，33(5)：735-746.

[17]俞静文，彭静霜，李桢，等. 红壤稻田高产稳产的土壤条件及培肥技术的初步研究[J]. 土壤,1983，4:132-136.

[18]周国朋，谢志坚，曹卫东，等. 稻草高茬-紫云英联合还田改善土壤肥力提高作物产量[J]. 农业工程学报，2017，33(23):157-163.

[19]Xiang Xingjia，Adams Jonathan M，Qiu Caifei，et al. Nutrient improvement and soil acidification inducing contrary effects on bacterial community structure following application of hairy vetch (*Vicia villosa Roth* L.) in Ultisol[J]. Agriculture，Ecosystems and Environment，2021，312：107348.

[20]Xie Zhijian，Tu Shuxin，Shah Farooq，et al. Substitution of fertilizer-N by green manure improves the sustainability of yield in double－rice cropping system in south China[J]. Field Crops Research，2016，188(1)：142-149.

Ⅳ 浙江省绿肥历史、现状、潜力及模式

1 浙江省绿肥生产历史

1.1 生产利用历史

浙江省自然地理条件优越，水热资源丰富，植物种类多样，气候环境十分适合绿肥作物的种植。中华人民共和国成立前，培肥耕地主要依靠农家肥和绿肥。浙江省种植利用最广泛的绿肥是紫云英，浙江民间曾有“一年红花草，三年地脚好”“草子种三年，坏田变好田”等农谚，其中提到的红花草即为紫云英。浙江大面积种植紫云英的年代有待考证，据1934年民国时期中央农业实验所《农情报告》对全国紫云英面积调查记载，当年浙江全省种植面积约33.3万hm^2，居全国之首，此后多次的统计显示浙江省紫云英种植面积均在全国前列。

中华人民共和国成立之初，百废待兴，国家非常重视农业生产和粮食安全，绿肥作为当时的重要肥源受到各级政府部门和农民的重视，在生产上大面积推广应用。根据20世纪50年代中期的调查资料，浙江嘉兴和宁波地区的稻区，紫云英种植面积占冬种面积的70%以上，一些地方甚至达到90%。浙江省绿肥种植面积最多的1966年约达到97万hm^2，其后到20世纪70年代末，绿肥面积虽有波动，但稳定在每年80万hm^2左右。据资料显示，浙江省1975年冬绿肥种植面积83.1万hm^2，其中紫云英种植面积66.5万hm^2，约占冬绿肥种植面积的80%。

20世纪80年代初期，随着农村实行联产承包制，特别是化学肥料开始普及以来，农民种植绿肥的积极性逐年下降。尤其到90年代后随着大量农民工进城务工，农村劳动力明显减少，水稻收割后大多抛荒，绿肥种植面积直线下降。浙江省1981年绿肥种植面积尚有52.2万hm^2，到1990年下降至39.4万hm^2，10年间下降了24.5%。2000年浙江绿肥种植面积仅21.8万hm^2，10年间又下降41.8%（图4-4-1）。

21世纪初期，随着我国化肥生产能力的长足进步，同时农村劳动力大量涌向城市，农业生产劳动力成本不断增加，绿肥种植面积继续呈现快速下降趋势，到2004年，浙江绿肥只有6.7万hm^2，大面积种植绿肥的区域基本消失。

1.2 种质资源

浙江省绿肥品种资源丰富，曾经在生产上应用较多的主要有紫云英、绿萍、蚕豆、豌豆、黑麦草、白三叶、印尼大绿豆、黄花苜蓿等。

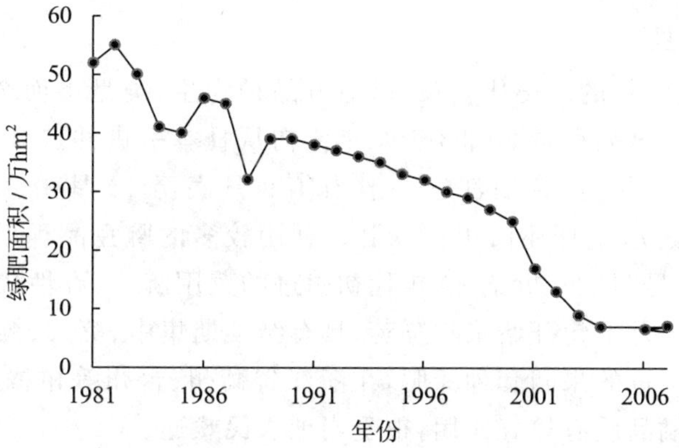

图 4-4-1　浙江省绿肥种植面积变化趋势(1981—2006 年)(林多胡等,2000;浙江统计年鉴,2007)

1.2.1　紫云英

紫云英是浙江主要的绿肥作物,种植最广。通过 20 世纪 60～80 年代对紫云英种质资源的系统收集与选育工作,基本明确了适合浙江省种植的紫云英品种主要有 3 个,分别是"宁波大桥种""平湖大叶种"和"浙紫 5 号"。其中"宁波大桥种"和"平湖大叶种"是经过系统筛选和提纯复壮选育而成的地方优良品种,"浙紫 5 号"是浙江省农科院原土壤肥料研究所以"宁波大桥种"的优良株系 66-140 为母本、日本种为父本进行杂交后经过系统选育而成的。

"宁波大桥种"原产浙江省宁波市鄞县(现鄞州区)姜山区,分布在鄞州区、奉化和宁波市郊,又名姜山种。该种在 400～500 年前已有种植,因为中华人民共和国成立前种子在奉化县(现奉化市)大桥镇销售,故称"宁波大桥种"或"奉化大桥种",是一个纯度较高的迟熟高产品种。鲜草产量一般为 40～50 t/hm^2,最高可达 75 t/hm^{2}以上;产种子 450～600 kg/hm^2,最高可达 800 kg/hm^{2}以上。在杭州市,9 月底至 10 月上旬播种,4 月中旬达初花期,4 月下旬进入盛花期,5 月底种子成熟,全生育期约 240 d,是我国紫云英开花和种子成熟最迟的品种。该品种适宜在冬季气温相当于杭州以南的各地推广,特别适于在单季晚稻田种植。

"平湖大叶种"原产于浙江省平湖县(现平湖市)西门外和虎啸桥镇,分布在平湖、嘉兴和海盐等县(市),是一个栽培历史悠久的优良品种,曾经分布较为广泛。该品种产鲜草 37.5～45 t/hm^2,最高可达 75 t/hm^{2}左右;产种子 450～650 kg/hm^2,最高可达 800 kg/hm^{2}以上。初花期一般比"宁波大桥种"早 4～5 d,种子成熟期早 2～4 d,属迟熟型品种。该品种冬性较强,适于在冬季气温相当于杭州以北的地区种植。

"浙紫 5 号"产鲜草 40～50 t/hm^2,最高可达 80 t/hm^{2}以上,种子产量与"宁波大桥种"相仿。该品种花期较集中,成熟时间比较一致,抗寒力强,抗菌核病能力较强,适于在全省各地推广。

1.2.2　绿萍(满江红)及其他水生绿肥

绿萍(满江红)曾是应用于浙江省稻田的主要绿肥之一,20 世纪 60～80 年代有较大面积种植,也曾开展过地方品种鉴定和选育工作,在绿萍(满江红)种质资源收集、保存、利用与评价等方面进行过系列研究,并提供了系列新技术在生产中推广应用。另外,水葫芦、水浮莲等水生绿肥也曾在水稻生产中推广应用,开展稻田水生绿肥稻、鱼共养技术研究示范,提高了水稻种植效益。

1.2.3 蚕豆、豌豆

浙江省种植蚕豆、豌豆的历史比较长，以地方品种为主，类型多而杂，种植面积有限，较常用的是日本大粒蚕豆。该品种是20世纪90年代初从日本引进并选育而成，具有植株和鲜荚产量双高、菜用价值好的特点，在浙江省一般当年9月底至10月中、下旬播种，次年4月底5月初开始采收鲜食蚕豆，茎秆还田用作绿肥。利用较多的豌豆品种以“中豌4号”和大荚箭筈豌豆为主。“中豌4号”是20世纪80年代初引进的菜用豌豆，春性较强，适宜迟播，一般11月中、下旬播种，次年4月上旬开始采收鲜荚，具有结荚期集中、荚大、粒大、产量高等优点。大荚箭筈豌豆是从北方引进的果园套种绿肥，在浙江省衢州、台州等柑橘园套种肥效好，对改善柑橘地土壤结构和柑橘品质有较好作用，很受当地农民欢迎。

1.2.4 黑麦草

黑麦草是适应性较强的冬季禾本科饲草绿肥，它既可作绿肥也可作牧草。浙江省从20世纪80年代开始引进和推广黑麦草，早期主要引进意大利黑麦草和美国俄勒岗黑麦草，这两个品种都为二倍体黑麦草，适宜留种推广，80年代中期曾在嘉兴、江山等地建立了667 hm^2黑麦草留种基地，并在全省各地推广种植。90年代以后浙江省开始从国外引进四倍体黑麦草，其鲜草产量和抗逆性都强于二倍体，缺点是不宜留种。浙江省引进和推广面积较大的四倍体黑麦草品种主要有特高、邦德、沃土等，适合在全省各地种植。

1.2.5 白三叶

浙江省20世纪90年代中、后期开始引进种植白三叶，春播3月下旬至4月下旬、秋播9～10月为佳，上半年播种尤其要做好杂草防控工作。生产上用的较多的有大叶型“海发”和中叶型“考拉”2个品种，主要在果园、茶园等地套种。

1.2.6 印尼大绿豆

印尼大绿豆是20世纪80年代从中国农业科学院引进的旱地夏季豆科绿肥，曾在浙江省武义、金华等县、市有较大面积推广，该绿肥的草饲料开发价值大。

1.2.7 黄花苜蓿

黄花苜蓿也称金花菜、草头，曾经在浙江省的台州、绍兴有较大面积种植。黄花苜蓿农家品种很多，浙江省主要有温岭种、上虞种、余姚种等。温岭种叶片较大，叶色稍浅，茎较粗长，荚果果盘较大，荚硬刺尖，生长较直立，适于迟播。黄花苜蓿花前嫩苗适口性好，营养较丰富，是江浙一带的地方常用菜品，菜收后茎秆还田可培肥土壤。

1.3 种植模式

1.3.1 绿肥与水稻轮作

绿肥与水稻轮作是浙江省水田绿肥种植的主要模式。生产上有绿肥翻压轮作早稻和绿肥翻压轮作晚稻2种利用方式。紫云英是浙江省最主要的与水稻轮作的冬绿肥，浙江省紫云英最佳播种期在9月20日至10月15日，播种量一般为22.5～30 kg/hm^2。采用稻收前7～15 d套播紫云英模式，水稻收割后紫云英已出苗生长，此时需及时开好排水沟，并根据幼苗生长情况追施一定量氮肥和磷肥。次年开春返青后，一般在3月初追施1次复合肥，可促进紫云英高产。紫云英轮作早稻一般于3月底至4月上旬在早稻种植前5～7 d翻压作绿肥。紫云英轮作晚稻可在4月中旬紫云英盛花期翻压还田,也可在紫云英70%荚熟后翻压还田。紫云英盛花期还田的肥效较好,但缺点是来年需重新播种。紫云英带荚还田的优点是当年晚稻收获后紫云英自然出苗,实现一年播种多年利用,缺点是紫云英的肥效降低。一般紫云英鲜草翻压轮作早稻或晚稻,鲜草量控制在22.5～30 t/hm^2较为适合,后季水稻在不减少产量的情况下化肥可减量20%左右。

1.3.2 果、茶园套作绿肥

果、茶园套种绿肥一般在果、茶树生长的幼龄期实施,此时作物较小,对土壤覆盖度低,一般可通过条播或撒播方法套种绿肥。果、茶园绿肥以豆科绿肥为主,浙江省适合的豆科绿肥品种主要有苕子、箭筈豌豆、紫云英、白三叶、大绿豆等。苕子和箭筈豌豆一般在9月底至11月初播种,苕子播种量一般为45～60 kg/hm^2,箭筈豌豆播种量一般为75～90 kg/hm^2。白三叶可春播,也可秋播,春播要做好除草工作,一般播种量为15～20 kg/hm^2。大绿豆为夏季绿肥,在4月中旬至5月下旬播种,一般播种量为15～22.5 kg/hm^2,采用穴播方式,每穴3～4粒种子。

1.4 绿肥对农业生产的历史贡献

1.4.1 稳定和增加水稻产量

浙江省20世纪50年代起至化肥开始在水稻上大量使用之前,水稻供肥主要依赖绿肥和农家肥。按紫云英绿肥还田时平均鲜草产量30 t/hm^2,干物质平均含氮3.80%、磷0.32%、钾3.13%,水稻生长期养分转化率50%估算,每公顷紫云英可提供氮52 kg、磷4.8 kg、钾47 kg。以当时紫云英年播种面积50万 hm^2估算,每年可为水稻供应氮肥2.6万t、磷肥0.24万t、钾肥2.34万t,为水稻增产和粮食安全做出了重要贡献。

1.4.2 提高低产稻田土壤肥力

浙江省水田土壤多数由红壤和黄壤发育而成,中、低产田面积大。建国初期,许多地方的农田土壤养分含量低,水稻产量也因此受到限制,20世纪50年代水稻平均产量仅3 t/hm^2左右。通过长期绿肥还田,土壤有机质提高,理化生性状得到改善,水稻产量明显提高。1978年水稻平均产量达4.27 t/hm^2,比20世纪50年代初增长42.3%。

1.4.3 改良果、茶园土壤结构

浙江省果、茶园面积较大,多数种植区为土壤养分较低的缓坡旱地和山地,在“二园”中套种绿肥,不仅可以保持水土,减少土壤养分流失,还可以改善表土微生物群落结构和环境,提高土壤保温保湿能力,促进作物生长,最终达到提高水果、茶叶产量和品质的目的。据研究,在茶园行间套种绿肥,在夏季高温期绿肥种植区土壤含水量比对照区高5.2%,表土温度比对照区低7.4 ℃。

1.5 绿肥研究

1.5.1 绿肥研究主要历史

浙江省绿肥科研工作主要由浙江省农业科学院原土壤肥料研究所承担,所内设有专门的

绿肥研究室。第一任所长程学达在20世纪50、60年代就提出浙江省要高度重视绿肥生产以解决农田肥力不足的问题，并主张对绿肥增施磷肥，通过“以磷增氮”和紫云英种子接种根瘤菌增加产量，达到“以小肥换大肥”的目的。

浙江省绿肥科研工作主要从中华人民共和国成立以后开始，其发展几经波折，大致可以分为以下几个阶段。

①1950年至20世纪60年代初期为绿肥科研探索阶段。该阶段没有明确研究目标，研究缺乏系统性，但对发展绿肥的重要性有了初步认识。

②20世纪60年代初期至1966年为绿肥科研发展阶段。这一时期重点开展了水田冬季绿肥紫云英的品种收集、鉴定、选育、试验示范以及满江红绿肥在稻田套养的肥效研究等工作。

③1966—1978年为绿肥科研缓慢进展阶段。这一时期主要开展了少量的紫云英品种选育和稻田套养水浮莲、满江红效应观测工作。

④1978年至20世纪末为绿肥科研快速发展阶段。该时期浙江省的绿肥研究工作较全面，除了对紫云英、满江红等绿肥育种方面进行系统研究外，还在各种绿肥的高产栽培技术、综合加工利用技术等方面进行系统研究。育种方面，浙江省农业科学院土壤肥料研究所绿肥课题组通过对紫云英近20年的选育，成功培育出具有优良性状的新品种“浙紫5号”，满江红育种开展了组织分离纯化留存及生理生化学种性研究。种子加工方面，开展黄花苜蓿机械脱粒种植及其经济效益、黄花苜蓿种子脱粒筛分机械研究。高产栽培技术方面，开展了紫云英丰产栽培技术、丰产晚稻田冬绿肥最佳播期、稻田冬绿肥优化种植模式、南方农区绿肥饲草优良品种的筛选及其高产栽培配套技术等研究。综合利用方面，开展绿肥用作植物蛋白饲料开发、绿萍在农业上的利用、绿萍综合开发利用、稻萍鱼共生高产技术、桑草鱼配套种植模式、青绿植物制作草食性鱼类颗粒饲料、大水体浮盘全年生产绿萍喂鱼利用、以草代木栽培香菇、绿萍喂鹅及其周年供饲等研究。此外，这一时期还开展了全省绿肥区划研究，对浙江省的绿肥发展进行了全面规划。

⑤20世纪初至2007年为绿肥科研萎缩阶段。这一时期与全国类似，绿肥人才队伍逐渐流失，研究工作进入了停滞期。

⑥2008—2023年为绿肥科研快速恢复阶段。这一时期浙江省农业科学院环境资源与土壤肥料研究所参与了国家公益性行业（农业）绿肥专项和国家绿肥产业技术体系的研发工作，并主持浙江省绿肥重点研发项目，2018年设立专门的绿肥研究室，形成了专业绿肥研究团队。

1.5.2 绿肥研究主要成果

（1）紫云英育种及高产栽培技术

浙江省农业科学院有科研档案记载的紫云英绿肥研究始于1962年，林多胡、李莉等从紫云英品种收集、鉴定试验、品种筛选、选育、品种区域试验以及丰产栽培技术等方面进行了系统的研究，1980年成功选育出生物产量和种子产量均具优良特性的“浙紫5号”。此后这一品种在江西、福建、安徽、江苏等多省进行过推广应用，一些省份还以此为母本选育出了紫云英新品种，如福建省农业科学院土壤肥料研究所选育的“闽紫2号”和“闽紫6号”均是由“浙紫5号”选育或杂交而成。这一时期的工作也为后期《中国紫云英》一书的出版积累了大量原始资料。紫云英育种及相关栽培技术研究成果在1980年获得浙江省科技进步三等奖。

(2)满江红(绿萍)品种选育与综合利用技术

利卓燊等从20世纪60年代初开始对满江红进行系统研究,先后研究了稻田套养满江红越冬技术,满江红越夏技术,早稻田、单季晚稻田、连作晚稻田套种满江红的肥效,分次压青倒萍技术对提高满江红肥效的作用,满江红地方品种鉴定和选育,绿萍害虫及其防治技术,大水体浮盘全年生产绿萍喂鱼利用技术,绿萍综合利用开发,绿萍种质资源收集、保存、利用与评价等,形成的系列新技术在生产中得到推广应用。20世纪六七十年代,满江红养用技术推广至长江南北13个省,每年有400多万 hm^2,有效解决了稻田氮肥供应不足的问题,为水稻增产和粮食安全做出了重要贡献。这一时期出版了《绿萍的养殖与利用》《生物固氮》等专著,相关研究成果在1992年获得浙江省科技进步二等奖。

(3)黄花苜蓿脱粒种植及脱粒机械研制

1978—1981年,张友金、李英法等针对黄花苜蓿种子带壳种植发芽率低、对产量影响大的难题,先后进行了黄花苜蓿脱粒种植及其经济效益研究和黄花苜蓿草子种脱粒筛分机械研究,解决了黄花苜蓿草种子脱粒种植技术,促进了黄花苜蓿作绿肥在生产上的应用。该技术促进了浙江省温岭、黄岩等黄花苜蓿产地的种子产业化,为黄花苜蓿在浙江省推广应用做出了贡献。相关研究成果于1981年获浙江省科技进步四等奖。

(4)浙江省绿肥区划研究

浙江省是全国绿肥的重点产区。1981—1982年,浙江省参加了全国绿肥区划研究,对绿肥种植进行了合理规划,为浙江省绿肥推广指明了方向。研究成果作为全国绿肥区划的一部分,1983年获农业部技术改进二等奖。

(5)稻萍鱼共生高产技术

1984—1990年,陈德富、祖守先等开展稻-萍-渔共生高产技术研究,解决了稻萍套种中绿肥利用方式单一的问题,通过稻田养鱼不仅形成绿萍喂鱼、鱼粪还田肥稻的水稻生态种养新模式,还提高了种植水稻的经济效益。该技术在浙江省武义、永康等地推广,受到农民欢迎,1990年获得浙江省科技进步三等奖。

(6)植物蛋白饲料开发技术

1987—1990年,俞林火、景金富等开展以绿肥作植物蛋白饲料开发研究,针对有些地方绿肥产量高的情况,将部分绿肥通过干燥和机械加工制成植物蛋白饲料,为绿肥综合利用提供了新途径。不仅解决单一田块绿肥过剩的问题,还丰富了动物饲料来源,延长了绿肥产业链,对绿肥产业化开发进行了探索。该技术在1992年获浙江省科技进步三等奖。

2 浙江省绿肥作物发展现状

2.1 绿肥作物生产利用

2004—2007年,浙江省的绿肥种植一直在低谷徘徊,每年面积6万～7万 hm^2,以冬季稻田绿肥为主。绿肥作物以紫云英为主,紫云英面积较大的区域主要集中在宁波、金华、台州、衢州等地,总面积4万 hm^2 左右,其次为黑麦草、蚕豆、豌豆等。据统计,金华市2007年底共完成冬种绿肥2.75万 hm^2,其中紫云英1.53万 hm^2,占冬绿肥面积的55.4%。

2008年至今,受益于国家和省科研与推广部门对绿肥产业的重新重视,浙江省绿肥种植面积开始逐步恢复。浙江省的绿肥科研陆续得到国家绿肥公益性行业专项、浙江省重大绿肥项目、国家绿肥产业技术体系等支持，开展了较为系统的研究，为浙江省绿肥发展提供了技术支撑。与此同时，浙江省农技推广部门利用沃土工程、耕地质量提升等农技推广项目，把绿肥种植作为主要内容加以推广。在科研和推广双重力量推动下，浙江省绿肥种植有了较快发展。据统计，近年来浙江省绿肥面积扩大到每年 13.3 万 hm^2，比低谷时翻了一倍，其中紫云英约 8 万 hm^2，占比 60%左右。

近年来，浙江省科研部门虽然通过各类项目实施，收集和鉴定了一批绿肥种质，但绿肥种质资源创新仍然落后。紫云英品种仍以"宁波大桥种"地方品种为主，每年留种面积在 500 hm^2 左右，种子产量约 300 t，远不能满足市场需求。另外还有少量农民自发留种黄花苜蓿、蚕豆、豌豆等，但数量不多。当前生产上推广面积较大的黑麦草、白三叶等绿肥种子则主要依赖进口。苕子、箭筈豌豆等绿肥种子则主要从外省购入。

2.2 种植模式创新与应用成效

紫云英与水稻轮作模式由紫云英轮作双季稻转向紫云英轮作单季稻。紫云英-单季稻轮作的间隔时间充裕，紫云英既可在盛花期翻压还田，也可在基本荚熟后翻压还田轮作单季稻。盛花期翻压肥效较好，但每年紫云英需重新种植；带荚还田可实现自繁，一年种植多年利用，但是绿肥茎秆纤维化后肥效减弱。目前生产上 2 种利用方式同时存在，农户根据自身的生产需求进行选择。一些地方采用紫云英高产栽培技术，部分或全部替代化肥生产绿色或有机稻米，可取得较好效益。在紫云英栽培管理上，紫云英-双季稻轮作模式中，稻草全部移除，田块排水通畅，紫云英田间管理较为容易；而单季稻产量高、稻草量大，且水稻收割后稻草基本全量还田，导致稻田冬季排水不畅，易引起涝害影响紫云英生长，因此栽培管理技术也相应更新，稻后及时开沟排水是种植紫云英的关键。

经济绿肥鲜食蚕豆与单季稻轮作模式。鲜食蚕豆是较典型的经济绿肥，它在当年晚稻收割后播种，次年 5 月蚕豆鲜荚采收上市，鲜秆还田作肥料，6 月份轮作晚稻，茬口合理。由于鲜食蚕豆直接经济效益较高，在一些地方发展迅速，如丽水、绍兴等市每年的鲜食蚕豆种植面积都在 1 万 hm^2 以上。

绿肥果园模式。随着规模化果园面积和数量不断增加，果园杂草防控一直是管理难题。通过在果园种植绿肥，利用绿肥的覆盖功能加强果园杂草防控已是当今果园业主关注的重点。浙江一些地方的桃园、梨园、柑橘园近年来通过引进光叶苕子、箭筈豌豆、白三叶等覆盖效果较好的绿肥品种，对果园杂草防控效果显著，发展前景广阔。

2.3 科研发展与政策支持

浙江省曾是全国绿肥科研强省之一，20 世纪 60 年代开始对绿肥进行系统的研究，成果显著，到 20 世纪末，国家和地方对绿肥科研投入基本中断，随着浙江省绿肥科研队伍老化，绿肥研究基本停滞。2008 年以来，随着国家和浙江省对包括绿肥在内的农业绿色生产发展的重视，浙江省农业科学院环境资源与土壤肥料研究所组织人才队伍，开展绿肥研究，2015 年获省科技进步二等奖，2018 年设立了绿肥生产与利用研究室，为浙江省绿肥科技发展提供了保障。

浙江省绿肥推广工作成效显著。浙江省绿肥推广一直得到政府和各级农技推广部门的重视，20 世纪 70 年代全省绿肥推广种植高峰期曾超过 60 万 hm^2。21 世纪初在绿肥生产低谷期，省农业厅仍然保持一定量的绿肥推广预算，主要用于绿肥种子补贴，鼓励农民种植绿肥。随着国家沃土工程和耕地质量提升项目的实施，浙江省耕地质量与肥料管理总站一直把绿肥作为耕地质量提升的重要手段加以推广。2019 年浙江省耕地质量与肥料管理总站专门发文要求全省各地加快绿肥发展，并在 24 个绿肥生产重点县要求建立 20 hm^2 以上的连片绿肥种植示范方。这些政策措施的实施有力推动了浙江省绿肥产业发展。

3 浙江省绿肥研发进展与创新

3.1 紫云英种质科研创新

浙江省农业科学院绿肥研究团队 2018 年首次完成了紫云英 cDNA 文库构建与 EST 分析和成花基因的克隆与鉴定，为高产紫云英分子辅助育种提供了理论依据。在紫云英 cDNA 文库构建与 EST 分析方面，研究人员以“宁波大桥种”紫云英叶片为材料，采用磁珠法构建了紫云英 cDNA 文库，并鉴定了所获得的文库质量；通过转录组测序和生物信息学分析获取具有基因功能注释的紫云英 Unigene 资源，通过基因差异表达分析揭示紫云英成花转变中的特异表达基因群，发掘到紫云英成花基因等重要性状相关基因。获得了紫云英 *LEAFY* 基因 cDNA全长，并进行了表达模式分析和基因功能鉴定，研究发现紫云英 *LEAFY* 基因在其花芽中表达量最高(图 4-4-2)，并能显著提前植物开花时间。

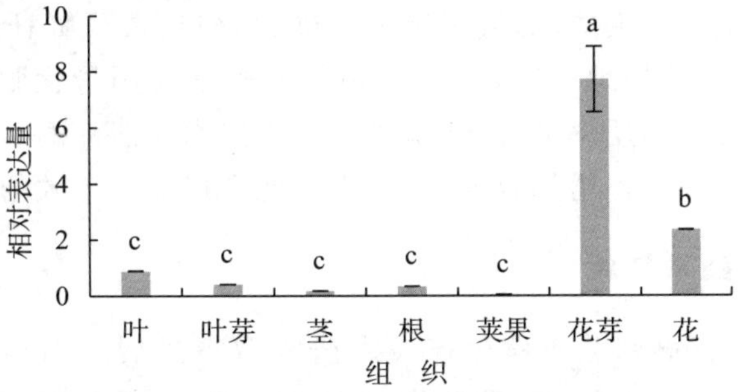

图 4-4-2 紫云英不同组织中 *LEAFY* 基因的相对表达量(张贤等，2018)

注：柱状图上方不同字母之间表示部位间差异显著($P<0.05$)。

3.2 绿肥还田水稻化肥减量技术创新

3.2.1 紫云英作为唯一肥源的单季稻生产技术

通过连续 2 年不同紫云英翻压量的田间定位试验，研究明确了翻压鲜草 60 t/hm^2时，稻谷中氮、磷、钾吸收量，水稻氮、磷、钾农学利用效率和稻谷产量最高，较不施肥处理增产 7.4%～13.5%，与单施化肥增产幅度的 11.8%相当。而且，60 t/hm^2 紫云英鲜草作为单季晚稻的唯一肥源，移栽间隔 30 d 以上，不会产生僵苗现象。据此构建的绿肥替代化肥生产绿色或有机稻米技术在仙居县水稻种植专业合作社推广应用，获得良好效益。

3.2.2 紫云英与化肥配施单季稻生产技术

连续 2 年定位试验研究表明，较高紫云英鲜草还田量配施不同比例化肥，可以比不施肥处理增产稻谷 8.5%～17.4%，而农户单施化肥的常规技术增产率只有 13.7%，其中以紫云英鲜草还田 45 t/hm^{2}配施化肥减量 40%，单季晚稻氮、磷和钾的农学利用效率和稻谷产量最高(表 4-4-1)。由此构建的紫云英与化肥配施生产单季稻技术，可以保持水稻产量下提高肥料利用率，降低环境风险，已成为浙江省实施水稻化肥减量工程的主要技术手段。

表 4-4-1 紫云英配施不同用量化肥对水稻氮(N)、磷(P)和钾(K)养分利用效率的影响(王建红等，2014a)

处理	养分农学利用效率/(kg/kg)			养分生理利用率/(kg/kg)		
	N	P	K	N	P	K
CK	—	—	—	78.5 a	341.7 a	63.5 a
100%CF	6.02 a	54.72 a	13.53 a	63.7 b	328.5 b	59.9 ab
MV	4.53 b	44.39 b	4.79 c	69.7 b	361.2 a	61.2 a
MV+20%CF	4.32 b	41.67 bc	5.11 c	67.7 b	335.3 ab	60.5 ab
MV+40%CF	6.25 a	59.66 a	8.00 b	66.4 b	323.8 b	61.5 a
MV+60%CF	5.25 ab	49.81 b	7.16 b	55.8 c	283.9 c	53.7 b
MV+80%CF	3.84 c	36.28 c	5.51 c	53.7 c	278.6 c	50.3 b

注：养分生理利用率＝经济产量(kg/hm^2)÷养分吸收量(kg/hm^2)。CK—不施肥对照，MV—紫云英鲜草还田 45 t/hm^2，100% CF—冬闲常规施化肥；表 4-4-3 相同。表中数据为 2011 年和 2012 年数据的平均值。同一列不同字母之间表示处理间差异显著($P<0.05$)，以下表中意义相同。

3.2.3 蚕豆鲜秆还田配施化肥单季稻生产技术

针对鲜食蚕豆-水稻轮作模式，通过多年定位试验，构建蚕豆鲜秆还田减少化肥用量单季水稻生产技术。在蚕豆鲜秆异地还田量 15 t/hm^2、配施常规用量化肥的 60%时，既可提高水稻产量，又可增加水稻养分利用率，降低环境风险。该技术在浙江丽水、台州等地应用，促进水稻稳产增产，通过鲜食蚕豆销售增加收入，已成为当地农户节本增效的重要种植技术模式。

3.3 紫云英菜用技术创新

紫云英菜用价值和富硒紫云英菜生产技术研究取得进展。与浙江省常见的青菜对比，紫云英嫩梢、蚕豆嫩果粒、豌豆嫩梢、豌豆嫩果粒中粗蛋白、维生素 C、β-胡萝卜素、核黄素、钙、氨基酸等营养成分含量虽然存在差异，但总体营养水平均较高，菜用价值好。紫云英返青期初花前 20 d 和 10 d 左右各喷施 1 次有机硒叶面肥，可以显著提高紫云英嫩梢菜中的硒含量，并对紫云英嫩梢菜的鲜菜产量有增产效果。通过品比试验筛选出了鲜菜产量和营养品质都较优的品种在省内进行推广应用(表 4-4-2)。当前，紫云英菜用已在浙江省各地得到发展，特别是宁波奉化、富阳一些蔬菜种植大户利用温室大棚生产紫云英嫩梢菜，经济效益可观。

表 4-4-2 不同紫云英品种嫩梢菜营养成分与品质分析(季卫英等，2021)

品种	蛋白质 /(g/kg)	粗脂肪 /(g/kg)	膳食纤维 /(g/kg)	可溶性糖 /%	钙 /(mg/g)	维生素 C /(mg/kg)	β-胡萝卜素 /(mg/kg)	平均营养值
宁波大桥	357	68	279	3.3	7.9	161	41	47
闽紫 1 号	319	69	320	2.2	8.8	76	40	51
闽紫 7 号	376	64	265	2.2	7.5	54	40	46
闽紫 8 号	341	64	274	3.4	8.4	249	34	47

续表 4-4-2

品种	蛋白质/(g/kg)	粗脂肪/(g/kg)	膳食纤维/(g/kg)	可溶性糖/%	钙/(mg/g)	维生素C/(mg/kg)	β-胡萝卜素/(mg/kg)	平均营养值
弋江种	339	61	256	5.5	8.9	170	35	45
信紫1号	324	66	288	5.1	7.4	130	32	46
湘肥3号	309	63	277	7.7	5.8	80	35	43

注:表中数据为干基含量。

3.4 绿肥还田对土壤有机碳和微生态环境的影响及机制

连续6年田间定位观测发现,与常规施化肥处理相比,紫云英配施减量化肥能够显著增加土壤可溶性有机碳、热水提取态有机碳和颗粒有机碳的数量,紫云英配施化肥能够显著增加土壤活性有机碳和总有机碳含量、土壤碳库管理指数以及碳转化酶活性,紫云英翻压量45 t/hm^2,配施60%常规用量化肥,对土壤活性有机碳的增加效果最佳(表4-4-3)。紫云英配施化肥能够显著增加蔗糖酶和β-葡萄糖苷酶活性;土壤活性有机碳含量受纤维素酶、蔗糖酶和β-葡萄糖苷酶活性的直接影响,受酚氧化酶和过氧化酶活性的间接影响。利用绿肥对土壤微生物和土壤有机质的有益影响,浙江省在新垦贫瘠水田生地熟化过程中将绿肥作为熟化水田生地的主要技术手段加以研究利用。相关研究对揭示绿肥在水田土壤碳扩库增容中的作用具有重要意义。

表4-4-3 紫云英与化肥配施对水田土壤活性有机碳组分和总有机碳含量的影响(李增强等,2019)

处理	可溶性有机碳/(mg/kg)	热水提取态有机碳/(mg/kg)	微生物量碳/(mg/kg)	颗粒有机碳/(g/kg)	易氧化有机碳/(g/kg)	总有机碳/(g/kg)
CK	34.4 e	384.8 e	570.6 e	2.8 d	2.6 f	12.4 c
100%CF	42.5 d	502.4 d	638.9 d	3.6 c	2.9 e	14.1 b
MV	48.3 c	544.7 c	660.5 d	4.0 b	3.0 d	14.4 b
MV+20%CF	53.1 b	575.3 b	714.3 c	4.1 ab	3.4 c	16.1 a
MV+40%CF	55.4 ab	594.8 ab	740.9 bc	4.2 ab	3.6 b	16.4 a
MV+60%CF	58.8 a	609.8 a	796.0 a	4.3 a	3.8 a	16.9 a
MV+80%CF	56.0 ab	594.7 ab	763.6 ab	4.2 ab	3.8 a	16.7 a

4 浙江省绿肥发展潜力

4.1 发展绿肥的必要性

4.1.1 绿肥是解决稻田冬闲的主要手段

浙江省现有水田106.28万hm^2,冬季主要轮作菜油、小麦、蚕豆等春花作物。由于春花作物经济效益不高,加之劳动力成本不断增加,种植面积逐年下降,晚稻收割后处于抛荒状态的农田增多。浙江省冬季光热资源较为丰富,多数稻田适合紫云英等冬季绿肥生长,种植绿肥是解决水田冬闲、充分利用冬季光热资源、实现绿色过冬和生态文明的重要手段。

4.1.2 果园绿肥需求强烈

绿肥在规模化果园中的生态防控作用突显。浙江省现有各类果园、茶园 51 万 hm^2，多数园地实现了规模化种植。近年来，越来越多的果园采用了套种绿肥抑制杂草、培肥土壤，目前多采用冬绿肥，如光叶苕子、紫云英等，春季可对果园实现有效覆盖，大幅降低果园夏季杂草数量，减少了果园除草成本，提高了果园肥力和果实品质，增加了果农效益。

4.1.3 种植和利用绿肥是贫瘠耕地质量提升的重要手段

绿肥是生地熟化的先锋作物。浙江省耕地资源紧张，每年通过土地整理产生大量新垦耕地，多数是未经培肥的生地，农作物生长困难。一些绿肥作物具有耐贫瘠的特性，可以作为先锋作物在生地栽培，通过科学管理，可实现绿肥高产。生地绿肥还田后，一方面快速改善生地的土壤微生态环境，丰富微生物总量和群落结构，另一方面绿肥腐殖化过程可以增加生地土壤有机质含量，从而提高生地土壤肥力，加快土地熟化进程。

4.1.4 绿肥是建设生态文明和实现乡村振兴的重要抓手

绿肥的景观效应可以美化田园，带动乡村旅游观光产业发展。近年来，浙江省部分农村地区大力发展紫云英等绿肥种植，紫云英花期较长，紫色花海景观吸引了大量游客，带动了乡村旅游业发展。紫云英还是重要蜜源植物，绿肥种植也促进蜂产业的发展。总之，绿肥不仅可以培肥土壤，其附加作用也日益凸显，“绿肥＋”产业链模式在农村生态文明建设、乡村振兴过程中的独特作用正在充分体现。

4.2 浙江省绿肥发展潜力

浙江省主要的绿肥发展潜力区包括农区和果园、茶园区。稻田和新整水田的冬季休闲期、果茶园行间空地等均适合发展绿肥。根据各种土地利用方式及适合绿肥种植的休闲期长短、行间空闲比例等，估算出浙江省绿肥发展潜力（表 4-4-4），累计绿肥面积潜力约 59 万 hm^2，绿肥有效时空潜力约 39 万 hm^2 · 年。

4.2.1 农区绿肥发展潜力

根据浙江省第三次全国国土调查主要数据公报，2022 年末全省水田面积 106 万 hm^2，其中近 3 年用于种植水稻的水田约 63 万 hm^2，其余水田主要以菜地、设施农业用地等形式存在。实施水稻轮作小麦或油菜的水田约 23 万 hm^2，其余 40 万 hm^2 稻田基本处于冬闲状态，空闲期 6 个月左右。总体看，浙江省在现有农田中的绿肥面积潜力为 40 万 hm^2，有效时空潜力为 20 万 hm^2 · 年。

另有新整理耕地可发展绿肥。浙江省近 5 年因耕地占补平衡需要，通过土地整治项目新开垦的耕地，总面积约 3 万 hm^2，绿肥有效时空潜力为 2 万 hm^2 · 年。

4.2.2 果茶园绿肥发展潜力

果茶园是浙江省绿肥发展另一重要潜力区。据统计，浙江省现有各类果园总面积 30 万 hm^2，茶园面积 21 万 hm^2，果茶园总面积 51 万 hm^2。浙江省水热资源丰富，除了少量郁闭果园外，多数行间空地常年适合绿肥作物生长。目前浙江省果茶园的绿肥种植规模还比较小，随着生态农业发展、园地土壤培肥及生态防控的需要，绿肥发展潜力较大。

总体看，浙江果茶园绿肥面积潜力为 19 万 hm^2，绿肥有效时空潜力为 19 万 hm^2 · 年。

表 4-4-4　浙江省绿肥种植时空潜力

区域	适宜的绿肥制度	对应的主作物面积/万 hm^2	绿肥空间占比/%	绿肥时长/月	绿肥面积潜力/万 hm^2	绿肥有效时空潜力/(万 hm^2 · 年)
农区	绿肥-水稻轮作	40	100	6	40	20
	农区合计	40	—	—	40	20
经济林园	落叶果园	6	70	12	4	4
	常绿果园成龄	17	25	12	4	4
	常绿果园幼龄	7	70	12	5	5
	茶园	21	25	12	5	5
	经济林园合计	51	—	—	19	19
合　计		91	—	—	59	39

注：绿肥有效时空潜力＝对应的主作物面积×绿肥空间占比×绿肥时长。

5　浙江省绿肥生产主要技术模式

5.1　绿肥-水稻轮作技术模式

5.1.1　绿肥肥饲兼用技术模式

(1)技术要点

播种期一般在 9 月下旬至 11 月上旬。可以在晚稻收割后播种，也可在晚稻收割前稻底套播，即，在晚稻收割前 7～10 d 将绿肥种子套播到水稻田中。

绿肥选择紫云英、黑麦草。紫云英优先考虑“宁波大桥种”，黑麦草可选用进口的四倍体黑麦草。绿肥可以单播，但混播效果更好。单播时，紫云英播量 22.5～30 kg/hm^2，黑麦草播量 15～22.5 kg/hm^2，迟播适当增加播量。混播时，紫云英 24 kg/hm^2，黑麦草 6 kg/hm^2。

水稻收割时保持田面干硬，机械收割时水稻留高茬，水稻收割后及时开好排水沟。绿肥苗期适当追肥，根据苗情施钙镁磷肥 225～300 kg/hm^2、尿素 75～120 kg/hm^2。中低产田次年返青后的 3 月上、中旬追施 1 次尿素 120～150 kg/hm^2。

绿肥可产鲜草 30～45 t/hm^2，一般仅保留 22.5～30 t/hm^2 还田作绿肥，其余可作青饲料。绿肥在早稻种植或插秧前 7 d 翻压。一般早稻减少 20%左右的化肥用量，晚稻减少 5%左右的化肥用量，不会引起水稻减产。以紫云英为主的鲜草不能直接喂牛，以防出现胀臌病。鲜草也可青贮，青贮后可以直接喂食各类草食动物。

(2)适用区域

该模式适用于浙江省草食动物特别是奶牛、羊、兔等养殖较多的金华、嘉兴、湖州、上虞、嵊州等地。

5.1.2　紫云英肥菜兼用技术模式

(1)技术要点

绿肥种植：该模式一般在紫云英-单季稻轮作制中应用，10 月 10 日前将紫云英套播到稻田，播种量 30 kg/hm^2。水稻收割后，将稻草全部移除，及时开沟排水，保持田面排水通畅。苗期适当施追肥，一般施过磷酸钙 300 kg/hm^2 为宜。

绿肥利用：紫云英返青后开花前刈割嫩梢用作蔬菜，一般在紫云英顶部以下 20 cm 处刈割，采收的紫云英嫩梢就近销售。由于紫云英开花前市场叶菜类蔬菜较少，紫云英嫩梢菜受到市场欢迎，部分地区可销售 8～16 元/kg，一般紫云英可采嫩梢 7.5～12 t/hm^2，产值 6 万～12 万元/hm^2。紫云英刈割嫩梢后的鲜草产量一般在 22.5～30 t/hm^2，全部翻压用作水稻绿肥，水稻施肥量减少 20%～30%。

(2)适用区域

适合浙江省城镇近郊稻田种植，利于紫云英鲜菜就近上市。

5.1.3 紫云英带荚还田技术模式

(1)技术要点

该模式一般在紫云英-单季稻轮作制中应用，当年水稻收割前将紫云英套播入田，水稻收割后做好开沟排水。也可以在水稻收割后立即整地播种，播种时间控制在 11 月 20 日前。在单季晚稻种植前，一般在 5 月中旬将 70%结荚成熟的紫云英一次翻压入田作肥料。该模式的特点是实施方便，由于翻压时紫云英茎秆已经老化，全量紫云英还田不会引起水稻僵苗，同时，大量成熟的紫云英种子翻压入田后，在秋季水稻收割前留在田间的紫云英种子自行萌发，可用作下一年的稻田绿肥，实现紫云英一年播种多年利用。采用该技术的水稻一般可减少水稻基肥 5%左右，减少追肥 10%左右，水稻不会出现缺肥现象，产量稳定。

(2)适用区域

适合浙江各地单季晚稻区。特别适合在山区交通不便，土壤肥力低，劳动力紧张的地方推广实施。目前该模式在浙江仙居等县应用较多。

5.1.4 鲜食蚕豆-单季稻轮作技术模式

(1)技术要点

鲜食蚕豆种植：常用的鲜食蚕豆品种有“日本白花大粒豆”“通蚕 6 号”“陵西 1 寸”“双绿 5 号”等。晚稻收割后翻耕水田，然后播种蚕豆，播种量 120 kg/hm^2，宽窄行播种，宽行 70～80 cm，窄行 30 cm，株距 35～40 cm，穴播，每穴下种 1～2 粒。次年 4 月上、中旬植株长至 80～100 cm 时掐去顶尖以利植株结荚，5 月上、中旬鲜食蚕豆进入采收期。

蚕豆鲜秆利用：蚕豆鲜荚采收上市，采收后的蚕豆鲜秆翻压作下季水稻的绿肥。蚕豆鲜秆还田，下季水稻的化肥一般减少施用量 15%～20%不会引起水稻减产，具有节本增效的作用。

(2)适用区域

浙江全省均可采用。目前在丽水、苍南等地每年应用面积较大，可产生净效益 1.5 万～2.0 万元/hm^2。

5.2 果、茶园套种绿肥技术模式

5.2.1 技术要点

浙江省园地套种绿肥根据种植季节分为冬季绿肥和夏季绿肥。冬季绿肥主要有光叶苕子、箭筈豌豆、白三叶、紫云英、金花菜(黄花苜蓿)等。夏季绿肥主要有印尼大绿豆、印度豇豆、日本龙爪稷等。

绿肥一般以条播和撒播为主。播种量一般为：光叶苕子 30～60 kg/hm^2，箭筈豌豆 60～

90 kg/hm^2、白三叶 15～20 kg/hm^2、紫云英 30～37.5 kg/hm^2、黄花苜蓿 20～30 kg/hm^2、大绿豆 15～22.5 kg/hm^2、印尼豇豆 15～30 kg/hm^2、日本龙爪稷 30～45 kg/hm^2。

冬绿肥在 9～10 月播种，夏绿肥在 6 月前后播种。播种方式：播种前先整地，然后下种。杂草多的园地以条播为主，条宽 30～40 cm。杂草少的园地可以撒播后浅覆土。大绿豆、豇豆等粒型大的种子应穴播，每穴种子 3～4 粒，行距 40～50 cm，株距 30～40 cm。

播种时每公顷施钙镁磷肥 225～300 kg/hm^2。生长较高的绿肥可适当刈割后覆盖果、茶树根部，起到保温和防止水土流失的作用。冬季绿肥一般以覆盖利用为主，绿肥植株老化后自然覆盖地表，对园地夏季杂草有很好的抑制作用。夏绿肥一般可刈割 1～2 次，最后一茬以翻埋为主，后茬再接冬绿肥。

5.2.2　适用区域

浙江省各地果园、茶园均可采用。

5.3　绿肥熟化水田生地技术模式

该技术模式有效解决了贫瘠水田生地有机质来源和土壤微生物种类与群落构建问题，大幅缩短熟化时间。在浙江省的衢江区、浦江县等新垦水田生地上推广应用案例表明，持续利用该模式 2 年，水稻生产能力达到 6.75 t/hm^2 以上，接近中等肥力水田。

5.3.1　技术要点

在新垦贫瘠水田垦造完成后，先将腐殖酸肥料、商品有机肥料、土壤调理剂等物料进行科学配比，一次性均匀施入水田，然后种植紫云英或黑麦草绿肥。腐殖酸肥料与商品有机肥料的配比以 1∶1为宜，各自用量 15 t/hm^2。

绿肥播种量 45 kg/hm^2。土壤 pH＜5.5 的水田，种植绿肥前撒施 4.5 t/hm^2 生石灰；土壤 pH 在 5.5～6.5 的水田，种植绿肥前撒施生石灰 3 t/hm^2。

绿肥生长期间适当配施化肥促绿肥高产。绿肥盛产期将鲜草翻压还田后轮作水稻，水稻施肥按照常规用量。

5.3.2　适用区域

适用于浙江省新垦造水田。

参考文献

[1]曹凯，斯林林，徐静，等. 紫云英-水稻轮作不同肥料配施对生土碳氮和磷肥利用率的影响[J]. 浙江农业科学，2021，62（12）：2383-2387.

[2]林多胡，顾荣申. 中国紫云英[M]. 福州：福建科学技术出版社，2000.

[3]季卫英，斯林林，王建红，等. 紫云英替代化肥对土壤养分和水稻产量的影响[J]. 浙江农业科学，2022,63（1）：29-31,34.

[4]季卫英，徐静，王建红，等. 菜用紫云英品种筛选及种植效益初探[J]. 浙江农业科学，2021,62(4)：730-732.

[5]李增强，王建红，张贤，等. 绿肥腐解及养分释放过程研究进展[J]. 中国土壤与肥料，2017(4):8-16.

[6]李增强，张贤，王建红，等. 紫云英施用量对土壤活性有机碳和碳转化酶活性的影响[J]. 中国土壤与肥料，2018(4)：14-20.

[7]李增强，张贤，王建红，等. 化肥减施对紫云英还田土壤活性有机碳和碳转化酶活性的影响[J]. 植物营养与肥料学报，2019，25(4)：525-534.

[8]王建红，曹凯，张贤. 紫云英还田配施化肥对单季晚稻养分利用和产量的影响[J]. 土壤学报，2014a，51(4)：888-896.

[9]王建红，曹凯，张贤. 紫云英翻压量对单季晚稻养分吸收和产量的影响[J]. 植物营养与肥料学报，2014b，20(1)：156-163.

[10]王建红，符建荣. 浙江绿肥生产与综合利用技术[M]. 北京：中国农业科学技术出版社，2014c.

[11]王建红，伍建平，陶云彬，等. 油菜与紫云英混播对油菜产量和紫云英养分累积的影响[J]. 浙江农业科学，2016，57(3)：359-360，363.

[12]王建红，张贤，曹凯，等. 等量蚕豆鲜秆还田配施不同比例化肥对单季晚稻的影响[J]. 应用生态学报，2015，26(5)：1365-1372.

[13]张贤，王建红，曹凯，等. 紫云英 LEAFY 基因的克隆与鉴定[J]. 农业生物技术学报，2018，26(8)：1328-1341.

[14]张贤，王建红，李增强，等. 紫云英实时荧光定量 PCR 分析中内参基因的选择农业[J]. 生物技术学报，2017，25(8)：1356-1365.

[15]朱小梅，王甫同，邢锦城，等. 田菁翻压还田对滩涂土壤碳氮及微生物生物量的影响[J]. 土壤，2021，53(3)：529-536.

[16]朱小梅，王建红，温祝桂，等. 不同绿肥品种提升滩涂生地土壤养分及酶活性效应的比较[J]. 江苏农业科学，2019，47(12)：307-310.

[17]朱小梅，王建红，赵宝泉，等. 不同盐分土壤环境下绿肥腐解及养分释放动态研究[J]. 水土保持学报，2018，36(2)：309-314.

[18]许立奎，赵光武，吴伟. 种子生产技术[M]. 北京：中国农业大学出版社，2021.

[19]Si Linlin，Xu Jing，Cao Kai，et al. Effects of Mineral Fertilization and Organic Amendments on Rice Grain Yield，Soil Quality and Economic Benefit in Newly Cultivated Land：A Study Case from Southeast China[J]. Agronomy，2023，13：1361.

[20]Zhang Xian，Xu Jing，Si Linlin，et al. Cloning，Identification，and functional analysis of the chalcone isomerase gene from *Astragalus sinicus*[J]. Genes，2023，14：1400.

[21]Zhang Xian，Wang Jianhong，Cao Kai，et al. An expressed sequence tags analysis for leaves of Chinese milk vetch (*Astragalus*)[J]. Legume Research，2015，38(1)：1-8.

[22]紫云英种植技术规范[S]. 浙江省地方标准. DB 33/T 2547—2022.

V　福建省绿肥生产历史、现状、潜力及模式

1　福建省绿肥生产历史

1.1　生产利用历史

福建省地形复杂，农作制度丰富多样，其适用的绿肥种类也较多，其中以紫云英和红萍的种植面积最大且利用历史悠久。以紫云英为例，清同治年间（1862—1875年）《光泽县志》对紫云英种植利用就有细致的描述："昔无今有者：红花草，刈后布子田中，及春作花如锦，犁入土中，可以粪田，为农利最溥。始北乡农夫。"20世纪30年代，福建省曾推广种植蚕豆，其籽实充当粮食，秸秆还田作肥料。

1949年，福建绿肥种植面积0.93万hm^2。中华人民共和国建立后，福建大力发展绿肥生产，1949—1958年，绿肥面积发展到3.8万hm^2。20世纪60年代初，经济上发生"暂时困难"，福建曾一度实行"冬种自由一季"，扩大冬种粮食作物，冬季绿肥面积锐减。1962年全省绿肥面积下降至0.89万hm^2。1963年，福建省政府号召试种紫云英，扩种蚕豆、肥田萝卜、夏季绿肥和稻田养萍，当年全省绿肥面积恢复到2.4万hm^2，其中紫云英0.28万hm^2、蚕豆和肥田萝卜0.92万hm^2、夏季绿肥0.87万hm^2、红萍0.33万hm^2。1965年，福建省人民委员会颁发《关于实行紫云英、金花菜（黄花苜蓿）、苕子等绿肥种子"贷种"的通知》，以贷款的方式贷种给人民公社和生产队，扶持发展绿肥生产。当年全省绿肥面积发展到6.49万hm^2，其中紫云英3.17万hm^2、蚕豌豆2.07万hm^2、夏季绿肥和红萍1.25万hm^2。1966年，全省绿肥种、养面积突破20万hm^2，仅紫云英、蚕豌豆和肥田萝卜等冬季绿肥的面积就达21.26万hm^2。1974年，全省绿肥面积发展到25.79万hm^2，其中紫云英22.29万hm^2、蚕豆和豌豆2.76万hm^2、夏季绿肥0.73万hm^2。福建省紫云英一般每年自留种子500～1 000 t，最多的1977年达1 500 t。

20世纪80年代，绿肥生产面积逐年下降。至1984年，全省绿肥面积只有6.72万hm^2，其中紫云英2.54万hm^2、蚕豆和豌豆1.13万hm^2、夏季绿肥0.32万hm^2、红萍2.31万hm^2。1986年，福建省政府颁发《关于冬季农业生产的若干规定》，强调发展冬季粮食作物和绿肥生产，冬绿肥面积发展到20.98万hm^2。1988年冬，农业部下达福建省"南方冬绿肥综合丰产技术"项目，实施"冬种紫云英鲜草综合丰产技术"，把提高紫云英鲜草产量、培肥地力、促进粮食增产和鲜草作青饲料养畜过腹还田、综合利用作为工作重点，由1988年冬至1990年共实施2年，累计示范推广2.04万hm^2。1990年，绿肥面积回升到19.1万hm^2，其中冬季绿肥12.23万hm^2、夏季绿肥0.33万hm^2、红萍4.20万hm^2。

20 世纪 90 年代后，随着种植业结构调整，冬季马铃薯、蔬菜、烤烟等经济作物种植面积大幅增长，冬闲田种植紫云英面积日趋减少。此外，群众习惯使用化肥，进一步加剧了紫云英种植面积的下降，种植面积每年维持在 2.7 万 hm^2左右。同时，紫云英生产中存在的品种种性退化、混杂，高产栽培技术不配套，综合利用率低，种植效益低等问题都限制了福建省紫云英生产的恢复与发展。

1.2 种质资源

水田绿肥方面，早期主要种植光泽种紫云英、莆田蚕豆等农家自留品种。改革开放以后，通过当时全国绿肥协作网的分发和交换，收集了国内主要紫云英资源，同时开展系统选育和杂交育种。此后经过几代科研工作者的传承和发展，至今共收集保存水田绿肥种质资源1 300多份，其中紫云英种质资源 1 000 多份。40 多年来，育成了“闽紫”系列 1～8 号紫云英品种。

水生绿肥方面，历史上各地均有传统的地方品种(如莆田地区的莆田萍、宁德地区的溪萍绿等)，主要通过建立萍母田以每年扩繁利用，其品种比较单一，都属于覆瓦状萍种。20 世纪 80 年代，福建省农业科学院备份了国际水稻研究所(IRRI)在全球 35 个国家收集的红萍资源，并补充收集了中国各地的红萍种质资源，1987 年农业部批准在福建省成立国家红萍资源中心。期间，先后引进了耐寒的细绿萍、耐热的卡洲萍和小叶萍等国外红萍资源，并以此育成“榕萍 1 号”“回交萍 3 号”等新品种，提高了福建省的红萍利用水平。目前保存有红萍 6 个种的种质资源 600 多份，是世界上保存红萍种质资源最多的机构。

旱地绿肥方面，20 世纪 60 年代开始零星收集和种植利用，自 1987 年起通过与国际农业研究中心(ACIAR)合作，从国外引进豆科决明属、落花生属、合萌属等种质资源 200 多份，并通过国内交换和野外调查收集，共收集保存旱地绿肥种质资源 400 多份。开展筛选评价、系统选育和辐射育种，育成“闽引圆叶决明”“闽引羽叶决明”“阿玛瑞罗平托花生”等 10 多个新品种。

1.3 绿肥作物研究

1.3.1 紫云英

紫云英是福建省最主要的绿肥作物，但在 20 世纪 70 年代鲜草平均产量只有 11.25 t/hm^2左右，种子产量不足 150 kg/hm^2。林多胡先生于 1976—1982 年研究提高紫云英鲜草和种子产量的栽培技术措施，使其鲜草产量达 37.5～45 t/hm^2、种子产量达 375～450 kg/hm^2。1982—1993 年，育成“闽紫”系列紫云英 1～6 号，筛选出 84(47)10-3-1、83(24)4-1-1、84(54)3-1-1和 84(28)1-2-1 4 个早发、高产、耐阴性较好、能适应福建省栽培的紫云英新品种(系)。此外，还提出紫云英高产配套栽培技术、一次播种多年繁殖利用技术以及紫云英鲜草青贮技术。获得“紫云英新品种选育”“紫云英一次播种多年利用”等多项科技成果。

1.3.2 肥饲兼用绿肥作物

1989—1996 年，通过国际合作项目，共从澳大利亚引入 220 多个种质资源。经过多年多点试验，筛选出适应性强、适口性好、产量高并具生态恢复和保护功能的绿肥/牧草兼用品种。随后，进一步开展广泛的野外调查收集，对收集的资源进行筛选评价、系统选育和辐射育种，先后育成“闽引圆叶决明”“闽引羽叶决明”“阿玛瑞罗平托花生”“闽引圆叶决明 2 号”“闽育圆叶决明”“闽南印度豇豆”“闽南狗爪豆”“闽南穗序木蓝”等10多个通过国家级审定的新品种。还获得“红壤区决明属牧草筛选及其综合利用”“红壤山地生态果园模式研究与应用”“复合生态茶园建设模式研究与示范”等10多项科技成果。

1.3.3 红萍

1975年开始稻田周年养萍试验研究，1979—1980年开展了稻萍双高产技术研究，1980—1984年筛选出耐高温、耐阴、耐病虫害的品种——卡洲萍，1980年开始研究萍藻共生关系，并成功建立人工萍藻重组技术，开辟了红萍育种的新途径。1981—1988年，进行稻萍鱼高产体系研究，建立了红萍作为鱼饵料的生产技术；1988—1990年，进行红萍辐射育种，筛选出既耐盐又耐低磷的株系1个、耐盐株系和耐阴株系各1个。获得“满江红无藻萍-红萍鱼腥藻人工重组研究”“周年养萍研究”“红萍富钾生理研究”“稻萍鱼高产共生体系”等10多项科技成果。

2 福建省绿肥作物发展现状

2.1 种质资源创新

2.1.1 紫云英种质资源

2008年对35个保存在国家种质库的福建省紫云英资源进行扩繁和评价，进一步筛选出性状和产量优异的“闽紫6号”“闽紫7号”，并于2012年通过福建省绿肥品种认定，成为推广种植的良种。2011年，利用SSR标记对紫云英种质资源鉴别的可行性及有效性进行论证。2012年利用SSR对紫云英的种质资源进行了多样性分析。

2017年建立了水田绿肥种质资源圃和鉴定圃。2017—2019年从国内外搜集引进豆科、禾本科、菊科等绿肥种质资源212份。开展绿肥种质资源野外调查，收集到1份现有记录最北端紫云英、1份耐盐田菁、1份特早熟紫云英和1份耐旱黑豆资源。利用绿肥种质资源圃，对360份水田绿肥进行基本性状数据观测，初步筛选出50份综合性状较好或具有特异性状的种质资源。通过测定盛花期地上部生物量及氮、磷、钾、钙、镁等营养元素及粗蛋白、粗脂肪等含量，筛选出适宜盛花期刈割，饲草利用综合性状较好的“闽紫8号”“升钟紫云英”和“浙紫5号”。通过模拟干旱环境，筛选出萌发期抗旱性较强的“升钟紫云英”“闽紫8号”和“宁波大桥”。近年来，开展了紫云英菜用品种筛选，发现“闽紫1号”“闽紫6号”等10个紫云英品种(系)菜用部分产量较高，维生素C、糖类、淀粉、脂肪、纤维素、钠、钙、钾、镁、铁含量均比豌豆苗高，表现出较高的营养价值。

2.1.2 红萍种质资源

针对红萍种质资源大多数是无性繁殖的特性，研究建立茎尖离体培养、温室营养液培养、网室土壤水层栽培的三级保存方法体系，建成全球最大的红萍种质资源圃，保存有红萍6个种的资源600多份，2010年被农业部认定成为国家红萍种质资源圃(福州)。在红萍固氮、红萍富钾、萍藻重组、单克隆抗性研究，以及“卡洲萍”“榕萍1号”“回交萍3号”的育种等方面取得理论突破和领先成果。

2.2 模式创新与应用成效

2.2.1 种植利用模式

(1)基于紫云英的利用模式

①紫云英-单季稻轮作模式：在闽北、闽中单季稻种植区大面积应用，是目前福建的主要模式，紫云英优先选用生育期较长的"闽紫7号"等品种。

②紫云英-双季稻(或再生稻)轮作模式：优先选用生育期较短的"闽紫6号"等紫云英品种。

③烟-稻-紫云英跨年轮作模式：在连续两年烟-稻连作中，插入一年稻-紫云英种植模式，以消减烟-稻连作障碍。

④紫云英一次播种、多年利用模式：在紫云英2层果荚转黑时翻埋，水稻收割后根据稻田水分情况及时排水或灌水，促使上茬落入土中的紫云英种子早出苗、多出苗。

此外，福建省也发展了紫云英与槟榔芋、葡萄等搭配方式。另外，还建立了养鱼莲田冬季轮作紫云英即"莲、鱼-紫云英-莲、鱼"耕作模式。在南平市延平区等温光资源一季有余两季不足的地区，建立早稻-玉米-紫云英栽培模式。

(2)基于红萍的利用模式

①冬闲田养萍：利用冬闲田薄水养萍，以生产绿肥并控制杂草。一般投放3～4 t/hm^2萍母，次年春繁后可产鲜萍45～60 t/hm^2，水稻插秧前翻压作为基肥使用。

②稻田周年养萍：指在双季稻田采用"宽窄行双龙出海"的插秧方式，以套养红萍，做到既不影响或少影响水稻产量，又可不断繁殖红萍，实现粮肥双高产。

③稻萍鱼与稻萍渔(鱼、虾、蛙、蟹，等)技术：田里种稻、水面养萍、水中养鱼(或虾、蛙、蟹，等)，以萍喂鱼、鱼粪肥田促稻，并在鱼坑上方搭架种瓜、田埂上种豆等，形成多层结构的立体种养模式。

④莲田养萍与利用：基本与稻萍鱼模式类似，但由于不需烤田晒田，且水层更深，因此红萍和鱼类的养殖时间长、鱼产量高。

(3)红壤旱地绿肥利用模式

①生态果茶园利用模式：在丘陵山地果(茶)园，以黄花菜或南非马唐护埂，穗序木蓝或百喜草护坡，园面套种圆叶决明、平托花生、光叶苕子或箭筈豌豆等，以保持水土、培肥地力、改善生态。

②水土保持与生态修复利用模式：在其他作物难以生长的红壤荒山荒坡及侵蚀岗地，种植穗序木蓝、圆叶决明、印度豇豆等抗性强的绿肥品种，进行水土保持、生态恢复和地力培肥。

③观光农业利用模式：选择草层高度较一致、美观、耐践踏的平托花生、圆叶决明、百喜草、白三叶、穗序木蓝等草种，在农业观光园中进行四季搭配套种，既培肥土壤又可增加观赏美感。

2.2.2 应用成效

(1)紫云英种植利用

近年来，福建省农业科学院土壤肥料研究所通过优化紫云英应用技术，结合福建省主要农作制度，集成了3种"绿肥＋"优质农产品模式并示范应用。果园"紫云英＋自然生草"技术模式，在福建顺昌、和平等地示范应用，实现化肥减施 20%且土壤有机质含量平均提高 5%以上。"绿肥＋有机稻"生产模式，在稻鸭共作模式基础上，增加紫云英与水稻轮作技术，形成稻-鸭-紫云英种养技术模式，在福建省沙县示范应用，有机稻产量 9 t/hm^2 以上，取得有机稻、有机米双认证，注册"洪集体"牌有机米，实现年销售收入 380 万元，并带动周边农户就业。"绿肥＋优质烟叶"生产模式，集成烟草-水稻-紫云英跨年轮作技术，在福建省光泽县示范推广 1 300 多 hm^2，实现烟田化肥减量 10%、病虫害减少 25%～29%，烟叶品质提升 1～2 个等级，水稻增产 0.84～1.10 t/hm^2。

(2)红萍综合种养

优化红萍应用技术，完善了"稻-萍-鱼/虾""莲-萍-鱼/虾"等综合种养模式，充分利用红萍在稻田中生长迅速、肥效高、可作为小龙虾饵料等优点，在水稻生长期套养小龙虾，形成"稻-萍-虾"生态立体种养模式，可增收 3 万元/hm^2。在福建省罗源、浦城等地建设"稻-萍-渔"试验示范基地 25 hm^2，产值达 262.5 万元，红萍技术创新带动增收 37.5 万元。

2.3 绿肥扶持政策

福建省各级政府重视绿肥发展，将绿肥列入特色现代农业、农业绿色发展和茶产业发展的相关文件内容，在政策和资金上给予扶持。

2006—2008 年，结合福建省"沃土工程"项目的实施，福建省农业厅先后在全省 25 个县(市)开展冬闲田种植紫云英示范推广，推广面积 1.33 万 hm^2，并总结出一套适合福建省的冬种紫云英技术模式。福建省农业厅制定《福建省冬种紫云英示范推广实施方案》，全面规范紫云英栽培中"品种选择、种植管理、收获还田与留种"等环节的技术要点，为指导福建省发展紫云英生产提供了技术支撑。另外，针对福建省山地果茶园存在过度开发、新垦果茶园土壤贫瘠的问题，2005—2008 年先后在 27 个县(市)新垦果茶园套种圆叶决明、羽叶决明、百喜草、平托花生、印度虹豆等绿肥种类，建立了绿肥套种中心示范片 0.15 万 hm^2，辐射 0.67 万 hm^2。2015 年开始实施化肥减施与有机肥替代政策，绿肥推广面积发展到 7 万多 hm^2。

2016 年福建省实施"地力提升 1112 工程"，提出每年种植紫云英绿肥 6.67 万 hm^2。2018 年福建省人民政府将茶园套种绿肥写进《关于推进绿色发展质量兴茶八条措施的通知》。2019 年，福建省农业农村厅将"冬种紫云英等绿肥"的绿肥发展计划由每年 6.67 万 hm^2 提高到每年 20 万 hm^2，省级扶持资金由 2 000 万元提高到 4 000 万元，将"茶行间间作紫云英"作为推进茶产业绿色发展的技术措施。2020 年福建省农业农村厅发布《关于落实省委、省政府 2020 年农业农村重点工作部署的实施意见》中提出实施地力提升"3323"工程，即示范推广绿肥种植 20 万 hm^2。2021 年福建省政府将发展冬种紫云英等绿肥写进《福建省"十四五"特色现代农业发展专项规划》。2021 年福建省农业农村厅《关于落实省委和省政府 2021 年农业农村重点工作部署的实施意见》中提出实施耕地质量提升"2345"工程，种植绿肥 26.67 万 hm^2、实施稻田秸秆还田 33.33 万 hm^2，力争化肥使用量比 2020 年减少 2%以上。

福建省光泽县将发展绿肥种植列入"无废城市"试点建设工作，每年补贴种植 1 300～2 000 hm^2 紫云英，县财政统筹安排补贴 1 800～3 000 元/hm^2。武夷山区商品粮基地县浦城、武夷山将稻-绿肥-鱼/鸭/虾立体综合种养模式纳入 2018—2020 年重点示范内容。

3 福建省绿肥研发进展与创新

3.1 绿肥种质资源

3.1.1 广泛收集，丰富绿肥种质资源多样性

2017 年以来，组织开展 20 多次野外考察调查，共收集紫云英、红萍、鸡眼草、猪屎豆等野生或逸生绿肥种质资源 305 份。如在福建省最北端、闽、浙、赣三省交界处的浦城官路乡收集到 1 份耐低温（收集地极端低温为－8.6 ℃）的红萍资源，其年干萍产量达 9.33～9.84 t/hm²，比通过国家审定的闽育 1 号小叶萍、龙引细绿萍分别增产 4.04％～8.61％、10.90％～17.46％，有望成为适宜低温区域推广的高产耐寒品种；在陕西省宁陕县，收集到 1 份现有分布纪录最北缘（纬度 33°18′N）的紫云英资源；在福建省惠安县，收集到 1 份耐盐（土壤盐分 0.79％）的田菁资源。

建立紫云英、红萍等 4 个绿肥资源库、圃、评价场，完成 539 份紫云英资源提纯扩繁，对外分发共享 725 份次。目前保存的红萍、紫云英等绿肥种质资源达 2 200 多份。红萍资源圃入选第一批全国农作物种质资源库（圃），再次被认定为国家红萍种质资源圃（福州）；福建绿肥作物种质资源库（圃），被认定为省级农业种质资源保护单位，福建省农业科学院土壤肥料研究所获得首家绿肥种子质量检测机构资质。

3.1.2 深入评价，筛选优异或特异绿肥资源

在紫云英种质资源评价方面：①建立紫云英菜肥兼用评价方法，评价筛选出金沙种、湘乡种、闽紫 1 号、湘紫 1 号、信阳籽、萍宁 72 号等适宜作为菜肥兼用资源 6 份，闽紫 7 号、闽紫 8 号、湘紫 4 号等菜肥兼用性较好的紫云英资源 3 份。②建立茶用紫云英花的矿物质成分评价方法，筛选出湘紫 1 号、弋江籽、84(8)7-1-1、宁波大桥、m83yiJ 等矿质营养富集能力强，可作为花茶饮品开发的紫云英 5 份。③评价筛选出耐旱且鲜草、种子产量较高紫云英资源 3 份（萍宁 72、余江大叶和湘紫 1 号）。④筛选出再生能力较好的紫云英品种 5 份（桂早紫 1 号、闽紫 6 号、闽紫8 号、宁波大桥和湘乡种），生育期内刈割次数可达到 4 次。

在红萍种质资源评价方面：①明确了卡洲萍‘3001’、杂交种‘4088’、墨西哥萍‘2026’和闽育 1 号小叶萍是目前稻田生态系统作为绿肥推广的优选品种。②评价筛选出辐射后代(6)、闽育 1 号小叶萍（4087）、覆瓦状萍（500）和羽叶萍（7001）4 个肥用潜力品种。③筛选出抗寒、高产品种浦城官路细绿萍。

福建省在绿肥资源整理鉴定和品种选育方面成效显著，2015—2023 年，闽育 1 号细绿萍、闽南狗爪豆、闽南穗序木蓝、毕岭细绿萍等 4 个品种通过国家草品种审定。

3.1.3 探索红萍结孢诱导技术，推动红萍轻简化利用

采用磷、生长素 NAA、代谢抑制剂硫脲诱导红萍结孢的方法，使网室自然条件下细绿萍 1001 结孢率分别达 37.33％、34.7％和 25.7％，雌雄孢子果比分别达 0.67∶1、0.65∶1 和 0.51∶1，为红萍轻简化利用奠定了基础。

3.2 绿肥在福建农业生产中的增产提质及生态效应

3.2.1 提高作物品质和产量，增加经济收益

2015—2018 年，创新集成烟-稻-紫云英跨年轮作技术模式，可以提高水稻产量 0.75～1.05 t/hm²，烤烟质量明显改善，烟叶植株上部叶香气质、香气量、杂气均好于对照，余味更加舒适，中部叶香气质稍好，烟气更加细腻、顺畅、柔和，余味较舒适。紫云英年翻压18 t/hm²，配合施用 100%化肥的水稻 4 年平均产量比单施 100%化肥增产 6.5%，化肥减量 40%的水稻不减产（表 4-5-1）。

表 4-5-1 紫云英配施不同比例化肥对单季稻产量的影响(2009—2012 年)(王飞等,2014) t/hm²

处理	稻谷平均产量	稻草平均产量
对照	6.89±0.12 d	3.14±0.08 d
100%化肥	8.08±0.26 b	4.04±0.18 b
紫云英+100%化肥	8.61±0.20 a	4.29±0.02 a
紫云英+60%化肥	8.02±0.23 bc	4.05±0.10 b
紫云英	7.62±0.23 c	3.58±0.07 c

注：100%化肥用量为 N 135 kg/hm²，P_2O_5 54 kg/hm²，K_2O 94.5 kg/hm²。表中同列数据后不同小写字母表示处理间差异显著（$P<0.05$），以下各表中差异性表示意义相同。

相比常规清耕茶园（定期锄草）的对照，茶园行间种植豆科绿肥闽引圆叶决明显著地提高了夏茶氨基酸、茶水浸出物含量和茶叶产量（表 4-5-2）。

表 4-5-2 绿肥种植对茶叶产量和品质的影响(王峰等,2012)

茶园类型	氨基酸/%	咖啡碱/%	茶多酚/%	茶水浸出物/%	水分/%	酚氨比	产量/(g/m²)
绿肥	2.37±0.14*	4.43±0.11*	24.02±1.42*	41.16±4.21*	7.81±0.07	10.13±2.33*	233.7±13.2*
清耕	1.84±0.05	4.97±0.75	27.84±1.77	38.26±0.84	7.63±0.11	15.13±2.68	199.2±9.5

注：*表示绿肥和清耕相比差异显著（$P<0.05$），表 4-5-8 相同。

3.2.2 提升土壤肥力

稻田种植翻压紫云英能够提高酸性稻田土壤 pH，缓解土壤酸化，土壤有机质含量明显升高，碱解氮、有效磷、速效钾含量也有所增加。土壤可培养真菌和放线菌数量及微生物量碳、氮含量提高（表 4-5-3）。

表 4-5-3 紫云英配施不同比例化肥对土壤可培养微生物数量的影响(颜志雷等,2014)

处理	细菌/(×10⁶ cfu/g)	真菌/(×10⁴ cfu/g)	放线菌/(×10⁵ cfu/g)	微生物量碳/(mg/kg)	微生物量氮/(mg/kg)
对照	5.66±1.20 b	5.75±0.45 bc	4.76±0.72 b	546.84±81.00 ab	57.54±6.94 b
100%化肥	11.44±1.83 a	5.82±0.91 bc	5.26±0.80 b	508.63±60.51 b	52.93±4.72 b
紫云英+100%化肥	13.50±1.47 a	8.16±0.63 a	6.32±1.52 ab	622.58±108.12 a	66.31±7.41 a
紫云英+60%化肥	5.42±0.55 b	6.94±0.74 ab	7.56±0.40 a	620.08±39.42 a	66.78±5.31 a
紫云英	6.16±0.95 b	4.65±0.68 c	2.84±0.27 c	547.90±18.50 ab	56.91±3.68 b

在茶园，筛选出匍匐型绿肥爬地兰、威恩圆叶决明，能够促进茶树生长和鲜叶产量，明确了套种圆叶决明能改良茶园土壤结构，增加土壤含水量，提升土壤有机质含量，增强土壤微生物活性（表 4-5-4、表 4-5-5、表 4-5-6）。果园套种绿肥作物也可以有效降低土壤侵蚀，改善土壤肥力。

表 4-5-4　绿肥、有机肥和化肥配合对红黄壤茶园土壤质地的影响（王利民等，2014a）　%

处理	极粗砂粒（1.0～2.0mm）	粗砂粒（0.5～1.0mm）	中砂粒（0.25～0.5mm）	砂粒（0.05～0.25mm）	粉砂粒（0.002～0.05mm）	粉砂粒（0.02～0.002mm）	黏粒（<0.002mm）
CK	7.66±0.76 a	10.66±0.33 a	29.71±2.07 a	9.51±0.73 c	2.35±0.16 d	11.50±0.92 c	28.75±2.59 d
C	5.29±0.39 c	10.81±0.33 a	30.54±2.25 a	9.65±0.77 c	2.41±0.19 d	11.75±0.94 c	29.55±2.66 cd
$C_{1/2}O_{1/2}$	6.33±0.21 b	10.23±0.69 a	24.68±1.08 b	12.36±1.82 a	2.58±0.23 cd	12.58±1.17 bc	31.24±2.48 bcd
O	5.39±0.85 c	9.09±1.55 b	23.46±1.37 b	10.93±1.18 b	2.89±0.29 ab	14.33±1.31 ab	33.92±1.60 ab
CL	7.51±0.39 a	7.99±0.08 c	23.34±1.06 b	9.51±0.30 c	3.09±0.46 a	14.33±2.19 ab	32.58±1.46 abc
$C_{1/2}O_{1/2}L$	5.26±0.39 c	7.99±0.06 c	22.76±3.28 b	9.76±1.14 c	2.78±0.12 bc	15.67±1.17 a	35.77±3.06 a

注：CK：不施肥；C：全量化肥（年施 N 102.9 kg/hm²，P_2O_5 33.9 kg/hm²，K_2O 33.9 kg/hm²）；$C_{1/2}O_{1/2}$：半量化肥＋半量有机肥（5 716.5 kg/hm²）；O：全量有机肥；CL：全量化肥＋圆叶决明；$C_{1/2}O_{1/2}L$：半量化肥＋半量有机肥＋圆叶决明。表 4-5-5 至表 4-5-8 中处理号意义相同。

表 4-5-5　绿肥、有机肥和化肥配合对红黄壤茶园土壤容重、孔隙状况和含水量的影响（王利民等，2014a）

处理	土壤容重/（g/cm³）	总孔隙度/%	含水量/%
CK	1.38±0.02 a	47.92±2.82 a	21.06±2.18 c
C	1.37±0.04 a	48.30±1.96 a	22.11±0.86 c
$C_{1/2}O_{1/2}$	1.35±0.02 ab	49.06±5.88 a	25.52±1.32 b
O	1.30±0.06 c	50.94±5.21 a	26.43±0.99 b
CL	1.34±0.05 abc	49.43±3.55 a	25.39±1.12 b
$C_{1/2}O_{1/2}L$	1.32±0.10 bc	50.19±3.36 a	29.65±2.12 a

表 4-5-6　绿肥、有机肥和化肥配合对红黄壤茶园土酶活性的影响（王利民等，2014b）

处理	蛋白酶 /[μg/(g·d)]	脲酶 /[mg/(g·d)]	蔗糖酶 /[mg·(g·d)]	过氧化氢酶 /[mg/(g·20 min)]	磷酸酶 /[mg/(g·2 h)]
CK	22.80±15.03 e	14.43±7.05 f	46.24±23.74 f	0.20±0.01 c	0.29±0.02 c
C	24.58±8.40 e	27.27±10.72 e	99.15±58.32 c	0.26±0.05 a	0.32±0.04 c
$C_{1/2}O_{1/2}$	57.19±49.65 c	85.17±35.68 c	84.13±29.15 d	0.20±0.01 c	0.39±0.08 ab
O	62.02±18.42 b	95.93±14.23 b	68.16±21.55 e	0.21±0.01 bc	0.41±0.01 a
CL	52.40±15.08 d	40.52±2.96 d	232.41±21.64 a	0.27±0.01 a	0.37±0.02 b
$C_{1/2}O_{1/2}L$	87.14±46.01 a	125.91±23.01 a	229.81±41.01 b	0.23±0.02 b	0.39±0.01 ab

3.2.3　保持水土

果园套种平托花生具有良好的水土保持作用，全园覆盖可以防止降雨对果园土壤的直接冲击，平托花生的强大根系更能防止降雨后的径流对土壤的冲刷。连续 4 年定位测定表明，开垦等高线梯台种果，并套种平托花生的柑橘园，共发生地表径流 38 次，径流总量 61 t/hm²，无泥沙流失；而对照处理发生地表径流 178 次，径流总量 2 482 t/hm²，流失泥沙量 42 t/hm²；如果顺坡种果，且未套种平托花生，其地表径流 202 次，径流总量 13 840 t/hm²，流失泥沙量高达 631 t/hm²（表 4-5-7）。

表 4-5-7　不同开垦方式柑橘园套种绿肥平托花生对地表径流和土壤侵蚀的影响(黄毅斌等,2004)

处理	径流次数/次				径流总量/(t/hm^2)					泥沙流失量/(t/hm^2)				
	1997 年	1998 年	1999 年	2000 年	1997 年	1998 年	1999 年	2000 年	合计	1997 年	1998 年	1999 年	2000 年	合计
T_0	28	43	59	48	492.0	597.5	765.5	627.4	2 482.4	5.4	5.8	24.4	6.7	42.3
T_1	0	1	37	0	0	3.0	58.0	0	61.0	0.0	0.0	0.0	0.0	0.0
S_0	47	47	60	48	4 007.1	4 125.8	2 930.5	2 777.0	13 840.4	381.0	61.1	144.6	44.7	631.4
S_1	35	20	39	22	290.7	51.0	39.5	28.0	409.2	3.6	0.6	0.3	0.1	4.6

注:T_0—梯台种果,未套种平托花生;T_1—梯台种果,套种平托花生;S_0—未开垦等高线梯台,顺坡种果,未套种平托花生;S_1—未开垦等高线梯台,顺坡种果,套种平托花生。

3.2.4　改善小气候,调节茶园土壤温湿度

针对福建省丘陵山地茶园普遍面临的土壤退化、季节性干旱严重、生态环境恶化等问题,构建茶园套种圆叶决明模式,能有效改善茶园土壤温、湿等小气候条件,提高茶叶产量和品质。夏季高温干旱时期,套种圆叶决明茶园 0～20 cm 土层土壤含水量显著提高,达到 21.84%,空气温度日变化幅度降低 5.1 ℃,空气湿度日均值提高 3.9%(表 4-5-8)。

表 4-5-8　绿肥对茶园空气湿度的影响(詹杰等,2009)　　%

茶园类型	日均值	最高值	最低值
绿肥	73.24±0.58 *	87.39±0.21 *	61.32±0.06 *
清耕	69.34±0.21	83.21±0.06	54.76±0.16

3.2.5　减轻病虫害的发生

与不种植绿肥比较,烟-稻-紫云英跨年轮作模式的烟草花叶病发病率减少 7.2%,病情指数减少 0.048,青枯病发病率减少 12.4%,病情指数减少 0.067,其他病害也相应大幅度减少。

茶园间作绿肥,不同类型绿肥均显著提高了叶蝉天敌缨小蜂的种群数量(表 4-5-9)。在茶园间作铺地木兰+罗顿豆、圆叶决明+白三叶或者白三叶+平托花生,可以增强茶园群落的生物多样性,提高害虫天敌的种类和个体数,能够有效发挥天敌对有害生物的生态控制(表 4-5-10)。

表 4-5-9　茶园间作不同绿肥对叶蝉及其天敌缨小蜂种群数量的影响(李慧玲等,2016a)

茶园类型	叶蝉	缨小蜂
铺地木蓝+罗顿豆	47.05±9.87 a	10.86±2.35 ab
铺地木蓝+猪屎豆	17.18±3.36 b	6.45±1.38 bc
白三叶草+圆叶决明	30.50±6.16 ab	11.98±2.91 a
白三叶草+平托花生	34.27±8.99 ab	10.55±2.13 ab
对照	32.60±7.55 ab	4.55±0.82 c

表 4-5-10　茶园间作不同绿肥对冠层节肢动物群落多样性指数的影响(李慧玲等,2016b)

处理	Shannon-Wiener 指数 *H*	Simpson 指数 *H*	均匀度指数 *E*
间作铺地木兰+罗顿豆	3.34±0.11 a	0.83±0.02 a	0.73±0.02 a
间作圆叶决明+白三叶	2.97±0.07 b	0.78±0.02 b	0.68±0.02 a

续表 4-5-10

处理	Shannon-Wiener 指数 *H*	Simpson 指数 *H*	均匀度指数 *E*
间作白三叶+平托花生	3.23±0.10 a	0.81±0.02 ab	0.71±0.01 a
对照	2.91±0.11 b	0.77±0.02 b	0.70±0.02 a

3.2.6 紫云英综合利用价值高

紫云英可肥饲菜兼用。紫云英鲜草晒干制粉喂猪，经猪消化吸收后，猪粪尿中可分别回收氮、磷、钾分别为 75.6%、86.2%和 77.8%，猪对紫云英青贮饲料中粗蛋白质的消化率为 53.8%，猪粪尿沼气发酵，氮的回收率达 97.9%，水解氮含量为发酵前的 2.6 倍。

在福建地区，升钟和 84(8)7-1-1 紫云英盛花期表现出较好的综合性状，干草产量、植株氮、磷、钾含量以及粗蛋白、粗脂肪、粗纤维以及中性洗涤纤维素和酸性洗涤纤维素都较高，具有较高的饲用价值。“闽紫 7 号”“8487711”“84341022”和“浙紫 5-12”是营养价值丰富、口感佳、产量高的菜用紫云英品种(表 4-5-11、表 4-5-12、表 4-5-13)。

表 4-5-11 不同紫云英品种(系)干草产量，氮(N)、磷(P)和钾(K)养分含量(刘彩玲等，2020)

生育期	品种(品系)	干草产量/(t/hm^2)	氮/%	磷/%	钾/%
盛花期	浙紫 5 号	2.01±0.35 e	3.80±0.13 a	0.46±0.02 a	3.60±0.28 ab
	闽紫 6 号	1.34±0.27 f	3.78±0.15 a	0.43±0.01 a	3.57±0.12 ab
	闽紫 7 号	1.41±0.27 f	3.84±0.23 a	0.48±0.03 a	3.42±0.29 abc
	84(8)7-1-1	2.05±0.37 e	3.91±0.31 a	0.50±0.09 a	3.76±0.45 ab
	升钟	1.92±0.24 e	3.95±0.18 a	0.50±0.04 a	3.92±0.52 a
成熟期	浙紫 5 号	4.46±0.08 b	2.08±0.45 c	0.28±0.05 b	2.54±0.61 cd
	闽紫 6 号	3.85±0.10 d	2.43±0.24 bc	0.30±0.0 4b	2.44±0.22 cd
	闽紫 7 号	4.06±0.04 cd	2.40±0.22 bc	0.29±0.01 b	2.31±0.71 d
	84(8)7-1-1	4.43±0.15 bc	2.50±0.22 bc	0.30±0.01 b	2.80±0.75 bcd
	升钟	5.38±0.09 a	2.66±0.28 b	0.30±0.05 b	2.92±1.13 bcd

表 4-5-12 不同紫云英品种(系)营养成分含量及相对饲用价值(刘彩玲等，2020)

	品种(品系)	粗蛋白/%	粗脂肪/%	粗纤维/%	中性洗涤纤维/%	酸性洗涤纤维/%	相对饲用价值
盛	浙紫 5 号	23.77±0.78 a	4.30±0.66 a	15.67±0.92 b	31.68±1.88 b	20.69±1.05 cd	214.31±14.80 b
花	闽紫 6 号	23.60±0.91 a	4.17±0.55 a	13.50±4.10 b	31.67±3.61 b	19.76±3.88 cd	212.39±12.60 b
期	闽紫 7 号	24.02±1.41 a	4.57±1.12 a	12.53±0.49 b	29.03±2.31 b	17.41±0.97 d	242.48±20.49 a
	84(8)7-1-1	24.44±1.97 a	5.00±1.31 a	15.17±2.21 b	31.27±0.29 b	20.50±0.63 cd	216.93±1.18 ab
	升钟	24.67±1.12 a	4.97±0.72 a	15.03±3.56 b	31.43±1.33 b	22.12±1.45 c	218.30±31.47 ab
成	浙紫 5 号	14.78±2.24 b	1.67±0.40 b	27.43±4.10 a	49.83±2.48 a	31.77±2.74 a	120.08±9.74 c
熟	闽紫 6 号	16.80±1.31 b	1.90±0.20 b	24.13±1.66 a	45.93±1.90 a	27.53±1.10 b	136.81±7.38 c
期	闽紫 7 号	15.81±0.19 b	1.87±0.12 b	23.53±2.73 a	45.97±4.58 a	27.87±3.51 b	137.20±18.46 c
	84(8)7-1-1	16.60±0.79 b	1.53±0.06 b	25.23±1.32 a	46.93±2.48 a	28.93±1.53 ab	131.87±9.59 c
	升钟	17.06±0.44 b	1.90±0.10 b	25.77±0.60 a	48.27±3.71 a	29.27±2.30 ab	128.06±13.02 c

表 4-5-13 不同紫云英品种(系)可食部分养分累积总量(鲜样)(何春梅等,2014)

品种(品系)	紫云英可食部分/(t/hm²)	硒/(mg/hm²)	钙/(g/hm²)	铁/(g/hm²)
闽紫1号	3.25 a	21.0 a	2417 cd	52.3 d
信阳种	1.15 c	9.3 b	1052 e	19.5 e
闽紫7号	3.39 a	22.4 a	3380 a	120.1 ab
84(8)7-1-1	3.39 a	20.3 a	2681 bc	121.5 a
浙紫5号	3.37 a	22.6 a	2871 abc	71.4 d
闽紫6号	3.21 a	22.7 a	2850 abc	142.2 a
余江大叶	2.27 b	21.3 a	1910 d	99.4 bc
84341022	3.57 a	22.3 a	3040 ab	65.3 d
弋江籽	2.13 b	20.5 a	1944 d	95.9 c

4 福建省绿肥发展潜力

4.1 农区绿肥发展潜力

2021年福建省粮食作物总播种面积84万 hm^2,主要种植晚稻、中稻和甘薯。在水稻制度下,每年的11月至次年4月份是农闲期,适宜种植绿肥,其生长时间平均为6个月。绿肥-水稻轮作的面积潜力达55万 hm^2,绿肥有效时空潜力为28万 hm^2·年(表4-5-14)。

4.2 经济林园(果茶园)绿肥发展潜力

福建省拥有广阔的经济林园(果茶园),面积高达60万 hm^2,主要由落叶果园、常绿果园和茶园组成。这些园区全年都适宜种植绿肥,可以为经济林园的可持续发展提供有力支撑。根据农事操作和立地条件等因素考虑,福建省落叶果园、常绿果园成龄、常绿果园幼龄和茶园适宜绿肥生长的空间占比分别为70%、25%、70%和25%,落叶果园、常绿果园成龄、常绿果园幼龄和茶园的绿肥面积潜力分别为8万 hm^2、5万 hm^2、5万 hm^2和6万 hm^2,绿肥有效时空潜力分别为7万 hm^2·年、5万 hm^2·年、5万 hm^2·年和6万 hm^2·年。福建省经济林园绿肥面积潜力合计23万 hm^2,绿肥有效时空潜力合计23万 hm^2·年(表4-5-14)。

表 4-5-14 福建省绿肥种植时空潜力

区域	适宜的绿肥制度	相应的主作物面积/万 hm²	绿肥空间占比/%	绿肥时长/个月	绿肥面积潜力/万 hm²	绿肥有效时空潜力/(万 hm²·年)
农区	绿肥-水稻轮作	55	100	6	55	28
	农区合计	55	—	—	55	28
经济林园	落叶果园	11	70	12	7	7
	常绿果园成龄	18	25	12	5	5
	常绿果园幼龄	8	70	12	5	5
	茶园	23	25	12	6	6
	经济林园合计	60	—	—	23	23
	合计	115	—	—	79	51

注:绿肥有效时空潜力=对应的主作物面积×绿肥空间占比×绿肥时长。

5 福建省绿肥生产主要技术模式

5.1 紫云英-水稻技术模式

5.1.1 技术简介

在晚稻或单季稻收割前后撒播紫云英，次年在紫云英盛花期翻压作为水稻基肥的生产利用方式。在翻压紫云英的基础上，可减施后作水稻化肥 20%，保持稳产或略有增产，如果结合稻秆还田，节肥增产效果更明显。该模式在福建省各稻区均可应用。

5.1.2 技术要点

(1)紫云英品种选择

选用早发、高产、适应性强的紫云英品种，单季稻区宜选择闽紫 7 号、宁波大桥、浙紫 5 号等生育期较长的紫云英品种，双季稻区宜选择闽紫 6 号、光泽种、信紫 1 号等生育期较短紫云英品种。

(2)紫云英播种

播期一般在 9 月下旬至 11 月中、下旬。双季晚稻，在收割前 15～20 d，结合排水搁田稻底套播；单季稻可在水稻收割后择期播种。人工或无人机撒播，播种量为 22.5～30 kg/hm^2。播种时，可按钙镁磷肥或磷矿粉 75～150 kg/hm^2混合拌种。

(3)水稻收割管理

水稻收割时高茬留田，留茬高度约 40 cm，机械收割的稻草粉碎还田，人工收获后的稻草应搬离出田或分散均匀放置在田间。

(4)开沟防渍

紫云英喜湿忌旱怕涝，做好开沟排水，合理排灌是重要措施。应在水稻收割后或紫云英生长初期开好十字沟和围沟，即在田间每间隔 5 m 左右开一条深 20 cm 左右的竖沟，每间隔 30～40 m 开一条深 30 cm 左右的横沟。

(5)紫云英苗期管理

对于稻底套播的紫云英田块，在紫云英苗期，应巡查稻草是否密集堆放影响紫云英出苗生长，可用竹竿挑拨分开，避免紫云英幼苗因稻草过量聚集死亡；对于因水稻机械收割碾压或机械开沟造成土壤覆盖的区域，应适当补播紫云英种子。

(6)紫云英施肥管理

应早施磷、钾肥，促早发，以获得鲜草和种子高产。在水稻收割后或紫云英 2 叶期，可酌情追施过磷酸钙 75～150 kg/hm^2和氯化钾 45～75 kg/hm^2。

(7)绿肥适时翻压

双季稻区或再生稻区一般在紫云英盛花期(插秧前半个月左右)结合犁田进行旱耕或水耕翻压，翻压量以 22.5～30 t/hm^2为宜。翻压时施用石灰 375～600 kg/hm^2；单季稻区可带荚翻压，一般在 1～2 层黑荚(或黑荚花序占 40%～45%)时翻埋，机械干耕湿沤。

(8)后作水稻施肥管理

秸秆协同还田，15～30 t/hm^2紫云英鲜草翻压量，水稻生育期氮肥可减量 20%，如鲜草产量达到37.5 t/hm^{2}以上，可进一步减少氮肥用量至30%。也可根据紫云英翻压量，按15 t/hm^{2}的鲜草减施氮肥10%～15%。紫云英鲜草产量高于37.5 t/hm^{2}的，建议将剩余的紫云英移出他用。

5.2 紫云英-有机稻生产模式

5.2.1 技术简介

为使传统的紫云英-水稻轮作获得较高的经济效益，利用偏远山区广泛分布的中低产稻田，以紫云英绿肥与稻秆有机组合作为稻田培肥、提供水稻生长的肥料以及田间保墒的物料，生产有机稻。

5.2.2 技术要点

(1)场地选择

选择产地环境良好、符合有机种植标准的稻田。

(2)紫云英品种选择

选用早发、高产、适应性强的紫云英品种，如"闽紫"系列品种、宁波大桥、弋江籽等。

(3)紫云英播种

于秋季水稻收获前10～20 d稻底套播紫云英，播种量22.5～30 kg/hm^2。水稻收获时，高茬留田，留茬高度50～60 cm，可以起到田间遮阴保墒功能，同时稻秆腐解后可提供紫云英生长所需养分。

(4)水稻生育期管理

水稻生育期间不施用化肥及其他有机肥，水分及植保管理与现有有机稻栽培技术相同。应用该方法可实现4.5～6 t/hm^{2}的有机稻产量目标。

其余技术参照"5.1 紫云英-水稻技术模式"。

5.3 烟叶-水稻-紫云英跨年轮作模式

5.3.1 技术简介

在植烟稻田，第一年1月底至6月底种植烟叶，烤烟收获后于7月初至11月轮作水稻，11月中旬稻田套种紫云英绿肥。第二年3～4月将绿肥翻压回田作为后茬水稻基肥，11月前后水稻收割后，冬季短期休耕，第三年再次植烟。如此循环形成"烟叶-水稻-紫云英-水稻-烟叶"跨年轮作绿色生态循环耕作模式。

5.3.2 技术要点

(1)绿肥选择

选用早发、高产、适应性强的紫云英品种，如"闽紫"系列品种、弋江籽等。

(2)播种

11月中旬稻底套种紫云英绿肥。

(3)绿肥田间管理

早施磷钾肥，促早发，以获得鲜草和种子高产。播种时，选4～5 d内不会有大雨的天气，与钙镁磷肥或磷矿粉75～150 kg/hm^{2}混合拌匀播种。在水稻收割后或紫云英2叶期，可酌情追施过磷酸钙75～150 kg/hm^{2}和氯化钾45～75 kg/hm^2。

(4)紫云英翻压回田利用

在紫云英盛花期，结合犁田水耕翻压，翻压时间应在插秧前 15～20 d。低肥力稻田，应全量还田；中、高肥力稻田，翻压量为 22.5～30 t/hm^2，翻压深度为 15～20 cm，翻压时做到鲜草分布均匀，覆土严密不露青，同时施用 375～750 kg/hm^{2}石灰。

(5)后作水稻施肥管理

紫云英翻压后可替减 20%～30%常规化肥施用量。后作水稻施肥基肥占 70%～80%，即施用尿素 123～140 kg/hm^2，过磷酸钙 315～360 kg/hm^2，氯化钾 66～75 kg/hm^2，剩余 20%～30%化肥在水稻分蘖期作为追肥施用。

(6)稻秆还田利用

水稻收割后将稻秆切段切细后还田，亦可在次年烟草移栽前 30～40 d 还田。翻压深度为耕层 20 cm。低肥力稻田全量还田；中高肥力稻田，翻压量为 30～52.5 t/hm^2，同时施用 375～750 kg/hm^{2}石灰，并保持田间持水。

(7)烤烟施肥管理

稻秆还田可替代 10%～15%化肥，移栽前施用饼肥 600～640 kg/hm^2、烟草专用肥 300～320 kg/hm^2、氢氧化镁 150～160 kg/hm^2、硼砂 6～6.5 kg/hm^2、钙镁磷肥 180～190 kg/hm^2；移栽后 20 d，追施烟草专用肥 15 kg/hm^2；团棵期施烟草专用肥 90 kg/hm^2、硫酸钾240 kg/hm^2。

5.3.3 适用范围

该技术模式适合于福建南平、三明、龙岩等烤烟种植区。

5.4 稻-萍-鱼模式

5.4.1 技术简介

在灌排条件较好的稻田中放养红萍、鱼类，以红萍养鱼、鱼粪肥田供水稻生长，鱼取食水稻害虫，构成一种稻田高效种养体系。此模式可减少肥料和农药的使用量，还能生产优质大米及鱼产品，从而提高稻田的经济效益和生态效益。

5.4.2 技术要点

(1)选择适宜的稻田

选择水源充足、天旱不干、暴雨不涝、保水保肥、易排易灌的田块。

(2)稻田准备

包括开挖鱼沟、鱼坑，加高加固稻田四周田埂，合理设置进、排水口等。

鱼沟、鱼坑占稻田面积 8%～10%，鱼坑设在进水口位置，长宽视田块面积大小而定，深 100～150 cm。鱼沟分大沟(主沟)和小沟，大沟宽 80 cm、深 50 cm，与鱼坑相通。根据田块的大小，每隔 15～20 m 挖一小沟，宽 40 cm、深 30 cm，与大沟相通。大、小沟挖成“十”“丰”形，沟坑相通。鱼坑、大沟在插秧前挖好，小沟在插秧后开挖。

四周田埂加高加固至高 40 cm、宽 35 cm 的硬田埂，防止漏水、逃鱼。

在鱼坑的前端设进水口，宽 30 cm，要求底部高出水面。出水口设在鱼坑后端，宽 40～50 cm。另在大田埂上设一处后备排水口，宽 150 cm，供排洪时用。

在进、排水口设置栏栅，分里、中、外 3 层，里、外两层可用竹片编制，用以拦污、拦萍；中层为拦鱼栅，可用铁丝或塑料网片，再用木框架固定，高度、宽度各大于水口 10 cm。栏栅下端应埋入土层 20 cm，两边插入田埂 10 cm，网片孔目大小以不逃鱼为度。

(3)稻、萍、鱼品种选择

选择抗病性强、抗逆性好、抗倒伏的耐淹且株型紧凑、高产的水稻品种。

适宜的红萍品种主要有回交萍、细绿萍、卡州萍等。

鱼种搭配一般以草鱼、尼罗罗非鱼为主，辅以鲤鱼较为合适。草鱼∶罗非鱼∶鲤鱼以1∶3∶1比例为宜，稻田放养鱼苗 7 500～9 000 尾/hm^2，罗非鱼、鲤鱼以春片鱼苗、草鱼以夏花苗(3 cm)放养。

(4)红萍及鱼的放养

插秧前 7～10 d，稻田均匀撒入红萍萍母 1.5～2.25 t/hm^2，稻田保持 5 cm 水层。

插秧 7 d 后，秧苗扎根返青，小沟与大沟相通后，便可放鱼进田。

(5)水分和施肥管理

一般不晒田，可深水灌溉控制无效分蘖。特别是连作晚稻田，此时鱼体较大、气温和水温高，浅水影响鱼的生存，一般应保持 8～10 cm 水层，或加深加大鱼沟鱼坑。

水稻施肥以有机肥为主，辅之以化肥。重施基肥，基肥一般应占总施肥量的 70%以上，一次性基施、深施。追肥主要是氮肥，用对鱼类影响较小的尿素、硫酸铵。追肥应在水温较低的时段进行，用硫酸铵 150 kg/hm^2或尿素 75 kg/hm^2左右，施肥后中耕，促进肥料入泥。

(6)收获期管理

晚稻收割前，提前 10～15 d 疏通鱼沟，排水捕鱼，将达到规格的商品鱼及时上市，未达到商品鱼规格的鱼，赶进鱼坑屯养。其后，待水稻成熟期适时收割水稻。

晚稻收割后，可灌水入田，保持 5～10 cm 水层，均匀撒入红萍萍母 1.5～2.25 t/hm^2，开展冬春季养萍。

5.5 绿肥-果茶园（间）套作模式

5.5.1 技术简介

果茶园套种绿肥，不仅可以培肥地力、少施化肥、有效防止水土流失，还能减少杂草、增加生物多样性、提高果茶产量与品质，具有良好的经济效益和生态效益。该技术适用于新垦的幼龄果茶园、更新换种的老茶园、光照条件好的成龄果茶园。果园和老枞茶园可绿肥全园覆盖套种，梯台茶园则以行间套种种植为主。

5.5.2 技术要点

(1)绿肥种类选择

果茶园绿肥应用方式主要包括平台套种和梯壁套种。平台套种主要通过套种绿肥改良土壤性状，应选择产量高、品质好、较耐阴的绿肥种类，如紫云英、箭筈豌豆、毛叶苕子、羽扇豆、绛三叶、圆叶决明、羽叶决明等。梯壁绿肥能起到固土保水的作用，宜选用适应性强、匍匐型的多年生种类，如穗序木蓝、百喜草、平托花生、多年生黑麦草、狗牙根等。

(2)适时播种

冬季绿肥适宜播种时间为 9 月中下旬至 10 月下旬，尽量早播，使越冬前冬季绿肥能够较多地覆盖地面，这样既能促进绿肥高产，又能对果茶树起到保温保湿的作用，减小地温日变化幅度，促进果茶树生长。夏季绿肥适宜播种时间 4 月中旬至 6 月。

（3）播种方式

果茶园绿肥的播种方式有条播、穴播、撒播或移栽。一般多年生绿肥采用条播或穴播，其中条播的行距 20 cm，穴播的穴距 10 cm，每穴 3～5 粒种子；一年生绿肥，为减少投入，可采用撒播，但播种后应耙动表土将种子覆盖，以促进发芽和出苗。

绿肥播种深度一般为 2～4 cm，不要太深，播种后表面覆细土，以不见种子为宜，不要厚盖。平托花生、穗序木蓝等进行扦插栽植，扦插密度约 25 cm×25 cm。

（4）适量施肥

在果茶园套作绿肥时，特别是在新垦或瘠薄的果茶园中，适量施用肥料，尤其是磷肥，以促进绿肥生长，提高绿肥鲜草产量和品质，达到以磷增氮、以小肥养大肥的作用。施肥时间可在整地前后或结合果茶园施基肥时施入，以磷肥、钾肥为主，少量氮肥。一般施钙镁磷肥或过磷酸钙 150～300 kg/hm^2、硫酸钾 75～150 kg/hm^2。

5.6 紫云英菜饲肥兼用模式

5.6.1 技术简介

该模式利用紫云英地上部茎叶柔嫩多汁、富含营养物质等特点，茎尖部分采摘菜用，或部分作为饲草（可青饲、调制成干草、干草粉或青贮料），余下部分作为绿肥还田，实现菜肥兼用或饲肥兼用。

5.6.2 技术要点

（1）品种选择

该技术模式应选择中花、晚花紫云英高产品种，如闽紫 7 号、闽紫 8 号等，保证植株有足够的生物量，满足菜肥或饲肥兼用要求。

（2）栽培技术要点

一般在 9 月中旬至 10 月初播种，以稻田套播为主，撒播，播种量 22.5～30 kg/hm^2。

一般每千克种子与钙镁磷肥 2.5～5 kg 混合拌匀播种。在紫云英 2 叶期可追施过磷酸钙 200～250 kg/hm^2、氯化钾 50～70 kg/hm^2。

播种时保持田面湿润或有薄水层。水稻收获后，做好开沟排水，确保沟系畅通，不积水。

草层高度达 40～50 cm 时可刈割利用，留茬高度为 5～8 cm，刈割后待侧芽萌发后再进行灌溉，以防根茬水淹死亡；调制干草可在盛花期进行刈割。

每次刈割后应追施 75 kg/hm^2 的尿素或复合肥，以促进紫云英的再生。

（3）绿肥利用

菜肥兼用：每年 2 月初，紫云英进入旺长季节，分枝生长速度快，第一次菜用收割部位为离地面约 5 cm，第二次距离 20 d，采割部位为离地面约 20 cm 处。菜肥兼用可采割 2 次，后期翻压还田，紫云英鲜草产量可保持在 15 t/hm^2 以上，紫云英菜用嫩茎叶产量最高可达 7.5 t/hm^2 以上。

饲肥兼用：紫云英于开花后期收割，可直接作为青饲用于家畜、家兔等饲养，利用上部 2/3 晒干粉碎作草粉饲料，下部 1/3 及根部作绿肥，一般紫云英草粉替代 1/3 全价配合饲料喂猪，有助于改善肉营养品质。

菜饲肥兼用：紫云英在菜、饲兼用后，鲜草产量 10～15 t/hm^2，再作为绿肥翻压还田。

后茬水稻养分管理。菜、饲兼用后绿肥还田，每还田 1 t 绿肥，水稻可减施氮 1～2 kg。

参考文献

[1]陈坚，张辉，朱炳耀，等. 紫云英 SSR 分子标记的开发及在品种鉴别中的应用[J]. 作物学报，2011，37 (9)：1592-1596.

[2]邓素芳，黄水珍，郑向丽，等. 满江红属植物的有机肥品质评价[J]. 草地学报，2020，28(4)：932-939.

[3]何春梅，兰忠明，林新坚，等. 菜用紫云英品种筛选及高效施肥模式研究[J]. 福建农业学报，2014，29(4)：334-338.

[4]黄毅斌，郑仲登，黄秀声，等. 平托花生在红壤果园的水土保持作用与综合利用研究[J]. 水土保持学报，2004，18(6)：30-33.

[5]李春燕，罗旭辉，应朝阳，等. 闽南饲用(印度)豇豆的选育与应用[J]. 草地学报，2013，21(5)：971-976.

[6]李慧玲，郭剑雄，张辉，等. 茶园间作不同绿肥对节肢动物群落结构和多样性的影响[J]. 应用昆虫学报，2016b，53(3)：545-553.

[7]李慧玲，林乃铨，郭剑雄，等. 不同绿肥品种在茶园的生态适应性[J]. 茶叶学报，2011(4)：24-27.

[8]李慧玲，林乃铨，郭剑雄，等. 茶园间作绿肥对假眼小绿叶蝉及其天敌缨小蜂的影响[J]. 中国生物防治学报，2016a，32(1)：50-54.

[9]李昱，何春梅，刘志华，等. 相同紫云英翻压量化肥减量条件下水稻合理施肥方法研究[J]. 江西农业学报，2011，23 (11)：128-131.

[10]林新坚，曹卫东，吴一群，等. 紫云英研究进展[J]. 草业科学，2011，28(1)：135-140.

[11]刘彩玲，何春梅，王飞，等. PEG 胁迫下不同紫云英品种萌发期抗旱性评价[J]. 江西农业学报，2019，31 (9)：68-72.

[12]刘彩玲，何春梅，王利民，等. 紫云英作为饲草和绿肥综合利用价值的研究[J]. 草地学报，2020，28(3)：857-862.

[13]刘家旺，陈乾锦，叶礼霆，等. 以紫云英改良土壤为核心的光泽烟叶产业生态发展情况报告[J]. 南方农机，2019，50(3)：84-86.

[14]孙君，朱留刚，张文锦. 爬地兰不同辐射种质农艺性状评价[J]. 热带农业科学，2019，39(2)：20-24，50.

[15]孙清信. 紫云英 SSR 引物的开发及种质资源遗传多样性分析[D]. 福州：福建农林大学，2012.

[16]王飞，林诚，林新坚，等. 连续翻压紫云英对福建单季稻产量与化肥氮素吸收、分配及残留的影响[J]. 植物营养与肥料学报，2014(4)：896-904.

[17]王峰，吴志丹，江福英，等. 绿肥对茶园生态系统的影响及其发展对策[J]. 南方农业学报，2012，43(3)：402-406.

[18]王利民，林新坚，黄东风，等. 红黄壤茶园不同培肥模式的土壤理化效应[J]. 东北林业大学学报，2012a，40(1)：54-57，65.

[19]王利民，邱珊莲，林新坚，等. 不同培肥茶园土壤微生物量碳氮及相关参数的变化与敏感性分析[J]. 生态学报，2012b，32(18)：5930-5936.

[20]吴志丹，尤志明，江福英，等. 行间覆盖绿肥对幼龄茶园土壤理化性状的影响[J]. 福建农业学报，2013，28(12)：1285-1290.

[21]颜志雷，方宇，陈济琛，等. 连年翻压紫云英对稻田土壤养分和微生物学特性的影响[J]. 植物营养与肥料学报，2014，20(5)：1151-1160.

[22]詹杰，李振武，邓素芳，等. 套种圆叶决明改善茶园生态环境促进茶树生长[J]. 热带作物学报，2019，40(6)：1055-1061.

[23]张泽煌，林旗华，钟秋珍，等. 观赏绿肥在观光农业中的研究与应用[J]. 中国农学通报，2018，34(29)：61-64.

[24]钟勇法，郭淑珍，江映锦. 福安市绿肥种植模式的应用状况调查及其发展建议[J]. 江西农业，2017(22)：62.

[25]钟珍，黄勤，黄毅斌，等. 7 种红萍的生物学特性研究与 ISSR 分子标记[J]. 热带作物学报，2011，32(10)：1873-1877.

[26]紫云英绿肥种植及利用技术规范[S]. 福建省地方标准. DB 35/T 1221—2011.

[27]耕地地力提升与保持技术规范[S]. 福建省地方标准. DB 35/T 1836—2019.

[28]山地有机茶园“茶-草-菌”生产技术规范[S]. 福建省地方标准. DB 35/T 1898—2011.

[29]柑橘有机肥替代化肥技术规范[S]. 福建省地方标准. DB 35/T 2049—2022.

第五篇

中南华南篇

I　河南省绿肥生产历史、现状、潜力及模式

1　河南省绿肥生产历史

1.1　绿肥作物生产利用历史

河南省绿肥利用历史悠久，早在西周和春秋战国时期，农民就开始利用杂草肥田，2000 年前利用绿豆、小豆和芝麻作绿肥掩青。清光绪年间，信阳市光山县与江南通商，一些商人将紫云英带入河南，传播于淮南(信阳)地区，至今已有 200 多年历史。

中华人民共和国成立后，河南省绿肥得到迅速发展，20 世纪 60 年代是绿肥生产的转折点，原中南科委和河南省农牧厅组织引进草木樨、田菁、苕子、香豆子、紫花苜蓿、光叶苕子、崖州扁豆等 7 个绿肥品种开始试验种植。1965 年全省绿肥种植面积达 26.9 万 hm^2，比 1964 年扩大了 3 倍多，全省一半以上的县都种植了绿肥，并开始自己繁育种子。1966 年全省绿肥种植面积达到鼎盛期，种植面积为 66.9 万 hm^2，占耕地面积的 8.7%。20 世纪 60 年代末至 70 年代中期，绿肥种植面积稳定在 40 万 hm^2 左右，到 1977 年全省绿肥种植面积为 48.6 万 hm^2，达到第二个小高峰。之后绿肥种植面积逐年减少，80 年代降到 30 万 hm^2 左右，到 90 年代初，绿肥种植面积只有 10 万 hm^2 左右。

表 5-1-1　河南省历年绿肥种植及利用情况

年份	种植面积/万 hm^2	翻压面积/万 hm^2	翻压草量/万 t
1953	2.00	0.87	9.83
1957	3.00	1.33	14.93
1962	1.21	1.13	12.67
1964	6.08	—	—
1965	26.93	5.53	62.18
1966	66.87	—	—
1970	—	13.33	150.00
1975	40.00	19.17	215.63
1978	42.00	20.22	227.48
1979	33.40	15.60	175.50
1980	30.00	12.51	140.78
1981	—	10.00	112.50
1983	9.67	—	—

续表 5-1-1

年份	种植面积/万 hm^2	翻压面积/万 hm^2	翻压草量/万 t
1990	10.47	6.45	96.84
2002	10.10	0.67	16.36
2006	13.41	0.73	—

注:数据由河南省农业农村厅土壤肥料工作站提供。

1.2 绿肥种质资源

河南省主要有紫云英、草木樨、柽麻、黑麦草、苕子、紫穗槐、紫花苜蓿、绿豆、小豆和田菁等旱生栽培绿肥,细绿萍、浮萍、水花生、水浮莲和水葫芦等水生绿肥以及一些野生绿肥资源。

1.2.1 旱生栽培绿肥

在河南省中北部旱作区,主要种植草木樨、柽麻、黑麦草、苕子、紫穗槐、紫花苜蓿、绿豆、小豆和田菁等。草木樨以二年生白花草木樨、紫花苜蓿以大叶紫花苜蓿、田菁以福建和江苏田菁、苕子以江苏光苕和土库曼毛苕、柽麻以南京柽麻为河南省适宜旱地绿肥品种。紫花苜蓿在豫西灵宝、陕县部分乡村种植利用已有 50 多年历史,适合分布在大面积牧坡或距村庄较远的耕地。20 世纪 80 年代前草木樨在全省各地都种植和利用,多在小麦地早春套种,麦收后丢晒,立秋前后翻耕作为绿肥。田菁主要种植在豫东和豫北盐碱地区,用以改良土壤。20 世纪 80 年代前苕子在驻马店遂平县大面积种植留种。作为冬季绿肥和青饲料,紫云英主要在河南省信阳市各县区、驻马店南部和南阳部分地区种植,其品种主要是信阳当地选育品种。

1.2.2 水生放养绿肥

河南省主要水生放养绿肥有细绿萍、浮萍、水花生、水浮莲和水葫芦等。水生放养绿肥面积约 10 万 hm^2,年鲜草产量 225 万 t。水生绿肥主要分布在河南省南部的信阳,占全省总面积的 90%以上,驻马店和南阳也有少许放养。水生绿肥是发展畜牧业的精饲料,含有很高的磷和钾,如水花生钾含量高达 10.6%,但水生绿肥有机碳和氮素含量明显低于旱生栽培绿肥。

1.2.3 野生绿肥资源

河南省荒滩草地面积较大,杂草蒿类丛生,野生绿肥资源丰富,资源面积约 151.67 万 hm^2。常见的野生绿肥主要有野苋菜、稗草、葎草、野扫帚、黄蒿、狼尾蒿、野艾蒿、马齿苋、黄黄棵、抓地龙、臭云蒿等。河南省野生绿肥主要分布在南阳、洛阳、三门峡等地,资源面积均在 20 万 hm^2 以上,三地市合计约为 72.6 万 hm^2,占总面积的 47.6%,其次是平顶山、安阳、信阳、新乡、濮阳,资源面积均在 6.67 万 hm^2 以上。但绿肥用量很低,只有 26 万 t,占资源量的 5.1%,多作垫圈或堆沤肥材料,直接还田的不足资源量的 1%。

1.3 绿肥作物种植制度

20 世纪 50～70 年代,夏季休闲旱地约 33.33 万 hm^2,冬闲地约 133.33 万 hm^2,形成了以下几种绿肥种植利用方式。

1.3.1 麦田早春间作草木樨模式

早春 2 月上中旬,在小麦行间套种白花草木樨,麦收后高温多雨,草木樨生长迅速,于 7 月下旬翻压作绿肥。

1.3.2 冬绿肥-夏作物模式

于 8 月 25 日至 9 月 15 日，将草木樨套种在计划留闲的棉花、玉米或高粱行间，次年 4 月下旬至 5 月上旬翻压作底肥。砂土区冬闲地黑麦草与苕子晚秋混播，次年 4 月中旬翻压作为绿肥。烟叶产区黑麦草和苕子混播或箭筈豌豆于烟叶收完后播种，4 月中下旬翻压作绿肥。

1.3.3 稻底套播紫云英翻压

河南省信阳、驻马店和南阳部分地区，于 9 月在水稻收获前 15 d，稻底套播紫云英，次年 4 月中旬翻压作绿肥。

1.4 绿肥作物研究

中华人民共和国成立后，河南省绿肥科研工作始于 1952 年，先后对绿肥牧草进行引种观察，选出草木樨、三叶草、毛叶苕子、田菁、箭筈豌豆、柽麻等。1954—1955 年，在尉氏县开展大面积绿豆翻压对小麦田土壤肥力的研究。1954 年，在郑州、开封试验地开展种植草木樨套种小麦肥效试验。1962 年，由龚光炎主持，在河南省多地开展试验、示范，推动了全省绿肥生产的发展。

1.4.1 旱地麦田绿肥肥效研究

在原中南局科委科研项目支持下，1962 年秋至 1966 年，在无灌溉条件的旱作区开展麦田套种草木樨、柽麻、绿豆试验，发现在小麦年产量 2.25 t/hm^2、粮食年总产量 3.38 t/hm^2 的地力水平下，草木樨、柽麻、绿豆分别产鲜茎叶 24.45 t/hm^2、16.31 t/hm^2、14.75 t/hm^2，掩青后比不掩青的小麦分别增产 38.3%、22.6% 和 31.6%。另外，各种绿肥掩青的土壤水分和养分含量均有明显增加。同时，在绿肥推广应用中，1962 年在新安县城关公社杨岭大队的下杨沟、岭东以及牌楼大队等村建立了麦田绿肥试验示范基地。1963 年，1.33 hm^2 绿肥掩青种植小麦平均产量 1.73 t/hm^2，比未掩青的晒旱麦增产 79.7%。1965 年，23.33 hm^2 草木樨掩青小麦平均产量 1.49 t/hm^2，比晒旱地增产 1.25 倍。1966 年，沟南下二队 2.67 hm^2 晒旱地改为草木樨掩青，小麦单产由 1964 年的 0.78 t/hm^2 提高到 1.17 t/hm^2，增产 50.0%，比历史上 1956 年的最高 1.05 t/hm^2 增产 11.4%。

1.4.2 旱地绿肥腐解与固氮效应研究

1978—1986 年进行了草木樨和绿豆腐解与固氮效应研究。腐解试验显示，翻压 10 d 后，草木樨植株干物质降解 49%～64%，绿豆植株干物质降解 40%～70%；翻压 30 d 时，草木樨干物质降解 74%～83%，绿豆干物质降解 81%～90%；翻压 50 d 时，草木樨干物质降解 78%～97%，绿豆干物质降解 89%～99%。绿肥翻压 10 d 时主要是叶和幼嫩枝条发生腐解，其后绿肥腐解速度明显变缓。与草木樨相比，绿豆腐解较快，原因在于草木樨茎残体粗纤维素含量平均为 64.5%，含氮量平均为 1.73%，绿豆粗纤维素含量平均为 42.2%，含氮量平均为 0.62%，茎和根较高的粗纤维素和木质素含量，降低了草木樨的腐解速率。此外，不同绿肥在同一年份和同一腐解阶段，其干物质损失率不同，这与它们的 C/N 和茎叶比有关。C/N 和茎叶比小，腐解速度快，反之则慢。同一绿肥在不同年份同一腐解阶段干物质损失率差异也较大，这与不同年份降水量分布、降水量和气温等有直接关系。

根系固氮能力观测中发现，春播草木樨第一片真叶展开时，地表以下 5 cm 处根表上即可着生有 1～3 个直径 0.3～0.5 mm 大的根瘤；第 4～5 片真叶展开时，根瘤数为 6～10 个，根瘤直径为 1～2 mm。在中等地力水平地块，不施任何肥料，草木樨早春播种在小麦行间，出苗后生长 115 d 掩青，草木樨的固氮量为 79.8 kg/hm^2，且具有显著的氮磷协同效应，即每吸收 1 mg 五氧化二磷可积累 2.94～5.05 mg 的氮素。

1.4.3 棉田土壤培肥研究

1978—1983 年进行了草木樨、柽麻棉田套种对土壤培肥效应研究。草木樨一次播种两次利用作棉田追肥表现良好。早春 3 月上旬在棉花的宽行间播种草木樨、柽麻，与棉花同期生长到竞争光、水资源前，刈割上部茎叶压青作追肥或家畜饲料（圈肥还田），留茬 5～6 cm，待潜伏芽发出枝叶生长 30 多天后，作第二次翻压利用。一次播种两次利用，草木樨鲜草产量 13.19 t/hm^2，比一次掩青增加 85.4%；固氮量 70.5 kg/hm^2 较一次利用增加 74.1%。这种利用方式下，皮棉平均产量 771 kg/hm^2，比不掩青增产 38.8%，两次利用比一次利用增产 18.5%。草木樨掩青的棉花到中后期叶色稳定，呈现绿色至深绿色，而未掩青的棉花叶片呈黄绿色，出现脱肥症状，化验分析表明掩青棉花第 3 功能叶含氮 2.38%、磷 0.39%、钾 1.74%，未掩青的分别为含氮 2.06%、磷 0.29%、钾 0.70%。

1.5 绿肥对河南省农业生产的历史贡献

1.5.1 绿肥改善土壤结构及理化性状

绿肥在生长过程中，通过光合作用同化大气中的 CO_2，同时吸收土壤中矿质元素，形成了较易分解和易被其他作物利用的有机物质。绿肥翻压腐解后与土壤形成有机—无机复合体，有助于改善土壤团粒结构，增加土壤通透性，提高土壤孔隙度，降低土壤容重，增加土壤渗透系数，还可调节土壤酸碱度。研究结果表明，绿肥翻压后土壤容重降幅在 0.03～0.1 g/cm^3，孔度增加达 1.9%，pH 下降 0.1～0.6 个单位。在果园、茶园种植绿肥，枝叶覆盖能很好地改善土壤耕层的理化性状。特别在较为疏松的土壤上，缓和暴风、暴雨对土壤的直接侵蚀，增加天然降水的入渗率，降低地表径流，减少水土流失。绿肥的覆盖作用还能调节农田生态系统温度，寒冷季节可提高地表温度 2～3 ℃，提高根际土温 1～2 ℃，炎热季节可降低地表温度 8.5 ℃，降低根际土温 4.0 ℃，可有效提高作物的抗寒抗高温能力。

1.5.2 绿肥提升粮食轮作区耕地养分供给能力，稳定和增加粮食产量

绿肥显著提高黄淮平原轮作区土壤肥力。一是提高氮素供应。豆科绿肥能够固定空气中的氮并将其转化为有机态氮，在腐解过程中经过矿化释放到土壤中，提高土壤氮含量。绿肥翻压后对土壤氮的贡献主要先以有机态氮形态进入土壤，明显提高土壤中氨基糖态氮和氨基酸态氮的相对含量，然后经矿化缓慢释放成可供作物吸收利用的氮。二是活化土壤磷、钾。长期施用绿肥可不同程度地提高耕层土壤中有效磷、无机磷及有机磷含量。绿肥的施用主要是增加土壤中有机态磷及无机态磷的有效性。长期施用绿肥还可通过活化、富集效应明显提高耕层土壤中速效钾和缓效钾的含量。三是提高土壤有机质。土壤有机质是土壤肥力的重要标志，绿肥还田不仅能够提高土壤中有机质含量，还可改善土壤中有机质结构和质量。长期施用绿肥可提高土壤有机-无机复合量，降低原有土壤有机—无机复合度，施入绿肥后使土壤有机比例提高，从而使复合度相对下降。长期施用绿肥后，可明显提高土壤中腐殖质的含量。而长

期单施化肥使土壤有机质逐渐老化，胡敏酸分子趋向复杂，活性下降，影响土壤养分的供应。

1.5.3　绿肥改良连作和盐碱地土壤，实现耕地质量和数量双提升

土壤微生物和土壤酶活性是土壤肥力的重要因素，直接影响到土壤养分的有效性和土壤养分的供应，也可明显改善和修复土壤微生态环境。绿肥翻压及绿肥生长过程中，根系分泌物、根茬残留等不仅可直接增加土壤酶种类、含量，还为土壤微生物提供能源物质，从而提高土壤微生物的活动能力和酶活性，对土壤养分的活化和供应具有重要意义。土壤中细菌、放线菌数量的增加，既可促进土壤养分的转化，又可通过营养抗性抑制土壤有害微生物的生长和繁殖，提高作物的抗病能力。

绿肥在河南省盐碱地改良中也发挥了重要作用。绿肥因为其良好的生长能力和环境适应性，在中低产田的改良中常常作为先锋作物。豫东地区盐碱地改良中，田菁作为耐碱作物种植后，为盐碱地的改良做出了重要贡献。

河南省黄泛区沙区的改良过程中，沙打旺、苜蓿和苕子广泛种植，不仅提高了土壤肥力，更重要的是增加了冬春绿色覆盖，减少表层土壤的风蚀，改善了沙区农田的生态环境，为其他改良措施的介入提供了条件。另外，在豫南沙姜黑土、豫西旱地，绿肥广泛种植，有力保障了当地粮食的生产供应。

2　河南省绿肥作物发展现状

2008 年以来，国家先后启动了公益性行业科研专项和绿肥产业技术体系，以此为契机，河南省绿肥得到了恢复性发展。从适应现代农业生产体系的实际出发，开展了绿肥作物品种引进和适宜性评价、新品种选育、绿肥作物高效种植利用关键技术创新、绿肥种子轻简高效生产关键技术创新等工作，解决了河南绿肥生产中存在的技术难题。绿肥种植面积逐年扩大，到 2017 年，豫南紫云英种植面积达到并稳定在 7.3 万 hm^2，果园绿肥发展到 3.3 万 hm^2。紫云英种子产量也稳定在 0.8 万 t 左右。为促进豫南稻区农业可持续发展和完善农田生态系统功能提供了技术支撑，对全国紫云英生产提供了种子保障。

2.1　种质资源创新

2.1.1　选育紫云英新品种

2009 年以来，河南省种子管理站组织专家进行鉴定，认定了河南省农业科学院等单位选育的“信紫 1 号”“信紫 2 号”“信紫 3 号”和“信白 1 号”4 个品种，填补了河南省绿肥科技空白，对我国绿肥品种的选育、生产和利用产生重要影响。

2.1.2　绿肥作物品种适宜性评价

利用在豫南稻区建立的绿肥作物种质资源圃，收集和引进适合本地区的紫云英品种，开展绿肥作物生物学、营养学规律研究，对不同紫云英品种进行综合评价，筛选区域内适宜不同生态区和种植制度的紫云英品种。建立优良绿肥品种种子高效生产技术，提高绿肥种子产量和质量，满足试区内绿肥生产需求。

2.2 生产利用技术进步

2.2.1 紫云英种子轻简高效生产关键技术创新

系统研究了紫云英生长发育和种子高效生产机理，评价了紫云英种质资源种子生产潜力，创新出紫云英种子精量播种、大中微量元素与外源激素协同调控、紫云英稻茬支架及适期收获技术，研发了无人机精量飞播、机械开沟降渍、种子减损机收及种子加工等紫云英种子生产全程轻简高效生产装置装备，集成了紫云英种子高效生产栽培技术体系和轻简化生产技术体系，全面提升了紫云英种子规模化、标准化和专业化等现代化生产技术水平。建立了稻田、旱地紫云英种子高效生产技术模式，丰富了紫云英种子高产栽培的理论和技术，在南方稻区得到大面积推广应用，取得了显著的社会、经济和生态效益。

2.2.2 紫云英高效种植利用关键技术创新

针对生产中紫云英高产高效种植、高效利用及稳定性地力培育、绿肥替代化肥水稻优质高产等技术问题，经过多年联合攻关研究，在豫南稻田的不同生态区域开展试验，重点研究其播种量、播种期，养分管理、根瘤菌接种、绿肥混种等技术，建立了冬闲稻田紫云英高效种植技术体系。系统阐释了种植利用紫云英土壤物理、化学和生物性状的变化过程，构建了基于紫云英种植利用、减施化肥的土壤稳定性地力提升技术体系。研究提出了紫云英适期适量翻压利用、绿肥和化肥养分管理及水稻适期移栽等关键技术，集成了紫云英高效种植利用及配施减量化肥模式下水稻的“一减双升”技术体系，为豫南稻区化肥减施、藏粮于地的农业绿色发展战略提供了技术支撑。

2.3 科研发展及人才队伍建设

在绿肥产业关键技术研发、设备创制、模式探索等科技创新的过程中，河南省的绿肥科研队伍由21世纪初的不足10人，发展成为目前由省、市、县三级农业科研单位为骨干的河南省绿肥科研创新与技术服务团队，形成了以河南省农业科学院和信阳市农业科学院为班底的两大核心研发团队。建设了河南省农业生态环境重点实验室、豫南稻田绿肥长期定位试验基地及下辖6县的绿肥生产技术核心示范区，持续开展绿肥种质资源创新、生态效益评价、绿肥优质栽培模式和种子高产技术研发等相关研究。

2008年至今，先后承担了公益性行业科研专项“河南稻田绿肥利用及紫云英种子高产技术研究及示范”“河南稻田和烟田绿肥作物生产利用技术研究集成及示范”课题、国家农业科技成果转化项目“高产优质紫云英新品种信紫1号示范与种植利用配套技术研究”、国家重点研发计划“豫鲁冀稻区水稻化肥农药减施增效技术集成与示范”课题、中国科学院知识创新项目“固始县中低产田地力提升与丰产节资技术示范”子课题、河南省科技攻关项目“河南农区绿肥生产与利用技术集成研究与示范”，河南省财政支持项目“紫云英新品种信白1号种植利用技术示范”、院县共建“紫云英繁育与种植利用技术综合示范”“绿肥培肥土壤关键技术示范应用”等多项课题，推动信阳市人民政府出台了发展紫云英生产的专项政策。特别是2017年开始，绿肥体系的种子扩繁与生产技术岗位和信阳综合试验站分别依托河南省农业科学院、信阳市农业科学院建设，河南绿肥研发队伍更加稳定。10多年来，审定紫云英新品种4个，牵头获得省级科研成果奖励3项，获专利授权12件，制定省级地方标准6项，发表论文50余篇。

3 河南省绿肥研发进展与创新

3.1 紫云英高产高效轻简种植关键技术研究

3.1.1 紫云英种质资源评价

2012—2013 年，在河南信阳开展了不同紫云英品种生育期比较试验，结果表明，信阳种、皖紫 1 号、皖紫 2 号为早熟型，宁波大桥、闽紫 5 号、闽紫 6 号、闽紫 7 号为晚熟型(表 5-1-2)。其中，以信阳种、皖紫 1 号、皖紫 2 号适合河南稻区种植。

2012—2013 年，利用豫南紫云英种质资源圃，对引进的全国优质紫云英种质资源进行整理。从紫云英的农艺性状、鲜草产量及种子产量等性状进行比较分析，结果显示：宁波大桥和平湖大叶鲜草产量较信阳种分别高 37.6%、11.7%。闽紫 6 号、闽紫 5 号、闽紫 7 号、皖紫 2 号和皖紫 1 号相对较低。宁波大桥和平湖大叶两个品种植株高大，是其鲜草产量高的原因之一。然而在种子产量上，两个品种较信阳种分别低 49.4%、7.8%，且差异显著(表 5-1-3、表 5-1-4)。综合试验结果发现，在豫南稻区，南方紫云英品种鲜草产量较高，北方紫云英品种种子产量较高。

表 5-1-2 不同品种紫云英生育时期记录(信阳，2012 年) 月/日

品种	返青期	现蕾初期	现蕾期	始花期	盛花期	终花期	初荚期	结荚期	成熟期
闽紫 5 号	2/22	3/28	4/2	4/11	4/19	5/7	4/16	4/21	5/14
闽紫 6 号	2/22	4/2	4/5	4/13	4/20	5/7	4/17	4/23	5/15
闽紫 7 号	2/22	4/2	4/5	4/13	4/20	5/7	4/17	4/23	5/15
皖紫 1 号	2/22	3/28	4/2	4/7	4/15	5/5	4/12	4/20	5/11
皖紫 2 号	2/22	3/30	4/4	4/7	4/15	5/5	4/12	4/20	5/11
宁波大桥	2/22	4/9	4/14	4/21	4/25	5/9	4/28	4/27	5/20
信阳紫云英	2/22	3/25	3/28	4/4	4/11	5/2	4/9	4/18	5/10

表 5-1-3 不同品种紫云英株高、鲜草产量和种子产量(信阳，2012 年)

品种	株高/cm	鲜草产量/(t/hm^2)	鲜草产量比 CK/%	种子产量/(kg/hm^2)	种子产量比 CK/%
闽紫 5 号	73.0	55.44 b	19.2	584 c	−27.8
闽紫 6 号	72.2	56.43 b	21.4	690 b	−14.7
闽紫 7 号	72.8	55.24 b	18.8	568 dc	−29.8
皖紫 1 号	71.0	47.00 c	1.1	898 a	11.0
皖紫 2 号	73.0	51.00 bc	9.7	861 a	6.5
宁波大桥	84.2	64.00 a	37.6	409 d	−49.4
信阳种(CK)	72.0	46.50 c	—	809 ab	—

注：表中同一列不同小写字母表示处理间差异显著($P<0.05$)。以下各表相同。

表 5-1-4 不同品种紫云英株高、鲜草产量和种子产量(信阳，2013 年)

品种	株高/cm	鲜草产量/(t/hm^2)	鲜草产量比 CK/%	种子产量/(kg/hm^2)	种子产量比 CK/%
余江大叶	70.3	40.50 c	−2.5	705 ab	−3.1
弋江籽	71.1	41.40 bc	−0.4	665 c	−8.7
南昌种	69.0	42.45 b	2.2	725 a	−0.4
永修种	71.0	41.25 bc	−0.7	698 ab	−4.3

续表 5-1-4

品种	株高/cm	鲜草产量/(t/hm²)	鲜草产量比 CK/%	种子产量/(kg/hm²)	种子产量比 CK/%
平湖大叶	73.2	46.50 a	11.9	671 bc	−7.8
丰城青秆	67.8	43.20 b	4.0	686 b	−5.8
信紫 1 号(CK)	72.0	41.55 bc	—	728 a	—

3.1.2 稻田紫云英高效种植技术研究

播种量是紫云英鲜草产量的重要影响因素。随播种量增加，盛花期紫云英单株复叶数、单株分枝数、单株重均呈下降趋势(表 5-1-5)。然而，盛花期紫云英鲜草产量、养分累积量随播种量增加呈逐渐增加的趋势，当播种量超过 30 kg/hm² 时，紫云英鲜草产量、养分累积量增幅逐渐减小(表 5-1-5)，从节约生产成本、增加鲜草产量和养分累积量角度考量，稻田紫云英播种量以 22.5～30 kg/hm² 为宜。

表 5-1-5 播种量对紫云英生长状况的影响(信阳，2016 年)

播种量/(kg/hm²)	株高/cm	茎粗/mm	单株分枝数/个	单株复叶数/个	单株重/g	鲜草量/(t/hm²)	养分累积量/(kg/hm²)		
							N	P_2O_5	K_2O
7.5	31.0	3.4	7.9	38	14.8	5.63 d	18.2 d	3.0 e	28.1 f
15.0	44.8	3.4	6.2	29	13.2	15.50 c	38.5 c	6.4 d	60.7 e
22.5	52.3	3.4	5.1	24	12.5	20.33 b	49.2 b	8.1 c	77.5 d
30.0	50.9	3.4	5.0	25	12.4	27.25 a	67.1 a	10.9 b	103.3 c
37.5	53.3	3.4	4.9	25	12.2	29.12 a	68.3 a	10.9 b	104.9 bc
45.0	50.1	3.4	5.1	23	11.4	31.25 a	70.8 a	11.9 a	110.9 ab
52.5	52.7	3.2	3.8	22	11.3	31.90 a	73.6 a	12.0 a	115.2 a

河南信阳的试验结果显示，紫云英“信紫 1 号”8 月 20 日至 9 月 9 日播种有利于获得较高的产草量、养分累积量。其中，9 月 9 日播种的地上部干重最高，盛花期高达 4.35 t/hm²(表 5-1-6)，此时播种的盛花期紫云英地上部碳、氮、硫的最大累积量分别为 1 952.05 kg/hm²、197.48 kg/hm²、26.61 kg/hm²。综合考虑，豫南稻区的紫云英要适当早播，不迟于 9 月上旬为宜。

表 5-1-6 播期对紫云英各生育期生长状况的影响(刘春增等，2018)

生育期/(年-月-日)	播种期/(月/日)	株高/cm	分枝数/(个/m²)	地上干重/(kg/hm²)	地下干重/(kg/hm²)
苗期	8/20	20.1 a	228 a	1 760 a	196 a
(2015-11-2)	8/30	16.9 b	207 a	1 452 b	151 b
	9/9	13.8 c	204 a	1 150 c	111 c
	9/19	9.4 d	96 b	646 d	108 c
	9/29	5.3 e	83 b	277 e	69 d
越冬期	8/20	20.4 a	299 a	3 433 a	361 a
(2015-12-2)	8/30	17.1 b	293 a	2 809 b	285 b
	9/9	16.2 b	252 b	2 661 b	313 b
	9/19	11.7 c	241 b	2 282 c	281 b
	9/29	8.3 d	206 c	1 248 d	235 c

续表 5-1-8

生育期 /(年-月-日)	播种期 /(月/日)	株高 /cm	分枝数 /(个/m^2)	地上干重 /(kg/hm^2)	地下干重 /(kg/hm^2)
返青期	8/20	21.0 a	377 a	3 466 a	558 bc
(2016－3－2)	8/30	17.3 b	304 b	3 096 ab	656 a
	9/9	16.6 b	301 b	3 215 b	596 ab
	9/19	12.1 c	290 b	2 417 c	506 c
	9/29	10.2 d	251 c	1 918 d	520 bc
盛花期	8/20	69.3 a	222 a	3 971 ab	1 182 a
(2016－4－5)	8/30	69.0 a	202 a	3 672 c	1 106 ab
	9/9	68.0 a	204 a	4 354 a	1 002 ab
	9/19	68.0 a	204 a	3 371 c	1 113 ab
	9/29	67.6 a	199 a	3 353 c	983 b

3.1.3 紫云英适宜翻压期的研究

翻压紫云英可降低土壤氧化还原电位、增加土壤中还原性物质总量、活性还原性物质 Fe^{2+} 和 Mn^{2+} 含量,还原性物质过度积累会对水稻根系生长产生毒害,造成水稻僵苗。淹水后,翻压紫云英与否,土壤氧化还原电位均随时间延长而降低(图 5-1-1)。翻压紫云英各处理土壤氧化还原电位在前 10 d 迅速下降,后期变化较平稳,一直缓慢下降。与 CK 相比,3 个不同翻压量 M_1、M_2、M_3 土壤氧化还原电位最高分别降低 50.60 mV、61.54 mV、68.04 mV。淹水和翻压紫云英均降低了稻田土壤氧还原电位,紫云英翻压量越大降低越明显。

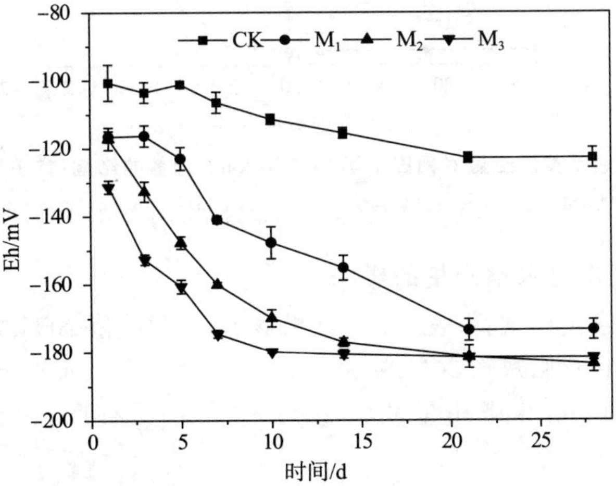

图 5-1-1 紫云英翻压量对稻田土壤氧化还原电位的影响(常单娜等,2018)

注:CK—不翻压紫云英,M_1、M_2、M_3—紫云英鲜体翻压量分别为 15 t/hm^2、30 t/hm^2 和 45 t/hm^2。

翻压紫云英增加了土壤还原性物质总量,翻压量越大,土壤还原性物质总量增加越明显。与还原性物质总量相比,活性还原性物质高低是决定稻田土壤氧化还原状况的关键指标,水溶性 Fe^{2+} 是稻田最重要的活性还原性物质。翻压紫云英增加稻田还原性物质总量、活性还原性物质、Fe^{2+} 和 Mn^{2+} 含量,随翻压量增加而提高,在翻压紫云英约半个月时达到峰值(图 5-1-2、图 5-1-3)。翻压 30 t/hm^2 紫云英处理,Fe^{2+} 含量最高,超过水稻幼苗中毒临界浓度 300 mg/kg。

综合上述结果，紫云英翻压量在22.5～30 t/hm²较为适宜，如果紫云英生长过旺，可适当提前翻压，或者选用生育期较晚的水稻品种适当推迟移栽时间。

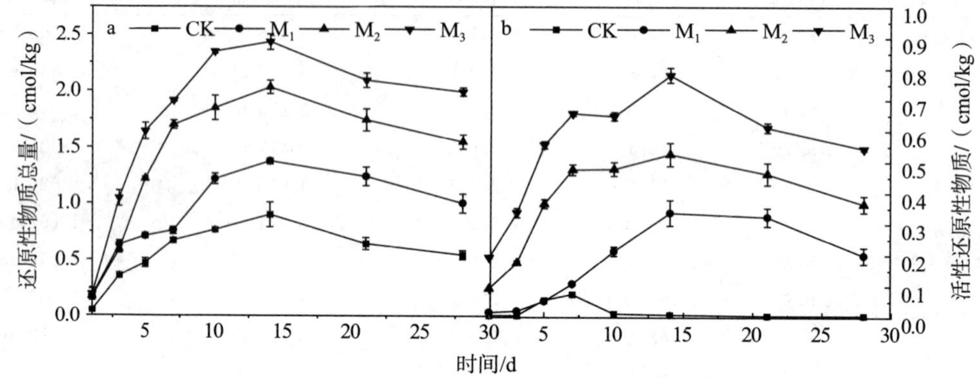

图 5-1-2 紫云英翻压量对土壤还原性物质总量和活性还原性物质含量的影响（常单娜等，2018）

注：CK—不翻压紫云英，M_1、M_2、M_3—紫云英鲜体翻压量分别为15 t/hm²、30 t/hm²和45 t/hm²。

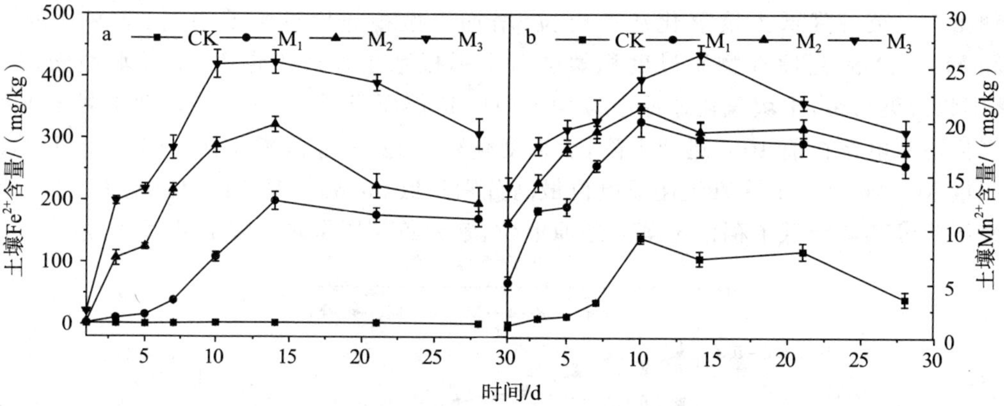

图 5-1-3 紫云英翻压量对稻田土壤 Fe^{2+} 和 Mn^{2+} 含量的影响（常单娜等，2018）

注：CK—不翻压紫云英，M_1、M_2、M_3—紫云英鲜体翻压量分别为15 t/hm²、30 t/hm²和45 t/hm²。

3.1.4 紫云英还田对水稻产量的影响

河南信阳10年连续定位试验（表5-1-7）结果显示，化肥减量20%或40%并配施不同量紫云英能提高水稻产量，在化肥减施20%或40%条件下，翻压紫云英30～37.5 t/hm²水稻产量较高。稻田翻压紫云英后，化肥用量减施20%～40%，稻谷产量较100%化肥处理增加6.3%～9.9%。

表 5-1-7 紫云英翻压量对水稻产量的影响（吕玉虎等，2017）

处理	不同年份产量/（t/hm²）										平均	
	2009	2010	2011	2012	2013	2014	2015	2016	2017	2018	产量/（t/hm²）	增产/%
不施肥	6.61	6.69	8.84	8.44	7.89	7.29	7.97	8.08	7.80	7.28	7.69	−22.3
100%F	8.23	9.28	11.01	10.34	9.55	10.37	11.39	8.77	9.98	10.06	9.90	—
80%F+GM_1	9.48	9.70	11.20	10.21	8.71	11.94	12.19	11.25	10.05	10.80	10.55	6.6
80%F+GM_2	9.71	9.84	11.54	9.77	9.22	12.10	12.20	10.85	10.34	11.16	10.67	7.8
80%F+GM_3	9.80	9.82	11.21	9.98	9.88	11.86	12.37	10.75	10.39	11.11	10.72	8.3

续表 5-1-7

处理	不同年份产量/(t/hm²)										平均	
	2009	2010	2011	2012	2013	2014	2015	2016	2017	2018	产量/(t/hm²)	增产/%
80%F+GM_4	8.97	9.50	11.00	10.28	9.81	11.31	12.07	11.28	10.57	10.59	10.54	6.5
60%F+GM_1	9.15	9.56	10.95	10.57	9.45	11.29	11.85	11.05	10.69	10.98	10.56	6.6
60%F+GM_2	9.16	9.66	10.97	10.62	11.66	11.41	11.79	9.75	10.53	10.69	10.63	7.4
60%F+GM_3	9.59	9.77	10.99	10.51	11.75	11.95	12.22	10.85	10.31	10.87	10.88	9.9
60%F+GM_4	8.75	9.47	11.35	9.92	9.90	11.59	11.98	10.56	10.40	11.28	10.52	6.3

注：GM_1、GM_2、GM_3、GM_4—分别为紫云英翻压量22.5 t/hm²、30 t/hm²、37.5 t/hm²、45 t/hm²；100%F—当地水稻推荐化肥施用量，80%F、60%F—分别代表化肥用量减少20%、40%。

在不施用任何化肥情况下，以紫云英为主要肥源、以有机肥为辅助肥源可生产有机稻米，河南信阳试验结果表明，水稻产量随紫云英翻压量增加而增加，较不翻压紫云英处理，水稻增产18.5%～57.0%，翻压紫云英使水稻生育期延长(表5-1-8)。

表 5-1-8 紫云英翻压量对有机水稻生育期及产量的影响

翻压量/(t/hm²)	始穗期/(月/日)	齐穗期/m/d(月/日)	收获期/(月/日)	稻谷产量/(t/hm²)	较CK增产/%
不翻压(CK)	7/22	7/25	9/1	7.76 c	—
30	7/24	7/27	9/9	9.20 bc	18.5
45	7/25	7/29	9/24	10.69 ab	37.7
60	7/28	7/31	9/24	12.19 a	57.0

3.2 紫云英生长高效调控技术研发

3.2.1 紫云英根瘤菌筛选

在河南信阳稻田试区土壤分离保存紫云英根瘤菌菌株250余株，对其进行分类学研究，发现极少数属于华癸中慢生根瘤菌，其余均属于种群*M. jarvisii*(扎氏中慢生根瘤菌)，没有发现庆笙中慢生根瘤菌，明确了紫云英根瘤菌具有高度专一性，并从中得到12种IGS基因酶切类型(表5-1-9)。选择获得紫云英根瘤菌菌株几个不同基因型的代表菌株H_1(中生华癸根瘤菌菌株)、H_2(中慢生根瘤菌菌株JV_1)、H_3(中慢生根瘤菌菌株JV_2)和H_4(中慢生根瘤菌菌株JV_3)进行田间接种试验发现，接种H_1、H_2、H_3和H_4处理的紫云英比未接种紫云英平均结瘤数增高21.1%～34.7%，每株鲜草量均比未接种处理高19.2%～29.4%。

表 5-1-9 信阳紫云英根瘤菌分型鉴别结果(Zhang et al., 2018)

代表性菌株编号	多位点序列分析相似性/%			IGS类型
	华癸中慢生根瘤菌 CCBAU 02609^T	贾维斯中慢生根瘤菌 ATCC 33669^T	香格里拉中慢生根瘤菌 CCBAU 65327^T	
华癸中慢生根瘤菌				
10750,10774	99.6～99.9	98.0～98.2	93.8～94.0	4
0779	99.7	98.1	94.1	11
10765	99.9	98.2	94.0	10
10884	99.9	98.2	94.0	9

续表 5-1-9

代表性菌株编号	多位点序列分析相似性/%			IGS 类型
	华癸中慢生根瘤菌 CCBAU 02609^T	贾维斯中慢生根瘤菌 ATCC 33669^T	香格里拉中慢生根瘤菌 CCBAU 65327^T	
贾维斯中慢生根瘤菌				
10785	97.5	99.2	93.5	7
10900	97.5	99.2	93.5	8
10783	97.5	99.2	93.5	5
10758	97.5	99.2	93.5	12
10838	97.5	99.2	93.5	3
10668,10704	97.5	99.2	93.5	1
10727,10682,10753	97.5～98.2	99.2～99.7	93.5～94.0	2
10835	98.1	99.7	93.9	6

注：CCBAU 02609^T 中 T 代表标准菌株，其他同。

3.2.2 大量元素养分调控

土壤养分缺乏降低紫云英养分含量及累积量，抑制其生长。紫云英生产效率在氮、磷、钾肥施用量均在 45.0 kg/hm^{2}时达到最高，其鲜草产量分别较对照提高 57.8%、57.1%、24.8%，相应的氮、磷、钾累积量可分别提高 39.6%～47.1%、22.4%～95.0%和 35.7%～82.6%（表 5-1-10）。

表 5-1-10 施肥量对紫云英生长和养分吸收的影响(刘春增等,2020)

肥种	施用量 /(kg/hm^2)	株高 /cm	茎粗 /mm	单株重 /g	鲜草产量 /(t/hm^2)	养分含量/%			养分累积量/(kg/hm^2)		
						N	P	K	N	P_2O_5	K_2O
氮	0	94.7 a	4.3 a	18.5 b	22.33 c	2.81 a	0.29 a	3.42 a	79.2 c	16.1 b	89.9 c
	22.5	98.0 a	4.3 a	16.8 b	29.05 b	2.87 a	0.30 a	3.17 a	99.2 b	19.4 a	101.6 b
	45.0	86.3 b	4.0 a	22.3 a	35.23 a	2.83 a	0.26 a	3.14 a	110.6 a	19.7 a	122.0 a
	67.5	96.5 a	3.9 a	18.9 b	36.02 a	2.39 b	0.20 b	2.27 b	110.4 a	17.7 b	103.9 b
磷	0	83.0 c	3.7 c	15.5 b	22.46 d	2.63 b	0.19 c	2.30 a	75.2 d	10.1 c	66.8 c
	22.5	93.7 a	4.0 a	14.5 b	26.15 c	2.97 a	0.24 ab	2.91 b	92.9 b	14.8 b	88.6 b
	45.0	86.3 b	4.0 a	22.3 a	35.28 a	2.83 a	0.26 a	3.14 a	110.6 a	19.7 a	122.0 a
	67.5	86.9 b	3.8 b	14.6 b	30.62 b	2.47 c	0.23 b	2.50 c	81.8 c	14.5 b	83.9 b
钾	0	95.5 a	4.1 a	14.9 c	28.23 c	2.48 b	0.21 b	2.69 c	79.4 b	12.6 c	86.5 c
	22.5	94.3 a	4.3 a	16.9 bc	33.75 b	2.79 a	0.27 a	2.85 b	109.6 a	20.5 a	113.8 b
	45.0	86.3 b	4.0 a	22.3 a	35.24 a	2.83 a	0.26 a	3.14 a	110.6 a	19.7 ab	122.0 a
	67.5	96.3 a	4.0 a	19.3 b	34.39 ab	2.51 b	0.23 ab	2.49 d	107.6 a	18.6 b	107.0 b

3.2.3 微量元素养分调控

微量元素是植物生长不可或缺的，在植物新陈代谢过程中对能量交换和物质转运起着重要的调控作用。施用锌、钼、硼微肥可显著提高紫云英的氮含量，其氮累积量较对照增加5.4～26.0 kg/hm^2，其鲜草产量较对照增幅 2.6%～14.2%。磷、钾累积量较对照增幅分别为 7.8%～17.8%、13.8%～18.0%。微肥作种肥、基肥和叶面肥施用均可产生效果，以叶面肥施用效果最佳，基施、拌种次之(表 5-1-11)。

表 5-1-11　微肥施用方式对紫云英生长与养分吸收的影响(刘春增等，2022)

处理	株高/cm	茎粗/mm	单株重/g	鲜草产量/(t/hm²)	养分含量/%			养分累积量/(kg/hm²)		
					N	P	K	N	P_2O_5	K_2O
对照	92.1 b	3.9 ab	10.7 b	35.56 d	2.44 b	0.29 a	2.90 a	146.5 c	12.5 a	123.1 c
基施	98.6 ab	3.8 ab	12.1 ab	41.85 b	2.62 a	0.23 b	2.88 a	179.8 b	11.1 a	142.4 ab
拌种	92.5 ab	3.3 b	10.8 b	38.80 c	2.74 a	0.29 a	3.08 a	172.8 b	12.9 a	135.3 bc
叶面	108.1 a	4.3 a	14.1 a	45.06 a	2.75 a	0.29 a	2.99 a	196.5 a	15.1 a	156.5 a

3.3　紫云英还田的土壤培肥机制及环境效应研究

3.3.1　紫云英还田改善稻田土壤物理结构

土壤孔隙是水分和空气运动和储存的场所，是影响土壤渗透性能、决定地表产流量和产流时间以及作物根系呼吸和养分、水分吸收的关键要素。紫云英种植利用可增加土壤孔隙度，降低土壤容重，改善土壤物理性质。种植利用紫云英 2 年后，与单施化肥相比，土壤容重降低 0.08～0.14 g/cm³，降幅 6.6%～11.4%，总孔隙度和非毛管孔隙度分别增加 3.15%～5.39% 和 5.57%～6.08%(表 5-1-12)。

连续翻压紫云英 2 年后，各粒径团聚体分布出现了明显差异，主要表现在粒级含量较高的 0.25～2 mm、0.05～0.25 mm 团聚体上。与长期单施化肥相比，翻压紫云英各处理的 0.25～2 mm 团聚体向 0.05～0.25 mm 团聚体周转，提高了翻压紫云英各处理团聚体的整体稳定性，使团聚体平均重量直径提高(表 5-1-13)。

表 5-1-12　紫云英配施不同比例化肥对水稻成熟期耕层土壤物理性状的影响(吕玉虎等，2017)

处理	容重/(g/m³)	总孔隙度/%	非毛管孔隙度/%	含水量/%
不施肥	1.23 ab	53.75 bc	9.07 a	28.73 a
100%化肥	1.26 a	52.57 c	3.61 b	26.69 b
紫云英	1.11 c	57.96 a	10.81 a	28.89 a
25%化肥＋紫云英	1.14 bc	57.01 ab	9.68 a	28.26 ab
50%化肥＋紫云英	1.17 b	55.73 abc	9.19 a	28.95 a
75%化肥＋紫云英	1.12 c	57.88 a	9.50 a	29.06 a
100%化肥＋紫云英	1.13 bc	57.38 ab	9.70 a	29.37 a

表 5-1-13　不同紫云英翻压量下土壤团聚体分布及其稳定性(刘小粉等，2020)

处理	＞2 mm/%	0.25～2 mm/%	0.05～0.25 mm/%	＜0.05 mm/%	平均质量直径/mm
有机肥	10.71 ab	65.27 a	19.13 b	4.89 a	4.14 b
有机肥＋紫云英 30 t/hm²	11.41 a	53.38 ab	26.96 ab	8.25 a	5.22 ab
有机肥＋紫云英 45 t/hm²	9.45 ab	49.66 b	32.21 a	8.68 a	5.87 a
有机肥＋紫云英 60 t/hm²	6.44 b	55.91 ab	31.21 ab	6.44 a	5.63 ab

注：有机肥施用量为 1.5 t/hm²。

3.3.2　紫云英还田对土壤养分有效性的影响

紫云英种植和还田提高土壤养分有效性，提升对水稻的养分供给能力，降低其对化肥的依存度。紫云英还田提高土壤氮素供给能力，河南信阳连续 5 年紫云英还田，土壤全氮和铵态氮含量显著增加，增幅分别为2.7%～9.5%和8.1%～28.5%（表5-1-14）。紫云英还田还可显著活化土壤磷和钾。河南信阳稻区紫云英与100%、80%、60%的化肥量配施，耕层土壤速效钾含量分别比仅施化肥处理高19.7%、10.5%、1.8%，前两者差异显著；紫云英与不同量化肥配施分别比仅施化肥处理有效磷含量高23.2%、12.3%、10.0%和3.5%。

表5-1-14　长期紫云英还田配施不同比例化肥对土壤养分含量的影响（吕玉虎等，2017）

处理	全氮/(g/kg)	铵态氮/(mg/kg)	有效磷/(mg/kg)	速效钾/(mg/kg)
不施肥	1.27 cd	3.4 c	8.8 c	58.7 c
100%化肥	1.34 c	4.9 b	9.4 d	75.0 c
紫云英+100%化肥	1.49 a	6.3 a	11.6 a	89.8 a
紫云英+80%化肥	1.38 bc	5.7 ab	10.6 b	82.8 b
紫云英+60%化肥	1.42 ab	5.4 ab	10.4 bc	76.4 c
紫云英+40%化肥	1.38 bc	5.4 ab	9.8 cd	63.4 f

3.3.3　紫云英还田对土壤有机质的影响

紫云英还田改善土壤有机质组成。河南信阳连续7年翻压紫云英后，稻田土壤难降解有机碳、微生物生物量碳、水溶性碳均明显提高。与不施肥相比，单施化肥对土壤水溶性有机碳的影响很小，单施紫云英可分别提高土壤水溶性碳和水溶性有机氮20.6%和10.5%，紫云英还田配施化肥分别增加13.0%～22.8%和19.0%～29.6%（图5-1-4）。

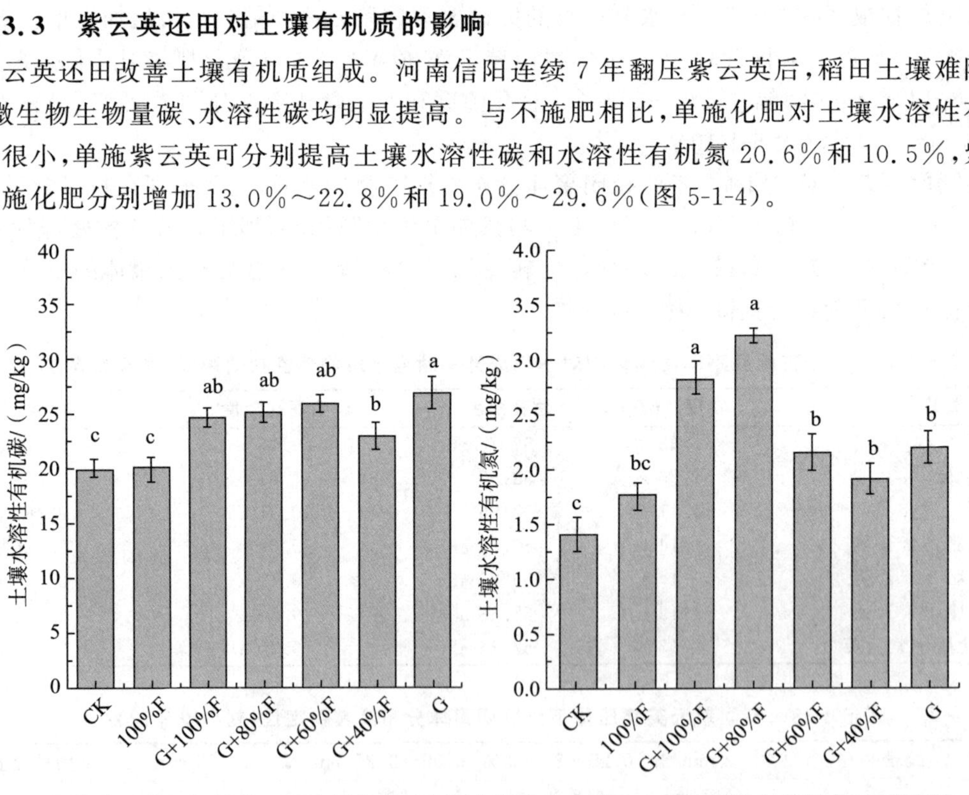

图5-1-4　长期紫云英还田配施不同比例化肥对土壤水溶性有机碳和水溶性有机氮的影响（刘春增等，2017）

注：CK—不施肥对照，100%F—常规化肥，G+100%F、G+80%F、G+60%F、G+40%F—紫云英配施不同比例化肥，G—单施紫云英。图中不同小写字母表示处理间差异显著（$P<0.05$）。

3.4　紫云英种子高产繁育技术研究

3.4.1　紫云英荚果的结实特征及收获决策

紫云英具有明显的无限花序和荚果分层成熟特征，由于花期较长、植株荚果成熟不一，生产实践中均选择7～9成留枝荚果成熟时收获，造成不同程度的落荚损失和种子质量差异很大问题。针对这一问题，通过荚果成熟度分级方法，系统研究了信阳地区紫云英群落荚果成熟规律以及各枝位种子生产能力，分析了不同枝位种子在不同时期收获时的落荚损失、千粒重、发芽率对种子产量质量的影响，提出了以紫云英中、下部荚果为收获目标的收获策略，以期为各地紫云英种子收获时间的确定提供科学依据。

(1)紫云英籽粒成熟过程中的千粒重变化规律

籽粒千粒重随生育期推移逐渐增加，不同时期和枝位存在差异(图 5-1-5)。盛花期后第 5 d，籽粒千粒重不足 1.0 g，第 1 枝位最高。随着生育期推移，下部枝位(第 1～2 枝位)种子千粒重在第 12～26 d 快速增加，而上部枝位(第 5～6 枝位)则在第 19～33 d 时快速增加，表现出较强的时空差异。至盛花期后 33 d，第 1 枝位籽粒千粒重达 3.6 g，而第 6 枝位千粒重仅为 2.6 g，说明即使生育期延长至盛花期后 33 d，不同枝位产生籽粒的千粒重仍然存在较大差异。千粒重是反应种子质量的重要指标，中、下枝位种子的收获量决定了种子质量的高低。

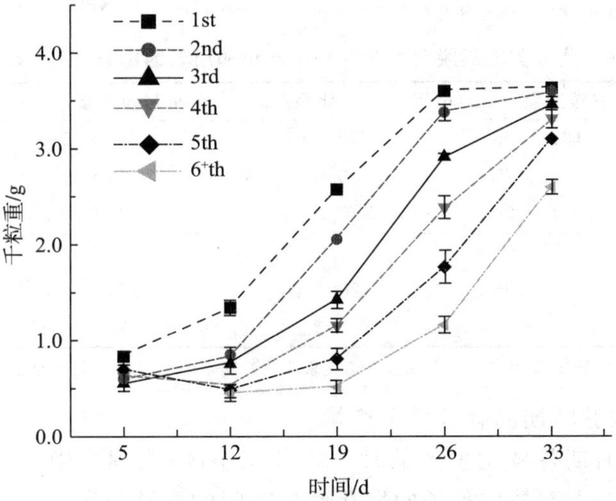

图 5-1-5　紫云英盛花期后不同枝位籽粒千粒重动态变化(张梦等，2020)

注：1st、2nd、3rd、4th、5th、6⁺th 分别是紫云英从下向上第 1～6 分枝。

(2)紫云英群体成熟规律及分层生产力大小

信阳紫云英自盛花期后荚果逐渐形成并成熟，下层荚果早于上层，两者成熟期相差 14～21 d。冠层中下部荚果成熟度随时间呈现"S"形的变化趋势，于盛花期后 12～26 d 快速成熟；上层荚果成熟则呈现指数型变化规律，于 19～33 d 快速成熟。随着枝位升高荚果成熟指数变化幅度增加，表现出下层枝位荚果成熟周期长而上层荚果成熟周期短的特征。另外，紫云英荚果生物量和籽粒产量的垂直分布呈塔形并在后期向梭形转变，80%以上的种子产量来自冠层的中下部，其籽粒产量随成熟指数变化的速率是上部籽粒的 2.58 倍，说明紫云英扩繁生产中冠层中下部枝位荚果对种子产量贡献度最高，应作为种子收获的主要目标位点(图 5-1-6)。

(3)不同时期紫云英群体的落荚损失

紫云英群体的显著落荚始于盛花期后 26 d(紫云英群体 60%荚果成熟)，并随群体荚果成熟度的升高落荚量显著增加。自然落荚损失种子量可达 311 kg/hm²(88%荚果成熟)，占总产量的 20.9%。自然脱落荚果成熟度及种子千粒重(2.9 g)显著高于留枝荚果(2.2 g)，大量优质种子因遭受落荚而损失，其中Ⅵ类荚果(下部第 1 枝位)种子损失量可达 294 kg/hm²，造成Ⅵ类荚果种子产量降低 26%(表 5-1-15)。对产量和成熟度的回归分析发现，紫云英群落荚果

65%～75%成熟时收获，可保证较高的种子产量和质量。

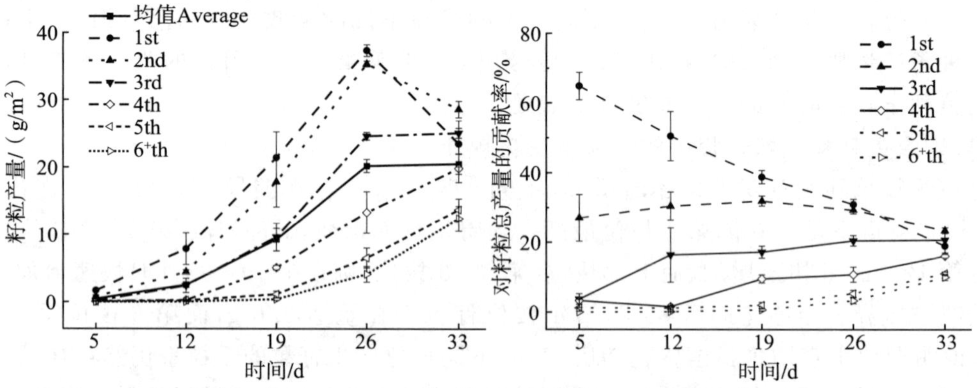

图 5-1-6 紫云英盛花期后不同枝位籽粒产量及其对籽粒总产量贡献度(张梦等，2020)

注：1st、2nd、3rd、4th、5th、6+th 分别是紫云英从下向上第 1～6 分枝。

表 5-1-15 紫云英荚果脱落方式对种子产量和质量的影响(刘春增等，2019)

时间	荚果分类	籽粒产量/(kg/hm²)	比重/%	Ⅵ籽粒产量/(kg/hm²)	Δ比重/%
26d	留枝	1213±99 a	92.8±0.7 a	1099±75 a	90.7±2.7 a
	自然脱落	51±7 c	3.9±0.9 d	41±11 c	3.4±1.2 c
	采收脱落	45±24 c	3.3±1.6 d	35±20 c	2.8±1.5 c
33d	留枝	1154±54 a	74.6±3.7 b	1089±46 a	94.4±0.6 a
	自然脱落	311±56 b	20.9±4.0 c	294±56 b	26.0±5.7 b
	采收脱落	83±19 c	5.5±1.3 d	74±21 c	6.5±2.1 c

注：表中数字为均值±标准差，比重为该类荚果占该时期荚果总重的百分比，Δ比重为Ⅵ籽粒占留枝籽粒总重的百分比。

(4)紫云英不同收获时期的有效种子产量

紫云英不同收获时期各枝位生产的种子发芽率不同，表现为中、下枝位的种子发芽率较高，成熟后期基本稳定；上部枝位种子的发芽率随时间的推移显著提高，不同收获期各枝位收获的种子总量和发芽率变化如表 5-1-16，虽然紫云英种子在成熟后 26 d(紫云英群体 60%荚果成熟)与成熟后 33 d(88%荚果成熟)收获的总产量无差异，但有效种子产量差异显著，提前收获可显著增加有效种子产量，增产幅度达 12.3%。

表 5-1-16 收获时期对紫云英不同枝位种子产量、发芽率和有效产量的影响

枝位	种子产量/(kg/hm²)		发芽率/%		有效产量/(kg/hm²)	
	26d	33d	26d	33d	26d	33d
1	385	235	88.9	89.0	342	209
2	358	286	83.5	83.7	299	239
3	249	251	75.1	76.4	187	192
4	145	199	50.4	57.3	73	114
5	74	139	26.9	36.2	20	50
6	47	127	7.6	15.0	4	19
合计	1 258	1 237			925	824

注：26d—成熟后 26 d 收获；33d—成熟后 33 d 收获。

3.4.2 磷肥种类及根瘤菌对紫云英种子产量的影响

施用重过磷酸钙显著提高紫云英种子产量。不同种类磷肥(磷酸一铵、钙镁磷肥、磷矿粉、

普钙和重钙）施用有效磷（P_2O_5）45 kg/hm²，紫云英种子产量（619～683 kg/hm²）较不施磷肥处理（559 kg/hm²）显著增加，增幅10.7%～22.1%，其中以重过磷酸钙增产效果最好，产量为683 kg/hm²。

专性优势根瘤菌可提高紫云英种子产量。在河南正阳县旱地的无根瘤菌区，与未接种紫云英种子产量（492 kg/hm²）相比，4种根瘤菌均能显著提高产量（539～780 kg/hm²），增幅9.5%～58.6%；在河南罗山稻田的有根瘤菌区，与未接种紫云英种子产量（612 kg/hm²）相比，接种4种根瘤菌也均能提高产量（623～684 kg/hm²），增幅1.8%～11.7%；两地均以扎氏中慢生根瘤菌优势菌株增产效果最好。

3.4.3 叶面肥及生长调节剂对紫云英种子产量的影响

在紫云英花荚脱落高峰之前（初花期），叶面喷施多效唑可明显促进不同层花序单位面积花序数、结荚数、荚果结实率和单荚籽粒数的增加，尤其对促进第5、6层花序花荚结实成粒效果显著。另外，喷施400 mg/kg多效唑可显著促进单位面积花序数、一级分枝花序数、每有效花序结荚数和每荚粒数的增加，从而获得较高的籽粒产量。在紫云英花荚脱落开始之前（开花前），叶面喷施2000 mg/kg硼肥可明显促进第3～6层花序单位面积花序数、结荚数和单荚籽粒数的增加，从而提高荚果结实率，最终获得较高的籽粒产量。

4 河南省绿肥发展潜力

总体看，河南省的绿肥面积潜力为57万hm²，有效时空潜力为44万hm²·年（表5-1-17）。其中，河南省农区绿肥发展面积潜力为26 hm²、有效时空潜力为13 hm²·年；果茶园绿肥发展面积潜力为31万hm²，绿肥有效时空潜力为31万hm²·年。

4.1 农区绿肥发展潜力

河南省适合发展绿肥生产的冬季休闲耕地主要分布在南部稻区和烟区。南部稻区主要分布在信阳，南阳和驻马店也有少量稻田。豫南地区稻田种植小麦的比例不超过20%，扣除冬油菜面积，约18万hm²冬季稻田处于休闲状态，是河南省发展绿肥的重要耕地资源。另外，河南省烟区面积8万hm²，冬季大多休闲，可用于种植绿肥，利用冬闲季种植绿肥改良土壤，有利于烟草产量和品质提升。因此，河南省适合发展冬季绿肥的季节性休闲耕地合计约26万hm²。河南省水稻-绿肥轮作和烟草-绿肥轮作两种制度的绿肥面积潜力分别为18万hm²和8万hm²，水稻和烟草空闲季节按6个月计，绿肥发展的有效时空潜力分别为9万hm²和3万hm²·年（表5-1-17）。

4.2 经济林园绿肥发展潜力

河南省果园面积40万hm²，茶园面积12万hm²，其中落叶果园40万hm²，常绿果园0.4万hm²，目前绿肥种植面积仅占6.6%。河南省中北部的果园发展绿肥，既可收获后堆沤作有机肥，也可作饲料，同时还可以增加果园生物多样性，减少病虫害发生。

按照落叶果园果树行间70%、常绿果园成龄果树行间25%、常绿果园幼龄果树行间70%和茶园茶树行间25%耕地资源适合发展绿肥，全年气候条件均适合绿肥生长，全省果茶园累计绿肥发展面积潜力为31万hm²，绿肥有效时空潜力为31万hm²·年（表5-1-17）。

表 5-1-17　河南省绿肥种植时空潜力

区域	适宜的绿肥制度	对应的主作物面积/万 hm^2	绿肥空间占比/%	绿肥时长/个月	绿肥面积潜力/万 hm^2	绿肥有效时空潜力/(万 hm^2·年)
农区	绿肥-水稻轮作	18	100	6	18	9
	绿肥-烟草轮作	8	100	6	8	3
	农区合计	26	—	—	26	13
经济林园	落叶果园	40	70	12	28	28
	常绿果园成龄	0.3	25	12	0.1	0.1
	常绿果园幼龄	0.1	70	12	0.1	0.1
	茶园	12	25	12	3	3
	经济林园合计	52	—	—	31	31
	合计	78	—	—	57	44

注：绿肥有效时空潜力＝对应的主作物面积×绿肥空间占比×绿肥时长。

4.3　新时期耕地质量保护与提升中的绿肥发展潜力

轮作种植绿肥是实现化肥替代、均衡土壤养分、缓解土壤酸化的重要措施，可为进一步推进化肥零增长、耕地质量提升、黄河流域生态保护和高质量发展做出贡献。截至 2020 年，河南省一、二、三等耕地 252 万 hm^2，占比 31.1%；四等及以下等级的中低产田 557 万 hm^2，占比 68.9%，有待改良的中低产田面积大。如果对四等及以下等级的中低产田实施 3 年轮作一季(6 个月)绿肥，河南省耕地质量保护与提升过程中绿肥发展的有效时空潜力为 93 万 hm^2·年，远远超过了按照农区和经济林园分析的有效时空潜力。

5　河南省绿肥生产主要技术模式

5.1　豫南紫云英-水稻技术模式

5.1.1　技术要点

(1)播种

水稻收获前播种紫云英，可采用无人机飞播方式，播种时间一般在 8 月下旬至 9 月上旬，将紫云英种子撒播于稻田。水稻收获后播种紫云英，可采用人工撒播或无人机飞播方式，紫云英播种量 30 kg/hm^2。人工撒播时要做到“种子抓量少、捏得紧、跨步匀、看得准、抛得高”，使落籽均匀，稀密一致。

(2)田间管理

水肥管理：稻谷收割时留高茬，稻茬高度 30～35 cm。收割后及时进行田间开沟，小型田块四周开沟，沟宽及沟深各 20 cm。稻田肥力较低时，一般在水稻收割后或紫云英 2 叶期，施用过磷酸钙或钙镁磷肥 225～300 kg/hm^2，缺磷土壤可增至 450 kg/hm^2，同时施用氯化钾 45～60 kg/hm^2。在 2 月中旬至 3 月上旬，可施用尿素 22.5～30 kg/hm^2进行追肥。水稻收获后，应加深排水沟，使排水通畅，防止田间积水，浮根烂芽。水稻收获后，可在已播种紫云英的稻田上，覆盖新鲜稻草 1.5～2.25 t/hm^2，以遮阴保墒情，提高出苗率。春天雨水较多时，应及时清沟、防止排水不畅。

病虫害防治：紫云英出苗后，要防治病虫害，特别是苗期，菌核病危害茎和叶，其症状是叶子呈紫红色，开始只呈小病斑，继而扩展成水渍状，严重时全叶和全茎为水渍状而软腐，上部萎倒。发现病害时，用1‰多菌灵或托布津液喷雾防治。若叶面出现小斑点同时伴随一层白粉，用0.5‰退菌特喷治。春天蚜虫高发季节，可用避蚜雾防治。在紫云英生长中、后期，应防治潜叶蝇，用避蚜雾效果较佳。

(3)绿肥翻压

紫云英于盛花期翻压为宜，翻压时间与水稻移栽时间间隔5～15 d。翻压深度15～20 cm。在地势较低、土壤水分充足的泥沼田，翻压后晒田2～3 d，再灌水耙田；在地势平坦、土壤水分不足、土壤硬度大的田块，翻压前灌水，紫云英沤制期内保持田水不流失。

(4)后茬水稻施肥管理

豫南稻区紫云英鲜草产量为22.5～45 t/hm^2，可根据鲜草翻压量确定水稻化肥减施量，一般氮肥施用量可在原来基础上减施20%～40%，紫云英收获种子后的田块水稻氮肥减施12%～20%。

5.1.2　适宜区域

适宜信阳全市、南阳市和驻马店市稻区。

5.2　豫西绿肥-烟草技术模式

5.2.1　技术要点

(1)种子选择

豫西烟田常用的绿肥包括箭筈豌豆、毛叶苕子、油菜、黑麦草和大麦。在老烟田，可以选择箭筈豌豆、毛叶苕子、油菜、黑麦草等绿肥；在新开烟田，由于大麦对烟田速效氮的耗竭作用较强，是新植烟田适宜的绿肥。

(2)播种

绿肥种子于9月下旬至10月上旬播种，箭筈豌豆和毛叶苕子播种量为45～75 kg/hm^2，油菜播种量为4.5～7.5 kg/hm^2，黑麦草播种量22.5～30 kg/hm^2，大麦播种量150～225 kg/hm^2。

(3)绿肥翻压利用

在烟苗移栽前35 d进行绿肥翻压，绿肥经机械粉碎后翻压于烟田中，翻压深度20～25 cm，土壤湿度较低时适当灌水，以促进绿肥腐解。翻压时间不能晚于4月10日，否则会因为腐解不完全影响烟苗定植。

(4)烟草养分管理

5月5日前后烟苗移栽，新垦烟田由于土壤养分含量较高，烟苗移栽时不施肥，有条件的地方可使用地膜覆盖。绿肥鲜草翻压量22.5～30 t/hm^2，种植绿肥还田后，烟田可酌情减少氮肥用量10%左右。

5.2.2　适宜区域

适宜河南省西部丘陵烟草种植地区，包括洛阳、三门峡、济源、郑州西部各县市。

参考文献

[1]曹卫东. 绿肥在现代农业发展中的探索与实践[M]. 北京：中国农业科学技术出版社，2011.

[2]曹卫东，包兴国，徐昌旭，等. 中国绿肥科研 60 年回顾与未来展望[J]. 植物营养与肥料学报，2017，23(6)：1450-1461.

[3]曹卫东，徐昌旭. 中国主要绿肥品种资源图集[M]. 北京：中国农业科学技术出版社，2021.

[4]曹卫东，徐昌旭. 中国主要农区绿肥作物生产与利用技术规程[M]. 北京：中国农业科学技术出版社，2010.

[5]常单娜，刘春增，李本银，等. 翻压紫云英对稻田土壤还原物质变化特征及温室气体排放的影响[J]. 草业学报，2018，27(12)：133-144.

[6]国家统计局. 中国统计年鉴—2018[M]. 北京：中国统计出版社，2018.

[7]河南省统计局，国家统计局河南调查总队. 河南统计年鉴—2018[M]. 北京：中国统计出版社，2018.

[8]河南省统计局，国家统计局河南调查总队. 河南统计年鉴—2008[M]. 北京：中国统计出版社，2008.

[9]河南省统计局，国家统计局河南调查总队. 河南统计年鉴—1981[M]. 北京：中国统计出版社，1981.

[10]河南省统计局，国家统计局河南调查总队. 河南统计年鉴—1985[M]. 北京：中国统计出版社，1985.

[11]刘春增，郑春风，聂良鹏，等. 现蕾期叶面喷素对紫云英籽粒数和籽粒重的影响[J]. 草业学报，2022，31(5)：76-83.

[12]刘春增，李本银，郑春风，等. 叶面喷钼对紫云英结实特性的影响[J]. 中国土壤与肥料，2020 (01)：135-140.

[13]刘春增，李本银，张梦，等. 紫云英荚果成熟度对落荚及种子产量的影响[J]. 草地学报，2019，27(2)：413-420.

[14]刘春增，吕玉虎，李本银，等. 不同播期对紫云英“信紫 1 号”生长状况、产量及养分积累的影响[J]. 中国土壤与肥料，2018(01)：127-133.

[15]刘春增，常单娜，李本银，等. 种植翻压紫云英配施化肥对稻田土壤活性有机碳氮的影响[J]. 土壤学报，2017，54(3)：657-669.

[16]刘国道，郇恒福，曹卫东. 热带绿肥栽培及利用技术[M]. 北京：中国农业出版社，2022.

[17]刘小粉，贺小思，易柏宁，等. 有机肥绿肥配施对水稻土有机碳组分和水稻产量的影响[J]. 中国土壤与肥料，2020(05)：147-151.

[18]吕玉虎，郭晓彦，李本银，等. 翻压不同量紫云英配施减量化肥对土壤肥力和水稻产量的影响[J]. 中国土壤与肥料，2017(05)：94-98.

[19]张成兰，刘春增，李本银，等. 紫云英配施化肥对我国水稻产量效应的整合分析[J]. 中国土壤与肥料，2023(03)：39-45.

[20]张成兰，刘春增，吕玉虎，等. 减量化肥配施不同量紫云英对土壤磷素形态及水稻产量的影响[J]. 中国土壤与肥料，2020(01)：100-106.

[21]张济世，刘春增，郑春风，等. 紫云英还田与化肥减量配施对稻田土壤细菌群落组成和功能的影响[J]. 环境科学，2023，44(5)：2936-2944.

[22]张梦,李本银,刘春增,等.紫云英不同枝位荚果的时空特征及其与籽粒产量的关系[J].中国草地学报,2020,42(3):126-132.

[23]张梦,李本银,刘春增,等.紫云英荚果分层成熟特性及其种子产量研究[J].草业学报,2020,29(2):64-72.

[24]郑春风,刘春增,李本银,等.叶面喷施多效唑对紫云英种子产量及结实特性的影响[J].植物营养与肥料学报,2020,26(1):143-151.

[25]郑春风,刘春增,李本银,等.叶面喷硼对紫云英结实特性的影响[J].草业学报,2019,28(11):192-199.

[26]Zheng Chunfeng, Liu Chunzeng, Li Chao, et al. Study on the relationships between the accumulation and translocation of dry matter and nitrogen and flower/pod development into seeds and seed yields in Chinese milk vetch [J]. Plos one, 2023, 18(3): e0278832.

[27]Zheng Chunfeng, Liu Chunzeng, Ren Wei, et al. Flower and pod development, grain-setting characteristics and grain yield in Chinese milk vetch (*Astragalus sinicus* L.) in response to preanthesis foliar application of paclobutrazol [J]. Plos one, 2021, 16(2): e0245554.

[28]Zhang Jishi, Zheng Chunfeng, Zhang Lin, et al. Effects of Chinese milk vetch returning on soil properties, microbial community, and rice yield in paddy soil [J]. Sustainability, 2022, 14(23), 16065.

[29]Zhang Junjie, Shang Yimin, Wang Ertao, et al. *Mesorhizobium jarvisii* sv. astragali as predominant microsymbiont for *Astragalus sinicus* L. in acidic soils, Xinyang, China [J]. Plant Soil, 2018, 433:201-212.

[30]豫南稻田紫云英种植与利用技术规程[S].河南省地方标准.DB 41/T 1346—2016.

[31]豫南稻田苕子种植与利用技术规程[S].河南省地方标准.DB 41/T 1347—2016.

[32]豫南稻区紫云英种子繁育技术规程[S].河南省地方标准.DB 41/T 1554—2018.

[33]旱作紫云英种子生产技术规程[S].河南省地方标准.DB 41/T 2051—2020.

[34]秋播箭筈豌豆种子生产技术规程[S].河南省地方标准.DB 41/T 2052—2020.

[35]水稻化肥减施增效技术规程[S].河南省地方标准.DB 41/T 2053—2020.

Ⅱ 湖北省绿肥生产历史、现状、潜力及模式

1 湖北省绿肥作物生产历史

1.1 绿肥作物生产利用历史

湖北省是推广绿肥种植利用技术较早的省份。1944 年的湖北省粮食增产总督导团推广种植绿肥专报报道："巴东、来凤、鹤峰、宣恩、建始、郧县(郧阳区)、竹溪、竹山、枣阳、枝江、保康、公安等 12 县，过去种绿肥成数为 1.02%，本年推广成数为 1.15%，全年推广亩数为 38720 亩"(注：15 亩＝1 hm^2)，当时湖北省常年种植绿肥 5.33 万～6 万 hm^2，产量约 4.5 t/hm^2，到 20 世纪 40 年代后期绿肥面积增加到 13.33 万 hm^2。中华人民共和国成立后，湖北省绿肥生产利用经历了发展、鼎盛、萧条等过程。

20 世纪 50 年代是湖北省绿肥分散发展期。绿肥由 1949 年的 17.87 万 hm^2 扩大到 1959 年的 23.20 万 hm^2(图 5-2-1)，主要分布在荆州、黄冈、孝感和咸宁等地。其中 1949—1956 年荆州地区年均 10.67 万 hm^2，占全省绿肥面积 40%以上。绿肥种类除蚕豆、苕子、紫云英外，大部分地区因水利条件不完善而采用大麦、小麦、油菜、萝卜等非豆科绿肥，根据天气情况"有收就收，无收就沤"。

20 世纪 60～70 年代是绿肥集中发展时期。随着接瘤拌菌、施用磷肥等绿肥种植关键技术进步及推广应用，1970 年湖北省绿肥扩大到 96.20 万 hm^2。其后随着耕作制度改革、双季稻面积扩大，肥料需求增多，绿肥面积逐年增加，绿肥当家品种也由原来与中稻配套的蓝花苕子转换为与双季稻配套的紫云英。70 年代中、后期，湖北绿肥发展到鼎盛时期，1977 年 141.32 万 hm^2 达到历史最高，占耕地面积的 37.4%，其中紫云英 113.34 万 hm^2、苕子 13.65 万 hm^2、蚕豆 4.85 万 hm^2、箭筈豌豆 0.26 万 hm^2、田菁 0.05 万 hm^2、柽麻 1.41 万 hm^2、红萍 5.57 万 hm^2、细绿萍 70 hm^2、"三水"(水浮莲、水葫芦、水花生)1.88 万 hm^2、紫穗槐 0.29 万 hm^2。绿肥达 0.67 万 hm^2 的县 33 个、3.33 万 hm^2 的县 3 个。1960—1979 年，绿肥为湖北省粮食增产发挥了巨大作用，年均增产粮食 100 万～150 万 t。

20 世纪 70 年代末和 80 年代，湖北省绿肥发展进入调整时期。随着种植业结构调整、种植制度改革、复种指数提高，相当部分种植历史较长、土壤肥力较高的冬绿肥田用来发展小麦、油菜等冬季作物，同时化肥供应大幅增加，绿肥面积快速减少，1989 年降至 39.37 万 hm^2。

20 世纪 90 年代以后到 21 世纪初，是湖北省绿肥生产的萧条阶段。随着化肥用量持续增加，以及 1994 年后湖北省推动冬油菜种植，绿肥生产的驱动力进一步降低。2000 年、2007 年

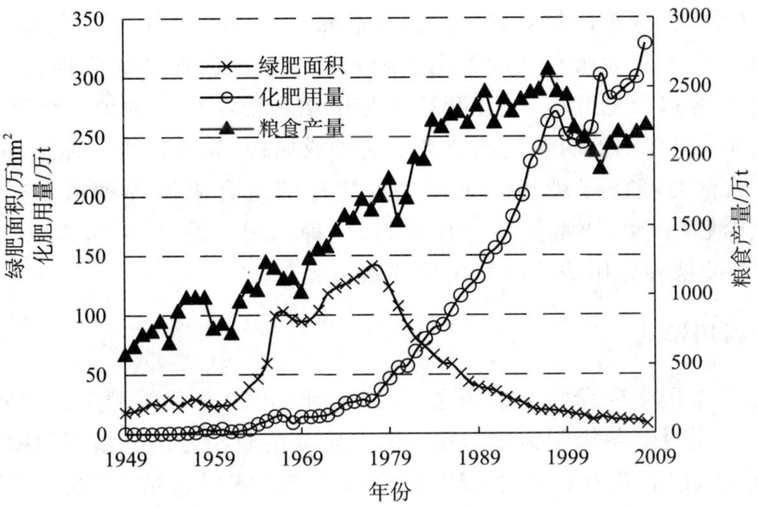

图 5-2-1　湖北省绿肥播种面积、化肥用量与粮食总产量变化趋势(1949—2009 年)
(数据引自湖北统计年鉴)

绿肥播种面积分别降至 15.69 万 hm²、10.98 万 hm²，主要分布在江汉平原的荆州市及鄂东南的咸宁、黄冈等冬季不太适合小麦、油菜生产的地区，当地常年有种植绿肥喂养牲畜和肥田的习惯。种植绿肥作物多是农民的自发行为，主要目的是用作饲料或收豆，多余部分用于肥田。绿肥作物以紫云英为主，还有少量的苕子、黑麦草、箭筈豌豆、蚕豆、绿豆以及紫穗槐、苜蓿、白三叶等。

在不同年代由于管理措施不同，绿肥鲜草产量存在极大差异。中华人民共和国成立前，湖北省常年绿肥鲜草产量仅 4.5 t/hm²，1960 年约 9 t/hm²，1969 年达到 15 t/hm²。随着绿肥栽培技术进步，1977 年产量平均达到 22.5 t/hm²，高产田 45 t/hm² 以上。20 世纪 90 年代，绿肥品种长期未更新或提纯复壮，种性变劣，品种混杂，加之种植管理粗放，大多地方鲜草产量不足 20 t/hm²。

1.2　绿肥作物种质资源

湖北省地处我国南北交界，四季分明，雨量充沛，地形多样，适合绿色植物生长繁衍，绿肥资源丰富多样，其特点可用“五花并举，四季常青”描述。20 世纪 80 年代调查鉴定，湖北省可作绿肥资源的植物约 300 余种，其中主要栽培绿肥约 20 种，野生草本绿肥 36 种，湖草、水草 45 种，木本绿肥 23 种，可以直接利用的绿肥植物约 120 余种。主要栽培绿肥如下。

冬季绿肥作物：紫云英种植最普遍，占绿肥总面积 80%，主要品种有小叶紫云英、崇阳大叶、平湖大叶、早熟性宜都紫云英、咸宁紫云英、大悟紫云英、石首紫云英，以及 20 世纪 80 年代引进的浙紫 5 号、余江大叶、宁波大桥、湘肥 3 号等。苕子占绿肥总面积的 5%～10%，主要品种有嘉鱼苕子、光叶紫花苕子、毛叶苕子等。此外，冬季栽培绿肥作物还有箭筈豌豆、蚕豆、豌豆、黄花苜蓿、肥田萝卜、黑麦草等。

夏季绿肥作物：主要有柽麻、田菁、猪屎豆、泥豆、绿豆、大豆、草木樨、黑豆等。

水生绿肥作物：有红萍、“三水”(水浮莲、水葫芦、水花生)等。

多年生绿肥：主要是紫穗槐等。

此外，20 世纪 50～70 年代湖北部分地区曾引进或种植过的绿肥作物还有油菜、大麦、小麦、豇豆、竹豆、花豇豆、扁荚山黧豆、绿萍、固氮蓝藻、红三叶草、白三叶草、苏丹草等。

生育期较短的紫云英如余江大叶等用于湖北省双季稻区作冬绿肥种植，生育期较长的紫云英品种如浙紫5号以及毛叶苕子、光叶苕子与中稻和棉花配套种植。柽麻、白花草木樨、绿豆、细绿萍等夏季绿肥在稻麦两熟制的空隙中套种或插种、放养。箭筈豌豆、蚕豆、田菁在旱地种植，如湖北省选育的经济绿肥早熟蚕豆“78-2”特别适合于城郊种植，它比本地蚕豆早熟10 d，先摘青荚作淡季蔬菜，再翻压茎叶作肥料，一种二用。蚕豆、箭筈豌豆适合于山区小麦、玉米、马铃薯间套的秋种冬用或秋种春用的两熟两肥制。

1.3 种植利用模式

湖北省一直是全国主要绿肥种植区之一，在20世纪70年代绿肥生产鼎盛时期，形成了以紫云英、箭筈豌豆、蚕豆等冬绿肥为主与粮、棉、果配套的较稳定的种植利用模式。该时期绿肥栽培利用技术可以用“五花八门四季青”“六用十二制”概括总结。“五花”指绿肥品种多样性（不同绿肥作物所开的花有红、黄、蓝、白、紫等五色），“八门”指种植方式上的多途径，“四季青”指一年四季皆有绿肥种植，“六用”指绿肥作物的多种利用方式，“十二制”是指主要绿肥作物的种植制度。

1.3.1 种植制度

1年或2～3年为周期，利用轮作、间作、套种技术，充分挖掘耕地时空潜力发展绿肥，生产肥料，提升耕地生产力。湖北省历史上形成的较为稳定的绿肥种植制度主要有12种。

（1）稻区

①单季稻区一熟一肥制：单季中稻种植区种冬绿肥或放养红萍。

②双季稻区两熟一肥（或两肥）制：双季稻种植区种冬绿肥，季节允许地区可在晚稻前插种田菁。

③水旱轮作区两熟两肥制：麦（油）-稻种植制度中，早春在小麦或油菜中间作或套种紫云英或白花草木樨，夏收作物收后可插种柽麻、绿豆或放养红萍。

④一旱两稻三熟两肥制：麦（油）-稻-稻种植制度中，在小麦或油菜中间作或套种紫云英或白花草木樨，或早稻放细绿萍，早稻与晚稻之间插种田菁。

⑤两年两稻一旱三熟三肥制：冬绿肥-早中稻-秋绿肥-小麦-夏绿肥-中稻。

⑥两年一稻一旱两熟两肥大轮作制：冬绿肥-中稻-冬绿肥-棉花（玉米）。

（2）旱粮区

⑦一熟一肥制：小麦-绿豆-小麦。

⑧两熟两肥制：小麦（马铃薯、油菜）-玉米（高粱）间套冬、夏绿肥。

⑨两熟一肥制：小麦-芝麻种植制度中插种一季秋绿肥。

⑩两年两熟两肥制：小麦-芝麻-小麦-棉花种植制度，其两肥为一年插种秋绿肥，次年套种冬绿肥。

（3）棉区

⑪两熟两肥制：麦（油菜、蚕豆）-棉花（玉米、芝麻）种植制度，其两肥是冬季套种箭筈豌豆等冬绿肥，夏季套种绿豆、柽麻、黑黄豆等。

⑫一熟一肥制：冬绿肥-棉花。

此外，在果、茶、林间，可根据苗木年龄，种植冬、夏、秋绿肥。

1.3.2　种植方式

湖北省绿肥种植方式多样，可分为长期种、短期种、单种、套种、混种、插种、田边种、水面种8种。

1.3.3　利用方式

湖北省是种植业大省，也是畜牧业、水产业、养蜂业大省，对绿肥的利用方式多种多样，主要有直接压青或沤制后作肥料，作饲料喂猪或养牛，作饵料养鱼，绿肥花粉养蜂，肥菜兼用，肥粮兼用。

到21世纪初期，湖北省主要绿肥种植制度为肥-稻和肥-稻-稻，2007年占绿肥播种面积的57%，主要分布在江汉平原和鄂东南冬季不适合种植小麦、油菜地区；其次是玉米、棉田套种蚕豆、黄豆、绿豆等粮肥兼用作物；过去旱地套种箭筈豌豆、柽麻等种植制度几乎绝迹。另外还有零星分布的田头地角及埂、沟等见缝插针式种植绿肥作物，如水稻田埂种植黄豆等。绿肥利用主要有压青还田、用作饲料、经济绿肥等方式，分别占绿肥总量的72.0%、16.4%和11.3%(表5-2-1)。

表5-2-1　2006年湖北省绿肥种植利用情况(胡正梅等，2008)

种类	播种面积/万 hm^2	鲜草产量/万 t	利用方式/万 t			
			压青还田	用作饲料	经济绿肥	其他
紫云英	8.87	237.36	215.01	18.90	3.45	—
苕子	0.53	12.76	10.31	1.44	1.01	—
箭筈豌豆	0.02	0.61	0.29	0.32	—	—
黑麦草	0.03	1.34	0.09	1.25	—	—
油菜	4.05	31.50	0.75	0.75	30.00	—
大豆	1.00	15.00	4.50	10.50	—	—
绿豆	0.80	12.00	3.00	9.00	—	—
蚕豆	0.53	14.37	8.94	0.21	4.47	0.75
苏丹草	0.17	7.53	—	7.53	—	—
紫穗槐	0.34	6.15	—	5.25	0.30	0.60
苜蓿	0.09	6.12	—	6.12	—	—
白三叶	0.01	0.30	—	0.30	—	—
其他	0.06	1.31	1.05	0.15	0.11	—
合计	16.51	346.65	249.49	56.77	39.04	1.35

1.4　绿肥对农业生产的历史贡献

1.4.1　增加农田养分投入，促进农作物增产

肥多、粮多是我国农业发展的一条重要经验。1977—1997年，湖北省粮食产量平均每年增加50.89万t，化肥用量每年增加11.76万t，而1949—1977年，粮食产量平均每年增加37.09万t，化肥用量每年仅增加0.97万t(图5-2-1)，仅仅依靠化肥无法获得相应的粮食增产量，在此期间农家肥和绿肥起到了举足轻重的作用。据统计，20世纪50、60、70年代湖北省化肥用量平均分别为2.3 kg/hm^2、20.2 kg/hm^2、66.7 kg/hm^2，仅占农田养分总投入的5%、10%、30%左

右，绝大多数养分投入来自绿肥或农家肥。

为解决肥料严重不足的问题，湖北省政府部门相继发出发展有机肥、绿肥的指示，绿肥播种面积从 1949 年的 17.87 万 hm^2 增加到 1977 年的 141.32 万 hm^2。试验表明，湖北省单种绿肥可产鲜草 22.5 t/hm^2，增加农田纯氮投入 90～105 kg；间、套、插种可产鲜草 7.5～15 t/hm^2，提供纯氮 37.5～75 kg/hm^2。1949—1988 年，绿肥累计为湖北省种植业提供了约 222 万 t 纯氮，占氮素化肥总量的 26%，是全省肥料结构上的三大支柱(化肥、农家肥、绿肥)之一。湖北省多点多年试验表明，在中等肥力土壤上，绿肥压青 1t，大致可增产稻谷 60～80 kg、小麦和玉米 40～50 kg、马铃薯 200～300 kg、皮棉 8～10 kg。

1.4.2 改良土壤性状，提高土壤肥力

种植绿肥，可以改良中、低产土壤。湖北省组织对中、低产田改良始于 20 世纪 50 年代末，其中 60～70 年代曾把"种绿肥、施磷肥"作为主要技术推广。1962 年，蕲春县刘河公社杨林冲大队在县农业局指导下，通过工程改造结合施磷肥、种绿肥等措施，使原来的深脚烂泥冬泡田改良成了肥(油菜或麦)-稻-稻三熟田，杨林中大队全部 23.3 hm^2 耕地产量从 3.53 t/hm^2 增加到 7.80 t/hm^2，耕层土温提高 1～5 ℃，土壤速效磷、钾分别由 4.1 mg/kg、58 mg/kg 提高到 10.8 mg/kg、112 mg/kg，经济、社会和生态效益显著，当时的湖北日报、湖北科技报、中央人民广播电台先后进行了报道。1963—1973 年全省改良低产田 13.47 万 hm^2。第二次土壤普查后，湖北省基本查清了中低产田类型、分布及成因，并制定了对应的改良措施开展示范应用，其中，1986—1990 年通过增施有机肥、种植绿肥等培肥措施改良中低产田合计 8.33 万 hm^2，累计增产粮食 5 万 t。

种植利用绿肥，能明显改善土壤理化性状，沙、黏、板、瘦等低产土壤尤为显著。据 1984 年荆州地区土肥站在潜江连续 4 年 5 点试验结果，麦稻耕作制的土壤有机质、碱解氮分别为 15.3 g/kg、110 mg/kg，而肥-稻-稻和肥-稻分别为 24.7 g/kg 和 23.8 g/kg、142 mg/kg 和 113 mg/kg。京山县土肥站对 20 世纪 90 年代初套种蚕豆绿肥 3 年的棉田土壤分析表明，土壤有机质、有效磷、速效钾分别增加 2.3 g/kg、7.4 mg/kg、30 mg/kg，土壤总孔隙度提高 4.2 个百分点，容重下降 0.11 g/cm^3。相反，重利用轻培肥的土壤肥力普遍下降。20 世纪 80 年代，由于种植业结构调整，夏粮和夏油作物面积扩大，冬绿肥种植逐年减少，1987—1988 年对咸宁、荆州、武汉、孝感、宜昌等地抽查 98 个土壤样点，与 1980 年第二次土壤普查结果比较，土壤有机质含量平均下降 36.7%，土壤全氮含量平均下降 31.8%。

1.4.3 绿肥的饲用价值

湖北省部分地区还将绿肥用作饲料、饵料，或者通过绿肥花粉养蜂。湖北省不少地方有种绿肥喂猪的习惯，既缓解了青饲料青黄不接的矛盾，节约了粮食，又提高了绿肥经济效益，而且，畜禽粪便又是优质有机肥料。1987 年对公安县 5 个乡镇调查，该地共养猪 7.8 万头，其中利用红花作饲料的 4.68 万头，按每头猪 20 d 节约精饲料 20 kg 计算，共节约粮食 936 t。湖北省是全国著名的"千湖之省""鱼米之乡"，绿肥青饲料是优质鱼的主要饵料之一，一般每 20 kg 绿肥可产鲜鱼 1 kg。

1.5 绿肥作物研究

1.5.1 种质资源研究与整理

20 世纪 50 年代，湖北省对省外引进的苕子、紫云英品种开展了熟性和产量鉴定，从南方

引进的品种多为早熟种，不甚耐寒且鲜草产量低，自江苏、浙江、江西、湖南北部引进的品种及湖北省自产种多为中、晚熟，较耐寒且鲜草产量较高，如湖北省嘉鱼苕子比一般早、中熟苕子增产 6%～13%，晚熟种紫云英（南昌、昆山、平湖等地引进种）则比早熟种增产 20%。自华东引进的光叶紫花苕子和西北引进的毛叶苕子产草量比本地普通苕子高出 50%，分枝多、抗旱抗冻力强，但生育期较本地苕子长 20～30 d，本地留种困难。夏季绿肥选出饭豆、蔓豆、大叶猪屎豆等优良品种，适宜荒坡隙地或果茶园种植。湖北省农业科学研究所土壤肥料系于 70 年代初在全国各地及澳大利亚引进 13 个箭筈豌豆品种，将其分为早、中、晚熟 3 种类型。湖北省还自选了紫云英“崇阳大叶红花”、荆州早熟蚕豆“78-2”和绿豆“鄂绿二号”等，这些优良品种一般比本地退化品种产量高 20%～30%，有的高出近一倍。80 年代，湖北省从全国各地引进了适合不同种植制度的绿肥品种余江大叶、浙紫 5 号、宁波大桥、台湾绿肥、印尼绿豆、中豌 4 号、花豇豆、竹豆、扁夹山黧豆等。同期，湖北省农业科学院和华中农学院专家还对本省绿肥种质资源进行调查鉴定，可以作为绿肥资源的植物约 300 余种，其中主要栽培绿肥约 20 种。

1.5.2 绿肥种植利用技术研究

(1)明确了湖北省绿肥作物的配置

在试验明确了稻田草籽绿肥肥效高于大麦的基础上，湖北省由 20 世纪 50 年代初种植大麦绿肥为主逐渐转向豆科绿肥。对本地及省外引进的苕子、紫云英品种进行了熟性鉴定，确定了绿肥生长季节充裕的一熟中稻制度适合配置生育期较长的苕子，且可以进行秋耕整地后播种，利于绿肥高产；收获期较迟的双季稻或一季晚稻区，宜选用生育期较短的紫云英，以坂田直播或稻底套种为主，避免播种过迟导致幼苗冻害。

为解决绿肥与农作物争地矛盾，有效利用地力，50 年代还调查研究了间套轮作技术在绿肥作物栽培中的应用。水旱两作地区，利用苕子、紫云英与秋荞麦、秋萝卜、大麦、油菜或蚕豆等进行间作套种，适当调整播种量，控制共生作物群体密度，可实现“一种两收”，既能获得一定产量的夏粮、夏油，生产的绿肥也可供本田基肥需要，为后季水稻高产提供了保障。60 年代探讨了油菜与豆科绿肥间混作技术，湖北省油料作物学会于 1963 年举行专题学术讨论会，明确了在适当条件下两种作物的生物学特性相互促进因素多于相互矛盾因素。

70 年代，湖北省绿肥面积进一步扩大，研究总结了“四季绿肥”种植技术，形成了净种与套种、长期种与短期种、冬种与春夏秋种结合的种植技术；确定柽麻绿肥是一种生长快、产量高、适合多种茬口的绿肥作物；示范推广了更适合旱地种植的绿肥新品种——箭筈豌豆 66-25；利用冷泉资源建立红萍基地发展水生绿肥；拓展了绿肥与耕作制度配套技术的试验示范，主要是稻区的麦（油）-肥-稻及山区的粮（玉米、马铃薯）-肥制。

80 年代，湖北省土壤肥料工作站组织开展了绿肥作物区划，把全省划分为 8 个一级区、17 个二级区。1989 年，编制的《湖北省绿肥分布区划图》汇集于《湖北省国土经济地理图集》，获得 1990 年湖北省科技进步一等奖。

(2)研究总结了绿肥留种技术

由于湖北省春季多雨、湿度大，绿肥生长密度大时落花、落荚、不孕等现象严重，种子产量通常不高不稳。为改善通风透光条件以提高种子产量，20 世纪 50 年代，研究总结了一套绿肥种子高产农艺措施，如利用棉田残留棉秆或播种少量油菜作支架，减少绿肥播种量，选择肥力中等、爽水的砂土田留种，增施磷、钾肥等。

(3)形成了绿肥高产技术,明确了绿肥增产改土效应

1955 年,陈华癸系统总结了水稻田绿肥耕作制的优势及相关技术,并就下一步研究方向提出了建议。20 世纪 60 年代继续开展绿肥高效栽培技术研究,凝练出播前开沟晒田、种子处理、带肥点播、接种菌剂、施用磷肥、湿润管理等技术。

50 年代中期以后,在全省多地开展试验反复证明了磷肥和根瘤菌拌种对草籽绿肥的增产作用,配合使用效果更显著。施用磷肥对苕子或紫云英根系发育以及根瘤数量、大小、质量都有显著刺激作用,提高其共生固氮能力。1962—1964 年,湖北省农业科学研究所土壤肥料系连续 3 年试验表明,种植黄花苜蓿可使籽棉增产 540 kg/hm^2。1965 年,在襄北农场种植毛叶苕子、黄花苜蓿、蚕豆,棉花产量较冬炕地分别增产 13.5%、12.5%、10.6%,同时提高土壤有效氮含量。1964 年和 1966 年,谢振翅等报道了鄂北岗地麦田夏季绿肥作物绿豆、草木樨、打豇豆、柽麻等 4 年试验的增产效果及种植技术。1964 年,张宜春等通过调查结合试验研究,总结了鄂中丘陵稻区发展紫云英、豌豆、蚕豆等绿肥技术。1965 年,喻永喜总结报道湖北水田绿肥(紫云英、苕子)栽培技术时强调抓好种、管、沤、收种 4 个环节。1966 年,李学垣等研究了稻田翻压紫云英后还原性物质变化动态,探讨了其与水稻黑根枯苗"烧秧"现象的关系。1980 年以后,绿肥研究转向综合利用开发,着重开展了提高绿肥单产、调整后的种植制度下绿肥配套技术、绿肥作青饲料养鱼喂猪等技术。

(4)开展了绿肥利用技术研究

明确了稻田绿肥一般在插秧前 10～15 d 压青,苕子以初花期、紫云英以盛花期为好。翻压苕子或紫云英绿肥对水稻增产效果显著,但其养分释放速率远比猪厩肥快,后效不明显,如双季稻田翻压紫云英 15～37.5 t/hm^2,早稻增产 1.13～2.45 t/hm^2、增产率为 43%～93%,晚稻增产 90～248 kg/hm^2、增产率为 1%～7%。

2 湖北省绿肥作物发展现状

2.1 绿肥种质资源整理评价与新品种选育

2008 年,从国家种质资源库引进绿肥种质资源 265 份,并从省外引进优质绿肥资源、搜集野生资源,开展整理评价,建立了湖北省绿肥种质资源数据库,为进一步选育优良绿肥品种积累了基础资料。对 71 份紫云英种质资源在湖北省稻区开展评比,筛选出可高效利用土壤磷的紫云英 5 份;从 73 份油菜种质中筛选出耐低氮型 25 份;对 30 个紫云英种质开展耐阴性评价,筛选出更适合稻底套播品种 1 份;在 32 份油菜及肥田萝卜种质耐迟播能力评价基础上,筛选出适宜湖北省再生稻区种植的肥田萝卜矮早萝 1 号等。此外,利用系统选育、杂交选育等方式,培育绿肥专用(兼用)油菜新品种 3 份并获批登记,培育肥田萝卜、二月兰新品种各 1 份。

2.2 生产利用技术进步

2.2.1 稻田绿肥生产利用技术进步

(1)建立了湖北省主要绿肥作物紫云英、绿肥油菜轻简高效种植技术

筛选出湖北省不同稻区稻后直播、稻底套播适宜的紫云英及耐瘠绿肥油菜品种,以及更适

合晚稻或再生稻套播的短生育期、耐迟播绿肥油菜品种。继承创新形成了适合湖北省的水稻留高茬收获后直播紫云英、绿肥油菜技术，从播种期、播种方式、播种量、施肥、接菌、翻压利用等过程完善了绿肥轻简高效生产技术，大幅提高了绿肥产量和养分累积量，绿肥播期可延后至10月下旬到11月上旬，用户根据水稻茬口选择绿肥播期的灵活度更大，结合无人机技术有效降低了劳动力投入。

(2)优化了紫云英与油菜绿肥混播技术

利用豆科与非豆科作物特性发挥混播优势，从时间和空间上充分利用光能、富集不同层次土壤养分、根际环境养分互助互利，实现了混播绿肥高效生产。同时，混播绿肥C/N适中，还田后能兼顾养分供应和土壤培肥。

(3)完善了紫云英与稻草联合还田氮碳互济高效培肥技术

该技术集合绿肥生产利用与秸秆还田优点，还田有机物料C/N比适中、养分供应更加平衡，兼顾土壤培肥与养分供应，较单独有机物料还田显著提高土壤肥力，增加水稻产量。

(4)明确了稻田绿肥、化肥和水分一体化管理技术

建立了湖北稻田绿肥适宜翻压期、翻压量、配套的化肥用量和施用技术以及绿肥还田后水分管理措施。紫云英盛花期还田腐解速度快，基本上可以等效替代氮肥，以20%～60%绿肥养分替代效果最好。翻压紫云英22.5～37.5 t/hm^2，水稻氮肥用量可以减少20%～40%。翻压紫云英初期尽量让田间水分自然落干，防止田间水分溢出，而导致绿肥释放的养分流失及环境污染。

(5)提出紫云英-水稻轮作体系磷肥前移养分统筹管理技术

紫云英-水稻轮作体系周年磷肥用量不变，将1/3～2/3水稻磷肥前移至紫云英季，绿肥鲜草增产39.6%～77.0%，固氮酶活性提高2.8～3.7倍，养分积累增加22.0%～67.4%，绿肥增产更高效替代后季水稻化肥用量，水稻减氮40%时稻谷增产4.2%～7.0%，较常规的磷肥不前移技术减施水稻氮肥力度提高近10个百分点，磷肥偏生产力提高8.6%～13.8%，同时土壤肥力提升，土壤全氮、有机质等含量明显增加。

2.2.2　旱地绿肥生产利用技术进步

(1)完善了湖北省橘园绿肥覆盖与果园生态改良技术

筛选出适宜湖北省宜昌橘园生态改良的绿肥品种，创新集成了周年绿肥覆盖技术，具有冬季保温夏季降温效应，明显缓解橘园温度波动，保持土壤水分，减少了冻害、热害、伏旱的发生率。同时豆科绿肥至少可替减柑橘化肥1/4，可改善果品外观和内在品质。

(2)建立了光叶苕子-烟草复种改良土壤技术

连续观测光叶苕子在烟田释放养分规律，明确其与当地优质烤烟氮需求基本一致，不存在后期供氮过多问题。以此为基础建立豆科绿肥改良烟田土壤技术，确定了绿肥翻压期、翻压量以及绿肥还田后烟草养分管理技术，显著减少了化肥用量，抑制烟田病虫害发生，提升烟草产量和品质。

3 湖北省绿肥研发进展与创新

3.1 创新了湖北省稻区绿肥作物种植与利用关键技术

3.1.1 建立了紫云英轻简高效种植技术

(1)种质资源评价联合生产试验明确了适合湖北省不同稻区的紫云英品种

评价71份紫云英品种熟性、鲜草产量和养分累积量差异基础上,在2010—2012年对初选的品种在湖北省7县(市)开展联合试验,确定了不同稻区稻后板田直播产量高、接茬性较好的紫云英品种,南昌种、咸宁种适合鄂东、鄂东南稻区,弋江种更适合江汉平原和鄂东南稻区,宁波大桥种更适合鄂东北单双季稻区及鄂中、鄂西北、鄂西南中稻区(表5-2-2)。

表5-2-2 湖北省典型稻区不同品种紫云英盛花期生物量 t/hm²

品种	公安	洪湖	枝江	浠水	崇阳	黄陂	孝南
当地品种	—	—	—	9.12	22.29	15.40	9.06
湘肥3号	26.04	23.69	13.58	11.34	24.96	15.12	8.90
弋江种	30.20	27.48	14.56	11.45	37.31	19.10	11.24
宁波大桥种	28.20	25.66	19.79	10.95	21.97	26.77	18.69
南昌种	33.85	30.80	19.38	13.02	33.35	19.02	11.19
信阳种	20.94	19.05	—	12.68	—	24.25	14.27

注:"—"表示没有品种、未播种或因特殊情况没有收获到生物量。

(2)优化了紫云英播种技术

为保证紫云英适期出苗、冬前适度生长,传统紫云英播种推荐晚稻收获前15 d完成播种,由于水稻尚未收割,播种相对困难,劳动强度大。现代农业条件下,推荐机收水稻留高茬稻草全量还田,于水稻收获后播种紫云英,湖北省各地在9月下旬至10月中下旬完成播种均可。水稻高茬及稻草覆盖,可保持土壤墒情,利于紫云英出苗和生长。播期偏迟时,适当增加播种量并配施磷肥作基肥,可保证盛花期绿肥产量达到培肥土壤目标。该技术可使紫云英播种期推后近1个月,播期选择更加灵活,大幅降低劳动强度。

(3)完善了紫云英生长营养调控技术

根据土壤肥力和紫云英苗期长势,适当施用氮磷钾肥,紫云英鲜草产量提高20%~58%,养分累积量提高36.2%~65.7%;基施或苗期喷施硼、锌、钼等微肥,绿肥鲜草产量增加3.9%~15.7%、养分累积量增加3.1%~18.0%(表5-2-3),实现"以小肥换大肥"的目标。

表5-2-3 不同微肥处理对紫云英盛花期生长状况及养分吸收的影响(秦自果,2015)

处理	株高/cm	茎粗/mm	单株重/g	鲜草产量/(t/hm²)	养分含量/%			养分累积量/(kg/hm²)		
					N	P	K	N	P_2O_5	K_2O
对照	92.1 bc	3.9 c	10.7 c	38.80 c	2.55 c	0.29 ab	3.08 a	172.85 bc	12.91 a	135.25 b
硼砂	107.9 a	4.4 a	13.9 a	44.32 a	2.81 ab	0.28 ab	3.05 a	198.77 a	14.69 a	157.46 a
钼酸铵	105.0 a	4.3 ab	13.5 ab	41.14 b	2.94 a	0.27 b	3.20 a	178.18 bc	13.91 a	159.70 a
硫酸锌	95.5 b	4.2 abc	11.1 c	39.88 bc	2.93 a	0.32 a	3.26 a	185.71 ab	15.18 a	153.96 ab

注:表中同一列不同小写字母表示处理间差异显著($P<0.05$)。以下各表意义相同。

(4)优化了湖北省稻田紫云英与油菜绿肥混播技术

通过16县、市4年试验，明确了湖北省紫云英、油菜绿肥混播用种比例为9∶1，播种量22.5～30 kg/hm²，绿肥鲜草产量、总养分累积量分别比紫云英单播增加25.6%、41.7%(表5-2-4)，绿肥还田后稻谷增产10.7%。该混播技术利用生态学原理，相对于紫云英，油菜苗期生长快、地上部高大、根系较深，两者混播可以从时间和空间上充分利用光能、富集不同层次土壤养分，紫云英根瘤固氮和油菜根系分泌物活化土壤磷通过根际环境互助互利，从而实现混播绿肥高效生产。同时，混播绿肥C/N适中，翻压还田后还能兼顾养分供应和土壤培肥。

表5-2-4　紫云英与油菜不同播量配比对绿肥鲜草产量、C/N和养分吸收的影响(魏云霞等，2013)

处理	鲜草产量/(t/hm²)	C/N	N累积量/(kg/hm²)	P_2O_5累积量/(kg/hm²)	K_2O累积量/(kg/hm²)
100%C	29.29 b	14.60	90.40 b	15.76c	47.23 c
80%C+20%R	36.77 a	20.39	113.31 a	26.43 a	77.82 a
60%C+40%R	36.80 a	23.67	113.07 a	27.86 a	76.16 a
40%C+60%R	30.42 b	24.12	94.46 ab	28.57 a	68.18 ab
20%C+80%R	29.62 b	28.07	67.58 c	23.13 ab	64.34 ab
100%R	23.25 c	36.34	43.32 d	20.25 b	59.46 b

注：C—紫云英，R—油菜。“%”表示相对于单播的种子用量比例。

3.1.2　完善了绿肥油菜轻简高效种植技术

(1)筛选出耐瘠和耐迟播绿肥油菜种质资源

评价73份油菜种质盛花期生物量、氮累积量、耐性指数差异，优选25份低氮胁迫耐受能力相对较强的种质，其在不同氮水平下单株鲜重、氮累积量均显著高于低氮敏感型种质，适宜作为潜在绿肥资源应用，耐低氮型油菜种质的氮还田量最高可达80.20 kg/hm²(图5-2-2)。

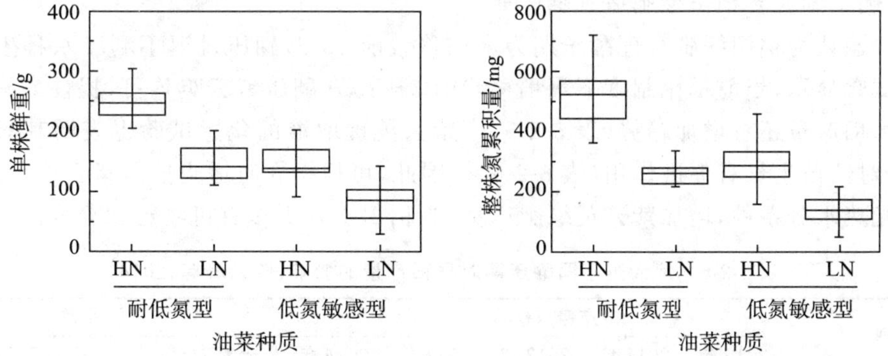

图5-2-2　低氮耐性不同的油菜种质鲜草产量与氮累积量比较(秦璐等，2022)

注：HN—正常施氮，180 kg/hm²；LN—低量施氮，45 kg/hm²。

通过多地试验筛选出适宜晚稻或再生稻茬口作为绿肥应用的耐迟播油菜品种(系)。适时早播有利于增加绿肥油菜鲜草产量，湖北三地11月1日播种的10个油菜品种(系)盛花期地上部鲜草产量8.32～20.16 t/hm²，平均12.75 t/hm²；11月15日播种时鲜草6.58～13.43 t/hm²，平均9.36 t/hm²，其中中绿油1号和油肥1号在三地产量均超过10 t/hm²；11月30日播种时鲜草产量下降至3.24～8.31 t/hm²(图5-2-3)。

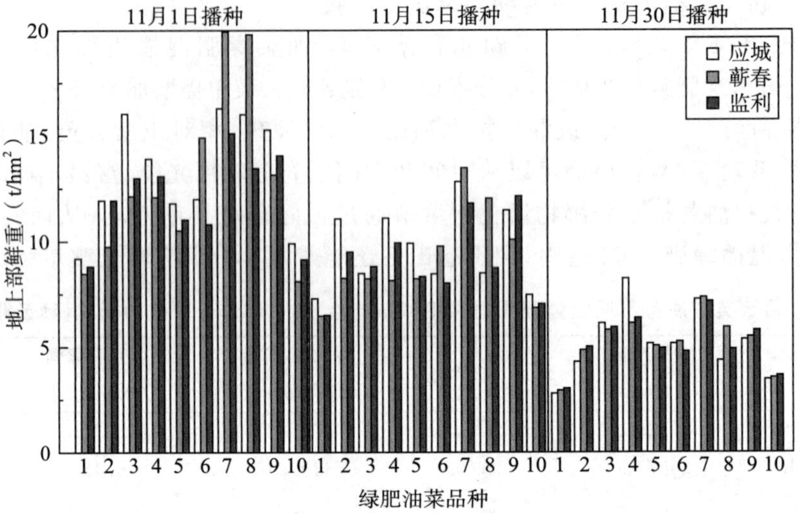

图 5-2-3 播期对不同品种绿肥油菜盛花期生物量的影响

注：1～10 分别为中油肥 1 号、中绿油 2 号、品系 N1165、大地 95、希望 759、黄骅本地油菜、中绿油 1 号、品系紫芥 ZJ1901、油肥 1 号、中油杂 19。

(2)优化了绿肥油菜播种技术

绿肥油菜的鲜草产量随着播种量的增加而增加，迟播时应适当增加播种量，可以实现“以密补迟”。不同播种期绿肥油菜鲜草产量均随着播种量增加而增加，当达到适宜播种量之后，鲜草增幅逐渐变小，10 月中下旬播种时，适宜播种量为 11.25～22.5 kg/hm^2；12 月上旬播种时，适宜播种量为 22.5 kg/hm^2。

3.1.3 创新完善了稻田绿肥、化肥、水分统筹管理技术

(1)明确了湖北省稻田绿肥适宜翻压期

过去普遍认为稻田绿肥合理翻压期为水稻移栽前 15 d，翻压过迟不利于水稻生长。连续田间定位试验显示，当前稻作制度下水稻移栽前 5～15 d 翻压紫云英均可，提前 5～10 d 翻压紫云英的水稻产量还有增加趋势(表 5-2-5)。紫云英提取液的化感试验也表明其对水稻发芽无副作用，对幼苗生长有促进作用(表 5-2-6)。因此，可根据农时适当推迟紫云英翻压期，充分利用春季光热水分条件，增加紫云英绿肥产量，为稻田贡献更多有机物料和养分。

表 5-2-5 紫云英不同翻压期对早稻产量的影响(陈云峰等，2014)

处理	产量/(t/hm^2)					平均	
	2010 年	2011 年	2012 年	2013 年	2014 年	产量/(t/hm^2)	相对 100%F 增产/%
不施肥	4.92 b	3.97 b	4.56 c	3.40 c	3.18 b	4.01 b	−30.2
100%F	6.33 a	5.51 a	6.37 a	5.35 b	5.12 a	5.74 a	—
80%F+GM−15d	6.33 a	5.49 a	6.18 ab	5.49 b	5.02 a	5.70 a	−0.6
80%F+GM−10d	6.46 a	5.55 a	6.03 ab	5.79 ab	5.29 a	5.82 a	1.5
80%F+GM−5d	6.41 a	5.65 a	5.83 b	5.99 a	5.24 a	5.82 a	1.5

注：100%F—当地早稻推荐化肥用量，N、P_2O_5、K_2O 分别为 123.8 kg/hm^2、36.0 kg/hm^2、36.8 kg/hm^2；80%F—推荐化肥用量的 80%；GM—种植翻压绿肥；以下各稻田表格 F、GM 的意义相同。15d、10d、5d—水稻移栽前 15d、10d、5d 翻压绿肥。

表 5-2-6　紫云英秸秆浸提液对水稻的化感效应(魏云霞等,2013)

指标	浸提液浓度/(g/L)					
	0	1	5	10	20	40
发芽势/%	80.0	88.0	92.7	87.3	86.7	53.3
发芽率/%	94.0	98.0	98.0	97.3	96.7	88.0
发芽指数	18.2	16.9	16.7	16.7	15.5	13.1
幼苗鲜重/(g/10 株)	0.67	0.72	0.75	0.78	0.78	0.77
化感敏感指数/%	—	3.68	5.89	5.14	3.15	−13.19

注:化感效应指数(RI)=[(T−C)/C]×100%,敏感指数(SI) $\sum_{i=}^{n} Ri_{j/n}$。T 为处理值,C 为对照值,n 为该处理各指标数据 RI 个数。

(2)创新了稻田绿肥化肥养分一体化运筹技术

确定了湖北省绿肥利用后水稻稳产的化肥减量施用技术。湖北省荆州市多年试验表明,翻压紫云英 22.5～37.5 t/hm²,化肥用量可减施 20%～40%,保持水稻稳产(表 5-2-7)。基于绿肥养分释放规律和绿肥化肥配施后水稻养分吸收规律,提出了翻压绿肥后减施基肥——化肥后移的高效养分运筹技术,协调了土壤养分供应和水稻需求的平衡。紫云英绿肥在稻田前 1 个月氮释放量、前 1 周磷、钾释放量占其在整个水稻生育期总分解释放量的 80%～90%(图 5-2-4)。

绿肥与化肥配合,协调了土壤养分供求平衡,提高了养分利用效率,减少了养分损失可能造成的环境风险。在节约化肥 20%～40%情况下,比常规单施化肥处理平均增产水稻 5.3%。绿肥作物生产利用,可以提升土壤有机质含量,改善土壤性质,提高土壤保肥性能,减少养分损失,提高作物对养分的吸收利用能力。湖北省洪湖 4 年定位观测显示,翻压绿肥后配施 75%的化肥,施入土壤绿肥和化肥氮总量的利用率提高 10.48%,绿肥配施其他不同比例化肥也可提高养分利用率,随着化肥用量减少,养分利用率提高幅度更大(表 5-2-8)。

提出了绿肥翻压后稻田水分管理技术。紫云英翻压后土壤溶液氮、钾等养分浓度升高(表 5-2-9)。在生产中要注重翻压紫云英初期的田间水分管理,尽量让其自然落干,使养分保持在土壤中充分发挥肥效,减少随水流失、污染环境。

表 5-2-7　紫云英种植利用下不同化肥用量对水稻产量的影响

处理	单季稻产量/(t/hm²)					平均	
	2018 年	2019 年	2020 年	2021 年	2022 年	产量/(t/hm²)	相对 100%N 增产/%
CK	3.47 d	5.00 c	5.33 d	4.74 d	4.09 b	4.53 d	−42.0
100%N	6.84 a	8.32 a	8.64 a	7.84 ab	7.41 a	7.81 ab	0.0
GM	3.99 d	6.35 b	6.99 c	6.60 c	6.51 a	6.09 c	−22.1
40%N+GM	5.26 c	7.85 a	7.69 bc	7.50 bc	7.39 a	7.14 b	−8.6
60%N+GM	5.69 bc	8.24 a	8.39 ab	7.75 ab	7.82 a	7.58 ab	−3.0
80%N+GM	6.45 ab	7.84 a	8.76 a	8.46 a	7.76 a	7.85 a	0.5
100%N+GM	6.86 a	8.45 a	9.07 a	8.57 a	6.81 a	7.95 a	1.8

注:所有处理磷、钾肥用量相同,为当地推荐用量,P_2O_5、K_2O 分别为 60 kg/hm²、90 kg/hm²;100%N 为当地推荐氮肥用量 165 kg/hm²;40%N、60%N、80%N 指氮肥用量为推荐用量 40%、60%、80%。

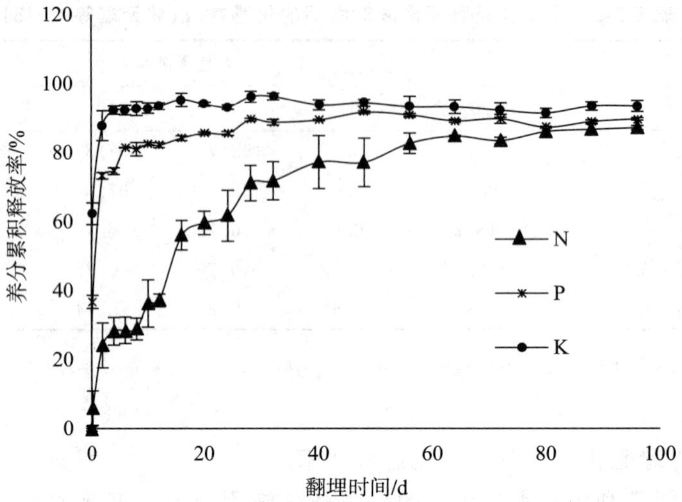

图 5-2-4　稻田紫云英翻埋后氮(N)、磷(P)和钾(K)养分释放动态(刘威,2010)

表 5-2-8　种植翻压绿肥与减量化肥配施对水稻氮素吸收和氮肥利用率的影响

处理	化肥 N 投入 /(kg/hm²)	绿肥 N 投入 /(kg/hm²)	作物收获带走 N /(kg/hm²)			化肥 N 利用率 /%	化肥＋绿肥 N 养分利用率 /%
			稻谷	稻草	合计		
CK	0	0	57.44	25.82	83.26	—	—
100%F	165.0	0	99.72	51.23	150.95	41.02	41.02
GM	0	24.86	62.64	27.45	90.09	—	27.49
25%F+GM	41.3	18.13	88.90	35.26	124.15	82.47	68.80
50%F+GM	82.5	19.75	107.45	42.78	150.22	72.88	65.48
75%F+GM	123.8	33.81	112.32	52.11	164.44	60.05	51.50
100%F+GM	165.0	53.91	129.41	69.11	198.52	65.71	52.65

注:100%F 化肥用量同表 5-2-7,25%F、50%F、75%F—分别为推荐化肥用量的 25%、50%、75%。

表 5-2-9　紫云英翻压量对田面水中氮和钾养分含量的影响(刘威,2010)　mg/L

紫云英用量	氮	钾
不翻压紫云英	1.16 d	4.54 d
翻压紫云英 15 t/hm²	1.42 cd	9.08 c
翻压紫云英 30 t/hm²	2.09 b	21.46 b
翻压紫云英 45 t/hm²	5.40 a	27.67 a

注:于紫云英翻压 14 d 后、施用化肥前取样。

3.2　完善了湖北省橘园绿肥覆盖与果园生态改良技术

橘园绿肥重在改善橘园生态条件,多种绿肥均可种植,湖北省宜昌以光叶紫花苕子和鼠茅草较好,连续 3 年试验表明两种绿肥可提高冬季土温 0.15～2.75 ℃,降低夏季土温 0.09～1.39 ℃,夏季午间地表最高温度降低 7.86～11.54 ℃,提高夏季土壤含水量 4.36～6.91 个百分点,具有缓解冻害、高温、伏旱伤害的作用(表 5-2-10)。绿肥减少缓坡地水分流失率 20.3%～26.0%,减少 N、P 流失量 6.9%～57.6%。橘园绿肥可于盛花期翻埋入土或自然覆盖地面,可替减化肥 1/3 左右,脐橙产量不降低,外观和内在品质得以改善(表 5-2-11)。

表 5-2-10　绿肥种植对橘园冬季(1～2 月)不同层次土壤温度的影响(韩上,2013)　℃

绿肥类型	地表	5 cm	10 cm	15 cm	20 cm
光叶苕子	5.11	4.31	4.84	5.80	6.40
紫云英	3.24	3.99	4.61	5.55	6.19
白三叶	3.21	4.11	5.09	5.51	6.34
鼠茅草	2.97	4.90	5.44	5.51	6.36
清耕	2.36	3.63	4.46	5.50	6.22

表 5-2-11　绿肥与不同比例化肥配施对脐橙单果重、挂果量、产量及效益的影响(栾好安,2015)

指标	CK	F	GM	GM+1/3F	GM+2/3F	GM+F	GM+4/3F
单果重/g	200 c	227 abc	248 ab	231 ab	241 ab	249 a	221 bc
单株果数/个	41.9 c	63.4 a	44.1 c	51.4 bc	54.81 b	61.2 ab	63.6 a
产量/(t/hm²)	11.20 d	19.12 a	14.64 c	15.78 bc	17.53 abc	20.43 a	18.63 ab
效益/(万元/hm²)	5.60	9.32	7.26	7.75	8.54	9.91	8.93

注:F—单施化肥,N、P_2O_5、K_2O 用量分别为 180、108、90 kg/hm²;1/3F、2/3F、4/3F—施肥量分别为 F 的 1/3、2/3、4/3;GM—种植翻压绿肥;化肥投入 2 448 元/hm²,柑橘价格按 5.0 元/kg,绿肥种子及种植管理费 600 元/hm²。表 5-2-14 相同。

3.3　建立了光叶苕子-烟草复种改良土壤技术

长期单一连作是困扰烟草生产的难题,担心后期供氮过多,豆科绿肥长期被排除在烟田之外。湖北省恩施连续 2 年试验表明,光叶苕子绿肥氮在烟田前 5 个星期释放量占整个烤烟生育期释放总量的 86.9%～92.3%(图 5-2-5),其养分供应规律与优质烤烟氮需求规律一致,不存在后期供氮过多导致成熟期推迟问题,可以作为烟田土壤改良的绿肥作物。

通过 3 年的定位试验确定了烤烟移栽前 15～25 d 翻压绿肥效果较好,翻压光叶苕子 15～22.5 t/hm²时,化肥减少 15%～30%,减少化肥量全部从基肥扣除,追肥次数和时期不变。该技术节肥的同时,可使烟草增产 5.4%,产值增加 7.2%。通过轮作绿肥,烟区土壤性状得以改良,示范区土壤有机质平均提高 1.4 g/kg,增幅为 5.8%,土壤微生物和酶学性质改善,病虫害发生率显著降低(表 5-2-12、表 5-2-13)。

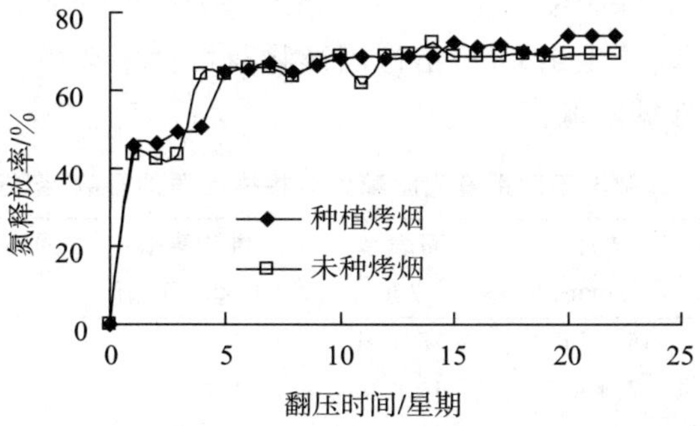

图 5-2-5　光叶苕子绿肥在烟田中的氮素释放动态(孔伟等,2011)

表 5-2-12　种植翻压绿肥条件下配施不同用量化肥对烤烟产量和品质的影响(储刘专等,2011)

处理	产量/(kg/hm²)	产值/(万元/hm²)	上等烟比例/%	中等烟比例/%	下等烟比例/%
CK	931 d	0.99 d	0	79.92	19.09
100%F	1 454 b	18.73 b	19.34	69.43	10.21
100%F+GM	1 529 a	19.60 a	11.94	79.33	7.72
85%F+GM	1 551 a	19.88 a	19.64	70.26	9.08
70%F+GM	1 364 c	16.74 c	16.33	66.01	16.64

注:100%F—当地常规施肥,施氮量为 105 kg/hm²,$N:P_2O_5:K_2O$=1:1.2:3;GM—绿肥,翻压量 15 t/hm²。以下各表中 F 意义相同。上等烟、中等烟、下等烟当年平均单价分别为 16.31 元/kg、13.04 元/kg、5.96 元/kg。

表 5-2-13　绿肥与不同用量化肥配施对烤烟发病率的影响(储刘专等,2011)　%

病害	CK	100%F	15%GM+85%F	30%GM+70%F	45%GM+55%F	60%GM+40%F	100%GM
青枯病	51.22	27.12	19.09	14.06	20.09	4.02	7.03
普通花叶病	40.90	33.14	12.06	20.09	4.17	4.10	4.13
根黑腐病	15.06	4.03	3.01	4.06	4.31	10.04	4.25

注:各处理除 CK 外,氮、磷、钾肥用量相同,百分数指总养分中绿肥氮或化肥氮的比例,磷、钾肥扣除施用绿肥提供养分后以化肥补足。绿肥鲜草 N、P_2O_5、K_2O 含量分别为 0.50%、0.12%、0.47%。

3.4　揭示了绿肥提质增效的关键机制

明确绿肥是培育健康土壤的有效措施。绿肥种植利用通过改善土壤物理、化学和生物性质而培肥土壤,提高土壤稳产和增产能力。4～7 年的定位试验表明,不同类型农田种植利用绿肥均可提高土壤有机质含量,稻田、橘园和烟田平均提高 0.3～2.3 g/kg。连续 7 年翻压紫云英后,稻田土壤酶活性提高,微生物和原生动物总量及多样性增加,土壤容重降低 6.6%～11.4%,孔隙度增加 3.2%～5.4%。绿肥通过生物固氮、发达的根系与土壤作用活化土壤库存的难溶性磷、钾,提高土壤有效养分含量。

绿肥通过增产提质、部分替代化肥,提升农业生产效益。绿肥通过部分替代化肥、提高肥料利用效率节约了农业生产成本。多年定位试验表明,不同农作物利用绿肥后可减施化肥 15%～40%,保持农产品产量不降低或增加。绿肥通过改善土壤供肥保肥特性,提高水稻氮利用率 10.8%以上、磷肥和钾肥利用率 5.8%～14.4%。绿肥还可提升农产品外观和内在品质,进一步提高农业生产效益。绿肥使水稻糙米率、精米率、整精米率以及稻米直链淀粉含量有上升趋势,脐橙果皮厚度下降,维生素 C、可溶性固形物及可食率有增加趋势(表 5-2-14),烤烟全钾含量升高、总糖和还原性糖降低。

表 5-2-14　绿肥与不同用量化肥配施对柑橘品质的影响(栾好安,2015)

处理	果形指数	皮厚/mm	可食率/%	维生素 C/(mg/100 g)	可溶性固形物/%	可滴定酸/%
CK	1.12 a	6.6 bc	67.1 ab	43.49 b	10.04 b	0.73 a
F	1.05 a	7.4 a	63.0 b	45.95 a	10.55 ab	0.69 a
GM	1.08 a	6.5 c	70.0 a	45.64 ab	10.43 ab	0.67 a
GM+1/3F	1.06 a	6.4 c	71.2 a	46.26 a	10.70 ab	0.66 a
GM+2/3F	1.04 a	6.2 c	68.6 a	47.07 a	11.33 a	0.66 a
GM+F	1.08 a	6.4 c	69.9 a	47.22 a	10.70 ab	0.70 a
GM+4/3F	1.07 a	7.3 ab	67.4 a	46.43 a	10.24 ab	0.70 a

稻草还田配合绿肥种植更有效地提高土壤碳固持量，温室气体排放量并不高于单一稻草还田，改善农田生态环境。在稻田连续3周年监测，较单施化肥，稻草还田或紫云英利用分别增加稻田CH_4周年排放量2.60倍、2.31倍，分别增加N_2O排放0.48倍、0.40倍，而稻草配施紫云英处理温室气体周年排放虽然高于单种紫云英，但与单一稻草还田相近。两者配合的土壤有机质含量比单独紫云英或稻草还田分别提高3.9%、2.5%。综合考虑固碳、温室气体排放及减施化肥，与稻草单独还田比较，配合紫云英种植可降低水稻生产的增温效应（表5-2-15）。

表5-2-15　紫云英及稻草还田对稻谷产量及温室效应的影响（刘威，2015）

处理	稻谷产量/(t/hm²)	SOCSR/(kg C/hm²)	CH_4排放量/(kg CH_4-C/hm²)	N_2O排放量/(kg N_2O-N/hm²)	GWP/(kg CO_2/hm²)	NGWP/(kg CO_2/hm²)	EB/(万元/hm²)
CK	4.47 c	126 d	90.60 c	0.58 b	2 439 c	1 979 c	1.34
F	8.58 b	503 c	109.51 c	0.81 b	2 978 c	1 136 c	2.57
F+RS	8.98 ab	911 ab	394.06 a	1.20 a	10 208 a	6 867 a	2.68
F+GM	9.35 a	597 bc	362.58 b	1.13 a	7 178 b	4 988 b	2.79
F+RS+GM	9.33 a	1 204 a	375.46 ab	1.27 a	9 764 a	4 833 b	2.79

注：F—化肥；RS—稻草还田；GM—绿肥；SOCSR—土壤有机碳（SOC）固持量，SOCSR=（$SOC_{2013}-SOC_{2010}$）/3；GWP—全球增温潜势，GWP=25×CH_4+298×N_2O；NGWP—净全球增温潜势，NGWP=GWP−SOCSR×44/12；EB—经济效益，EB=稻谷产量×3.0−NGWP×24.0，3.0为稻谷销售价（单位：元/kg），24.0为碳交易价（单位：元/t CO_2）。

4　湖北省绿肥发展潜力

4.1 湖北省发展绿肥生产的必要性

4.1.1　稳定和增加粮食产量，降低生产成本，增加农民收入

在20世纪60、70年代，化肥生产能力不足时，绿肥与农家肥、化肥是湖北省肥料结构上的三大支柱，对粮食稳定增产起到举足轻重的作用。在湖北省中等肥力土壤上每吨绿肥可增产谷物（稻谷、小麦、玉米等）40～80 kg、薯类200～300 kg。80年代后，随着化肥用量增加，绿肥和有机肥用量逐年减少，单位化肥投入所生产的粮食数量显著降低。1980—1990年、1991—2000年湖北省千克化肥平均增产粮食分别为21.2 kg、16.1 kg，2000—2007年降低到仅2.7 kg，随着化肥施用量增加，报酬递减极其显著。当然，20世纪80、90年代粮食增产的肥料贡献中有很大部分来自有机肥和绿肥。然而，农业生产中化肥用量快速增加，粮食增产幅度减小，生产成本逐年提高是公认的事实，其中一个很重要的原因就是有机肥和绿肥用量越来越少，导致土壤肥力降低，生产能力下降。近年来研究表明，翻压紫云英15～22.5 t/hm²、化肥用量减少20%～40%情况下，水稻稳产，化肥用量不减少时水稻显著增产，同时土壤肥力改善。因此，绿肥是改变目前农业生产高投入的有效措施。

4.1.2　实现耕地用养结合，提高土壤肥力，维持粮食生产高效持续发展

我国人多地少，粮食安全问题不仅国人牵挂，也被全世界关注。江汉平原是我国重要的粮仓之一，然而，根据湖北省耕地长期定位监测点监测结果，耕地土壤肥力退化，土壤养分含量呈下降和缺乏状态，尤其是土壤有机质和钾素下降严重。与1980年第2次土壤普查结果比较，2003年耕地土壤有机质平均含量由24.4 g/kg下降至19.2 g/kg，下降点数占总点数的80%，

全氮平均含量由 1.5 g/kg 下降至 1.3 g/kg，下降点数占 80%，速效钾平均含量由 136 mg/kg 下降至 82.0 mg/kg，下降点数为 100%。土壤肥力下降的主要原因是在此期间，重用地、轻养地，绿肥播种面积和有机肥用量严重不足。利用冬闲田发展绿肥生产，是改善土壤肥力的简易和有效措施。

4.1.3 缓解磷、钾肥资源不足，改善肥料投入比例

2015—2020 年，湖北省施用化肥纯养分 $N:P_2O_5:K_2O$ 平均为 1:0.42:0.24，与按照"减氮稳磷控钾补微增有机"施肥策略推荐的全省氮、磷、钾施肥适宜比例 1:0.55:0.44 存在明显差距，需要增补磷肥，特别是钾肥投入。然而，磷、钾肥矿藏资源不可再生，我国磷肥、钾肥矿石资源储量有限。绿肥具有较强的活化土壤难溶性磷、钾的功能，据估算，每公顷紫云英富集活化土壤磷、钾相当于过磷酸钙 80～120 kg、氯化钾 130～200 kg。目前湖北省有机肥与化肥养分施用比例仅为 1:4，通过绿肥生产利用并结合秸秆还田是改善施肥结构中磷、钾不足的简便、可持续的途径。

4.1.4 减少土壤污染，提高农产品质量

随着人类生活水平提高，越来越注重食品安全。2019 年，湖北全省有效使用绿色食品、有机农产品和农产品地理标志的企业达 2 119 家，品牌总数达到 4 552 个，总产量达到 1 487 万 t，位居全国前列。绿肥通过轮作倒茬等作用一定程度上减少主作物连作障碍和土传疾病发生，减少农药用量，翻压利用后减少化肥用量，特殊情况下可以替代化肥，符合绿色食品生产的要求。通过绿肥生产利用，发展绿色高效农业，在提高农产品质量的同时，也可显著增加农民收入。

4.2 湖北省绿肥发展潜力分析

总体看，湖北省的绿肥面积潜力为 207 万 hm^2，有效时空潜力为 119 万 hm^2·年(表 5-2-16)。其中，农区的绿肥面积潜力为 177 万 hm^2，有效时空潜力为 88 万 hm^2·年；果茶等经济林园的绿肥面积潜力为 30 万 hm^2，有效时空潜力为 30 万 hm^2·年。

表 5-2-16 湖北省绿肥种植时空潜力

区域	主作物	可发展绿肥的主作物面积/万 hm^2	绿肥空间比例/%	绿肥时长/个月	绿肥面积潜力/万 hm^2	绿肥有效时空潜力/(万 hm^2·年)
农区	中晚稻	143	100	6	143	71
	玉米	30	100	6	30	15
	烟草	4	100	6	4	2
	农区合计	177	—	—	177	88
经济林园	落叶果园	17	70	12	12	12
	常绿果园成龄	17	25	12	4	4
	常绿果园幼龄	7	70	12	5	5
	茶园	37	25	12	9	9
	经济林园合计	78	—	—	30	30
合计		255	—	—	207	119

注：有效时空潜力＝可发展绿肥的主作物面积×空间比例×绿肥时长。

4.2.1 农区绿肥发展潜力

在不与粮油作物"争地"前提下，湖北省在农区主要利用冬闲田发展绿肥。21 世纪初期，

湖北省耕地复种指数约为220%,2019—2021年下降至168%,耕地季节性休闲增加明显。湖北省夏季作物主要是水稻,其次是玉米、花生等,冬季作物主要是小麦和油菜,还有部分马铃薯和蚕豆、豌豆、蔬菜等。耕地季节性休闲主要发生在冬季稻田,湖北省近3年中、晚稻播种面积215万 hm^2,冬季部分区域种植油菜、小麦和蔬菜,大部分稻田种植作物产量和经济效益不佳等原因,处于休闲状态,稻田休闲面积约143万 hm^2。湖北玉米主要分布在鄂西北山地,由于气候和劳动力限制,冬季休闲面积近4成,约30万 hm^2。另外湖北省烟田4万 hm^2 冬季常常采用休闲措施养地。因此,农区绿肥面积潜力合计177万 hm^2。湖北省稻田或旱地冬季休闲时间约6个月,此期间的湿热条件适合冬绿肥生产,全年累计绿肥发展有效时空潜力约88万 hm^2·年。

4.2.2 经济林园绿肥发展潜力

在果、桑、茶园以及幼年林下发展绿肥,不仅能增加养分、培肥土壤、提高林果产品产量和质量,同时可覆盖地面,减少水土流失。2019—2021年,湖北省茶园面积37万 hm^2、果园总面积41万 hm^2,其中果园以柑橘为主,面积24万 hm^2。茶园主要分布在湖北省各地山区,柑橘主要分布在三峡和丹江口库区以及清江流域,减少水土流失意义尤为重要。湖北省全年湿热充沛,12个月均适合绿肥生产。在确保绿肥种植不妨碍果茶树生长前提下,果茶园绿肥种植空间参数估算如下:茶园和成龄橘园25%空间、幼龄橘园70%空间、落叶果园70%空间可供种植绿肥,其中橘园成龄和幼龄比例按照7∶3估算。综上,湖北省果茶园发展绿肥的面积潜力为30万 hm^2,有效时空潜力为30万 hm^2·年。

此外,湖北省地处我国南北过渡地带,地形复杂,气候多样,既有一年三熟地区,也有一年一熟地区,其中也存在面积不少的三熟不足两熟有余以及两熟不足一熟有余的地区,在这些地区,水、热、光等自然资源丰富,可以通过插种、套种等方式在作物茬口间隙进行绿肥生产。

4.2.3 肥-粮、肥-油轮作发展绿肥的潜力分析

总体上看,湖北省耕地以中、低等地为主,高等地偏少,落实“藏粮于地”战略任务仍然十分艰巨。在农业种植制度中纳入绿肥是实现耕地用养结合的重要措施。“一年种绿肥,三年田不瘦”。在维持现有粮油总产稳定提高前提下,将冬季耗地作物与绿肥作物定期轮作或间作,可缓解现代农业生产制度中的诸多弊端。保守估算,湖北省2019年主要冬季作物小麦、油菜、马铃薯等247万 hm^2,以3～5年为一个周期,每年可轮作绿肥50万～80万 hm^2。冬季绿肥按照6个月生长周期计,轮作休耕提升地力的绿肥发展有效时空潜力25万～40万 hm^2·年。

5 湖北省绿肥生产主要技术模式

5.1 绿肥-水稻生产利用技术模式

5.1.1 技术要点

(1)品种选择

单季稻区可选择咸宁紫云英、宁波大桥、浙紫5号、平湖大叶、弋江种、余江大叶等紫云英品种,中油肥1号、中绿油2号等绿肥油菜品种,双季稻或再生稻区可选择咸宁紫云英、丰城青秆、湘肥3号、信阳种、安徽大叶等紫云英品种,“中绿油1号”绿肥油菜或“矮早萝1号”肥田萝卜等品种。弋江种和浙紫5号耐阴性强,晚稻稻底套播时可优先选用。光叶苕子、毛叶苕子、

箭筈豌豆生育期较紫云英长，与单季中稻茬口衔接更好，可根据市场种子供应情况选用。紫云英作绿肥时，可以选择与肥田萝卜或绿肥油菜、黑麦草 2 种或 3 种作物混播。

(2)播种

播种期：单季稻区 9 月下旬至 10 月中旬，双季稻区 10 月上旬至 10 月下旬，再生稻区选用耐寒性强的绿肥油菜或肥田萝卜时播种期可延后至 11 月初。

播种量：单播时，种子用量分别为紫云英 25～30 kg/hm^2、光叶苕子 37.5～45 kg/hm^2、毛叶苕子 45～60 kg/hm^2、箭筈豌豆 60～90 kg/hm^2、肥田萝卜 15～22.5 kg/hm^2、绿肥油菜 7.5～11.25 kg/hm^2。紫云英与其他绿肥混播时，其种子用量比单播减少 10%，掺混肥田萝卜种子 1～2 kg/hm^2 或绿肥油菜 0.75～1.5 kg/hm^2、黑麦草 2.5～3.5 kg/hm^2。

播种方式：可选择水稻收获后免耕直播，或者水稻收获前 7～15 d 稻底套播。

(3)田间管理

水稻留 40 cm 高茬收获，稻草粉碎后或者均匀覆盖地表全量还田。新种紫云英田块需接种根瘤菌。绿肥播种前后，在田间开“十”字沟，沟间距 10～15 m，沟深 20 cm，做到排灌通畅。田间过干时及时抗旱灌“跑马水”。豆科绿肥通常不用施肥，当土壤肥力较低时或者播种非豆科绿肥时施用氮、磷肥 45 kg/hm^2，以小肥换大肥。磷肥基施，氮肥通常于返青期追施。

(4)绿肥翻压

单季稻区在绿肥盛花期或初荚期翻沤，为防止绿肥翻耕与中稻插秧时间相隔太久，建议在初荚期耕埋。双季稻区在早稻插秧前 5～15 d 翻压。紫云英翻压量一般控制在鲜草 22.5～30 t/hm^2。翻沤时合理灌水，30 d 内尽量不排水，防止绿肥分解后养分流失。

(5)水稻养分管理

翻压豆科绿肥后，早稻或一季中稻的化肥用量可按照当地推荐化肥用量减少 20%～40%，晚稻施肥量和施肥技术与未翻压绿肥田块一致。非豆科绿肥后茬水稻化肥用量可减少 10%～20%。水稻其他管理措施按照当地高产栽培技术执行。

5.1.2 适宜区域

湖北省单季稻区、再生稻和双季稻区，其他气候条件类似区域可参考使用。

5.2 绿肥-烟草生产利用技术模式

5.2.1 技术要点

(1)品种选择

在鄂西南海拔 500～1 200 m、鄂西北海拔 600～1 000 m、鄂北岗地 50～500 m 的烟区可以选择光叶苕子、毛叶苕子或箭筈豌豆作绿肥，肥力较高田块可选用油菜、大麦等作绿肥。

(2)播种

播种期：海拔较低(800 m 以下)烟区播种期在 8 月下旬至 9 月中旬，不迟于 10 月上旬；海拔较高(800～1 200 m)烟区播种期在 8 月中下旬，不迟于 9 月下旬。

播种量：光叶苕子、毛叶苕子、箭筈豌豆、绿肥油菜播种量可参考“5.1 绿肥-水稻生产利用技术模式”中相应播种量，大麦播种量 150～225 kg/hm^2。

播种方式：于烟草上部叶收完之前在烟垄上撒播或开沟条播，一般不宜在垄间沟中播种。

(3)田间管理

绿肥生长期间开好中沟和围沟,防止田间渍水。通常绿肥种植季不施肥、不施药。

(4)绿肥翻压

在烟草移栽前15～35 d结合烟田起垄翻压绿肥,翻压量一般15～22.5 t/hm^2,翻压深度为20～30 cm。

(5)烟草养分管理

翻压绿肥后,烟草化肥用量可减少15%～25%。翻压绿肥后烟草施肥时减少的化肥用量全部从基肥中扣除,追肥保持原来用量。基肥和追肥均选用烟草部门推荐的专用复合肥和追肥。基肥施用方法、追肥时期、追肥技术与不翻压绿肥情况下相同。

5.2.2 适宜区域

该模式适宜鄂西南、鄂西北、鄂北岗地等烟区冬闲期种植绿肥,改良烟田土壤,提高烟农收益。

5.3 绿肥-柑橘生产利用技术模式

5.3.1 技术要点

(1)品种选择

可选用光叶苕子、毛叶苕子、箭筈豌豆、鼠茅草等冬季绿肥作物。

(2)播种

播种期:9月中上旬至10月中旬。

播种量:光叶紫花苕45 kg/hm^2,毛叶苕子60 kg/hm^2,箭筈豌豆90 kg/hm^2,鼠茅草15 kg/hm^2。

播种方式:可翻耕果树行间土壤后播种,也可免耕直播。直播时,若行间杂草过多,先除草,再选择墒情适宜时播种。在柑橘行间播种绿肥,树基两侧90 cm不播种,或覆盖防草布。绿肥作物一次播种后依靠其落籽自生能力,3～5年内可维持橘园绿肥生长优势,不用连年播种。其间若于绿肥作物荚果期翻耕1次,可延长绿肥作物一次播种在橘园优势种群保持的年限。

(3)田间管理

橘园绿肥通常不用施肥,若土壤肥力过低时,施氮(N)、磷(P_2O_5)肥45 kg/hm^2。一般不用进行病虫害防治。绿肥覆盖果园时可以抑制杂草滋生,还能减少除草剂使用。

(4)绿肥利用

结合橘园中耕,于盛花期将绿肥翻埋入土;亦可不翻压,任其自然枯萎覆盖地表,夏季发挥果园地表干草覆盖效应。绿肥种植3～5年,结合秋季管理翻耕1次,有利于果园绿肥生长、土壤培育,利于维持良好的橘园土壤生态环境。

(5)柑橘养分管理

种植豆科绿肥后,柑橘氮肥用量可减少20%～30%,其他管理措施按照标准化果园管理常规措施即可。

5.3.2 适宜区域

湖北省宜昌、十堰及其他柑橘种植区,湖北省落叶果园可参考使用。

5.4 绿肥-福白菊生产技术模式

5.4.1 技术要点

(1)品种选择

湖北福白菊典型种植区域可选用生育期短、生物量适中且耐低温绿肥品种，如矮早萝1号肥田萝卜，或中绿油1号绿肥油菜品种。

(2)播种

播种期：湖北福白菊轮作十字花科绿肥以春播为佳，一般农历正月十五前后播种即可。

播种量：肥田萝卜22.5 kg/hm^2，绿肥油菜7.5 kg/hm^2。

播种方式：无人机飞播或人工撒播。

(3)田间管理

绿肥生长期间开好中沟和围沟，防止田间渍水。通常绿肥种植季不施肥、不施药。

(4)绿肥翻压

根据福白菊种植时期，适时翻压，一般在福白菊种植前15～20 d翻压效果最佳。通常在5月中上旬即可翻压，为后茬福白菊种植腾茬。

5.4.2 适宜区域

该模式适宜鄂东北等福白菊种植区域冬闲地发展绿肥，改良福白菊种植土壤，降低连作障碍，减少化肥与农药用量，提高菊农收益。

参考文献

[1]陈华癸. 水稻土特性的发展和水稻田的绿肥耕作制[J]. 土壤学报，1955，3(2)：97-111.

[2]陈云峰，罗时明，李双来，等. 紫云英翻压与早稻移栽最佳间隔时间研究[J]. 湖北农业科学，2014，53(18)：4288-4293.

[3]储刘专，黄树立，孔伟，等. 绿肥翻压利用对干旱年份烤烟生长发育的促进作用[J]. 华中农业大学学报，2011，30(3)：337-341.

[4]耿成杰. 湖北省油料作物学会举行油菜豆科绿肥混种间作学术讨论会[J]. 土壤通报，1963(6)：59.

[5]韩上. 湖北省秭归地区橘园绿肥适宜品种筛选及其种植利用关键技术研究[D]. 华中农业大学，2013.

[6]胡寿田. 从我省肥料状况谈到绿肥资源及其开发利用[J]. 湖北农业科学，1982(8)：14-18.

[7]胡正梅，杨文兵，鲁明星，等. 湖北省有机肥料资源现状及利用对策[J]. 现代农业科技，2008(7)：159-161.

[8]湖北省农业科学研究所工作组，襄北农场农业科学研究所. 襄北岗地种植棉田绿肥试验简报[J]. 湖北农业科学技术，1966(5)：23-25.

[9]湖北省农业科学研究所土肥系. 湖北省绿肥研究工作概况与展望[J]. 湖北农业科学，

1962(2)：8-10.

[10]湖北省农业科学研究所土壤肥料系. 棉田套种柽麻及发展柽麻绿肥的经验[J]. 中国农业科学，1977(3)：27-30.

[11]孔伟，耿明建，储刘专，等. 光叶紫花苕子在烟田中的腐解及养分释放动态研究[J]. 中国土壤与肥料，2011(1)：64-68.

[12]李学垣，韩德乾. 绿肥压青后水稻生育期间土壤中还原性物质的动态变化[J]. 土壤学报，1966，14(1)：59-64.

[13]李祖发. 当前我省绿肥生产的存在问题及解决意见[J]. 湖北农业科学，1984(9)：20-23.

[14]刘威. 紫云英养分积累规律和还田腐解特性及其效应研究[D]. 华中农业大学,2010.

[15]刘威,耿明建,秦自果,等. 种植绿肥与稻秸协同还田对单季稻田土壤有机碳库和酶活性的影响[J]. 农业工程学报,2020,36(7):125-133.

[16]刘威. 冬种绿肥和稻草还田对水稻生长、土壤性质及周年温室气体排放影响的研究[D]. 华中农业大学,2015.

[17]栾好安. 三峡库区橘园绿肥的生态效应及其对柑橘产量和品质的影响[D]. 华中农业大学,2015.

[18]潘福霞,李小坤,鲁剑巍,等. 不同品种紫云英在湖北省不同生态区的生长及物质养分积累比较[J]. 中国土壤与肥料,2011(6):64-67.

[19]潘福霞,鲁剑巍,刘威,等. 遮阴对不同品种紫云英生长及物质养分积累的影响[J]. 中国土壤与肥料,2011(5):69-75.

[20]秦璐,韩配配,常海滨，等. 甘蓝型油菜耐低氮种质筛选及绿肥应用潜力评价[J]. 作物学报，2022，48(6)：1488-1501.

[21]秦璐，廖祥生，郑元本，等. 绿肥油菜新品种中油肥 1 号的选育与应用[J]. 湖北农业科学，2021，60(19)：30-33,38.

[22]秦自果. 不同栽培措施对紫云英生长及种子产量的影响[D]. 华中农业大学,2015.

[23]魏云霞，鲁剑巍，李小坤，等. 不同秸秆及绿肥浸提液对水稻化感作用的研究[J]. 中国农学通报,2013，29(30)：18-22.

[24]魏云霞. 紫云英与油菜、黑麦草混播种植和利用效应研究[D]. 华中农业大学,2013.

[25]谢振翅，黄天欢，李平，等. 鄂北岗地夏季绿肥试验研究初报[J]. 湖北农业科学，1964(3)：28-32.

[26]喻永熹. 关于水田豆科绿肥栽培技术的意见[J]. 湖北农业科学，1965(4)：16-19.

[27]袁喆. 绿肥与氮肥配施对土壤性质及水稻养分吸收和产量的影响[D]. 华中农业大学,2020.

[28]张宜春,阳海清. 关于鄂中丘陵稻区发展豆科绿肥的意见[J]. 湖北农业科学，1964(5)：38-41.

[29]朱强，张静，郭再华，等. 稻草和紫云英联合还田下施氮水平对水稻产量及土壤氮素形态的影响[J]. 植物营养与肥料学报,2020，26(12)：2177-2183.

[30]Liu Wei,Hussain Saddam，Wu Lishu，et al. Greenhouse gas emissions，soil quali-

ty, and crop productivity from a mono-rice cultivation system as influenced by fallow season straw management [J]. Environmental Science and Pollution Research, 2016, 23 (1): 315-328.

[31]Muhammad Kamran, Huang Li, Nie Jun, et al. Effect of reduced mineral fertilization combined with green manure on aggregate stability and soil organic carbon fractions in a fluvo-aquic paddy soil[J]. Soil & Tillage Research, 2021, 211: 105005.

[32]Yahya Mohammed Aljerib, Geng Mingjian, Xu Peidong, et al. Equivalent incorporation of Chinese milk vetch and rice straw enhanced nutrient mineralization and reduced greenhouse gas emissions[J]. Soil Science and Plant Nutrition, 2022, 68(1): 167-174.

Ⅲ 湖南省绿肥发展历史、现状、潜力及模式

1 湖南省绿肥生产历史与现状

1.1 绿肥生产利用历史

湖南省绿肥生产利用历史悠久，1936 年绿肥种植面积 8.9 万 hm^2，1950 年为 25.3 万 hm^2，占全省耕地面积的 7.3%。主要绿肥品种是苕子、肥田萝卜（又称满园花）、蚕豆及少量紫云英，主要集中分布在湘东、洞庭湖及湘中部分县。其后随着农业生产的需要，湖南省绿肥面积增加较快，1974 年曾发展到 199.1 万 hm^2，占耕地面积的 57.8%，主要绿肥品种是紫云英、腊油菜、蚕豆、满园花和田菁，还有少量红萍和苕子。但由于自然、社会条件影响，湖南省绿肥的生产发展波动较大（图 5-3-1）。

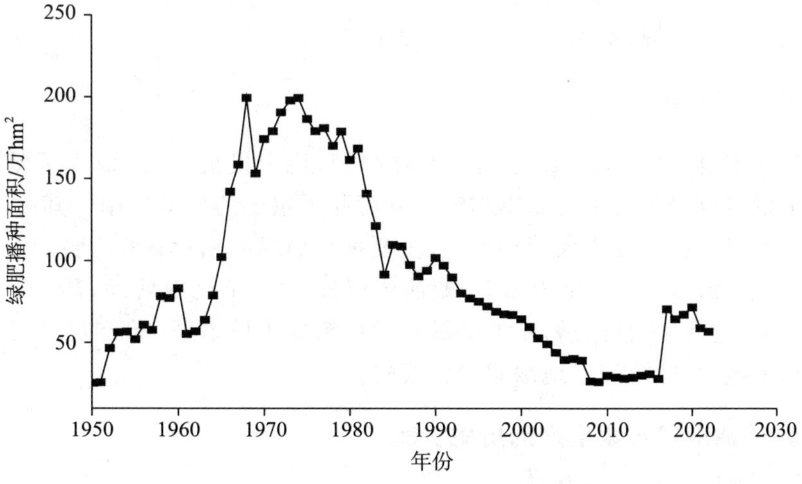

图 5-3-1 湖南省 1950—2021 年绿肥种植面积

1950—1960 年，湖南绿肥种植面积基本呈直线上升，从 25.33 万 hm^2 发展到 82.87 万 hm^2。受自然灾害影响，1961 年绿肥面积下降到 54.73 万 hm^2，其后持续增加，1974 年达到历史最高面积。之后，随着耕作制度变革，特别是稻-稻-油农作制的发展，湖南省绿肥面积迅速减少，1974—1978 年绿肥种植面积平均每年减少 4.67 万 hm^2，鲜草产量也明显下降，留种面积大量减少。1978 年农村实行联产承包责任制后，绿肥种植面积进一步快速减少，到 1983 年只有 120.94 万 hm^2，鲜草产量也由 70 年代的 30 t/hm^2 下降了一半甚至更低。其后 7 年间，绿肥面

积在 90 万～110 万 hm^2 波动，1990 年之后持续下降，到 2008 年仅有 26.23 万 hm^2。近年来，绿肥播种面积有所恢复。

1.2 绿肥作物种质资源

湖南省绿肥品种资源丰富，种类繁多。冬绿肥有紫云英、苕子、满园花、蚕豆等，夏季绿肥有黑饭豆、竹豆等，水生绿肥有红萍、水葫芦、水浮莲等，野生绿肥有芍草、马桑、胡枝子、黄荆、商陆等。20 世纪 60 年代以来引进推广的有紫穗槐、印度豇豆、草木樨、田菁、箭筈豌豆、细绿萍等。

湖南省主要以稻田冬季绿肥为主，种植最多的是紫云英，常用品种是本省选育的湘肥 3 号、湘肥 2 号和湘肥 1 号。湖南省曾从外地引进余江、信阳、光泽、连选 2 号、马溪、吉田、72-24、大悟、咸宁、石首、宁都、青浦、兵库、南充、弋江等紫云英品种 63 个，其中有浙紫五号、宁波大桥、余江大叶、弋江种、信阳种和闽紫等系列品系或品种均适宜在湖南生长。紫云英在湖南全省都有栽培，但以湘北和湘中为主，其他地区也有分布。湖南省有湘乡紫云英、醴陵紫云英、岳阳紫云英、澧县紫云英、宁乡紫云英、长沙紫云英等地方品种。

湖南省冬季绿肥还有箭筈豌豆和苕子。箭筈豌豆曾在湖区种植较多，苕子主要在湘中部分地区和湘西一季稻地区种植较多，湖南省有东安苕子、澧县苕子等地方苕子品种，也曾从云南、江苏、广东、宁夏、陕西、山西、甘肃、四川等省（自治区）引进箭筈豌豆和苕子品种 23 个。肥田萝卜也是湖南省的主要冬季绿肥，是湖南旱地，特别是新垦红壤地改良的先锋绿肥作物，曾经命名的地方品种有长沙种、浏阳种、常德种、道县种等。

此外，湖南农民有收集野生绿肥作稻田和旱地肥用的传统，简单易行，肥用效果好。如商陆、空心莲子草、青葙、胜红蓟等，含钾量高，常被称为富钾绿肥。还有湖区的芍草，丘陵山区的胡枝子、马桑、黄精、紫穗槐，果园里的藿香蓟和茅草等。

1.3 绿肥种植模式

20 世纪 50 年代末，湖南省围绕冬闲田改种绿肥，稳定发展绿肥-双季稻复种制度开展研究工作，为稳定发展以绿肥为主的双季稻复种制度起了重要的推动作用。其后，湖南省稻-稻-绿肥种植模式开始形成，并逐步大面积推广，主要种植模式有稻-稻-紫云英、稻-稻-肥田萝卜、稻-稻-蜡油菜和稻-稻-紫云英/肥田萝卜/蜡油菜混播。70 年代中后期，稻-稻-红萍种植模式开始形成并推广。进入 21 世纪后，主要的绿肥种植模式为单季稻-紫云英、单季稻-蜡油菜等。此外，湖南还有柑橘-三叶草等旱地绿肥种植模式。

1.4 绿肥对湖南省农业生产的历史贡献

绿肥具有提供养分、改良土壤等功能，大规模的绿肥种植对湖南省农业生产做出了十分重要的贡献。

1.4.1 种植绿肥有利于提高作物产量

绿肥含有大量农作物生长必需的营养元素，在土壤微生物作用下经腐解缓慢释放出来，是一种长效有机肥料。据统计资料表明，1980 年以前，湖南省化肥施用量很少，粮食生产的养分投入主要依赖于绿肥，粮食产量和水稻产量与绿肥种植面积呈显著正相关（图 5-3-2）。20 世纪 60 年代，湖南省发生大面积水稻坐秋现象，导致稻谷产量极低。刘更另等在大量走访中发现，缺磷是鸭屎泥田水稻坐秋的主要原因之一。绿肥不仅能增加土壤有机质和养分，而且对融化泥团和活化土壤中的磷素有特别良好的效果。经过一系列研究，刘更另总结出“冬干坐秋，坐秋施磷，磷肥治标，绿肥治本，以磷增氮，加速土壤熟化”的规律性措施。种好绿肥不仅是防治和改良冬干“坐秋”鸭屎泥的有效措施，同时也是改良黄夹泥、白夹泥等低产田的有效措施，冬绿肥的种植利用大幅度提高了湖南省水稻产量。

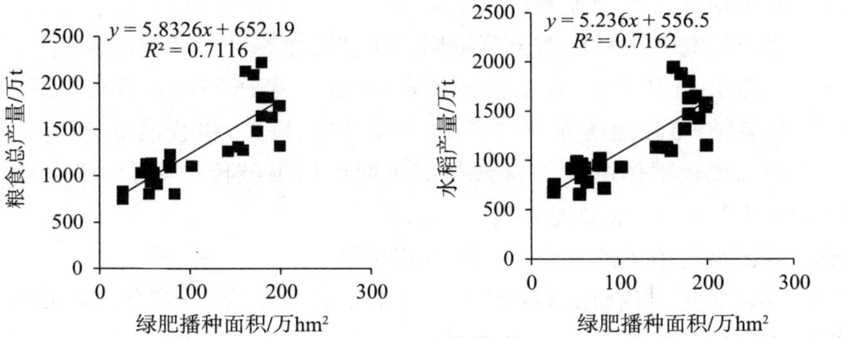

图 5-3-2 湖南省粮食产量、水稻产量与绿肥种植面积的相关性(1950—1980 年)

1.4.2 绿肥种植对培肥土壤发挥了重要作用

种植绿肥是用地与养地、培肥地力、改良中低产田、增加作物产量的有效途径。各种绿肥的茎和叶中均含有丰富的氮、磷、钾等农作物生长所需要的养分，还田后能大量增加土壤有机质和氮、磷、钾、钙、镁及各种微量元素含量。绿肥紫云英可固氮，活化磷钾，替代化肥的效果明显。绿肥根系的穿透能力和团聚作用，使土壤疏松，保水保肥能力增强，耕性变好，有利于改善土壤的理化性状，能大量增加土壤有机质，提高土壤肥力。

1.5 湖南省绿肥作物发展现状

1.5.1 种质资源创新

2008 年以来，湖南省土壤肥料研究所先后从国家种质资源库引入紫云英、田菁、蚕豆、豌豆等绿肥种质资源 208 份，其中紫云英种质资源 46 份；收集湖南省各地野生紫云英种质资源 18 份。提出了双季稻田“早花、适产、耐迟播、高养分积累”紫云英育种目标，选育出湘紫 1 号、湘紫 2 号、湘紫 3 号和湘紫 4 号紫云英品种，并且在湖南省绿肥恢复发展中大面积推广应用。

1.5.2 生产利用技术进步

(1)构建了紫云英早播与迟播技术

针对传统稻底套播紫云英效率低、劳动强度大等问题，构建了基于电动播种应用的紫云英早播和迟播技术，降低紫云英播种的劳动力需求，播种时间也更为灵活，减少了紫云英播种对水稻生长的影响。采用该项技术，可以在晚稻分蘖末期至齐穗期播种(早播)，也可以在晚稻收割后播种(迟播)。如在晚稻收割后播种，晚稻收获时留高茬更有利于紫云英生长。

(2)提出了紫云英浅水干耕技术

传统紫云英翻压时，多在 3 月中旬至 3 月底稻田淹水后翻压，翻压一个月左右进行秧苗移栽，紫云英在淹水条件下易产生还原性物质，造成早稻“僵苗”；降雨量大时，紫云英腐解释放的养分易随水流失，导致紫云英利用效果不佳；淹水翻耕紫云英还会增加农机具工作阻力，增加了紫云英翻压成本。针对这些问题，创新提出紫云英浅水干耕技术。在紫云英生长期间，通过对农田排水沟疏通和清理，达到在紫云英盛花期田面无水或略有浅水，此时翻耕紫云英，翻耕后，干沤 3～8 d。该方式的优点是稻田已升温，微生物活动旺盛，紫云英分解与腐烂较快，且不会产生大量的还原性物质，有效降低了早稻“僵苗”和绿肥养分的流失风险，减少稻田甲烷排放。

(3)构建了双季稻紫云英合理翻压技术

连续 11 年定位研究双季稻区紫云英不同翻压期对水稻产量的影响发现，与单施全量化肥相比，减少 40%化肥用量基础上，在水稻移栽前 5～15 d 翻压利用紫云英，水稻均表现出一定的增产。其中，移栽前 10 d 翻压绿肥增产 11.2%，增幅最大；移栽前 5 d、15 d 翻压分别增产 5.4%、5.1%。说明现代稻作制度下紫云英翻压期可以突破传统观念，即适当延后翻压紫云英，获得更高绿肥生物产量，增加固氮量。

(4)明确了紫云英利用下的双季稻化肥适宜用量

在湖南省连续 12 年定位研究，翻压 22.5 t/hm^2 紫云英后，早稻化肥用量减少 20%，均表现出显著增产，化肥用量减少 40%时基本平产，而且翻压紫云英对晚稻具有后效，晚稻施用相同水平化肥时，早稻季翻压绿肥者显著增产。

1.5.3 模式创新与应用成效

晚稻留高茬稻草全量还田-紫云英迟播轻简化种植模式：该模式下，晚稻采用留高茬 40 cm 左右收获，然后择期播种紫云英。高茬稻草为紫云英生长前期保墒、保温、提供养分，紫云英生长后期加速稻草腐解，水稻增产效果更为显著。该模式发挥绿肥和稻草碳氮互济的作用，克服了稻草全量还田的负面效应。连续 9 年定位试验观测结果表明，该技术水稻增产效果显著优于紫云英单独还田模式，也显著优于稻草不留高茬直接还田模式。

单季稻田紫云英免播循环留种模式：在紫云英留种田，于 5 月中下旬紫云英黑荚率达到 90%左右时，采用全喂入式水稻联合收割机收获紫云英种子。收割时，通过调节水稻联合收割机的风机风量，使得紫云英秸秆中残留的紫云英籽粒和收获过程中撒落在田间的紫云英籽粒量占紫云英种子总产量的 5%～15%。收割后，沤田 5～10 d(注意紫云英秸秆尽量均匀平铺于稻田)后干耕，接茬单季稻。该模式下，正常收获绝大部分种子，其余撒落在稻田的部分种子在 9 月中下旬至 10 月上旬一季稻成熟前后出苗、生长、结籽，再按前述方式收获与管理。如此可实现循环利用。紫云英及水稻收割时，注意保持田面干爽。

1.5.4 绿肥科研队伍及绿肥生产政策

20 世纪 90 年代之后，湖南省绿肥研究中断了近 20 年，研究人才出现断层，研究手段落后。2008 年，绿肥科研迎来发展机遇，湖南省土壤肥料研究所绿肥科研团队获得了公益性行业(农业)科研专项经费支持的课题“湖南省稻区绿肥作物生产与利用技术集成研究及示范”，获得湖南省财政厅下达的耕地保护与地力提升专项(绿肥部分)、国家绿肥产业技术体系和“十四五”国家重点研发计划项目“新型绿肥产品创制与产业化”等项目支持。湖南省土壤肥料研究所从绿肥品种、栽培、利用、留种、提质增效等方面开展了大量研究，为绿肥恢复发展提供了技术支撑。

在此背景下，湖南绿肥人才队伍不断壮大，湖南省土壤肥料研究所、中国农业科学院衡阳红壤实验站、湖南省土壤肥料工作站三支主要力量分别成立了绿肥专业推广人才队伍和绿肥专业研究队伍，而且通过技术培训，培养了一批县市区级及乡镇级绿肥人才队伍。绿肥工作也得到湖南省各级部门的高度重视，出台了一系列支持绿肥发展的政策措施，其中，湖南省政府于 2012 年出台了《关于恢复发展绿肥生产的意见》。

2 湖南省绿肥研发进展与创新

2.1 选育出适应双季稻变革的紫云英系列品种

针对湖南省原有紫云英品种盛花期早而产量低、与现代水稻农事季节提前的矛盾等问题，选育出适应现代稻作制生产要求的“早花、适产、高养分积累、耐迟播”紫云英新品种—湘紫 1 号、湘紫 2 号、湘紫 3 号和湘紫 4 号，突破了紫云英在晚稻收获前 1 个月播种的制约，创立了紫云英盛花期产量与养分含量的协同理念，消除了紫云英播种时期和盛花期与现代双季稻生产的茬口障碍。

在长沙地区，湘紫 1 号和湘紫 2 号的盛花期在 4 月 1～7 日，在湘南地区盛花期提早 3～5 d，在湘北和湘西地区，盛花期推迟 2～4 d，基本与我国典型早花型品种信紫 1 号同期，成熟期在 5 月 15～20 日，比信紫 1 号晚 5 d。盛花期鲜草产量分别比信紫 1 号提高 155%和 147%，种子产量分别增加 70.8%和 76.9%。湘紫 3 号和湘紫 4 号的盛花期比信紫 1 号早 4～5 d，成熟期与信紫 1 号同期；盛花期鲜草产量分别比信紫 1 号提高 137%和 125%，种子产量分别增加 65.7%和 68.6%(表 5-3-1)。

表 5-3-1 “湘紫”系列紫云英品种的生长特性(鲁艳红等，2014)

品种	盛花期 /(月/日)	成熟期 /(月/日)	鲜草产量 /(t/hm^2)	种子产量 /(kg/hm^2)	植株含氮 /%	植株含钾 /%	氮积累 /(kg/hm^2)	钾积累 /(kg/hm^2)
信紫 1 号	3/30～4/7	5/10～5/15	13.13±1.52	468±42	2.52±0.27	2.67±0.31	33.0	35.1
湘肥 3 号	4/7～4/15	5/26～6/1	38.45±7.29	851±80	2.76±0.23	2.81±0.35	106.5	108.0
湘紫 1 号	4/1～4/7	5/15～5/20	33.53±5.96	800±61	3.14±0.32	3.22±0.32	105.0	108.0
湘紫 2 号	4/1～4/7	5/15～5/20	32.39±4.11	828±76	3.01±0.26	3.10±0.33	97.5	100.4
湘紫 3 号	3/25～4/1	5/10～5/15	31.17±5.54	776±74	3.21±0.38	3.39±0.31	100.1	105.7
湘紫 4 号	3/25～4/1	5/10～5/15	29.51±5.48	789±73	3.35±0.29	3.47±0.28	99.0	102.4

2.2 研发出稻田绿肥全程轻简化生产装备

2008 年以来，研制出紫云英电动播种机、与联合收割机配套的开沟犁和与旋耕机配套的碎土抛散开沟装置和紫云英种子机械收获装置，实现稻田绿肥生产关键环节轻简化。

2.2.1 电动紫云英播种机

研制出适合人体结构、操作简单、能降低人工劳动强度，且播种均匀、成本低的电动紫云英播种机。播种机包括上部料箱、由动力装置带动旋转的提升搅龙和撒播盘。电动紫云英播种机 1 次充电可工作 8 h，播幅 8～10 m。电动紫云英播种效率高，人均播种面积可达 13.33 hm^2/d；播种均匀系数达 98%，平均比手摇式播种机(85%～91%)和传统人工播种(70%～78%)分别高 6 个百分点和 21 个百分点。

2.2.2 开沟犁和碎土抛散开沟装置

（1）与联合收割机配套的开沟装置

包括开沟犁、支撑架和操纵装置。简单实用，结构紧凑，调整方便，且制造方便，成本低，能配套应用于各种联合收割机，实现一机多用，使晚稻收获与稻田开沟一次性同步完成。

（2）与旋耕机配套的碎土抛散开沟装置

包括与旋耕机动力输出轴连接的刀轴、安装在刀轴上的旋耕刀盘和固定在旋耕机上的分土板。该开沟装置的开沟宽度达 15 cm，开沟深度达 20 cm，碎土抛撒幅度 1～1.5 m，且受土壤含水量的影响较小，开沟产生的泥土抛撒均匀，不影响紫云英后期生长。

2.2.3 优化了基于水稻联合收割机的紫云英种子收获技术

利用现有水稻联合收割机改装成紫云英种子收获装置，实现紫云英种子收获过程轻简化。优化的技术要点是调节风机风量、改变双层振动筛上筛倾斜角度、调整拨禾齿与切割器距离以及拨禾轮的转速等参数，并研发了田间操作配套工艺和农艺要求，即，在紫云英黑荚率达到 90%左右时收割，配合恰当的割台高度与收割机前进速度。

2.3 构建稻田绿肥高效生产利用技术体系

2.3.1 双季稻田紫云英高产栽培技术

（1）晚稻留高茬-紫云英迟播技术

连续 9 年定位试验表明，运用该技术，80%化肥＋晚稻高茬＋紫云英处理的早稻和晚稻产量最高，其次分别是 80%化肥＋稻草＋紫云英和 80%化肥＋紫云英处理，分别比单施化肥（100%）增产 19.8%和 13.2%、6.9%和 11.9%、4.7%和 4.0%（表 5-3-2）。

表 5-3-2 减量施肥条件下紫云英稻草联合还田对水稻产量的影响

处理	早稻		晚稻	
	产量 /(t/hm²)	比单施化肥增产 /%	产量 /(t/hm²)	比单施化肥增产 /%
不施肥对照	3.10	−41.8	5.35	−21.7
单施化肥（100%）	5.33	—	6.83	—
80%化肥＋紫云英	5.58	4.7	7.10	4.0
80%化肥＋稻草还田	5.34	0.2	7.41	8.5
80%化肥＋稻草还田＋紫云英	5.70	6.9	7.64	11.9
80%化肥＋稻草留高茬还田＋紫云英	6.38	19.8	7.73	13.2

注：单施化肥（100%）—施肥量为 N 150 kg/hm²，P_2O_5 75 kg/hm²，K_2O 120 kg/hm²。下同。表中数据为 2011—2020 年平均值。

（2）紫云英壮籽叶面肥

根据土壤养分供应特点和紫云英营养特性，研制集大、中、微量元素养分的紫云英壮籽叶面肥，能增加紫云英株高、茎粗和单株结荚数，提升结荚数、成荚率。适合湖南省紫云英壮籽叶面肥主要养分的重量百分比为：N 2.5～3.5、P_2O_5 8.5～11.5、K_2O 4.5～7.5、S 7.0～9.0、Mg 1.5～2.5、Mn 1.5～2.5、Zn 4.5～6.0、Fe 4.0～6.0、B 1.2～2.0、Mo 2.5～3.0。该叶面肥分别在紫云英孕蕾期、花蕾期、初花期各喷施 1 次，每次用肥 1 kg/hm²，稀释 100 倍喷施。

2.3.2　确定了双季稻紫云英合理翻压时期

湖南省南县连续 11 年定位研究双季稻区紫云英不同翻压时间对水稻产量的影响发现，在减少 40％化肥用量下，早稻移栽前 10 d 翻压紫云英能显著提高早稻、晚稻产量和两季总产，早稻移栽前 5 d 翻压紫云英对早稻增产效果略高于早稻移栽前 15 d 翻压，对晚稻的增产效果略低于早稻移栽前 15 d 翻压(表 5-3-3)。

表 5-3-3　减量施肥条件下紫云英翻压时期对水稻产量的影响

处理	早稻		晚稻	
	产量/(t/hm^2)	比单施化肥增产/%	产量/(t/hm^2)	比单施化肥增产/%
无肥对照	5.43	−2.3	6.73	−4.0
单施化肥(100％)	5.56	—	7.01	—
60％单施化肥(−5 d)	5.86	5.4	7.31	4.4
60％单施化肥(−10 d)	6.19	11.2	7.46	6.5
60％单施化肥(−15 d)	5.85	5.1	7.41	5.8

注：5 d、10 d、15 d—紫云英分别在早稻移栽前 5 d、10 d、15 d 翻压。表中数据为 2009—2020 年平均值。

2.3.3　明确了化肥减量 20％和 40％下的紫云英合理翻压量

湖南省南县 12 年定位研究了在减少化肥用量 20％和 40％下的紫云英翻压量对水稻产量的影响。在减少 20％和 40％化肥施用量时，早稻和晚稻产量均随着紫云英翻压量的增加而增加(表 5-3-4)。当减少化肥用量 20％时，不同紫云英翻压量均能显著提高早稻产量。当化肥施用量减少 40％时，紫云英翻压量较低时(22.5 t/hm^2)减产。翻压利用紫云英对晚稻增产具有一定的后效，在早、晚稻均减少 20％和 40％化肥施用量情况下，翻压紫云英对晚稻的后效也是随着翻压量的增加而呈增加趋势。

表 5-3-4　减量施肥条件下紫云英翻压量对水稻产量的影响(程会丹，2020)

处理	早稻		晚稻	
	产量/(t/hm^2)	比单施化肥增产/%	产量/(t/hm^2)	比单施化肥增产/%
无肥对照	3.95	−28.2	5.07	−21.9
单施化肥(100％)	5.50	—	6.49	—
紫云英 22.5 t/hm^2＋80％化肥	5.91	7.5	6.78	4.5
紫云英 33.75 t/hm^2＋80％化肥	6.05	9.9	6.81	4.9
紫云英 45.0 t/hm^2＋80％化肥	6.16	12.0	7.07	8.9
紫云英 56.25 t/hm^2＋80％化肥	6.18	12.3	7.09	9.2
紫云英 22.5 t/hm^2＋60％化肥	5.30	−3.6	6.54	0.7
紫云英 33.75 t/hm^2＋60％化肥	5.48	−0.4	6.65	2.4
紫云英 45.0 t/hm^2＋60％化肥	5.61	2.0	6.75	3.9
紫云英 56.25 t/hm^2＋60％化肥	5.72	4.0	6.85	5.4

注：表中数据为 2008—2020 年平均值。

2.3.4　明确了紫云英利用下的化肥减量效果

湖南省南县多年定位试验表明，翻压紫云英 22.5 t/hm^2 的条件下，减少化肥施用量 40％

的早稻产量依然表现出一定程度的增产,同时各化肥减量配施紫云英处理的经济效益均高于单施化肥处理。比化肥处理增收最多的是紫云英+100%化肥处理,增收0.07万元/hm^2,增幅为9.1%,其次是紫云英+60%化肥处理,增收0.06万元/hm^2,增幅为8.1%,紫云英+80%化肥处理增收0.04万元/hm^2,增幅为5.9%。紫云英+40%化肥处理的纯收入略高于化肥处理。种植紫云英翻压可以大幅度增加水稻生产的效益(表5-3-5)。

表5-3-5 种植翻压紫云英配施不同用量化肥处理下早稻产量和经济效益

处理	早稻产量/(t/hm^2)	相对值/%	产值/(万元/hm^2)	成本/(万元/hm^2)	纯收入/(万元/hm^2)	产投比	比单施化肥增收	
							增产量/(万元/hm^2)	增产率/%
无肥对照	3.06d	61.0	0.57	0	0.57	—	—	—
单施化肥(100%)	5.02 b	100.0	0.93	0.22	0.72	4.34	—	—
紫云英+100%化肥	5.51 a	109.9	1.03	0.24	0.79	4.29	0.07	9.1
紫云英+80%化肥	5.21 b	103.7	0.97	0.21	0.76	4.71	0.04	5.9
紫云英+60%化肥	5.12 b	101.8	0.95	0.17	0.78	5.52	0.06	8.1
紫云英+40%化肥	4.66 c	92.7	0.87	0.14	0.73	6.25	0.01	1.2

注:紫云英翻压量为22.5 t/hm^2。稻谷单价按1.85元/kg,尿素、过磷酸钙、氯化钾价格分别为0.22万元/t、0.09万元/t、0.27万元/t计算。同一列不同小写字母表示处理间差异显著($P<0.05$),以下各表同。试验始于2008年,表中为2020年数据。

湖南省南县的紫云英还田同时替代化学氮肥和钾肥试验表明,紫云英替代20%~40%的化学氮、钾肥时,早稻显著增产,分别比100%化肥处理增产0.58 t/hm^2和0.18 t/hm^2,增产幅度分别达9.5%和3.0%;当紫云英替代60%~80%的化学氮、钾时,分别比单施化肥处理减产0.35 t/hm^2和1.41 t/hm^2,减产幅度分别为5.7%和22.8%(表5-3-6)。

表5-3-6 紫云英与化学氮、钾肥等量替代对早稻产量的影响

处理	产量	
	产量/(t/hm^2)	相对值/%
无肥对照	4.03 e	65.3
单施化肥(100%)	6.18 a	100.0
80%化肥氮钾+20%紫云英氮钾	6.76 a	109.4
60%化肥氮钾+40%紫云英氮钾	6.36 b	103.0
40%化肥氮钾+60%紫云英氮钾	5.83 c	94.3
20%化肥氮钾+80%紫云英氮钾	4.77 d	77.2

注:20%、40%、60%和80%紫云英氮钾处理的紫云英翻压量分别为8.6 t/hm^2、17.2 t/hm^2、25.8 t/hm^2和34.4 t/hm^2。表中数据为2009—2018年平均值。

2.3.5 明确了紫云英翻压后化肥施用方法

紫云英还田后化肥施用方法试验显示,替代20%化肥时,与习惯施肥处理比较,以基肥∶追肥一∶追肥二为3∶4∶3处理的水稻增产效果比较明显,增产幅度为10.5%;基肥∶追肥一∶追肥二为5∶5∶0处理的水稻产量基本与习惯施肥持平,只略高于习惯施肥处理。不施基肥的施肥方法均有不同程度的减产。紫云英替代化肥施用量40%时与替代20%有相似的规律(表5-3-7)。结果说明,即使在紫云英翻压后,施用基肥对提高水稻产量仍具有十分重要的作用,但能够将施肥优化为基施和1次追肥共2次施肥。

表 5-3-7 种植翻压紫云英条件下化肥减量和施用方法对早稻产量的影响

处理	早稻产量 /(t/hm²)	比习惯施肥增产	
		增产量/(t/hm²)	增产率/%
80%化肥+习惯施肥 7:3:0	5.57	—	—
80%化肥+3:4:3	6.16	0.59	10.5
80%化肥+5:5:0	5.62	0.06	1.0
80%化肥+0:5:5	5.44	−0.20	−3.6
80%化肥+0:7:3	4.95	−0.62	−11.2
80%化肥+0:10:0	5.15	−0.42	−7.6
60%化肥+习惯施肥 7:3:0	5.43	—	—
60%化肥+3:4:3	5.74	0.17	3.0
60%化肥+5:5:0	5.44	−0.22	−4.0
60%化肥+0:5:5	5.26	−0.31	−5.6
60%化肥+0:7:3	4.62	−0.95	−17.1
60%化肥+0:10:0	4.60	−0.97	−17.4

注：100%施肥量为 N 150 kg/hm²、P_2O_5 75 kg/hm²、K_2O 120 kg/hm²；比例为基肥：追肥一：追肥二。表中数据为 2008—2018 年平均值。

2.3.6 发现不同类型绿肥对土壤肥力的影响不同

利用湖南省祁阳连续种植 26 年不同冬季绿肥作物的长期试验发现，翻压紫云英后，土壤表现为“增氮、耗磷、活钾”，土壤中的全氮、可矿化氮以及碱解氮均显著提高，全磷和有效磷均有一定幅度的下降，土壤全钾含量略有下降，而速效钾和缓效钾均显著增加。翻压油菜和黑麦草均能增加土壤中的氮、磷、钾含量，但是土壤全氮、可矿化氮和碱解氮含量的增加幅度均小于翻压紫云英。翻压不同的绿肥均能提高土壤有机质含量（表 5-3-8）。

表 5-3-8 长期种植翻压不同绿肥对红壤水稻土养分的影响（杨曾平等，2011）

处理	有机碳 /(g/kg)	全氮 /(g/kg)	可矿化氮 /(mg/100g)	碱解氮 /(mg/kg)	有效磷 /(mg/kg)	缓效钾 /(mg/kg)	速效钾 /(mg/kg)
稻-稻-冬闲	15.7c	1.8c	17.8a	158c	49.8a	147d	46.6d
稻-稻-油菜	17.0a	1.9b	17.4a	168b	45.0ab	180a	79.7a
稻-稻-紫云英	16.5b	2.0a	18.9a	183a	39.7c	177b	76.6b
稻-稻-黑麦草	16.8a	1.9b	17.9a	159c	44.3bc	163c	63.2c

注：试验始于 1982 年，表中为 2007 年数据。

3 湖南省绿肥发展潜力

总体看，湖南省的绿肥面积潜力为 235 万 hm²，有效时空潜力为 133 万 hm²·年（表 5-3-9）。其中，农区绿肥面积潜力为 204 万 hm²，有效时空潜力为 102 万 hm²·年；果园等经济林园绿肥面积潜力为 30 万 hm²，有效时空潜力为 30 万 hm²·年。

3.1 农区绿肥发展潜力

2021 年以来，湖南省耕地总面积 363 万 hm²，水田是耕地的主要利用方式，面积为 303 万 hm²，占耕地总面积的83.4%。油菜是湖南省与冬绿肥生长季节相同的作物，面积约135万hm^2。根据农区主要农作物种植面积计算，扣除不适宜种植绿肥的潜育性水稻土面积，湖南省水田绿肥-水稻轮作制度下绿肥面积潜力约160万hm^2，按照冬绿肥生产季节6个月计，有效时空潜力为80万hm^2·年(表5-3-9)。旱地绿肥与花生、红薯、玉米等主作物轮作的面积潜力为44万hm^2，绿肥有效时空潜力为22万hm^2·年(表5-3-9)。

3.2 经济林园绿肥发展潜力

湖南省的经济林园主要是茶园和果园，利用作物行间空地种植绿肥，是开展生态林园建设的重要技术措施。统计年鉴数据显示，2021年湖南省落叶果园面积14万hm^2，绿肥空间占比按70%计，绿肥面积潜力为10万hm^2；常绿果园成龄29万hm^2，绿肥空间占比按25%计，绿肥面积潜力为7万hm^2；常绿果园幼龄13万hm^2，绿肥空间占比按70%计，绿肥面积潜力为9万hm^2；茶园18万hm^2，绿肥空间占比按25%计，绿肥面积潜力为4万hm^2(表5-3-9)。因此，按照适宜经济林园绿肥生长时间12个月计算，湖南省经济林园绿肥有效时空潜力合计约31万hm^2·年。

表5-3-9 湖南省绿肥种植时空潜力

区域	适宜的绿肥制度	对应的主作物面积/万hm^2	绿肥空间占比/%	绿肥时长/个月	绿肥面积潜力/万hm^2	绿肥有效时空潜力/(万hm^2·年)
农区	绿肥-水稻轮作	160	100	6	160	80
	绿肥-花生(红薯、玉米)	44	100	6	44	22
	农区合计	204	—	—	204	102
经济林园	落叶果园	14	70	12	10	10
	常绿果园成龄	29	25	12	7	7
	常绿果园幼龄	13	70	12	9	9
	茶园	18	25	12	4	4
	经济林园合计	74	—	—	30	30
	合计	279	—	—	235	133

注：绿肥有效时空潜力=对应的主作物面积×绿肥空间占比×绿肥时长。

4 湖南省绿肥生产主要技术模式

4.1 湖南省双季稻紫云英种植利用技术模式

4.1.1 紫云英品种选择

湘中、南双季稻田宜采用中熟偏迟的紫云英品种，如湘肥3号、常德种、余江大叶籽、宁波大桥等；湘北双季稻田采用中熟偏早的紫云英品种，如湘肥1号、湘肥2号、湘肥3号、岳阳种、南陵种、弋江种、信阳种等；湘西宜采用适当早花品种，如湘肥1号、湘肥2号、信阳种、弋江种。

4.1.2 整地

晚稻乳熟期时排干田水。在播种前，田块四周开沟排水。土质黏重、面积较大的田块，除开围沟外，还应每隔5～10 m距离加开中沟，中沟与围沟要相通。四周围沟深破犁底层，中沟深至犁底层，沟深约 20 cm。

4.1.3 紫云英种子处理

紫云英播种前，先将紫云英种子在阳光下暴晒 1～2 d 后，按种子和细砂 2:1的比例拌匀后装在编织袋中搓揉将紫云英种皮擦破。第一次种植紫云英的田块，应尽可能接种根瘤菌。

4.1.4 紫云英播种

紫云英的适宜播种期是在 9 月下旬至 10 月上旬。晚稻生长好的可以适当迟播，生长差的可以适当早播。一般在晚稻收割前 20 d 以撒播方式为宜。水稻高留茬的田块，最迟在 11 月初完成播种。播种量 22.5～30 kg/hm^2。

4.1.5 田间管理

生长过程中注意保持田间沟渠通畅，防止渍水影响紫云英成长。土壤肥力较低时，基施过磷酸钙 450～600 kg/hm^2，开春后长势差的追施尿素 30～45 kg/hm^2。

菌核病、白粉病、蚜虫等为害较重时，注意及时防治。

4.1.6 翻压利用

翻压期：紫云英翻压时间通常在早稻移栽前 7～15 d(4 月上旬)。

翻压量：一般就地全量翻压。紫云英绿肥产量高于 30 t/hm^2 的，可将多余的紫云英移入其他田块。

翻压方法：一般干耕翻压，晾晒 3～5 d 后浅水沤田。翻压前施用石灰 600～750 kg/hm^2。

4.1.7 后茬水稻管理技术

重点是减施氮肥，减施量可按 1 t 鲜草减施 2～3 kg 纯氮计算。绿肥田的水稻施肥可简化为基肥、分蘖肥各 50%。

4.2 湖南省紫云英繁种技术模式

4.2.1 繁种田选择

选择排灌方便、土壤肥力中等及以上、杂草较少、离住宅较远、运输方便的单季稻田或晚稻田，也可以选择有灌溉条件的旱地、幼龄果茶园。

4.2.2 整地

稻底套种整地。在水稻稻底套播紫云英之前，田块四周要开沟排水。土质黏重且有渍水的稻田，结合开沟排水进行适当晒田，晒至土壤出现细裂再覆浅水播种。

在秋玉米、棉花或幼林果茶园套种，播种前应锄松土壤，打碎土块和清除杂草。对于较干旱的土壤，有灌溉条件的地方，播种前要灌溉增墒，没有排灌条件的要抢雨前或雨后播种。

4.2.3 种子选择

选用地方优良品种，种子质量符合国家三级良种以上。种子质量按照《农作物种子检验规程》(GB 3543－83)规定的要求进行。

4.2.4 种子处理

紫云英种子处理的操作方法参照本章 4.1.3 进行。

4.2.5 播种

播种量：18.8～22.5 kg/hm^2。

稻田紫云英播种期及播种方法：10月上、中旬为播种适宜期。晚稻套种紫云英，应根据晚稻生育情况，一般在晚稻收割前20 d进行。稻底套种以人工撒播为主，有条件的地方可使用机动喷粉器喷播。为减轻长势较好的水稻搁籽现象，在播种后要用竹竿轻轻拨动稻株，将搁在稻叶上的种子拨落地面。

旱地紫云英播种期及播种方法：旱地紫云英留种的适宜播期为9月下旬至10月下旬。最好抢在雨前或雨后及时播种，播后再用稻草或厩肥等覆盖，以满足紫云英种子发芽所需的水分，达到齐苗。

4.2.6 田间管理

稻底套播紫云英时水稻收获方式：紫云英留种田水稻收割应采用全喂入式机械收割或人工收割方式进行，收割时，水稻保留稻茬高度15～20 cm。

稻田田间排灌管理：播种前已开沟的田块，要及时清沟。对于播种前没有开沟的田块要及时补开沟。

旱地水分管理：旱地易干，应采取抗旱措施，以保紫云英出苗整齐，同时预防接种的根瘤菌晒死。用稻草或其他杂草覆盖地面，天气干旱时有灌溉条件的应灌水抗旱。

施肥：土壤肥力较低的稻田，在紫云英第一片真叶期追施尿素15～22 kg/hm^2，可以促进根瘤形成和紫云英生长发育。留种田的紫云英要注重磷肥的施用，用量以过磷酸钙或钙镁磷肥300 kg/hm^{2}为宜，在缺磷的土壤用量可增加到450 kg/hm^2。

病虫害防治：菌核病，田间发现病害时用0.1%多菌灵或托布津喷雾防治。白粉病，一般在10月中下旬开始发病，次年3月气温回升时病情复发。注意开沟排水，防止受旱受涝；化学防治用1 000倍液托布津进行喷雾。

4.2.7 种子收获和贮存

收获期：一般当紫云英种子黑荚率达50%或黑荚花序达40%左右时，应抢晴天收种。争取在黑荚率达90%左右之前收完。

种子贮存：贮存期间要保持室内干燥。

4.3 紫云英免播循环利用技术模式

4.3.1 播种期和播种方式

单季稻区，一季稻留高茬收获后播种紫云英。双季稻区，在晚稻收获前20 d左右稻底套播紫云英，或晚稻留高茬收获后播种紫云英。紫云英播种时间一般在9月中下旬至11月上旬。

4.3.2 播种量

一般为22.5～37.5 kg/hm^2。

4.3.3 田间管理

及时开沟防渍。视降雨情况，及时疏通和清理。

4.3.4 绿肥翻压利用及水稻化肥减量

4月底至5月初，当全稻田紫云英黑荚率达到90%左右时，采用干耕方式翻压紫云英，沤田5～10 d后进行双季稻移栽或一季稻免耕直播。单季稻区常规施肥一般按N 180 kg/hm^2、P_2O_5 90 kg/hm^2、K_2O 120 kg/hm^{2}进行，翻压22.5～30.0 t/hm^{2}紫云英可减少水稻季20%～40%的氮肥用量。

4.3.5 水稻收获及紫云英免播管理

在一季稻或双季晚稻成熟后，选择全喂入式水稻联合收割机进行水稻收获，稻草留高茬40 cm左右。若遇持续干旱，适当灌水，促进带荚翻压入田的紫云英种子出苗。如此循环操作。

4.4 湖南省双季稻田紫云英-油菜混播技术模式

4.4.1 紫云英和油菜播种

播种前，打开稻田排水口，疏通稻田外围排灌渠系。在晚稻收获前20 d左右，田间湿润的情况下同时播种紫云英和油菜，紫云英和油菜种子用量分别为15.0～22.5 kg/hm^{2}和1.5～3.0 kg/hm^2。播种后1～5 d保证田面湿润，以利出苗。

4.4.2 晚稻收获

晚稻收割留40 cm高的稻茬，收获后开好围沟和边沟，同时开好中沟和腰沟，使稻田形成"十"字形或"井"字形沟系，边沟宜深，中沟、腰沟可稍浅，做到沟直底平，水流通畅，使田间天晴不留水，下雨不积水。

如遇久旱不雨，田面干燥，应注意灌水，随灌随排，防止渍害。

4.4.3 适时追肥

土壤肥力低时，在冬至前10 d施越冬肥，1 hm^{2}施钙镁磷肥45～75 kg、氯化钾15～30 kg。春季苗情弱时，在立春前后10 d可施用提苗肥1次，追施尿素30～45 kg/hm^2、氯化钾15～30 kg/hm^2。

4.4.4 绿肥翻压

根据当地早稻生产季节，在紫云英进入盛花期、油菜进入花荚期(一般为4月中旬，早稻移栽前15 d左右)翻压绿肥。翻压时将紫云英和油菜一同翻沤。在翻沤的过程中尽量使紫云英和油菜秸秆中的绿肥鲜体被土壤完全遮盖，封住稻田排水口，视天气情况向稻田灌水，使田面土层保持湿润状态，以加速紫云英和油菜绿肥腐解和养分释放。

4.4.5 水稻养分管理

紫云英与油菜混播绿肥翻压后，早稻化肥用量可比常规施肥量减少20%～40%，其他管理措施与未翻压绿肥稻田类似。

4.5 湖南省苕子-玉米种植利用技术模式

4.5.1 绿肥品种选择

在低山热量条件相对较好地区，可选种光叶苕子；在高山冬季温度较低地区，可选种耐寒性较强的毛叶苕子。

4.5.2 种子处理

播种前晒种 1～2 d,以提高种子的发芽势。播种前,用 50～60 ℃温水浸泡 4～8 h,然后捞起晾干。这样既可防治菌核病又能促进发芽。

4.5.3 整地

若选择在玉米收获前播种苕子,不需要整地。玉米收获后播种苕子的,可以整地后播种,也可以不整地直接播种。玉米收获后择时在田间开沟,以方便排水和灌水。

4.5.4 绿肥播种

播种期:在低山地区,苕子播种期应在 9 月中旬以前,不能迟于 10 月上旬。在高山地区,苕子播种期应在 8 月中旬至 9 月上旬,不能迟于 9 月下旬。

播种方法:苕子可采用撒播、条播或者穴播。撒播播种量 60～90 kg/hm^2,条播播种量 45～75 kg/hm^2,穴播播种量 30～60 kg/hm^2。

4.5.5 田间管理

施肥:玉米地种植豆科作物苕子作绿肥用时,一般不用施肥。但是,对于一些较贫瘠土壤、或者为了提高苕子鲜草产量喂养牲畜等田地,提倡基施过磷酸钙 225～300 kg/hm^2。

水分管理:苕子耐旱,但耐渍性差。如遇雨水较多天气,注意田间排水。如遇秋、冬或早春干旱,有条件情况下及时灌水。

4.5.6 绿肥翻压利用

一般在玉米移栽前 10～20 d 翻压绿肥。低山地区可在玉米移栽前 10 d 左右翻压,高山地区可在玉米移栽前 15～20 d 翻压。

4.5.7 玉米养分管理

翻压的苕子作绿肥可替代部分化肥。与未翻压绿肥田块相比,绿肥利用可减少化肥用量 15%～30%。翻压苕子的田块,玉米目标单产 7.5～9.0 t/hm^2 的情况下,全生育期化肥施用量推荐为纯养分 150～180 kg/hm^2 氮、60～90 kg/hm^2 磷,75～90 kg/hm^2 钾,不同地区可根据目标产量以及土壤肥力高低适当调整化肥用量。

参考文献

[1]曹卫东，包兴国，徐昌旭，等. 中国绿肥科研 60 年回顾与未来展望[J]. 植物营养与肥料学报，2017(6)：1450-1461.

[2]曹卫东，黄鸿翔. 关于我国恢复和发展绿肥若干问题的思考[J]. 中国土壤与肥料，2009(4)：1-3.

[3]程会丹，聂军，鲁艳红，等. 绿肥对土壤有机碳含量、质量及稳定性影响的研究进展[J]. 湖南农业科学，2018(8)：119-122.

[4]程会丹. 土壤活性有机碳氮及水稻产量对紫云英翻压量的响应[D]. 湖南大学，2020.

[5]邓维安，叶家颖. 冬种绿肥对水稻黄泥田脲酶活性的影响[J]. 河池师专学报，1995,

15(2)：104-107.

[6]方热军，邢廷铣，廖先苓，等. 猪对绿肥饲料中蛋白质和纤维素的利用研究[J]. 农业现代化研究，1997(4)：235-239.

[7]高菊生，曹卫东，董春华，等. 长期稻-稻-绿肥轮作对水稻产量的影响[J]. 中国水稻科学，2010(6)：672-676.

[8]高菊生，曹卫东，李冬初，等. 长期双季稻绿肥轮作对水稻产量及稻田土壤有机质的影响[J]. 生态学报，2011(16)：4542-4548.

[9]高菊生，徐明岗，董春华，等. 长期稻-稻-绿肥轮作对水稻产量及土壤肥力的影响[J]. 作物学报，2013(2)：343-349.

[10]高嵩涓，曹卫东，白金顺，等. 长期冬种绿肥改变红壤稻田土壤微生物生物量特性[J]. 土壤学报，2015(4)：902-910.

[11]何电源，廖先苓，周卫军. ^{15}N 标记绿肥喂猪后还田的转化和效益的研究[J]. 土壤学报，1994，31(3)：277-286.

[12]湖南省统计局. 湖南统计年鉴[M]. 北京：中国统计出版社，2022.

[13]黄晶，刘淑军，张会民，等. 水稻产量对双季稻-不同冬绿肥轮作及环境的响应[J]. 生态环境学报，2016(8)：1271-1276.

[14]黄卫峰. 绿肥蚕豆压青对水稻产量和土壤肥力的影响[J]. 上海农业科技，2004(4)：91.

[15]焦彬，顾荣申，张学上，等. 中国绿肥[M]. 北京：中国农业出版社，1986.

[16]刘立生，徐明岗，张璐，等. 长期种植绿肥稻田土壤颗粒有机碳演变特征[J]. 植物营养与肥料学报，2015(6)：1439-1446.

[17]刘思超，唐利忠，李超，等.不同混作方式绿肥替代部分基施化学氮肥对双季稻产量形成特性的影响收藏[J]. 华北农学报，2018(5)：218-225.

[18]刘英，王允青，张祥明，等. 种植紫云英对土壤肥力和水稻产量的影响[J]. 安徽农学通报，2007(1)：98-99.

[19]鲁艳红，廖育林，周兴，等. 湖南省双季稻区紫云英品种适宜性比较[J]. 湖南农业科学，2014(24)：3-6.

[20]聂军，廖育林，鲁艳红，等. 稻田绿肥轻简高效生产利用技术创新与应用[J]. 中国科技成果，2019(10)：16-16.

[21]聂军，彭科林，廖育林. 绿肥作物在农业生产中的作用及湖南省生产现状及展望[J]. 湖南农业科学，2009(2)：77-80.

[22]王秀芝. 绿肥对土壤的培肥改土作用和合理利用技术[J]. 安徽农学通报，2005，11(6)：92，89.

[23]王允青，张祥明，刘英，等. 施用紫云英对水稻产量和土壤养分的影响[J]. 安徽农业科学，2004，32(4)：699-700.

[24]魏成熙，赵品仁，牛爱珍，等. 施用秸秆和绿肥对有机质及养分变化的影响[J]. 土壤肥料，1997(5)：51-53.

[25]吴萍，胡南河，叶爱青，等. 种植紫云英的效益及其对土壤肥力的影响[J]．安徽农业科学，2006，34(11)：2466-2468.

[26]杨曾平，高菊生，郑圣先，等. 长期冬种绿肥对红壤性水稻土微生物特性及酶活性

的影响[J]. 土壤，2011(4)：576-583.

[27]杨曾平，徐明岗，聂军，等. 长期冬种绿肥对双季稻种植下红壤性水稻土质量的影响及其评价[J]. 水土保持学报，2011(3)：92-97.

[28]周玲红，魏甲彬，唐先亮，等.冬季种养结合对稻田土壤微生物量及有效碳氮库的影响[J]. 草业学报，2016(11)：103-114.

[29]周兴，聂军，廖育林，等. 绿肥对稻田土壤质量和水稻生产影响的研究进展[J]. 湖南农业科学，2012(8)：55-58.

[30]周兴. 稻田土壤有机碳特征对紫云英-稻草协同利用的响应[D]. 湖南大学，2017.

[31]污染稻田安全利用紫云英栽培与利用技术规程[S]. 湖南省地方标准. HNZ 142—2017.

[32]双季稻田紫云英种植与利用技术规程[S]. 湖南省地方标准. HNZ 291—2021.

[33]南方一季稻区紫云英多年免播循环留种技术规程[S]. 湖南省地方标准准. HNZ 292—2021.

[34]双季稻田秸秆与紫云英绿肥联合利用技术规程准[S]. 湖南省地方标准. DB 43/T 2096—2021.

Ⅳ　广西壮族自治区绿肥发展历史、现状、潜力及模式

1　广西壮族自治区绿肥生产历史

1.1　绿肥作物生产利用历史

广西很早就有利用绿肥的习惯。据地方历史资料记载，在清朝乾隆年间已有种植肥田萝卜（茹菜）、油菜作绿肥的记录。如灵川县志记载"芸苔富油质、入土种之肥田"。临桂县志记载："茹菜似萝卜，其根细，不堪食，桂人种以肥田亩"。据调查，1925 年，全县（今全州县）从湖南引进了专用绿肥苕子，1941 年，钦州、合浦、灵山、防城等地也开始试种和推广苕子、紫云英等专用绿肥。

中华人民共和国成立以来，广西不断引进、推广、种植绿肥，20 世纪 60 年代绿肥发展迅速，70 年代达到鼎盛时期，其中 1972 年出现第一次高峰，种植面积达到 67.26 万 hm^2。然而，1975—1987 年，广西绿肥种植面积大滑坡，平均种植面积为 22.35 万 hm^2，尤其 1987 年跌至 11.54 万 hm^2。与全国绿肥发展形势略有不同的是，20 世纪 80 年代后期，由于第二次土壤普查成果的应用和中低产田改良的广泛开展，绿肥生产重新被重视，1988—1998 年间，绿肥平均种植面积为 48.81 万 hm^2，其中 1991 年出现第二次高峰，种植面积为 66.93 万 hm^2。但是，随着化肥生产技术的发展和种植结构的调整，20 世纪 90 年代末期至今，化肥成为主导肥源而绿肥生产进入萧条期，到 2007 年广西绿肥种植面积跌至 24.18 万 hm^2。

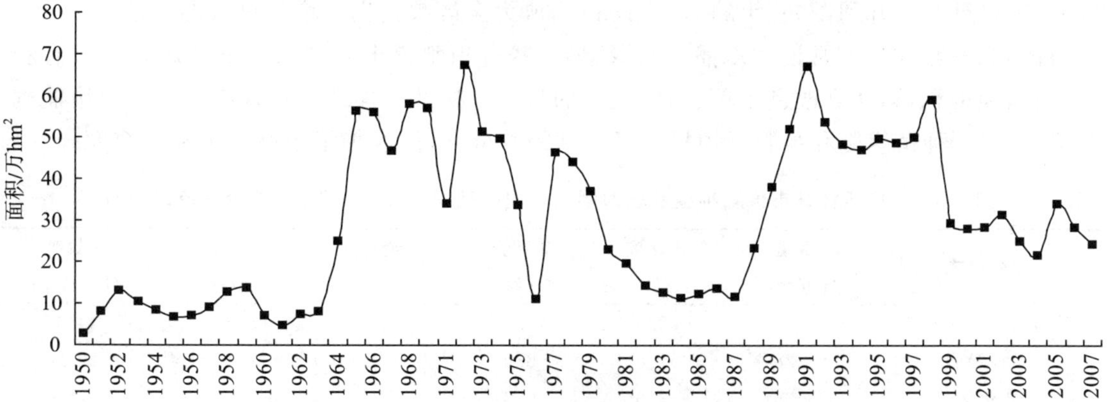

图 5-4-1　广西绿肥种植面积的变化趋势（1950—2007 年）

1.2 绿肥作物种质资源

广西地处热带、亚热带，光、温、水自然资源充沛，植物种类繁多，绿肥资源丰富，按不同种植季节、生长环境可划分为冬季绿肥、夏季绿肥和水生绿肥。

冬季绿肥主要有紫云英、苕子、肥田萝卜、蚕豆、豌豆等作物。夏季绿肥主要有田菁、柽麻、绿豆、竹豆、山毛豆、猪屎豆等。20 世纪 60 年代夏季绿肥发展迅速，70 年代中期是广西夏季绿肥种植的高峰期，种植面积达到 12 万 hm^2。水生绿肥主要是红萍，具有产量高、肥效大、生产周期短、适应性广的优点，20 世纪 70 代中期，桂东南一带，特别是玉林地区曾大力推广稻田养萍，推动全区养萍面积达 2 万 hm^2。

1.3 种植模式

广西历史上应用的主要绿肥种植模式包括以下几种。

绿肥-早稻-晚稻轮作模式：该模式是广西主要的绿肥作物种植模式，在全区双季稻区均有种植。主要绿肥种类有紫云英、苕子、肥田萝卜、蚕豆、豌豆等，多采用稻底套播的方式。

绿肥-中稻轮作模式：该模式主要分布在单季稻区，种植的绿肥种类有紫云英、苕子、肥田萝卜、蚕豆、豌豆等。通过在单季稻区种植绿肥，解决了广西绿肥的留种问题。1991 年全区紫云英和苕子留种面积 0.67 万 hm^2，收种 2 410 t，占当年紫云英和苕子总需种量的 30%。

旱地绿肥间作模式：主要是在幼龄果树、甘蔗、玉米行间间作夏季绿肥作物，如花豇豆、绿豆等。

1.4 绿肥对农业生产的历史贡献

广西绿肥生产与粮食生产存在着密切的相关性。1964—1974 年，是广西绿肥发展的鼎盛时期，平均每年冬种绿肥 48.43 万 hm^2，这 10 年中有 9 年稻谷连续获得增产，产量从 2.33 t/hm^2 上升至 3.20 t/hm^2，增长 37.4%。1975—1987 年，是绿肥大滑坡时期，平均每年冬种绿肥只有 22.35 万 hm^2。此后，粮食产量急剧下滑，导致 1988 年全区出现粮食大减产，全区粮食总产量倒退到 1974 年的水平。1988—1998 年被称为广西冬绿肥恢复发展时期，全区平均每年冬种绿肥 44.81 万 hm^2，绿肥的再次振兴，促进了粮食的高产稳产，稻谷产量从 1988 年的 3.84 t/hm^2 迅速上升到 1996 年的 5.55 t/hm^2，成为全区粮食生产增长最快的时期。

广西兴安县农民们常说："多播一抓绿肥籽，赛过积肥累半死。"绿肥鲜草压青还田有利于土壤有机质的积累，达到改良土壤、培肥地力的目的。桂林市连续十年种植绿肥的土壤监测表明(表 5-4-1)，种植绿肥和绿肥还田提高了土壤的养分含量，改善了土壤容重和孔隙度。

表 5-4-1　广西桂林市绿肥种植翻压对稻田土壤基础理化性状的影响(李少泉等，2012)

种植模式	容重 /(g/cm^3)	孔隙度 /%	有机质 /%	全氮 /%	有效磷 /(mg/kg)	速效钾 /(mg/kg)
连续 10 年种绿肥	1.03	62.0	3.3	0.2	8.2	44.4
不种绿肥	1.28	57.0	3.0	0.2	3.2	22.3
变化量	−0.25	+5.0	+0.3	0	+5.0	+22.1

1.5 绿肥作物研究

1.5.1 选育绿肥新品种

(1)紫云英新品种“萍宁3号”和“萍宁72号”

1974—1984年,科技人员采用^{60}Co辐射诱变老萍乡作母本,宁波种作父本的杂交种子,选育出紫云英新品种“萍宁3号”;采用^{60}Co辐射诱变(老萍乡×宁波种)F_1作母本,^{60}Co辐射诱变处理宁波种种子的第二代作父本,有性杂交选育出紫云英新品种“萍宁72号”。两个品种具有早生快发、植株高、茎秆粗、叶片大、产量高、抗白粉病、中抗菌核病的优点。1986年,“萍宁3号”和“萍宁72号”被《中国绿肥》收编为绿肥优良品种介绍推广,并在安徽、湖南等省推广应用。相关成果获1990年度广西科学技术进步奖三等奖。

(2)苕子新品种“藤湖苕”

1972—1991年,以广西本地藤苕为父本,以湖北苕为母本进行杂交,经六代单株选育出“藤湖苕”。该品种植株高大,叶大叶多,早生快发,繁茂性好,耐旱耐湿。从播种至盛花期165 d左右,全生育期190 d左右。四川省进行的南方苕子品种资源观察试验两年的结果显示,“藤湖苕”鲜草产量居18个品种的第三位,种子产量居第一位,四川、湖南、广东等省引种试种。相关成果获1991年度广西科学技术进步奖三等奖。

(3)绿豆新品种“桂选18号”

1980—1991年,从国外引进的混杂绿豆材料,经系谱法选育而成的粮肥兼用绿豆新品种“桂选18号”。该品种株高60~90 cm,株型紧凑,茎秆较粗,结荚较集中在顶部,成熟较一致,不爆荚、抗倒伏,抗叶斑病。全生育期60~70 d,适宜广西单种或作甘蔗、木薯间套种应用。相关成果获1992年度广西科学技术进步奖三等奖。

1.5.2 绿肥栽培技术研究

(1)冬季绿肥栽培技术

冬季绿肥是以田养田的重要有机肥源。广西桂南地区,由于冬季干旱,稻田一向是犁晒休闲过冬。中华人民共和国成立后大力兴修水利,改变了冬旱面貌,为冬季绿肥发展创造了条件。自1960年,筛选适宜中熟紫云英(萍乡种、清江种、余江种、太平湖种等)、中熟苕子品种(四川油苕、新二季早苕、广西苕子及迟熟荆州苕子等),在桂南各县广泛试种推广,紫云英鲜草产量一般为30~37.5 t/hm^2,苕子鲜草产量一般为22.5 t/hm^2,1963年全区推广种植8.4万hm^2,1964年推广种植14万hm^2。143个压青肥效试验表明,每500 kg绿肥鲜草可增产稻谷30~50 kg。相关成果获1978年度广西优秀科技成果奖。

(2)果园绿肥栽培技术

1981—1990年,筛选出适宜幼龄果园种植的肥粮兼用绿肥作物花豇豆和绿豆品种桂选5-18、桂选1-2等品种,并在33个县(市)200多个点进行试验示范。其中,花豇豆生育期短,一年可种两造,早造60~70 d,晚造50~65 d成熟;适应性广,在全区的洪积沙壤土和红黏土上均能生长良好,抗旱力较强;株型较矮无缠绕性,有根瘤菌固氮等优点。绿豆品种桂选5-18和1-2分别比本地种(对照)增产42.5%和39.2%;收豆后产草量分别比对照增加50.0%和25.0%,该品种亦可在甘蔗、木薯行间种植。相关成果获1987年度广西农牧渔业厅优秀科技成果奖三等奖和1990年度广西农牧渔业科技改进奖三等奖。

2　广西壮族自治区绿肥作物发展现状

2.1　绿肥作物生产利用现状

2.1.1　种植面积

2008—2013 年，广西绿肥种植面积逐年降低，2013 年跌至 16.94 万 hm^2。2013 年广西壮族自治区农业厅发布了《发展绿肥生产，促进美丽乡村建设的指导意见》。2015 年，为扩大绿肥种植面积，努力实现 150 亿 kg 的粮食生产目标，助推美丽广西、休闲农业和乡村旅游发展，印发《2015 年绿肥生产指导意见》。各级政府相关部门的高度重视，为绿肥发展提供了重要的政策支撑和发展动力。至 2017 年，广西绿肥面积恢复到较好水平，面积达 28.61 万 hm^2。2018 年，自治区农业厅印发《2018—2020 年全区绿肥生产指导意见》，明确要求建立高标准绿肥示范样板，每年全区绿肥种植面积稳定在 20 万 hm^2 以上，2018—2020 年广西绿肥种植面积分别为 23.84 万 hm^2、24.36 万 hm^2、24.67 万 hm^2，达到了预期目标（图 5-4-2）。

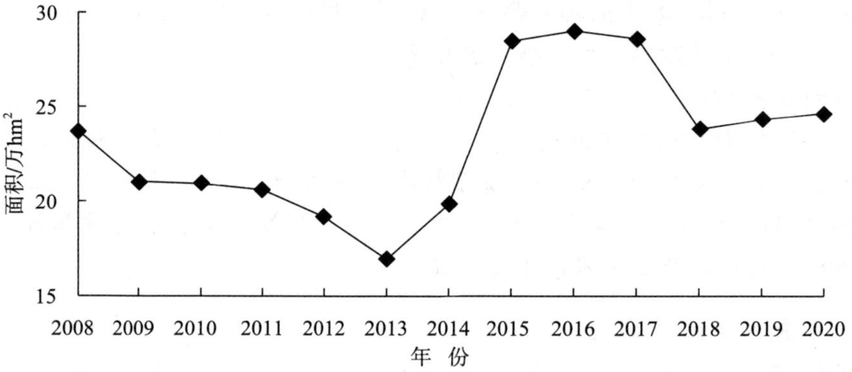

图 5-4-2　2008—2020 年广西绿肥种植面积

2.1.2　区域分布

广西的绿肥种植主要集中在桂北和桂西北的桂林、河池、百色等地，从北到南，绿肥面积逐渐减少，全区绿肥生产发展不平衡。2012—2020 年，作为传统种植区的桂林市绿肥种植面积最大，种植规模为 6.10 万～8.36 万 hm^2；其次是桂西北的河池，种植规模为 2.93 万～4.07 万 hm^2，百色种植规模为 1.77 万～3.35 万 hm^2，3 市种植面积超过全区的一半。而位于热带季风区的钦州、北海、防城港等北部湾沿海区绿肥种植面积较小，种植规模分别为 0.53 万～1.94 万 hm^2、0.01 万～0.25 万 hm^2、0.02 万～0.30 万 hm^2（表 5-4-2）。广西绿肥传统种植区的发展水平要远远高于其他地区，传统种植区的辐射作用亟须提高，通过以点带线、以线带面，实现广西各地绿肥的协调发展。

2018 年，广西壮族自治区农业厅在指导意见中提出了在桂北地区的桂林、贺州，重点发展紫云英、肥田萝卜、油菜等；桂西地区的崇左、百色、河池，重点发展苕子、紫云英、油菜等；桂中地区的柳州、来宾，重点发展紫云英、油菜等；桂东、桂南地区的南宁、梧州、玉林、贵港、钦州、北海、防城港，重点发展紫云英、苕子等的绿肥资源配置区域规划，因地制宜推动绿肥生产。

表 5-4-2　2012—2020 年广西各地市绿肥种植面积　万 hm^2

地市	2012 年	2013 年	2014 年	2015 年	2016 年	2017 年	2018 年	2019 年	2020 年
桂林	6.10	6.16	6.40	8.08	8.36	7.47	7.06	7.82	7.64
河池	2.93	2.56	2.78	3.88	4.02	4.07	3.85	2.97	3.28
百色	2.39	1.77	2.50	3.35	3.19	3.31	2.57	2.74	2.80
柳州	1.84	0.59	1.41	1.99	0.92	1.82	1.67	1.74	1.80
来宾	1.63	1.38	1.34	2.58	2.81	2.90	2.37	2.15	1.88
南宁	0.86	0.78	1.07	1.68	1.84	1.78	1.35	1.57	1.54
贺州	0.68	0.98	1.04	1.64	1.61	1.71	1.15	1.27	1.14
玉林	0.58	0.68	0.18	1.49	1.70	1.84	1.04	1.19	1.15
贵港	0.55	0.52	0.72	0.99	0.53	1.37	0.72	0.81	0.90
梧州	0.65	0.17	0.69	0.66	1.35	0.67	0.48	0.60	0.60
崇左	0.34	0.36	0.36	0.75	0.64	0.74	0.73	0.79	0.79
钦州	0.53	0.94	1.04	1.16	1.94	0.60	0.61	0.56	0.85
北海	0.03	0.01	0.04	0.09	0.13	0.25	0.17	0.07	0.18
防城港	0.07	0.03	0.30	0.16	0.02	0.08	0.07	0.07	0.11
全区合计	19.17	16.94	19.85	28.49	29.04	28.61	23.84	24.36	24.67

2.1.3　绿肥类型

当前广西绿肥种类主要以冬季绿肥紫云英、苕子、肥田萝卜、油菜及其他绿肥(蚕豆、豌豆、黑麦草等)为主;夏季绿肥和水生绿肥虽有部分应用,但由于种植面积较少,缺少统计。2012—2020 年,紫云英种植面积为 4.90 万～9.39 万 hm^2,占绿肥种植面积的 20.11%～40.10%;苕子 1.47 万～2.76 万 hm^2,占绿肥种植面积的 7.72%～10.28%;肥田萝卜 1.31 万～2.27 万 hm^2,占绿肥种植面积的 5.31%～9.34%;油菜 5.19 万～10.80 万 hm^2,占绿肥种植面积的 27.07%～44.33%;蚕豌豆、黑麦草等其他绿肥为 2.01 万～7.20 万 hm^2,占绿肥种植面积的 11.87%～24.76%。整体来看,各种类中,油菜具有肥、菜、饲、赏等多功能用途,因此,种植面积最大(表 5-4-3)。

表 5-4-3　2012—2020 年广西不同绿肥作物种植面积　万 hm^2

种类	2012 年	2013 年	2014 年	2015 年	2016 年	2017 年	2018 年	2019 年	2020 年
紫云英	7.55	6.77	7.96	9.39	8.43	7.08	5.69	4.90	6.10
苕子	1.90	1.47	1.67	2.20	2.20	2.76	2.45	1.99	2.09
肥田萝卜	1.79	1.41	1.45	2.27	2.17	2.27	1.79	1.72	1.31
油菜	5.19	5.28	6.35	9.62	9.04	10.02	9.38	10.80	10.33
其他	2.74	2.01	2.42	5.01	7.20	6.48	4.53	4.95	4.84
合计	19.17	16.94	19.85	28.49	29.04	28.61	23.84	24.36	24.67

注:2012—2016 年数据来源于刘文奇,2017;2017—2020 年来源于广西农业部门统计。

2.2　广西壮族自治区绿肥种质资源收集与创新

在《全国第三次农作物种质资源普查与收集行动》、广西创新驱动发展专项《绿肥种质资源收集鉴定与保存》等项目的支持下,在广西 14 个地级市辖行政区 63 个县(县级市)开展了系统的野生绿肥资源调查和收集工作，收集绿肥种质资源427份，充实了广西绿肥种质资源库。

针对冬绿肥品种退化、南方旱地绿肥资源匮乏等问题，广西壮族自治区农业科学院等单位开展了紫云英、苕子、肥田萝卜、绿豆、拉巴豆等选育工作。选育的肥粮兼用绿豆新品种“桂绿豆3号”“桂绿豆5号”，肥田萝卜新品种“桂茹菜3号”，通过了广西农作物品种审定委员会审定。

2.3 科研发展、人才队伍与绿肥政策

2.3.1 科研发展与人才队伍

自20世纪90年代中期至21世纪初的较长一段时间内，广西绿肥研究停滞、绿肥生产滑坡，导致科研人才流失。2009年，在相关科技发展基金的支持下，广西壮族自治区农业科学院农业资源与环境研究所科技人员陆续开展绿肥品种选育及栽培技术方面的科研工作，尤其是2017年通过设立国家绿肥产业技术体系南宁综合试验站，在桂中、桂北、桂东、桂西、桂南等区域建立了5个代表示范县，从而稳定了绿肥科研和推广队伍，为产业发展提供技术支撑。

2.3.2 绿肥政策

2013年，自治区农业厅发布了《发展绿肥生产，促进美丽乡村建设的指导意见》，同年，时任自治区一位党委副书记在《广西日报》刊登的《让绿肥“红”起来——从广西绿肥生产止跌复活进一步突破瓶颈》一文提到“在冬闲田大力推广绿肥种植，集中解决种子和绿肥高产栽培两大关键问题”。2015年，自治区国土厅、农业厅、审计厅、统计局联合印发《广西壮族自治区耕地保护责任目标考核暂行办法》，规定耕地土壤改良与培肥经费纳入各县财政预算，按照辖区耕地面积投入不少于15元/hm^2的经费。2017年、2018年自治区农业厅陆续发布了《2017年广西耕地质量提升和化肥减量增效技术推广项目实施方案》和《2018年广西农业生产发展资金（农业资源与生态保护）项目实施方案》，建立绿肥种植核心示范区，补贴标准为3 000元/hm^2。2018年《中共广西壮族自治区委员会关于实施乡村振兴战略的决定》提出，推行农业绿色生产方式，深入实施化肥农药零增长行动，同年，自治区农业厅发布了《2018—2020年全区绿肥生产指导意见》，提出了以培肥地力和绿色增产为目标，以多功能应用和提升效益为切入点，以美丽乡村和美化田园为着力点，以休闲农业和乡村旅游建设为创新点，以新型经营主体和创新发展模式为落脚点的关键内容。在相关政策的指引下，广西绿肥得到恢复性发展。

3 广西壮族自治区绿肥研发进展与创新

3.1 稻田绿肥生产利用技术研发进展

3.1.1 绿肥与稻草联合还田可高效替代化肥

广西稻田绿肥应用模式主要包括“绿肥-早稻-晚稻”和“绿肥-中稻”，主要应用绿肥种类有紫云英、苕子、肥田萝卜、油菜、蚕豆、豌豆等。但是在稻田绿肥的生产利用中，“只播不管”往往造成绿肥的低产。广西壮族自治区农业科学院农业资源与环境研究所在优化稻底套种-无人机飞播、根瘤菌拌种、水稻秸秆-绿肥协同利用、开沟防渍等技术的基础上，集成

了广西的稻田绿肥高效生产技术模式。绿肥还田可以提供土壤养分，减少后茬水稻的化肥投入。定位试验研究表明，在化学氮肥施用60%的情况下，稻秸-紫云英联合还田有利于保持水稻稳产（表5-4-4）。

表5-4-4　不同绿肥利用模式的早稻产量（李忠义等，2024）

处理	水稻产量/(t/hm^2)	较CK增产/%	较N处理增产/%
不施氮肥(CK)	4.87±0.47 c	—	−23.0
常规氮肥(N)	6.32±0.40b	29.8	—
稻秸还田＋常规氮肥	6.64±0.25 b	36.5	5.2
绿肥紫云英还田＋常规氮肥	6.95±0.35 ab	42.8	10.0
稻秸还田＋绿肥紫云英还田＋常规氮肥	7.33±0.29 a	50.5	16.0
稻秸还田＋绿肥紫云英还田＋60%氮肥	6.54±0.36 b	34.3	3.5

注：表中同一列不同小写字母表示处理间差异显著（$P<0.05$）。

3.1.2　紫云英种植显著提高富硒土壤上稻米硒含量

广西富硒土壤面积大、分布广泛且土壤硒含量较高。2016年广西壮族自治区地矿局开展的1:25万多目标区域地球化学调查结果显示，广西拥有全国最大连片富硒土地30万hm^2、全国最大绿色富硒耕地6.67万hm^2。水稻属于硒非积累作物，自然生长条件下植株含硒量较低，而通过增施硒肥或叶面喷硒的方式对水稻添加外源硒，增加了经济成本，容易引起环境污染，不利于富硒水稻的安全生产。与传统补硒方法相比，通过翻压富集硒绿肥作物紫云英，活化土壤有效硒，生产天然富硒稻米，有助于促进广西富硒产业的健康发展。在富硒耕地上（土壤硒含量为1.90 mg/kg），紫云英翻压还田能有效提高稻米硒含量，且随着紫云英还田量的增加，稻米含硒量不断递增。当还田量达到22.5 t/hm^2或更高时，稻米硒含量可达富硒稻谷标准（0.04～0.30 mg/kg）。

3.1.3　评价了不同红萍的饲用价值，构建了"稻-萍-鱼"立体种养模式

广西作为我国的水稻主产区之一，适宜发展稻渔生态综合种养的水田面积约66.67万hm^2。2016年，广西农业厅、水产畜牧兽医局联合印发《广西推进稻田综合种养业发展实施方案》，广西稻渔综合种养也逐渐从传统产业向现代产业跨越。将红萍引入稻鱼立体种养生态链中，形成"稻-萍-鱼"立体种养技术，以红萍固氮、萍藻喂鱼、鱼粪肥田的清洁生产方式，实现水稻、红萍、鱼的有机结合，从而提高稻田综合效益，促进稻田农业生态的良性发展。从国家红萍种质圃（福州）引进红萍种质资源，在广西桂林开展研究表明，不同红萍种质资源营养物质含量有所不同，其中羽叶萍的粗蛋白含量和粗脂肪含量较低，粗灰分含量和酸性洗涤纤含量较高（表5-4-5），综合多指标，杂交萍饲用价值最高，卡州萍和细绿萍次之，而羽叶萍最低（表5-4-6）。

表5-4-5　不同红萍种质资源的营养物质含量（李忠义等，2020）　%

种质	粗蛋白	粗脂肪	粗灰分	酸性洗涤纤	中性洗涤纤
细绿萍	23.65±2.87 a	2.57±0.40 bc	11.70±0.75 d	38.53±3.65 c	50.90±0.95 ab
卡州萍	25.39±4.19 a	3.03±0.12 ab	15.57±1.01 abc	39.50±2.86 c	49.67±3.61 b
覆瓦状萍	19.43±3.86 ab	2.37±0.38 c	13.57±1.76 bcd	41.63±3.49 bc	51.00±1.71 ab
羽叶萍	15.52±1.94 b	2.47±0.06 c	16.97±1.43 a	49.47±1.85 a	52.57±2.43 ab
杂交萍	23.69±1.88 a	3.40±0.17 a	13.23±2.07 bcd	39.17±2.06 c	52.53±1.30 ab

续表 5-4-5

种质	粗蛋白	粗脂肪	粗灰分	酸性洗涤纤	中性洗涤纤
回交萍 2	22.97±4.92 a	2.73±0.21 bc	12.47±0.98 cd	45.17±3.16 ab	54.63±2.50 a
回交萍 3	20.20±0.66 ab	3.07±0.46 ab	16.03±3.01 ab	43.00±2.20 bc	50.30±2.29 ab
平均值	21.55	2.80	14.22	42.35	51.66

注：表中同一列不同小写字母表示处理间差异显著($P<0.05$)。

表 5-4-6 不同红萍种质资源各营养指标的隶属函数值及综合评价结果(李忠义等,2020)

种质	粗蛋白/%	粗脂肪/%	粗灰分/%	中性洗涤纤维/%	酸性洗涤纤维/%	平均值/%	排序
细绿萍	0.65	0.33	0.91	0.54	0.76	0.64	3
卡州萍	0.77	0.67	0.45	0.64	0.71	0.65	2
覆瓦状萍	0.35	0.19	0.69	0.53	0.58	0.47	6
羽叶萍	0.08	0.26	0.29	0.40	0.12	0.23	7
杂交萍	0.65	0.93	0.73	0.40	0.73	0.69	1
回交萍 2	0.60	0.45	0.82	0.22	0.38	0.49	5
回交萍 3	0.41	0.69	0.40	0.59	0.50	0.52	4

3.2 明确了广西壮族自治区橘园绿肥生态环境效应

广西橘园行间适宜种植的冬季绿肥作物以光叶苕子或紫云英为主，可以采用冬种绿肥-春季鲜草覆盖-夏季枯草覆盖-秋季自然生发的轻简栽培技术模式，一次播种，多年利用。技术的关键点为：10～11 月选择阴雨天气，免耕撒播绿肥，次年 3～4 月形成鲜草覆盖，5～6 月开花落籽，待 9～11 月天气适宜时自然生芽。绿肥覆盖可以显著改善橘园生态环境和土壤肥力。

3.2.1 改善果园小气候

与清耕对照处理相比，绿肥覆盖提高了地表相对湿度，降低了地表温度。绿肥覆盖和清耕对照模式下，柑橘园地表湿度日变化均为绿肥覆盖＞清耕对照，地表温度表现为绿肥覆盖＜清耕对照(图 5-4-3)。

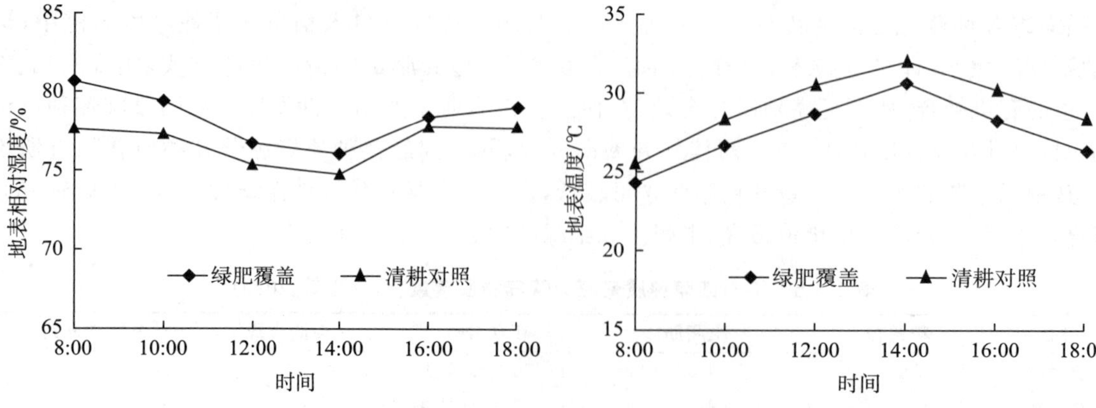

图 5-4-3 绿肥覆盖对柑橘园地表相对温度和湿度日变化的影响

3.2.2 强化水土保持效应

在坡度为 23°的柑橘园种植绿肥，与清耕相比，柑橘园行间种植绿肥模式下，径流量减少，致使地表径流中总氮、总磷、铵态氮及硝态氮流失量分别比清耕的减少了 24.6%、15.3%、10.0%、20.2%，说明柑橘园行间种植绿肥有利于控制养分流失（表 5-4-7）。

表 5-4-7　柑橘园行间种植绿肥的氮磷流失量（李婷婷等，2021）

种植模式	径流总量 /(m^3/hm^2)	总氮流失量 /(g/hm^2)	总磷流失量 /(g/hm^2)	铵态氮流失量 /(g/hm^2)	硝态氮流失量 /(g/hm^2)
柑橘-绿肥	80.27	624	89	314	242
柑橘-清耕	131.71	777	103	345	291

3.3　经济作物间作绿肥显著减少化肥用量，提高生产效益

广西是我国经济作物甘蔗的主产区，其行间种植绿肥，可有助于减少化肥施用，提高生产效益。

甘蔗是种植行距比较宽的作物，行距一般为 120 cm，可种绿肥宽度为 80～100 cm，不同季节种植的甘蔗封行需要 3 个月（春植）至 8 个月（秋植），封行前蔗行裸露，蔗苗对光照、水分、养分需求量不高，造成资源的浪费。甘蔗间作肥粮兼用绿豆，既可充分利用土地资源，提高土地当量比，减少氮肥施用，又可增加小杂粮的收入。

大田试验表明，种植方式（绿豆单作、甘蔗单作、甘蔗-绿豆间作压青还田）和施氮水平（不施氮、减量施氮、常规施氮）都显著影响甘蔗的分蘖数、干物质量、氮素吸收量、有效茎数、蔗茎产量；种植方式还显著影响甘蔗的出苗数；施氮水平×种植方式显著影响甘蔗的有效茎数、成茎率、收获期甘蔗干物质量和氮素吸收量。与甘蔗单作处理相比，间作处理使甘蔗出苗数和分蘖数分别降低了 9.6%～10.5%和 10.3%～11.1%，使有效茎数、干物质量、氮素累积量和蔗茎产量分别提高了 0.2%～14.3%、14.3%～34.8%、24.0%～29.6%和 15.9%～20.2%（表 5-4-8）。与常规施氮的单作甘蔗相比，甘蔗-绿豆间作处理可节减 30%的氮肥，并保持甘蔗产量不降低。

表 5-4-8　不同种植制度及施氮量对甘蔗主要农艺性状的影响（苏利荣等，2019）

种植模式	施氮水平 /(kg/hm^2)	出苗数 /($\times10^4$/hm^2)	分蘖数 /($\times10^4$/hm^2)	有效茎数 /($\times10^4$/hm^2)	成茎率 /%	氮素吸收量 /(kg/hm^2)	蔗茎产量 /(t/hm^2)
甘蔗单作	0	9.70±0.12 a	8.87±0.13 c	4.87±0.05 c	26.21±0.37 c	64.06±1.61 e	55.98±2.18 e
	231	9.63±0.17 a	12.11±0.13 a	5.76±0.08 b	26.51±0.58 c	100.83±3.44 c	83.28±2.34 c
	330	9.68±0.10 a	12.13±0.12 a	6.83±0.09 a	31.32±0.44 b	143.03±3.76 b	101.65±3.32 b
甘蔗-绿豆间作	0	8.68±0.11 b	7.89±0.15 d	5.43±0.04 b	32.80±0.67 ab	84.29±5.74 d	70.12±1.84 d
	231	8.70±0.18 b	10.79±0.10 b	6.72±0.12 a	34.49±0.44 a	143.18±2.36 b	99.00±1.94 b
	330	8.75±0.22 b	10.88±0.09 b	6.84±0.26 a	34.81±1.16 a	188.61±5.07 a	122.44±3.64 a
F	C	55.51**	139.31**	23.41*	123.65**	125.89**	61.62**
	N	0.043	425.98**	86.50**	15.30**	271.26**	174.21**
	C×N	0.058	1.12	6.85*	5.98*	6.14*	0.87

注："*"和"**"分别表示影响达到 0.05 和 0.01 的显著水平，下同。

甘蔗分蘖末期的土地当量比（LER）可以反映出甘蔗和绿豆间作的优势，作物种间相对竞争能力（A_{sm}）可以反映出甘蔗和绿豆间作的种间优势；甘蔗收获期的 LER，可以反映出甘蔗和绿豆间作及压青还田的优势。从表 5-4-9 可以看出，3 种施氮水平下甘蔗分蘖末期的LER>1，

显示出间作优势，甘蔗－绿豆间作能显著提高作物干物质量，提高幅度为47%～53%。甘蔗收获期的LER显示，甘蔗－绿豆间作及压青还田能显著提高作物干物质量，提高幅度为76%～94%，而且以减量施氮处理的提高幅度最大。对间作的组分分析可以看出$Ls>Lm$，表明间作系统中作物干物质量的增加主要是甘蔗，绿豆对间作系统干物质量的影响较小。从作物竞争能力看，3种施氮水平下的作物竞争能力都大于0，说明在甘蔗-绿豆间作系统中，甘蔗的竞争能力大于绿豆。

表 5-4-9 不同种植制度及施氮量下的作物竞争能力和土地当量比（苏利荣等，2019）

种植模式	施氮量/(kg/hm²)	m(绿豆)/(t/hm²)	甘蔗分蘖末期 m(甘蔗)/(t/hm²)	甘蔗分蘖末期 A_{sm}	甘蔗分蘖末期 L_s	甘蔗分蘖末期 L_m	甘蔗分蘖末期 LER	甘蔗收获期 m(甘蔗)/(t/hm²)	甘蔗收获期 L_s	甘蔗收获期 L_m	甘蔗收获期 LER
甘蔗单作	0		8.09 c					17.46 e			
	231		12.89 ab					24.43 c			
	330		13.02 a					31.51 b			
绿豆单作	0	9.18 a									
甘蔗-绿豆间作	0	5.40 b	7.11 c	0.29	0.88	0.59	1.47	20.37 d	1.17	0.59	1.76
	231	5.50 b	11.7 8b	0.31	0.91	0.60	1.51	32.85 b	1.34	0.60	1.94
	330	5.63 b	12.00ab	0.31	0.92	0.61	1.53	40.16 a	1.27	0.61	1.88
F	C	140.55**	12.09**					108.30**			
	N	0.27	116.39**					234.35**			
	C×N		0.13					8.57*			

注：A_{sm}—作物竞争能力；L_s—甘蔗土地当量比；L_m—绿豆土地当量比；LER—土地当量比；m—干物质量。

4 广西壮族自治区绿肥发展潜力分析

总体上，广西壮族自治区的绿肥面积潜力为219万hm²，有效时空潜力为135万hm²·年（表5-4-10）。其中，农区的绿肥面积潜力为152万hm²，有效时空潜力为68万hm²·年；经济林园的绿肥面积潜力为67万hm²，有效时空潜力为67万hm²·年。

表 5-4-10 广西壮族自治区绿肥种植时空潜力

区域	适宜的绿肥制度	对应的主作物面积/万hm²	绿肥空间占比/%	绿肥时长/个月	绿肥面积潜力/万hm²	绿肥有效时空潜力/(万hm²·年)
农区	绿肥-水稻轮作	83	100	6	83	42
	绿肥-玉米轮作	19	100	6	19	9
	甘蔗、木薯间作绿肥	100	50	4	50	17
	农区合计	202	—	—	152	68
经济林园	落叶果园	37	70	12	26	26
	常绿果园成龄	71	25	12	18	18
	常绿果园幼龄	31	70	12	21	21
	茶园	10	25	12	2	2
	经济林园合计	149	—	—	67	67
合　计		351	—	—	219	135

注：绿肥有效时空潜力＝对应的主作物面积×绿肥空间占比×绿肥时长。

4.1 农区绿肥发展潜力

广西作为农业种植大省，粮食作物和经济作物种类丰富，其中粮食作物以水稻、玉米、大豆、红薯、马铃薯为主，经济作物有甘蔗、木薯、烟草和多种类蔬菜。近3年，广西粮食作物年均播种面积294万 hm^2，水稻、玉米、红薯、大豆、马铃薯占比分别为66.6%、20.8%、7.1%、3.3%和2.2%。

水稻是广西播种面积最大的粮食作物，其中早、中、晚稻播种面积分别为88万 hm^2、15万 hm^2、93万 hm^2，以双季稻为主，约占水稻总播种面积的82%，广西水田种植制度主要有稻-稻-冬闲、稻-稻-冬蔬菜、稻-稻-冬马铃薯、稻-稻-冬绿肥、稻-红薯-冬绿肥、烟草-稻-冬闲、撂荒-中稻-冬闲等。据估算，广西水田冬季空闲面积约83万 hm^2，种植绿肥有效时空潜力为42万 hm^2 · 年。

玉米是广西播种面积最大的旱地粮食作物，年均播种面积62万 hm^2 左右，按照收获时间分为春收（一般为鲜食玉米）、夏收、秋收3种方式，主要种植模式有春玉米-夏玉米、春玉米-夏大豆、春大豆-夏玉米、春玉米-秋红薯等轮作制，玉米种植模式下冬季空闲面积约19万 hm^2。因此，广西玉米制度中绿肥面积潜力为19万 hm^2，冬闲时间6个月，绿肥有效时空潜力为9万 hm^2 · 年。

甘蔗是广西种植面积最大的经济作物，年蔗糖产量占全国70%以上，近3年平均种植面积约86万 hm^2。甘蔗是一年一收种植制，整个生育期长达8～12个月，其前期生长缓慢，从种植到封行需要3～4个月，生育前期行间裸露面积大。因此，前期可因地制宜选择绿豆、大豆、花生等肥粮兼用型豆科绿肥作物进行间套种，其绿肥有效时空潜力为14万 hm^2 · 年。

木薯在广西曾得到过大面积推广，发展最快的时候年种植面积达到40多万 hm^2，是全国最大的木薯生产和加工基地。近年的种植面积逐渐下降，近3年平均种植面积约17万 hm^2。木薯为一年一熟制作物，和甘蔗的生育期相似，前期生长缓慢，从种植到封行也需要3～4个月。此外，木薯生育后期中部和下部叶片脱落，行间空地恢复到其前期的裸露状态，所以在木薯生育前期可选择绿豆、大豆、花生等肥粮兼用型豆科绿肥作物进行间套种植，后期可播种箭筈豌豆、苕子、肥田萝卜等绿肥作物进行倒茬养地，其有效时空潜力为2万 hm^2 · 年。

大豆、马铃薯、红薯、烟草合计播种面积约占农区主要农作物播种面积的12.6%，大豆一般作为间套作物，或春大豆-秋玉米、春玉米-夏大豆、经济作物-大豆等轮作；而马铃薯在广西主要是冬季种植，一般有秋玉米-马铃薯、早稻-马铃薯、中稻-马铃薯、蔬菜-马铃薯等轮作；红薯有春红薯-晚稻、春红薯-秋玉米、早稻-红薯、春玉米-红薯和蔬菜-红薯等轮作；烟草主要有烟草-晚稻、烟草-秋玉米、烟草-蔬菜等轮作。因此这4类作物不单独计算有效时空潜力。

4.2 经济林园绿肥发展潜力

广西因得天独厚的气候资源优势，适宜多种经济林木生长，果茶桑园面积大，尤以果园、桑园居多，分别排在全国第三位和第一位。2021年水果种植面积已达到139万 hm^2，且水果种类非常丰富，包括柑橘、荔枝、芒果、龙眼、香蕉、橙子、李子、柚子、葡萄、柿子、百香果、梨、火龙果、桃、猕猴桃、枣、菠萝、枇杷等几十种。目前以柑橘、荔枝、芒果、龙眼、香蕉为主，分别占果树总面积的31.0%、13.1%、8.1%、7.9%、6.4%，而近年迅速发展起来的火龙果和百香果在广西的种植势头持续高涨。

柑橘、荔枝、芒果等成龄常绿果园面积合计 71 万 hm^2，占广西果园总面积的51.5%，综合分析其绿肥发展空间，绿肥面积潜力为 18 万 hm^2，相应的有效时空潜力约为 17.87 万 hm^2 · 年。常绿幼龄果园面积 31 万 hm^2，占广西果园总面积的 22.1%，其发展绿肥的有效时空潜力约为 21 万 hm^2 · 年。李子、柿子、梨等落叶果园面积 37 万 hm^2，占果园总面积的 26.5%，其发展绿肥的有效时空潜力有 26 万 hm^2 · 年。广西果园总体时空发展潜力约 65 万 hm^2 · 年。此外，广西茶园面积 10 万 hm^2，绿肥有效时空潜力为2 万hm^2 · 年。因此，绿肥作物作为水土保持、杂草抑制、调节小气候在果、茶园发展潜力大，合计 67 万 hm^2 · 年。

5　广西壮族自治区绿肥生产主要技术模式

5.1　广西壮族自治区水稻秸秆-绿肥联合利用技术模式

5.1.1　品种选择

以豆科绿肥紫云英、苕子为宜。优先选用经国家或省级品种委员会(认定或登记)通过的品种以及适于稻田种植且已经应用多年的地方种、育成种或品系。

5.1.2　种子处理

播种前选择晴天在阳光下晒种 4～6 h。首次种植或多年未种绿肥作物的田块，应接种根瘤菌。

5.1.3　播种

紫云英播种量 22.5～30 kg/hm^2，苕子播种量 30～45 kg/hm^2。双季稻区以 10 月上旬至 10 月下旬播种为宜，单季稻区以 9 月上旬至 10 月上旬播种，最迟不迟于 11 月上旬完成播种。

可以在水稻收获前 7～15 d 稻底套播绿肥种子，采用无人机飞播或人工撒播。也可以在水稻收获后播种绿肥。播种后，有稻草叠压的田面，用耙子将稻草散开。

5.1.4　绿肥田的水稻收获与稻草还田

采用收割机或人工收获水稻。机收前 5～10 d 排水晒田，以收割机不导致田面下陷为宜。稻秆留茬高度 30～40 cm。机收宜采用带有碎草装置的联合收割机，可实现稻草均匀抛撒在田间。人工收割水稻时将稻草均匀平铺田面覆盖还田。

5.1.5　绿肥田间管理

田块应开挖排水沟，排水沟呈“十”字或“井”字，如遇大雨和连续降水，应及时清沟排渍。如遇干旱，田面出现较多细裂，应及时灌跑马水。

土壤肥力中等以上的田块，可不施基肥和追肥。肥力条件较差的田块，基肥施用钙镁磷肥或过磷酸钙 75～150 kg/hm^2；2 月中旬至 3 月上旬的绿肥快速生长期，如长势较弱，可追施尿素 30～45 kg/hm^2。

如遇菌核病、白粉病、蚜虫、蓟马等危害严重，需及时防治。

5.1.6　绿肥还田与水稻养分管理

在水稻直播或插秧前 7～15 d 翻压还田。一般就地全量还田，如鲜草产量过高(超过

37.5 t/hm²)，将过多的鲜草移入未种植绿肥田块施用。

采用大型机械翻压的地区，以干耕法为宜，耕深 15～20 cm，后晒田 2～3 d，再灌水耙田。采用小型机械或牛力翻压，可采用水耕法。翻压前均匀撒施石灰 300～450 kg/hm²。

绿肥还田后至后茬水稻施用分蘖肥后的 10 d 内，应保持稻田的田面水。后茬水稻应减少20%～40%氮肥施用量，或按 1 t 绿肥鲜草减少纯氮 1～2 kg 计算。

5.2　果园冬绿肥免耕生产技术

该技术适用于广西幼龄果园及遮阴度在 80%以下的成龄果园。

5.2.1　绿肥种植

根据各地土壤类型、光热水等因素选择适宜的冬季绿肥种类，以苕子、紫云英为宜。播种前选择晴天在阳光下晒种 4～6 h。

播种量，苕子以 30～45 kg/hm² 为宜，紫云英以 22.5～30 kg/hm² 为宜。播种期以 10 月上旬至 11 月下旬阴雨天气播种为宜。通常采用免耕撒播，即，在树盘外，将绿肥种子均匀地撒播于果树行株间。若杂草较多，可在播种后将杂草刈割覆盖。

5.2.2　绿肥管理

土壤肥力中等以上的地块，种植绿肥作物不需施肥；地力条件较差的地块，基施钙镁磷肥75～150 kg/hm²。

一般不需病虫害防治。但如遇菌核病、白粉病、蚜虫、蓟马等危害严重，需及时防治。

5.2.3　绿肥利用

坡耕地、丘陵区等机械化程度低的地区以绿肥自然枯萎覆盖为宜；机械化程度高的地区可自然覆盖或采用机械翻压，翻压时期在初花期至盛花期为宜。

参考文献

[1]李少泉，甘海燕，莫如平．发展广西冬种绿肥生产的对策思考[J]．广西农学报，2012，27(6)：1-5.

[2]李婷婷，韦彩会，董文斌，等．生草栽培与坡度对桂东北坡地果园地表径流氮磷流失的影响[J]．水土保持研究，2021，28(3)：59-64，73.

[3]李忠义，唐红琴，韦彩会，等．乡村振兴战略下绿肥产业持续发展的 SWOT 分析与路径研究——以广西壮族自治区为例[J]．中国农业资源与区划，2021，42(7)：165-174.

[4]李忠义，蒋云伟，应朝阳，等．7 份红萍种质资源生态化学计量特征比较及饲用价值评价[J]．西南农业学报，2020，33(12)：2948-2954.

[5]刘文奇．广西绿肥生产现状与发展潜力及发展对策研究[D]．广西大学，2017.

[6]苏利荣，何铁光，苏天明，等．甘蔗－绿豆间作压青还田和施氮水平对甘蔗性状的影响[J]．华南农业大学学报，2019(3)：1-9.

[7]水稻秸秆－绿肥协同还田技术规程[S]．广西壮族自治区地方标准．DB 45/T 2637—2023.

[8]草木樨栽培技术规程[S]．广西壮族自治区地方标准．DB 45/T 1845—2018.

[9]柽麻栽培技术规程[S]．广西壮族自治区地方标准．DB 45/T 1844—2018.

[10]饲肥兼用拉巴豆栽培技术规程[S]. 广西壮族自治区地方标准. DB 45/T 1560—2017.

[11]粮肥兼用绿豆栽培技术规程[S]. 广西壮族自治区地方标准. DB 45/T 993—2014.

[12]何铁光，李忠义，唐红琴，等. 广西绿肥[M]. 北京：中国农业出版社，2020.

[13]李忠义，唐红琴，董文斌，等. 稻秸-紫云英联合还田对水稻光合特性及产量品质的影响[J]. 中国农业科技导报，2024，26(2)：171-180.

[14]唐红琴，李忠义，韦彩会，等. 紫云英不同还田量下土壤硒释放特征及水稻富硒规律[J]. 西南农业学报，2020，33(3)：568-574.

V 海南省绿肥历史、现状、潜力及模式

1 海南省绿肥生产历史

1.1 生产利用历史

海南省在 1988 年建省之前作为广东省管辖的行政区，其绿肥的发展历程大体如下：

1960 年以前，零星热带绿肥的覆盖。该阶段海南省人口稀少，土地多为开荒地，绿肥种植极少，多为野生，相关的科研工作基本未起步，但也有一些学者开始着手引种工作。

1960—1966 年，绿肥科研工作开始起步，不断从国外通过各种途径引进大量的优质绿肥种植，主要以热带绿肥覆盖为标志。华南垦殖总局(广东省农垦总局前身)引进巴西苜蓿、爪哇葛藤、毛蔓豆、山毛豆等在胶园试种推广。农垦部热带作物科学研究院(中国热带农业科学院前身)引进了 131 份绿肥种质资源并开展研究，其中表现较好的有巴西苜蓿、新银合欢、象草、危地马拉草、山毛豆、珍珠粟等，于 1965 年撰写内部资料《热带牧草绿肥引种栽培及利用》，并于 1966 年建立了广东省绿肥种质资源圃。1966—1980 年，热带绿肥研究工作处于停滞状态，但伴随着橡胶产业的逐渐起步，绿肥种植区域不断扩大，每年绿肥应用面积约 1 万 hm^2。1980—2000 年，由于化肥在生产中大量应用，绿肥种植面积大幅萎缩，相关科研工作逐渐转为以热带牧草研究为主，绿肥种质资源圃也于 1989 年改为热带牧草种质资源圃。

2000—2008 年，随着化肥负面效应日益显现、国家对生态文明建设重视以及海南省高效农业发展，带动绿肥种质、栽培与利用技术研发和生产应用不断恢复。2008 年以来，绿肥产业得以全面恢复，并不断走强，特别是化肥农药减施增效等国家政策以及海南国际旅游岛等政策的推动，再加上土壤地力提升行动政策不断增加，绿肥利用的作用也从原来单纯地提升地力转为提升地力、绿色生产、压制杂草、提升景观以及生态环境效益等多个方面，绿肥在海南省农业生产中发挥越来越重要的作用。

1.2 种质资源

海南省本地绿肥资源较为缺乏，农垦系统科研人员不断通过各种途径引进优质的绿肥资源，主要包括田菁、猪屎豆、柱花草、爪哇葛藤、山毛豆、木豆、肿柄菊、太阳麻、毛蔓豆、距瓣豆、黎豆、四季绿豆、银合欢、印度豇豆、飞机草等。原农垦部热带作物科学研究院于 1965 汇编了内部资料《热带牧草、绿肥引种栽培及利用》，并于 1966 年建立了广东省绿肥种质资源圃。至今已收集绿肥种质资源 15 000 余份，隶属 43 个科 328 个属 970 个种，保存了 15 000 余份，在收集保存这些优异种质的基础上，对这些种质进行了分析评价，获得了 100 000 多条种质资源

数据信息。此外，在农业部948等项目资助下，不断加强与国外相关单位的合作，重点与国际生物多样性中心与国际热带农业中心联盟等种质资源工作良好的单位合作。通过合作，引进优异的绿肥资源3 000余份，隶属3个科22个属90余个种，在这些资源工作的基础上，2022年申报获批了海南省热带绿肥种质资源圃。

绿肥作物主要与天然橡胶、热带果树等间作以及与水稻轮作以提升土壤肥力，引进的绿肥作物不仅作为绿肥，还可兼作牧草、食用等。目前栽培利用的主要品种有柱花草系列（热研2号柱花草、热研5号柱花草、热研7号柱花草、热研10号柱花草、热研13号柱花草、热研18号柱花草、热研21号柱花草、热研25号圭亚那柱花草、热研24号柱花草、西卡柱花草、有钩柱花草等）。其中，热研2号柱花草作为第一个柱花草品种，综合性状优异，种植面积较大，是生产上主栽的柱花草品种，多用于胶园、果园的间作。此外，山蚂蟥属也是重要的间作豆科绿肥。田菁主要作为夏季绿肥，在沿海稻田种植。猪屎豆主要作为冬绿肥，在稻田、菜地轮作栽培利用。距瓣豆也作为重要的果园间作绿肥不断得到大面积推广利用。毛蔓豆、爪哇葛藤、飞机草、大翼豆多作为胶园绿肥多年来一直被利用推广。银合欢、臂形草也作为生态功能的绿肥，在海南高速路边作为重要的护坡作物种植。热研12号平托花生是海南农家乐、旅游绿化的优质豆科绿肥，在果园大面积应用，用于压制杂草、提升生态环境效益。

1.3 种植模式

海南省地处热带，适合大多数绿肥作物生长，特别是多年生绿肥的栽培种植，只有不耐热的部分十字花科绿肥或者豆科绿肥不能正常生长。海南省以山地、坡地居多，作物多为多年生的热带水果（芒果、龙眼、荔枝、火龙果、椰子等）、天然橡胶等经济林，因此，绿肥种植以间作为主，绿肥作物多为多年生或者跨年生的豆科绿肥，比如柱花草、山蚂蝗、平托花生、蝴蝶豆等。在水稻田等粮食作物种植区域有一定面积的轮作种植方式，轮作多以早发快长的豆科绿肥为主，比如田菁、猪屎豆、毛豆、崖州硬皮豆等。

由于常年温度较高，适合在热带酸性土壤上生长的绿肥，均可常年栽培种植。但考虑到海南省的气候条件，多数绿肥以夏播与秋播为主，少有春播与冬播。夏播主要在初夏雨季来临前播种，可以降低灌溉成本，但存在除草成本较高的问题。秋播一般在十月前后，主要考虑这一时期一年生杂草不断消亡，杂草控制成本较低，并且尚有一部分雨水，比较适合绿肥特别是前期生长缓慢的多年生豆科绿肥种植。春季高温干旱，除了灌溉设施配套齐全地区外，一般不适宜播种。冬季播种一般针对喜凉的冬绿肥，多在交通不便的冬闲田。

海南省绿肥利用方式较多。对于多年生绿肥，一般在果园或者经济林中间作，利用方式多为自然覆盖，可有效压制行间杂草，大幅降低绿肥翻压以及除草成本。在配套条件比较好的橡胶园，利用施肥坑实施绿肥压青利用。稻田绿肥利用方式为直接翻压。对于部分有养殖需求的地区，绿肥过腹还田是常用的利用方式，既可以为畜牧业的发展提供大量的优质粗饲料，提高绿肥效益，也可以为水果等产业带来大量的有机肥。

2 海南省绿肥研发进展与创新

2.1 种质资源整理与创新

种质资源收集保存一直是海南绿肥研发的重点基础工作。随着一带一路战略以及海南自贸港政策的实施，种质资源的收集特别是国外资源的收集与调查不断加强，越来越多的国外优质资源被引进。在过去十年中，引进的种质资源占目前保存国外资源总数50%以上。

海南绿肥工作者采用引种、选种、太空辐射育种等手段，不断培育绿肥新品种。到2019年，已经培育国审新品种31个、将柱花草属纳入农业农村部植物新品种权保护目录，并获得植物新品种权2个，分别为品109(柱花草)、热研21号(柱花草)，研发了相关的配套栽培与利用技术，对培育的新品种在海南等热区大面积推广利用。2010年以来培育的8个国审新品种中，4个为多年生豆科作物柱花草，适合果园经济林间作。其中热研20号柱花草具有耐低磷、酸性土壤适应能力强的特点；热研21号柱花草抗炭疽病强、生物产量高；热研24号圭亚那柱花草生物产量高、耐酸铝性较强；热研25号圭亚那柱花草具有耐低温抗旱的优良特性。新品种崖州硬皮豆具有速生快长的特性，适合轮作。新品种金江蝴蝶豆为矮秆品种，特别适合果园间作压制杂草。

2.2 绿肥促进土壤磷循环利用机制解析

针对海南省南方酸性土壤普遍存在有效磷含量低、但土壤中存在大量难以被植物根系直接吸收利用的潜在磷库(有机磷和难溶性磷)的问题，探索柱花草作为覆盖作物对土壤磷素高效循环利用的机制，对发展生态农业、实现减肥增效具有重要意义。近年来，中国热带农业科学院热带作物品种资源研究所综合利用多组学(转录组、蛋白组、代谢组等)技术，结合候选基因功能验证，解析了柱花草主要通过3种策略促进土壤磷素的循环利用：①通过根系分泌紫色酸性磷酸酶(PAP)水解有机磷并释放出磷酸根离子(Pi)。②通过根系分泌有机酸和类黄酮降解难溶性磷并释放出Pi。③通过提高根系生长发育相关基因及磷转运子基因的表达，增强根系从土壤获取Pi的能力。

2.3 绿肥间作促进作物生长与地力提升

针对海南省林地园地较多，并且存在管理粗放、土壤肥力不断退化的情况，开展了胶园、椰子园间作豆科绿肥对热带作物生长以及土壤肥力影响的研究。研究表明，间作不同柱花草绿肥可显著促进橡胶树生长(图5-5-1)，间作柱花草绿肥后压青和覆盖处理均可显著提升不同形态土壤有机氮含量(表5-5-1)。

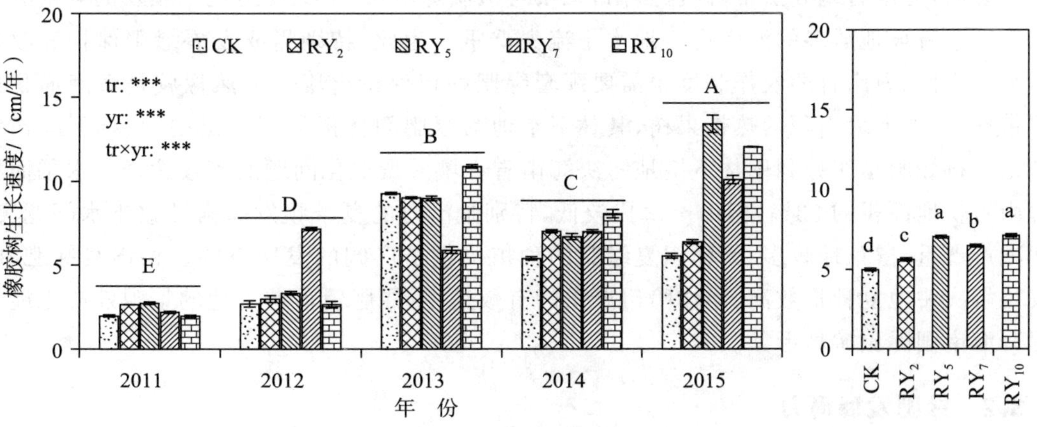

图5-5-1 不同柱花草覆盖处理下橡胶树生长速率年动态(Hu et al., 2023)

注：CK—自然生草；RY_2—热研2号柱花草；RY_5—热研5号柱花草；RY_7—热研7号柱花草；RY_{10}—热研10号柱花草。*** 表示 $P<0.001$。图中不同大写字母表示各覆盖处理橡胶树生长速率年际间差异显著($P<0.05$)；不同小写字母表示处理之间差异显著($P<0.05$)。tr—处理，yr—年际，tr×yr—处理与年际的交互效应。

表 5-5-1 橡胶园间作绿肥后土壤不同形态有机氮含量的动态变化(Huang et al., 2023)

氮组分	处理	间作年限/年			
		0	1	2	3
酸解总氮/(mg/kg)	自然生草	474±5 aA	467±4c AB	461±6 cB	446±4 cC
	绿肥死覆盖	474±3 aD	542±5 bC	641±3 bB	762±10 bA
	绿肥压青	474±7 aD	652±10 aC	795±6 aB	987±6 aA
酸解氨态氮/(mg/kg)	自然生草	159±4 aA	152±6 cAB	143±8 cBC	137±3 cC
	绿肥死覆盖	158±7 aD	171±7 bC	236±2 bB	272±4 bA
	绿肥压青	150±11 aD	190±10 aC	251±5 aB	308±15 aA
酸解氨基酸态氮/(mg/kg)	自然生草	191±4 aA	185±4 bAB	184±4 cAB	181±5 cB
	绿肥死覆盖	181±2 bC	190±6 bBC	202±9 bB	241±7 bA
	绿肥压青	189±1 aD	230±7 aC	285±5 aB	346±6 aA
酸解氨基糖态氮/(mg/kg)	自然生草	22.7±1.3 aA	22.1±0.57 cAB	20.2±1.2 cBC	19.5±0.24 cC
	绿肥死覆盖	20.9±0.75 aD	23.9±0.34 bC	26.7±0.69 bB	30.1±0.39 bA
	绿肥压青	21.3±1.0 aD	26.5±0.98 aC	32.5±1.1 aB	39.5±1.3 aA
酸解未知氮/(mg/kg)	自然生草	100±6 bA	108±2 cA	113±13 cA	108±3 cA
	绿肥死覆盖	115±8 aD	156±4 bC	176±12 bB	219±11 bA
	绿肥压青	115±5 aD	205±2 aC	227±5 aB	294±11 aA

注:表中数值表示平均值±标准误。同一列不同小写字母表示同一年各处理间差异显著($P<0.05$),同一行不同大写字母表示同一处理各年份间差异显著($P<0.05$)。

3 海南省绿肥发展潜力

3.1 发展绿肥的必要性

一方面,海南省地处热带,高温多雨,土壤有机质降解快,土壤易退化。频发的暴雨天气导致以山地或者坡地居多的海南省耕地水土流失严重。为此,特别需要发展绿肥保护和改良土壤。另一方面,海南省的农作制度也需要配套绿肥种植保持土壤。天然橡胶是海南面积最大的热带作物,加上大面积的热带果树,其林下空地为绿肥间作提供了充足空间,林下间作绿肥特别是豆科绿肥是充分利用林下空地解决海南省土壤质量退化问题的有效途径。水稻面积约占海南省耕地面积的33%,但由于海拔较低,特别是沿海的夏季频发暴雨导致排水问题突出,水稻减产严重,撂荒地较多,为稻田夏绿肥的种植提供了广阔的发展空间。稻田夏绿肥种植,不仅是解决耕地复种指数高、连作障碍严重的有效途径,绿肥覆盖撂荒地的景观效应也能够较好提升海南国际旅游岛形象。

3.2 绿肥发展潜力

总体看,海南省的绿肥潜力面积为41万 hm^2,有效时空潜力为34万 hm^2·年。其中,海南农区的绿肥潜力面积为11万 hm^2,有效时空潜力为4万 hm^2·年;经济林园的绿肥潜力面积为30万 hm^2,有效时空潜力为30万 hm^2·年。

3.2.1 海南省作物种植基本情况

近 3 年海南省耕地面积 44 万 hm^2，主要种植水稻、蔬菜等，近 3 年年均播种面积 69 万 hm^2，其中水稻等粮食作物播种面积约为 27 万 hm^2、蔬菜 26 万 hm^2、甘蔗 2 万 hm^2、豆类约 0.2 万 hm^2（表 5-5-2）。

表 5-5-2 2019—2021 年海南省主要农作物播种面积　　万 hm^2

年份	总播种面积	粮食作物	蔬菜	甘蔗	豆类
2019	69	27	26	2	0.2
2020	69	27	26	2	0.3
2021	68	27	26	2	0.2
平均	69	27	26	2	0.2

注：数据引自海南省统计局、国家统计局海南调查总队，2022。

海南省多为山地与坡地，少有平地，再加上国家对橡胶的战略政策，海南省经济林园面积远大于一般农作物的面积。特别是具有重要战略意义的橡胶面积一直占据各类作物的首位，目前种植面积 50 多万 hm^2（表 5-5-3）。

表 5-5-3 2019—2021 年海南省果茶园与热带作物总面积及主要作物面积　　万 hm^2

年份	茶叶面积	园林水果面积						热带作物面积				
		总面积	芒果	龙眼	荔枝	香蕉	菠萝	总面积	橡胶	槟榔	椰子	胡椒
2019	0.2	17	6	0.8	2	3	2	71	53	12	3	2
2020	0.2	18	6	0.8	2	3	2	71	52	13	4	2
2021	0.2	19	7	1	2	3	2	75	51	17	4	2
平均	0.2	18	6	0.9	2	3	2	72	52	14	4	2

注：数据引自海南省统计局、国家统计局海南调查总队，2022。

3.2.2 农区绿肥发展潜力

在粮食作物中，水稻播种面积占比超过 80%，水稻的种植为绿肥轮作提供了大量的空间，主要有 2 个休闲季节可以发展绿肥轮作，即沿海地区的稻田夏绿肥、海南北部气温较低地区稻田的冬绿肥。近 3 年海南省的水稻播种面积约为 23 万 hm^2，一般每年种 2 季，其中早稻面积 10 万 hm^2，空闲季节约 4 个月，稻田绿肥有效时空潜力为 4 万 hm^2・年。甘蔗前期生长缓慢，从种植到封行需要 3～4 个月，生育前期行间可间作绿肥，其绿肥有效时空潜力为 0.3 万 hm^2・年（表 5-5-4）。

3.2.3 经济林园绿肥发展潜力

近 3 年海南热带作物面积平均为 75 万 hm^2，约有 30%行间空地可以发展绿肥生产，绿肥生长季节 12 个月，绿肥有效时空潜力为 23 万 hm^2・年。近 3 年果园面积平均为 19 万 hm^2，其中成龄果园面积 13 万 hm^2，约有 25%行间空地可以发展绿肥生产，绿肥生长季节 12 个月，绿肥有效时空潜力为 3 万 hm^2・年；幼龄果园面积 6 万 hm^2，约有 70%行间空地可以发展绿肥生产，绿肥生长季节 12 个月，绿肥有效时空潜力为 4 万 hm^2・年（表 5-5-4）。

表 5-5-4　海南省绿肥种植时空潜力

区域	适宜的绿肥制度	对应的主作物面积/万 hm^2	绿肥空间占比/%	绿肥时长/个月	绿肥面积潜力/万 hm^2	绿肥有效时空潜力/(万 hm^2·年)
农区	水稻-绿肥轮作	10	100	4	10	4
	甘蔗间作绿肥	2	50	4	1	0.3
	农区合计	12	—	—	11	4
经济林园	常绿果园成龄	13	25	12	3	3
	常绿果园幼龄	6	70	12	4	4
	茶园	0.2	25	12	0.1	0.1
	热带作物	75	30	12	23	23
	经济林园合计	94	—	—	30	30
合　计		106	—	—	41	41

注：绿肥有效时空潜力＝对应的主作物面积×绿肥空间占比×绿肥时长。

4　海南省绿肥生产主要技术模式

4.1　林（果）园间作绿肥技术模式

4.1.1　林(果)园选择

选择幼龄等光线较好的果园。

4.1.2　绿肥作物选择

多年生的热带豆科绿肥，优先选择矮秆、耐阴的绿肥作物。在南方建议选择圭亚那柱花草系列品种(热研 2 号柱花草、热研 5 号柱花草、热研 7 号柱花草、热研 10 号柱花草、热研 13 号柱花草、热引 18 号柱花草、热研 20 号柱花草、热研 21 号柱花草、热研 25 号圭亚那柱花草、热研 24 号圭亚那柱花草)、热研 12 号平托花生、金江蝴蝶豆等豆科绿肥品种。

4.1.3　播种

夏季或者秋季播种为宜。夏季一般选择 5～6 月份雨季前播种，可节省灌溉成本；秋季一般选择 10 月份前后，这时一年生杂草逐渐死亡，可有效降低除草成本。

先整地，除去已有杂草后，在树冠或者滴水线以外的行间播种，撒播，播种量 15 kg/hm^2（绿肥实际播种面积)。热区土壤普遍缺磷，可施用钙镁磷肥 225 kg/hm^2，以提高绿肥成活率、增强与杂草竞争力。

4.1.4　绿肥利用

高秆绿肥一般在 80～150 cm 高时刈割，压青或者地面覆盖，为主作物提供有机肥。矮秆绿肥一般采用自然覆盖。在干旱季节，可适当灌水，促进绿肥腐解。豆科绿肥可为作物生长发育提供大量有机质与氮等矿质养分，可减少 20％的化肥施用量。

4.2　稻田绿肥技术模式

4.2.1　稻田夏季绿肥种植模式

(1)绿肥作物选择

绿肥作物宜选择速生快发、耐涝抗盐的豆科绿肥,如田菁等。

(2)绿肥种植管理

于6月底或者7月初,水稻收获后选择雨前播种,以利出苗。田菁绿肥撒播,播种量45～75 kg/hm^2。播种前要整地,疏松土壤。生地或者多年未种植过同类绿肥作物的地区,建议拌施根瘤菌。酸性土壤普遍缺磷,可考虑混施钙镁磷肥225 kg/hm^2,以提高绿肥产量。

(3)绿肥翻压利用

在绿肥花期或者旺长期及时旋耕机翻压。翻压后间隔15 d再种水稻,水稻可减少化肥用量20%。

4.2.2　稻田冬季绿肥种植模式

(1)绿肥作物选择

绿肥作物宜选择速生快发、耐凉耐旱的豆科绿肥,如猪屎豆、柽麻、毛豆等。

(2)绿肥种植管理

于10月底或者11月初水稻收获后,尽量选择雨前播种以利出苗。猪屎豆、柽麻、毛豆播种量分别为15 kg/hm^2、45～75 kg/hm^2和75 kg/hm^2。播种前要整地,疏松土壤。猪屎豆、柽麻一般为撒播,毛豆多为穴播。生地或者多年未种植过同类绿肥作物的地区,建议拌施根瘤菌。酸性土壤普遍缺磷,可考虑混施钙镁磷肥225 kg/hm^2,以提高绿肥产量。

(3)绿肥翻压利用

在绿肥花期或者旺长期及时旋耕机翻压。翻压后间隔15 d再种水稻,水稻可减少化肥用量20%。

参考文献

[1]海南省统计局,国家统计局海南调查总队. 海南统计年鉴2022[M]. 北京:中国统计出版社,2022.

[2]全国畜牧总站. 中国草业统计2016[M]. 北京:中国农业出版社,2017.

[3]Hu An, Huan Hengfu, Duan Hengfu, et al. Cover legumes promote the growth of young rubber trees by increasing organic carbon and organic nitrogen content in the soil [J]. Industrial Crops & Products, 2023, 197:11640.

[4]Huang Dongfen, Liu Xulin, Huan Hengfu, et al. Intercropping of Stylosanthes green manure could improve the organic nitrogen fractions in a coconut plantation with acid soil [J]. PLoS ONE, 2023, 18(3): e0277944.

[5]Liu Pandao, Xue Yingbin, Chen Zhijian, et al. Characterization of purple acid phosphatases involved in extracellular dNTP utilization in stylosanthes [J]. Journal of Experimental Botany, 2016, 67: 4141-4154.

[6]Liu Pandao, Cai Zefei, Chen Zhijian, et al. A root-associated purple acid phosphatase, SgPAP23, mediates extracellular phytate-P utilization in *Stylosanthes guianensis* [J]. Plant, Cell & Environment, 2018, 41: 2821-2834.

[7]Luo Jiajia, Liu Yunxi, Zhang Huikai, et al. Metabolic alterations provide insights into *Stylosanthes* roots responding to phosphorus deficiency [J]. BMC Plant Biology, 2020, 20: 85.

[8]Wu Yuanhang, Zhao Cang, Zhao Xingkun, et al. Multi-omics-based identification of purple acid phosphatases and metabolites involved in phosphorus recycling in stylo root exudates [J]. International Journal of Biological Macromolecules, 2023, 241:124569.

第六篇

西南篇

I 重庆市绿肥发展历史、现状、潜力及模式

1 重庆市绿肥生产历史

1.1 绿肥作物生产利用

重庆市绿肥种植历史悠久。中华人民共和国成立前，重庆市就有在稻田种养细绿萍、红萍等绿肥作物的习惯，一方面将绿萍和红萍作为饲料喂养牲畜，另一方面将其翻沤入田作为有机肥培肥土壤，以提升地力和增加水稻产量。20 世纪 50 年代中后期至今的 60 多年里，重庆市绿肥生产与中国绿肥发展历程相似，经历了繁荣、萧条、恢复三大时期。自 2007 年起，历经 20 多年绿肥生产萧条期后，重庆市绿肥生产逐渐恢复。2005 年，重庆市有机肥资源总量共计 6 104万 t(实物)，其中绿肥鲜草 68 万 t，仅占 1.1%；但自 2007 年起，重庆市各区县大力推广绿肥生产，如黔江区在冬闲田种植绿肥 2 万 hm^2；2008 年，重庆市有机肥资源总量 5 782 万 t(实物)，其中绿肥鲜草 215 万 t，占比升至 3.7%，绿肥生产逐步恢复；2010 年国家实施有机质提升等项目后，重庆市开始发展蚕豆、油菜等绿肥生产，绿肥鲜草总量达到了 255 万 t。

1.2 种质资源

重庆市早期比较偏重绿肥生产和应用，针对绿肥种质资源的收集和整理工作开展甚少，本地特有的绿肥种质资源也比较匮乏。过去生产中应用的绿肥作物有冬季绿肥、夏季绿肥、多年生绿肥和水生绿肥等。

1.2.1 冬季绿肥作物

重庆市冬季绿肥作物种类主要有紫云英、光叶苕子、黑麦草等。紫云英是重庆市主要绿肥作物，在稻田种植紫云英可提升地力，供应水稻部分氮素需求。如在 20 世纪 70～80 年代，重庆市永川区紫云英种植面积达到 3 400 hm^2。光叶苕子也是重庆市主要绿肥作物，并且是良好的饲料作物，由于其优良的固氮作用，产量和养分含量都较高，一般鲜草产量为 15～30 t/hm^2，高产地区可达 45 t/hm^2，种子产量 1.5～2.3 t/hm^2，高产可达 3.8 t/hm^2 以上。黑麦草在重庆市主要种植于茶园和烟田中，一方面可改善烟草的连作障碍，改善作物品质，另一方面因其生物量及覆盖度大，能显著降低茶园的水土肥流失。

1.2.2 夏季绿肥作物

重庆市夏季绿肥作物种类主要有白花草、眉豆等。白花草，又名藿香蓟，在重庆市常用于

柑橘园行间种植，一般2～3个月可收割鲜草22.5～30 t/hm^2，其有利于螨类天敌的生存繁育，抑制柑橘红蜘蛛的发生与危害。眉豆为重庆市较为传统的夏季绿肥作物，常作为小麦-绿肥-水稻稻轮作制地区的短期填闲作物，5月上中旬小麦收后，可立即种眉豆，其生长期仅有40 d左右，至6月下旬即可压青作为肥料，鲜草产量为15～22.5 t/hm^2，高产地区可达30 t/hm^2，可为杂交晚稻提供优质有机肥源。

1.2.3 多年生绿肥作物

重庆市多年生绿肥作物种类主要有白三叶草、红三叶草和紫花苜蓿等。白三叶草耐旱和耐贫瘠，在重庆市鲜草产量为15～45 t/hm^2，其一旦生长形成郁闭的草被，其他植物则很难侵入，能在很短的时间内侵占杂草的生长区，从而显著抑制杂草的生长。红三叶草主根入土较深，侧根发达，叶片宽大，叶量丰富，再生能力强，在重庆地区一年可刈割4～5次，鲜草产量高，可达75 t/hm^2。紫花苜蓿根系发达，生长迅速，在重庆市常被用作保持水土的绿肥作物和饲草作物。

1.2.4 水生绿肥作物

主要是红萍，又名满江红，用于水稻田中不仅可以直接翻压作底肥，也可用作饲料。

1.3 种植制度

2007年以前重庆市绿肥种植和利用主要有以下4种。

一是稻田种植利用紫云英。在稻田多、旱地少的地区，旱地种植的红薯藤不能满足畜禽对青饲料的需要，利用水稻冬闲田发展紫云英生产，其上部幼嫩部分直接用作青饲料或青贮，下部还田利用，用以培肥地力。

二是蚕豆或豌豆茎秆还田。在旱地上或稻田田坎上，秋季密植蚕豆或豌豆，待次年蚕豆或豌豆鼓粒后，收获青豆荚，其余茎叶等还田利用。

三是稻田养萍。重庆市常年有细绿萍8万hm^2左右，少部分用作饲料，大部分(占90%)直接翻压作水稻底肥。

四是经济绿肥兼用，如饲菜兼用、粮肥兼用的榨菜、油菜等。

1.4 绿肥对农业生产的贡献

1.4.1 稳定和增加粮食产量

在20世纪70～80年代，由于化肥紧缺和有机肥资源不足，难以满足生产需求，导致重庆市稻田土壤肥力逐渐下降。为了培肥土壤，稳定和提高水稻产量，重庆市大力发展绿肥生产，主要有紫云英和红萍等。在种植水稻前，将紫云英等绿肥作物翻压入田，为水稻提供了大量的有机肥源，以满足水稻生长发育需求。随着绿肥的大力推广与应用，重庆市的稻谷产量由1970年的307.8万t提高到1980年的341.6万t。

1.4.2 减少坡耕地水土流失

重庆市以坡耕地为主，山地丘陵约占总面积的90%以上，耕地资源中60%以上为旱坡地，其中坡度大于25°的耕地占46%。受此地形条件的限制，重庆市坡耕地多种植柑橘和茶等经济作物，为绿肥发展提供了广阔的空间。在柑橘园和幼龄茶园行间种植光叶苕子、黑麦草、紫花苜蓿、白三叶草及紫云英等绿肥作物，不仅大大提高了柑橘园和茶园行间的覆盖度，而且绿肥翻压入土后，提高了土壤肥力，有利于柑橘和茶树的生长发育。在重庆地区开展的研究表明，通过柑橘园和茶树行间种植绿肥，可将地表覆盖度提高到 90%以上，显著降低了水土肥的流失。

1.4.3　改良中低产田

在 20 世纪 80 年代，重庆市部分区县就已有通过绿肥种植进行土壤改良培肥的先例。如分布于重庆市涪陵区东南部的红黄壤区，面积达 4.7 万 hm^2（其中农田占 49%），平均坡度小于 15°，虽然地势较为平缓、耕地土层厚度为 5～6 m，但由于其水稳性团聚体排列较为紧密、孔隙度低、通透性和适耕性较差且有机质含量低，导致大部分红黄壤地块为中低产田，不利于耕作和作物的生长发育。当地百姓通过种植紫云英等豆科绿肥，为红黄壤提供了大量的有机肥源，以此提升了作物产量和土壤肥力。另外，在重庆市巫山县境内的白散泥田，由于其质地黏重、养分贫乏、宜耕期短、酸性较强，导致其成为典型的中低产田。当地百姓在白散泥田中种植和翻压紫云英、红萍、细绿萍等绿肥作物，明显增加了土壤氮素、速效磷和有机质含量，改良了土壤结构，从而提高了水稻等作物的产量。

1.4.4　增加烟叶产量，改善烟叶品质

在 21 世纪初，重庆市烟草公司在重庆市武隆区开展了一系列绿肥-烟草轮作试验，发现种植并翻压光叶苕子、苜蓿、黑麦草、燕麦和油菜等绿肥后，改善了植烟土壤理化性状，提高土壤微生物量碳、氮及土壤酶的活性，也提高了烤烟中总糖、还原糖、总氮和钾的含量，且这些指标随着绿肥翻压年限的增加而增加，从而增加了中上等烟叶比例、烟叶的产量和产值。

2　重庆市绿肥发展现状

近年来，随着农业农村部土壤有机质提升、化肥减量增效等方案的提出，重庆市因地制宜种植绿肥，逐步开展绿肥种质资源筛选与评价工作，积极研发重庆绿肥生产制度。经过几年相关工作，初步筛选出适合重庆市种植和留种的绿肥种质资源有毛叶苕子、光叶苕子、箭筈豌豆、山黧豆、紫云英、蚕豆、竹豆、眉豆、印度豇豆、夏大豆、三叶草、黑麦草、二月兰、肥田萝卜和油菜等，重庆农田和果园绿肥应用逐渐扩展。目前，重庆市绿肥生产的主要模式包括绿肥-粮食作物间套轮作制度、果茶园绿肥间作制度和绿肥-烟草轮作制度。

2.1　模式创新与应用成效

2.1.1　粮食作物-绿肥间套轮作制度

在重庆市稻区，目前主要推行一季中稻与一季绿肥的水旱轮作模式。待水稻收获后可不经翻耕整地，直接播种紫云英、毛叶苕子、光叶苕子、箭筈豌豆、山黧豆、蚕豆、黑麦草、二月兰、肥田萝卜或油菜等绿肥，不仅实现了轻简化栽培，又能通过次年绿肥的翻压培肥土壤、减少化肥施用量、改善土壤结构，该模式迅速被农民接受，种植面积逐年扩大。如 2018—2022 年，重庆市巴南区、南川区、开州区、黔江区、丰都县、酉阳县等地大力推广以冬季绿肥种植为要素的有机稻生产，实施规模达 3 000 hm^2 以上，打造出了“贡米”公共品牌，形成了乡村振兴特色产业。

在重庆市旱地，目前主要推行玉米-夏季绿肥间套作模式。在玉米行间种植竹豆、眉豆、印度豇豆、夏大豆等夏季绿肥，实现了高低作物搭配，充分利用了重庆地区较好的温光水资源，大幅度提高了单位面积产出。并且，通过玉米秸秆和夏季绿肥的联合还田，大幅度减少了氮肥的投入、增加了土壤有机质含量，解决了丘陵旱地地力差、效益低、用养结合难等问题。该模式在重庆市各区县得到广泛采纳普及，种植规模已经超过 1 万 hm^2。

2.1.2 果茶园-绿肥间作制度

重庆市的果园和茶园多种植于坡耕地，通过在行间间作黑麦草、光叶苕子、毛叶苕子、箭筈豌豆、山黧豆等冬季绿肥或三叶草等多年生绿肥，既能保持水土、提供养分，又能改善果园和茶园小生态环境。2017 年以来，重庆市各区县深入推进果茶园化肥减量增效行动，通过试验示范，探索出了以冬季绿肥为主的“绿肥＋”水果产业模式，涉及产业有柑橘、梨、桃、李、葡萄、无花果等果树。近年来，重庆市各级农业农村委员会通过免费发放绿肥种子、组织农业专业技术人员进村入户指导果农种植生产等方式，大力推广普及“绿肥＋”水果产业模式，总计实施规模上万公顷，形成了以“绿肥＋”为核心的“忠橙”“二圣梨”“巫山脆李”“永川秀芽”等众多公共品牌，打造了可持续发展的绿色生态果茶园。

2.1.3 绿肥-烟草轮作制度

重庆市烟田一直有冬绿肥-烟草轮作种植的习惯，采用的冬季绿肥主要包括光叶苕子、苜蓿、黑麦草、燕麦、油菜等。烟田翻压冬季绿肥既能改良土壤质量，又能减少烟草连作障碍的发生，从而增加烟叶产量、改善烟叶的品质。重庆市烟田经过多年的绿肥种植，大大提升了烟田的种植效能，烟叶的中上等比例也由 2009 年的 78% 提高到如今的 91%，烟农可增收 7 500 元/hm^2左右。

2.2 科研发展、人才队伍和绿肥政策

绿肥恢复发展后，重庆市积极推动绿肥生产发展和科研工作。重庆市农业农村委员会出台了《重庆市到 2020 年化肥使用量零增长实施方案》，明确了针对经济果林和休闲农业加大绿肥种植规模，加强油菜、紫云英、光叶苕子、毛叶苕子和箭筈豌豆等绿肥的试验示范。此外，在丘陵山区宜机化地块整理整治、高标准农田建设等项目中，也明确了重点发展光叶苕子、毛叶苕子、箭筈豌豆、紫云英、黑麦草、油菜等绿肥作物的全程机械化生产，以提升地力，发展绿色可持续农业。

重庆市绿肥相关政策和工作的开展也推动了绿肥科研工作的发展和科研队伍的建设。重庆市近年参与绿肥研究工作的单位有西南大学、重庆市农业技术推广总站、重庆市农业科学院、重庆市烟草公司、重庆市林业科学研究院以及各个区县农业技术推广部门等。总体看，目前重庆市绿肥相关工作仍处于起步阶段，需要持续的专项资金、政策支持，以进一步推动绿肥科研工作的开展，服务农业高质量发展。

3 重庆市绿肥研发进展与创新

重庆市农作物的常年种植面积达 300 多万 hm^2，主要粮食作物有水稻、玉米、红薯、小麦 4 大类，以水稻居首；果树作物主要有柑橘、甜橙、柚、桃、李、梨等。重庆市农用耕地开发度较

高，是全国重要的粮食产区和著名的优质水果产地。目前，重庆市在绿肥生产机械化、绿肥的生长发育和养分累积释放规律、果园绿肥轻简化栽培技术、绿肥柑橘园化肥减量技术等研发上取得了一定的进展。

3.1 绿肥生产机械化

从 2015 年开始，重庆市农机推广人员结合丘陵山区宜机化地块整理整治项目，重点试验了苕子、黑麦草和油菜等冬季绿肥作物的机械化轻简生产技术，同时探索将机械化深松用作绿肥作物直播生产上，通过深松整地达到绿肥作物备种、备播的效果。丘陵山区绿肥机械化轻简生产技术主要体现为用 2 次机械化作业（肥种抛撒和深松整地）完成传统生产方式中的 6 个作业环节（灭茬、旋耕、开沟、播种、施肥和盖种）；利用大马力拖拉机挂接撒肥机将混合好的绿肥种子与肥料进行幅宽 8～12 m 的机械化抛撒，完成播种和施肥作业任务（此步骤也可用机动喷雾喷粉机或人工撒播代替）。抛撒完成后，用拖拉机挂接深松联合整地机深松整地，完成灭茬、浅旋、盖种和开沟作业任务。深松可有效改善耕层结构，减少地表径流，提高土壤排水排湿能力，从而为作物生长发育创造上实下虚、虚实并存的理想耕层结构。同时，也可采用深松联合整地机，直接将绿肥粉碎还田。在重庆高温高湿的环境下，粉碎还田后的绿肥秸秆能够快速腐烂。

3.2 绿肥的生长发育和养分累积、释放规律

在重庆地区，毛叶苕子、光叶苕子、箭筈豌豆、山黧豆、紫云英、白三叶草、红三叶草、黑麦草和二月兰等冬季绿肥均生长良好，播种后的第 160～220 d（即春季盛花期或旺长期）达到地上部最高鲜草产量，为 28.6～83.6 t/hm^2（图 6-1-1）。其中，光叶苕子、毛叶苕子、箭筈豌豆和山黧豆等绿肥苗期生长迅速，地上部鲜草最高产量均达到 55 t/hm^2 及以上（图 6-1-1）。

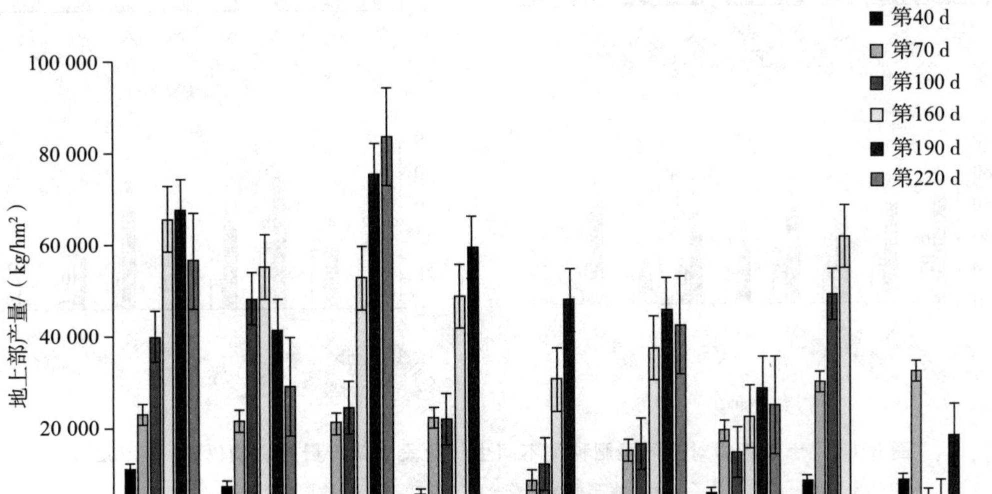

图 6-1-1 不同绿肥不同生长阶段地上部和根系产量（杨叶华，2020）

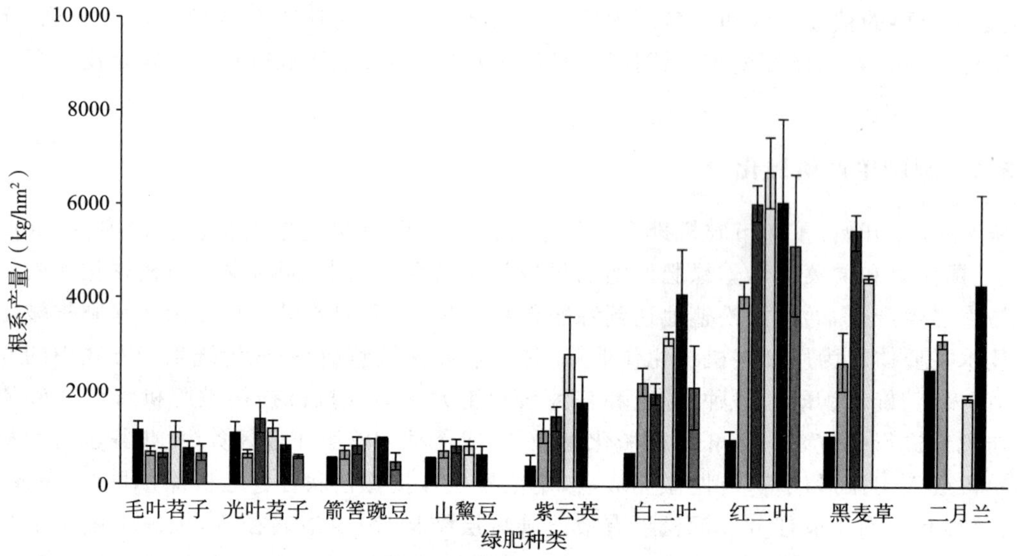

续图 6-1-1

高肥力土壤的鲜草产量显著高于低肥力土壤，山黧豆、紫云英、白三叶草、红三叶草、黑麦草和二月兰在低肥力土壤上表现出较低的生产性能，最高产量为 0.46～13.3 t/hm²；毛叶苕子、光叶苕子、箭筈豌豆的适应范围广，在不同肥力土壤上均生长较好，高肥力和低肥力土壤的产量分别为 55.3～75.3 t/hm² 和 28.0～37.6 t/hm²（图 6-1-2）。

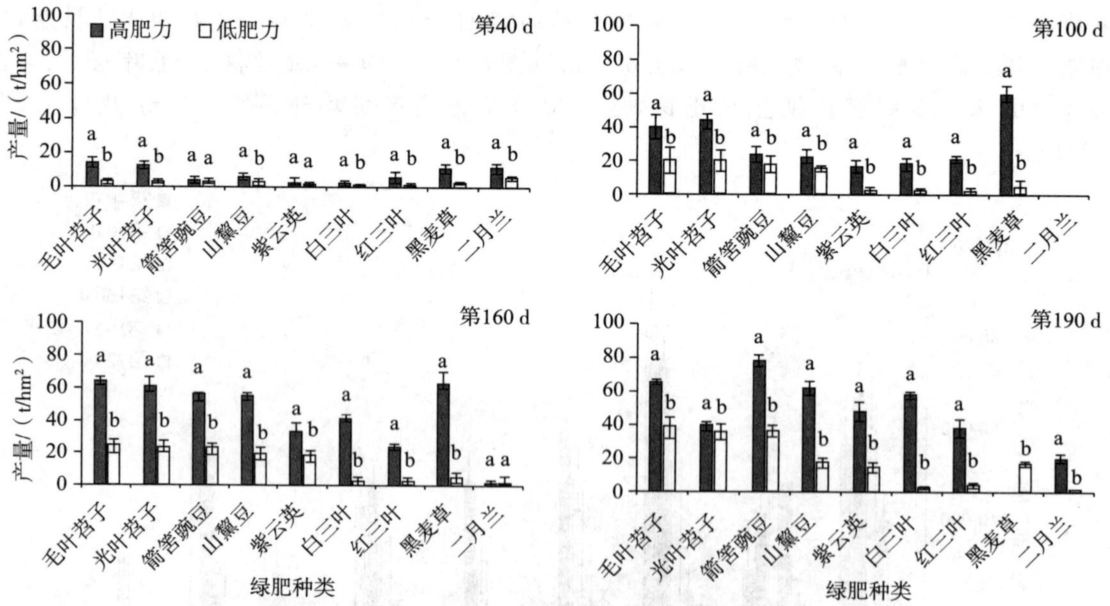

图 6-1-2　土壤肥力对不同绿肥种类不同生长阶段鲜草产量的影响（杨叶华，2020）

注：不同小写字母表示同一绿肥品种不同肥力水平间差异显著（$P<0.05$），以下各图意义相同。

播期也是影响绿肥鲜草产量的关键因素之一。如图 6-1-3 所示，在重庆地区，冬季绿肥适宜的播期在 9 月 21 日至 10 月 11 日，适当早播可提高绿肥的产量。毛叶苕子和箭筈豌豆在 10 月 21 日左右播种仍有较高的产量，是较适宜晚播的绿肥种类。

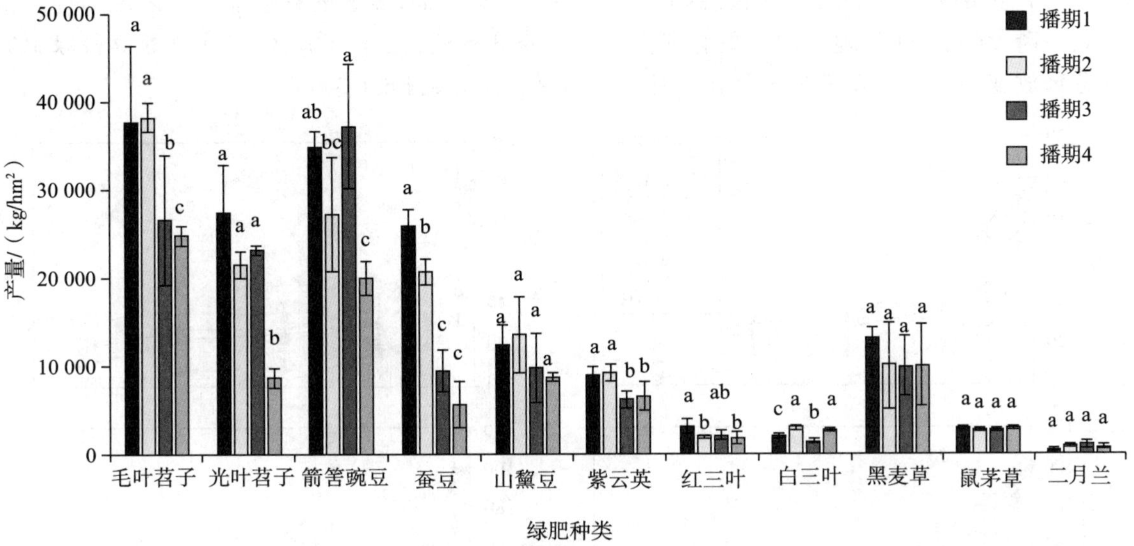

图 6-1-3 播期对不同绿肥鲜草产量的影响(杨叶华,2020)

注:2017 年播种,蚕豆播期 1～4 分别为 10 月 11 日、10 月 21 日、10 月 31 日、11 月 10 日,其余绿肥播期 1～4 分别为 9 月 21 日、10 月 1 日、10 月 11 日、10 月 21 日。

在重庆地区,翻耕播种或免耕播种绿肥,主要影响绿肥前期的生长,对后期绿肥鲜草产量影响较小。毛叶苕子、光叶苕子、箭筈豌豆、山黧豆、紫云英等播种 190 d 后,2 种播种方式下鲜草产量无显著性差异(图 6-1-4)。可见,上述冬季绿肥可采用免耕直播的轻简化方式进行播种。

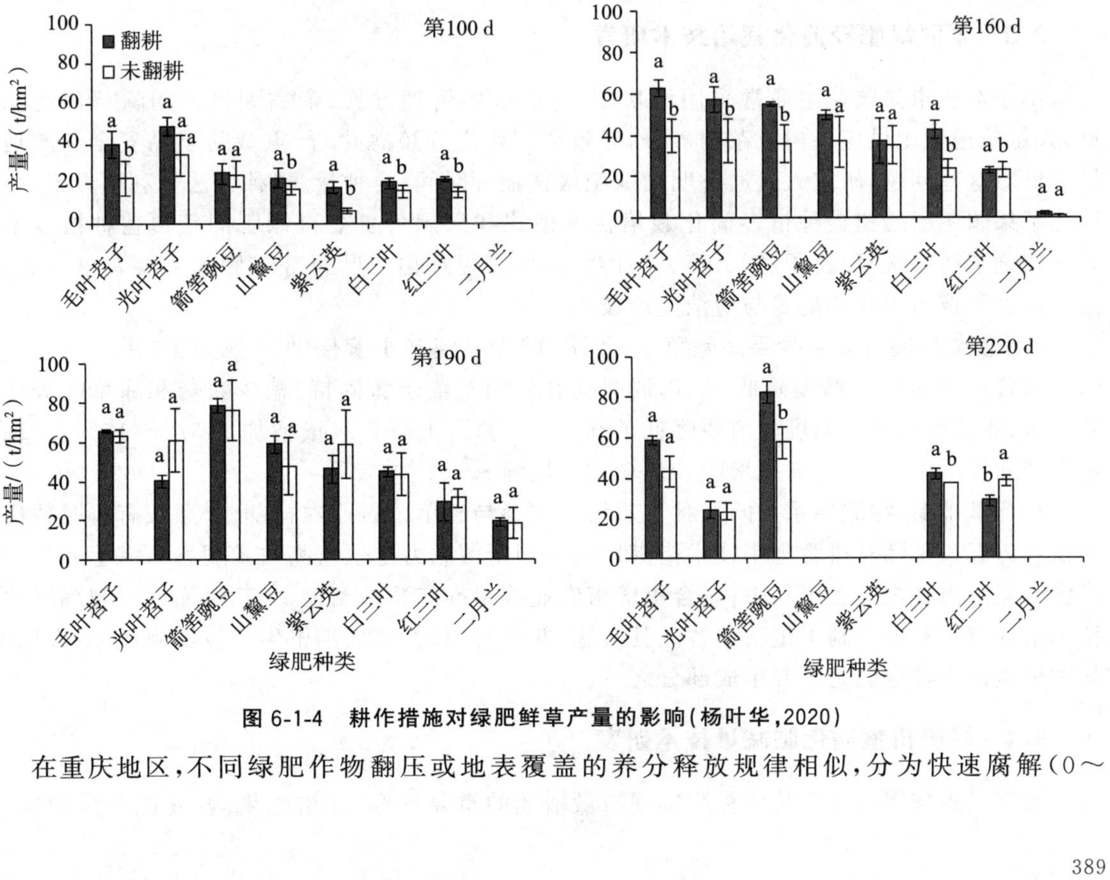

图 6-1-4 耕作措施对绿肥鲜草产量的影响(杨叶华,2020)

在重庆地区,不同绿肥作物翻压或地表覆盖的养分释放规律相似,分为快速腐解(0～

30 d)、中速腐解(30～60 d)、缓慢腐解(60～120 d)3 个时期,养分的释放速率均表现为钾＞氮＞碳＞磷,绿肥翻压比地表覆盖更有利于腐解和养分释放;光叶苕子、白三叶草等豆科绿肥的养分释放速率明显地高于黑麦草和二月兰等非豆科绿肥(图 6-1-5)。

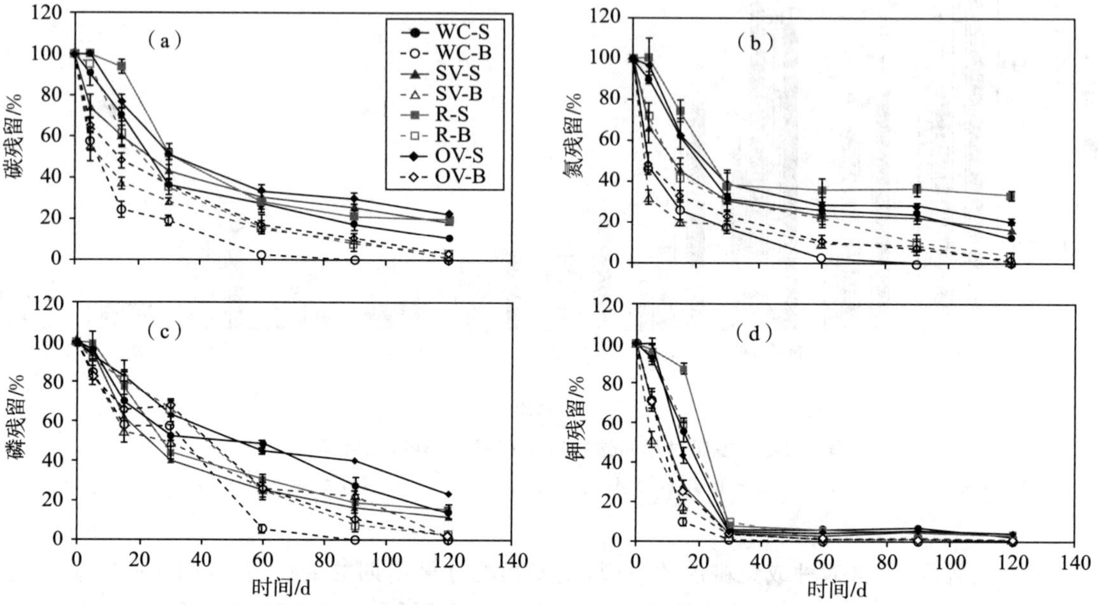

图 6-1-5　田间条件下不同绿肥的碳、氮、磷和钾释放特征(杨叶华,2020)

注:WC—白三叶;SV—光叶苕子;R—一年生黑麦草;OV—二月兰;S—覆盖;B—翻压。

3.3　果园绿肥轻简化栽培技术研发

由于重庆市果园业主通常采用清耕制、粗放式的管理方式,依靠大量使用除草剂控制杂草、大量施用化肥供应果树或茶树养分,导致果园生态环境恶化,严重威胁果品安全和园地质量。针对这些问题,研究人员通过明确绿肥最佳播种时间、播种量、播种方法及利用方式,分别构建了果园冬绿肥覆盖种植轻简化栽培技术模式和果园冬夏豆科绿肥周年覆盖种植技术模式。明确了箭筈豌豆、苕子、紫云英、二月兰、印度豇豆和白三叶草等绿肥为主要栽培种类,提出了这 2 种技术模式的配置与清洁生产技术。

2 种模式均能有效减少果园除草 2～4 次,减少径流和土壤侵蚀 80%以上,果实产量提高 8%,糖含量增加 9%,酸度降低 14%,同时提升果园土壤碳氮固持、减少农药和除草剂等化学品投入;暑旱时期土壤温度较清耕降低了 0.7～2.3℃,土壤含水量增加了 3.1～17%,实现了水果产业提质增效、百姓省工增收和环境减压增绿。

在此基础上,绿肥体系果园及林下栽培岗位参与起草了农业农村部《果菜茶有机肥替代化肥技术方案》《果园有机肥施用技术指南》和《果园土壤肥力定位监测技术规程》,将上述 2 种模式作为重点内容之一置于其中;联合重庆市农业技术推广总站制定了《三峡库区果园绿肥种植技术指导方案》,下发到了重庆市各区县实施;并参与制定了《大雅柑生产技术规程》地方标准,其中柑橘园套种绿肥是重要组成部分之一。

3.4　绿肥柑橘园化肥减量技术研发

绿肥是柑橘园有机肥替代化肥实现减量增效的重要支撑,在培肥果园、化肥减量增效、产品提质增效、农业绿色发展等方面起了重要作用。在果园冬夏豆科绿肥周年覆盖种植技术模式中，9～10 月初播种苕子等冬季绿肥，4 月中旬在绿肥盛花期翻压，5～6 月初种植印度豇豆等夏季绿肥，8～9 月初翻压；2 次翻压可分别供应柑橘氮素需求量的 10%～12%和 4%～5%；因此，通过冬夏绿肥周年覆盖种植与利用，可减少柑橘化学氮肥投入 14%～17%。

绿肥翻压方式下柑橘生物量高于绿肥覆盖方式，绿肥翻压和覆盖模式下柑橘吸收氮中分别有 44%和 27%来自绿肥。并且，随着绿肥替代化学氮肥比例增加，柑橘氮素营养来自绿肥的供给量也越多。但是，绿肥替代化学氮肥比例对柑橘氮素分配无显著影响，柑橘叶片、茎秆、根系氮分配率分别为 60%、20%、20%。

此外，在重庆地区丘陵山地地形条件下，绿肥覆盖栽培全年可减少 20%左右的氮素径流或淋溶损失，加之冬夏豆科绿肥通过固氮作用提供的 14%～17%的氮素，可有效替代化学氮肥 35%左右。这些研究结果为大力推广果园绿肥种植提供了数据支撑，也为以绿肥为核心的生态果园建设和绿色果品生产提供了有力证据。

4 重庆市绿肥发展潜力

4.1 重庆市发展绿肥的必要性

重庆市绿色江岸建设的需要。重庆地处长江上游，三峡库区腹心。江岸带是重庆市与长江及其支流交汇的地带，也是城市的门户和形象展示窗口。随着城市化的快速发展，江岸带的生态环境逐渐受到破坏，土壤退化、水体污染等问题日益突出。在重庆市江岸带种植多样的绿肥作物，有助于改善土壤结构、减少土壤侵蚀和面源污染的发生，有利于保护江岸带的生态环境，打造美丽宜居的绿色江岸，实现绿水青山建设。

重庆市地力提升的需要。重庆市地势复杂，山地和丘陵区域占据大部分土地，农业生产条件差，土壤类型以抗蚀性较差的紫色土、石灰岩土、山地红黄壤为主，普遍存在土壤贫瘠、养分不足的问题。光叶苕子、毛叶苕子、箭筈豌豆等豆科绿肥具有生长快、繁殖力强、耐逆性好等特点，能有效地增加土壤的碳氮固持、活化土壤磷养分、改善土壤结构和增加土层厚度等，为农作物的生长创造更好的土壤环境，提高土地生产力。

柑橘产业提质增效的需要。重庆市是我国重要的柑橘主产区之一，种植面积约 25 万 hm^2，产量 350 余万 t，总产值超 300 亿元。但是，传统的清耕制度使得果园土地长时间裸露，长期如此导致水土肥流失、果园土壤肥力退化、生物多样性下降、果品产量与质量降低，影响绿色果品生产。柑橘园绿肥覆盖种植可以增加果树行间覆盖度，有效抑制杂草、减少除草剂的使用；可以改善土壤环境，提供树体所需的养分，促进柑橘的健康生长，提高柑橘产量和品质，增加农民的收入，减少对化肥的依赖，实现柑橘种植的提质增效。

4.2 重庆市绿肥发展潜力

总体看，重庆市的绿肥面积潜力为 112 万 hm^2，有效时空潜力为 66 万 hm^2・年（表 6-1-1）。其中，农田的绿肥面积潜力为 93 万 hm^2，有效时空潜力为 46 万 hm^2・年；重庆市柑橘等经济林园的绿肥面积潜力为 19 万 hm^2，有效时空潜力为 19 万 hm^2・年。

4.2.1 农田绿肥发展潜力

水稻作为重庆市的第一大粮食作物，占重庆市粮食作物播种面积的 30%，主要耕作制度为水稻-冬闲、水稻-油菜轮作、水稻-蔬菜轮作。其中，冬闲稻田面积占全市水稻种植总面积的 70%左右，适宜冬绿肥种植。根据计算，可用于种植绿肥的冬闲田面积为 61 万 hm^2，绿肥有效时空潜力 30 万 hm^2 · 年(表 6-1-1)。

玉米是重庆地区主要的农作物，常年种植面积为 43 万 hm^2。但是，重庆市玉米生产管理措施相对粗放，精细化不足，并且由于高温和季节性干旱气候、土壤养分贫瘠、光照不足等因素，玉米产量不高，与全国平均水平存在较大差距。重庆地区玉米多为 3 月中旬播种、7 月中旬收获，可以利用玉米行间和空闲季节种植绿肥，玉米-夏绿肥间套作和冬绿肥-玉米轮作体系可以带来良好的生态效益。据估算，可用于发展绿肥的玉米-冬闲面积为 32 万 hm^2，绿肥有效时空潜力达 16 万 hm^2 · 年(表 6-1-1)。

4.2.2 经济林园(果茶园)绿肥发展潜力

近年来，重庆市果茶园种植面积不断增加，为果茶园行间绿肥的种植提供了巨大的发展空间。果茶园间作绿肥是“以园养园、以短养长”的重要措施，不仅能培肥土壤、降低地表径流、减少养分流失、提高产量和品质，而且能调节行间小气候、增加生物多样性、减少病虫草害的发生。目前，重庆市约有 36 万 hm^2 果园和 5 万 hm^2 茶园可以用来间作绿肥，并且可以在冬、夏两季种植。据计算，重庆市果园套种绿肥发展的面积潜力可达 18 万 hm^2，绿肥有效时空潜力为 18 万 hm^2 · 年；茶园绿肥面积潜力为 1 万 hm^2，有效时空潜力为 1 万 hm^2 · 年(表 6-1-1)。

表 6-1-1 重庆市绿肥种植时空潜力

区域	适宜的绿肥制度	对应的主作物面积/万 hm^2	绿肥空间占比/%	绿肥时长/个月	绿肥面积潜力/万 hm^2	绿肥有效时空潜力/(万 hm^2 · 年)
农区	绿肥-玉米轮作	32	100	6	32	16
	绿肥-水稻轮作	61	100	6	61	30
	农区合计	93	—	—	93	46
经济林园	落叶果园	14	70	12	10	10
	常绿果园成龄	15	25	12	4	4
	常绿果园幼龄	6	70	12	4	4
	茶园	5	25	12	1	1
	经济林园合计	41	—	—	19	19
合 计		134	—	—	112	66

注：绿肥有效时空潜力＝对应的主作物面积×绿肥空间占比×绿肥时长。

5 重庆市绿肥生产主要技术模式

5.1 果园冬绿肥覆盖种植轻简化栽培技术模式

推荐在重庆市果园种植适应性强的光叶苕子、毛叶苕子、箭筈豌豆、山黧豆等绿肥种类。播种量一般为光叶苕子和毛叶苕子 30～45 kg/hm^2、箭筈豌豆 60～75 kg/hm^2、山黧豆 45～60 kg/hm^2；如果采用无人机播种，播种量增加 20%；在同一地块次年种植，利用落籽再生播种量可以减少1/3～1/2。

绿肥的最佳播种时间为9月中下旬到10月上旬。杂草少的果园绿肥播种前不耕地、不除草，在降雨后土壤湿润的情况下均匀撒播于距离树基0.5 m以外的行间(幼龄果园全园撒播)；杂草茂密、高度超过40 cm的果园在播前采用机械或人工割草(采用化学除草剂的果园应在播前1月左右使用，一般不建议用除草剂)，然后撒播。

土壤墒情适宜的果园播后3～7 d生根发芽，之后自然生长。次年的2～3月初绿肥开始旺盛生长，实现果园全覆盖，一般3月下旬到4月上旬进入始花期，此时鲜草产量可以达到22.5～75 t/hm^2，4月份进入盛花期，5～6月份进入结荚和自然枯萎期。

该模式绿肥秋季撒播、春夏自然枯萎覆盖，操作简便，实现"以冬草压夏草(冬绿肥覆盖利用抑制夏季杂草疯长)"，减少春夏人工除草1～3次(平均2次)，节约人工除草成本600元/hm^{2}左右。光叶苕子等绿肥鲜产量可达到30～75 t/hm^2，覆盖度好，实现了保持水土、培肥地力、提供养分的多重功效，为重庆市果园面源污染削减、耕地质量提升等战略任务提供了轻简化可操作的技术保障。

5.2 果园冬夏豆科绿肥周年覆盖种植技术模式

推荐在重庆市果园种植适应性强的光叶苕子、毛叶苕子、箭筈豌豆、山黧豆等作为冬季绿肥；印度豇豆和拉巴豆等作为夏绿肥。播种量一般为光叶苕子和毛叶苕子30～45 kg/hm^2、箭筈豌豆60～75 kg/hm^2、山黧豆45～60 kg/hm^2；印度豇豆和拉巴豆30～45 kg/hm^2。

冬季绿肥于9月下旬至10月上旬降雨后直接撒播于果树行间，次年5月下旬至6月初，将冬绿肥翻压至20～30 cm土层，而后撒播或窝播夏绿肥；至9月下旬，将夏绿肥翻压至20～30 cm土层，而后撒播冬绿肥；如此"两播两翻"作业周年循环，实现果园冬夏豆科绿肥周年覆盖种植。

此模式推荐在地势起伏不大、可机械化操作的标准化果园中应用，秋冬以冬绿肥鲜草覆盖为主，夏季以夏绿肥覆盖为主，起到冬夏周年压制杂草、保墒、降温、培肥、减少面源污染等多重功效。

5.3 绿肥-水稻轮作技术模式

重庆市稻田绿肥作物优先选择紫云英、毛叶苕子、光叶苕子或箭筈豌豆等豆科绿肥。播种前选择晴天的中午，将种子摊晒4～5 h，然后用0.1%～0.2%的磷酸二氢钾溶液浸种10 h，捞出晾干，用磷肥或草灰按75～150 kg/hm^{2}拌种。

播期一般在9月下旬至10月初，播种过早，稻肥共生期过长，幼苗瘦弱；播种过迟，则易受冻害，越冬苗不足。一般紫云英播种量22.5～30 kg/hm^2、光叶苕子和毛叶苕子30～45 kg/hm^2、箭筈豌豆60～75 kg/hm^2，田地脚不粘泥、不下沉即可种植。

绿肥一般在初花至盛花期翻压，翻压后水稻氮肥用量可减少20%～40%。

5.4 玉米-绿肥间作技术模式

推荐在重庆市旱地利用早生快发、抗旱性强、耐阴性好、结瘤率高的竹豆、眉豆、印度豇豆、夏大豆等夏季绿肥与玉米进行间作种植。播种前选择晴天的中午，将夏季绿肥种子摊晒4～5 h，然后用0.1%～0.2%的磷酸二氢钾溶液浸种10 h，捞出晾干。

夏绿肥在玉米苗期播种，玉米播期集中在3月上旬至3月中旬，夏绿肥播期集中在5月中下旬。夏绿肥窝播于玉米行间，窝距以25～35 cm为宜；一般播种量22.5～30 kg/hm²。玉米收获后，将玉米秸秆和夏绿肥进行联合粉碎还田，为土壤提供有机肥源。

5.5 绿肥-烤烟复种技术模式

重庆市烟田绿肥作物一般选用光叶苕子、油菜、燕麦或黑麦草等绿肥。播种量为光叶苕子30～45 kg/hm²、油菜6～8 kg/hm²、燕麦或黑麦草10～20 kg/hm²。

10月份烟叶采收结束后，11月前在烤烟地均匀撒播种植绿肥；次年4月份进行绿肥翻压，绿肥在烤烟移栽前20 d左右翻压。绿肥应在鲜草产量和养分含量最高时期即现蕾期翻压较为适宜。翻压光叶苕子等豆科绿肥后，烤烟氮肥用量可减少15%～30%。

5.6 茶园-绿肥间作技术模式

茶园冬季绿肥可以选择光叶苕子、黑麦草、白三叶草、黄花苜蓿、紫云英等，茶园夏季绿肥可以选择印度豇豆、绿豆等。其中，紫云英适宜于水分条件较好的茶园；黄花苜蓿适宜于排水良好的沙壤茶园；蚕豆适宜温和湿润的气候条件，一般茶园以采青豆后再翻埋。冬季绿肥的播种量为光叶苕子30～45 kg/hm²、黑麦草、白三叶草和黄花苜蓿10～20 kg/hm²、紫云英22.5～30 kg/hm²；夏季绿肥的播种量为印度豇豆22.5～30 kg/hm²、绿豆15～22.5 kg/hm²。

重庆地区幼龄茶园可以在每年10月雨季过后种植冬季绿肥，于次年5月雨季来临前翻埋作为基肥，同时在2月、5月、8月沿茶树滴水线开沟深度15～20 cm集中施入速效追肥，从而形成丘陵山地幼龄茶园夏秋季免耕管理的栽培模式。茶园夏季绿肥的播种时间，不像冬季绿肥那样严格，但在适宜播种期间，适当提早播种，可以增加刈割次数，提高产量。不能多次刈割的绿肥，如印度豇豆等，提早播种，可争取一年播两季，提高绿肥产量。

参考文献

[1]白富荣. 重庆地区高产玉米种植技术及病虫防治要点[J]. 农技服务，2016，33(7)：42-43.

[2]陈艳秋. 重庆市黔江区有机肥使用现状及对策[J]. 南方农业，2012，6(7)：54-56.

[3]重庆统计局. 重庆统计年鉴[M]. 北京：中国统计出版社，1997.

[4]方林发. 豆科绿肥替代化肥对柑橘氮素营养及生长发育的影响[D]. 西南大学，2020.

[5]甘霖，吴正琴. 柑橘园间种白花草好[J]. 四川果树，1993，21(4)：34.

[6]甘世庆. 涪陵红黄壤的利用改良[J]. 土壤，1988 (2)：90-92.

[7]何能学，朱朝碧. 白三叶草种植技术及经济价值[J]. 四川畜牧兽医，2003，30(2)：42.

[8]胡王仲. 重庆市有机肥料资源利用现状与发展思考[J]. 中国农技推广，2007 (7)：37-39.

[9]刘国顺，李正，敬海霞，等. 连年翻压绿肥对植烟土壤微生物量及酶活性的影响[J]. 植物营养与肥料学报，2010，16(6)：1472-1478.

[10]刘瑞. 绿肥覆盖对紫色土坡耕地柑橘园水土保持及氮磷养分流失的影响[D]. 西南大学，2021.

[11]刘正兰. 忠县地区光叶紫花苕绿肥种植效果分析[J]. 南方农业，2019，13(S1)：53-54，61.

[12]马泮巍. 白散泥田低产原因及其改良[J]. 土壤，1987 (5)：269-271.

[13]任善辉，黄秀芬. 永川紫云英种植情况与发展思考[J]. 西南农业大学学报(社会科学版)，2007，5(1)：150-153.

[14]商跃凤. 重庆市有机肥料资源调查利用及对策[J]. 南方农业(园林花卉版)，2011，5(1)：3-39,42.

[15]王开周. 开州区柑橘有机肥替代化肥的做法、成效和对策建议[J]. 基层农技推广，2019，7(6)：90-92.

[16]吴全，姚永宏，李中林. 幼龄茶园复合种植技术研究[J]. 中国土壤与肥料，2006(6)：38-40.

[17]谢琳，敖方源，谢英杰，等. 重庆市丘陵山区绿肥机械化轻简生产实践[J]. 农业工程，2017，7(5)：20-21.

[18]杨叶华. 绿肥在柑橘园的生长发育和养分累积及其释放特征研究[D]. 西南大学,2020.

[19]姚雄，李经勇，李杰，等. 重庆水稻精确定量高产栽培示范研究及技术推广建议[J]. 中国稻米，2015，21(4)：197-200.

[20]姚永宏，吴全，李中林，等. 茶园坡改梯配套技术及生态效益研究[J]. 西南农业大学学报(自然科学版)，2006 (4)：606-609.

[21]叶协锋，杨超，王永，等. 翻压黑麦草对烤烟产、质量影响的研究[J]. 中国农学通报，2008，24(12)：196-199.

[22]叶协锋，张文平，向宗波，等. 绿肥改土的作用及其在烟叶生产中应用的研究进展[J]. 江西农业学报，2009，21(11)：66-69.

[23]张纳. 重庆地区玉米高产种植技术探讨[J]. 南方农业，2016，10(33)：24,26.

[24]张学良. 绿肥还田对果园土壤碳周转的影响[D]. 西南大学，2021.

Ⅱ　四川省绿肥发展历史、现状、潜力及模式

1　四川省绿肥生产历史

1.1　生产利用

四川省绿肥种植利用历史悠久，早在公元前200年，农民就知道利用绿肥，经过堆沤、泡青或翻压土中作肥料，用以丰富肥料来源，改良土壤。春秋时代的《诗经》、汉代的《礼记·月令》、西晋的《广志》、后魏的《齐民要术》等书中均记载了野生绿色植物和栽培绿肥的肥效、施用方法及培肥地力的效果。公元129年，汉使张骞从西域带回了苜蓿，开始了引种栽培，随着北方文化和人口南移，绿肥随之被引入四川，并得到广泛传播，成为农作物生产和培肥地力的重要措施。到明、清时期，有关绿肥种植历史记载有绿豆、蚕豆、豌豆、小豆、苜蓿、苕子、紫云英、肥田萝卜等冬、夏、秋短期绿肥的性状特征、种植利用方法及肥效等，已形成粮、棉、油间套作养地培肥的传统农耕文化和种植制度。栽培绿肥的诞生，为四川省肥料史上揭开了新的篇章。种植和利用绿肥措施成为四川省农业用地养地的重要手段，对提高农作物产量、维持和提高土地生产能力起到了巨大作用。

中华人民共和国成立前，四川省绿肥不仅种植面积小，绿肥种类也少，鲜草和种子产量均较低。绿肥生产主要区域集中在文化较发达的川西平原，种类有苕子、紫云英、蚕豆、绿豆、豌豆等；而盆地丘陵及盆周山区则多以蚕豆、绿豆、豌豆等作为杂粮和肥料利用。

中华人民共和国成立后，我国化肥工业较为落后，人畜粪有机肥和绿肥成为四川省粮食生产的当家肥源。在党和政府的支持下，四川省科研推广部门密切配合，广泛开展绿肥引种试验和推广应用，到20世纪70年代中、后期，绿肥种植面积达到了历史最高水平。1977年，全省绿肥饲草面积达54.8万hm^2（表6-2-1），平均每12.2 hm^2耕地有1 hm^2绿肥，与解放初期1949年比较，粮食产量翻了一倍，这其中除了良种良法的作用外，有机肥和绿肥的贡献是巨大的。

1980—1990年，四川省绿肥种植面积呈现先下降后上升的趋势。1984年全省绿肥种植面积下降到8.1万hm^2。1984年丰收之后，粮食却出现逐年减产。面对粮食减产的严峻形势，1988年国务院发布《关于重视和加强有机肥料工作的指示》，1989年原农业部在江苏省召开了“全国有机肥料工作会议”，再次掀起重视和加强有机肥料生产的热潮。四川省重新加强了绿肥科研和生产投入，有力促进了全省绿肥饲草种植面积的快速回升，1985年种植面积达到33万hm^2，到1990年，全省绿肥面积迅速发展到43.4万hm^2，农业生产逐渐走向良性循环轨道。由此可见，绿肥饲草与四川粮食生产发展是紧密相关的，其作用也是不可替代的。

表 6-2-1　四川省绿肥饲草种植面积(1950—1990 年)　万 hm^2

年份	面积	年份	面积	年份	面积
1950	10.9	1971	20.3	1983	8.8
1952	14.4	1975	24.8	1984	8.1
1957	17.5	1976	48.4	1985	33.0
1960	11.4	1977	54.8	1986	35.5
1962	9.1	1978	16.6	1987	38.4
1965	8.4	1979	35.9	1988	40.1
1966	23.1	1980	33.7	1989	42.1
1968	13.8	1981	9.8	1990	43.4
1970	16.8	1982	10.2		

注:资料来源于①四川省农牧业统计资料汇编,农牧厅 1950—1990 年;②全国绿肥试验网广州会议资料—1981 年 9 月 28 日。

1990 年至 21 世纪初,随着农业结构调整,四川省绿肥种植面积又出现快速萎缩,进入持续 10 多年的低谷期,2008 年前四川省绿肥种植面积减少到 6 万 hm^2 左右,全省绿肥科研人才流失,推广体系解体,绿肥生产基本处于自生自灭状态。

1.2　种质资源

四川省野生绿肥资源丰富,但栽培利用的品种并不多。中华人民共和国成立前,主要种植的有光叶紫花苕、紫云英、蚕豆、豌豆等少数种类。中华人民共和国成立后,四川省科研推广部门积极引种试验,绿肥种质资源日益丰富,适宜四川生态气候条件的栽培品种逐渐增加,如南充市农业科学院 1977 年成功引进扁荚山黧豆并在川东北地区大面积推广,成为肥、粮、饲兼用的旱地当家绿肥品种。

1.2.1　紫云英

紫云英在四川省俗称小苕子,喜温湿润的环境条件,适应性强,抗旱性弱,适种期长。在水稻收获前套播或水稻收获后撒播,一般鲜草产量 30～45 t/hm^2。紫云英是稻田的优良冬季绿肥,适当增施磷肥和在新种植区用根瘤菌剂拌种,可有效促进植株生长。四川省主要的紫云英栽培品种如下:

(1)温江紫云英

成都平原的代表性地方品种,种植历史悠久,种植面积大,早熟,鲜草和种子产量较高。

(2)岳池紫云英

川东北地区代表性地方品种,在四川东北部种植历史悠久,种植面积大,适应性强,鲜草产量高。

(3)升钟紫云英

四川省农业科学院选育地方品种,适宜长江流域及南方稻田种植,抗逆性强,鲜草产量高。

(4)乐山 75-8-2

原乐山地区农科所选育品种,在四川盆地西南地区广泛种植,在全国 90 个紫云英品种(系)中,是表现好的 3 个早熟型品种之一,植株含氮量较高,抗逆性较好。

(5)姜山紫云英

浙江地方良种,20 世纪 70 年代末被引进川西平原种植,晚熟型,抗逆性好,抗寒性强,茎粗壮，鲜草产量高。

1.2.2 苕子

在四川省种植的有蓝花苕子、毛叶苕子、光叶紫花苕子等，适于稻田、旱地种植。

(1)蓝花苕子

四川省俗称大苕子或圆苕，根系不发达，抗旱、抗寒，耐湿性弱，宜稻田种植。适期播种，鲜草产量 30～45 t/hm^2，鲜草干物质百分率高，可晒制干草粉作饲料，是稻田的优良冬季绿肥饲料。成都平原种植历史悠久、面积大的地方良种有油苕和花苕。油苕，早熟，茎较长，粗壮，多分布在油沙田地区，鲜草和种子产量均较稳定。花苕，中熟偏早，盛花期比油苕早 7～8 d，生育期比油苕短 5 d，茎较矮、较细，鲜草产量较低于油苕。

(2)毛叶苕子

主根粗壮，入土深，须根发达，分枝力强，抗旱耐贫瘠，抗寒性强，较抗蚜虫，是盆周山地和丘陵旱坡地的优良冬季绿肥饲草。在四川省表现好的品种有土库曼毛苕和徐苕 3 号。土库曼毛苕，原产苏联，中熟品种，植株高，分枝多，适应性强，鲜草产量高，种子 6 月上旬成熟，生育期长，种子产量低。徐苕 3 号，为原江苏省徐州地区农科所选育，早熟，鲜草产量 37.5～45 t/hm^2，种子 6 月初成熟、产量高于中熟种，具有毛苕的一般优点。

(3)光叶紫花苕

属于毛叶苕子的变种，不抗蚜虫，其余特性似毛苕，耐寒性次于毛苕，是山区、丘陵旱坡地的优良绿肥饲草。在四川省表现较好的品种有凉山光叶紫花苕和美国光叶紫花苕。凉山光叶紫花苕由原凉山彝族自治州畜牧兽医科学研究所选育，品种适应性强，鲜草产量 45～52.5 t/hm^2，在四川凉山、云南等低山河谷区广泛种植。美国光叶紫花苕由美国从毛叶苕子中选育出，四川省引自江苏省，晚熟品种，生育期比吐库曼毛苕短 5 d 左右，鲜草产量高，富集锌的能力强，作为玉米前茬作物可防治玉米花叶病。

1.2.3 箭筈豌豆

属于肥、饲、粮兼用节粮型绿肥饲草作物，耐湿性弱，抗旱性中等，抗菌核病。在四川省表现好的品种有大荚箭豌、西牧 333、81-268 箭筈豌豆、66-25 箭筈豌豆、77-56 箭筈豌豆、苏箭 3 号、苏箭 4 号、苏箭 5 号、川北箭筈豌豆等。另有抗蚜虫大荚箭豌 K 优 1 号和抗蚜虫西牧 333K 优 2 号 2 个优良品种，属于四川省农科院土肥所分别从大荚箭豌和西牧 333 中系统选育出的高抗蚜虫和抗病(镰刀菌病)的优良品种，鲜草和种子产量均高于一般箭筈豌豆品种。箭筈豌豆大多具有早熟、优质、高产的特点，鲜草产量 30～45 t/hm^2，种子产量 1.9～2.8 t/hm^2。可以单作，也可与小麦、油菜等间作，是山、丘、坝、果、桑、茶园及地边种植的优良冬季绿肥作物。种子不适宜直接食用，可以加工成淀粉及粉丝。

1.2.4 扁荚山黧豆

扁荚山黧豆系南充市农业科学院 20 世纪 70 年代由南京植物园引进试种，随后在川东北地区大面积推广。该品种是肥、饲、粮兼用绿肥作物，抗旱耐瘠、抗寒性中等，植株分枝多，根瘤大，固氮能力强，具有较强的适应性，适宜在丘陵旱坡地、果、桑、茶园种植，单种鲜草产量 30～45 t/hm^2，种子产量 1.5 t/hm^2 左右。种子含有一定毒素，不宜直接食用，可以加工成淀粉、粉丝。

1.2.5　田菁

田菁属于直立草本植物，成熟时的株高因品种而异，1.5～3m，宜高温、湿润环境，耐盐性及耐贫瘠性强。在盆地南部、东部气温高的地区，中稻收割以后，可在板田、谷桩点播种，也可在冬水田犁坯上移栽或直播。气温高的区域，可用晚熟的青茎田菁，气温较低的盆地西、北部宜用中熟的江苏早熟田菁，收草应在茎木质化前收割。

1.2.6　柽麻

柽麻也称太阳麻，直立草本植物，引自湖北省，耐旱、耐贫瘠，适应性好，生长快，肥效高。春、夏、秋均可以种植，是玉米行间种或空隙地种植的优良夏季绿肥饲料。套种生长 50 d 左右，鲜青草产量 7.5 t/hm^2 左右。在稻田作秋季短期绿肥，生长 60 多天，鲜草产量 6～10 t/hm^2，压青作小麦底肥可促进增产。

1.2.7　胡豆(蚕豆)

胡豆为粮、肥、饲兼用作物，适宜在土层深厚、水分条件好、上中等肥力的田、土种植。在盆地低温条件下生长良好，是四川省重要的绿肥、饲料及杂粮作物，既可冬季单作，又能与小麦或油菜间种，还可以在稻田垄厢栽培或作秋季短期绿肥饲草，是春洋芋、红苕苗圃等的优良前季培肥作物，四川省常年种植面积达到 13 万～20 万 hm^2。栽培品种有成胡 9 号、成胡 10 号、新都小胡等。

此外，在四川省曾经栽培的豆科草本绿肥作物还有紫花苜蓿、黄花苜蓿、白三叶、绛三叶、豌豆、绿豆、饭豆等，十字花科绿肥作物有肥田萝卜、二月兰、肥用油菜等，以及苋科的籽粒苋、禾本科的黑麦草等，还有在荒坡间隙地、路边、地埂栽种的灌木绿肥黄荆、马桑、紫穗槐等。水生绿肥作物主要是红萍，适宜养殖的品种有本地红萍及引进的细绿萍和卡洲萍。

1.3　种植方式

1.3.1　冬绿肥-夏作物轮作

在作物完成收获后种植一季绿肥。比如稻田轮作紫云英、油菜等，烟田轮作光叶紫花苕、山黧豆等。在 9 月中下旬到 10 月中下旬播种，次年 3～4 月份绿肥盛花期翻压还田，水田可替代 30%～40%化肥，烟田可替代 15%～20%化肥。

1.3.2　间(套)作

利用果园、茶园、桑园、玉米等空行间(套)作一年生或多年生豆科绿肥，不仅可以改良土壤、减少化肥投入、提高主作物产量和品质，亦能有效抑制田间杂草，降低除草成本。果、茶、桑园间套作多年生绿肥有白三叶、苜蓿等，一年生绿肥有箭筈豌豆、光叶紫花苕、山黧豆、蚕豆、豌豆等，玉米地间套作绿肥有山黧豆、蚕豆、豌豆等。

1.4　绿肥对农业生产的贡献

历史上农民一直有种植利用绿肥以提高粮食产量、培肥地力的习惯。在明清时期，绿肥已融入粮、棉、油间套作耕作制度，成为粮食生产的主要肥源。中华人民共和国成立后，党和政府高度重视绿肥推广种植和利用，号召广大农民广集有机肥，利用轮、混、间、套作大力种植绿肥，确保粮食稳产增产，除自然灾害年外，粮食基本实现自给自足。从 20 世纪 70 年代末到 90 年代初，四川省绿肥面积较长时间维持在 35 万～45 万 hm^2。据研究，在四川省旱地多熟制条件下，间作翻压绿肥，可使小麦增产 9.2%、玉米增产 6.3%，绿肥种植面积与粮食总产量紧密相关。

四川省土壤相对瘠薄。长期以来，四川人民在生产上总结出间、套、轮作多熟制耕种方式，充分利用土地和光热资源种植绿肥，改良土壤理化性状，提高土壤保水、保肥和供肥能力，减少水土流失，提高作物产量和经济效益。在绿肥种植最高峰的 20 世纪 70 年代末，四川省土壤质量状况良好，有机质含量较解放初期提升了 10%以上。

2 四川省绿肥发展现状

2.1 生产发展现状

近年来，各级政府十分重视绿肥产业发展，四川省已将绿肥纳入果菜茶有机肥替代化肥及化肥零增长项目的实施，耕地保护和地力提升、高标准农田建设等项目均将绿肥作为改土培肥的重要技术措施。2020 年，南充市人民政府在全市晚熟柑橘科学管理实施办法中，明确将绿肥种植作为晚熟柑橘科学管护的重要技术在全市进行推广，并专门组织橘园绿肥培训会、现场会等，推动南充晚熟柑橘产业持续健康发展。四川省各地相继出台了一系列绿肥种植的惠农补贴政策，政府组织财政专项资金统一采购绿肥种子，统一组织技术培训和现场观摩，在项目实施区，对种植户定额补贴 2250 元/hm^2，一系列政策措施充分调动了广大种植户的积极性。

随着人们对绿肥认知度和认同感不断提高，四川省绿肥种植面积不断扩大，15 年内绿肥种植面积增加了 4 倍多，呈现良好的发展势头。2008 年四川省绿肥种植面积不足 6 万 hm^2，到 2022 年四川冬季绿肥种植面积 12 万 hm^2，夏季绿肥（含大豆）种植面积 20 万 hm^2，水生绿肥面积 0.15 万 hm^2。

2.2 科研发展与成效

2008 年，绿肥行业专项启动，通过“十一五”和“十二五”的连续实施，奠定了新世纪四川省绿肥科研的人才队伍基础。2017 年绿肥体系开始建设，设立了南充综合试验站，试验站依托南充市农业科学院建设，为四川区域绿肥产业发展开启了新篇章。随后，四川省又设立国家现代农业产业技术体系四川省绿肥创新团队。省、市相继立项一批绿肥科研项目。

近年来，在四川省不同生态区域建立了绿肥示范基地 20 余个，大力开展绿肥生产利用技术模式试验示范，先后集成基于绿肥的柑橘提质增效技术、柑橘园间作豆科作物提质增效关键技术和果园绿肥高产高效生产利用技术，制定“果园绿肥生产与利用技术规程”和“稻田绿肥种植利用技术规程”2 项地方（南充）标准，并在生产上得以大面积推广应用。

通过项目引导和示范带动，推广面积逐年增加，果园绿肥、稻田绿肥、烟地绿肥常年推广种植面积逐渐上升。2011—2019 年研究集成的创新成果“南选山黧豆选育及其在柑橘园地力提升中的应用”在四川南充、广安、遂宁、广元等地累计推广 13.9 万 hm^2，实现节本 2.87 亿元，节肥 0.77 亿元，新增经济社会效益 11.78 亿元，获得 2020 年度四川省科技进步三等奖。

3 四川省绿肥研发进展与创新

3.1 绿肥种质资源评价及新品种培育

3.1.1 获得了一批山黧豆新种质

收集引进国内外山黧豆种质资源100余份，以适生高产、抗逆耐阴为目标，考察生育期、株高、分枝数、单株根瘤数、单株根瘤鲜重、最大根瘤直径、根鲜重、种子产量、千粒重、鲜草产量、含水量、养分含量、抗病性、耐旱性、耐阴性等20多个主要性状，对收集引进资源进行农艺性状差异度评估，筛选出优异种质21份。通过杂交和辐射诱变创制育种新材料18份。其中，分枝多、生物产量高，抗旱耐瘠、耐荫蔽的5份，分枝多、叶片大，抗病性强，养分含量高的10份，生育期长，生物产量高，根瘤多、固氮力强，耐荫蔽的3份。

3.1.2 开展种质资源评价与创新

在旱地绿肥方面，广泛收集引进绿肥资源材料，开展绿肥品种提纯复壮及绿肥资源鉴定评价与创新，丰富四川省绿肥种质资源库。对200余份豆科、禾本科、十字花科绿肥种质进行鉴定、评价，筛选出一批具有育种和生产利用潜质的材料。

在水生绿肥方面，从国家红萍种质圃(福州)引进红萍10余份，筛选出适生性强、产量高覆瓦状萍和羽叶萍；从本地红萍中，经多年评价鉴定选育出优异地方品种东升红萍，均可用于稻-萍、稻-萍-鱼、稻-萍-鸭等生态农业模式。

3.1.3 绿肥新品种南选山黧豆的选育

南选山黧豆，系南充市农业科学院从扁荚山黧豆原始群体中选择优良变异单株，历经10余年基因纯合稳定，定向培育出绿肥新品种南选山黧豆，2012年通过四川省审定(川审豆2012008)。该品种生育期230 d左右，株高90～120 cm，匍匐半攀缘，分枝20～30个，复叶，花蝶状粉红色，单株结荚60～122个，每荚种子3～4粒，千粒重62.5g，抗旱耐瘠、固氮力强、耐阴性好、覆盖控草效果佳，综合性状优良。在区域试验中，盛花期鲜草产量30.5 t/hm^2，比扁荚山黧豆增产17.2%。根瘤多、固氮力强，盛花期单株根瘤数比对照扁荚山黧豆高20%，干草氮、磷、钾含量分别为4.3%、0.28%、2.5%，均高于其他绿肥品种。

3.2 四川橘园绿肥生产模式研究

3.2.1 橘园山黧豆播种技术

经连续2年试验，明确了山黧豆在四川西充橘园间作下的适宜播种期在9月，最佳播种量为45.0 kg/hm^2(表6-2-2)。播期、播量对山黧豆农艺性状、鲜草和种子产量均有显著影响，播量影响大于播期。山黧豆鲜草和种子产量随播期推迟显著降低，9月20日播种的鲜草产量最高，达29.43 t/hm^2；种子产量则以9月30日播种的最高，为1.62 t/hm^2。早播(9月播种)时，株高、单株分枝数、结实率和千粒重等农艺性状均优于晚播(10月播种)；播量为45.0 kg/hm^{2}时，其鲜草和种子产量均最高。

表 6-2-2　播期和播种量对橘园间作山黧豆性状及产量的影响(韩文斌等,2015)

处理	生育期 /d	株高 /cm	分枝数 /(个/株)	结实率 /%	千粒重 /g	鲜草产量 /(t/hm²)	种子产量 /(t/hm²)
播期/(月/日)							
9/20	230	119.3 a	27.3 a	90.3 a	71.3 a	29.43 a	1.57 ab
9/30	225	112.0 b	24.0 b	89.3 a	70.0 a	28.67 ab	1.62 a
10/10	215	103.0 c	17.6 c	85.6 b	70.0 a	28.03 bc	1.47 bc
10/20	210	96.3 d	12.7 d	76.0 c	70.3 a	27.01 c	1.45 c
播量/(kg/hm²)							
22.5		116.5 a	22.8 b	84.5 b	71.5 a	22.68 c	1.62 b
45.0		108.3 b	25.8 a	90.3 a	71.3 b	31.56 a	1.78 a
90.0		93.3 c	12.8 c	81.3 c	68.5 c	30.43 b	1.18 c

注:同列数据后不同小写字母表示处理间差异达5%显著水平($P<0.05$),下列各表同。

3.2.2　四川省柑橘园绿肥效应

在四川省柑橘园开展山黧豆、光叶苕子、白三叶3种冬绿肥试验,综合来看,山黧豆效果最佳,其次是光叶苕子和白三叶。

提高柑橘产量:间作绿肥处理与清耕相比,柑橘单果重、单株果数和产量均有所增加。山黧豆、光叶苕子、白三叶处理,单果重分别提高13.4%、4.1%、8.1%,单株果数分别提高18.6%、22.3%、4.5%,产量分别增加34.9%、27.6%、13.6%。

改善柑橘品质:与清耕相比,山黧豆、光叶苕子和白三叶处理果实横径均增大,果皮变薄,可食率增加。3个绿肥处理的果实维生素C含量分别提高1.1 mg/100g、2.8 mg/100g和1.5 mg/100 g;可滴定酸分别降低0.13%、0.12%和0.08%;固酸比显著提高,以山黧豆处理最大,达21.8,光叶苕子处理次之,为19.1(表6-2-3)。

抑制果园杂草:种植南选山黧豆、光叶紫花苕和白三叶2年后,均能有效抑制橘园杂草。其中,山黧豆对稗草、马齿苋和升马唐的株防效分别为66.2%、63.1%和62.2%,光叶苕子对空心莲子草、刺儿菜和牛筋草的株防效分别为76.7%、80.6%和89.4%。

表 6-2-3　间作不同豆科绿肥对柑橘品质的影响(梁琴等,2021a)

绿肥品种豆科	外观品质				内在品质			
	横径 /mm	果皮厚 /mm	可食率 /%	果形指数	维生素C /(mg/100 g)	可溶性固形物 /%	可滴定酸 /%	固酸比
山黧豆	78.7 ab	5.7 b	73.3 a	1.01 b	47.8 ab	12.4 a	0.57 b	21.8 a
光叶苕子	79.6 a	6.0 ab	73.7 a	1.01 b	49.5 a	11.4 a	0.58 b	19.1 b
白三叶	78.8 ab	6.2 ab	69.9 b	1.01 b	48.2 ab	11.5 a	0.62 ab	18.5 b
清耕	76.4 b	6.4 a	69.4 b	1.04 a	46.7 b	10.5 a	0.70 a	14.9 c

改善土壤理化性质:与清耕相比,橘园间作南选山黧豆、光叶苕子、白三叶三种绿肥后,土壤容重分别降低0.12 g/cm³、0.11 g/cm³和0.07g/cm³,通气孔度分别增加1.5%、3.1%和0.7%,总孔度分别增加5.2%、4.6%和3.0%;土壤有机质含量分别提高了2.4 g/kg、1.9 g/kg和1.2 g/kg,碱解氮分别提高13 mg/kg、6 mg/kg和11 mg/kg,速效钾含量分别提高8.9 mg/kg、3.2 mg/kg和6.6 mg/kg(表6-2-4)。

表 6-2-4 间作不同豆科绿肥对土壤基础理化性质的影响(梁琴等,2021a)

绿肥产品豆科	物理性质				化学性质			
	容重/(g/cm³)	毛管孔度/%	通气孔度/%	总孔度/%	有机质/(g/kg)	碱解氮/(mg/kg)	有效磷/(mg/kg)	速效钾/(mg/kg)
山黧豆	1.27 c	37.8 a	10.9 ab	48.7 a	16.6 a	80.1 a	11.4 a	91.2 a
光叶苕子	1.28 bc	35.6 a	12.5 a	48.1 a	16.0 a	73.3 bc	11.0 a	85.6 ab
白三叶	1.32 b	36.4 a	10.1 b	46.5 ab	15.3 ab	78.3 ab	11.7 a	88.9 ab
清耕	1.39 a	34.1 a	9.4 b	43.5 b	14.1 b	67.2 c	9.8 a	82.4 b

3.3 四川柑橘园周年间作大豆-山黧豆模式研究

2011—2013 年在四川省西充县进行了大豆“南豆 23”和豆科绿肥“山黧豆”间作模式研究，结果表明在柑橘园行间周年进行山黧豆-大豆轮作，提高柑橘园综合收益，改善土壤肥力。

单纯间作大豆(大豆-清耕模式)虽未减施化肥，但耕作层土壤中的氮、磷和有机质都显著减少；单纯间作绿肥(清耕-绿肥模式)，在化肥用量减 15%的情况下，耕作层土壤各养分显著高于对照，有机质高 15.9%，全氮高 8.7%，有效磷高 16.8%，速效钾高 8.7%(表 6-2-5)；大豆与绿肥轮换间作(大豆-绿肥模式)，在化肥用量减少 15%的情况下，耕作层土壤各养分显著高于对照，增幅低于间作绿肥。

柑橘园间作豆科作物对柑橘产量的影响不显著(表 6-2-6)；间作大豆，因大豆带来的经济收入，使果园综合产值显著提高，增加 14.3%～16.2%；柑橘园单纯间作豆科绿肥和轮换间作大豆-豆科绿肥的模式均有良好的综合效应，可选择应用。

表 6-2-5 柑橘园绿肥不同间作模式对土壤有机质和养分含量的影响(韩文斌等,2014)

柑橘园模式	有机质/(g/kg)	全氮/(g/kg)	有效磷/(mg/kg)	速效钾/(mg/kg)
大豆-绿肥	12.7 b	1.34 a	24.4 b	113 b
大豆-清耕	10.2 d	1.12 c	18.8 d	106 c
清耕-绿肥	13.0 a	1.37 a	25.0 a	116 a
清耕-清耕	11.2 c	1.26 b	22.6 c	107 c

注：橘园常规施肥量 N 150 kg/hm²、P_2O_5 90 kg/hm²、K_2O 90 kg/hm²。

表 6-2-6 绿肥不同种植模式对柑橘经济效益的影响(韩文斌等,2014)

柑橘园模式	经济产量/(t/hm²)		产值/(万元/hm²)		
	脐橙	大豆	脐橙	大豆	综合效益
大豆-绿肥	1.56 a	1.66	7.81 a	0.83	8.64 a
大豆-清耕	1.60 a	1.63	7.97 a	0.81	8.78 a
清耕-绿肥	1.60 a	0	7.99 a	0	7.99 b
清耕-清耕	1.51 a	0	7.56 a	0	7.56 c

注：大豆、柑橘产值均按 5 元/kg 计算。

3.4 四川省绿肥-水稻轮作模式研究

3.4.1 轮作绿肥可减少化肥用量，提高水稻产量

与常规施肥(100%化肥)相比，冬闲季节种植山黧豆作绿肥，替代化肥效应显著(表 6-2-7)。

减施氮肥40%时，水稻稳产（产量增加3.5%），减施氮肥20%～30%时增产显著，以绿肥+70%氮肥处理增产效果最好，稻谷产量达到8.8 t/hm²，增产13.8%。不同处理下，水稻的谷草比存在一定差异，随着山黧豆替代化肥氮比例的增加，谷草比先增加后降低，常规施肥处理的谷草比最高，达到1.23，其次为绿肥+60%氮肥和绿肥+70%氮肥处理，谷草比分别为1.12、1.04。说明山黧豆替代化肥氮30%～40%水稻谷草比较优，在避免水稻旺长的同时实现水稻高产。

表 6-2-7 绿肥替代不同比例氮肥对水稻产量及谷草比的影响（梁琴等，2021b）

处理	秸秆产量/(t/hm²)	稻谷产量/(t/hm²)	谷草比	稻谷增产率/%
100%氮肥	6.30 c	7.75 b	1.23 a	—
绿肥+60%氮肥	7.16 b	8.02 ab	1.12 b	3.45
绿肥+70%氮肥	8.49 a	8.83 a	1.04 c	13.84
绿肥+80%氮肥	8.49 a	8.32 a	0.98 d	7.25
绿肥	5.45 d	6.00 c	1.10 b	−22.57
不施肥	4.18 e	4.42 d	1.05 c	−42.97

注：绿肥翻压量22.5 t/hm²；当地常规施肥量为N 172.5 kg/hm²、P_2O_5 90 kg/hm²、K_2O 90 kg/hm²。

3.4.2 绿肥配合减量施肥改善水稻产量构成

轮作绿肥减施不同比例氮肥，对水稻穗长、有效穗和结实率没有显著影响，对株高、穗粒数和千粒重有一定影响（表6-2-8）。与常规施肥相比，山黧豆与氮肥减量配施有利于增加水稻株高，提高穗粒数、千粒重和结实率，其中绿肥+80%氮肥处理的株高最高，千粒重最大，结实率最高，分别提高3.7%、4.1%、3.9%，均未达到差异显著；绿肥+70%氮肥处理的穗长最长，穗粒数最大，理论产量最高，分别提高0.8%、9.6%、17.5%；绿肥+60%氮肥处理的有效穗最多，增加5.7%。不同处理下水稻理论产量差异明显，山黧豆与氮肥减量配施处理下水稻理论产量均高于单施化肥和单施绿肥处理，其中绿肥+70%氮肥处理对稻谷的增产效果达到显著水平。

表 6-2-8 绿肥替代不同比例氮肥对水稻产量构成因子的影响（梁琴等，2021b）

处理	株高/cm	穗长/cm	有效穗/(×10⁴/hm²)	穗粒数	千粒重/g	结实率/%	理论产量/(t/hm²)
100%氮肥	122.8 a	30.0 a	236.30 ab	187.7 bc	26.23 ab	83.86 a	9.76 b
绿肥+60%氮肥	127.1 a	29.7 a	249.67 a	187.4 bc	25.70 bc	84.22 ab	10.14 b
绿肥+70%氮肥	127.0 a	30.2 a	248.13 ab	200.6 a	26.67 ab	86.32 ab	11.47 a
绿肥+80%氮肥	127.3 a	29.8 a	226.20 ab	194.8 ab	27.30 a	87.16 a	10.48 ab
绿肥	114.4 b	28.8 ab	219.07 ab	183.1 c	26.33 ab	80.47 c	8.51 c
不施肥	104.7 c	28.0 b	193.00 b	152.5 d	24.80 c	75.31 d	5.50 d

3.4.3 绿肥配合减量施肥改善稻米品质

与常规施肥相比，山黧豆处理及山黧豆与氮肥减量配施处理均能提高稻米糙米率、精米率、整精米率和蛋白质含量，降低垩白度及垩白度粒率（表6-2-9）；山黧豆与氮肥减量配施处理明显降低稻米直链淀粉含量。其中，绿肥处理糙米率和精米率最高，分别为81.5%、81.0%，均达到显著水平，其次为绿肥+80%氮肥处理；绿肥处理蛋白质含量最高，为9.9%，其次为绿肥+70%氮肥处理，均达显著水平；绿肥+70%氮肥处理整精米率最高，垩白度粒率最低，分别为78.0%、18.1%，垩白度高于除常规施肥外其他处理；绿肥+80%氮肥处理直链淀粉含量最低，为14.3%，显著低于除绿肥+60%氮肥外其他处理。

表 6-2-9　绿肥替代不同比例氮肥对稻米品质的影响(梁琴等,2021b)

处理	糙米率/%	精米率/%	整精米率/%	长宽比	垩白度粒率/%	垩白度/%	蛋白质/%	直链淀粉/%
100%氮肥	80.03 b	76.18 c	74.02 b	3.02 a	21.78 a	4.05 a	9.31 b	17.47 a
绿肥+60%氮肥	80.66 ab	78.51 b	77.45 a	3.03 a	20.43 ab	3.85 a	9.59 ab	15.08 bc
绿肥+70%氮肥	80.54 ab	78.25 b	78.02 a	3.05 a	18.11 c	3.90 a	9.75 a	15.90 b
绿肥+80%氮肥	80.83 ab	79.17 b	77.92 a	3.04 a	19.12 bc	2.43 b	9.59 ab	14.26 c
绿肥	81.81 a	80.98 a	74.64 b	3.02 a	19.56 bc	2.74 b	9.87 a	15.88 b
不施肥	81.31 a	77.87 b	65.29 c	3.02 a	18.22 c	2.34 b	9.26 b	15.46 b

3.4.4　绿肥配合减量施肥改善稻田土壤肥力

与常规施肥相比，山黧豆处理及山黧豆与氮肥减量配施处理能明显提高土壤全氮、碱解氮和速效钾含量，其中绿肥+80%氮肥处理有机质和全氮含量最高，分别提高10.7%、28.2%，绿肥+70%氮肥处理次之，分别提高7.9%、16.0%，均达到显著水平；绿肥+70%氮肥处理碱解氮、有效磷和速效钾含量最高，分别提高15.2%、4.1%、24.8%(表6-2-10)。说明山黧豆处理和山黧豆与氮肥减量配施处理均能提高土壤肥力，其中绿肥+70%化肥和绿肥+80%氮肥处理较好。

表 6-2-10　绿肥替代不同比例氮肥对稻田土壤肥力的影响(梁琴等,2021b)

处理	pH	有机质/(g/kg)	全氮/(g/kg)	碱解氮/(mg/kg)	有效磷/(mg/kg)	速效钾/(mg/kg)
100%氮肥	8.1 b	29.6 c	1.8 d	85.1 b	5.1 ab	46.4 c
绿肥+60%氮肥	8.1 b	29.9 bc	1.9 c	87.8 b	5.0 bc	52.1 b
绿肥+70%氮肥	8.1 b	32.0 ab	2.1 b	98.0 a	5.4 a	57.9 a
绿肥+80%氮肥	8.2 ab	32.8 a	2.3 a	94.8 a	5.1 abc	52.1 b
绿肥	8.2 ab	29.3 c	1.9 c	87.7 b	4.8 c	52.1 b
不施肥	8.2 a	15.4 d	0.9 e	62.8 c	4.7 c	40.6 d

3.5　四川省烟草-绿肥轮作模式研究

3.5.1　轮作绿肥提高烤烟产量和产值

翻压绿肥可以提高烤烟的产量和产值。不同类型绿肥替代化肥15%处理烤烟产量显著增加了13.0%～24.0%，处理间呈现油菜>光叶苕子>箭筈豌豆的趋势，油菜绿肥的烤烟产量最高，达2.63 t/hm^2(表6-2-11)。各处理产值变化趋势与其产量类似，以油菜处理的产值最高，达5.41万元/hm^2。

表 6-2-11 轮作绿肥对烤烟产量和产值的影响(李尚军等,2020)

处理	产量/(t/hm²)	产值/(万元/hm²)	均价/(元/kg)	上中等烟比例/%
冬闲	2.12 c	4.44 c	20.93 a	79.39 a
油菜	2.63 a	5.41 a	20.61 b	77.54 b
光叶苕子	2.46 b	4.75 b	19.32 c	66.96 c
箭筈豌豆	2.40 b	4.54 c	18.95 c	65.59 c

3.5.2 轮作绿肥协调中部烟叶化学成分

不同绿肥替代化肥15%处理对中部烟叶化学成分影响有所不同,油菜处理钾、氯含量显著低于光叶苕子、箭筈豌豆,仅为1.7%和0.3%,各处理的钾含量却均低于优质烟叶标准含量。各绿肥处理的两糖含量均要高于优质烟叶标准含量。光叶苕子处理的还原糖、总糖含量和糖碱比有显著的提升,还原糖和总糖含量分别为30.49%和31.12%;油菜和箭筈豌豆的还原糖、总糖含量和糖碱比则降低。烟碱含量方面,油菜和箭筈豌豆处理有所提升,光叶苕子处理降低,但各处理的烟碱含量均达到优质烟叶标准。各处理氮碱比总体上都有提升,均处于较合理范围;各处理对两糖比的影响不明显(表6-2-12)。可见,不同绿肥替代化肥15%处理对初烤烟叶化学成分影响存在差异,但整体比较协调,其中油菜处理最佳。

表 6-2-12 轮作绿肥对烤烟化学品质的影响(李尚军等,2020)

处理	钾/%	氯/%	还原糖/%	总糖/%	烟碱/%	氮碱比	两糖比	糖碱比
冬闲	1.87 b	0.33 ab	28.86 b	29.70 b	1.89 b	9.40 c	0.97 a	15.71 b
油菜	1.71 c	0.29 c	27.65 c	28.38 c	2.06 a	9.97 b	0.97 a	13.77 d
光叶苕子	1.89 b	0.34 a	30.49 a	31.12 a	1.82 b	11.93 a	0.98 a	17.09 a
箭筈豌豆	1.97 a	0.32 b	27.91 c	28.56 c	1.93 a	10.12 b	0.97 a	14.79 c

3.6 四川省旱地小麦、玉米复种绿肥模式与效应研究

3.6.1 小麦间作绿肥模式及效应

采用双六尺(2 m×2 m)(注:1 m=3 尺)带状种植模式,绿肥和小麦各种一带,10月下旬播种,次年3月下旬刈割绿肥就地翻压,5月中下旬收获小麦,小麦收获后栽种甘薯或大豆,10月中下旬收获甘薯或大豆。

不同处理间小麦产量为5.08~5.82 t/hm²(表6-2-13),间作4种绿肥的小麦产量比不间作增产7.5%~14.4%,均达显著水平,以间作南选山黧豆的小麦产量最高,但间作4种豆科绿肥的小麦产量之间无显著差异。

表 6-2-13 间作不同豆科绿肥作物对小麦产量的影响(廖明莉等,2012)

间作组合	小麦产量/(t/hm²)	增产	
		增产量/(t/hm²)	增产率/%
小麦‖南选山黧豆	5.82 a	0.73	14.4
小麦‖箭筈豌豆	5.55 a	0.47	9.2
小麦‖光叶紫花苕	5.53 a	0.45	8.9
小麦‖扁荚山黧豆	5.47 a	0.38	7.5
小麦+冬闲	5.08 b	0	0

3.6.2 绿肥-玉米轮作模式及其化肥减施效应

10月中下旬播种绿肥蚕豆，次年2月中下旬刈割翻压，3月中下旬播种玉米，玉米种植密度4.5万株/hm^2，7月下旬收获。

不论是常规施肥，还是减少化肥30%、15%情况下，翻压绿肥后，玉米产量均显著提高。与单施100%化肥处理比较，绿肥翻埋与化肥减量配施各个处理增产量都在0.75 t/hm^2以上，差异显著。翻压绿肥30 t/hm^2配施85%化肥处理，玉米产量最高，达7.02 t/hm^2，比单施化肥增产1.36 t/hm^2，增幅24.2%。在相同化肥施用量下（85%化肥），随着绿肥翻压量的增加，玉米产量也呈上升趋势。在绿肥用量为15 t/hm^2的前提下，随着化肥用量的增加，玉米产量并没有明显改变，说明施用绿肥可以改善土壤对肥料投入的缓冲性，使得翻压绿肥的地块在化肥施用量上可以有较宽的选择（表6-2-14）。

表6-2-14 不同绿肥翻压量与化肥配施对玉米产量的影响（谢树果等，2010）

处理	玉米产量/(t/hm^2)	与CK相比	
		增产量/(t/hm^2)	增产率/%
绿肥30 t/hm^2+85%化肥	7.02 a	1.37	24.2
绿肥22.5 t/hm^2+85%化肥	6.75 ab	1.10	19.5
绿肥15 t/hm^2+70%化肥	6.63 ab	0.98	17.3
绿肥15 t/hm^2+85%化肥	6.55 b	0.90	15.9
绿肥7.5 t/hm^2+85%化肥	6.43 b	0.78	13.7
绿肥15 t/hm^2+100%化肥	6.40 b	0.75	13.3
单施100%化肥(CK)	5.65 c	0	0
单施绿肥15 t/hm^2	4.45 d	−1.20	−21.2
不施绿肥和化肥	4.02 e	−1.64	−28.9

注：100%化肥—施肥量为N 276 kg/hm^2、P_2O_5 90 kg/hm^2、K_2O 135 kg/hm^2。

3.6.3 多熟制带状复合轮作种植技术提高周年粮食产量

采用2 m×2 m带状种植模式，绿肥和小麦于10月中下旬播种，种植带甲种植绿肥，种植带乙种植小麦。种植带甲上的绿肥于次年2月下旬就地翻压，翻压后3月上、中旬播种玉米，种植密度4.5万株/hm^2，7月底8月初收获玉米，秋季待播小麦；种植带乙上的小麦于5月中下旬收获，收获后播种大豆，种植密度12万株/hm^2，10月中下旬大豆收获后待播绿肥，形成一种不同作物在种植带上逐年轮换复合种植的模式。

在"麦-豆‖预留带-玉米"宽带（2 m）间套模式的玉米预留行间种豆科绿肥，对同季小麦有显著增产效果，对后季玉米有一定增产作用，但麦茬后大豆减产，综合周年粮食产量均增产。以间种扁荚山黧豆效果较好，小麦增产9.2%、玉米增产6.3%，周年粮食增产9.1%（表6-2-15）。

表6-2-15 四川省多熟制带状复合轮作种植的产量效应（谢树果等，2010）

间种处理	小麦		玉米		大豆	
	产量/(t/hm^2)	增产率/%	产量/(t/hm^2)	增产率/%	产量/(t/hm^2)	增产率/%
小麦-大豆‖南选山黧豆-玉米	1.87	9.2	4.95	6.3	1.21	−6.5
小麦-大豆‖豌豆-玉米	1.81	6.0	4.65	0.0	1.20	−7.0

续表 6-2-15

间种处理	小麦		玉米		大豆	
	产量/(t/hm²)	增产率/%	产量/(t/hm²)	增产率/%	产量/(t/hm²)	增产率/%
小麦-大豆‖蚕豆-玉米	1.81	5.7	4.70	1.0	1.17	−9.3
小麦-大豆‖玉米	1.71	—	4.65	—	1.30	—

4 四川省绿肥发展潜力

四川省大力发展区域绿肥产业，是推动四川省农业向质量兴农、绿色兴农、品牌强农的高质量目标迈进的重要举措。综合来看，四川省的绿肥面积潜力为 199 万 hm^2，有效时空潜力为 127 万 hm^2 · 年（表 6-2-16）。其中，农区绿肥面积潜力为 144 万 hm^2，有效时空潜力为 72 万 hm^2 · 年；果园等经济林园绿肥面积潜力为 55 万 hm^2，有效时空潜力为 55 万 hm^2 · 年。

4.1 农区绿肥发展潜力

四川省现有耕地面积 523 万 hm^2，常年种植有水稻、小麦、玉米等农作物。2021 年四川省水稻、小麦、玉米的种植面积分别为 188 万 hm^2、58 万 hm^2、185 万 hm^2，烤烟、油菜、马铃薯、豆类的种植面积分别为 7 万 hm^2、135 万 hm^2、128 万 hm^2、60 万 hm^2。

四川省农区适合的绿肥种植制度主要有绿肥-玉米/大豆轮作、绿肥-烤烟轮作和绿肥-水稻轮作。绿肥-玉米制度中适合绿肥种植的时长为 6 个月，绿肥面积潜力 69 万 hm^2，绿肥有效时空潜力 34 万 hm^2 · 年；绿肥-烤烟制度中适合绿肥种植的时长为 6 个月，绿肥面积潜力 7 万 hm^2，绿肥有效时空潜力 4 万 hm^2 · 年；绿肥-水稻制度中适合绿肥种植的时长为 6 个月，绿肥面积潜力 68 万 hm^2，绿肥有效时空潜力 34 万 hm^2 · 年（表 6-2-16）。

表 6-2-16 四川省绿肥种植时空潜力

区域	适宜的绿肥制度	对应的主作物面积/万 hm²	绿肥空间占比/%	绿肥时长/个月	绿肥面积潜力/万 hm²	绿肥有效时空潜力/(万 hm² · 年)
农区	绿肥-玉米轮作	69	100	6	69	34
	绿肥-烤烟轮作	7	100	6	7	4
	绿肥-水稻轮作	68	100	6	68	34
	农区合计	144	—	—	144	72
经济林园	落叶果园	40	70	12	28	28
	常绿果园成龄	31	25	12	8	8
	常绿果园幼龄	13	70	12	9	9
	茶园	40	25	12	10	10
	经济林园合计	124	—	—	55	55
	合计	268	—	—	199	127

注：绿肥有效时空潜力＝对应的主作物面积×绿肥空间占比×绿肥时长。

4.2 经济林园（果茶园）绿肥发展潜力

四川省现有落叶果园种植面积 40 万 hm^2，常绿成龄果园种植面积 31 万 hm^2、常绿幼龄果园种植面积 13 万 hm^2、茶园种植面积 40 万 hm^2，可采用间套作模式发展绿肥。果茶园中适合绿肥种植生长的时间均为 12 个月，落叶果园、常绿成龄果园、常绿幼龄果园和茶园绿肥空间比例分别为 70%、25%、70%、25%，绿肥面积潜力分别为 28 万 hm^2、8 万 hm^2、9 万 hm^2、10 万 hm^2，绿肥有效时空潜力分别为 28 万 hm^2、8 万 hm^2、9 万hm^2、10 万 hm^2 · 年(表 6-2-16)。

5 四川省绿肥生产主要技术模式

5.1 绿肥-水稻轮作技术模式

于 9 月上旬至 10 月上旬机收水稻，稻草切碎还田，抛撒均匀。于绿肥播种前后，择时开沟，防止田间渍水。绿肥可免耕直播或浅旋耕后播种。有条件时可采用无人机飞播。绿肥作物以紫云英、山黧豆、光叶苕子为主，紫云英播种量为 30～37.5 kg/hm^2，山黧豆、光叶苕子 60～75 kg/hm^2。绿肥播种前，施底肥750 kg/hm^2过磷酸钙。

次年 4 月，于绿肥盛花期直接翻压整地，通水情况下绿肥腐解 1 周左右，再种植水稻。水稻可减少 20%～40%的化肥用量。

该技术模式可以在四川东北部丘陵区(南充、广安、广元、达州等地)、成都平原地区(成都、德阳等地)以及川南(宜宾、泸州等地)水稻主要种植区域应用。

5.2 果园绿肥间作技术模式

果园间作绿肥以一年生的光叶紫花苕、箭筈豌豆、山黧豆和多年生的三叶草为主。光叶紫花苕、箭筈豌豆、山黧豆一般在 9 月中旬至 10 月上旬播种，播种量 45～60 kg/hm^2。白三叶草一般在 4 月或 9 月中旬至 10 月上旬气温稳定在 15℃以上时播种，用种量为 22.5～30 kg/hm^2。白三叶播种前，灭草、旋耕、整平、整细后撒播，播种时要求土壤湿润。白三叶草苗期生长慢，长势弱，需要追施纯氮 75 kg/hm^2，幼苗期人工除杂草 2～3 次。光叶紫花苕藤蔓较长，播种时注意与树冠保持距离，避免攀爬，影响田间管理和果树生长。

绿肥可刈割作饲用，盛花期翻压还田效果最好，也可成熟枯死后自然覆盖地面，一般能延长 1 个月的覆盖控草期。光叶紫花苕种子自然落籽后具有再生能力，次年可适当补种实现周年循环利用。间作豆科绿肥果园每年氮肥用量可减少 15%～30%。

5.3 光叶紫花苕-烤烟轮作模式

9 月中下旬，烤烟收获后，撒播光叶紫花苕，浅旋耕或免耕播种。光叶紫花苕播种量 45～60 kg/hm^2。

次年 2～3 月份，光叶紫花苕直接翻压还田，3 月底或 4 月初移栽烟叶，可替代 10%～20%的氮肥用量。

5.4 光叶紫花苕-马铃薯轮作模式

该模式常见于四川盆周高山半农半牧结合区。

7 月下旬至 8 月中旬，马铃薯收获后及时整地，抢时采用机播或人工撒播光叶紫花苕，以充分利用晚秋季节的光热资源促进植株快速生长。播种量 45～60 kg/hm^2。

次年2月底至3月初，马铃薯播种前20～30 d，刈割或者直接翻压还田，可替代15%～20%的肥料用量。光叶紫花苕也可以作为牲畜青饲料利用，利用后的光叶紫花苕根茬也有很好的肥田效果。

5.5 蚕豆-玉米轮作模式

10月中下旬播种绿肥蚕豆，采用浅旋耕条播。蚕豆播种量150 kg/hm^2。

次年2月中下旬，蚕豆直接翻压还田，3月中下旬播种或移栽玉米，玉米种植密度4.5万株/hm^2，可替代15%左右的化肥用量。

5.6 小麦/大豆-玉米三熟制种植模式

为适宜机械化耕种生产，将传统小麦/玉米/大豆带状种植的“双二五尺”或“双三尺”改为“双六尺”开厢，形成宽带玉米大豆复合种植，实现旱地用养结合与轻简化生产，提高综合经济效益。

小麦带宽2 m。小麦于10月下旬至11月上旬播种，条播，行距20 cm，播种量按单作用量180 kg/hm^{2}计算。在小麦播种前或播种时将全部肥料作为底肥一次施用，一般尿素用量275～375 kg/hm^2、过磷酸钙用量750 kg/hm^2、氯化钾用量150 kg/hm^2。

玉米带宽2 m。玉米于3月下旬至4月初播种或移栽。空带(厢)4行玉米，株距25 cm左右，每穴单株，栽植密度约4.5万株/hm^2。施足基肥，尿素150～225 kg/hm^2，过磷酸钙600～750 kg/hm^2，氯化钾105～150 kg/hm^2，全层深施。轻施苗肥，直播玉米苗肥应在玉米3～4叶，移栽玉米在栽后5 d左右施入，施尿素45～75 kg/hm^2。重施攻苞肥，一般在玉米抽穗前10～15 d大喇叭口期施入，施尿素225～300 kg/hm^2、氯化钾105～150 kg/hm^2。苗肥、攻苞肥采用条施或穴施，施肥后覆土盖肥防止倒伏。

大豆于5月下旬至6月上旬在小麦收获后套种，每厢播4行，穴距40 cm左右，每穴2株。一般仅施基肥，一次施过磷酸钙用量150～225 kg/hm^2、渣肥等有机肥3 t/hm^2。

参考文献

[1]曹卫东. 绿肥在现代农业发展中的探索与实践[M]. 北京：中国农业科学技术出版社，2011.

[2]曹卫东，包兴国，徐昌旭，等. 中国绿肥科研60年回顾与未来展望[J]. 植物营养与肥料学报，2017，117(6)：1450-1461.

[3]曹卫东，徐昌旭. 中国主要农区绿肥作物生产与利用技术规程[M]. 北京：中国农业科学技术出版社，2010.

[4]韩文斌，任胜茂，罗阳春，等. 播期和播量对橘园间作下山黧豆产量及农艺性状的影响[J]. 草业科学，2015，32(12)：2089-2093.

[5]韩文斌，谢树果，杜春梅，等. 四川丘陵区橘园间作豆科绿肥的效应[J]. 中国南方果树，2014，43(5)：62-63.

[6]韩文斌，谢树果，任胜茂. 绿肥新品种山黧豆选育及栽培技术[J]. 四川农业科技，2013(06)：25.

[7]李尚军，邱诗蕊，王永达，等. 不同绿肥类型替代化肥对宜宾地区烤烟生长和品质的

影响[J]. 西南农业学报，2020，33(6)：1253-1257.

[8]梁琴，蒋进，周泽弘，等. 四川丘陵柑橘园种植豆科绿肥的环境和增产提质效应[J]. 中国土壤与肥料，2021a (06)：143-148.

[9]梁琴，周泽弘，马雪清，等. 绿肥翻压与氮肥减施对水稻产量、品质及土壤肥力的影响[J]. 中国农业科技导报，2021b，23(10)：124-130.

[10]廖明莉，韩文斌，谢树果，等. 四种豆科绿肥与小麦间作的效应研究[J]. 西华师范大学学报(自然科学版)，2012，33(4)：366-370.

[11]罗付香，林超文，庞良玉，等. 不同耕作和覆盖对烟草产值及土壤质量的影响[J]. 西南农业学报，2014，27(1)：82-86.

[12]罗付香，罗定棋，林超文，等. 泸州地区不同耕作和覆盖方式对烟草产量及品质的影响[J]. 中国烟草学报，2013，19(4)：55-59.

[13]全紫曼，莫坤，任胜茂，等. 绿肥山黧豆在四川省的生产与应用现状[J]. 现代农业科技，2023(11)：186-188，192.

[14]任胜茂，韩文斌，谢树果. 四川丘陵区绿肥生产存在的问题及发展对策[J]. 四川农业科技，2014(11)：52-53.

[15]四川省统计局. 四川统计年鉴 2022[M]. 北京：中国统计出版社，2022.

[16]中华人民共和国国家统计局. 中国统计年鉴 2022[M]. 北京：中国统计出版社，2022.

[17]吴永成，李梦颖，杨云飞，等. 光叶紫花苕生物固氮能力及其还田氮素对玉米的当季有效性[J]. 华北农学报，2019，34(S1)：183-189.

[18]谢树果，韩文斌，冯文强，等. 豆科绿肥对四川丘陵旱地作物的产量及经济效益初探[J]. 中国土壤与肥料，2010 (05)：82-85.

[19]杨玉敏，林超文，庞良玉，等. 不同施肥处理对四川紫色丘陵区光叶紫花苕产量和效益的影响[J]. 西南农业学报，2013，26(6)：2373-2379.

[20]张庆玉，杨玉敏，庞良玉，等. 不同施肥处理对光叶紫花苕根及根瘤生长的影响[J]. 西南农业学报，2014，27(05)：2000-2005.

[21]周泽弘，梁琴，马雪清，等. 四川丘陵区橘园间作绿肥山黧豆高产栽培措施组合分析及评价[J]. 江苏农业科学，2019，47(19)：316-320.

[22]周泽弘，梁琴，全紫曼，等. 翻压山黧豆绿肥与氮肥减施对水稻生长及其养分吸收与产量的影响[J]. 西北植物学报，2021，41(11)：1962-1970.

[23]果园绿肥生产与利用技术规程[S]. 四川省(南充市)地方标准. DB 5113/T 34—2023.

[24]稻田绿肥种植利用技术规程[S]. 四川省(南充市)地方标准. DB 5113/T 35—2023.

Ⅲ 贵州省绿肥生产历史、现状、潜力及模式

1 贵州省绿肥生产历史与现状

1.1 生产利用历史

中华人民共和国成立以来，贵州省绿肥生产在起伏中逐渐发展，1949 年全省绿肥种植面积仅为 0.49 万 hm^2，随后绿肥面积增长，至 1957 年达 2.12 万 hm^2，1961 年下降到仅为 0.6 万 hm^2，1967 年又扩大达 4.08 万 hm^2，1978 年处于 8.67 万 hm^2 的较高水平。进入 20 世纪 80 年代，绿肥面积稳定在 6 万 hm^2 左右。20 世纪 90 年代后，绿肥进入快速增长阶段，1992 年发展到 10.55 万 hm^2，1997 达到 25.68 万 hm^2（图 6-3-1）。

历史上贵州省大部分地区有种植利用冬季绿肥的习惯，以苕子较为普遍。黔东和黔北部分地区种植紫云英较多，黔中及黔西北有种植利用肥田萝卜的习惯。20 世纪 60 年代引进的光叶紫花苕，抗旱耐瘠，鲜草产量高，可作为瘦瘠田的先锋绿肥作物。同时，引入了 66-25 箭筈豌豆，此品种适播期较长，鲜草产量高而稳定，适宜稻田和旱地种植利用。夏季绿肥田菁、柽麻和小葵子，在部分温热地区引种试种，表现甚好，可作夏季短期填闲作物利用。20 世纪 80 年代贵州省黔东南州从浙江省引种细绿萍，细绿萍耐寒性强，繁殖速度和产萍量比本地萍种好，既可作有机肥源，又可作饲料，是较好的水生绿肥资源。

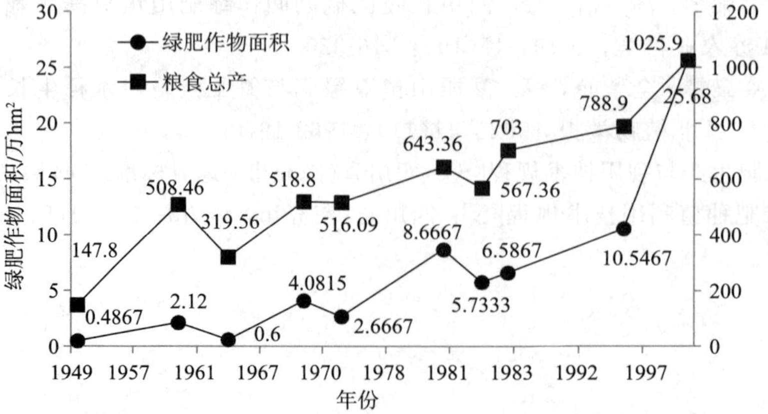

图 6-3-1 贵州省绿肥作物种植面积和粮食总产的变化趋势（1949—1997 年）

1.2 种质资源

1.2.1 旱地绿肥

贵州省以冬季绿肥作物为主，种类较多，主要有紫云英、肥田萝卜、苕子、箭筈豌豆、黑麦草、三叶草等。

(1)紫云英

紫云英是历史悠久的主要绿肥作物之一，传统种植区主要在黔东南、黔南和铜仁大部分地区。中华人民共和国成立后，紫云英播种面积逐年扩大，至20世纪80年代末，已分布全省。

(2)肥田萝卜

肥田萝卜又称满园花。1949年前是主要绿肥作物之一，遍及全省各地，以南部和中部各县种植面积较大。20世纪60年代后期，随着紫云英的扩种，肥田萝卜播种面积逐年缩小。

(3)苕子

毛叶苕子主要在黔西南地区的一季稻区种植利用，光叶紫花苕子主要在黔西、黔西北的毕节和六盘水地区的旱坡耕地种植利用。

(4)箭筈豌豆

20世纪80年代后逐渐引进优良品种，经毕节等县市试种，长势良好，尤其以旱地和果园适合种植利用。

(5)黑麦草

黑麦草在1970年引进，作为大宗优质饲草来源，于威宁、毕节等县市畜牧业区种植，生长良好，对改良土壤结构或作为优质草料效果良好。可单播，也可与紫云英、苕子、三叶草、肥田萝卜等混播。

(6)三叶草

三叶草在1990年代引进，试种表现良好。耐旱不耐湿，最适合于果、茶、桑园和旱地冬季种植，鲜草产量可达45 t/hm^{2}及以上。肥效以初花期最适宜。鲜草适口性好，营养价值高，适于作饲草。

夏季绿肥种植面积小，且以兼用经济类绿肥为主。贵州省夏季绿肥种类主要有红饭豆、白三叶、印度豇豆、竹豆、田菁、柽麻等。

1.2.2 多年生绿肥

贵州省主要有多变小冠花、香根草、紫穗槐、紫花苜蓿、白三叶等。

(1)多变小冠花

多变小冠花为蝶形花科小冠花属多年生草本植物。根系发达，可形成新的植株和地下茎，无性繁殖能力强。茎中空，具条棱，直立或斜生，草层高30～80 cm，花期2～3个月，每年可多次刈割，在黔东南、黔西南地区种植较多。

(2)香根草

香根草是一种禾本科多年丛生的草本植物。原产于印度等国，具有适应能力强，生长繁殖快，根系发达，耐旱耐瘠等特性；有“世界上具有最长根系的草本植物”，于20世纪80年代中期从江西引入，被广泛用于治理水土流失。在贵州中、南部地区种植。

(3)紫穗槐

紫穗槐在20世纪70年代引进，是贵州省铁路护路固坡灌木。作绿肥和饲料栽培，每年可多次刈割，丛生新枝条可作荆编材料。

(4)紫花苜蓿

紫花苜蓿自20世纪60年代开始陆续引进，每年可刈割2～3次。

(5)白三叶

花冠白色或淡红色，荚果倒卵状椭圆形，花期5月。可作绿肥、优良饲草，也可用于水土保持。

1.2.3 水生绿肥

贵州省水生绿肥品种主要有满江红、水葫芦、水浮萍、水花生等。

(1)满江红

20世纪70年代后期引进不同的细绿萍品种加以推广，并于20世纪80年代初逐渐取代地方品种。以黔东南州各县养殖面积较大，除用作绿肥外，还可作为饲料。在池塘及受污染的稻田利用，具有净水、防蚊、除毒的效果。

(2)水葫芦

野生于贵州省内部分浅水域。适应性强，耐高温，夏季繁殖快，产草量高，但根系庞大，难以沤腐，不适宜稻田养殖或直接压青。由于茎叶柔嫩，适口性好，农村主要用作饲料。一般采取生喂，发酵、青饲等多种方法喂养牲畜。水葫芦能净化水质，吸收利用水中的氮磷钾等养分。

(3)水浮莲

20世纪60年代由广东省引进，很快遍布全省各县。水浮莲由于越冬难于保种，故多在水面放养，夏秋季陆续捞取作为饲料和肥料。另外，水浮莲还具有净化污水的效果，可富集汞、镉等重金属。

(4)水花生

野生于沼泽及潮湿地带空闲水面。人工培育繁殖很快，产草量高，植株能富集土壤和水体中的钾素，被视为生物钾肥肥源之一。

1.3 历史上的绿肥作物种植模式

1.3.1 绿肥-水稻轮作

绿肥-水稻轮作是贵州省稻田主要绿肥作物种植模式。水稻成熟期，播种紫云英、油菜、肥田萝卜，次年翻压后种植水稻。也有水稻收获后，立即在稻桩播种蚕豆，收获菜用青蚕豆，蚕豆秸秆作绿肥。

1.3.2 绿肥-玉米轮作

绿肥-玉米轮作是贵州省旱地主要绿肥种植模式。在玉米收获后，立即播种光叶紫花苕子、箭筈豌豆。绿肥可翻压作肥料，也可刈割作饲料。

1.3.3 绿肥-烤烟轮作

在烤烟收获后，立即播种光叶紫花苕子、箭筈豌豆。次年，绿肥翻压作肥料。

1.3.4 果茶园绿肥间作

主要在幼龄果树、茶树行间间作蚕豆、豌豆、肥田萝卜、印度豇豆、绿豆等绿肥作物。

1.4　绿肥对农业生产的历史贡献

“绿肥是个宝、种田养畜少不了”，这句农谚充分反映了绿肥在农业中的地位和作用，根据贵州省各地多年的实践总结，绿肥的贡献主要表现在促进粮食增产、保持地力、增加饲草饲料、改善生态环境等方面。贵州省地处山区，多为高山坡地，运送肥到田间地头距离远、难度大，种绿肥就地翻压，能有效解决该难题，绿肥为农业生产和经济社会发展做出了巨大贡献。

1.4.1　绿肥作物稳定发展促进粮食增产

从 1949 年到 1997 年期间，绿肥作物的种植利用对贵州省粮食生产和发展有着重要的贡献，粮食总产与绿肥种植面积基本同步增加(图 6-3-1)。中华人民共和国成立初期，化肥很少，1952 年贵州省化肥施用总量 0.14 万 t，为解决耕地肥源，发展农业生产，促进粮食增产，省政府发出“要推广肥田草(绿肥作物)”的指示。从 1949 年至 1967 年，绿肥面积大幅度增加，促进全省粮食增产增收。20 世纪 70 年代后期，大力发展冬季绿肥，提高绿肥产量，为旱地作物提供肥料。期间，绿肥种植技术不断进步，采取了磷肥拌种、根瘤菌接种、多种绿肥混播以及绿肥垄作等一系列技术措施，全省绿肥鲜草平均产量从 12 t/hm^2 提高到 15 t/hm^2 以上。绿肥产量的提高，对培肥地力、保证“双杂”良种增产非常显著，促进了全省粮食增产，粮食总产由 1949 年的 147 万 t 提高到 1961 年的 320 万 t，1970 年达到 516 万 t。

1.4.2　促进用地与养地相结合

种植绿肥能保蓄土壤水分，改善土壤结构，是改良土壤、增强地力的有效措施。据毕节市多年定位试验结果，连续 6 年翻压光叶紫花苕子 30 t/hm^2，绿肥地土壤水分平均比冬闲地高 2%～5%，土壤有机质增加 0.45%，全氮增加 0.19%，速效氮增加 45 mg/kg，有效磷增加 26.9 mg/kg，速效钾增加 41.2 mg/kg。玉米产量由原来的 3.42 t/hm^2 增加到第五年的6.47 t/hm^2。

1.4.3　增加饲草，促进畜牧业发展

贵州省各地都有利用冬闲田种植苕子，收割、晾干制成草粉作饲料的利用方式，成功总结出绿肥种植—草粉加工—饲养牲畜—沼气配套—过腹还田(或沼液、沼渣还田)的综合利用模式。据调查，贵州省绿肥割青作饲草占绿肥总量的 26.3%，加工成草粉作饲料约占总量的 4%，合计用作饲草料约占 30%。绿肥的发展增加了饲草饲料，同时绿肥解决了冬春季节饲草缺乏的问题，促进了畜牧业发展，带动农民增收致富。

1.4.4　改善生态环境，减少水土流失

绿肥横坡起垄等高种植，把坡土变成垄沟相间的水平梯土，能起到层层筑坝截留降水，减缓地表径流的作用，有效控制水、土、肥的流失。据赫章县测定，在坡度为 15°的小黄黏土上聚垄耕作绿肥，4～8 月份降雨量为 908 mm 的条件下，比习惯耕作的地表径流量减少 26%、泥沙流失量减少 84%、养分流失量减少 76%～82%。冬春季节种植绿肥，使裸露土地增加地表覆盖度，防止水土流失；绿肥具有保蓄水分的作用，为下季作物高产奠定了基础；绿肥能有效利用上季作物残留的化肥，降低耕地面源污染，改善生态环境。

1.5　绿肥作物研究

1.5.1　箭筈豌豆的引种和推广

20 世纪 70 年代间引进了箭筈豌豆，20 世纪 80 年代相继在各地开展绿肥品比试验，其鲜

草和种子产量较高，是适宜贵州种植的冬季绿肥作物。与兴义苕子相比，66-25 箭筈豌豆和苏箭 3 号的产草量增加 64.4%～71.0%，种子产量高出 146.2%～175.5%。自 1986 年在黔西县相关部门协助下，相继开展了箭筈豌豆高产栽培与留种技术研究，通过试验示范和推广，该县箭筈豌豆由 1985 年的 133 hm^2发展到 1990 年的 7 000 hm^2，成为全省箭筈豌豆繁种基地。1991 年贵州省委省政府在黔西县召开了以扩大绿肥种植、实行科学种田为中心内容的全省科技兴农现场会，此后几年，贵州省绿肥生产得到迅猛发展。

1.5.2 绿肥增产与改土效果研究

1984—1985 年在平坝区开展试验，苕子鲜草还田 15.0～22.5 t/hm^2，稻谷可平均增产 852 kg/hm^2，增幅 21.1%。据低产田试验，绿肥的当季肥效相当于等量圈肥 2 倍以上，每施用 15～20 kg 绿肥鲜草可增产稻谷 1 kg。稻田种植绿肥并配施一定量的油菜秸秆还田，可增加土壤有机质，改善土壤结构，降低容重，改土效果更明显。

1987—1992 年连续 5 年在黔西县黄壤旱地开展定位试验，比较油菜间作绿肥-玉米间作黄豆、油菜间作蚕豆(收荚果并取走秸秆)-玉米间作黄豆 2 种模式，分带轮作油菜间作绿肥模式平均周年增产 384～550 kg/hm^2，增幅 5.3%～7.9%，其中种植绿肥处理的后作玉米增产 910～1 150 kg/hm^2，增幅 21.7%～27.3%，效果极为显著。同时，种植绿肥翻压后，土壤容重降低，孔隙度增加，土壤物理性质改善。

1.5.3 绿肥作物种植技术改进

中华人民共和国成立以来，在绿肥技术试验和推广过程中，总结出一系列绿肥种植技术和经验，如开沟防渍，适时适量播种，以磷增氮，以小肥养大肥等。20 世纪 60～70 年代，开展绿肥施用磷、钾肥试验，提出了以磷钾增氮、以无机换有机提高绿肥产量的新途径，并推广应用。20 世纪 60 年代对紫云英推行施用磷、钾肥等技术，起到了较好的增产效果，鲜草产量增至 33.8～51.8 t/hm^2，平均增产率达 28.9%。20 世纪 70 年代以后，在稻田紫云英春季生长旺季，提出施硫酸铵 90～120 kg/hm^2，促进茎叶生长。

1.6 贵州省绿肥发展现状

2017 年以来，全省绿肥面积稳定在约 33 万 hm^2。在 9 个地州市间，毕节市绿肥面积最大，其次是六盘水市和黔东南州；绿肥面积较小的是贵阳市、安顺市。全省旱地绿肥面积高于稻田绿肥，约 23 万 hm^2，近年来果园绿肥面积有所增长，现约 6 万 hm^2，与稻田绿肥面积相近。绿肥作物中箭筈豌豆、光叶苕子、紫云英、肥田萝卜等多作为专用绿肥，蚕豆、豌豆、大豆、杂豆等多作为兼用绿肥使用。此外，绿肥主要与水稻、玉米、烟草、高粱、马铃薯等形成轮作、间作、套作的种植制度。

近年来，随着贵州省现代山地特色高效农业发展实施方案的推进，水果产业快速发展，对果园绿肥的需求也开始显现，因此，充分利用绿肥技术优势特点，以“十二大特色农业产业”服务中的“精品水果”产业为突破口，研发了适合猕猴桃、梨、李、火龙果等果园的绿肥种植技术，包括明确了山黧豆、箭筈豌豆、三叶草等适宜绿肥作物，评价了绿肥在抑草、培肥改土、保温保湿、改善果园小气候、提高果实产量与品质等方面的效果。“绿肥＋”精品水果生产模式在贵州省不断形成，集成了猕猴桃-箭筈豌豆、火龙果-箭筈豌豆-大豆等多种模式，提升果实产量和品质，促进了贵州“绿肥果园”的打造和优质高端品牌的塑造。

2 贵州省绿肥研发进展与创新

2.1 山地“绿肥+”果园轻简高效技术体系构建

《贵州省农村产业革命水果产业发展推进方案(2019—2021年)》中提出推广“果园绿肥”,全面开展果园清洁行动,在“万亩片”“千亩村”果园全面禁止化学除草剂,将贵州建成精品水果产区。为此,开展了山地果园绿肥免耕生产与轻简化利用技术研发,集成了冬、夏2季绿肥接茬免耕生产利用、冬季绿肥早播免耕、无人机山地播种等关键技术。已形成的技术模式,包括果园周年覆盖冬夏季绿肥模式,如李子(或葡萄、猕猴桃)间套种(箭筈豌豆-本地饭豆)、火龙果间套种(箭筈豌豆-花豆)、火龙果间套种(箭筈豌豆-花豆-花豆)等,以及果园覆盖冬季绿肥模式,如猕猴桃间套种箭筈豌豆(光叶苕子)、苹果间套种光叶苕子、梨间套种山黧豆等。

2.1.1 李园冬、夏两季绿肥接茬免耕技术模式

针对控草、减肥增效的技术要求,支撑生态李发展,运用冬、夏2季绿肥接茬免耕技术,种植冬季绿肥箭筈豌豆,接茬夏季绿肥饭豆。箭筈豌豆鲜草产量平均为33 t/hm^2,饭豆鲜草产量平均为36 t/hm^2,为果园提供了大量的天然有机肥源,养分价值0.54万元/hm^2(表6-3-1)。此外,能有效抑制果园杂草,节省除草成本0.45万~0.9万元/hm^2。在夏末秋初高温伏旱季节的保湿降温效果明显,果园冬夏季绿肥接茬免耕种植技术的还田区与清耕区相比,土壤含水量在0~20 cm和20~40 cm土层分别增加了34.8%和28.4%,土壤温度在0~20 cm土层降低了1.9~7.1 ℃。

表6-3-1 李园冬夏2季绿肥接茬免耕技术的养分吸收及节肥增产增效效应

作物名称	翻压时间	鲜草产量/(t/hm)^2	植株养分总量/(kg/hm)^2			换算为化肥/(kg/hm)^2			节本/(万元/hm)^2		
			氮	磷	钾	尿素	钙镁磷肥	硫酸钾	尿素	钙镁磷肥	硫酸钾
本地饭豆	8月	36.18	192.0	19.5	256.5	416	135	512	0.10	0.01	0.18
箭筈豌豆	4月	33.05	214.5	22.5	159.0	467	155	318	0.11	0.01	0.11
合计		69.23	406.5	42.0	415.5	883	290	830	0.54		

注:价格以尿素2.4元/kg、钙镁磷肥0.9元/kg、硫酸钾3.6元/kg计算。

2.1.2 猕猴桃间作冬季绿肥技术模式

翻压黑麦草或箭筈豌豆在15 t/hm^2条件下,复合肥减量15%~30%能增加果实纵径、果实横径、单果重及果实硬度,增加可溶性固形物、维生素C、可溶性总糖含量,降低可滴定酸含量(表6-3-2)。相关技术推动了修文县的果园绿肥面积从原来的33.3 hm^2发展到现在的667 hm^2。另外,2019年大方县政府投入资金100万元采购绿肥种子,打造猕猴桃园绿肥综合利用示范带1 333 hm^2,该示范带带动了建档立卡的贫困人口983户共3 046人增产增收。

表 6-3-2　间作黑麦草或箭筈豌豆及不同化肥用量对猕猴桃品质和产量的影响(吴兴洪,2019)

绿肥种类	处理	可溶性固形物/%	维生素C/(mg/100 g)	可溶性总糖/%	可滴定酸/%	果实纵径/mm	果实横径/mm	单果重/g	硬度/(kg/cm²)	产量/(kg/株)
黑麦草	CK	13.23 d	87.11 e	6.48 d	1.46 a	51.97 d	40.17 e	83.50 e	10.73 c	16.16 d
	100% F	13.53 cd	94.29 d	6.52 d	1.37 b	53.83 d	41.70 de	85.87 d	12.03 bc	17.79 d
	GM+100% F	13.8 bc	99.85 c	6.54 d	1.32 d	56.53 c	44.50 cd	89.63 c	14.30 a	22.20 c
	GM+85% F	13.94 bc	112.13 a	7.23 b	1.36 bc	64.20 a	52.62 a	98.67 a	14.53 a	28.31 a
	GM+70% F	14.67 a	104.55 b	7.77 a	1.34 cd	61.57 b	48.33 b	94.73 b	13.77 ab	26.23 ab
	GM+55% F	14.35 ab	103.48 b	6.82 c	1.33 d	57.87 c	45.50 bc	93.60 b	13.00 ab	24.80 bc
箭筈豌豆	CK	12.24 d	92.10 e	6.11 d	1.45 a	53.63 d	40.17 b	82.33 e	11.87 c	17.44 d
	100% F	12.94 c	93.17 e	6.18 c	1.45 a	56.80 c	42.87 ab	86.23 d	12.03 c	18.37 cd
	GM+100% F	13.20 bc	105.51 c	6.33 b	1.38 b	60.17 b	43.50 ab	92.63 b	13.4 abc	20.89 b
	GM+85% F	13.70 a	108.45 b	6.56 a	1.30 c	62.30 ab	45.60 ab	94.50 ab	14.60 ab	25.42 a
	GM+70% F	13.48 ab	112.19 a	6.53 a	1.29 c	63.97 a	48.30 a	95.73 a	15.00 ab	27.12 a
	GM+55% F	13.44 ab	100.03 d	6.21 c	1.41 b	55.17 cd	41.70 b	88.60 c	13.13 bc	19.70 bc

注:GM—绿肥,翻压量为 15 t/hm²;100%F—复合肥 1 t/hm²(养分含量 $N:P_2O_5:K_2O$ 为 17:17:17)。猕猴桃快速生长期期间,在猕猴桃树体四周挖坑翻埋施用农家肥(猪粪)7.5 kg/株。表中同一列不同字母之间表示处理间差异显著($P<0.05$),以下各表意义相同。

2.1.3　火龙果间作绿肥技术模式

在罗甸县的试验表明,火龙果间套种箭筈豌豆,火龙果品质得到有效提高,果品价格7元/kg提高到10元/kg,产值增加2.25万元/hm²。2021年,罗甸县推广火龙果-箭筈豌豆模式1 333 hm²,增加经济效益近3 000万元。另外,火龙果间套种(箭筈豌豆+花豆)模式下,冬、夏2季绿肥还田有机肥源提高到43.77 t/hm²。

2.2　绿肥增值增效与化肥减施技术研究

织金县多年玉米间套作光叶苕子生产技术应用结果,在玉米播种前15～20 d翻压光叶苕子15 t/hm²,化肥可减施15%～30%(减N 27～54 kg/hm²、减 P_2O_5 18～36 kg/hm²、减 K_2O 27～54 kg/hm²),连续种植绿肥,玉米产量呈现出稳定增加的趋势。翻压光叶苕子在15 t/hm²、化肥减量15%～45%时,玉米的有效穗数、穗粒数、千粒重较100%F无显著差异,玉米产量增加(表6-3-3)。不同年份的玉米产量可以看出,翻压光叶苕子15 t/hm²条件下化肥减施15%时,玉米产量较100%F提高14.45%,但差异不显著(表6-3-4)。绿肥与化肥等量替代在85%F+15%GM时,玉米的穗粒数、千粒重、产量较100%F增加,但差异未达到显著(表6-3-5)。

表 6-3-3　种植翻压绿肥与减量化肥配施对玉米产量及构成因素的影响

处理	穗高系数	有效穗数/(万穗/hm²)	穗粒数/(粒/穗)	千粒重/g	产量/(t/hm²)
CK	0.30±0.03 a	3.14±0.05 b	572±16 a	324.89±9.15 a	5.76±0.15 b
100%F	0.33±0.02 a	3.38±0.07 a	651±21 a	358.27±6.17 a	9.00±0.33 a
GM+100%F	0.35±0.004 a	3.32±0.06 ab	635±12 a	344.16±4.38 a	8.81±0.19 a

续表 6-3-3

处理	穗高系数	有效穗数 /(万穗/hm^2)	穗粒数 /(粒/穗)	千粒重 /g	产量 /(t/hm^2)
GM+85%F	0.35±0.02 a	3.30±0.08 ab	647±20 a	337.07±16.06 a	8.78±0.22 a
GM+70%F	0.34±0.01 a	3.22±0.04 ab	630±24 a	331.02±12.35 a	8.76±0.26 a
GM+55%F	0.33±0.02 a	3.25±0.09 ab	615±26 a	338.48±11.81 a	8.62±0.33 a

注：GM—翻压绿肥 15 t/hm^2。100%F—N180 kg/hm^2、P_2O_5 120 kg/hm^2、K_2O 180 kg/hm^2。氮肥，基：苗：大喇叭口 = 2:3:5；磷钾肥 100%基施。表 6-3-4、表 6-3-5 同。

表 6-3-4 种植翻压绿肥与化肥减量配施对不同年份玉米产量的影响 t/hm^2

处理	2011 年	2012 年	2013 年	2014 年	2015 年	2017 年	2019 年	平均值
CK	5.14	4.19	2.70	4.38	4.75	5.15	5.76	4.58±0.37 b
100%F	7.09	4.95	4.29	5.48	5.67	7.15	9.00	6.23±0.61 a
GM+100%F	7.97	5.08	5.30	6.23	6.15	8.08	8.81	6.80±0.56 a
GM+85%F	9.02	5.94	5.55	6.29	6.07	8.29	8.78	7.13±0.56 a
GM+70%F	7.62	5.19	5.72	6.80	6.31	6.99	8.76	6.77±0.45 a
GM+55%F	—	5.18	5.19	6.01	6.13	5.42	8.62	6.09±0.53 a

表 6-3-5 绿肥等养分量替代化肥养分对玉米产量及构成因素的影响

处理	穗高系数	有效穗数 /(万穗/hm^2)	穗粒数 /(粒/穗)	千粒重 /g	产量 /(t/hm^2)
CK	0.31±0.02 b	3.32±0.08 a	549±15 b	327.23±6.07 a	6.10±0.35 b
100%F	0.35±0.02 ab	3.48±0.14 a	640±10 a	354.71±11.66 a	9.60±0.36 a
85%F+15%GM	0.36±0.01 ab	3.75±0.29 a	675±8 a	367.43±14.54 a	10.19±0.15 a
70%F+30%GM	0.37±0.01 a	3.94±0.09 a	641±1 4 a	358.17±0.91 a	10.02±0.17 a
55%F+45%GM	0.35±0.02 ab	3.44±0.16 a	626±12 ab	327.99±12.13 a	9.49±0.13 a
40%F+60%GM	0.36±0.01 ab	3.49±0.24 a	618±3 ab	341.29±12.84 a	8.78±0.23 a

2.3 绿肥功能化利用探索

2.3.1 改善山地生态功能

研究果园夏季绿肥控草、不同绿肥搭配的土壤氮磷淋失阻控等效果表明，火龙果园夏季种植豆科绿肥，盛花期时降低了杂草丰富度、多样性，但对杂草均匀度影响较小，其中豇豆、花豆效果最明显。耕层土壤温度均显著低于对照，其中，棒豆处理最低。当刈割绿肥覆盖土壤后，覆盖巴山豆的土壤含水率最高，覆盖花生的土壤容重最大（表 6-3-6）。

表 6-3-6 火龙果园不同夏季绿肥的鲜草产量、杂草抑制性及土壤物理性质

处理	绿肥		杂草		土壤		
	鲜草产量 /(t/hm^2)	丰富度 /种	多样性	均匀度	温度 /℃	含水率 /%	容重 /(g/cm^3)
大豆	16.42±3.60 a	4±2 bc	2.07±0.46 cde	0.38±0.29 a	25.6±0.6 b	19.15±1.63 ab	1.47±0.04 ab
绿豆	8.27±2.04 bc	6±1 ab	3.01±0.27 abc	0.41±0.12 a	25.2±0.7 bc	21.69±1.77 ab	1.25±0.11 cd
花生	12.08±2.23 b	6±1 ab	3.25±0.45 ab	0.47±0.19 a	25.4±0.3 bc	18.87±1.06 b	1.58±0.06 a

续表 6-3-6

处理	绿肥		杂草		土壤		
	鲜草产量/(t/hm²)	丰富度/种	多样性	均匀度	温度/℃	含水率/%	容重/(g/cm³)
棒豆	17.83±2.13 a	3±1 c	2.75±1.18 bcd	0.68±0.24 a	24.1±0.5 d	22.55±1.65 a	1.11±0.03 d
豇豆	16.93±2.00 a	3±1 c	1.76±0.53 e	0.46±0.19 a	24.6±0.2 cd	21.20±3.04 ab	1.33±0.05 bc
紫花苜蓿	7.25±2.21 c	4±2 c	1.93±0.49 de	0.35±0.14 a	25.8±0.2 b	21.16±2.60 ab	1.40±0.09 b
巴山豆	16.38±3.01 a	3±1 c	1.98±0.57 de	0.57±0.20 a	25.4±0.4 bc	22.72±2.96 a	1.38±0.09 bc
花豆	19.43±0.69 a	3±1 c	1.69±0.18 e	0.30±0.03 a	25.6±0.8 b	20.13±2.49 ab	1.39±0.08 bc
饭豆	8.80±2.75 bc	4±1 c	2.04±0.65 cde	0.43±0.35 a	25.4±0.1 bc	19.98±1.11 ab	1.37±0.09 bc
对照	—	7±1 a	3.88±0.33 a	0.51±0.05 a	28.6±1.0 a	18.84±2.02 b	1.40±0.16 b

2.3.2 景观功能

针对绿肥作物不同的花期与花朵特性,研究了典型绿肥作物的观光功能。二月兰、肥田萝卜花期超过 40 d,光叶苕子、紫云英分别有 28 d 和 24 d。单株花朵数,光叶苕子>箭筈豌豆>肥田萝卜>山黧豆>二月兰>紫云英,其中光叶苕子 77 朵/株;单朵花面积,光叶苕子>二月兰>紫云英>肥田萝卜>箭筈豌豆>山黧豆,其中光叶苕子 14.0 cm²/朵;单株花面积则是光叶苕子>二月兰>肥田萝卜>箭筈豌豆>紫云英>山黧豆,其中光叶苕子最高,达 1 079.5 cm²/株。花朵分布高度从高到低排列为肥田萝卜 75~95 cm、二月兰与光叶苕子及箭筈豌豆 25~50 cm、紫云英和山黧豆 15~25 cm(表 6-3-7)。

综合各项特征,在贵州省可利用绿肥作物打造 2 月至 3 月间的二月兰蓝紫色花海、3~4 月份的紫云英紫红色花海、肥田萝卜白色花海、4 月间的光叶苕子紫色花海,山黧豆、箭筈豌豆视觉上以鲜草为主导其中花朵形成点缀可选择观叶,若需要花朵位置高的可以选用肥田萝卜。

表 6-3-7 常见绿肥作物的花朵形态特征(张钦等,2020)

处理	花朵数/(朵/株)	单朵花面积/(cm²/朵)	单株花面积/(cm²/株)	垂直分布/cm
光叶苕子	77.3±2.8 a	14.0±0.9 a	1079.5±84.4 a	25~50
紫云英	7.9±1.8 d	3.9±0.2 c	31.7±8.5 b	15~25
箭筈豌豆	27.8±5.9 b	2.0±0.1 d	56.9±13.7 b	25~45
肥田萝卜	22.8±5.1 bc	3.5±0.1 c	81.0±19.2 b	75~95
山黧豆	19.6±3.4 bc	1.3±0.1 d	26.8±5.4 b	15~25
二月兰	14.4±1.9 cd	7.1±0.5 b	98.8±11.2 b	25~50

3 贵州省绿肥发展潜力

总体看,贵州省的绿肥面积潜力为 131 万 hm²,有效时空潜力为 98 万 hm²·年。其中,农区绿肥面积潜力为 67 万 hm²,有效时空潜力为 34 万 hm²·年;果园等经济林园绿肥面积潜力为 64 万 hm²,有效时空潜力为 64 万 hm²·年(表 6-3-8)。

3.1 农区绿肥发展潜力

2021 年贵州省总耕地面积为 347 万 hm²,种植水稻 69 万 hm²、马铃薯 76 万 hm²、玉米

55 万 hm^2、大豆 21 万 hm^2、小麦 14 万 hm^2；经济农作物中油菜 45 万 hm^2、烤烟 13 万 hm^2。

贵州省夏粮作物主要是水稻、玉米，冬季主要种植油菜、小麦及部分蔬菜，农区发展绿肥主要集中在耕地冬闲季节，即稻田绿肥、旱地（玉米、烤烟等）绿肥轮作模式，绿肥种植时间集中在当年 10 月至次年 3 月（共 6 个月）。在不与粮“争地”情景下，全省绿肥-水稻有效时空潜力为 11 万 hm^2 · 年，绿肥-马铃薯有效时空潜力为 5 万 hm^2 · 年，绿肥-玉米有效时空潜力为 17 万 hm^2 · 年，绿肥-烤烟有效时空潜力为 1 万 hm^2 · 年（表 6-3-8）。综上，贵州省农区绿肥面积潜力为 67 万 hm^2，有效时空潜力合计 34 万 hm^2 · 年。

3.2　经济林园（果茶园）绿肥发展潜力

贵州省由于特殊的地理环境和气候，适宜发展现代山地特色高效农业。果园、茶园种植绿肥作物是“以园养园、以短养长”的重要措施，不仅能改善土壤质量，提升土壤肥力，减少水土流失，降低农业面源污染风险，还能调节小气候，促进果茶树生长，提升产量和品质，减少病虫草害的发生，对改善生态环境和促进农业绿色发展发挥重大作用。贵州省果茶园可实现在冬、夏 2 季种植绿肥作物，采用多年生绿肥或周年多茬绿肥覆盖模式后，实现绿肥周年覆盖，绿肥作物生产时空潜力大。

根据 2021 年的统计数据，全省茶园面积 48 万 hm^2，绿肥有效时空潜力为 12 万 hm^2 · 年；落叶果园面积 65 万 hm^2，绿肥有效时空潜力为 46 万 hm^2 · 年；常绿成龄果园面积 11 万 hm^2，绿肥有效时空潜力为 3 万 hm^2 · 年；常绿幼龄果园面积 5 万 hm^2，绿肥有效时空潜力为 3 万 hm^2 · 年（表 6-3-8）。可见，经济林园绿肥有效时空潜力合计 64 万 hm^2 · 年。

表 6-3-8　贵州省绿肥种植时空潜力

区域	适宜的绿肥制度	对应的主作物面积/万 hm^2	绿肥空间占比/%	绿肥时长/个月	绿肥面积潜力/万 hm^2	绿肥有效时空潜力/(万 hm^2 · 年)
农区	绿肥-玉米轮作	33	100	6	33	17
	绿肥-马铃薯轮作	10	100	6	10	5
	绿肥-烤烟轮作	2	100	6	2	1
	绿肥-水稻轮作	22	100	6	22	11
	农区合计	67	—	—	67	34
经济林园	落叶果园	65	70	12	46	46
	常绿果园成龄	11	25	12	3	3
	常绿果园幼龄	5	70	12	3	3
	茶园	48	25	12	12	12
	经济林园合计	129	—	—	64	64
合　计		196	—	—	131	98

注：绿肥有效时空潜力＝对应的主作物面积×绿肥空间占比×绿肥时长。

3.3　耕地质量保护与提升中的绿肥潜力

全省中低产田面积大，其中，中度适宜级耕地为 168 万 hm^2，占耕地总面积的34.3%；勉强适宜级耕地面积 208 万 hm^2，占耕地总面积的 42.4%；不适宜耕种的现有耕地面积 70 万 hm^2，占耕地总面积的 14.3%。中低产田总面积为 278 万 hm^2，在中低产田全部冬闲的情况下，绿肥在中低产田改良中的有效时空潜力为 139 万 hm^2 · 年。

4 贵州省绿肥生产主要技术模式

4.1 紫云英-水稻轮作模式

贵州省水稻主要选择中晚熟优质水稻品种，4 月上旬至中旬播种，5 月上旬至中旬移栽，9 月中下旬收获。

水稻收获后，于水田播撒紫云英种子，推荐播撒量 30 kg/hm^2。次年 4 月上旬至中旬，绿肥达到盛花期进行刈割、翻压处理。紫云英盛花期鲜草产量达 18～42 t/hm^2，绿肥利用后，稻田氮肥施用量减少 20%～40%。

该模式适宜在海拔 1 300 m 以下、中等热量条件区域种植，包括铜仁市、贵阳市、遵义市、黔东南州、毕节市的水稻种植区。

4.2 绿肥-玉米轮作模式

贵州省玉米品种主要选择新中玉 801、黔玉 7 号等，4 月中旬播种，8 月下旬收获，玉米采用小拱棚或者大棚育苗，按照贵州玉米高效栽培技术进行田间管理。

玉米收获后，9 月中旬至 10 月中旬播种冬季绿肥，绿肥品种可选用苕子、箭筈豌豆、二月兰、肥田萝卜、绿肥油菜等，播种量分别为 45 kg/hm^2、60 kg/hm^2、25 kg/hm^2、15 kg/hm^2 和15 kg/hm^2。

次年 3 月下旬至 4 月上旬，绿肥盛花期进行刈割、翻压。其中苕子、箭筈豌豆盛花期绿肥鲜草产量达 22.5～30 t/hm^2，绿肥翻压后，玉米化肥用量可减少 15%～30%。

此外，光叶苕子于旺长期、初蕾期可刈割鲜草加工草粉，每公顷光叶苕子可加工草粉约 3 t，按单价 1 400 元/t 计算，草粉价值 4 200 元/hm^2。

4.3 绿肥-烟草轮作模式

贵州省烤烟目前主栽品种为云烟 87、云烟 85、K326，通常在 4 月中下旬移栽，7 月底至 9 月底，从下部叶到上部叶进行采烤。

烤烟采收结束后，于 10 月上、中旬进行冬季绿肥播种，品种主要为绿肥油菜、箭筈豌豆、光叶苕子。绿肥播种采用烟垄播撒方式，充分利用烤烟剩余肥料。其中绿肥油菜推荐播撒量 5 kg/hm^2，光叶苕子、箭筈豌豆推荐播撒量 40 kg/hm^2。

次年 3 月下旬至 4 月上旬，绿肥盛花期进行刈割、翻压，翻压 20 d 左右绿肥充分腐解、养分快速释放时，施用烤烟专用底肥并起垄移栽。盛花期绿肥鲜草产量达 22.5～30.0 t/hm^2，烤烟应减少氮肥用量 15%～30%。

油菜-烤烟轮作模式适宜黔西南州兴义市，晴隆、兴仁、安龙、普安等县，安顺市部分区域；光叶苕子-烤烟轮作模式适宜毕节市高海拔地区（海拔 1 200m 以上），主要有威宁县、赫章县、纳雍县箭筈豌豆-烤烟轮作模式适宜贵州海拔 900m 以下大部分烤烟种植区，主要有贵阳市、遵义市、铜仁市、黔南州、黔东南州等。

4.4 茶园套种绿肥模式

贵州省茶园冬季套种绿肥品种有白三叶、黑麦草、箭筈豌豆等。

白三叶播种时间为9月中旬至10月下旬或者次年4月，推荐播种量30 kg/hm^2。根据出苗、长势情况进行适量补种。茶园全覆盖后，可保持茶园土壤温度、湿度，实现长期控草，解决茶园草害问题。三叶草鲜草产量达15～27 t/hm^2，茶园土壤全氮含量增加5.6%～33.3%，速效氮增加30.5%～34.0%。

光叶苕子、箭筈豌豆于9月中旬至10月播种，推荐播种量30～40 kg/hm^2。次年4月中旬，对绿肥适时刈割、覆盖地表，盛花期绿肥鲜草产量达22.5～30 t/hm^2，茶园土壤速效氮增加12.7%～31.0%。

4.5 果园套种绿肥模式

在贵州省，高于1 200 m果园称为高海拔果园，低于1 200 m海拔果园为中低海拔果园。果树主要种类包括核桃、火龙果、苹果、猕猴桃、刺梨、李子、梨子、桃、樱桃、枣等。

高海拔果园绿肥以光叶苕子为主，播种时间为8月下旬至9月中旬，推荐播种量45 kg/hm^2。

中低海拔果园绿肥可选用白三叶、黑麦草、光叶苕子、箭筈豌豆。白三叶播种时间为9月中旬至10月下旬，推荐播种量30 kg/hm^2，鲜草产量37.5 t/hm^2，白三叶可根据长势进行适量补种，保障果园覆盖状况，解决果园草害问题。黑麦草于8月上旬至11月下旬播种，推荐播种量45 kg/hm^2。黑麦草可根据长势刈割3～4次，单次刈割鲜草产量45 t/hm^{2}以上。光叶苕子、箭筈豌豆播种时间为8月下旬至9月中旬，光叶苕子推荐播种量60 kg/hm^2，箭筈豌豆推荐播种量90 kg/hm^2。光叶苕子、箭筈豌豆可于次年4月中旬进行刈割覆盖还田，可减施复合肥10%。

高海拔果园套种绿肥模式适用毕节市，低海拔模式适用贵阳市、安顺市、黔南州等。

参考文献

[1]陈旭晖.贵州绿肥的发展及高产栽培技术研究[J].贵州农业科学，1998(26):36-39.

[2]陈正刚，崔宏浩，张钦，等.光叶苕子与化肥减量配施对土壤肥力及玉米产量的影响[J].江西农业大学学报，2015，37(3)：411-416,496.

[3]贵州省统计局.贵州50年[M].北京：中国统计出版社，1999.

[4]况胜剑，姚单君，冉斌，等.种植密度对山黧豆培肥及景观效应的影响[J].贵州农业科学，2020，48(7)：34-37.

[5]廖恒，张钦，姚单君，等.梨园林下豆科绿肥绛三叶的景观生态特征[J].贵州农业科学，2021，49(6)：84-89.

[6]牛雅琼，吴兴洪，冉斌，等.豆科绿肥翻压对猕猴桃产质量和土壤肥力的影响[J].北方园艺，2020(05)：87-94.

[7]钱晓刚.绿肥种植与栽培[M].贵阳：贵州人民出版社，2000.

[8]宋攀，王启权，肖家学，等.安顺市山地生态茶园间作白三叶草技术和效益探析[J].南方农业，2022，16(17)：70-72,76.

[9]盛忠雷，李中林，杨海滨，等.茶园绿肥生物产量及其对耕层土壤的影响[J].南方农业，2015，9(1)：25-27.

[10]王峰，吴志丹，江福英，等. 绿肥对茶园生态系统的影响及其发展对策[J]. 南方农业学报，2012，43(3)：402-406.

[11]吴兴洪. 猕猴桃果园适宜绿肥筛选及其对土壤养分、猕猴桃产质量的影响[D]. 贵州大学，2019.

[12]徐华勤，肖润林，向佐湘，等. 稻草覆盖、间作三叶草茶园土壤酶活性与养分的关系[J]. 生态学杂志，2009，28(8)：1537-1543.

[13]杨爽. 翻压光叶紫花苕减施化肥对玉米生长、产量、品质及土壤肥力的影响[D]. 贵州大学，2018.

[14]姚单君，张钦，张爱华，等. 不同绿肥种植下盛花期土壤水分和氮磷淋失特征[J]. 北方园艺，2021(21)：86-93.

[15]张爱华，姚单君，张宇亭，等. 猕猴桃园绿肥对土壤物理性质、猕猴桃产量的影响[J]. 北方园艺，2022(01)：86-93.

[16]张钦，姚单君，吴兴洪，等. 传统绿肥贵州山地景观化利用潜力评价[J]. 热带作物学报，2020，41(7)：1477-1483.

[17]张钦，姚单君，况胜剑，等. 基于灰色关联度分析法的夏季绿肥资源在贵州山地果园利用潜力综合评价[J]. 中国土壤与肥料，2022(09)：94-101.

[18]张钦，吴兴洪，姚单君，等. 翻压绿肥减施化肥下贵州猕猴桃果实快速增长期的叶片性状与土壤养分特征[J]. 中国土壤与肥料，2023(01)：140-148.

[19]Zhang Qin，Peng Yutao，Wang Jingxin，et al. Improving ecological functions and ornamental values of traditional pear orchard by co-planting of green manures of *Astragalus sinicus* L. and *lathyrus cicera* L. [J]. Sustainability，2021，13：13092.

[20]Zhang Qin，Yao Danjun，Ran Bin，et al. Evaluating the resources of *Raphanus sativus* L. for dual purpose of sightseeing and green manure based on grey correlation analysis under the rural revitalization strategy in Guizhou[J]. Applied Ecology and Environmental Research，2023，21(1)：491-502.

[21]玉米地轮(套)作光叶苕子生产技术规程[S]. 贵州省地方标准. DB 52/T 750—2012.

Ⅳ 云南省绿肥作物生产历史、现状、潜力及模式

1 云南省绿肥生产历史

1.1 生产利用历史

1.1.1 农户习惯种植时期

历史上，云南就有应用绿肥肥田养地的习惯，在长期生产实践中积累了许多种植、利用绿肥的宝贵经验。如很早以前云南各地就利用蒿枝、苦刺、海草、水冬瓜嫩枝叶、栎树嫩枝叶、接骨草等作肥料，大理、玉溪、昆明等农业开发较早的部分地区，种植苦草（黄花草木樨）等栽培绿肥已有几百年历史，著名地方绿肥品种漾濞苕的历史也在百年以上。然而，中华人民共和国成立以前，云南丰富的野生绿肥资源和自给自足的小农经济，制约了发展栽培绿肥的积极性，常年种植面积不足 0.2 万 hm^2。

1.1.2 政府主导，绿肥产业曲折发展上升期

中华人民共和国成立后，云南省绿肥生产发展较快。1950—1959 年为稳定发展时期。云南省绿肥科研起步于 20 世纪 50 年代中后期，1956 年云南省农业厅举办积肥造肥培训班；1958 年中共云南省委农村工作部在宜良组织召开积肥造肥现场会，宣传垫圈窖肥技术经验，1959 年绿肥面积达到 1 万 hm^2。1960—1962 年三年自然灾害，绿肥面积降至 0.3 万 hm^2，粮食减产，农业停滞不前；1963 年以后，随着农业生产的恢复，绿肥生产也逐渐恢复，特别是 1965 年后，成立省、地、县三级绿肥工作队，就地开展试验示范推广工作，摸清了主要绿肥品种的特征、特性与栽培技术要点，确定了利用冬闲地复种、茶桑果园夏秋套种、轮歇地扩种、小春作物间混种耐旱、耐瘠、适应性广、产量高的冬绿肥光叶苕子为云南省发展绿肥的主要途径，1966 年全省绿肥种植面积达 32.4 万 hm^2。1967—1977 年，绿肥生产受到巨大冲击，栽培面积急剧下降，1970 年仅有 5.2 万 hm^2。

1.1.3 科技引领，绿肥产业恢复发展期

1977—1995 年，为快速恢复绿肥生产，全国绿肥试验网启动，云南省负责绿肥西南协作区工作，进行了多用途经济型绿肥品种资源筛选、肥饲兼用型绿肥生产利用模式、绿肥在高效施肥体系中应用等协作研究；制定了云南绿肥区划，收集整理了一批绿肥资源，选育出新品种云光早苕，明确了绿肥提高土壤和农产品质量的效应。云光早苕在全省得到大面积推广，1984 年

苕子种植面积恢复到 8.2 万 hm^2，1985 年扩大推广到 27.3 万 hm^2。

1985—1995 年，绿肥生产得到了长足的发展。1995 年全省绿肥面积达到 36.2 万 hm^2，比 1985 年增加 8.9 万 hm^2。云南栽培绿肥资源量约 510 万 t，其中冬绿肥最多，约 380 万 t，占 74.5%，其他依次为水生绿肥 74 万 t，占 14.5%；夏绿肥 54 万 t，占 10.6%；多年生绿肥1.9 万 t。

1.1.4 化肥工业发展，绿肥产业又一次步入萧条期

20 世纪末 21 世纪初，随着国家产业结构调整，云南省社会经济技术加速进步，耕地面临着空前的产出压力，伴随化肥供应越来越充分，绿肥和农家肥淡出农业生产，云南省绿肥种植面积再次下滑至谷底，1999 年绿肥年种植面积徘徊在 13.3 万 hm^2（图 6-4-1）。

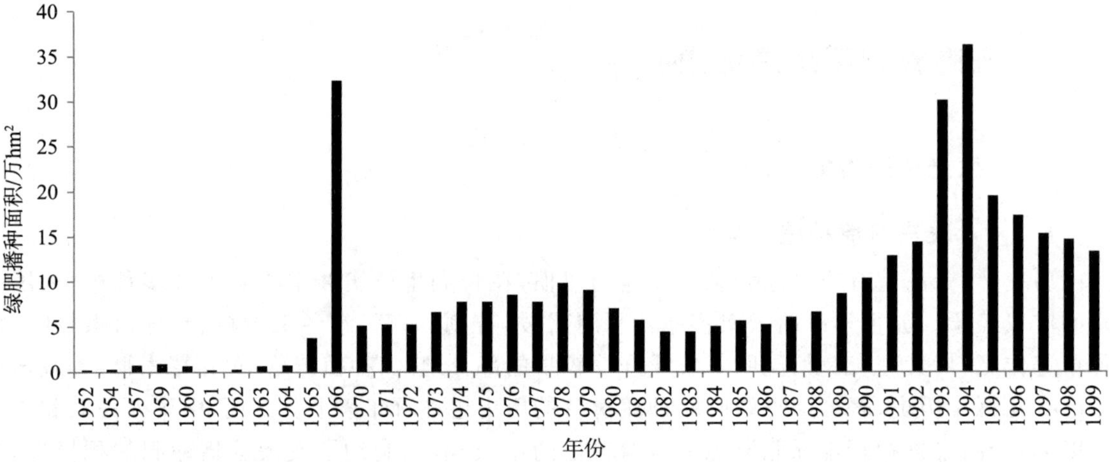

图 6-4-1 云南省绿肥作物种植面积演变（1952—1999 年）

1.2 种质资源

1.2.1 种质资源及工作概括

云南省栽培绿肥种类和品种十分丰富，本地资源有苦草、黑料豆、光叶猪屎豆、圆叶猪屎豆、大叶猪屎豆、云南猪屎豆、漾濞苕、绥江苕、富源苕、马豆草、黄花草、蚕豆、豌豆、田豆、绊死老牛豆、山毛豆、含羞草、大麻、肥田萝卜（蓝花子、满园花）、水浮莲等。

1949 年之后引进了光叶苕、荆州苕、毛叶苕、四川花苕、四川油苕、江苏早苕、软扁豆、紫云英、紫花苜蓿、箭筈豌豆、白花草木樨、细绿萍、扁荚山黧豆、三叶草、太阳麻、田菁、竹豆、乌豇豆、印度豇豆、小葵子、金光菊、小冠花、沙打旺、红豆草、黑麦草、尖叶猪屎豆、日本青、银合欢、马鹿花、大叶千斤拔、毛蔓豆、蝴蝶豆、巴西苜蓿等。

20 世纪 50 年代从四川省引入川苕，从西北引进软扁豆试种。20 世纪 60 年代从江苏省盐城引种光叶紫花苕子和江苏早苕，从陕西省引进罗马尼亚毛苕和土库曼毛苕，从湖北省引入荆州苕。20 世纪 70 年代先后从江苏、四川、甘肃、西藏等地引进箭筈豌豆试种和试验示范，从安徽省引入柽麻，从广东、广西、湖南等地引进紫云英试种，从江西省引进猪屎豆试种，从南京植物园引进扁荚山黧豆，从泰国引进蓝花毛蔓豆。20 世纪 80 年代从山西省、江苏省引进多变小冠花、绿宝石，从四川省引进扁荚山黧豆、毛叶紫花苕子。此外，还先后从省外、国外引进小葵子、白花草木樨、黄花苜蓿、金光菊、黑麦草、聚合草、串叶松香草、细绿萍、水葫芦、广东蚕豆、乌

豇豆、竹豆、老母牛豆、尖叶猪屎豆、日本青等。

1.2.2 典型品种资源

从20世纪60年代以来，云南省在引进绿肥品种基础上，应用单株系统选育法，先后选育出云光早苕74-2、79-13、81-4等早熟、高产绿肥品种。这些品种影响深远，云光早苕至今依然是云南、四川、贵州等省的当家绿肥品种，并在全国多地广泛应用。云光早苕适宜西南旱地、果园、茶园种植，全生育期200～220 d，抗寒、抗旱、耐瘠能力较强，鲜草产量18～45 t/hm^2，种子产量0.9～1.5 t/hm^2。

文山马牙花为云南文山肥田萝卜地方种俗称。适宜在云南全省范围旱地种植，全生育期120～200 d，抗寒、抗旱能力较强，鲜草产量15～20 t/hm^2，种子产量1.5～2.0 t/hm^2。

1.3 种植利用模式

中华人民共和国成立后一直到20世纪90年代，历经几代绿肥人努力，云南省主要致力于绿肥在中、低产田净种肥田、光叶紫花苕-玉米、苕子-马铃薯、肥田萝卜-马铃薯、水稻-红萍(萍前稻)、红萍-水稻(萍后稻)、苕子-水稻、水葵子-水稻等几种种植模式的应用研究和推广。其中苕子根茬和落叶还田培肥土壤，还田量为4.5～7.5 t/hm^2；地上部分刈割晒干粉碎或作青饲料喂牲畜过腹还田。肥田萝卜(蓝花子、满园花)成熟收获后，籽粒榨油，秸秆粉碎成糠作饲料过腹还田。稻前萍在水稻移栽前本田养萍，倒萍栽秧作水稻底肥，稻后萍是在水稻移栽后、封行前放养细绿萍，为当季作物水稻及小麦、蚕豆等后作提供萍肥；细绿萍除用作肥料外，还可以用作猪、鸡、鸭、鱼青饲料过腹还田。这些模式在化肥工业不发达的年代一直作为粮食增产主要技术在全省农业生产广泛应用，其中水稻-红萍(萍前稻)、红萍-水稻(萍后稻)应用到1995年前后，其他模式一直应用到现在。

云南绿肥种植利用模式主要有"两年三熟区"光叶紫花苕-烟草、光叶紫花苕-玉米、光叶紫花苕-水稻、肥田萝卜-马铃薯。由于水热条件限制，种植光叶紫花苕一般在主作物收获前雨季土壤墒情较好时(一般为7月份)抢墒播种，主作物和绿肥30～40 d共生期，马铃薯后复种生育期较短的肥田萝卜。

"一年两熟区"绿肥种植模式。主要有光叶紫花苕-玉米、光叶紫花苕-烟草、光叶紫花苕-马铃薯、光叶紫花苕-水稻。该区域光叶紫花苕一般在主作物收获后10月中旬以前复种，播种方式为穴播或撒播。

"一年三熟区"绿肥种植模式。主要有马铃薯/青食玉米-小葵子-水稻，一般3月份马铃薯收获后播种绿肥小葵子，5月份翻压还田，20 d后移栽水稻。

果茶/茶园间作绿肥模式。果园绿肥作物主要有黑麦草、三叶草、光叶紫花苕、箭筈豌豆、大豆、饭豆等。黑麦草、三叶草一般雨季土壤墒情较好时撒播，常年覆盖，其中黑麦草每年刈割2～3次作饲草；光叶紫花苕、箭筈豌豆为夏末秋初土壤墒情较好时撒播，次年4月底5月初自然枯萎覆盖还田，也有部分果园在3月份盛花期刈割作饲料；大豆、绿豆等一般5月底6月初进入雨季后穴播，盛花期翻压还田。茶园主要绿肥作物有绿小豆、红小豆、光叶紫花苕、箭筈豌豆等。绿小豆、红小豆一般雨季土壤墒情较好时穴播，8月份采摘完豆子后翻压还田；光叶紫花苕、箭筈豌豆夏末秋初土壤墒情较好时撒播或条播，次年4月底5月初自然枯萎覆盖还田。

1.4 云南省绿肥的历史贡献

1.4.1 维持了农田地力

绿肥在培肥改良红壤方面的效果较好。研究表明,苕子施入瘦红壤后,当季提高土壤有机碳,促进红壤有机质更新,提高土壤生产力。种植利用豆科绿肥光叶苕子 5 年后,土壤有机质增加 0.3%,全氮增加 0.02%,速效氮增加 12.8 mg/kg,有效磷增加4.1 mg/kg,速效钾增加 12.2 mg/kg。种植并翻压云光早苕增强了土壤脲酶、酸性磷酸酶、过氧化氢酶、多酚氧化酶活性 15%~95%,丰富土壤微生物种群数量、降低真菌比例,降低烟草根结线虫病危害。

1.4.2 保障了粮食生产

20 世纪 90 年代以前,云南省化肥供求缺口较大,不能满足农业生产需要,绿肥为稳定和增加粮食生产做出了重要贡献。据叶惠民、李正英、张玉明等研究,生产、翻压 15 t/hm^2 豆科绿肥鲜草,玉米增产 0.75~1.5 t/hm^2,翻压 22.5 t/hm^2 豆科绿肥鲜草,玉米增产2.55 t/hm^2、水稻增产 2.15 t/hm^2,云南省中、低产红壤旱地 7 年定位试验结果表明,种植并翻压绿肥 15 t/hm^2,玉米增产 0.92 t/hm^2。原农业部绿肥丰收计划试验示范结果证明,种植并翻压绿肥,玉米增产 15.7%,水稻增产 14.2%,马铃薯增产 45.1%。

1.5 历史上的主要绿肥研究

云南省现代绿肥作物生产利用研究与推广应用,起步于 20 世纪 60 年代。进行了光叶苕子早熟品系的选育与推广;从品种选择、播期、播种量、播种密度、播种方法、施肥量、翻压量、翻压时期和翻压方法等方面系统开展了苕子、红萍的高产栽培、高效利用技术及其对红壤、胶泥田、水稻土土壤的培肥技术研究,创造了养萍田产稻谷 7.5 t/hm^2 的高产纪录(20 世纪 80 年代习惯施肥产量不到 4.5 t/hm^2),明确了苕子、红萍种植(放养)翻压提高土壤有机质、土壤养分的作用及其有效条件,探索了苕子和细绿萍的发展途径;研究了有机肥、绿肥不同利用方式对红壤复合胶体及肥力的影响、有机肥对瘦红壤有机组分及氮磷养分的影响;编著了《云南种植业区划 · 云南省绿肥种植区划》。

2 云南省绿肥作物发展现状

21 世纪以来,随着绿肥新功能不断被挖掘,绿肥在化肥减量、特色农产品绿色/有机生产和农业面源污染源头控制和耕地质量提升等方面功能得到进一步开发;全省绿肥生产研发与推广体系逐渐完善;云南新时期绿肥生产制度等方面取得了系统进步,绿肥对云南省的绿色发展支撑逐渐增强,绿肥面积也逐渐扩大,2022 年全省绿肥面积增加到 34.8 万 hm^2(图 6-4-2)。

2.1 绿肥作物种质资源收集、整理与创新

2008 年以来,收集和引进省内外绿肥作物种质资源 179 份,开展扩繁、整理与评价,整理评价了 23 份绿肥种质资源;筛选出鲜草产量高、养分含量丰富、适于云南省旱地的豆科绿肥品种,建立了相应的高产栽培技术。应用十-13(十胜长叶×临沧黑豆的第六代材料)作母本,日

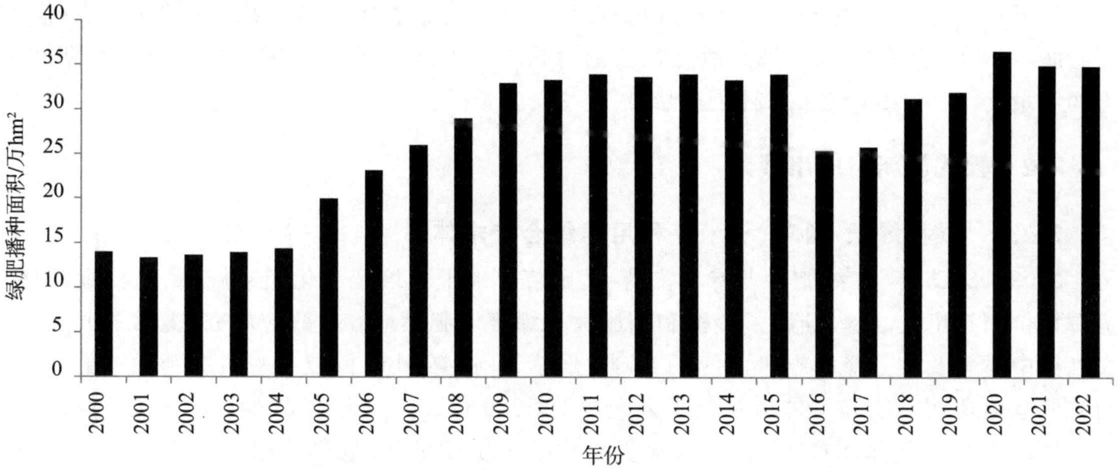

图 6-4-2　云南省绿肥作物种植面积演变(2000—2022 年)

本引进的日向作父本,进行有性杂交,经五年十代系谱法,选育出系列云环资大豆新品种。制定发布了《德宏州绿肥小葵子栽培与利用技术规程》。近年整理与创新获得的典型品种如下。

光叶白花苕:为普通光叶紫花苕子(*Vicia villosa* Roth. Var.)的中早熟白花变种。2009 年 4 月收集于昆明市盘龙区双龙乡小型繁种基地师宗云光早苕里的白花变异单株。光叶白花苕中早熟,全生育期 230 d 左右。花冠蝶形,旗瓣、翼瓣、龙骨瓣均为白色;种子草绿色,千粒重 25.1 g。适宜在冷凉地区种植,抗寒、抗旱、耐瘠能力强,鲜草产量 23～40 t/hm^2,种子产量 1.1～1.7 t/hm^2。

云环资大豆 2 号:株型紧凑,平均株高 61 cm,有限结荚习性,种子百粒重 20.0～22.5 g,高抗大豆花叶病毒病。籽粒(干基)粗脂肪含量 20.0%、粗蛋白含量 43.1%。适合夏播、秋播,云南省南部热区可冬播,夏播适宜在云南省海拔 1 320～2 044 m 区域,秋播适于云南 1 700 m 以下区域,冬播适宜北回归线附近及金沙江干热河谷区海拔 900 m 以下热区。生育期 105～132 d,生物产量 17.1～27.0 t/hm^2,种子产量 3.1～3.3 t/hm^2。

云环资大豆 5 号:株型紧凑,株高 58 cm,有限结荚习性,种子百粒重 19.0～22.0 g。高抗(HR)大豆花叶病毒病。籽粒粗脂肪含量 17.1%、蛋白质含量 40.9%。适合夏播、秋播,云南省南部热区可冬播。夏播适宜在云南省海拔 2 000 m 以下区域种植;秋播主要适于滇南、滇西南及金沙江干热河谷区海拔 1 200 m 以下的区域;冬播适应范围是北回归线附近及金沙江干热河谷海拔 900 m 以下的热区。生育期 115 d,生物产量 16.5～25.3 t/hm^2,种子产量 2.3～3.4 t/hm^2。

云环资大豆 6 号:株高 61.4 cm,种子百粒重 20.8 g。抗大豆花叶病。籽粒粗脂肪含量 22.8%、蛋白质含量 41.4%。适合夏播、秋播,云南省南部热区可冬播。夏播适宜在云南省海拔 1 944 m 以下区域种植;秋播适于云南 1 800 m 以下的区域;冬播为北回归线附近及金沙江干热河谷区海拔 900 m 以下热区。全生育期 117 d,生物产量 16.9～27.1 t/hm^2,种子产量 3.2～4.0 t/hm^2。

云环资大豆 7 号:株高 56.9 cm,种子百粒重 20.7 g。中抗大豆花叶病。籽粒(干基)粗脂肪含量 21.0%、蛋白质含量 40.8%。适宜在云南海拔 1 944 m 以下大豆区种植,全生育期 112 d,生物产量 15.3～24.6 t/hm^2,种子产量 3.2～3.6 t/hm^2。

云环资大豆 9 号：株高 45.8 cm，种子百粒重 22.6 g。抗大豆花叶病。籽粒（干基）含量，粗脂肪 19.5%、蛋白质 42.4%。适宜在云南海拔 1 944 m 以下大豆区种植。全生育期97 d，生物产量 14.9～22.3 t/hm^2，种子产量 2.9～3.4 t/hm^2。

2.2 模式创新与应用成效

2.2.1 豆科绿肥-烟草、玉米复种用养结合技术体系

2008—2015 年，在绿肥行业专项支持下，围绕旱地土壤培肥和化肥减施，从优良绿肥种质资源评价筛选出发，深入开展了种植和翻压豆科绿肥培肥旱地红壤效应研究，揭示了云光早苕在红壤中腐解及养分释放规律，明确了玉米/烟草、马铃薯、小麦间复种豆科绿肥适宜翻压数量与化肥减施比例。明确了种植并翻压云光早苕 22.5 t/hm^2、化肥氮减少 30%～45%条件下，烤烟增产 7.6%、玉米增产 12.3%，显著提高耕地土壤质量、降低烟草根结线虫危害。编著了《云南绿肥生产利用回顾与展望》，形成“云南旱地绿肥养地与化肥减施技术集成研究与应用”成果，并获云南省科技进步三等奖。

2.2.2 “绿肥＋”高原特色农产品绿色/有机生产技术模式

2017 年绿肥体系成立至今，提出“绿肥＋”高原特色农产品绿色/有机生产技术模式，进一步明确适宜蔬菜、水果、茶叶绿色/有机生产和高原湖泊农业面源污染防控的不同现代种植制度的绿肥品种，确立适宜的播种期和播种量，提升光叶紫花苕高效利用及接茬作物养分综合管理技术。通过“绿肥＋”技术应用，减少蔬菜、水果、茶叶和烤烟化肥用量 15%～50%仍然保持增产，减少化肥用量，降低农业面源氮磷排放，为云南省特色作物高质量发展、高原河湖流域农业面源污染防控提供技术和科学支撑。

(1)“绿肥＋”蔬菜技术模式

翻压绿肥 22.5 t/hm^2，替代化肥 10%～50%，分别提高辣椒、西葫芦和娃娃菜产量 4.6%～27.9%、4.9%～10.3%和 6.6%～10.1%；降低土壤有效砷、镉含量，减少蔬菜可食部分对重金属的吸收，实现示范区蔬菜安全生产。翻压绿肥 45 t/hm^2，有机奶白菜增产 23.7%～29.8%，有机上海青增产 28.6%～38.5%，同时增加蔬菜维生素 C、可溶性糖、蛋白质和氨基酸含量，提升土壤氮含量。

(2)“绿肥＋”苹果技术模式

通过选育广适、耐瘠、抗病、高产、控草效果好的经济绿肥新品种，与冬绿肥合理搭配、周年覆盖，配合专用控释肥和配方水溶性肥料施用，减少化肥（折纯）施用 75～105 kg/hm^2，提高水果产量 436～1 050 kg/hm^2，节本增效 3 570 元/hm^2；果园土壤有机质、全氮和速效钾含量分别提升 2.3 g/kg、0.4 g/kg 和 40.0 mg/kg，氮、磷肥利用率分别提高 10.6 个百分点和 6.5 个百分点，果园径流总氮、总磷、铵态氮、化学需氧量分别降低 43.5%、41.8%、45.4%和 38.7%。

(3)“绿肥＋”茶叶技术模式

通过“绿肥＋有机肥＋配方肥”“绿肥＋沼液＋配方肥”技术的集成应用，化肥（折纯）施用减少 75～105 kg/hm^2，茶叶产量提高 160～312 kg/hm^2，提高茶叶感官评分 0.6～4.7 分，改善茶叶品质，节本增效 4 230 元/hm^2；茶园土壤有机质提高 2.1 g/kg。

(4)“绿肥＋”烟叶技术模式

研发了防控高原河湖流域农业面源污染的“绿肥＋”品牌烟叶绿色生产技术模式研究。示

范表明，可减少化肥用量30%（约为纯养分40 kg/hm²），商品有机肥施用减少7.5 t/hm²，农业面源污染氮、磷排放分别减少23.6%和14.2%，烟叶外观质量和感官质量明显提高，上等烟比例提高3.2%，烤烟均价增加2.23元/kg、产值提高5 445元/hm²。

2.3　科研发展、人才队伍与绿肥政策

20世纪50年代，云南省就组建了以唐世廉、李正英等老专家为首的绿肥科研团队，研究摸清了云南省主要绿肥品种的特征、特性与栽培技术要点。2008年开始，以云南省农业科学院农业资源环境研究所为代表的云南科研队伍得到全面恢复，绿肥在全省3个州市、9个县开展示范推广。随着国家、省级农技部门和烟草部门耕地有机质提升、轮作休耕、化肥减施增效与耕地地力提升、有机肥替代化肥等行动的开展，绿肥生产研发与推广体系辐射到全省。2017年至今，绿肥体系昆明综合试验站在嵩明研发基地创新研究基础上，以示范县建设为突破口，引入"绿肥＋"机制，扶持绿肥种子生产经营企业、专业合作社的同时，先后在云南9个地州39个县市开展绿肥相关产业技术示范应用研究与推广。建成了"政府＋科研＋企业＋基地"的绿肥产业技术研发推广和产业化应用技术推广体系；建立了集技术创新、推广应用和产业化发展的人才队伍。

"十一五"和"十二五"期间，绿肥行业专项在云南省实施了"云南绿肥作物生产与利用技术集成研究及示范"课题。"十二五"和"十三五"期间，云南省先后承担国家重大水体污染与治理科技重大专项滇池水专项、国家重点研发计划"云南茶园化肥农药减施增效技术集成与示范"，大面积推广绿肥技术。云南省绿肥队伍积极加大对云南特色产业的支撑力度，实施了云南中烟"澄江抚仙湖径流区'华叶'高端烟叶定制生产研究与应用"等项目。

3　云南省绿肥研发进展与创新

2008—2015年，依托富源、马龙定位试验，研究了光叶紫花苕利用及配套养分管理等技术对烤烟产量、品质、效益及烟田土壤性状的影响，评价了光叶紫花苕地上饲用、根茬还田效应，集成云南光叶紫花苕-烤烟高效利用技术模式。

（1）构建了云南烟田光叶紫花苕绿肥利用技术

分别测定绿肥翻压当天、8 d、16 d和24 d移栽的烤烟株高、茎粗、产量和产值，发现随光叶紫花苕翻压天数延长，烟草田间长势不断改善，产量产值随着增加；翻压16 d后移栽烟草与翻压24 d后移栽烟草的差异不大（表6-4-1）。

表6-4-1　光叶紫花苕不同翻压期对烤烟生长、产量及产值的影响（郭云周等，2011）

翻压距烟草移栽天数/d	株高/cm	相对株高/%	茎粗/mm	相对茎粗/%	烟草产量/(t/hm²)	相对产量/%	烟草产值/(万元/hm²)
0	100.9 a	—	40.0 b	—	2.80 ab		3.39 b
8	109.7 a	8.72	43.3 ab	8.25	2.58 b	−7.83	3.40 b
16	109.6 a	8.62	39.0 b	−2.50	2.95 a	5.58	3.86 a
24	116.1 a	15.06	45.8 a	14.50	3.10 a	10.73	4.01 a

注：表中同一列不同小写字母表示处理间差异显著（$P<0.05$），下同。

在种植并翻压光叶紫花苕鲜草15 t/hm²条件下，氮肥减量15%～30%，烤烟增产增收，增幅分别为7.3%～11.5%和5.3%～10.1%；单施绿肥不施化肥处理烟叶产量、产值与习惯

100%化肥处理相比出现小幅降低,但差异不显著(表 6-4-2)。

表 6-4-2 翻压等量光叶紫花苕与氮肥减量对烤烟产量、产值和养分利用率的影响

处理	产量 /(t/hm²)	相对产量 /%	产值 /(万元/hm²)	相对产值 /%	氮肥偏生产力 /(kg/kg)	农学效率 /(kg/kg)
GM	2.47 b	−2.0	3.84 c	−1.6		
100%CF	2.51 b	0.0	3.90 c	0.0	7.0 d	1.9 c
GM+100%CF	2.75 a	9.2	4.09 b	4.8	7.6 c	2.6 b
GM+85%CF	2.80 a	11.5	4.30 a	10.1	9.1 b	3.2 a
GM+70%CF	2.70 a	7.3	4.11 b	5.3	10.7 a	3.5 a

注:GM—光叶紫花苕子年翻压鲜草 15.0 t/hm²;100%CF—施用化肥处理为 $N-P_2O_5-K_2O$=90 kg/hm²−90 kg/hm²−180 kg/hm²;85%CF 和 70%CF 的氮肥施用量为 100%CF 处理氮肥用量的 85%和 70%,磷钾肥不变,表 6-4-8 和表 6-4-9 处理代号意义相同。烤烟产量、产值为 2008—2015 年的 8 年平均值。

种植并翻压 7.5~30 t/hm² 光叶紫花苕,烟草产量、产值在氮肥减量 30%条件下分别提高 13%~25%和 12%~17%,在氮肥减量 15%条件下分别提高 9%~20%和 9%~15%,且随绿肥翻压量增加,增产增值幅度加大。氮肥减量 15%处理下的烟草产量、产值均高于氮肥减量 30%处理(表 6-4-3)。

表 6-4-3 光叶紫花苕翻压量及氮肥用量对烤烟产量和产值的影响

绿肥翻压量 /(t/hm²)	70%CF				85%CF			
	平均产量 /(t/hm²)	相对产量 /%	平均产值 /(万元/hm²)	相对产值 /%	平均产量 /(t/hm²)	相对产量 /%	平均产值 /(万元/hm²)	相对产值 /%
0	2.21 d	—	3.74 c	—	2.45 d	—	3.96 c	—
7.5 t	2.49 c	13	4.20 b	12	2.68 c	9	4.30 b	9
15 t	2.62 b	18	4.37 a	17	2.82 b	15	4.54 a	15
22.5 t	2.72 a	23	4.30 ab	15	2.88 ab	18	4.46 a	13
30 t	2.76 a	25	4.28 ab	14	2.95 a	20	4.34 b	10

注:85%CF 和 70%CF 指氮肥施用量分别为常氮肥用量(N:90 kg/hm²)的 85%和 70%;磷钾肥所有处理保持一致为:P_2O_5 90 kg/hm²,K_2O 80 kg/hm²。烤烟产量、产值为 2008—2015 年的 8 年平均值。

绿肥有机养分等量替代 15%~60%化肥,增加了烟叶产量和产值,增幅为 3.8%~5.7%和 4.9%~7.2%(表 6-4-4);其中光叶紫花苕替代化肥 45%效果最佳。

表 6-4-4 等氮磷钾条件下光叶紫花苕与减量化肥配施对烤烟产量、产值和养分利用率的影响

处理	平均产量 /(t/hm²)	相对产量 /%	平均产值 /(万元/hm²)	相对产值 /%	化肥偏生产力 /(kg/kg)	农学效率 /(kg/kg)
0%GM+100%CF	2.55 b	—	3.97 b	—	7.2 e	2.3 c
15%GM+85%CF	2.65 a	3.8	4.16 a	4.9	8.0 d	2.8 b
30%GM+70%CF	2.68 a	5.0	4.22 a	6.3	8.8 c	3.1 b
45%GM+55%CF	2.70 a	5.7	4.25 a	7.2	9.6 b	3.4 a
60%GM+40%CF	2.67 a	4.6	4.18 a	5.3	10.6 a	3.7 a

(2)探索了烟田光叶紫花苕绿肥利用方式

在云南省,农户有利用光叶紫花苕作饲草,仅根茬还田的习惯。通过 8 年定位观测,仅靠绿肥根茬还田,同样可以改善土壤理化性状,提高烤烟产量和产值,为光叶紫花苕综合利用提

供了支撑。定位试验表明，光叶紫花苕根茬还田、单独翻压光叶紫花苕鲜草 15 t/hm^2、种植光叶紫花苕并翻压鲜草 15 t/hm^2 处理烤烟分别增产 3.4%、14.0%、16.9%，分别增值 7.2%、17.9%、20.1%（表 6-4-5）。

表 6-4-5　光叶紫花苕还田利用方式对烤烟产量和产值的影响

处理	产量/(t/hm^2)	相对产量/%	产值/(万元/hm^2)	相对产值/%
CK	1.82 b	—	2.93 c	—
光苕根茬	1.88 b	3.4	3.13 bc	7.2
光苕地上部	2.07	14.0	3.45 ab	17.9
光苕根茬＋地上部	2.12 a	16.9	3.51 a	20.1

绿肥 3 种不同利用方式均可改善土壤理化性状，显著降低植烟土壤容重，提高植烟土壤总孔隙度、pH、有机质、碱解氮、速效磷和速效钾（表 6-4-6）。

表 6-4-6　光叶紫花苕还田利用方式对土壤基础理化性状的影响（刘建香等，2022）

处理	容重/(g/cm^3)	总孔隙度/%	pH	有机质/(g/kg)	碱解氮/(mg/kg)	速效磷/(mg/kg)	速效钾/(mg/kg)
CK	1.03 a	61.0 b	5.3 a	27.6 a	115 b	19.4 b	171 b
光苕根茬	1.01 a	61.8 b	5.4 a	30.0 a	118 b	21.4 ab	163 b
光苕地上部	0.98 b	63.1 a	5.4 a	32.8 a	198 a	24.8 a	244 a
光苕根茬＋地上部	0.98 b	63.0 a	5.4 a	33.0 a	198 a	23.4 ab	236 a

（3）绿肥改善烟田土壤生物和化学性状

红壤旱地光叶紫花苕配合化肥施用显著降低烟草根结线虫发生率（表 6-4-7）。种植并翻压光叶紫花苕鲜草 15 t/hm^2 条件下，氮肥减量 0%、15%、30%和 100%，烟草根区线虫总数、寄生性线虫数较冬闲分别增加 27.27%～69.89%和 22.82%～69.97%，但根结线虫发生率降低 34.6%～40.8%。

表 6-4-7　翻压等量光叶紫花苕与氮肥减量对烟草根区线虫数量及发病率的影响（刘建香，2015）

处理	线虫		寄生性线虫		烟草根结线虫病	
	总数/(条/100 g 土)	较对照/%	总数/(条/100 g 土)	较对照/%	发生率/%	较对照/%
CK	528 c	—	333 a	—	64.5 a	—
100%CF	675 c	27.8	463 a	39.0	63.8 a	−1.1
GM＋100%CF	880 ab	66.7	566 a	70.0	42.2 b	−34.6
GM＋85%CF	897 a	69.9	552 a	65.8	42.1 b	−34.7
GM＋70%CF	672 c	27.3	409 a	22.8	41.8 b	−35.2
GM＋0%CF	698 bc	32.2	432 a	29.7	38.2 b	−40.8

红壤旱地光叶紫花苕配合化肥施用显著提高土壤肥力（表 6-4-8）。种植并翻压光叶紫花苕鲜草 15 t/hm^2 条件下，化肥氮减量 0%、15%、30%和 100%，植烟土壤有机质、碱解氮、有效磷有效钾和总孔隙度增加，增幅分别为 7.3%～13.3%、23.7%～61%、1.3%～26%、31.7%～86.5%、3.6%～4.3%；土壤容重显著降低，降幅为 5.5%～6.4%。

表 6-4-8 翻压等量光叶苕子与氮肥减量对红壤基础理化性状的影响(陈晓波等,2011)

处理	有机质/(g/kg)	碱解氮/(mg/kg)	有效磷/(mg/kg)	速效钾/(mg/kg)	容重/(g/cm^3)	总孔隙度/%
100%CF	34.6 c	107 d	22.3 bc	187 d	1.06 a	59.9 b
GM+100%CF	37.2 abc	172 a	28.1 a	349 a	1.00 b	62.1 a
GM+85%CF	37.9 ab	152 ab	24.9 ab	303 b	1.00 b	62.2 a
GM+70%CF	39.2 a	162 a	22.6 bc	289 b	0.99 b	62.5 a
GM+0%CF	37.7 ab	132 bc	24.1 bc	246 c	1.00 b	62.4 a

在云南曲靖、昆明种植并翻压绿肥鲜草或根茬,植烟土壤微生物量碳及土壤有机碳显著增加,细菌/真菌的比值明显高于麦类-烟草、冬闲-烟草的。同时,能提高土壤尿酶、酸性磷酸酶、过氧化氢酶及多酚氧化酶活性。表明光叶紫花苕-烟草复种对提高土壤微生物数量、改善微生物群落结构,具有明显的促进作用(表 6-4-9)。

表 6-4-9 绿肥-烟草模式下土壤酶活性、微生物生物量碳及有机碳含量、细菌真菌比值(官会林等,2011)

地点	复种模式	尿酶/(NH_4^+-N mg/g)	酸性磷酸酶/(酚 mg/g)	过氧化氢酶/($KMnO_4$ mL/g)	多酚氧化酶/(没食子素 mg/kg)	微生物碳/(mg/kg)	微生物碳含量峰度	有机碳/(g/kg)	细菌/真菌的比值
曲靖	绿肥-烟草	4.18 a	1.94 a	5.62 a	12.4 a	487 a	−1.22	14.5 a	272
	蚕/豌豆-烟草	3.55 b	1.64 a	5.11 a	11.0 a	288 b	−1.33	13.5 a	388
	冬麦-烟草	2.99 b	1.00 b	4.74 b	10.5 b	230 c	−0.36	13.7 a	171
	冬闲-烟草	258 c	0.98 c	3.16 c	8.3 c	219 d	−0.23	13.9 a	167
昆明	绿肥-烟草	3.44 a	1.95 a	5.39 a	12.3 a	468 a	−0.59	13.7 a	424
	豌豆-烟草	2.89 a	1.85 a	4.80 a	10.3 a	388 b	−1.54	15.4 a	328
	冬麦-烟草	2.52 b	1.07 b	4.19 b	9.2 a	2848 c	−1.19	13.8 a	173
	冬闲-烟草	1.37 b	1.02 c	3.43 c	7.5 b	2483 d	0.57	14.1 a	171

注:峰度是反映土壤微生物量碳分布曲线陡缓程度的数值,正数曲线陡峭,为尖峰分布,表明微生物在土壤中的空间分布不均匀;负数曲线较为平缓,为正态分布,表明微生物在土壤中的空间分布较为均匀。

4 云南省绿肥发展潜力

4.1 云南省发展绿肥的必要性

4.1.1 作物复种指数高,耕地质量下降,用养地矛盾突出

云南省中低产田比例高达 91.8%,土壤保水、保肥能力弱。云南省农作物复种指数高(达到 172.3%),施肥结构不合理,尤其是蔬菜、花卉、中药材、果园和茶园,用养地矛盾突出。在现代农业高度发展的今天,土壤退化、农产品质量安全、农业生态安全等一系列问题凸显。2014 年全省耕地地力评价结果与 1983 年(第二次土壤普查)比较,耕地土壤 pH 下降了 11.0%,pH5.5 以下的酸性土壤占样点数的 34.5%、达 124 万 hm^2,占耕地总面积的 20.5%;有机质下降 46.0%,有机质含量低于 20 g/kg 的耕地占 37.0%;土壤全氮含量下降 27.1%,全磷含量下降 10.5%,速效钾含量下降 27.8%(表 6-4-10)。

表 6-4-10　云南省耕地肥力变化情况

年份	pH	有机质 /(g/kg)	全氮 /(g/kg)	全磷 /(mg/kg)	速效钾 /(mg/kg)
1983	6.8	56.2	2.4	162	168
2014	6.1	30.5	1.8	145	121
较 1983 年增减/%	−11.0	−45.7	−27.1	−10.5	−27.8

4.1.2　化肥投入强度高，环境压力大

2018 年，云南省平均化肥氮、磷、钾投入总量(折纯)已达 350 kg/hm^2，化肥投入占到农业生产成本的 38.6%。农业面源污染物总氮、总磷超标严重，高原河湖水体污染治理压力大，需要成本低、品质好、无重金属污染的优质有机肥绿肥替代，实现化肥减施、从源头上控制农田氮磷排放量。

4.1.3　绿色(有机)食品业发展迅速

近年来，随着云南省打造世界一流绿色食品品牌工作的推进，农产品生产作为食品生产的第一车间，加快了云南省农业绿色高质量发展进程，绿色(有机)食品、地理标志农产品保持了持续、健康、快速的良好发展态势。绿色、有机食品成为云南省农业产业最具有竞争力的优势产业。绿肥作为养分全面、安全可靠的有机肥料，是维持和提升绿色(有机)食品及原料生产基地土壤质量的最佳选择。

4.2　云南省绿肥发展潜力

总体看，云南省的绿肥面积潜力为 116 万 hm^2，绿肥有效时空潜力为 83 万 hm^2 · 年(表 6-4-11)。其中，云南省农区的绿肥面积潜力为 66 万 hm^2，绿肥有效时空潜力为 33 万 hm^2 · 年；云南省果园等经济林园的绿肥面积潜力为 50 万 hm^2，绿肥有效时空潜力为 50 万 hm^2 · 年。

4.2.1　农区绿肥发展潜力

2021 年全省耕地面积 540 万 hm^2。玉米播种面积 176 万 hm^2，扣除秋冬季麦类、油菜、蚕豆和绿肥作物播种面积，估算玉米收获后冬闲田复种绿肥面积潜力为 53 万 hm^2，适宜绿肥生长时间 6 个月，绿肥有效时空潜力为 26 万 hm^2 · 年；烤烟播种面积40 万hm^2，扣除麦类、油菜、蚕豆和绿肥作物播种面积，估算烤烟收获后冬闲田复种绿肥面积潜力为 12 万 hm^2，适宜绿肥生长时间 6 个月，绿肥有效时空潜力为 6 万 hm^2 · 年；水稻播种面积 78 万 hm^2，扣除蔬菜、油菜、蚕豆和绿肥作物播种面积，估算水稻收获后冬闲田复种绿肥面积潜力为 1 万 hm^2，适宜绿肥生长时间 6 个月，绿肥有效时空潜力为 1 万 hm^2 · 年(表 6-4-11)。全省农区绿肥面积潜力为 66 万 hm^2，绿肥有效时空潜力为 33 万 hm^2 · 年。

4.2.2　经济林园(果茶园)绿肥发展潜力

2021 年全省水果、茶叶等经济林园面积 125 万 hm^2，其中落叶果园面积 26 万 hm^2，常绿成龄果园 34 万 hm^2，常绿幼龄果园 15 万 hm^2，茶园 50 万 hm^2，按落叶果园、常绿成龄果园、常绿幼龄果园和茶园适宜种植绿肥的空间占比分别为 0.7、0.25、0.7 和 0.25 估算，落叶果园绿肥面积潜力为 18 万 hm^2，常绿成龄果园 9 万 hm^2，常绿幼龄果园 10 万 hm^2，茶园 13 万 hm^2；果茶园适宜绿肥生长时间为 12 个月，落叶果园绿肥有效时空潜力为 18 万 hm^2 · 年，常绿成龄果园有效时空潜力为

9 万 hm^2 · 年，常绿幼龄果园有效时空潜力为 10 万 hm^2 · 年，茶园有效时空潜力为 13 万 hm^2 · 年。因此，云南经济林园总潜力空间 50 万 hm^2，有效时空潜力 50 万 hm^2 · 年（表 6-4-11）。

表 6-4-11　云南省绿肥种植时空潜力

区域	适宜的绿肥制度	对应的主作物面积/万 hm^2	绿肥空间占比/%	绿肥时长/个月	绿肥面积潜力/万 hm^2	绿肥有效时空潜力/(万 hm^2 · 年)
农区	绿肥-玉米轮作	53	100	6	53	26
	绿肥-烤烟轮作	12	100	6	12	6
	绿肥-水稻轮作	1	100	6	1	1
	农区合计	66	—	—	66	33
经济林园	落叶果园	26	70	12	18	18
	常绿果园成龄	34	25	12	9	9
	常绿果园幼龄	15	70	12	10	10
	茶园	50	25	12	13	13
	经济林园合计	125	—	—	50	50
	合　计	191	—	—	116	83

注：绿肥有效时空潜力＝对应的主作物面积×绿肥空间占比×绿肥时长。

5　云南省绿肥生产主要技术模式

5.1　绿肥-玉米生产技术模式

该模式适合云南省大部分玉米生产区推广应用。玉米选用耐瘠、高产优良品种，如“云瑞”系列，实行等高大小行种植。约 5 月播种，9 月成熟。

绿肥作物选用耐瘠、耐旱的苕子类或肥田萝卜（蓝花子）。于 8 月中旬至 9 月上旬雨季末期撒播（或条播、穴播）于玉米大行行间，苕子播种量 45～60 kg/hm^2 为宜，肥田萝卜（蓝花子）播种量 20～30 kg/hm^2 为宜。玉米收获后，及时清除玉米秸秆。

次年，玉米种植前 20～50 d，刈割、翻压光叶紫花苕鲜草，翻压量 15～22.5 t/hm^2。翻压绿肥后，玉米全生育期施肥量减少 15%～30%。

5.2　光叶紫花苕-烟草复种技术模式

该模式适合云南省所有烟区推广应用。

绿肥品种选用云南光苕，播种量 45～75 kg/hm^2。采摘烟草“上二棚”叶片时（7 月下旬至 8 月中旬），在烟草种植垄两侧各穴播（或条播）1 行光叶紫花苕。

烟草移栽前 20～50 d，刈割、翻压光叶紫花苕鲜草。绿肥翻压量根据土壤有机质含量确定，有机质含量高于 3%的高肥力土壤，不翻压光叶紫花苕；有机质含量 1%～3%的中肥力土壤，翻压 7.5～15.0 t/hm^2；有机质含量低于 1%的低肥力土壤，翻压 15.0～22.5 t/hm^2。剩余的光叶紫花苕收获作饲草或者翻压入未种植绿肥田块。

烟草套种、翻压光叶紫花苕后，合理施用氮肥是烟草适产、优质的关键。种植翻压绿肥后，通常施氮量 90～120 kg/hm^2。无论是耐肥品种如 K326，还是不耐肥品种如红花大金元，套种、翻压光叶紫花苕后，氮肥用量应减少 15%左右。西南旱地多为酸性红壤，有效磷、速效钾含量较低，根据烟草营养特性，氮、磷、钾肥用量按 1∶1∶2确定。

绿肥-烟草复种，一般循环 2～3 个周期后，应安排 3 年左右的、不包含茄科作物（马铃薯、烟草等）的复种方式（如绿肥-玉米）后，再回到绿肥-烟草复种方式，以防产生烟草土传性病害等连作障碍。

5.3　绿肥-马铃薯复种技术模式

该模式适合云南省大部分春马铃薯生产区推广应用。

绿肥可选用耐瘠、耐旱的光叶紫花苕、肥田萝卜等。

于 8 月中旬至 9 月上旬雨季末期马铃薯收获后撒播（或条播、穴播），苕子播种量 45～60 kg/hm^{2}为宜，肥田萝卜（蓝花子）播种量 20～30 kg/hm^{2}为宜。

马铃薯种植前 7～20 d，刈割、翻压光叶紫花苕鲜草，或马铃薯播种后覆盖保墒，绿肥还田量 15 t/hm^{2}以上。

绿肥翻压量 15～22.5 t/hm^{2}后，马铃薯种植时可不施有机肥。全生育期化肥施用量减少 15%～30%。

5.4　果茶园套种绿肥技术模式

该模式通过冬季套种豆科绿肥，增加果茶行覆盖，实现绿肥有机替代化肥。适宜云南所有矮化密植果园和茶行之间有 30 cm 以上透光空间的茶园。

云南果茶园适合的绿肥作物有光叶紫花苕、毛叶早苕、蓝花苕、野豌豆、三叶草、箭筈豌豆等。

绿肥播种在 7～11 月份（温凉区 7～9 月播种、温热区 9～11 月）。基肥施用后，一般选择土壤水分含量较好时播种。光叶紫花苕、毛叶早苕、蓝花苕、野豌豆播种量为 30～45 kg/hm^2，箭筈豌豆播种量为 60～75 kg/hm^2，三叶草播种量为 15 kg/hm^2。

果/茶树施肥覆土后，在土壤湿度合适时，于树滴水线外侧打浅塘穴播（穴距 15～20 cm，每穴播种 2～3 粒）、开浅沟条播或撒播。

绿肥播种后，可结合沼液浇灌以促进种子萌发，如有杂草可适当进行非药剂除草，以保证绿肥的成活率与覆盖度；土壤酸性较强时，可用钙镁磷肥 15～30 kg/hm^{2}与种子混匀播种，用来提高绿肥出苗率；盛花期如蚜虫和白粉病危害较重，可通过适时刈割的方法来避免病虫害发生，也可在播种时用百菌清或三唑酮拌种预防。

次年在盛花期生物量最大时或绿肥高 40～60 cm 时刈割，或到 5 月份自然枯死覆盖还田。为加快绿肥腐熟、养分矿化，可在还田后的绿肥上均匀喷施 1∶300 倍 EM 微生物菌剂至绿肥秸秆湿润。

参考文献

[1]陈华，赵文军，王正旭，等. 不同轮作模式下氮素调控对烤烟产质量及氮肥利用的影响[J]. 河南农业科学，2021，50(9)：87-95.

[2]陈检锋，梁海，曹卫东，等. 玉米-绿肥轮作体系下光叶紫花苕的氮肥替代和土壤肥力提升效应[J]. 植物营养与肥料学报，2021，27(9)：1571-1580.

[3]陈晓波，官会林，郭云周，等. 绿肥翻压对烟地红壤微生物及土壤养分的影响[J]. 中国土壤与肥料，2011，(4)：74-78.

[4]官会林，郭云周，张云峰，等. 不同复种模式对云南植烟红壤根区有机碳和微生物量碳的影响[J]. 农业环境科学学报，2011，30(1)：133-138.

[5]官会林，郭云周，张云峰，等. 绿肥轮作对植烟土壤酶活性与微生物量碳和有机碳的影响[J]. 生态环境学报，2010，19(10)：2366-2371.

[6]郭云周，刘建香. 云南绿肥生产利用回顾与展望[M]. 昆明：云南科技出版社，2011.

[7]云南省农牧渔业厅. 云南省种植业区划[M]. 昆明：云南科技出版社，1992.

[8]刘建香，曹卫东，郭云周，等. 红壤翻压绿肥对烟草农艺性状及线虫危害的影响[J]. 中国土壤与肥料，2015(4)：123-127.

[9]刘建香，郭树芳，雷宝坤，等. 周绿肥生产利用方式对云南高原红壤理化性状及玉米产量的影响[J]. 植物营养与肥料学报，2022，28(2)：237-246.

[10]刘建香，刘树芳，郭云周，等. 翻压绿肥数量与烟草线虫危害关系初报[J]. 西南农业学报，2015，28(5)：2116-2119.

[11]吴丹妮，冯皓迪，代世婷，等. 畜禽粪便源有机肥中四环素类抗生素及转化产物的分布特征[J]. 环境化学，2024，43(5)：1-10.

[12]尹梅，洪丽芳，王志远，等. 都市苗圃和都市果园面源污染防控技术[M]. 北京：中国大地出版社，2018.

[13]云南省农业科学院. 云南省农业科学院志[M]. 昆明：云南科技出版社，2006.

[14]赵彩衣，王媛媛，焦加国，等. 不同水肥处理对苕子和后茬玉米生长及土壤肥力的影响[J]. 水土保持学报，2019，33(4)：161-166.

[15]赵文军，薛开政，常剑，等. 烟草生态健康农业理论体系的构建与应用[J]. 现代农业研究，2022(28)：103-107.

[16]赵文军，薛开政，杨继周，等. 烤烟-绿肥轮作对烤烟产量和品质的影响[J]. 中国农学通报，2022，38(25)：8-15.

[17]赵文军，杨继周，尹梅，等. 绿肥模式下减量施氮对烤烟产量与品质的影响[J]. 中国农业科技导报，2023，25(4)：189-196.

[18]赵志平，许木果，杨春霞，等. 胶园 8 种豆科覆盖绿肥的耐荫性研究[J]. 热带农业科技，2020,43(1):10-13.

[19]周海伦，操家顺，罗景阳，等. 三种商用有机肥中抗生素的污染特征及农用生态风险评价[J]. 应用化工，2022，51(11)：3113-3118.

附　录

附录1 2008年以来重要绿肥技术成果

一、农业行业标准

1. 南方稻田绿肥种植与利用技术规范. NY/T 3840—2021.
2. 旱地豆科绿肥种子生产技术规程. NY/T 3843—2021.

二、地方标准

1. 中籼再生稻套种紫云英技术规程. 安徽省地方标准. DB 34/T 4411—2023.
2. 果园绿肥种植利用技术规程. 安徽省地方标准. DB 34/T 3983—2021.
3. 紫云英-水稻秸秆协同还田技术规程. 安徽省地方标准. DB 34/T 3640—2020.
4. 单季稻区苕子种植与还田技术规程. 安徽省地方标准. DB 34/T 2339—2015.
5. 紫云英、苕子与油菜混播绿肥高产栽培技术规程. 安徽省地方标准. DB 34 /T 1785—2012.
6. 紫云英高产栽培技术规程. 安徽省地方标准. DB 34/T 1513—2011.
7. 紫云英种子生产技术规程. 安徽省地方标准. DB 34/T 1514—2011.
8. 双季稻区紫云英生产与利用技术. 安徽省地方标准. DB 34/T 1224—2010.
9. 污染稻田安全利用紫云英栽培与利用技术规程. 湖南省地方标准. HNZ 142—2017.
10. 双季稻田紫云英种植与利用技术规程. 湖南省地方标准. HNZ 291—2021.
11. 南方一季稻区紫云英多年免播循环留种技术规程. 湖南省地方标准. HNZ 292—2021.
12. 双季稻田秸秆与紫云英绿肥联合利用技术规程. 湖南省地方标准. DB 43/T 2096—2021.
13. 豫南稻田紫云英种植与利用技术规程. 河南省地方标准. DB 41/T1346—2016.
14. 豫南稻田苕子种植与利用技术规程. 河南省地方标准. DB 41/T1347—2016.
15. 豫南稻区紫云英种子繁育技术规程. 河南省地方标准. DB 41/T1554—2018.
16. 旱作紫云英种子生产技术规程. 河南省地方标准. DB 41/T2051—2020.
17. 秋播箭筈豌豆种子生产技术规程. 河南省地方标准. DB 41/T2052—2020.
18. 水稻化肥减施增效技术规程. 河南省地方标准. DB 41/T2053—2020.
19. 紫云英种植技术规范. 浙江省地方标准. DB 33/T 2547—2022.
20. 水稻秸秆-绿肥协同还田技术规程. 广西壮族自治区地方标准. DB 45/T 2637—2023.
21. 草木樨栽培技术规程. 广西壮族自治区地方标准. DB 45/T 1845—2018.
22. 柽麻栽培技术规程. 广西壮族自治区地方标准. DB 45/T 1844—2018.

23. 饲肥兼用拉巴豆栽培技术规程. 广西壮族自治区地方标准. DB 45/T 1560—2017.

24. 粮肥兼用绿豆栽培技术规程. 广西壮族自治区地方标准. DB 45/T 993—2014.

25. 果园绿肥生产与利用技术规程. 四川省(南充市)地方标准. DB 5113/T 34—2023.

26. 稻田绿肥种植利用技术规程. 四川省(南充市)地方标准. DB 5113/T 35—2023.

27. 紫云英绿肥种植及利用技术规范. 福建省地方标准. DB 35/T 1221—2011.

28. 耕地地力提升与保持技术规范. 福建省地方标准. DB 35/T 1836—2019.

29. 山地有机茶园"茶-草-菌"生产技术规范. 福建省地方标准. DB 35/T 1898—2011.

30. 柑橘有机肥替代化肥技术规范. 福建省地方标准. DB 35/T 2049—2022.

31. 小麦田复种毛叶苕子及还田技术规程. 黑龙江省地方标准. DB 23/T 2580—2020.

32. 水田休耕期种植毛叶苕子及还田技术规程. 黑龙江省地方标准. DB 23/T 2579—2020.

33. 河套灌区麦后复种饲用(绿肥)油菜技术规程. 内蒙古自治区地方标准. DB 15/T1910—2020.

34. 河套灌区田菁改良盐碱地技术规程. 内蒙古自治区地方标准. DB 15/T 1995—2020.

35. 毛叶苕子绿肥种植与利用技术规程. 内蒙古自治区地方标准. DB 15/T 491—2022.

36. 麦后复种毛叶苕子技术规程. 内蒙古自治区地方标准. DB 15/T 2607—2022.

37. 旱作区马铃薯间作豆科绿肥翻压培肥地力技术规程. 内蒙古自治区地方标准. DB 15/T 2609—2022.

38. 毛叶苕子田杂草防除技术规程. 内蒙古自治区地方标准. DB 15/T 3106—2023.

39. 河套灌区种植田菁改良利用中重度盐碱地技术规程. 内蒙古自治区地方标准. DB 15/T 2897—2023.

40. 河套灌区轻中度盐碱地向日葵套复种豆科绿肥还田技术规程. 内蒙古自治区地方标准. DB 15/T 3119—2023.

41. 绿肥饲草作物与粮油作物间作轮作技术规程. 内蒙古自治区地方标准. DB 15/T 949—2016.

42. 紫花苜蓿、冬小麦-夏玉米轮作技术规程. 河北省地方标准. DB 13/T 2525—2017.

43. 花生-饲用黑麦轮作技术规程. 河北省地方标准. DB 13/T 2617—2017.

44. 春玉米二月兰栽培技术规程. 河北省地方标准. DB 13/T 5111—2019.

45. 谷子-冬绿肥种植技术规程. 河北省地方标准. DB 13/T 5206—2020.

46. 果园二月兰周年覆盖种植技术规程. 天津市地方标准. DB 12/T 1140—2022.

47. 轻度盐碱地夏玉米与棉花-苕子轮作种植技术规程. 山东省地方标准. DB 37/T 3686—2019.

48. 轻度盐碱地夏玉米-冬小麦与二月兰间作复种技术规程. 山东省地方标准. DB 37/T 3685—2019.

49. 轻度盐碱地夏玉米与花生-田菁轮作技术规程. 山东省地方标准. DB 37/T 3684—2019.

50. 灌溉果园白三叶种植与利用技术规程. 山西省地方标准. DB 14/T 1346—2017.

51. 毛叶苕子种子繁育技术规程. 山西省地方标准. DB 14/T 820—2013.

52. 毛苕子种子生产技术规范. 青海省地方标准. DB 63/T 1499—2016.

53. 毛苕子品种观察记载要求. 青海省地方标准. DB 63/T 1498—2016.

54. 箭筈豌豆品种观察记载要求. 青海省地方标准. DB 63/T 1497—2016.

55. 绿肥复种套作减施化肥技术规范. 青海省地方标准. DB 63/T 1742—2019.

56. 果园果树间作绿肥技术规范. 青海省地方标准. DB 63/T 1813—2020.

57. 麦后复种绿肥种养结合技术规范. 青海省地方标准. DB 63/T 2012—2023.

58. 绿肥秸秆协同还田节肥减排技术规范. 青海省地方标准. DB 63/T 2011—2023.

59. 绿肥作物毛叶苕子和箭筈豌豆种子生产技术规程. 甘肃省地方标准. DB 62/T 2266—2012.

60. 冬油菜(绿肥)与玉米轮作生产技术规程. 甘肃省地方标准. DB 62/T 2267—2012.

61. 麦田套复种绿肥作物生产技术规程. 甘肃省地方标准. DB 62/T 2268—2012.

62. 玉米间作绿肥作物生产技术规程. 甘肃省地方标准. DB 62/T 2269—2012.

63. 玉米地轮(套)作光叶苕子生产技术规程. 贵州省地方标准. DB 52/T 750—2012.

64. 德宏州绿肥小葵子栽培与利用技术规程. 德宏傣族景颇族自治州地方标准 DB 5331/T 44—2023.

三、全国农业主推技术、重大技术

1. 稻秸-绿肥轻简化利用与高效节肥技术. 2020 年农业农村重大新技术.
2. 南方稻田绿肥轻简高效节肥增效技术. 2023 年农业主推技术.
3. 南方水稻节肥养地型绿肥种植利用技术. 2022 年农业主推技术.
4. 南方稻田豆科绿肥与稻草联合利用养地减肥技术. 2021 年农业主推技术.
5. 热带果园间作柱花草绿肥提质增效技术. 2021 年农业主推技术.
6. 稻田冬绿肥全程机械化生产技术. 2019 年农业主推技术.
7. 果园绿肥豆菜轮茬增肥技术. 2019 年农业主推技术.
8. 绿肥生产利用全程轻简化技术. 2018 年农业主推技术.
9. 绿肥生产利用全程轻简化技术. 2017 年农业主推技术.

四、省级农业主推技术

1. 稻田紫云英综合提质增效技术. 2023 年安徽省农业主推技术.
2. 江淮中低产稻田绿色用养结合技术. 2023 年安徽省农业主推技术.
3. 湖南水稻节肥养地型绿肥种植利用技术. 2023 年湖南省农业主推技术.
4. 双季稻田节肥增效与氮磷流失防控技术. 2023 年江西省农业主推技术.
5. 轮作田菁绿肥节本增效技术. 2023 年海南省农业主推技术.
6. 紫云英+烟-稻跨年轮作技术. 2023 年福建省农业主推技术.
7. 紫云英-稻秆协同还田与水稻化肥减量增效技术. 2023 年福建省农业主推技术.
8. 果茶园套种绿肥及利用技术. 2023 年福建省农业主推技术.
9. 黏瘦型水稻田地力提升与化肥减量增效技术. 2023 年福建省农业主推技术.
10. 麦后复种绿肥减肥增效技术. 2023 年内蒙古自治区主推技术.
11. 果园绿肥间作技术. 2023 年山西省农业主推技术.
12. 山地玉米间套绿肥种植还田减肥增效技术. 2023 年云南省农业主推技术.
13. 山地果园绿肥周年覆盖免耕轻简化生产技术. 2023 年贵州省农业主推技术.
14. 果园树盘秸秆粉碎覆盖行间绿肥种植免耕栽培综合技术. 2023 年重庆市农业主推

技术.

15. 中低产田综合改良技术. 2022 年广西壮族自治区农业主推技术.

16. 胶园绿肥过腹还田提质增效技术. 2022 年海南省农业主推技术.

17. 柑橘园间作豆科作物提质增效关键技术. 2022 年四川省农业主推技术.

18. 稻田紫云英绿肥减肥养地技术. 2022 年安徽省农业主推技术.

19. 冬绿肥全程轻简化生产技术. 2022 年浙江省农业主推技术.

20. 旱作区马铃薯间作豆科饲草翻压培肥地力技术. 2022 年内蒙古自治区主推技术.

21. 玉米轮套播绿肥减化增效轻简化生产技术. 2022 年贵州省农业主推技术.

22. "绿肥+"旱地作物全营养精准管理绿色生产技术. 2022 年云南省农业主推技术.

23. 云南茶园化肥农药减施增效技术. 2022 年云南省农业主推技术.

24. 沿边现代茶果间套大豆绿色高效立体复合种植技术. 2022 年云南省农业主推技术.

25. 紫云英+烟-稻跨年轮作技术. 2022 年福建省农业主推技术.

26. 紫云英-稻秆协同还田与水稻化肥减量增效技术. 2022 年福建省农业主推技术.

27. 果茶园套种绿肥及利用技术. 2022 年福建省农业主推技术.

28. 稻-萍-鱼生态种养技术. 2022 年福建省农业主推技术.

29. 生态果园建设技术. 2022 年福建省农业主推技术.

30. 沿边现代茶果园间套大豆绿色高效立体复合种植技术. 2022 年云南省农业主推技术.

31. 新垦造水田土壤快速培肥熟化技术. 2021 年浙江省农业主推技术.

32. 井冈蜜柚套种绿肥栽培技术. 2020 年江西省农业主推技术.

33. 紫云英(绿肥)种植利用技术. 2020 年江西省农业主推技术.

34. 观赏性绿肥作物旱作生产技术. 2020 年河北省农业主推技术.

35. 覆盖型绿肥作物旱作生产技术. 2020 年河北省农业主推技术.

36. 饲草玉米间作豆科绿肥混合青贮技术. 2020 年山西省农业主推技术.

37. 紫云英种植技术. 2020 年安徽省农业主推技术.

38. 紫云英种植利用技术. 2019 年安徽省农业主推技术.

39. 果茶园生草绿色生产技术. 2019 年云南省农业主推技术.

40. 耕地生态建设集成技术. 2018 年湖北省农业主推技术.

五、重大科技成果

1. 稻田绿肥-水稻高产高效清洁生产体系集成及示范. 2012—2013 年度中华农业科技奖一等奖.

2. 南方稻田绿肥-水稻高产高效清洁生产体系集成及示范. 2012 年度中国农业科学院科技成果一等奖.

3. 稻田绿肥-秸秆协同还田技术集成应用. 2016—2017 年度神农中华农业科技奖二等奖.

4. 冬闲稻田紫云英高效种植与"一减双升"关键技术. 2019 年度河南省科学技术进步二等奖.

5. 河套灌区土壤盐渍化特征及改良技术集成与应用. 2019 年度内蒙古自治区科学技术进步奖二等奖.

6. 稻田绿肥轻简高效生产利用技术创新与应用. 2018 年度湖南省科学技术进步二等奖.

7. 浙江绿肥作物高效种植与利用技术创新及应用. 2015 年度浙江省科学技术进步二

等奖.

8. 主要绿肥作物生产技术体系构建及应用. 2015 年度湖北省科学技术进步奖二等奖.

9. 西北灌区绿肥高效农作体系及地力提升技术创新. 2013 年度甘肃省科学技术进步二等奖.

10. 绿肥品种"南选山黧豆"选育及其在柑橘园地力提升中的应用. 2020 年度四川省科学技术进步三等奖.

11. 贵州山地绿肥减肥增效及轻简化生产利用关键技术集成与应用. 2019 年度贵州省科学技术进步三等奖.

12. 云南旱地绿肥养地与化肥减施技术集成研究及应用，2018 年度云南省科学技术进步三等奖.

13. 紫云英种质资源创新与生产利用关键技术. 2015 年度福建省科学技术进步三等奖.

14. 紫云英新品种信紫 1 号选育及应用. 2012 年度河南省科学技术进步三等奖.

15. 福建特色果茶绿色高效施肥技术集成与推广. 2019—2021 年度全国农牧渔业丰收奖二等奖.

16. 南方土壤酸化治理技术集成与推广应用. 2019—2021 年度全国农牧渔业丰收奖二等奖.

17. 紫云英系列品种选育及集成技术推广应用. 2016—2018 年度全国农牧渔业丰收奖二等奖.

18. 安徽省农田氮磷流失绿色防控关键技术集成与示范推广. 2019—2021 年度全国农牧渔业丰收奖三等奖.

19. 福建省化肥减量增效技术模式集成与推广. 2016—2018 年度全国农牧渔业丰收奖三等奖.

六、绿肥新品种

1. 皖紫 6 号(紫云英新品种). 安徽省非主要农作物品种鉴定登记委员会认证. 皖品鉴登记第 2108009.

2. 皖紫 5 号(紫云英新品种). 安徽省非主要农作物品种鉴定登记委员会认证. 皖品鉴登记第 2008016.

3. 皖紫 4 号(紫云英新品种). 安徽省非主要农作物品种鉴定登记委员会认证. 皖品鉴登记第 1108002.

4. 皖紫 3 号(紫云英新品种). 安徽省非主要农作物品种鉴定登记委员会认证. 皖品鉴登记第 1108001.

5. 皖紫 2 号(紫云英新品种). 安徽省非主要农作物品种鉴定登记委员会认证. 皖品鉴登记第 1008002.

6. 皖紫 1 号(紫云英新品种). 安徽省非主要农作物品种鉴定登记委员会认证. 皖品鉴登记第 1008001.

7. 皖紫早花(紫云英新品种). 安徽省非主要农作物品种鉴定登记委员会认证. 皖品鉴登记第 1708002.

8. 粤紫 1 号(紫云英新品种). 安徽省非主要农作物品种鉴定登记委员会认证. 皖品鉴登字第 2108013.

9. 湘紫 1 号(紫云英新品种). 湖南省农作物品种审定委员会认证. XPD 008—2014.

10. 湘紫 2 号(紫云英新品种). 湖南省农作物品种审定委员会认证. XPD 009—2014.

11. 湘紫 3 号(紫云英新品种). 湖南省农作物品种审定委员会认证. XPD 014—2015.

12. 湘紫 4 号(紫云英新品种). 湖南省农作物品种审定委员会认证. XPD 015—2015.

13. 闽紫 5 号(紫云英新品种). 福建省农作物品种审定委员会认证. 闽认肥 2011001.

14. 闽紫 6 号(紫云英新品种). 福建省农作物品种审定委员会认证. 闽认肥 2012001.

15. 闽紫 7 号(紫云英新品种). 福建省农作物品种审定委员会认证. 闽认肥 2012002.

16. 信白 1 号(紫云英新品种). 河南省种子管理站. 豫品鉴紫云英 2009002.

17. 信紫 1 号(紫云英新品种). 河南省种子管理站. 豫品鉴紫云英 2009001.

18. 信紫 2 号(紫云英新品种). 河南省种业发展中心认证. 豫品鉴紫云英 2022021.

19. 信紫 3 号(紫云英新品种). 河南省种业发展中心认证. 豫品鉴紫云英 2022022.

20. 皖苕 5 号(毛叶苕子新品种). 安徽省非主要农作物品种鉴定登记委员会认证. 皖品鉴登记第 2108010.

21. 皖苕 4 号(毛叶苕子新品种). 安徽省非主要农作物品种鉴定登记委员会认证. 皖品鉴登记第 1808003.

22. 皖苕 3 号(毛叶苕子新品种). 安徽省非主要农作物品种鉴定登记委员会认证. 皖品鉴登记第 1708003

23. 皖苕 2 号(毛叶苕子新品种). 安徽省非主要农作物品种鉴定登记委员会认证. 皖品鉴登记第 1408004.

24. 皖苕 1 号(毛叶苕子新品种). 安徽省非主要农作物品种鉴定登记委员会认证. 皖品鉴登记第 1408003.

25. 苏苕 1 号(毛叶苕子新品种),安徽省非主要农作物品种鉴定登记委员会登记,皖品鉴登字第 2108014.

26. 青苕 1 号(毛叶苕子新品种). 青海省农作物品种审定委员会认证. 青审苕 2015001.

27. 皖箭 3 号(箭筈豌豆新品种). 安徽省非主要农作物品种鉴定登记委员会认证. 皖品鉴登记第 2008017.

28. 皖箭 2 号(箭筈豌豆新品种). 安徽省非主要农作物品种鉴定登记委员会认证. 皖品鉴登记第 1808002.

29. 皖箭 1 号(箭筈豌豆新品种). 安徽省非主要农作物品种鉴定登记委员会认证. 皖品鉴登记第 1408002.

30. 陇箭二号(箭筈豌豆新品种). 甘肃省农作物品种审定委员会认证. 甘认豆 2015002.

31. ‘科合 401’箭筈豌豆(箭筈豌豆新品种). 黑龙江省草品种审定委员会认证. BV—2022-003.

32. 南选山黧豆(山黧豆新品种). 四川省农作物品种审定委员会认证. 川审豆 2012008.

33. 陇鹰 1 号(鹰嘴豆新品种). 甘肃省农作物品种审定委员会认证. 甘认豆 2008002.

34. 陇鹰 2 号(鹰嘴豆新品种). 甘肃省农作物品种审定委员会认证. 甘认豆 2010004.

35. 科合 205(大豆新品种). 黑龙江省农作物品种审定委员会认证. 20210050.

36. 科合 202(大豆新品种). 黑龙江省农作物品种审定委员会认证. 20210040.

37. 云环资大豆 2 号(大豆新品种). 云南省农作物品种审定委员会认证. 滇审大豆 2017002.

38. 云环资大豆 5 号(大豆新品种). 云南省农作物品种审定委员会认证. 滇审大豆 2018003.

39. 云环资大豆 6 号(大豆新品种). 云南省农作物品种审定委员会认证. 滇审大豆 2020005.

40. 云环资大豆 7 号(大豆新品种). 云南省农作物品种审定委员会认证. 滇审大豆 2021003.

41. 云环资大豆 9 号(大豆新品种). 云南省农作物品种审定委员会认证. 滇审大豆 2021004.

42. 皖菁 1 号(田菁新品种). 安徽省非主要农作物品种鉴定登记委员会认证. 皖品鉴登记第 2108019.

43. 鲁菁 1 号(田菁新品种). 山东省草品种审定委员会认证. 030.

44. 鲁菁 2 号(田菁新品种). 山东省草品种审定委员会认证. 040.

45. 鲁菁 6 号(田菁新品种). 山东省林草品种审定委员会认证. 鲁 S-BV-SC-035—2022.

46. 皖绿决 1 号(决明新品种). 安徽省非主要农作物品种鉴定登记委员会认证. 皖品鉴登记第 2108021.

47. 皖绿望 1 号(望江南新品种). 安徽省非主要农作物品种鉴定登记委员会认证. 皖品鉴登记第 2108020.

48. 皖柽 2 号(柽麻新品种). 安徽省非主要农作物品种鉴定登记委员会认证. 皖品鉴登记第 2008020.

49. 桂绿豆 3 号(绿豆新品种). 广西壮族自治区农作物品种审定委员会认证. 桂审豆 2014002.

50. 崖州硬皮豆(硬皮豆新品种). 全国草品种审定委员会认证. 480.

51. 金江蝴蝶豆(蝴蝶豆新品种). 全国草品种审定委员会认证. 560.

52. 闽南穗序木蓝(穗序木蓝新品种). 农业农村部畜牧兽医局认证. 626.

53. 赣肥萝 1 号(肥田萝卜新品种). 江西省农作物品种审定委员会. 赣认肥田萝卜 2014001.

54. 矮早萝 1 号(肥田萝卜新品种). 安徽省非主要农作物品种鉴定登记委员会认证. 皖品鉴登记第 2008019.

55. 中油肥 1 号(肥用油菜新品种). 中华人民共和国农业农村部认定. GDP 油菜(2020)420193.

56. 中绿油 1 号(肥用油菜新品种). 中华人民共和国农业农村部认定. GDP 油菜(2022)420075.

57. 中绿油 2 号(肥用油菜新品种). 中华人民共和国农业农村部认定. GDP 油菜(2022)420052.

58. 皖兰 6 号(二月兰新品种). 安徽省非主要农作物品种鉴定登记委员会认证. 皖品鉴登记第 2008004.

59. 皖兰 5 号(二月兰新品种). 安徽省非主要农作物品种鉴定登记委员会认证. 皖品鉴登记第 2008003.

60. 皖兰 3 号(二月兰新品种). 安徽省非主要农作物品种鉴定登记委员会认证. 皖品鉴登记第 2008001.

61. 皖兰 2 号(二月兰新品种). 安徽省非主要农作物品种鉴定登记委员会认证. 皖品鉴登记第 1808005.

62. 皖兰 1 号(二月兰新品种). 安徽省非主要农作物品种鉴定登记委员会认证. 皖品鉴登

记第 1808004.

63. 绿兰 1 号(二月兰新品种). 安徽省非主要农作物品种鉴定登记委员会认证. 皖品鉴登记第 2008018.

64. ‘科合 3057’燕麦(燕麦新品种). 黑龙江省草品种审定委员会认证. BV—2022-003.

附录 2　绿肥行业重要大事件历史图片选

附图 2-1　“十一五”公益性行业(农业)科研专项“绿肥作物生产与利用技术集成研究及示范”项目启动会(2008 年 11 月 18 日,北京)

数字资源 2-1
附图 2-1 彩色照片

附图 2-2　“十二五”公益性行业(农业)科研专项“绿肥作物生产与利用技术集成研究及示范”项目启动(2011 年 3 月 27 日,北京)

数字资源 2-2
附图 2-2 彩色照片

附图 2-3　国家绿肥产业技术体系建设启动会(2017 年 9 月 1 日,北京)

数字资源 2-3
附图 2-3 彩色照片

附图 2-4　“十四五”国家重点研发计划“新型绿肥产品创制与产业化”项目启动会(2022 年 6 月 17 日,线上)

数字资源 2-4
附图 2-4 彩色照片

附图 2-5　全国绿肥作物生产与利用技术经验交流会(2009 年 9 月 11 日,甘肃)

数字资源 2-5
附图 2-5 彩色照片

附图 2-6　2019 年稻田绿肥现场观摩暨产业技术交流会(2019 年 4 月 10 日,河南)

数字资源 2-6
附图 2-6 彩色照片

附图 2-7　2023 年度绿肥产业交流与绿肥果园观摩会(2023 年 3 月 16 日,四川)

数字资源 2-7
附图 2-7 彩色照片

附图 2-8　2023 年“新型绿肥产品创制与产业化”项目稻区应用现场观摩会(2023 年 4 月 15 日,安徽)

数字资源 2-8
附图 2-8 彩色照片

附图 2-9　中国植物营养与肥料学会绿肥专业委员会学术交流会(2023 年 8 月 16 日,北京)

数字资源 2-9
附图 2-9 彩色照片

附录 3　绿肥试验示范基地、定位试验、田间示范图片选

一、试验基地

附图 3-1-1　湖南长沙稻田绿肥试验基地(始于 2015 年)(王宇 摄)

数字资源 3-1-1
附图 3-1-1 彩色照片

附图 3-1-2　江西高安稻田试验基地(始于 2015 年)(刘佳 摄)

数字资源 3-1-2
附图 3-1-2 彩色照片

附图 3-1-3　安徽南陵稻田绿肥试验基地(始于 2017 年)(韩上 摄)

数字资源 3-1-3
附图 3-1-3 彩色照片

附图 3-1-4　福建闽侯稻田绿肥试验基地(始于 2008 年)(陈淼 摄)

数字资源 3-1-4
附图 3-1-4 彩色照片

附图 3-1-5　湖南赫山稻田绿肥控镉试验基地(始于 2021 年)(蔡术军 摄)

数字资源 3-1-5
附图 3-1-5 彩色照片

附图 3-1-6　安徽贵池稻田绿肥减排控镉试验基地(始于 2021 年)(程文龙 摄)

数字资源 3-1-6
附图 3-1-6 彩色照片

附图 3-1-7　四川顺庆稻田绿肥试验基地(始于 2018 年)(莫坤 摄)

数字资源 3-1-7
附图 3-1-7 彩色照片

附图 3-1-8　甘肃凉州旱地绿肥试验基地(始于 1974 年)(于瑞鹏 摄)

数字资源 3-1-8
附图 3-1-8 彩色照片

数字资源 3-1-9
附图 3-1-9 彩色照片

附图 3-1-9　内蒙古武川旱地绿肥试验基地(始于 1980 年)(张君 摄)

数字资源 3-1-10
附图 3-1-10 彩色照片

附图 3-1-10　云南嵩明旱地绿肥试验基地(始于 2017 年)(付利波 摄)

数字资源 3-1-11
附图 3-1-11 彩色照片

附图 3-1-11　重庆合川橘园绿肥试验基地(始于 2018 年)(张学良 摄)

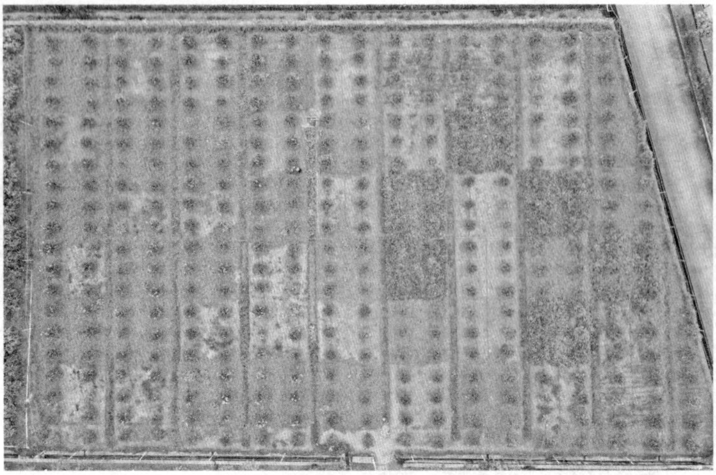

数字资源 3-1-12
附图 3-1-12 彩色照片

附图 3-1-12　广西南宁橘园绿肥试验基地（始于 2020 年）（董文斌 摄）

二、定位试验

数字资源 3-2-1
附图 3-2-1 彩色照片

附图 3-2-1　湖南祁阳冬绿肥-水稻种植制度定位试验（始于 1982 年）（曹卫东 摄）

数字资源 3-2-2
附图 3-2-2 彩色照片

附图 3-2-2　江西进贤红壤稻田不同有机肥定位试验（始于 1981 年）（曹卫东 摄）

附图 3-2-3　甘肃凉州不同有机肥源定位试验(始于 1988 年)(张久东 摄)

数字资源 3-2-3
附图 3-2-3 彩色照片

附图 3-2-4　内蒙古武川绿肥-粮食作物轮作定位试验(始于 2008 年)(张鹏 摄)

数字资源 3-2-4
附图 3-2-4 彩色照片

附图 3-2-5　甘肃凉州小麦绿肥节肥效应定位试验(始于 2009 年)(张久东 摄)

数字资源 3-2-5
附图 3-2-5 彩色照片

数字资源 3-2-6
附图 3-2-6 彩色照片

附图 3-2-6　天津武清冬绿肥-玉米生态效应定位试验(始于 2011 年)(赵秋 摄)

数字资源 3-2-7
附图 3-2-7 彩色照片

附图 3-2-7　江西丰城稻田绿肥减量方法定位试验(始于 2008 年)(徐昌旭 摄)

数字资源 3-2-8
附图 3-2-8 彩色照片

附图 3-2-8　安徽桐城稻田绿肥减施化肥定位试验(始于 2008 年)(武际 摄)

附图 3-2-9　湖南南县稻田绿肥减施氮钾定位试验(始于 2008 年)(聂军 摄)

数字资源 3-2-9
附图 3-2-9 彩色照片

附图 3-2-10　湖南南县稻田紫云英–稻秸联合利用定位试验(始于 2011 年)(聂军 摄)

数字资源 3-2-10
附图 3-2-10 彩色照片

三、典型示范

附图 3-3-1　河北玉米套播二月兰(曹卫东 摄)

数字资源 3-3-1
附图 3-3-1 彩色照片

数字资源 3-3-2
附图 3-3-2 彩色照片

附图 3-3-2　北京玉米-二月兰(曹卫东 摄)

数字资源 3-3-3
附图 3-3-3 彩色照片

附图 3-3-3　黑龙江箭筈豌豆-玉米复种(赵海滨 摄)

数字资源 3-3-4
附图 3-3-4 彩色照片

附图 3-3-4　内蒙古毛叶苕子与胡麻混作(赵沛义 摄)

数字资源 3-3-5
附图 3-3-5 彩色照片

附图 3-3-5　甘肃小麦高留茬复种毛叶苕子(张久东 摄)

数字资源 3-3-6
附图 3-3-6 彩色照片

附图 3-3-6　甘肃针叶豌豆与玉米间作(曹卫东 摄)

数字资源 3-3-7
附图 3-3-7 彩色照片

附图 3-3-7　贵州玉米复种光叶苕子综合利用(张钦 摄)

数字资源 3-3-8
附图 3-3-8 彩色照片

附图 3-3-8　青海麦后复种毛叶苕子育肥牛羊(韩梅 摄)

数字资源 3-3-9
附图 3-3-9 彩色照片

附图 3-3-9　湖北稻底套播紫云英(耿明建摄)

数字资源 3-3-10
附图 3-3-10 彩色照片

附图 3-3-10　河南稻田紫云英-稻秸联合利用(曹卫东 摄)

数字资源 3-3-11
附图 3-3-11 彩色照片

附图 3-3-11　湖南稻田紫云英与黑麦草混播(聂军 摄)

数字资源 3-3-12
附图 3-3-12 彩色照片

附图 3-3-12　安徽稻田紫云英与油菜、肥田萝卜混播(曹卫东 摄)

数字资源 3-3-13
附图 3-3-13 彩色照片

附图 3-3-13　江苏紫云英-优质稻米基地(曹卫东 摄)

附图 3-3-14　湖南稻田紫云英-稻秸联合利用(曹卫东 摄)

数字资源 3-3-14
附图 3-3-14 彩色照片

附图 3-3-15　浙江新垦地绿肥熟化(王建红 摄)

数字资源 3-3-15
附图 3-3-15 彩色照片

附图 3-3-16　山东田菁改良盐碱地(张晓冬 摄)

数字资源 3-3-16
附图 3-3-16 彩色照片

数字资源 3-3-17
附图 3-3-17 彩色照片

附图 3-3-17　山西梨园二月兰(程永钢 摄)

数字资源 3-3-18
附图 3-3-18 彩色照片

附图 3-3-18　河北梨园绿肥油菜(冯伟 摄)

数字资源 3-3-19
附图 3-3-19 彩色照片

附图 3-3-19　新疆核桃园草木樨(席琳乔 摄)

数字资源 3-3-20
附图 3-3-20 彩色照片

附图 3-3-20　陕西苹果园绿肥油菜(杨建利 摄)

数字资源 3-3-21
附图 3-3-21 彩色照片

附图 3-3-21　江西葡萄园乌豇豆(刘佳 摄)

数字资源 3-3-22
附图 3-3-22 彩色照片

附图 3-3-22　浙江桃园紫云英(王建红 摄)

数字资源 3-3-23
附图 3-3-23 彩色照片

附图 3-3-23　福建有机茶园光叶苕子（曹卫东 摄）

数字资源 3-3-24
附图 3-3-24 彩色照片

附图 3-3-24　海南火龙果园平托花生（郇恒福 摄）